U0331022

钱理群 著

制 度 重 建

文 化 重 建

价 值 重 建

生 活 重 建

论志愿者
文化

生活·讀書·新知 三联书店

Copyright © 2018 by SDX Joint Publishing Company.
All Rights Reserved.

本作品版权由生活·读书·新知三联书店所有。
未经许可，不得翻印。

图书在版编目（CIP）数据

论志愿者文化／钱理群著．—北京：生活·读书·新知三联书店，
2018.9
ISBN 978 - 7 - 108 - 06376 - 2

Ⅰ．①论…　Ⅱ．①钱…　Ⅲ．①志愿者－社会服务－研究
Ⅳ．① C916.2

中国版本图书馆 CIP 数据核字（2018）第 189836 号

责任编辑　叶　彤
装帧设计　刘　洋
责任印制　徐　方
出版发行　生活·讀書·新知 三联书店
　　　　　（北京市东城区美术馆东街 22 号　100010）
网　　址　www.sdxjpc.com
经　　销　新华书店
印　　刷　北京隆昌伟业印刷有限公司
版　　次　2018 年 9 月北京第 1 版
　　　　　2018 年 9 月北京第 1 次印刷
开　　本　635 毫米 × 965 毫米　1/16　印张 35
字　　数　503 千字
印　　数　0,001 - 6,000 册
定　　价　58.00 元
（印装查询：01064002715；邮购查询：01084010542）

Contents

目　录

辑三　实践篇

志愿者运动

乡村建设

农村教育

辑一
历史篇

中国知识分子
"到农村去"运动的历史回顾

（"西部阳光行动"是北京一部分大学生青年志愿者的联合组织，其总部设于北京师范大学。这些年我一直和他们有比较密切的联系。这是我二〇〇四年十一月十四日在"西部阳光行动"沙龙上的讲话。此后，我以同题在北京大学、中央财经大学、北京师范大学、梁漱溟乡村建设中心讲过多次）

应该说这是我们第二次见面了。九月二十日那天参加你们的暑期下乡实践活动总结会，听了你们许多精彩的发言，我心里很激动，有很多感想，但那天的会上，只能简单说几句，于是，就想写一篇文章，但事情一多，又搁下了。感谢北师大的同学的邀请，今天有了一个机会，和大家一起聊天，就把那天没说完的话，继续往下说。

也许因为我是研究中国现代文学史、现代中国知识分子精神史的，有一种职业性的历史感，一看到诸位，我就觉得似曾相识，在我研究的历史中曾经见过。你们的言谈，说话的姿势，眼睛里流露出的热情、困惑，你们的快乐与苦恼，初到农村时的惊喜，第一次走进农民的小屋时不知如何交谈时的窘态，工作深入不下去时的焦虑，以及无休止的争论，平静下来以后的思考与自我质疑等，在二十世纪的中国历史、中国知识分子精神史上都曾经出现过，而且，这其中也有我自己的身影。这里存在着一个代代相传的精神谱系，存在着一个持续了一个世纪的"知识分子、青年学生到农村去，到民间去"的运动；也许你们并没有意识到，你们的"西部阳光行动"实际上正是这样的历史运动中的一个环节、一段新的篇章，你们是沿着前辈所开辟的道路往前走，你们正在继续书写与创造新的历史。

那么，我们就来做一点历史的回顾，讨论一下一个世纪来五代人连续不断的"下乡运动"。

"五四"时期：李大钊的《青年与农村》和新村运动

还是从"五四"说起，那是现代知识分子精神的一个源头。大家都知道，"五四"新文化运动的核心是"人的觉醒与解放"。我要补充的是，这样的"人的觉醒与解放"，其中的一个重要方面，就是妇女、儿童与农民的独立价值的发现与充分肯定。这三种人都是处于社会结构的最底层的，在中国的传统社会与文化中是被忽略的存在，因此，这三大发现就充分地显示了"五四"新文化运动的民主主义与人道主义的特质，具有特殊的意义。关于妇女的发现与儿童的发现，都是极富魅力的话题，以后我们或许有机会再来详细讨论，今天要说的是"农民的发现"。鲁迅曾经有一个追述，他说："我生长于都市的大家庭里，从小就受着古书和师傅的教训，所以也看得劳苦大众和花鸟一样。有时感到上流社会的虚伪和腐败时，我还羡慕他们的安乐。但我母亲的母家是在农村，使我能够间或和许多农民相亲近，逐渐知道他们是毕生受着压迫，很多痛苦，和花鸟并不一样了。"这至少说明，"五四"的先驱者已经认识到，农民，底层的人民，他们不是供人观赏、践踏的"花草"，而是有自己的价值、有自己的要求的独立的"人"，他们应该享有自己的幸福，有权利发出自己的声音，维护自己的独立利益。

而另一些思想家则把农民的解放与整个民族的解放、发展联系起来。李大钊当时就写了一篇《青年与农村》，指出："我们中国是一个农国，大多数劳工阶级就是那些农民，他们若不解放，就是我们国民全体不解放；他们的苦痛，就是我们国民全体的苦痛；他们的愚暗就是我们国民全体的愚暗；他们生活的利病，就是我们政治全体的利病。"他进而提出：

"要想把现代的新文明，从根底输入到社会里面，非把知识阶级与劳工阶级打成一气不可。"于是，他发出了"我们青年应该到农村去"的号召。特别有意思的是，他讲了三条理由。一是"中国农村的黑暗，算是达于极点了。"他具体地列了许多方面，可见他是做了一些调查的，我们今天读起来觉得似乎还有点现实针对性，这是很可悲的；不过今天不谈这个，我们注意的是他由此得出的结论。他说："一般知识阶级的青年跑在都市上，求得一知半解，就专想在都市上活动，都不愿回到田园；专想在官僚中讨生活，却不愿再去工作。久而久之，青年常在城市里鬼混，都成了鬼蜮。农村绝不见知识阶级的足迹，也就成了地狱。把那清新雅洁的田园生活，都埋没在黑暗的地狱里面，这不是我们这些怠惰青年的责任，是哪个的责任？"李大钊讲的第二个理由，就更值得注意。他说，现在大家都在讲推行"民主政治"的关键，是要"立宪"，但是不要忘了，中国的选民，"大多数都在农村"，如果农村没有开发，农民没有觉悟，没有自由的判断力，如果真的实行普选，那些"练习了许多的诡诈的手段"的城市流氓，那些"积下了许多的罪孽金钱"的城市强盗，就会来骗"他乡里的父老"，如果把这些人选上了，"立宪政治、民主政治，哪有丝毫的希望？"李大钊因此而大声疾呼："立宪的青年呵！你们若想得个立宪的政治，你们先要有个立宪的民间；你们若想有个立宪的民间，你们先要把黑暗的农村变成光明的农村，把那专制的农村，变成立宪的农村"，"这样的民主主义，才算有了根底，有了泉源。这样的农村，才算是培养民主主义的沃土，在这方面活动的青年才算是栽植民主主义的工人。"

你们看，李大钊说得多好，在我的感觉里，他简直就在和我们面对面地谈话，讲着当下中国已经或将要面临的问题。不知道在座的同学们感觉如何？我们再来看他的第三条理由。他说，现在许多青年，天天在城市里漂泊，找不到出路，"农村中很有青年活动的余地，并且有青年活动的需要，却不见有青年的踪影"。在他看来，这是一种"自误"。因此，他号召："在城市里漂泊的青年朋友呵！你们要晓得，城市上有许多罪恶，乡村里有许多幸福；……城市上的生活，几乎是鬼的生活，乡村中的活动，全是人的活动；都市的空气污浊，乡村的空气清洁。你们为何不赶紧收拾行装，清结旅债，还归你们的乡土？"李大钊的这番话说的可能与大家的感受不大一样，因为在许多年轻人看来，城市还有很大的发展余地，还是令人向往的；但城市的人满为患，大概也是迟早会发生的事。更重要的是，李大钊在这里显然将农村理想化了。其实，他在前面已经谈到了"农村的黑暗"，他对农村的着意美化，是出于对现代都市文明的反感，同时也是受到了俄国民粹派的影响。李大钊这篇《青年与农村》一开头就谈到了俄国的"青年志士""把自己家庭的幸福全抛弃了，不惮跋涉艰难的辛苦，都跑到乡下的农村里去，宣传人道主义、社会主义的道理"的民粹派的"到民间去"的运动。俄国民粹派对中国的"到民间去"运动有积极的影响，但也有消极的一面，就是对农村与农民的理想化，下面我们还要谈到这一点。

李大钊对农村与农民的理想化，还反映了"五四"时期另一个重要思潮，即所谓"新村运动"。新村运动是一个建立乌托邦理想社会、理想生活的试验：一群理想主义者聚集在一起，通常是在农村建造一所"新村"，实行财产公有，"各尽所能，各取所需"，共同过着一种一边读书、讨论，一边从事农业、手工业劳动的新生活。大概在一九一八年，日本著名作家、思想家武者小路实笃在日本九州日向就建立了这样的新村；一九一九年周作人去参观后，就在国内大力鼓吹，得到了包括李大钊在内的"五四"新文化运动的先驱者和许多青年学生的响应，在北京组织了类似新村的工读互助团。毛泽东也是新村运动的热心者，他曾为此专门访问过周作人，还亲自起草了建设新村的计划书。新村运动的理想的核心，用周作人的话来说，就是要实现健全的"人的生活"；而所谓健全的"人的生活"，就是个体的人与人类、社会的人的统一，物质生活与精神生活的统一，脑力劳动与体力劳动的统一，人与人之间的协调，人与自然之间的和谐。正是在这样的理想之光的照耀下，农民沐浴在大自然的阳光中的"日出而作，日入而息，耕田而食，凿井而饮"的生活，就对当时沉湎于空想社会主义理想中的李大钊这一代人以及青年人产生了特殊的吸引力。

三十年代："分田分地真忙"和"乡村建设运动"

但应该说，在"五四"时期，知识分子"到农村去，到民间去"，基本上还停留在理论的倡导与小规模的试验上，并没有形成实际运动。真正的"到农村去，到民间去"运动的大力发展，是在二十世纪三十年代。如果说，"五四"时期它还限于思想、文化运动的范围，那么到三十年代它就发展成了一种社会运动。大革命失败以后，随着对中国社会认识的深化，越来越多的知识分子把目光转向农村，认识到中国的根本改造必须从农村开始。但却在如何实现中国农村的改造问题上，出现了重大的分歧，形成两种不同的思路。也就是说，都是"到农村去，到民间去"，却有两种不同的路向。

一种是以毛泽东为代表的中国共产党人的选择，他们认为中国问题从根本上说是社会制度的问题，必须通过革命，先夺取政权，从根本上改变半封建、半殖民地的社会制度，才有可能进行新的建设；农村问题的根本也是土地制度问题，农村的变革必须从土地改革入手，改变少数地主占有大量土地，大多数农民无地或少地的状况；而中国的革命又必须以广大农村为根据地，以农村的变革为全国变革的基础。正是在这样的思想指导下，中国共产党在江西、福建、湖南、湖北等地发动了"苏维埃运动"，大批的革命知识分子到农村去发动革命，建立根据地，出现了毛泽东诗词里所描写的"收拾金瓯一片，分田分地真忙"的革命景象。

与此同时，一部分以晏阳初、梁漱溟为代表的知识分子则在大力推行"乡村建设运动"。晏阳初认为，中国农村的基本问题是"愚、穷、弱、私"四个字，因此，需要进行"四大教育"。一是"文艺教育"，设立实验性的平民学校、艺术学校，扫除青年文盲，并进一步将平民学校的学生组织起来，成立同学会，使这些优秀的农村青年成为农村建设的中心分子。二是"生计教育"，普及农业科学，发展农业生产；在农村经济方面，则帮助农民组织合作社、自助社；同时注意农村工业的发展。三是"卫生教育"，重点是建立乡村保健制度，"使农民在他们的经济状况之下，有得到科学治疗的机会，能保持他们最低限度的健康"。四是"公民教育"，"用家庭方式的教育，在家庭每个分子里，施以公民道德的训练"，"使他们有公共心、团结力，有最低限度的公民常识、政治道德，以建立地方自治的基础"。他强调，这"四大教育"的核心，是对农民的"知识力、生产力、保健力和团结力"的培养，说到底，是对人的教育与改造，而"从事'人的改造'的教育工作"，这才是"解决中国整个社会问题的根本、关键"。为了实现这样的理念，他提出了"博士下乡"的口号，带领一批年轻人在河北定县等地进行了将近十年的农村改革实验。

梁漱溟也是乡村建设运动的大力推动者，但他认为，中国的农村问题并不在愚、贫、弱、私这些具体问题，而是要抓住根本性的环节，着眼于整个中国问题的解决，而解决中国问题的关键则在以中国固有文化为基础，吸收西方先进技术，重建民族新文化。具体到乡村建设，他主张以中国传统的乡约形式重建中国新的礼俗，并在农村大办村学和乡学，使之不仅成为地方教育机构，而且从中分化出乡村基层政权组织与民间团体，把农民组织起来；同时，建立生产、销售、运输合作社和农民银行等生产、金融组织，推动农村技术进步，走一条以农业引发工业的道路。梁漱溟带领一批知识分子和青年，建立了山东乡村建设研究院，并开辟了邹平、菏泽、济宁等实验区。在二十世纪的三十年代，乡村建设运动得到了蓬勃的发展，据国民政府实业部统计，一九三四年全国从事乡村建设运动的团体达六百多个，建立的实验点、实验区有一千余处。后来，这些实验都因抗日战争全面爆发、实验区为日本侵略军占领而告终。

四十年代：知识分子与工农相结合的"下乡运动"

四十年代，在全民族的大流亡中，大批知识分子从城市走向中国的穷乡僻壤，在实际接触中加深了对中国农村问题重要性的认识；而抗日战争，某种程度上就是以农民为主体的民族解放战争，如毛泽东所说，"农民——这是中国军队的来源。士兵就是穿起军服的农民"。从这一事实出发，毛泽东引申出一系列非常重要的论断："农民——这是现阶段中国民主政治的主要力量。中国的民主主义者如不依靠三亿六千万农民群众的援助，他们就将一事无成"，"农民——这是现阶段中国文化运动的主要对象。所谓扫除文盲，所谓普及教育，所谓大众文艺，所谓国民卫生，离开三亿六千万农民，岂非大半成了空话？"值得注意的是，当毛泽东进一步呼吁"中国广大的知识分子应该觉悟到将自己和农民结合起来的必要"，进而提出"知识分子如果不和工农民众相结合，则将一事无成"的论断时，他是得到了知识分子的强烈认同的。人们感到，这几乎是一个无法抗拒的时代的命令，同时也是根据自身的痛苦经验而发出的内心要求——在残酷的战争中，人会产生一种孤独感，知识分子尤其容易产生软弱无力感，这时候就迫切地要求寻找归宿，中国的这块土地以及土地上的普通农民，就自然成为战争中处于生活与精神双重流亡状态的知识分子的皈依之乡。于是，大批知识分子涌向以延安为中心的根据地，走向农村，出现了更大规模的知识分子下乡运动。

这一运动与二三十年代的"到民间去"运动自然有深刻的联系，但也有不同之处；除了这是由中国共产党所领导、发动的，是一个政府（当时延安边区政府可以看作未来的中华人民共和国的一个雏形）行为之外，最主要的是，在知识分子与农民的关系上，发生了微妙的移动：由"启蒙 / 被启蒙"逐渐转换为"受教育 / 教育"，"到民间去"的"启蒙"主题逐渐变成了"改造"主题。特别是当毛泽东在《在延安文艺座谈会上的讲话》等文章中宣布"拿未曾改造的知识分子和工人农民相比较"，"最干净的还是工人农民，尽管他们手是黑的，脚上有牛屎，还是比资产阶级、小资产阶级知识分子都干净"后，就把前面说到的美化农民与农村的民粹主义的倾向，发展到了极致。而当毛泽东进一步要求"知识分子工农化"，而"化者，彻头彻尾彻里彻外者也"，这就实际上意味着要用农民的意识来改造知识分子，以致整个中国思想、文化与社会，因而埋下了极大的隐患。

在四十年代的根据地，尽管存在着指导思想上的某些偏差，但当时的"下乡运动"所产生的主导作用，还是积极的。知识分子在下乡过程中加深了对中国农民、农村以及整个中国国情的了解，思想感情也发生了变化；同时也大大推动了农村建设事业的发展。一九四二年至一九四五年边区所开展的大众教育运动，与同时开展的减租运动，互助、合作运动，大生产运动，民主选举运动互相配合，引发了边区农村政治、经济、文化、教育、卫生的全面变革；四十年代后期，更发动了大规模的土地改革运动，事实上为以后夺取政权与新中国的建立奠定了基础。甚至可以说，如果共产党没有在四十年代成功领导农村变革、建设，从而获得了广大农民的支持，就不可能有新中国。

五六十年代："到农村去，到祖国最需要的地方去"

一九四九年以后建立起来的新中国，其国家体制是以工人阶级为领导，以工农联盟为基础的，因此，国家的教育、文化、卫生……政策都是倾向农村的，这就导致了五六十年代中国农村建设的全面发展，这是有目共睹的事实。当然，毛泽东按照他的乌托邦的社会理想（这一理想是前述"五四"时期所建立的"新村运动"理想的一个发展），在同时期所发动的"大跃进"运动与"人民公社"运动对农民的利益的影响，是需要另作讨论的。

我在这里要和同学们讲述的是我自己这样的成长于五六十年代的知识分子的选择。我们这一代人都是满怀激情的理想主义者。一个是建设祖国的巨大热情，一个是自我改造的高度自觉性，正是这两大激情使得我们年轻时候的最大志向，就是要到祖国最需要的地方去，到最艰苦的地方去，贡献自己的青春。因此，农村一直是我们认为可以大显身手、同时改造思想的广阔天地。当然，无可否认，这背后还存在着另一个理念，即"党指向哪里，我们就到哪里"，这也同时暴露了我们这一代人的一个基本特点：我们是自觉、不自觉地充当了"驯服工具"的。因此，在大学毕业时，当组织上（"组织"也是那个时代最流行的概念）分配我到边远山区贵州去时，尽管多少有点惩罚的意味（因为我的"家庭出身"不好，自己又走"白专道路"），但我仍是欣然前往的，因为这是党的安排，同时想的是"好男儿应当志在四方"。后来，我并没有分到农村最底层，而是在专区所在地的安顺教书，但一教就教了十八年，正是我从二十一岁到三十九岁的人生最美好的时光。不过我并不后悔，因为我在中国的社会底层经历了大灾荒的年代与"文化大革命"的浩劫，说句夸张的话，我是与底层老百姓一起经受磨难的，并在这一过程中，对中国社会有了真正深切的了解，这几乎决定了我以后一生思想与学术的发展。老实说，我今天之所以如此关注一个世纪的知识分子"到民间去"的运动，要和同学们一起讨论，最基本的原因就是在这十八年里，我与中国的底层社会建立了血肉联系。尽管我在七十年代末恢复高考以后，离开了贵州，来到北大这样的"最高学府"，但我始终以贵州作为北大之外的另一个精神基地，一直和它保持着密切的交往与精神联系。顺便说一下，听说你们许多同学现在还保持着与暑期去过的农村点的联系，我以为这是非常重要的，不管今后你们要做什么事，到哪里去，都不要放弃这样的精神根据地。

"文革"时期：知识青年"上山下乡"运动

现在，就说到了"文化大革命"中知识青年那一代，大概就是你们的父母那一代。他们是响应毛泽东的号召，半自愿、半被迫地到农村去的。这是上一世纪规模最大、影响最为深远的知识分子"上山下乡"运动。毛泽东说得很明确，"农村是一个广阔的天地，在那里是可以大有作为的"，"知识青年到农村去，接受贫下中农再教育，很有必要"。毛泽东为什么要发动如此规模的"上山下乡"运动，是一个需要专门研究的问题；我想，其动因也是复杂的，除了解决"文化大革命"所积累起来的政治危机与就业问题这样一些现实的考虑外，也许还有毛泽东本人的类似新村运动那样的乌托邦理想（"文化大革命"一开始，毛泽东就提出要把全国办成一所"大学校"，全民学工、学农、学军、批判资产阶级）。但无论如何，这场运动在指导思想上是有着浓厚的反智主义的倾向的（就是"书读得越多越蠢"，因此需要"接受贫下中农再教育"），而反智主义恰恰也是民粹主义的一个要害。因此，我并不主张将这场运动过于美化、理想化。

但有一个事实也是不能忽视的，就是当知识青年离开城市、来到农村后，他们的思想感情的变化。记得我曾在一篇文章中引述过一位当年的知青的一句话：我来到农村，"才知道了什么叫中国，才知道了我们的老百姓是多么的苦又是多么的好"；我说，这两个"才知道"，是非同小可的，无论对知青本人，还是对未来中国的发展，都是意义重大的。因此，到了"文革"后期，知青中出现了许多后来被学者称为"民间思想村落"的群体，绝不是偶然的：一方面是林彪事件发生后所产生的对长期被灌输的思想、文化观念的怀疑，另一方面也是在深入农村以后对"中国问题"的正视，这就逼得这一代人"重新思考与估价一切"，包括重新思考"中国向何处去"这样一些根本问题。应该说，正是这些思考，为"文革"结束以后的"思想解放运动"与改革开放，奠定了思想基础，并做了人才的准备：今天活跃在中国政治、经济、思想、文化、学术……各界的许多骨干，都有知青背景或在农村接受过再教育的经历，这是一个很值得重视的现象。他们在农村中获得的各不相同的经验教训，对他们今天的观念与行动都有重要的影响，自然也会不同程度地影响中国的现实，以至未来。大批知青深入中国的穷乡僻壤，同时也引起了农村的变化，在不同程度上促进了农村的建设，也为以后农村的变革作了一定的准备。据我所知，"文革"结束后从农村开始的中国变革的推动者中就有当年的知青。因此，在一定意义上，可以说，当年大批知青深入农村，对中国二十世纪最后二十年至今的变革，产生了直接与深远的影响。

值得深思的两个"为什么"

　　我们的历史回顾，到这里就暂告一个段落。我们不难注意到两个重要的现象。一个是中国知识分子、中国青年"到农村、民间去"的运动是伴随着整个二十世纪的中国历史的，这就是我上次在你们的总结会上，用多少有些文学化的语言说的：整整一个世纪，中国知识分子、中国青年可以说是"前赴后继"地奔赴农村，走向民间。这是为什么？另一个重要现象是，尽管知识分子每一次到农村去，都产生了不同程度的影响，但是，这样的影响大都是"雨过地皮湿"，于是，几乎知识分子每一代人下乡时，都要面对与前一代人所面临的几乎相同的问题，即中国农村的政治、经济、文化的全面落后与贫穷状况没有发生根本的改变。这又是为什么？思考这两个"为什么"，我想，对我们今天重新走向农村，是有着重要的意义的。但今天也只能出这么一个题目，或许以后我们再来找一个机会，作更深入的探讨。

谈"鲁迅论中国人和中国社会的改造"①

一　我们面临的问题和鲁迅的意义

我们今天读《鲁迅论中国人和社会的改造与发展》②，首先需要有一个全局视野，看看今天的中国人和中国社会已经发展到什么阶段，遇到了什么问题，需要我们去解决？这是我们首先要思考的。

在二〇〇九年新中国成立六十周年时，我曾经提出过这样一个问题：我们搞国庆，是在庆什么？我认为是在庆三个东西：第一，庆我们国家已经独立了，是一个独立自主的国家；第二，庆我们国家已经统一了，是一个高度统一的国家；第三，庆我们国家的经济获得了大发展，十三亿中国老百姓基本解决了温饱问题。在一个长期面临世界列强的压力，幅员广大、人口众多的东方大国，实现这三大国家目标，是件非常了不起的事。可以说是中国近百年来无数志士仁人流血牺牲奋斗的结果，确实来之不易。当然我们为此付出了血的代价，其中包括因我们自己的失误所造成的严重后果。这同时也就意味着我们民族历史上一个时代的结束，这个时代是以解决这三大历史任务为中心的。基本完成了这些任务以后，我们就将面临一个新的时代，或者说，我们正处在一个历史发展的新的十字路口：这样一个独立的、统一的、经济高速发展、基本解决

---

① 本文为《志愿者文化丛书·鲁迅卷》(三联书店即出）导读。

② 笔者 2010 年 3 月 27 日在上海宝山钢铁厂的讲演，见钱理群：《活着的鲁迅》，安徽大学出版社 2013 年 4 月出版。

了人民温饱问题的东方大国，将向何处去？这是一个举国、举世瞩目的问题，它关系到中国的未来，甚至会影响世界的发展。

在我看来，我们面临的是"四大重建"：制度重建、文化重建、价值重建、生活重建。也就是说，要创建一种最适合中国国情的，能够让每一个中国人过上幸福生活的，为中国老百姓所能接受并且欢迎的新的制度、新的文化、新的价值观和新的生活方式。

所谓"重建"，当然不是凭空创造，除了要总结我们自己发展的经验，以此作为基础之外，重要的是要广泛吸取各种思想资源、精神资源。

问题是，我们到哪里寻找思想资源？通常的想法，第一是向西方学习，向中国之外的东方世界，向日本、印度及其他国家、地区学习。这就是鲁迅所说的"拿来主义"，把一切有利于这"四大重建"的世界文明（包括西方文明和东方文明）的成果都拿来，为我所用。

第二是向中国传统学习。这在今天是有特别重要的意义的。理由也很简单：中国老百姓在中国这块土地上，已经生活了几千年，自然积累了大量的经验，形成了宝贵的传统。"四大重建"的根本目的是要让中国老百姓生活得幸福，重建要适合中国国情，符合民心民情、民族伦理和生活习惯，这就要求和民族传统结合，所以，学习和吸取中国传统经验，就成为当下中国的一个迫切任务。

但还有一个问题："中国传统""中国经验"，指的是什么？现在有一种说法：所谓"中国传统"，就是"儒家传统"。这有一定道理：儒家确实是处于中国古代传统的中心地位，有着决定性影响；但也有三个片面性：一是以儒家"一家"，代替了中国古代传统中的"百家"，像道家、法家、墨家，以及来自印度却在中国生了根的佛家，其实这些都是我们应该继承的传统。其二，讲中国传统不能只看在典籍里留下的古代文化，还不能忽视民间文化，特别是代代口传和身体力行所形成的民间伦理，比如我们每个人小时候从家里的老人那里接受下来的基本行为准则，如不能伤天害理、杀人、骗人等，这都是我们应该继承的民间伦理，这些年发生的道德沦丧问题很多都是因为突破了民间伦理的底线。

第三，也是最重要的。我们讲传统，不能只讲古代传统，而忽略现代传统：从"五四"算起，到今天已经九十年了；中华人民共和国也成立六十年了，早已经形成了传统。而且因为是现代，和我们最贴近，我们今天所遇到的许多问题，现代人也遇到过，他们是如何处理这些问题的，对我们就更具启发性。我曾经提出过一个"总结二十世纪中国经验"的命题，并且提出，要总结二十世纪中国经验，有三个人是绕不开的，一个是孙中山，一个是毛泽东，再一个就是鲁迅。孙中山、毛泽东的问题比较复杂，需要另作讨论，我们今天只谈鲁迅。

这里有一个对鲁迅的认识问题。通常我们都把鲁迅看作中国伟大的文学家，而忽略了鲁迅同时是一位伟大的现代思想家，而且是具有原创性的思想家和文学家。每一个民族都有一些作为民族思想源泉的原创性的思想家、文学家、政治家，当民族遇到问题的时候，就能够到他们那里去寻求思想资源和精神支持。奥巴马当选总统的时候，美国正处在金融危机的非常时期，由金融危机带来的是社会危机和精神危机，这是奥巴马必须面对的问题。他在就职演讲中就特别提到了林肯，提到林肯所创造的"美国精神"，他要用这种精神引领美国人民走出金融危机和精神危机。这是能够给我们启示的。在中国，在我看来，最具有原创性、源泉性的思想家是两个人，一个是孔子，一个是鲁迅，他们分别代表了中国最重要的两个传统：古代传统与现代传统。

鲁迅最关心的，他的思想的核心，是两个相互联系的问题，即"中国人的改造与发展"和"中国社会的改造与发展"。在这两个方面，他都有极其深刻的阐发。我们这里讨论的制度、文化、价值、生活重建，从另一个角度看，其实也就是在新的历史条件下，中国人和中国社会的改造与发展问题，因此，鲁迅的有关论述，对我们是特别具有启发性的，是有重大的现实意义的。

二 现代化目标："富国强兵"还是"立人"？

我们现在一起来读《鲁迅论中国人和社会的改造与发展》。这个材料分为四篇：目标篇一、目标篇二、道路篇、精神篇。我们先讲"目标"

问题。

我们都说，要建立一个文明的现代化的国家。问题是，到底要确立什么样的文明目标、现代化目标？这个问题是鲁迅一百年前所面临的问题，同时也是我们今天所面临的问题。

我们先来看鲁迅一百年前在《文化偏至论》里的论述。鲁迅用的是文言文，我们现在把它翻成白话。他是这么说的——

"请问那些自称'志士仁人'的先生们，你们要把富裕当作文明吗？那么请看犹太遗民，他们不是擅长积累财富，连欧洲最精明的商人都比不过他们吗？然而今天犹太人的遭遇又怎么样了呢？你们要把兴建铁路和开发矿业当作文明吗？那么，请看五十年来非澳两洲，都在兴建铁路，开发矿业，但这两大洲的土著民族的文化又怎样呢？你们要把议会政治当作文明吗？那么，请看西班牙、葡萄牙两个国家，立宪已经很久了，但这两个国家的情况又是怎样？现在欧美国家无不拿这些向全世界国家炫耀，其实强盛的根底还是在'人'，而物质不过是一个表面现象罢了。——要在天地间争生存，与各国争胜负，首要的任务就是在于'立人'，把'人'树立起来了，一切事情才好兴办；而'立人'的办法，就一定要尊重个性，发扬人的主观精神。假使不这样做，那么衰败、沦亡，恐怕就等不到几十年以后了。"

这里所讲的是两种不同的现代化目标、现代文明想象：一种是以物质富裕、科学技术的发展、议会民主，作为现代化目标；一种是以"立人"为中心，着重人的个体精神自由，以建立"人国"为目标。前者是鲁迅所要质疑的，后者则是鲁迅所主张与坚持的。

我们发现，前者却是一百年来，从鲁迅所在的二十世纪初延续到今天，在中国始终占据主导地位的现代化想象，也就是说，我们一直都在追求富裕、科学和民主这三大目标。而且应该说，这三大追求是有它的合理性的。

这合理性首先就在于，我们是一个东方的落后的大国。这是什么意思呢？就是说，中国的现代化是在一种特殊的情况下进行的：始终存在着一个"他者"，这个他者就是西方世界，中国的现代化建设始终是在西方巨大的压力下进行的。西方在很多地方都比我们强，第一比我们富裕，第二科学技术比我们发达，第三已经建立了现代民主国家。这就逼得我们必须老老实实向西方学习，拜西方为师。但是这个老师总是想侵略我们，到我们这里榨取他们现代化发展中需要的资源、劳力、市场，把他们在现代化过程中遇到的问题和后果转嫁给中国。所以，1949年以前中国一直是西方和日本的殖民地、半殖民地；1949年以后，西方世界和日本也一直在封锁我们。面对这样一个既是老师也是入侵者、殖民者的西方世界和日本，中国人只有一个选择，就是尽快地实现政治上的独立，在经济上赶超西方国家和日本，这就形成了一个世纪的赶超情结。

　　而要实现赶超的目标，大多数人认为首先要有一支强大的军队，以保证国家的独立；其次要使国家富裕起来。一要强兵，二要富国，这就形成了一个以富国强兵为中心的国家主义的现代化目标和路线。为什么说是"国家主义"的？因为它是以国家利益为中心的，要求个人利益服从于富国强兵的国家目标，并为之付出一切代价。可以说中国人一百年来走的就是这样一条道路。前面说经过百年奋斗，中国完成了三大历史任务，实际上就是基本实现了富国强兵的目标，而且在今后相当长的一段时间里，提高军队的现代化水平，发展经济和科学技术，增强国力，也还将是我们继续努力的目标。

　　但是，这样一个富国强兵的国家主义的现代化目标与路线，有没有问题？这正是我们今天需要反思的。现在看来，显然存在着两大问题。

　　首先，强调"富国""强兵"，过分了就会忽略"富民"。富国不一定等于富民，在我看来，这也正是当下中国所面临的最大问题：国家富了，但普通老百姓并没有富起来，或者说人民经济水平的提高赶不上国家经济发展的速度，就会带来两个问题。其一，国家富裕的成果，如果不能被普通百姓所享受，就会使改革开放失去民意基础。国家发展了，但人民不富裕，就必然失去人民的支持。其二，国富民穷，就意味着人民创造的物质财富被少数权力的掌握者攫取，就必然带来掌权者的腐败和两极分化。这正是当前中国社会问题层出不穷、群体性突发事件大有不断发展的趋势的根本原因。现在政府提出要注重民生，改善分配制度，其实就是要解决这个国富民穷的问题，解决改革开放的成果能否为所有的老百姓所享用这样一个关系改革开放合法性的问题。

最根本的，还是鲁迅在一百年前提出的问题：所谓现代化，现代文明、国家兴盛的"根柢"在哪里？鲁迅说得很明确："根柢在人"，物质与科学技术的发展只是"现象之末"。如果忽略了人，物质、科技、民主都有可能走向反面。鲁迅说人们追求物质富裕是不错的，但是如果把这种追求推向极端，变成物质崇拜、金钱崇拜，人就变成了物质的奴隶、金钱的奴隶；科学技术固然重要，但如果推向极端，变成科学主义、科学崇拜，同样会造成对人的精神、想象力和创造力的压抑；民主是好东西，但如果把民主推到极端，变成多数崇拜，也会形成对少数人的独立思考、精神自由的压抑，成了多数人专政，这也很可怕。鲁迅最关心的，是人的精神独立与自由。在他看来，中国人不仅会成为专制社会里的帝王的奴隶，在所谓现代文明社会里，也有可能成为物质的奴隶、金钱的奴隶、科技的奴隶，以致民主的奴隶。鲁迅一百年前提出的这一警告，当时大家都很难理解，但是现在我们理解了。因为很大程度上我们已经成为物质的奴隶了，所谓"房奴""车奴"，不都是我们每一个人时刻面临的危险吗？

这样，鲁迅不仅把他的批判锋芒，指向中国传统的"东方专制主义"，而且也指向了西方资本主义文明病，也可以叫作现代文明病。在一百年前，他就做出了这样的预言——

"从前是我们本身自发的偏颇，现在却是由于交通发达而传来了西方文明的新瘟疫，这两种病交相侵袭，就加快了中国沉没沦亡的速度。"

鲁迅当年的预警，确实有些超前；今天我们再来听鲁迅的这番话，就会觉得，他所指出的，实在是当下中国所面临的实际危险，是基本上实现了富国强兵的目标的中国所必须解决的问题。

这样，或许只有今天我们才懂得了鲁迅一百年前所提出的"立人"文明观、现代化目标的深意：首在"立人"，"人立而凡事举"，"必尊精神而张精神"，"国人之自觉至，个性张，沙聚之邦，由是转为人国"。在鲁迅看来，"人的个体精神自由"才是现代文明之根、现代化的根本目标。物质富裕了，科学技术发达了，如果没有人的个体精神自由，甚至以牺牲人的个体精神自由为代价，那么，我们绝不能说，中国已经是一个现代文明国家，已经实现了现代化，搞不好，还是南辕北辙，走岔路了。也就是说，我们要建立的不是"富国"，而是"人国"，"富国"是手段、过程，"人国"才是目的。

我们在讨论的一开始就指出，中国今天正处在十字路口，意思是说，我们经过一百年、六十年的努力奋斗，物质富裕、科技发展，都有了一定基础；这时候，就应该及时地实现一个转变，由富国强兵的国家主义的现代化路线转向以"立人"为中心的、以建立"人国"为目标的现代化路线。回顾改革开放的历史，我们的认识也是这样逐渐发展的：七十年代末、八十年代初期，改革开放起步的时候，我们的口号是"四个现代化"，建立现代工业、现代农业、现代国防、现代科学技术，这基本上就是一个富国强兵的发展路线；到新世纪就提出"以人为本"，实际上是标志着探索道路上认识的一个转变或者说发展。

当然，我们不必把鲁迅"立人"思想和"以人为本"思想简单等同，或作简单类比，毕竟二者之间还是有重要区别的。那是需要做专门研究与讨论的。今天我要强调的是，鲁迅"立人"思想对于我们确定新的现代化奋斗目标，是有很大的启示作用的。下面我稍微详细论述一下鲁迅"立人"思想到底包括什么样的内容。

鲁迅的"立人"思想包括三个概念：个人、精神和自由。

首先是"个体"或者"个人"。也就是说，我们讲的"人"，不是抽象的人，而是具体的、一个一个的生命个体的存在。这一点过去我也不甚理解，汶川地震促使我对这个问题有了进一步认识。当时提出的口号是"不放过抢救每一个生命"。从废墟里救出的生命，是一个一个地挖掘出来的，说"为人的生命负责"，所讲的就不是笼统的生命，而是要为每一个生命个体负责。确认这一点，非常重要。因为在中国传统文化观念里，人是家庭的人、社会的人、国家的人，而缺少"个体的人"的概念，因而缺乏对生命个体的意义和价值的爱护和尊重。所以鲁迅那一代首先就要强调个体的人。鲁迅还特意提出"个"的概念，他的个体精神自由的理念，首先建立在对个体生命的价值的强调上，所针对的就是中国文化的这一基本弱点。问题是，在以后很长的时间里，我们依然用抽象的人或者群体的人替换个体的人，特别是在富国强兵的路线下，更是无条件地强调国家、群体的价值、利益，而忽略人的个体生命的独立、自由，无视个人的利益与要求。譬如说，我们有一个口号是"为人民服务"，口号本身并不错，问题在于对"人民"的理解：是抽象的"人民"呢，还是具体的"个人"？有这样一个很有趣的争论：有人到百货公司买东西，服务员的态度很不好，这人很生气，就问："你不是为人民服务吗？你怎么这个态度啊？"服务员回应说："我是为人民服务，不是为你服务。"抽去了具体的服务对象，"为人民服务"就变成抽象的口号了。危险更在于，不为具体的一个个老百姓服务，就会变成为那些自称"人民代表"和"公仆"的官员服务。事实也正是如此：在我们国家里，为人民服务落实下来，常常变成为权力的执掌者服务。我们应该正本清源：为人民服务就是要实实在在地为每一个具体的生命个体负责，尊重、关爱每一个公民。对人的关心必须落实到每一个具体的个人身上，这是一条非常重要的原则，而且是一个非常实际的问题。

汶川地震还确立了一条原则：就是要给最危急、最困难，也是最需要帮助的人以及时救助。这就是说，我们要关爱、尊重每一个生命个体，首先要关爱、尊重弱小的生命。这就是鲁迅所倡导的"弱者本位、幼者本位"的观念。鲁迅举了一个最简单的例子。他说，你到农村去，看看那些乡下女人，她们往往有许多孩子，做母亲的最关心、照顾的，总是最小的或者最弱的孩子。她不是不爱其他孩子，而是因为那些强有力的孩子能够自力更生，自己照顾自己。鲁迅认为，这些农村妇女所提供的，不仅是一个治家之策，更是治国之策。我们讲以人为本，就要以民为本，以弱者、幼者为本，而不是以官为本，以强者、长者为本；而且不是停留在口头上，要落实到一个个的具体行动上。

鲁迅的第二个关键词，是"精神"，强调人的精神的意义。我们讲人的生命，不仅是指生理上的生命，更是指精神上的生命。"五四"时期对人有一个基本概括，叫"进化的动物"。在生理追求这个层面，人和动物是没有区别的，所以人有动物性；但人之所以区别于动物，或者高于动物，就在于人有精神追求。鲁迅有一句名言："我们目下的当务之急，是：一要生存，二要温饱，三要发展。"生存和温饱，是人和动物都有的需求，但发展却是人所特有的追求。合起来，生存、温饱和发展，就是人的基本要求，或者说是人的基本权利。我们现在讲"人权"，就是讲这三大权利，它们是不可分割的。问题是，现在有的人把人权限制在生存权和温饱权，而有意无意地忽略和漠视人的精神发展的权利。我们刚刚讲到弱势群体，在我看来，弱势群体之弱，不仅是物质贫困，更有精神贫困和权利贫困。讲扶贫，讲"三农"问题，重视物质扶贫，当然是重要的、基本的，但如果忽略精神贫困和权利贫困，也会形成误区，而且不能根本解决问题。

鲁迅的第三个关键词，是"自由"，这是人的精神发展的核心。鲁迅讲的精神自由，主要有两个方面：第一是指精神的独立，指独立思想，独立人格。每个人都是独立的精神个体，对任何人都不构成依附关系。第二是指人的精神自由创造和发展，也就是人的自觉精神、主观能动作用的充分发挥。要做到这两点，首先要保障每个人作为公民的民主权利。在自由和民主的关系上，民主是一个前提。

所谓"民主"，首先是每一个公民都应该有参与公共事务的权利。在这一点上，我们也存在一个认识与实践的误区。通常有一个说法，叫作做好本职工作，学生读好书，工人干好活，就尽到了自己的本分。这个要求，一方面是合理的，而且可以说是最基本的要求，但也会遮蔽一个实质性的问题：每个人都只管做本职工作，那么，公共事务谁去管？最简单的回答，实际情况也是这样的，就是国家由自称"公仆"的官员去管，工厂由专业的管理人员去管。从社会分工的角度说，这当然也有合理性，但问题是：官员、管理人员怎么产生？他们要不要接受监督？更重要的是，他们的权力是不是应该有限度和限制？如果剥夺了公民参与社会、参与公共事务的权利，剥夺了工人参与工厂管理的权利，由官员和管理人员垄断国家和工厂的公共领域、公共事务，就会产生极其严重的后果：一方面，必然导致"公仆"的异化，官员和管理人员很容易把垄断权力转化为资本，成为特殊利益群体，这是国家机关和企业产生腐败的根本原因；另一方面，也会对公民、工人的思想和精神产生消极的影响，形成另一种形式的异化。我们可以设想：当一个公民，一个工人，被完全排除在社会、工厂的公共领域之外，那他只能钻进个人和家庭的小天地里，斤斤计较于物质利益与享受。我们经常指责今天的年轻人越来越自私，以个人的小悲欢为整个世界，却从不检讨是我们成年人没有给他们提供足够的、开阔的公共空间；我们经常埋怨今天工厂里的工人，特别是青年工人，只关心拿多少工资，劳动毫无积极性，更谈不上创造性，对工厂的发展没有责任感，却不去反省正是我们自觉不自觉地剥夺了工人参与企业公共事务的权利，缩小了他们精神发展的空间。年轻一代和工人越来越个人化和物质化的根本原因，就在于个人精神发展空间的狭窄化，其背后，则是参与公共事务的民主权利的缺失，这是很值得我们反省和反思的。关于这个问题，我也是在汶川地震中得到启发的。汶川地震救援中最大的特点、最耀眼的一个方面就是青年志愿者的大量出现。我周围有一些年轻人，平时我总觉着他们特别自私，什么事都不关心，但是到了汶川地震的时候，他们都变了，他们非常关心地震灾情，很多人去做志愿服务，也就是参与公共事务。所以我觉得这些年志愿者运动的发展的意义就在于为青年人开拓了一个广大的公共空间、精神发展的空间，让青年在这些公共空间中发挥热情和能力。志愿者运动在这方面是可以给我们的国家管理、工厂管理以许多启示的。

讲到这里，可以作一个小结：个人、精神和自由，构成了鲁迅"立人"思想的三大核心。简单地说来，就是要保证每一个具体个体生命的生存、温饱和发展这三大权利，而发展权的核心就是精神的独立和精神的自由创造，前提就是保证每个人的民主权利，首先是参与公共事务的民主权利。

鲁迅在二十世纪初提出的"立人"思想，到三十年代又有了进一步的发展。这主要是晚年的鲁迅成了一个左翼知识分子，他对社会主义的向往深化了他的认识。这里有一个很有意思的问题：我们现在是社会主义国家，但如果要问"什么是社会主义"，恐怕很多人都说不清楚。那

么，鲁迅是怎么理解社会主义的呢？他有一个非常明确的说法：“一个
簇新的，真正空前的社会制度从地狱里涌现而出，几万万群众自己做了
支配自己命运的人。”这就是说，在鲁迅看来，社会主义是一个“簇新的，
真正空前的社会制度”，它的最主要的特征，就是“几万万群众”，主要
是社会底层的工人、农民群众，那些备受压迫与奴役的弱势群体，在政
治、经济上获得彻底解放，“自己做了支配自己命运的人”。这显然是他
早期的“立人”思想的重大发展：他的“弱者本位、幼者本位”的思想，
有了更明确的阶级指向，如他自己所说，他相信“唯新兴的无产阶级才
有将来”，从而更自觉地为工人、农民的政治、经济的解放而奋斗；而
他所追求的个体精神自由，更发展为每个人“自己支配自己命运”的社
会理想。

　　鲁迅的这一和社会主义理想结合在一起的发展了的“立人”思想，
很容易使我们想起马克思、恩格斯在《共产党宣言》里所提倡的新社会
理想：“代替那存在着阶级和阶级对立的资产阶级旧社会的，将是这样
一个联合体，在那里，每个人的自由发展，是一切人的自由发展的条件。”
恩格斯说，这条原则，是最能概括“未来新时代的精神”的。马克思、
恩格斯这里所说的以“每个人的自由发展”为前提的、追求“一切人的
自由发展”的“联合体”，与鲁迅所说的追求“个体精神自由”、使每个
人“自己支配自己命运”的“立人”理想，显然存在内在的一致性。在
我看来，这是可以为基本上实现了独立、统一、温饱这三大国家目标之
后的中国，提供一个新的理想目标的。也就是说，我们现在应该更加自
觉地去追求“每个人的自由发展”，确立每一个公民“自己支配自己的
命运”的主体性与独立性，以此作为国家现代化的新的长远目标，而且
这才是真正的社会主义的应有之义。

三　个人发展目标：“幸福的度日，合理的做人”

　　下面讲鲁迅的“立人”思想对我们每一个人的意义。这是《鲁迅论
中国人和社会的改造与发展》第二篇“目标篇二”所讨论的问题。

鲁迅对"立人"思想还有两段经典性的论述。

一是对我们前面已经提及的"一要生存，二要温饱，三要发展"，鲁迅还有这样的具体解释："我之所谓生存，并不是苟活；所谓温饱，并不是奢侈；所谓发展，也不是放纵。"

鲁迅先生的下一句话是：此后我们要"幸福的度日，合理的做人"。

这里，鲁迅实际上是给我们每一个人的发展提出了一个目标。"幸福的度日，合理的做人"的背后，是一个价值理念、生活理想的问题，所提出的是一个"幸福观"与"做人观"的大问题。

回顾我们每个人对幸福的理解，其实是有一个发展过程的。就我个人而言，我最早对幸福的理解，就是首先要有一个好的工作和稳定的收入，有一个基本的工作和生活条件。记得读大学时，我就定了三大幸福指标，就是"一间房，一本书，一杯茶"。在我的想象中，如果能坐在完全属于自己的书房里，自由自在地一边喝茶，一边读书，就是最大的幸福了。这是一个典型的读书人的幸福观，也可以说是我做了几十年的梦。因为在我们生活、成长的二十世纪的五六十年代，不但有一间独立的书房是一种奢望，而且追求"一本书，一杯茶"的生活方式，本身就是一种罪恶，因此受到了数不清也说不清的批判。今天诸位大概没有我这样的苦恼，但有一点应该是相同的：每个人最早的幸福观都是立足于物质基础上的幸福，也就是要解决生存、温饱问题。大概每一个年轻朋友，首先追求的，还是我当年的"一间房"，而且是住房，还不是书房。实际上，我们应当强调物质生活是人的幸福的基本保障。这一点，是不能动摇的。现在有人宣传幸福不在于物质，而在于个人心灵是否平静。对这种要求我们"安贫乐道"的说教，应该保持警惕。相反，我们应该理直气壮地维护自己的物质利益，争取自己的基本生存权和温饱权，物质基础是人的幸福的基本保证和前提。尤其在今天的中国，相当部分的人还没有解决这些问题，其中不仅包括已经和潜在的失业工人、农民工，还有这些年议论得最多的"蜗居"的"蚁民"，所以今天我们还是要强调物质对于幸福的基础性意义。

然而，对于大多数人来说，在解决了生存、温饱这两个问题以后，还会遇到新的问题，主要是精神发展的苦恼和不幸福感。我们现在面临的也是今天我要重点讲的问题是：基本解决温饱问题后我们如何理解幸福？什么叫"幸福的度日"？什么叫"合理的做人"？

我在准备这篇文章时，正好看到《南风窗》上有一篇文章谈到现在许多年轻人有三大不幸福感。

首先是不安全感。因为他们的幸福全部建立在物质基础上，他们的全部价值都捆绑在有一个稳定的工作、不错的收入上，一旦失去工作，收入降低，人就一无是处，这就产生了极其强烈的不安全感。特别是在金融危机的情况下，失业成为悬在每个人头上的利剑，工作中战战兢兢，唯恐得罪上司、老板，不得不主动加班加点，实际上把自己出卖给了公司，还整天惶惶不安。

其次，是突然失去目标的焦虑感。原来目标很明确：要有好工作、好收入，要有房子和车子等，而一旦目标实现或基本实现，就出现了一个问题：有了房子，有了汽车，又如何？反过来想想，自己为此付出了多大的代价？透支了健康，透支了情感，透支了生活，这样做到底为了什么？许多人都为此而焦虑。这是可以理解的：人毕竟是有精神追求的，单纯的物质享受是不可能成为人唯一的生活目标的。《南风窗》的这篇文章就提出了一个"心安何处"的问题。老百姓常说：心安是福，只有心有所安，才会有真正的幸福。但是，何处使我们心安，我们的精神的家园在哪里？失去生活目标，失去信仰，找不到精神家园，这大概就是现在基本已经解决了温饱问题以后的中国人普遍存在的最严重的问题。

最后，很多人还有孤独感。这是这些年来以物质生活为中心的发展以及竞争所带来的后果。在无休止的竞争中形成了一个"他人即敌人"的观念，即用敌意的眼光看周围的人，以"恶意假设"彼此对待，把别人做的事情都从坏的方面去想，比如现在很多人看到老人倒在地上而不敢去救，因为别人会怀疑你的动机。这样，人与人之间，就失去了最基本的信任感。医生不相信病人，病人不相信医生；老师不相信学生，学生不相信老师。自己释放恶意、敌意，又彼此交换恶意、敌意，这就极严重地毒化了社会环境。在这种情况下，传统的亲情、友情也逐渐淡化了。所以，有人说，我们上班是戴着面具的，回家摘下面具后就觉得只是孤单一人。这些年，在城市里，特别是在大城市里，不仅孩子玩游戏机，连大人也在玩游戏机，其实就是借此填补内心的空虚。这样的孤独感、空虚感，发展到极端，就导致了越来越多的自杀现象。

这一切，都反映了一种社会普遍精神危机。无情的事实提醒我们，在基本解决了温饱问题以后，最迫切的任务，就是要解决"心安何处"的问题，其核心就是鲁迅提出的"幸福观"的问题，我们要对已经习以为常的"以物质生活和享受为核心"的幸福观进行反思，建立一种更为合理的新的幸福观。

幸福观的问题不仅是中国的问题，同时也是全球性的问题。有意思的是，最早提出幸福问题的，不是经济发达的欧美国家和日本的人，而是东方的小国不丹的国王。他提出一个"国民幸福总值"的概念，强调要在物质生活和精神生活之间保持一种平衡，并提了四条标准：政治善治，经济增长，文化发展，环境保护。他说衡量一个国家的发展，不能只看经济发展总值，而应当从这四个方面做出综合评价。最近，中国有位学者提出了五项国民幸福指标：一是政治自由；二是经济发展的机会与社会参与的机会平等；三是要有安全保障；四是文化价值；五是要有环境保护。中国政府也曾提出过六项关于幸福的标准，可能大家平时不太关注，即：民主法治，公平正义，诚信友爱，充满活力，安定有序，人与自然和谐。这其实也是一种幸福观。民间对幸福也有自己的理解。比如民间解读"和谐"，说所谓的"和"就是有禾入口，所谓"谐"就是有言皆说、有话都可以说。这也可以看作民间的幸福观：首先，人人有饭吃；其次，人人可以自由讲话，不仅仅是言论自由，还包括人的精神自由，也就是要追求生存、温饱和发展的统一、物质和精神的统一。

这里的核心就是物质生活和精神生活的关系问题。在这方面，鲁迅也有很精彩的论述，《鲁迅论中国人和社会的改造与发展》里，专门有一节"致人性于全"就是讨论这个问题的。鲁迅讲了三句话：第一，"钱是要紧的"，物质是基础，人的本能欲望并非罪恶；第二，"自由不是钱所能买到的"，金钱并非万能，物质不能尽"人性之本"；第三，自由"能够为钱所卖掉"，如果对金钱崇尚过度，就会变成金钱的奴隶，失去精神自由。只注意外在的物质，抛弃内在的精神，就会为物欲所蔽，失去人的本性。鲁迅强调，要"致人性于全"，也就是说，要在满足人的物质欲望和精神自由发展之间，取得一种平衡，保证人性的全面、健康的发展。

"幸福观"，这不仅是一个价值观，同时也包含着一种对能给自己带来幸福的生活方式的选择。我在北京曾和许多青年志愿者讨论过：我们应当建立一种怎样的合理的理想的生活方式？我讲了五点。

第一，在基本上解决了温饱问题的前提下，我们应当追求简单的物质生活与丰富的精神生活。这也是从鲁迅的论述里引申出来的。鲁迅说，生存"并不是苟活"，就是说要追求活着的意义、价值与质量，最有意义、价值的生活就是精神生活，精神实为"人类生活之极颠"，"人生之第一义"，因此，追求精神生活的丰盈应该是无止境的，只有在这样的无止境的追求中，才会得到人之为人的幸福。精神的追求高了，在物质追求上就应该有所节制，这就是鲁迅说的，温饱"不是奢侈"，发展"不是放纵"，这就是"简单的物质生活"。其实，朴素、简单的生活，是更接近人的本性的，是一种更本色的人的生活。

关于如何丰富我们每一个人的精神生活，这是一个大题目，有许多文章可做。这里，只想对诸位提一个建议，就是要多读书，让读书成为我们的生活的重要内容，甚至成为生活的习惯。我经常说，读书最大的好处就是不受时间、空间的限制。我们每个人的日常生活的空间和时间、人际交往都是有限的，但我们可以通过读书超越时空，和百年之前，万里之遥的古今中外的人交友，这就极大地开拓了我们的精神空间。读书交友还有一个好处，就是可以"招之即来，挥之即去"。比如我们想到了孔夫子，打开《论语》，就可以和孔夫子对话；谈累了，合上书本，孔夫子就走了。这多好，多有意思！

第二，在紧张和安闲、进取和散淡之间取得一种平衡。现代生活是高度紧张化的，是不是可以有点变化？中国道家的传统追求散淡，儒家追求进取，我们能不能在儒、道之间寻取某种平衡？现在有一种理念叫"慢生活"，是有一定道理的。

第三，在城市生活和乡村生活之间寻取某种平衡。长期居住在城市的人能不能去乡村生活一段时间？因为人在大自然之中，是一种最理想的生活方式。我以前说过一句话：立足大地，仰望星空，这是一种最理想的人的生存方式，也是最理想的教育方式。人流动于城乡之间，是最理想也是最幸福的。顺便对于年轻的父母提一个建议，你们在培养子女的时候，是不是可以安排孩子每年到农村去生活几个星期或者一个月，不是去旅游，而是真正地生活，让你们的孩子与农村的孩子一起在田野里疯跑，在河水里游泳，这对孩子的发展是至关重要的。长期生活在城市，尤其像上海这样的大城市的狭窄空间里，是会束缚孩子的成长的。

第四，在体力劳动和脑力劳动中寻求某种平衡。这里我要特别强调的是手工劳动。因为现代化企业都已实现了机械化，这就造成了人的手越来越不灵巧的问题。手工劳动其实不仅仅是一种劳动，更关乎人的健全发展；所以，手工劳动是不能取消的。现在很多人设计的新生活方式，就是利用业余时间做手工活儿。美国就有手工俱乐部，大家一起织毛衣，或者男的自己打造皮箱，女的做皮包，全部活动都是手工完成，在互相交流中显示各自的创造力。

第五，在私人生活和公共生活中取得某种平衡。人不能完全把自己局限在家庭的私人生活中，应当适当地参与公共生活。要提倡一种志愿者的精神，把帮助别人作为一种生活的习惯，甚至生活的方式。我们不能只在参加志愿者活动时助人为乐，而应该在日常生活中，只要看到有人有困难，就立刻出手帮助，使之成为一种本能性的反应。

以上所谈的理想的幸福生活，有一个基本内容，就是要在各方面取得平衡：物质与精神的平衡；紧张和安闲、进取和散淡之间的平衡；城市生活和乡村生活之间的平衡；体力劳动和脑力劳动之间的平衡；私人生活和公共生活之间的平衡；等等。其中最核心的就是物质生活和精神生活之间的平衡。在我的理解里，这是"幸福的度日"的关键。

《鲁迅论中国人和社会的改造与发展》里，还有一个专节"自他两利"，这是讨论价值观、伦理观的，在某种程度上可以看作鲁迅的"合理的做人"思想的一个展开。我理解"合理"的关键就是要处理好自我与他人、个人和集体的关系。

不妨回顾一下，这一百年来，我们在处理自我与他人、个人与集体关系的问题上，有过很多次摇摆。我记得在我们年轻的时候最盛行的口号是"毫不利己、专门利人"，完全强调群体，强调"我们"，而无条件地牺牲个人，抹杀自我，这是二十世纪五六十年代的主流思潮，我们就是这样培养出来的，产生了很多很多问题。到了八九十年代，又走向了另一个极端，强调"我"，一切都从"我"出发。我们就这样来回摇摆：有"我"就没有"我们"，有"我们"就没有"我"。"那么，到底该如何处理"我"与"我们"的关系，如何处理自我和他人、个人和集体的关系呢？

我们来看鲁迅的观点。他谈了两个很有意思的看法。首先是"人各有己，人之大觉近矣"，就是说，每个人都感觉到自我的存在与价值，人群就接近彻底的觉悟了。这里强调的是，自我的觉醒是社会觉醒的基础与前提，这和我们前面谈到的马克思、恩格斯的"每个人的自由发展是一切人自由发展的条件"的观念是十分接近的。鲁迅还有一句话，"人各有己，不随风波，而中国亦以立"，即每个人都把握住自己，有独立的意志，不随波逐流，中国就可以真正站起来了。也就是说，国家的独立自主也必须建立在个人独立自主的基础上。因此，在鲁迅的思想中，个人的独立、自由、自主，对社会解放和国家发展是具有基础性、前提性的意义和价值的。这是建立在鲁迅对人性的一个基本把握上的：人的本性，首先表现为个体性。

但同时，人又具有群体性、社会性。于是，又有了鲁迅式的命题："无数的人们都和我有关。"因此，鲁迅说，"博大的诗人"，真正的知识分子，是能够"感得全人间世"的，也就是说，他能够感受人间一切欢乐与痛苦，而绝不是"咀嚼着身边的小小的悲欢，而且就看这小悲欢为全世界"。鲁迅进而说："看见别个被捉去被杀的事，在我，是比自己被杀更苦恼。"这是一种博大的精神和胸怀：他能够感受到自我的生命和他人生命的内在联系和沟通：别人的痛苦与不幸，就是自己的痛苦和不幸；人世间只要有一个人没有摆脱痛苦与不幸，自己就是不幸福的。这背后是有一个理念支撑的：只有在群体的发展中，才能真正实现个体的发展，个体的发展与群体、社会发展之间是存在着相依相存的关系的。

鲁迅由此而提出了"自他两利"的新的道德观、价值观。他说："道德这事，必须普遍，人人应做，人人能行，又于自他两利，才有存在的价值。"这也是"五四"那一代人的道德观；在我看来，今天也还不失其意义，可以作为一个基本的价值伦理观念：要把"为己"与"利他"统一起来，以取得"自我"和"集体"的关系、"我"和"我们"关系的协调、平衡。我们讲"合理的做人"，"合理"就是协调与平衡。根据鲁迅这一思想，我提出了一个"'我们'中的'我'，'我'中的'我们'"的概念。就是说，当强调"我们"的时候，不要忘记"我"，要记住"我们"的发展必须以"我"的发展作为基础；当强调"我"的时候，不能忘记"我们"，因为每个人的发展必须以集体的发展作为前提。也就是说，个人和集体，"我"和"我们"之间是互为前提的，根本的原因就是前面说到的人的本性上的两重性：人既有个人性，同时还有群体性、社会性，因此，我们只能在二者间寻求平衡，而不能用一个否定另一个，一个代替另一个。当然，这样的平衡，只能是一种动态的平衡，是在不断地矛盾、冲突，不断地协调过程中达到的相对的平衡。

做到了为己、利他的统一，正确处理了个人和群体的关系，就为"合理的做人"奠定了坚实的基础。除此之外，鲁迅还为如何"做人"提出了几项基本要求，概括起来就是三个字：真，诚，爱。每个字都有极强的针对性：在鲁迅看来，都是中国国民性里所缺失的。

首先是"真"。《鲁迅论中国人和社会的改造与发展》里有一节叫"真的猛士"，里面讲了两层意思。所谓"真"，就是要敢于正视历史与现实的"真相"，大胆地看取人生。鲁迅说：中国人最大的毛病，就是"万事闭眼睛，聊以自欺，而且欺人"。社会的问题，个人的不幸，仿佛眼睛一闭，就什么都不存在了，于是，无问题，无不满，也就无改革了。鲁迅不无沉重地说，就这样，"中国人更深地陷入瞒和骗的大泽中，甚而至于已经自己不觉得"。正因为如此，鲁迅不断地呼吁"真的猛士"，并且说："真的猛士，敢于直面惨淡的人生，敢于正视淋漓的鲜血，这是怎样的哀痛者与幸福者。"一个不断追寻，并敢于面对真相的人，当然会承担许多痛苦，但因为正视，就会去努力改变现状，从而收获苟活者不能想象的幸福。其实，我们每个人时刻都会遇到这样的选择：当遇到社会和个人生活中的问题时，是正视，还是闭上眼睛，是积极进取改变现状，还是消极逃避、苟活？就看你要如何做人，做什么人了。

"真"，还要敢于"说真话"。鲁迅曾有"无声的中国"之说，原因就是中国人不敢发出自己真实的声音，他因此号召青年人要"大胆地说话，勇敢地进行，忘掉了一切利害"，"将自己的真心话发表出来"。他说："只有真的声音，才能感动中国的人和世界的人；必须有了真的声音，才能和世界的人同在世界上生活。"只有大家都说真话，至少说"较真的话"，人们才能以"真心"相处，成为一个和谐的群体。

鲁迅还说过："我们民族最缺乏的东西是诚和爱。"

先说"诚"。这里也有两个层面：一是个人，做人要诚实，诚恳，讲诚信，言而有信；二是人与人的关系，彼此讲"诚信"，以诚待人，自然就会建立信任。这其实是当下中国最大的问题：不仅到处是"假、冒、伪、劣"，人与人之间更是失去了基本信任。这就造成了人与人关系的空前紧张：不仅是官与民之间，更是社会各群体之间——医生和病人之间，老师和学生之间，父母和子女之间等，这都是缺乏"诚信"的结果。

鲁迅最为关注、谈得最多的是"爱"。他有三个非常具有启发性的观点。

其一，他提倡"离绝了交换关系、利害关系的天性的爱"。他说："一个村妇哺乳婴儿的时候，绝不会想到自己正在施恩；一个农夫娶妻的时候，也绝不以为将来要放债。只是有了子女，即天然相爱，愿他生存；更进一步的，还要他比自己更好。"这是发自人的自然本性的爱，父母、子女之间，既不存在权力关系，也没有利害关系，只存在着建立在血缘关系上的无条件的、无私的爱。鲁迅进一步主张，要将"这天性的爱，更加扩张，更加醇化"，推广到全社会，至少首先觉醒的先觉者应该做到这一点，以"无我的爱"去对待每一个人。鲁迅说"我们要叫出没有爱的悲哀"，就是深感这样的无我、无私的爱的失落。今天的中国，连父母与子女之间也充满了权力带来的利害关系和交换关系。父母养育子女，就自以为有恩于子女，因而视子女为自己的财产，要求子女绝对服从于自己；更有父母将养育儿女视为投资，要求子女回报自己。这都是违背了人的天然的爱的本性的。事实上，权力关系、利害关系、交换关系已经渗透到今天中国人的人与人的关系中，这正是当下中国社会人与人关系空前紧张、淡漠的重要原因。鲁迅的爱的呼唤就显示出了特殊意义：我们要用出于人的自然本性的，超越了权力、利害、交换关系的爱，作为处理人与人关系的一个基本准则。

其二，鲁迅提倡的爱，是一种"幼者、弱者本位的爱"。这一点，在前面已有论述，就不多说了。

其三，鲁迅在追问爱的缺失的原因时认为，根本的问题是中国人缺乏对生命的敬畏和关爱。这是抓住了要害的。鲁迅写过一篇《兔和猫》，其中谈到他的一个观察和体验：一天，他在上班的路上，看见一只小狗被马车轧得快死了；晚上下班回来，再经过这里，却什么也没有了，只有许多行人在匆匆走着，仿佛一切都没有发生。"谁知道曾有一个生命断送在这里呢？"，鲁迅深深感到人对生命的淡漠，并由此反省自己："夏夜，常听到窗外苍蝇的悠长的吱吱的叫声，这一定是给蝇虎咬住了，然而我向来无所容心于其间，而别人并且听不到……"我自己每读到鲁迅这段文字，都受到很大的震动：鲁迅对一只狗的生命、一只苍蝇的生命，都如此动心动情，为自己对这些小动物的生命的痛苦与毁灭的麻木而自惭；而我们呢，连对人的生命的起码关爱都没有，在人的生命的毁灭面前，我们岂止无动于衷，有的还幸灾乐祸、落井下石。这不仅是麻木，更是一种残酷。鲁迅说，"造物主"（上帝）"实在将生命造得太滥，毁得太滥了"，大概是这样吧：中国人实在太多，太不值钱了。或许正因为如此，今天的中国，必须补这一课：要懂得生命的可贵，敬畏生命，关爱生命，这是我们前面所讨论的"立人"思想的根本，也是我们这里讨论的"如何做人"的根本。

真正要"合理的做人",最根本的,还是要解决人的"信仰"问题。这也是鲁迅所强调的,他有一个重要命题:"人无信无以立。"他说,人的心灵是必须有所寄托的,没有信仰,人就不能立身。他还说,真正的革新者内心是一定有"理想之光"的。他同时提醒我们,要警惕那些"伪士",这些人口头上大谈信仰,而且经常指责别人没有信仰,其实他自己是什么也不信从的,一切不过是利用而已;而且这些人还特别善变,今天这样说,明天那样说,仿佛信誓旦旦,其实不过是流氓。鲁迅说"伪士当去",也就是说,我们必须和"伪士"划清界限,建立起真正的信仰。如何建立自己的信仰,这是一个人生大问题,需要作更深入的讨论,今天只是把问题提出来,提醒大家注意。

四 "改革之路"与"开放之道"

在确立了国家、社会、个人的以"立人"为中心的发展目标以后,还有一个问题:怎样才能实现这一目标?这就是《鲁迅论中国人和社会的改造与发展》第三部分"道路篇"所要讨论的问题,其中主要讨论了两个问题:"改革之路"与"开放之道"。

先看"改革之路"。在鲁迅这里,"改革"与"革命""革新"是同一概念。

鲁迅首先提出的命题是"中国改革之不可缓"。他提了两条理由。其一,中国的历史与现状,都决定了中国改革"不可缓"。鲁迅认为,中国社会的危机,已经到了这样的程度,如不通过改革改变现状,不要说"真实自由幸福的生活"不可得,连"生存也为难"。其二,"倘不彻底改革,就要从'世界人'中挤出"。在十九世纪中后期,中国打开大门,成为"世界"的一个成员以后,中国的改革、中国的一切问题,就都必须放到世界的大格局里去考虑。鲁迅说:"想在现今的世界上,协同生长,挣一地位,即须有相当的进步的智识,道德,品格,思想,才能站得住脚。"中国如果不改革,赶上世界发展潮流,就有可能"失去了世界,却暂时仍要在这世界上住",鲁迅说,这是他的"大恐惧"。这可以说是中国几代人的共同恐惧与焦虑。今天，在经历了近百年，特别是近三十年的改革历程后，我们回过头来看鲁迅当年所说的改革的理由，自会有更深的体会；而且，即使到了今天，鲁迅说的这两条恐怕还是我们要继续改革的理由，甚至似乎更为迫切：不仅国内的社会危机又有了新的内容，而且世界已经进入全球化的时代，中国改革的全球背景也更为突出。

我想要讨论的是，中国在经过三十年的改革以后，要继续深化改革的"动力"问题。鲁迅有两个观点，非常值得我们注意。他说，"不满是向上的车轮"，"多有不自满的人的种类，永远前进，永远有希望。多有只知责人不知反省的人的种类，祸哉祸哉！"——这是一个极重要的提醒。不可否认，改革三十年，中国取得了举世瞩目的进步，在这样的情势下，最容易产生的就是盲目的自满，仿佛中国真的已经"崛起"，开始忙于歌颂"太平盛世"，忙于向世界推广"中国经验"，而回避中国改革现实存在的许多严重问题、危机和挑战，完全"不知反省"。这样，就有可能失去改革的动力而停滞不前，甚至走回头路，这是改革的真正危险。要知道，"不满"才是改革的不竭动力，永远不满足现状，不断批判现实，改革才能持续不断，才"永远有进步，永远有希望"。如果把鲁迅寄以希望的"多有不自满的人"视为改革的障碍，误以"动力"为"阻力"，最终损害的必定是改革自身。

鲁迅的另一个概括与判断更足以使我们清醒。他说："曾经阔气的要复古，正在阔气的要维持现状，未曾阔气的要革新。"所谓"阔气"，讲的就是利益问题；也就是说，改革发展到今天，所遇到的就是利益问题：所谓"曾经阔气"的，就是改革前的既得利益者，因此，他们反对改革，要求"复古"，回到改革前的状况去；所谓"正在阔气"的，就是当下的既得利益者，因此，他们要"维持现状"，不再有改革的动力，甚至成为改革的实际上的阻力；唯有"未曾阔气"的，他们没有充分享受改革的利益，甚至是利益受损者，因此，不满意现状，要求继续深化改革。这正是当下中国的改革所面临的最大问题：如何获取改革的新的动力？怎样处理改革中的利益关系？鲁迅的提醒，既是对中国改革的历史经验的总结，同时又具有极大的现实性。

鲁迅思考得最多的是中国改革的空前艰巨性，这是他的改革思想的重心所在。在这方面他有许多精彩的论述。这里只谈三点。

　　鲁迅首先提醒人们注意："体质和精神都已经硬化了的人民，对于极小的一点改革，也无不加以阻挠，表面上好像恐怕于自己不方便，其实是恐怕于自己不利，但所设的口实，却往往见得极其公正而且堂皇。"这就是说，改革的阻力不仅来自既得利益者，也可能来自普通老百姓。如鲁迅在《习惯与改革》里所说，真正深刻的改革必然触及社会的风俗与习惯的改革。这种习惯势力是几十年、几百年，甚至几千年来所形成的，并且是为大多数人所习以为常的。鲁迅说："社会上多数古人模模糊糊传下来的道理，实在无理可讲；能用历史和多数的力量，挤死不合意的人。"鲁迅因此将这样的千百年形成、千百万人所奉行的习惯势力，称为"无主名无意识的杀人团"。这就是说，这样的习惯势力的反对，常常是没有名目的，而且是无意识的，因此，鲁迅说："死于敌人的锋刃，不足悲苦，死于不知何来的暗器，却是悲苦。最悲苦的是死于慈母或爱人误进的毒药，战友乱发的流弹，病菌的并无恶意的侵入。"这是每一个改革者都会遇到的：反对者往往是自己最亲近的人，面对这样的出于善意的阻止，改革者是会有说不出的悲苦感的。鲁迅据此提出了一个极为深刻的概念："无物之阵"。就是说，你要进行某种改革，分明感到有阻力，但阻力却摸不着、说不出、抓不到，就和民间传说中的"鬼打墙"一样，其实那就是这里说的千百年、千万人的"习惯势力"。面对这样的习惯势力的阻碍，改革者往往会陷入不知所措的尴尬境地，但又必须认真对待：这正是改革特别艰难之处。

　　鲁迅的第二个提醒是：中国是一个"大染缸"，"每一新制度，新学术，传入中国，便如落在黑色染缸，立刻乌黑一团，化为济私助焰之具。"这一点，大概我们每个人都深有体会：许多很有价值的新观念，许多在外国行之有效的制度、措施，一旦进入中国，就全变味、变样、变质了。这里有两个问题，一是中国的体制有极强的同化力，如果只有新观念、新制度，而不进行体制的根本改革，就难免被同化的命运。二是鲁迅一再说的，是中国人的不认真，"中国人总喜欢一个'名'"，只要有新鲜的名目，便取来玩一通，不久连这名目也糟蹋了，便放开，另外又取一个"，新名词、新制度喊得震天响，不过是玩玩而已，并不准备认真实行，这样，骨子里不变，新思想、新制度不过是招牌和装饰，早已化为"济私助焰之具"，所谓"改革"也就变成了谋取私利的新的借口与手段。

鲁迅的第三个提醒是，严防改革的"反复"和"羼杂"："但看中国进化的情形，却有两种很特别的现象：一种是新的来了好久之后，而旧的又回复过来，即是反复；一种是新的来了好久之后，旧的并不废去，即是羼杂。"本来，反复和羼杂，是历史转型时期的改革中必然发生的现象；鲁迅所警惕的，是旧的复辟，导致改革的失败，以及以旧充新，旧事物和真正的新事物混杂在一起，导致改革的变质。

最后要说的是，尽管鲁迅对中国改革的复杂性、曲折性有充分的认识，但他依然认定：中国必须改革，中国一定要前进。生命总在进步，"什么都阻止他不得"。这是他对中国改革之路的一个基本认识："什么是路？就是从没路的地方践踏出来的，从只有荆棘的地方开辟出来的。以前早有路了，以后也该永远有路。"

我们大概也能从中得到一些激励吧。

《鲁迅论中国人和社会的改造与发展》的"道路篇"的第二部分是"开放之道"。

鲁迅在考察中国发展道路的时候，提出了一个"审己、知人"的任务："欲扬宗邦之真大，首在审己，亦必知人，比较既周，爰生自觉。"即要发扬民族的伟大精神，首先在于认识自己，同时也必须认识别人，只有周密地比较，才能产生自觉。但鲁迅又说，中国人真要做到"审己知人"并不容易，因为在中国的传统观念里，并没有"世界"，只有"天下"的概念，而且自以为中国从来就处于"天下"之"中央"的地位，没有可以较量的对手，因此傲视天下而关门称"老大"。在鲁迅看来，这是老大中国长期不得进步、逐渐走向没落的重要原因，以致到了近代，西方许多国家兴起，带着不同的思想文化来到东方，东西两种文化一经比较，中国才真正认识到自身文化的不足，产生了改革的自觉。

因此，在中国的改革中，始终存在着一个如何对待与己不同的西方文化和西方世界的问题，而这个"知人"的问题又是和"审己"即如何认识自己的问题联系在一起的。这正是我们长期以来，恐怕一直到今天都没有很好解决的问题。如鲁迅所说："中国人对于异族，历来只有两样称呼，一样是禽兽，一样是圣上，从没有称他朋友，认他也同我们一样的。"这里说的是两种倾向：或者把西方人当作"圣上"，一切以西方为准则，就像鲁迅说的，"言非西方之理弗道，事非西方之术弗行"，话不同于西方的就不讲，事不同于西方的就不做；或者视西方为无文化的"禽兽"，好像唯有中国才是"文明大国"，其所延续的正是前面说的唯我独尊的"中华中心主义"的思维。可以说，近百年来，中国和西方的关系，就始终在这两个极端之间摇摆，要么以西方为主子，自己为奴，要么以自己为主人，视西方为奴，从没有彼此以"朋友"平等相待。

这背后其实就是我们前面一再强调的主体性与独立性的缺失：自己没有主体性、独立性，也不尊重他人的主体性与独立性。在鲁迅看来，在处理中国和西方关系时，最重要的就是这个主体性与独立性的问题。他说，在中国汉唐两代，在吸取异族文化时是"毫不拘忌"的，原因就在于"魄力雄大"，"人民具有不至于为异族奴隶的自信心"，因此，能够以我为主，"拿来"一切于我有用的东西，"自由驱使"。鲁迅自己也一再"忠告"国人："即使老师是我们的仇敌罢，我们也应该向他学习。"敢于向敌人学习，这才是真正的建立在民族自信基础上的主体性和独立性的表现。

今天我们来讨论鲁迅的这些思想，是别有意义的。因为今天已经是一个全球化的时代，中国的发展已经越来越离不开世界的发展；同时，中国也以独立的姿态，在全球经济、政治生活中发挥着日益重要的作用，在西方老百姓的眼里，中国不再是遥远、神秘的，而是和他们的日常生活休戚相关的存在。这样，中国与西方如何相处，不仅事关中国自己发展，而且也会对世界的发展产生影响。在这样的情况下，中国自身最应该警惕的，就是"中华中心主义"思潮的泛滥，自以为中国又重新成为世界的"中心"，不再需要向西方学习，而是要向世界输出"中国经验"了。

"中华中心主义"的另一面，则是国家主义。鲁迅将其称为"合群的爱国的自大"："他们自己毫无特别的才能，可以夸示于人，所以把这国拿来做个影子；他们把国内的习惯制度抬得很高，赞美得了不得；他们的国粹，既然这样有荣光，他们自己也有荣光了！"这样，"古人所做所说的事，没一件不好，遵行还怕不及，怎敢说到改革？"在鲁迅看来，国家主义是极容易发展为保守主义的，最终必然成为前面所说的"正在阔气"的、维护既得利益的"维持现状"派，而成为继续改革的阻力——这些一针见血的分析，都显示了鲁迅思想的超前性，因而就具有了当下性；我们完全可以感觉到，他正在对着今天中国的现实发言。

五　鲁迅三大精神的启示

在明确了以上国家和个人的发展目标、发展道路以后，还有一个大问题：要以什么样的精神去实现目标？这就是《鲁迅论中国人和社会的改造与发展》第四篇"精神篇"所讨论的问题。在这方面，鲁迅精神更具有极大的启示意义。根据我的研究，鲁迅精神可以概括为三个方面：硬骨头精神、韧性精神和泥土精神。

何谓硬骨头精神？核心就是保持自己的独立性和主体性。鲁迅的骨头"硬"在哪里？就硬在他始终坚持自己的独立性和主体性，同时又尊重别人的独立性和主体性。这个问题，前面讲述的比较多，这里就不多说了。

我想着重谈谈韧性精神。什么是韧性？鲁迅打了一个很有趣的比方。他说天津有一类小流氓，也就是常说的"青皮"，你坐火车到达天津站，这些青皮就会跑上前来向你兜售生意，要帮你搬行李，你问要多少钱，他说要两块钱；你说这行李不重，是不是可以便宜点，他说要两块钱；你说路很近，是不是可以少一点，他说要两块钱；你最后说，算了，不要你搬了，他还是说要两块钱。他认准一个目标：要两块钱，就揪住不放，不达目的，绝不罢休。鲁迅说，这就是一种精神，"青皮固然是不足法的，而那韧性却大可以佩服"。

对于韧性精神，鲁迅还有两种说法，也很有意思。

鲁迅说，青年人最容易犯的一个毛病，就是"五分钟热度"：在决定做某一件事情的时候，把这件事想得十分美妙，兴奋得睡不着觉，恨不得马上就能达到目的；但具体去做的时候，遇到了挫折，便一下子从高空跌落下来，变得灰心丧气，连动都不想动。鲁迅分析说，之所以会这样，根本的原因，就是把中国的事情看得太容易。鲁迅反复告诫我们："中国太难改变了，即使搬动一张桌子，改装一个火炉，几乎也要血；而且即使有了血，也未必一定能搬动，能改装。"这绝不是鲁迅文学家式的夸张和想象，可以回顾一下，中国这些年的许多改革，便大多都是流血换来的。

重要的是鲁迅由此得出的结论。他说，必须树立起"改革，奋斗三十年，不够，就再一代，二代……"的观念，也就是说，要有一个"奋斗几代人"的战略思想。鲁迅说，这样的"几代人"的数目，"从个体看来，仿佛是可怕的，但倘若这一点就怕，便无药可救，只好甘心灭亡。因为在民族的历史上，这不过是极短时期，此外实没有更快的捷径"。

在我看来，这样的长期奋斗的战略思想与眼光、胸襟，不仅适用于国家的发展，同时，也应该是我们个人成长的指导方向与原则。这里有两个"长"：一切都要着眼于"长远发展"，要有"长期奋斗"的思想准备。国家如此，我们每一个人，也是如此：选定一个目标，就要一步一步地长期奋斗下去，哪怕奋斗一辈子，"实没有更快的捷径"。

鲁迅由此又提出两条原则，也很有意思。

鲁迅说，人但凡认准了一个目标，无外乎有两种态度：一种态度是为了实现这个目标，不吃不喝，痛哭流涕地拼命干，这样的干法顶多只能坚持一个星期或一个月。另一种态度是，认准了目标，一边干一边玩，比如说，一边干，一边看书，这样就可以坚持五年；一边干，一边看戏，大概可以坚持十年；一边干着，一边寻异性朋友，讲情话，就可能坚持五十年至一百年。我理解鲁迅的意思是说，要把你的奋斗目标化为日常生活的实践，和日常生活融合在一起，成为日常生活的一部分，不要把它看作特殊事情，用非常态的办法，不吃不喝不睡，那是难以长期坚持的；要把你的努力、奋斗常态化，这样就可以持续下去。这大概就是准备打"持久战"吧。

我把鲁迅提倡的做法，概括为"边玩边打"。其实人无非有三种活法：

一种是"只玩不打",就是没有奋斗目标,混日子,这大概为希望前进的青年所不取;另一种是"只打不玩",为了一个目标,拼了老命去干,而不懂得张弛之道,这恐怕也很难做到,更不容易被接受;第三种就是"边玩边打",一边在朝着自己的目标奋斗努力,一边该做什么就依然做什么,这大概是最可接受的,既合理又合情。

鲁迅对韧性精神的另一个说法是"慢而不息"。这里有两层意思。首先就是要"慢"。中国有句名言,"欲速则不达",就是此意。中国的事情太复杂,做事太难,不是你急就急得出来的,必须慢。中国的事情不能立竿见影,过于急功近利,在中国是行不通的,只能慢。一个"必须慢",一个"只能慢",这就是中国的国情。

这里,我要补充一点:"慢",不仅是中国国情所必须,更体现了尊重事物发展的客观规律的精神。我们曾经有过头脑发热,不尊重客观规律,盲目"大干快上",搞"大跃进",结果造成生产力大破坏的教训。我因此产生了一个想法,我们的建设、改革,是不是可以确立一条原则,就是"开始要早,步子要慢",也就是态度要积极,行动要谨慎,尤其是要小心决策,反复研究,反复讨论,反复试验,想不清楚看不准的事,绝不轻易开动,意见不一致,思想不统一,就不妨放一放,冷一冷,什么事都"留有余地"。这样虽然看起来慢了,但一旦想清楚看准了、意见统一了就坚决地做,一做就务必做好,做一件成一件,一步一个脚印,少走弯路,减少了返工,时间一长,就可以看出效果,反而快了。这就是"慢与快"的辩证法。

"慢"向"快"的转化,关键是在要"做",这就是鲁迅所强调的:不仅要"慢",更要"不息"。鲁迅打了一个比方,他说去看田径运动会,有两种运动员最值得尊敬,一种是跑在最前面得了冠军的,理所应当得到大家的尊重;但是并不是所有的人都跑得很快,也不是所有的人都可以成为冠军的,还有一种人,他虽然跑得慢,但他从不停息,并最后到达目的地,这种人也是值得尊敬的。而另一些人,开始跑得很快,但后来发现跑不过别人时便不跑了,半途而废了;更有人故意摔一跤,然后溜了。这些都不足取。鲁迅说,我们要提倡的是"不耻最后"的精神:"即使慢，驰而不息，纵令落后，纵令失败，但一定可以达到他所向的目标。"在我看来，这应该是我们每一个普通人，即所谓"笨人"（鲁迅说的"傻子"）的人生哲学、人生态度：认准一个目标，就锲而不舍地做下去，不怕落后，不怕失败，绝不放弃，绝不怠慢，这样，我们也能达到自己的目的，实现我们的理想。

最后是鲁迅倡导的"泥土精神"。泥土精神是鲁迅在北京师范大学附中的一次演讲中对年轻人提出来的。年轻人总是喜欢立大志，总是渴望自己成为天才。不是有一句有名的话吗："不想当将军的士兵绝不是好士兵。"这句话很有道理，因为人都是需要立大志的。但是，鲁迅提出了一个很有意思的观点，他说，天才固然重要，但是天才不是大家都能做得了的，我们大部分人是做不了天才的。做不了天才我们做什么呢？我们做"泥土"。做"泥土"这个目标，对大部分人来说是比较贴近的。而且鲁迅还说，天才是需要有泥土作为基础的，我们做不了天才，就做培育天才的泥土，也自有一种价值和意义。我想，鲁迅的这种说法是比较符合我们每一个人的，我们中间大概不会有多少天才，应该大部分都是"泥土"。

鲁迅说，"做泥土"是一个比较贴近的目标。不过，尽管它"贴近"我们每个人的实际，似乎比较容易做到，但既然是"目标"，也就有其不容易的一面：要做好泥土，也是要有精神支撑的。那么，什么是"泥土精神"呢？鲁迅也有三点论述，很值得注意。

其一，"不怕做小事情"。鲁迅说，"中国正需要做苦工的人，而这种人很少"，在中国，"实做的少，监督的太多，个个想做'工头'，所以苦工就更加吃苦"。鲁迅强调"做苦工"，其实就是提倡一种"实干精神"，而且要"切切实实，点点滴滴做下去"。鲁迅本人就是一个榜样，他说自己每天不停地做事情，"数十年来，不肯给手和眼睛闲空，但早已成了习惯，不觉得什么了"。

受鲁迅精神的启发，我曾向年轻人提了一个口号："想大问题，做小事情。"我们常常陷入两个极端，要么只想大问题，不屑于做小事情，陷入空谈：一群年轻人聚在一起，热血沸腾，高谈阔论，讲了一大堆理想、目标，谈完了回家后啥事也不干；要么埋头做小事情，不想大问题，陷入忙忙碌碌的日常事务，脑子里没有一个大目标，小事情就会逐渐烦琐化，看不到日常事务背后的意义，就会失去工作的持续动力。如何把高远的目标和实际工作结合起来，把理想和实干结合起来，把高远的理想落实在一件一件具体的事情上，正是鲁迅泥土精神的一个核心。

其二，要"认真做事"。这是鲁迅一再说及的，"日人太认真，而中国人却太不认真"，后者最大的毛病就是"将事情不当事"。我有不少的日本学术界的朋友，我觉得他们的学术研究的最大特点，就是极端认真，每一个细节都不放过，对每一件小的事情都精益求精，尽量做好，而我们中国人，无论做事做学问，都常常是马马虎虎，大而化之。为什么会有这样的差别？鲁迅认为，关键是中国人太会"做戏"。鲁迅有一句很深刻的概括："中国是一个文字的游戏国。"什么事情在我们这里只要换一个说法，就完全变了意思。比如明明是"失业"，我们称为"待业"，听起来感觉就好了许多，仿佛问题就不那样严重了。中国人还喜欢"宣传"。鲁迅有一篇文章，题目就叫《宣传与做戏》，说中国许多事情，都是"话一句耳"，只是说说，不准备认真做的。更可怕的是，"光说不做""做戏"已经成为一种游戏规则了，如果有哪一个人认真起来做事，反而会被当作傻子。因此，要做一个认真做事的"傻子"，在中国是一件很难的事情。

其三，鲁迅强调要"执着于现在"。中国人当对现实不满的时候，常常有两种逃路，一个是回忆过去，说过去怎么怎么好。大家大概都有这样的经验：这些年老同学特别喜欢聚会，据我的观察，聚会的主要内容就是怀旧，越是现实、处境不太好的同学，越是喜欢怀旧，把"过去"当作精神的避难所，仿佛一回忆起过去，现实的苦恼就都不存在了。还有一种逃路就是把什么都寄托在未来，说我现在不行，我以后会怎么怎么好起来。所以鲁迅说：我们"不是怀念'过去'，就是希望'将来'，而对于'现在'这个题目，都缴了白卷"。鲁迅的选择恰恰相反，他的一句名言是："仰慕往古的，回往古去罢！想出世的，快出世罢！想上天的，快上天罢！灵魂要离开肉体的，赶快离开罢！现在的地上，应该是执着现在，执着地上的人们居住的。"这是一个非常深刻的提醒：不管你对所面对的现实多么不满，你都必须正视它，只有正视现实，才有可能去改变现实。这是泥土精神更为深层的含义：一切从"改变现在"做起。

最后要说的是鲁迅对青年的"寄语"。鲁迅说,青年有睡着的,玩着的,也有醒者的;他所"寄语"的,也是他所期待的,主要是"醒着的"青年。其中有五层意思。第一,不要轻信那些自以为真理在握的假导师。第二,也不必拒绝成年人、老年人,"和他们谈谈是可以的",他们用生命换来的经验,是可以作为借鉴,应该认真吸取的。第三,也是鲁迅最要强调的,是实践和行动。新的价值理想的建立,新的人生目标的确立,都不可能仰赖书斋里的苦思冥想,而必须在实践与行动中不断思考与探索。特别是在历史的转折时期,在没有现成的规范可循,即"没有路"的情况下,人们只有一条出路:自己选一条似乎可走的路,"向着似乎可以生存的地方走",一边摸索,一边不断校正方向,总结经验,最后走出一条路来。正是这几乎一无所有、一无所依的空白地,给实践提供了最好的机会。这是一个"实践出希望"的时代,我们这样一个古老的停滞不前的民族与国家,只要千千万万普通的人民行动起来,进行探索、创造,就有希望。这就是鲁迅所说的:"希望本是无所谓有,无所谓无的。这正如地上的路,其实地上本没有路,走的人多了,也便成了路。"第四,鲁迅主张有追求、有理想的年轻人,要"寻朋友,联合起来",依靠集体的力量进行共同的探索和努力。特别是要前进的青年总是处在少数地位,在自己所生活的具体环境里,常常是孤立的。这样,要前进的青年就必须联合起来,组织起来,形成群体的力量,才能完成单独的个人所无法承担的事业,并在这一过程中,相濡以沫,获得精神上的相互理解、支持,摆脱孤独状态。最后,鲁迅又提醒年轻人:你们所要走的探索、追寻之路,将充满艰险,会遇到"深林""旷野"和"沙漠",会有失败与曲折,但你们同时又要有自信,因为"你们所多的是生力",可以用自力来克服一切困难,把命运掌握在自己手里。就像鲁迅所说的那样,"能做事的做事,能发声的发声。有一分热,发一分光","只是向上走,不必理会这冷笑与暗箭","几粒石子,任他们暗地里掷来;几滴秽水,任他们从背后泼来就是了"。

这都是可以作为我们的人生座右铭的。

乡村建设运动先驱四读

◆ 读晏阳初[①]

> 茫茫海宇寻同志，历尽了风尘，结合了同仁。
>
> 共事业，励精神，并肩作长城。
>
> 力恶不出己，一心为平民。
>
> 奋斗与牺牲，务把文盲除尽。
>
> 男男女女，老老少少，一起见光明。
>
> 一起见光明，青天无片云。
>
> 愈努力愈起劲，勇往向前程。
>
> 飞渡了黄河，踏过了昆仑，唤醒旧邦人。
>
> 大家齐做新民，意诚，心正，身修，家齐，国治，天下平。
>
> ——《平教同志歌》

在二十世纪二十、三十、四十年代中国平民教育和乡村建设运动中，晏阳初无疑是最重要的代表人物。如研究者所说，晏阳初所领导的教育和乡村改革实验，"无论就其规模之宏大、历史之长久、组织之严密、计划之周详、参加的教育与农业等专业人员之众多，以及运用现代教育理论指导实践的深度与广度来看，都是极为引人注目

---

① 本文为《志愿者文化丛书·晏阳初卷》（三联书店即出）的导读。

的"。① 晏阳初（一八九〇——一九九〇）在百岁人生的历程里，留下的是一个个辉煌的足迹，即晏阳初所说的"乡村改造运动史"上的"几个历史事件"②：一九一七年，在第一次世界大战的欧洲战场上，十七岁的晏阳初从事华工服务，为他们办汉文班，编《驻法华工周报》，认识了"苦力"之"苦"和"力"，由此走上了平民教育之路；一九二二年，作为青年会平民教育科的主持人，晏阳初又在长沙、武汉等地组织大规模的市民识字运动，他的同龄人毛泽东也是其中的义务教员，这是晏阳初平民教育在国内的小试身手；一九二三年，"中华平民教育促进会"正式成立，晏阳初被聘任为总干事；一九二九年，晏阳初走出了他一生事业中决定性的一步：到定县主持全面改革农村教育与建设的研究与实验，以此作为整个中国社会问题研究的试点，并创造了"定县主义"和"定县精神"；一九三二年，国民政府召开内政会议，通过县政改革案，晏阳初担任河北县政建设研究院院长，并以定县为县政建设实验区，这标志着定县实验进入一个以县政改革为中心的新阶段；一九三四年，全国乡村重建会议召开，全国乡村建设的团体达六百余个，实验区和实验点达一千余处，晏阳初的定县之外，梁漱溟领导的山东邹平、陶行知领导的南京晓庄、卢作孚领导的四川北碚、黄炎培领导的江苏昆山、高践四领导的无锡黄港实验都有很大影响，乡村建设实验蔚然成风；③一九三六年，晏阳初又应湖南省政府之请，创建衡山实验县；一九三七年抗战爆发，晏阳初立即组织"农民抗战教育团"，同时坚持乡村改造实验，并把范围扩展到四川新都和重庆附近的"第三专员区"的璧山、巴县、北碚、铜梁、綦县、合川、江北等县。一九四一年在重庆歇马场建立的乡村建设育才学院更是为抗战时期的乡村建设培养了大批人才；一九四八年，在晏阳初的推动下，美国众

---

① 宋恩荣：《〈晏阳初全集〉序言》，见《晏阳初全集》第1卷，第23页，湖南教育出版社1989年出版。

② 晏阳初：《在危地马拉训练班结业典礼上的讲话》（1965年4月29日），见《晏阳初全集》第2卷，第407页，湖南教育出版社1992年出版。

③ 参看刘重来：《卢作孚与民国乡村建设研究》，第52页，人民出版社2007年出版。

议院和参议院通过《晏阳初条款》，规定美国对华援助的百分之十用于支持中国乡村改造，中美遂成立农村复兴联合委员会，晏阳初为三位中国委员之一，后来"农复会"对台湾地区的土改、乡村改造，以至经济复兴都起了很大作用；一九五一年，晏阳初去职到美国，建立了国际平民教育运动委员会，并积极推动国际乡村改造运动（LMEM）；一九五八年，在晏阳初的倡导下，菲律宾创建了国际乡村改造学院，他先后协助菲律宾实行乡村改造三年计划，并协助亚洲的泰国和拉丁美洲的危地马拉、哥伦比亚成立乡村改造促进委员会。这样，定县实验的经验得到了世界范围内的推广，并适应第三世界各国不同的国情，有了新的创造与发展，晏阳初因此被称为"国际平民教育和乡村改造运动之父"。

如晏阳初自己所说，他"穷干，苦干，硬干"了一辈子，"从中国干到世界上干"。[1]他在《九十自述》里总结说："'三C'影响了我一生：孔子（Confucius），基督（Christ）和苦力（Cooties）。"面对各种赞扬与质疑，他如此"自剖"："我是怎样的一个人呢？我是中华文化与西方民主思想相结合的一个产儿。我确是有使命感和救世观；我是一个传教士，传的是平民教育，出发点是仁和爱。我是革命者，想以教育革除恶习败俗，去旧创新，却不注重以暴易暴，杀人放火。如果社会主义的定义是平等主义——机会和权益的平等，我也可以算是一个社会主义者，但我希望人类以和平的方式解决问题，故不赞成斗争，也不相信阶级决定人性。我相信，'人皆可以为舜尧'。圣奥古斯丁说：'在每一个灵魂的深处，都有神圣之物。'人类良知的普遍存在，也是我深信不疑的。"[2]

有意思的是，首先引起国际重视和认同的，是"革命者"晏阳初：一九四三年，美国纽约市科斯克图森科基金会和哥白尼逝世四百周年全美纪念委员会，成立了由世界百余所著名大学和研究机构代表组成的特别表扬委员会，推选"我们时代里具有哥白尼的革命精神"，"在

---

① 转引自吴福生：《我看晏阳初》，《晏阳初纪念文集》，第49页，重庆出版社1996年出版。

② 晏阳初：《九十自述（1987年）》，见《晏阳初全集》第2卷，第508、529—530页。

处理问题的思想和方法上已做出或正在做出具革命性意义的贡献"的"当代革命伟人",晏阳初和爱因斯坦、杜威、福特等十人同为获奖者。①一九四八年,国际东西方协会给晏阳初授奖时则称他为"出身于书香世家的中国人民的儿子和世界公民",并赞扬说:"你已准备了一整套不但能为中国,而且能为世界任何地方的平民改善生活,并被证明为行之有效的办法。你在世界黑暗之处点燃了一盏明灯。"②一九八三年,他在九十寿辰时③,获人民国际授予的艾森豪威尔大奖章,以表彰其"对世界和平和相互理解的特殊贡献"。一九八七年,美国总统里根为晏阳初颁发"杜绝饥饿终身成就奖",赞誉他"六十余年来,为杜绝第三世界饥饿和穷困根源,始终不渝地推广和开拓着一个持续而综合的计划"。④一九八八年,里根总统为晏阳初祝寿时又表示:"我始终相信,人们有潜力解决自身的问题。我很赞赏您为发扬这一思想所做的终身努力","您为免除人类的愚昧和贫穷所做出的贡献,是您赐予未来一代最宝贵的财富。您是一个真正的人!"⑤一九八九年,美国新任总统布什也为晏阳初祝寿,称"您是我们人类的颂歌",并这样谈到他对晏阳初思想的理解:"您已使无数的人认识到:任何一个儿童绝不只是有一张吃饭的嘴,而是具备无限潜力的、有两只劳动的手的、有价值的人。"⑥这都是非常到位的评价。但在中国,晏阳初却长期受到曲解并被强迫遗忘,直到一九八五年才由当时的全国人大常委会副委员长周谷城出面,邀请晏阳初回国访问,并给予重新评价,恢复了他的"享誉国内外的著名平民教育家、乡村改造运动的倡导者和实践家"的历史地

---

① 《晏阳初膺选"现代世界具有革命性贡献伟人"的文件》,见《晏阳初全集》第3卷,第797—798页,湖南教育出版社1992年出版。

② 《东西方协会主席和董事会的奖辞(1948年)》,见《晏阳初全集》第3卷,第799页。

③ 晏阳初本人一直认为自己出生于1893年,与卢作孚、梁漱溟、毛泽东同龄,1983年即为九十大寿,1988年、1989年即为九十五、九十六寿辰;但后来查晏氏家谱,才订正为1890年出生。

④ 《美国总统罗纳德·里根颁"杜绝饥饿终身成就奖"(1987年)》,见《晏阳初全集》第3卷,第302页。

⑤ 《罗纳德·里根致晏阳初95寿辰贺辞(1988年)》,见《晏阳初全集》第3卷,第803页。

⑥ 《乔治·布什致晏阳初96寿辰贺辞(1989年)》,见《晏阳初全集》第3卷,第804页。

位。① 近二三十年来，晏阳初得到了广泛的认同，人们赞扬他是中国农民的"真正朋友"②，说他"心中只有农民，他的一言一行都是为了农民的利益"，他"非凡的智慧和坚毅来自对农民的忠诚"③，"他彰显并证实了人类精神中的潜力和弹性"④。更重要的是，这些年陆续出现的一批青年志愿者，作为新一代的乡村建设者，他们以"晏阳初"命名自己的乡村建设基地，表明晏阳初的事业在他的祖国、故土有了继承人，这自然是意义重大、影响深远的。

晏阳初在他生前最后一次的公开演讲里表示："愿我毕生的工作——乡村改造——成为我的遗产。"⑤ 这是一份十分丰富厚重的遗产，它首先体现为一种广泛、持久、富有成效的实践活动，令后人永远怀想；同时，它更具有极大的理论含量，而且这是真正从中国现代社会实践中提炼出来的理论，是本土的又是现代的中国教育思想和乡村改造与建设思想，因此它也就能够超越其所产生的时代，而对中国现代教育与社会改造产生持续的影响，以致我们今天重读晏阳初当年的著述时，常常有亲聆教诲、如耳提面命之感。用我习惯的说法来说就是，晏阳初的思想和本丛书所讨论的鲁迅、梁漱溟、陶行知、卢作孚的思想一样，都"活在当代中国"。而我们要继承他们的遗产，也首先要通过阅读他们的著作，领悟其思想，感受其精神，并以之作为我们正在从事的改造中国农村教育与社会的新的实践的精神资源。

（一）

我们阅读晏阳初，要从他的一个隐忧开始。在前面的讨论里，我们

---

① 雷洁琼（全国人大常委会副委员长）：《晏阳初——平民教育运动的开拓者》，见《晏阳初纪念文集》，第 1 页。
② 胡絜青：《小小的认识》，见《晏阳初纪念文集》，第 2 页。
③ 陈志潜：《乡村建设的先驱》，见《晏阳初纪念文集》，第 8 页。
④ 吕健心：《我的自我认同过程》，见《晏阳初纪念文集》，第 87 页。
⑤ 转引自理查德·埃尔斯·大卫：《在晏阳初诞辰一百周年纪念会上的讲话》，见《志愿者文化丛书·晏阳初卷·语录》（以下简称《晏阳初语录》）。

提到，一九三四年，中国的平民教育与乡村改造运动出现了第一个高潮；在一九三五年的一次讲话里，晏阳初即发出了这样的警示："中国民众教育及农村建设，时至今日，空气如此浓厚，潮流如此高涨，这一方面可以说是好现象，另一方面也非常危险。当然大家热心提倡，固可以乐观，可是危险性即潜伏在其中。"他提醒人们注意历史的经验教训："中国自鸦片战争以后，不知有过多少次的大运动，当时的知识分子都是参加过的，而其结果，都是不久即变为无声无息。"在他看来，这也正是当时的乡村运动所面临的危机，"因为农村建设似乎已成为最时髦的口头禅，一般人似乎不无'抱着人云亦云，人做亦做'的心理来参加。至于怎样做法？什么人做？做些什么？——从这些方面去研究的人实在太少了"。他为此而忧心忡忡："我恐怕农村建设和民众教育再过几年以后，也要变成无声无息，蹈以往诸运动的覆辙了！"他于是大声疾呼："我们做农村建设和民众教育的同志们更须努力了！我们须明了现在中国民族的真问题之所在，然后抱着牺牲一切的精神去求其解决！"①

读了晏阳初先生的这些肺腑之言，我的心怦然而动：不仅为他的清醒、坚定、远见而感佩不已，更想到当下的中国志愿者运动和乡村改造运动——我们不也是这样，走过了最初创业的艰难，"志愿者"开始成为一种"时髦"和"口头禅"。但又有几人像当年的晏阳初这样，意识到"危险性即潜伏在其中"？或许我们就应该从这样的危机感和自省里，找到走近晏阳初的途径；而且我们也要带着当年晏阳初大声疾呼的两个问题：如何把握当代乡村运动的"真问题"，以及应抱着怎样的精神去"求其解决"，"怎样做法？什么人做？做些什么？"，以此为切入口，来阅读和讨论晏阳初的有关论述。

在我的理解里，这里有四个问题。

晏阳初是一位有着强烈、坚定的目标感与危机感、使命感的思想家与实践家。他的危机感，来自他认定，平民教育和乡村建设运动一旦成

---

① 晏阳初：《平民教育促进会工作演进的几个阶段》（1935 年 10 月），见《晏阳初全集》第 1 卷，第 393 页。

为"时髦的口头禅"，就有可能模糊甚至失去目标，从而无法完成自己的既定历史使命。在他看来，目标的确定与坚守，必须建立在深厚的哲理基础上，他在《九十自述》里，总结自己的人生经验，将之归结为"腹有哲理气自雄"①。因此，我们要关注与讨论的第一个问题就是——

▲ 做事情（即从事平民教育、乡村建设事业）的哲理基础与目标

晏阳初对自己的哲学基础与"目的"的概括是："保持和发展中国社会民主哲学的宝贵财产，引进和实行西方政治民主思想的精华，以此奠定现代民主中国的基础。"②这是传统民本主义思想和现代人本主义，人权、民主思想，人民主体思想的结合。我们可以从七个层面来展开讨论。

其一，晏阳初晚年在一篇总结自己一生追求的演讲里，开宗明义地说："我们从事乡村工作，主要的一个哲学就是'民为邦本，本固邦宁'。"③这确实是他的思想与实践的一个基本出发点与归宿。我们更应注意的，是他由此引发的关于中国发展道路与目标的思考："人民是国家的根本。要新中国成立，先要建民；要强国，先要强民；要富国，先要富民。世界上无论任何国家，都是一样，从来没有哪一个国家，是国势强大而人民衰弱与人民贫困。"④这一极其朴实的思想中，凝聚着中国现代化发展最深刻的历史教训：我们长期坚持的是一条"富国强兵"的国家主义发展路线，并要求人民为此付出一切牺牲，以致中国长期面临着晏阳初当年所担忧的"国势强大"而人民相对"衰弱"和"贫困"的矛盾。如晏阳初所说："名义上虽然号为民主国家，事实上不论人民全体或多数，甚至连少数，都没有解决问题的智能：遇着问题发生的时节，只是淡漠旁观，惊骇躲避，或是抑郁烦闷，暴躁妄为，相率为轨道外行动，形成

---

① 晏阳初：《九十自述》，见《晏阳初全集》第 2 卷，第 497 页。
② 晏阳初：《致 M. 菲尔德》（1945 年 4 月 28 日），见《晏阳初语录》。
③ 晏阳初：《我为什么第二次回到祖国》（1987 年 7 月 10 日），见《晏阳初语录》。
④ 晏阳初：《乡村改造运动十大信条》（1988 年 4 月），见《晏阳初语录》。

一种恶势力。这岂特为我中华自招致不幸，亦将延为全世界之浩劫。"①
晏阳初此文写于一九二七年，数十年后，中国的不少老百姓依然处于类似的境地，遇事"淡漠旁观""抑郁烦闷""暴躁妄为"的反应，已成为常态。在一定意义上可以说，这就是当代中国的"真问题"所在："民为邦本，本固邦宁"，人民若处于经济与社会、政治的弱势地位，国势强大也是虚空的，本不固，邦何以宁？因此，我们依然要回到历史的起点，像当年晏阳初所说，从根本上改变人民的"衰弱"与"贫困"状态，这是"平民教育的宗旨目的和最后的使命"。

其二，在晏阳初这里，作为国之"本"的"民"，是有明确的内涵、外延与指向的，那就是占中国人口 80% 的，"不会读与写"、处于贫困愚昧状态的、被排斥在"国家事务的管理"之外的"平民"即底层百姓。②晏阳初也把他们叫作"苦力"。随着晏阳初对中国国情的逐步深入的体认，他又进一步提出："'苦力'是谁？是农民"③，"农民是中国民众的最大重心，是民族的维系者与整个国家的依存者"④。他还作了很有意思的论证：不仅"乡下人占全人口的绝大多数"，而且"世居城市的市民，他们的祖先，什九都是乡下人"，因此"不但代表中国国民的应该是农民，连中国的人种也是出于农村"，结论是，"中国人的基础在农村"，"复兴民族，首当建设农村，首当建设农村的人"。⑤这样，晏阳初的民本主义思想就在农本主义这里找到了更为坚实的基础：这也是中国的传统。

晏阳初要追问的是："建设农村，既然这样重要，为什么不去建设呢？"他提出三个要点：一是"没有认识问题所在"，"真正的基础问题没有抓住"；二是"受西洋文化的影响"："西洋文化是工业文化，工业文化集中于城市。中国许多留学生，到西洋去搬回来的，就是这一套。

---

① 晏阳初：《平民教育的宗旨目的和最后的使命》（1927 年），见《晏阳初语录》。

② 晏阳初：《平民教育运动》（1924 年 9 月），见《晏阳初语录》。

③ 晏阳初：《在成都校友欢迎会上的讲话》（1985 年 9 月 18 日），见《晏阳初语录》。

④ 晏阳初：《关于我们为何发起农民抗战教育的广播稿》(1937 年 11 月 23 日)，见《晏阳初语录》。

⑤ 晏阳初：《农村建设要义》（1938 年 4 月），见《晏阳初语录》。

一切建设都以城市为中心，就无所谓农村建设"；三是"中国士大夫的麻木"："旧的士大夫，自居四民之首，不辨菽麦，不务稼穑，'村夫''农夫'成了他们骂人的口头禅！新的士大夫呢，才从东西洋回来，一样的不屑讲农村建设，斥农民为'麻木不仁'。"[①] 这都击中了问题的要害，今天仍不失其启示意义。

其三，由此引发的是一个重要问题：究竟应该如何看待中国的"苦力"（农民）？晏阳初回忆说，他的思想发展就是从思考这一问题为起点的："我哪里了解我的人民？真的一无所知。直到第一次世界大战期间服务于法国战场的华工，我才认识到我们的民众不仅是极痛苦的人民，而且这些苦力也是真正伟大的人民。"[②] 于是就有了第一个晏阳初式的命题："'苦力'之苦"与"'苦力'之力"，这构成了晏阳初所说的他发现的"新人物"（"苦力"）的不可忽略与分割的两个侧面：正是作为"苦力"的中国农民，承担了民族的苦难，也集中了民族的"潜伏力"，成为民族自救的依靠与希望。这样的"苦力（农民）观"，就突破了中国传统与西方的精英主义的民众观。因此，它同时引发的是对知识分子的反省，也是自我的反省。晏阳初提出了著名的"两盲"说："一种是生活在社会底层的不识字无知无识的瞎子，叫'文盲'；一种是虽有知有识，但处在社会上层，远离劳苦大众，不了解广大人民的疾苦，更看不到人民身上的潜在力量，这种人也是瞎子，我称之为'民盲'。"[③] 晏阳初把这叫作他的两个革命性的发现：既"学会了评价农民"，也"认识到我们自己——知识分子的无知"。[④] 由此产生的是"中国历史上第一次把学人和'苦力'联结起来"[⑤] 的自觉。这自然意义重大，我们在下文还会有进一步的讨论。

其四，晏阳初平民教育和乡村改造事业的另一个重要哲理基础，是

---

① 晏阳初：《农村建设要义》（1938 年 4 月），见《晏阳初语录》。
② 晏阳初：《抗日战争以来的平民教育》（1948 年 4 月 14 日），见《晏阳初语录》。
③ 晏阳初：《乡村改造运动十大信条》（1988 年 4 月），见《晏阳初语录》。
④ 晏阳初：《关于乡村改造运动的总结》（1965 年 4 月 22 日），见《晏阳初语录》。
⑤ 晏阳初：《发展国家的根本》（1947 年 9 月），见《晏阳初语录》。

人本主义思想。他几乎在一切场合都要强调，人是最根本的："土地、主权、人民三者，虽然都是立国的要素，而'人'更是要素的要素"①；"社会各种问题，不自发生，自'人'而生。发生问题的是'人'，解决问题的也是'人'"②；"中国今日的生死问题，不是别的，是民族衰老，民族堕落，民族涣散，根本的是'人'的问题，是构成了中国的主人，害了几千年积累而成的病，而且病至垂危，有无起生的方药的问题"③。由此得出的结论是："欲根本上解决（中国的）问题的方法，还非得从四万万民众身上去求不可"。④平民教育、农村改造运动正是对着中国"人的问题"，应运而生，它"担负着'民族再造'的使命"⑤。晏阳初因此郑重声明，"乡村改造仅仅是方法，而人的改造才是目的"，"我们乡村改造的目的不是使人们摆脱困境，而主要的是在摆脱困境的过程中，真正开发出个人和社会的发展与创造能力"，"使个人和社会都得到良好的全面发展"。对晏阳初来说，人是目的，促进人的全面发展，才是他从事平民教育、乡村改造事业的最终目标与使命。他最为担心的是："人们单纯地从教育和其他的立场来看待我们的事业。教育只是我们事业中的一个主要环节，不是我们事业的全部，这点请诸位注意！"⑥他所感到的最大危机，就是"如果我们只把注意力放在科学技术上，忘记了思想意识，总有一天我们会察觉人们可能越来越满足生活现状，很少去考虑生活的目的。他们可以吃饱饭，但却不能成为自由的人。如果我们只考虑填饱肚子，而忽略提供精神食粮，那是可悲的"⑦。晏阳初在这里提出的以"人"为"立国"第一要素，使"人"成为"全面发展"的"自由的人"的思想，和我们已经讨论过的鲁迅的"立人"思想是非常接近的；也可以说，这

---

① 晏阳初：《农村建设要义》（1938 年 4 月），见《晏阳初语录》。
② 晏阳初：《平民教育的宗旨目的和最后的使命》（1927 年），见《晏阳初语录》。
③ 晏阳初：《农村运动的使命》（1934 年 10 月），见《晏阳初语录》。
④ 晏阳初：《平民教育的宗旨目的和最后的使命》（1927 年），见《晏阳初语录》。
⑤ 晏阳初：《农村运动的使命》（1934 年 10 月），见《晏阳初语录》。
⑥ 晏阳初：《乡村改造运动十大信条》（1988 年 4 月），见《晏阳初语录》。
⑦ 晏阳初：《接受拉蒙·马可赛赛奖的答谢词》（1960 年 8 月 31 日），见《晏阳初语录》。

样的"立人"理想是几位乡村建设运动先驱所共有的：卢作孚同样强调"人的训练"的第一位意义，梁漱溟、陶行知也都如此。这对我们今天从事平民教育与乡村改造工作的人是一个重要提醒：我们的工作，必须从推动农村教育和经济发展入手，但却要防止眼光局限于此，而模糊了、甚至忘记了我们的"立人"目标与使命，那就会出现晏阳初所担忧的"吃饱饭，但却不能成为自由的人"的危险，那确实"是可悲的"。这并不是危言耸听，而正是当下中国面临的危机。

其五，于是，又有了进一步的讨论：要"立"什么样的"人"？晏阳初因此提出了"新民"的概念，更准确地说，是他赋予了梁启超的"新民"概念以新的内涵：一是"有知识，有生产力，有公共心的整个的人"[①]；一是要"创造新的公民"[②]。这样，就如前文所说，晏阳初把"西方政治民主思想的精华"的"公民"概念引入了中国传统的"民"的概念中，将西方民主自由平等思想和他所说的"中国社会民主哲学"即民本思想结合了起来。他因此赋予"平民教育"中的"平"以新的含义："一七七六年美国的《独立宣言》、一七八九年法国《人权宣言》都表明了'人人生而平等'的思想。一九四八年联合国大会通过了《世界人权宣言》，进一步发挥了这一基本思想"，"对待中国的平民百姓，特别是占人口总数85%的农民，我们要从心底里把他们看作和我们一样平等的人"，"平民"二字中的"平"，就"含有'平等'的意思。首先是人格平等，其次是机会平等，只有当实现真正平等的时候，天下才能'太平'"[③]。这样，晏阳初就将他所提出的"人的全面、自由发展"的目标，具体落实为要首先保证农民全面的"公民"权利，即"言论、出版、信仰的自由"，和"民治，民有，民享的民主政治"权利；晏阳初强调："民主政治主要的关键不在民享、民有，基本的还是民治。无民治，谈民享，你不配；谈民有，他不给你。若是真能民治，他敢不让你享，敢不让你

①　晏阳初：《平民教育概论》（1928年4月），见《晏阳初语录》。
②　晏阳初：《告语人民》（1945年3月），见《晏阳初语录》。
③　晏阳初：《乡村改造运动十大信条》（1988年4月），见《晏阳初语录》。

有吗?"因此,他提出:"我们要研究,子子孙孙地研究,寻求实施民治的方案,教育民众,达到民治的目的。"他的平民教育与乡村建设研究与实验,因此也就具有了更深刻的内涵:"平民教育即平民的政治教育,也唯平民教育,教育全国人民自己管理自己的事情,才能救中国。"①

这里,晏阳初对公民权利的理解,已经超出了《独立宣言》《人权宣言》的范围,而强调"人民自己管理自己的事情"以及"真正参与国家事务的管理"的权利,②这或许是更为重要,影响也更深远的。

其六,于是就有了"农民是乡村改造的主力"的命题。在晏阳初看来,平民教育与乡村改造的成败,取决于"千百万劳苦大众的自觉参与"③。他一再告诫运动的参与者:绝不能把"农村运动看作就是农村救济","就是'办模范村'",那就"未免把农村运动的悠久性和根本性""普遍性和远大性"抹杀了④。只有平民教育、乡村改造不再是外来的救济或强加,而成为农民自己的事业,农民"学会管理自己的平民学校、现代化农场和他们的合作社、保健院","有能力管理自己的社会和经济福利","改造自己的生存环境",而且进一步"管理自己的政府"时,平民教育和乡村改造运动才能真正在农村、农民中扎下根来,打下坚实的基础,获得悠久而远大发展的生机。⑤在晏阳初看来,要发挥农民在乡村教育与改造中的主力作用,保证其主体地位,就必须通过平民教育,激发农民觉醒;通过社会、经济、政治的全面改造,保障农民的权利,并把农民组织起来。有了"真正的、自动的、内发的组织",农民就不再是处于无力无助地位的单独个体,而可以以独立组织的力量,参与社会、经济、政治上的博弈,争取和维护自己的权利,农民才有可能真正掌握自己的命运,成为农村社会的主人。⑥这样,晏阳初也就抓住了平民教育与乡

---

① 晏阳初:《战后乡建工作努力的方向》(1942年5月11日),见《晏阳初语录》。
② 晏阳初:《平民教育运动》(1924年9月),见《晏阳初语录》。
③ 晏阳初:《乡村改造运动十大信条》(1988年4月),见《晏阳初语录》。
④ 晏阳初:《农村运动的使命》(1934年10月),见《晏阳初语录》。
⑤ 晏阳初:《告语人民》(1945年3月),见《晏阳初语录》。
⑥ 晏阳初:《十年来的中国乡村建设》(1937年),见《晏阳初语录》。

村改造的关键。

这里，就有了一个农民的主体作用与知识分子参与的关系，也即前文所提到的"学人"与"苦力"的关系问题。晏阳初指出，应该警惕两种倾向。一种是"为人民做事情，这是救济"，其实质就是把农民视为"被代表"的被动接受救济的对象，自己"代表"人民去为他们谋利，这样做，即使主观上是真诚的，也是"代民做主，恩赐于民"。这仍然是一个精英主义甚至是统治者的立场与思路。另一种是"事事都要人民去办，办法要人民出，头儿要人民去带"，这是典型的把农民理想化，把农民主体作用绝对化的民粹主义的立场与思路。晏阳初说："那么就没有什么事情需要我们做了。"这一语道破了实质：表面的激进背后是隐含着一种取消主义的逻辑的。[1] 实际情况是："单是乡下人解决不了乡村问题。因为乡下人对于问题只能直觉地感觉到，而对于问题的来源，他们不能了解认识。"任何了解与正视农村现实的人，都会承认："乡村问题的解决，第一固然需要靠乡下人为主力，第二亦必须靠有知识，有眼光，有新方法、新技术（这些都是乡村人所没有的）的人与他们结合起来，方能解决问题。"[2] 这看起来是常理常识，但我们却总是在精英主义与民粹主义两个极端间来回摇摆——晏阳初称之为"钟摆"现象。要走出困境，就只有回到中点，即"中庸"的办法上，"既不要事事都替人民办，也不要事事都完全依靠人民自己去办"，而是"一道去做"。这样，知识分子和农民的关系，就是一种"合作关系"，是"同人民一起设计"，一起实践。[3] 于是就有了乡村建设者的自我定位："我们不是包打天下的英雄，我们不是解救众生的基督，我们只是广大平民的朋友。"[4] 位置摆正了，事情就好办了。

最后，晏阳初把他的思想与追求归结为两个重要的概念："民族自

---

① 晏阳初：《对国际乡村改造学院全体职员的讲话》（1974 年 9 月 2 日），见《晏阳初语录》。

② 晏阳初：《十年来的中国乡村建设》（1937 年），见《晏阳初语录》。

③ 晏阳初：《对国际乡村改造学院全体职员的讲话》（1974 年 9 月 2 日），见《晏阳初语录》。

④ 晏阳初：《乡村改造运动十大信条》（1988 年 4 月），见《晏阳初语录》。

觉"和"文化自觉",这一点,恰恰为许多论者所忽略。他解释说:"所谓民族自觉,就是自力更生的觉悟。"面临外来侵略和压力,空喊"救国"口号是无用的,必须"沉下心来,反求诸己","非靠自己的力量谋更生不可";而"民族基本力量都蕴藏在这大多数人——农民——身上。所以要谋自力更生必须在农民身上想办法。而自力更生的途径也必须走乡建一条路"。这样,晏阳初就赋予他所从事的乡村改造事业以"自力更生谋求民族自立与解放"的意义,在"民族自觉"里找到了自身的价值。

在现代中国,除民族危机之外,更有文化危机。如晏阳初所分析的,一方面,"中国近百年来因与西方文化接触,反映出自己文化的落后";另一方面,"固有文化既失去其统裁力,而新的生活方式又未能建立起来",从而出现了"文化失调的现象"。由此激发出了新的"文化自觉"[1],即"自尊自信,自己创造"出适合中国国情的教育、文化、建设发展之路[2]。晏阳初因此强调他的平民教育和乡村改造,是"东洋、西洋所没有的","世界上特殊"的"自有人类以来最大的"的实验,"要想抄袭,绝不可能"[3]。在他看来,以往的许多教育和乡村改造之所以失败,"一个大原因"就是"奴隶式的抄袭外人,漠视国情";要创造出新教育、新乡村,就"非有实地的、彻底的研究不可","对于本国的历史文化环境务必彻底研究,以求得根据;对于外国方面的,亦可引为参考,以期适合世界潮流"。[4]晏阳初的选择,使我们很容易就联想起鲁迅在二十世纪初的选择:"外之既不落后于世界之思潮,内之仍弗失固有之血脉"而"别立新宗"。[5]这是一代人的"文化自觉",是一份极其宝贵的文化遗产。

---

① 晏阳初:《十年来的中国乡村建设》(1937年),见《晏阳初语录》。
② 晏阳初:《"误教"与"无教"》(1936年10月17日),见《晏阳初语录》。
③ 晏阳初:《平民教育的真义》(1927年),见《晏阳初语录》。
④ 晏阳初:《"平民"的公民教育之我见》(1926年4月),见《晏阳初语录》。
⑤ 鲁迅:《文化偏至论》(1907年),见《鲁迅全集》第1卷,第57页,人民文学出版社2005年出版。

当然，也存在着深刻的历史教训。这也是我们一开始就讨论到的，晏阳初念兹在兹、几乎每次改革都难以避免的命运："在某一时代，某一位名高望重的人出来提倡一种运动，社会上也就风靡一时地随着动起来。等到时过境迁，当年的蓬勃热闹，也就消沉下去。"晏阳初在追问其原因时，归结为两点。一种情况是"运动的发动，不合人民的需要"[1]。对此，晏阳初在另一篇文章里作了更进一步的分析："许多大人物的思想里，他们在制订世界计划时的依据，只是他们主观认定的所谓人民的需要，实际上他们根本没有认真探索人民究竟缺的是什么。一个强加于人民的计划，即使其出发点是为了人民的利益，也会由于满足不了其真正需要而宣告失败。"[2]这是极富启发性的：几乎所有的改革，都要打着"人民的需要"的旗帜，这就存在着"掉包"的危险：假借人民需要，谋求个人或某个利益集团的利益。对这样的"挂羊头卖狗肉"的"改革"，我们必须保持高度的警惕。还有一种情况，就是"把自己主观认定的所谓人民的需要"当作"人民的需要"，结果就会"好心办坏事"，走到自己主观愿望的反面。我就曾经提醒过志愿者朋友：绝不能想当然地认为，我们怀着善良的愿望为农民做事，就一定会给农民带来好处；[3]关键还是晏阳初所说的，一定要"认真探索农民究竟缺的是什么"，务必要使我们的改革能够满足农民的"真正需要"，而且即使是符合农民需要的，也不能"强加于"农民。离开了农民的自愿参与的改革，结果也会适得其反。这是一个重要的历史教训：凡是不能满足农民真正需要，并为农民所接受的乡村改造运动，都不可能持久。

晏阳初分析，历史上的改革运动最后不免半途而废的另一个重要原因，就是"不能在民众身上立基础，没有生根，自然不能生长，不能永存"。[4]这正是我们前面讨论的重点：所谓"在民众身上立基础"，就是

---

[1] 晏阳初：《农村建设要义》（1938 年 4 月），见《晏阳初语录》。

[2] 晏阳初：《告语人民》（1945 年 3 月），见《晏阳初语录》。

[3] 参看钱理群：《我的两个提醒》（2007 年），见《致青年朋友》，第 131 页，中国长安出版社 2008 年出版。

[4] 晏阳初：《农村建设要义》（1938 年 4 月），见《晏阳初语录》。

要实现农民思想的觉醒，权利的自主，以及组织化，使农民成为乡村改造的主体，真正掌握自己的命运：这是乡村改造运动能否在农村"生根"的关键，也是我们要讨论的问题的症结所在。记得二〇〇一年我最初接触志愿者运动时，曾经作过一个报告，谈一个世纪以来知识分子"到农村去"运动历史，最后总结出两个"为什么"："中国知识分子、中国青年可以说是'前赴后继'地奔赴农村，走向民间，这是为什么？""尽管知识分子每一次到农村去，都产生了一定的影响，但是，这样的影响大都是'雨过地皮湿'。于是，几乎知识分子每一代人下乡时，都要面对与前一代人所面临的几乎相同的问题，即中国农村的政治、经济、文化的全面落后与贫穷的状况，没有发生根本的改变。这是为什么？"[1] 现在，我们可以回答了："雨过地皮湿"的根本原因，是"知识分子到农村去"的运动，基本上是一个晏阳初所批评与警惕的"救济"运动，是外在于农民、"为农民做事"的模式，农民的觉醒、权利与组织的问题始终没有解决，农民的主体地位始终没有确立。只要乡村改造运动没有成为农民自己的运动，一旦"外来者"离去，"一切恢复原状"就是必然的结局。而乡村的问题又是必须解决的，这样，一代又一代有理想的知识分子"前赴后继"，也是必然的。我更为关注与忧虑的，是这样的历史并没有结束，还在以新的方式继续：不但晏阳初所尖锐批评的"救济式"的、"建立模范村式"的乡村建设模式依然盛行，而且现在又有了新的理论与实践：把农村问题简化为单纯的"民生"问题、"农民致富"问题——不是说民生、致富不重要，而是若以此来遮蔽更为重要与根本的农民的权利（包括组织权）问题，那就会出现晏阳初所担心的"农民吃饱了，依然不是自由人"的危险。这又使我想起了当代农村改革前辈杜润生老先生在二〇〇〇年提出的"农村发展的根本问题是使农民成为'自由人'"的观点，他强调要给农民三大权利，即经济上发展更大的自由与自主权，政治上发展乡村民间组织的权利，以及平等的受教育权。[2] 这和晏阳初

---

[1] 参看钱理群：《我们需要农村，农村需要我们》(2001 年)，见《致青年朋友》，第 94 页。
[2] 同上书，第 110 页。

的理想是不谋而合的，在我看来，这也应该是今天乡村改造运动的目标，离开了这一目标，乡村改造运动就有变质与夭折的危险。

▌（二）

现在，我们来讨论晏阳初平民教育与乡村改造思想的第二个问题——

▲ 做什么？——平民教育与乡村改造的基本任务与内容

晏阳初是一位提倡创造性、又极富创造力的思想家与实践家，他强调："平（民）教（育）工作应是创造而不是守成"，"层层推进，日新又日新，才是平教运动的本色"。①晏阳初领导的平民教育与乡村改造运动，就是这样一个"层层推进"，不断有新创造、新开拓，所做事情的内涵与外延逐渐扩大的历史过程。今天来回顾，它大体上经过了四个阶段，有三次意义重大的转折。

晏阳初于一九一七年开始投身平民教育，到一九二九年开创定县实验，这十二年时间，主要精力都集中在中国平民教育的开拓与推动上。他曾给"平民教育"下过一个经典定义，也是他的宗旨所在："平民教育是对于十二岁以上不识字的及识字而缺乏常识的全国青年男女所施的教育"②，这是"不论男女、老幼、贫富、贵贱，皆有参加的机会"的"人人有份"的教育运动，③而其主要活动范围则集中在大中城市，是以市民为主要服务对象的。但是，一九二九年开始定县平民教育实验后，他就从以市民为主的平民教育，转向了"农民教育"。晏阳初在一九三四年写的一篇文章里有明确的说明："从民众教育的立场说，人人都应该受

---

① 晏阳初：《在平教会长沙办事处周会上的讲话》（1937年5月），见《晏阳初语录》。
② 晏阳初：《"平民"的公民教育之我见》(1926年4月)，见《晏阳初语录》。
③ 晏阳初：《平民教育运动术》(1926年9月)，见《晏阳初语录》。

教育。但就中国的情形来说，尤其要注重农民，更应该注重青年农民。约略的估计，自十四岁至二十五岁的青年农民，至少有八千万，如其这八千万的青年农民，都取得中国民众所应受的教育，不但在教育上有重大意义，即在国家基本建设，乃至于民众的国防训练上，都有其重大意义。"[1] 这确实是一个重要的转折，它标志着晏阳初对中国国情的进一步了解与把握，是建立在他对农村、农民问题在中国社会的基础性、决定性意义的深刻认识基础上的，也是从他的"从平民最迫切的问题入手，从他们所知道并能理解的地方开始"的战略、策略出发的——他看得很清楚，在大多数农民不识字的中国农村，"除文盲，作新民"，显然是"最迫切"也最容易为农民"所知道并能理解的"。

但是，晏阳初在他的平民教育第一阶段后期，就已经在思考单纯的识字教育可能存在的问题，这其实也是他要开辟定县实验的动因之一；而后他和同伴在定县通过大规模的社会调查终于弄清楚了，在"千头万绪"的农村问题中，最基本的是"愚、贫、弱、私"这"四大问题"，而这四大问题又是相互纠缠为一体的，于此，他的认识发生了一个飞跃。他在一篇文章里，有这样的表述：

即使文盲除尽，人人能应用日常必需的文字，其于国家社会的前途，究竟有什么利益？这是平民教育第一重要问题。中国人在没有读书以前，尚肯做工，以谋个人的生活，一到抱了书本以后，便成文人。文人自己可以不必生产，社会应负供养的责任。所以平民教育于实施文字教育之外，即需有生计教育，使人人具备生产的技能，造成能自立的国民。（**按：今天的中国教育不正在培养这样的读了书就不愿意做工种田，无所事事的"文化人"吗？**）

即使民智提高，民生充裕，对于国家社会的前途究竟有什么利益？这是平民教育的第二重要的问题。试看中国历来的卖国贼，何一非知识超越、经济富足的人呢？盖其人缺乏公德心，一举一动，

---

① 晏阳初：《关于民众教育的任务》（1934 年），见《晏阳初语录》。

只知有自己的祸福利害，不顾国家社会的祸福利害；所有知识、经济，只足以供其为恶之资，所作之恶，常比无知识无能力者高出万倍，倘平民教育处处都是养成这种自私自利的亡国奴，岂是国家之福？所以平民教育于实施文字教育与生计教育外，另有公民教育，希望造成热忱奉公的公民。[①]（按，我们今天的教育不也在培养这样的"以知识为恶"的"高智商的利己主义者"吗？）

晏阳初反复追问一点：平民教育培养什么人才？"其于国家社会的前途究竟有什么利益？"他的结论是：对农民的教育不能局限于"除文盲"，而应是针对农村"愚、贫、弱、私"四大问题，进行史全面的教育，即文艺教育、生计教育、卫生教育与公民教育四大教育，以"养成有知识、有生产力和公德心的整个人"。[②]这不仅是晏阳初平民教育思想的重大发展，达到了前所未有的深度与广度，更是平民教育和乡村改造与建设的有机结合。对晏阳初来说，从"平民教育"向"乡村改造"发展，这是一个自然的过程：晏阳初所追求的本来就是一种"实验的改造民族生活的教育"[③]，"非致力于农村建设，则教育必致落空，不能达到改造生活的目的"[④]，而一旦实现了这样的转变和发展，晏阳初的定县实验就进入了一个教育、文化、经济、农业科技、卫生全面发展的"一体化的乡村改造"的新阶段。[⑤]

但晏阳初很快就发现了新的矛盾："由学术的立场去建设乡村，是由下而上的工作，是基础实验的工作"；但单有这样的基础改造，没有上层建筑的变革，就会产生许多问题。从消极方面看，"一方面我们帮助农民增加生产"而"收益有限"；另一方面"地方政府在那里剥削农民"而"剥削无穷"，这是根本不可能改变农村社会、改善农民的生活

[①] 晏阳初：《平民教育概论》（1928 年 4 月），见《晏阳初语录》。

[②] 同上。

[③] 晏阳初：《农村运动的使命》（1934 年 10 月），见《晏阳初语录》。

[④] 晏阳初：《关于民众教育的任务》（1934 年），见《晏阳初语录》。

[⑤] 晏阳初：《致 G. 斯沃普》（1949 年 2 月 2 日），见《晏阳初语录》。

与地位的。从积极方面说，"欲将研究所得推广出去，则非借政府的力量，政治的机构不可"。这就提出了一个"学术与政治打成一片"，"政治必须学术化，学术要实验化"的任务；也就是说，乡村改造与建设的客观逻辑，必然要由教育、文化、经济的改造发展为政治的改造，要求"由下而上的组织机构"和"自上而下的组织机构"的"合流"。①用晏阳初的话来说，就是"社会建设计划"，它"就像一张只有三条腿的方桌一样，这三条腿是教育、经济、卫生，还缺一条腿，那就是政治。有了它，这张桌子才能支得起来，才能立得稳"。②

正像晏阳初所说的那样，他所领导的平教运动，"最初以进行文字教育起始，继之以研究实验农村建设的内容与方案，现在则更进而研究学术与政治的合流"③，这个转变也许是更为重要的。它标志着晏阳初对农村问题，以致整个中国国情、中国问题认识的深化，并有了两个重大发现：一是在政治权力高度集中并起决定作用的中国（包括中国农村），政治的改造，建立"科学化现代化的政治"，是"极根本、极重要，极有价值的"。④请注意，这里连用了三个"极"字，在晏阳初的论述里，这是极为罕见的。其二是，"中国的基本政治是地方政治，没有好的县政，产生不出好的省政，没有好的省政，亦产生不出好的中央政治。所以县政是直接影响民众的政治，是老百姓的政治"⑤，"中国整个的基本问题可以说是县地方政治"。结论是："农村建设、县政改革是今日自救的基本要图。要把不成东西的县政，改造成一个东西，不成东西的一般县政人员，只知道催科听讼向人民收账的人物，改造成像个东西的、为人民服务的行政官吏们，如果这几处政治没有办法，中国将永远没有希望。"⑥请注意"永远没有"这一用语的分量。因此，在定县实验的后期，晏阳初就把重心放在推动县

---

① 晏阳初：《平民教育促进会工作演进的几个阶段》（1935 年 10 月），见《晏阳初语录》。

② 晏阳初：《告语人民》（1945 年 3 月），见《晏阳初语录》。

③ 晏阳初：《平民教育促进会工作演进的几个阶段》（1935 年 10 月），见《晏阳初语录》。

④ 晏阳初：《如何建设新四川》（1936 年 10 月 2 日），见《晏阳初语录》。

⑤ 晏阳初：《平民教育促进会工作演进的几个阶段》（1935 年 10 月），见《晏阳初语录》。

⑥ 晏阳初：《农民抗战与平教运动之渊源》（1937 年 11 月 7 日—11 日），见《晏阳初语录》。

政改革上。在整个抗战时期，他的主要精力，也都集中在县政改革及其人才的培养上。但由于一直处于战乱之中，县政改革自然难以见效。或许正因为如此，晏阳初的县政改革思想往往被忽略。这个问题关系着如何全面把握晏阳初的乡村改造思想——在我看来，正是自下而上的教育、文化、经济、卫生的四大改造与自上而下的县政府地方政治的改造，构成了晏阳初乡村改造思想的两翼，割裂任何一方面，都会造成遮蔽与曲解。

重要的是，由此而形成了晏阳初乡村改造思想的体系，晏阳初自己把它称作一个"立体网络结构"，并且概括为两句话。一句话是："不是零零碎碎，而是整个体系"——"乡村改造是一个完整的系统工程。从事乡村工作者，在任何一个问题上动手去做，多少可以有些成就，可是零零碎碎去做，不但费时间，不经济，而且往往顾此失彼，效果也不能持久。"第二句话是："不是枝枝节节，而是统筹筹划"——"人的发展需要和社会发展的需要，都是多方面的，并且彼此之间，相互联系，满足了一个方面的需要，只是解决了问题的某一方面，只有使各方面的发展需要得到满足时，才能得到均衡的发展。单方面考虑和解决问题，即使某一方面成功了，但由于其他问题未解决，这种成功也是暂时的，势必要被未解决的问题破坏掉，或者形成畸形发展的新问题，阻滞社会进步。"①这是极其重要的概括与总结，而且具有极大的现实启示性。在我看来，今天中国乡村教育与改造建设，最基本的问题，就是晏阳初所要警诫的，仍然停留在"零零碎碎，枝枝节节"的水平上；尤其是县政府的地方政治改革，根本就没有提到议事日程上，说句不好听的话，当年晏阳初所要改造的"不成东西的县政""不成东西的县政人员"，在一些地方还占据着支配地位。在这样的大环境下，如果我们只在一个一个问题上"动手去做"，即使"多少可以有些成就"，但就如晏阳初所说，也只能"是暂时的"，是"不能持久"的。事情就是这样：如果我们要避免乡村改造与建设半途而废的历史命运，就必须推动自下而上与自上而下相结合的全方位的一体化改造，尤其要把县政改革放在特别重要的位置。

---

① 晏阳初：《乡村改造运动十大信条》（1988 年 4 月），见《晏阳初语录》。

■ （三）

第三个问题——

▲ 如何做，什么人做？——定县实验的基本经验

我们可以作四个方面的讨论。

首先是定县实验的哲学观念、方法基础。我们已经说过，晏阳初是以思想家的眼光与思维去进行改造社会的实践的，因此，他的社会改造是以哲学观念与方法的改造为前提与基础的。他明确提出：必须"促立中国化的社会科学。必如此中国化的政治、中国化的教育等之建设，乃有可能性"[1]，并预言他的定县实验"哲学观念的改造，影响于中国学术界本必更重大"[2]。晏阳初对定县实验的观念与方法有一个简要的概括："把整个的实际生活作单位，以全县的政治经济社会——整个的国家缩影，作研究的对象，这种真生活——不是假环境——的研究法，定县可以说是独创。定县四十万人，可以当作四十万卷书籍看待；四十万民众的问题，就是研究的问题；四十万人的生活单位，就是研究单位。这不但在以前的中国没有这种做法，就是欧美也是前所未有的。"[3] 这里有几个要点。其一，强调实践出真知，"从农民实际生活里找问题找材料，去求方法来研究实验"，而不是"坐在都市里的图书馆里讲农村教育，那就是闭门造车，隔靴搔痒"；[4] 其二，"以全县的政治经济社会"作研究对象，使整个社会为"社会科学实验室"；[5] 其三，从"实地调查"开始，"对于农民生活、农村社会一般的和特殊的事实与问题有了充分的了解与明了

---

① 晏阳初：《〈定县社会概况调查〉序》（1932 年 2 月），见《晏阳初语录》。

② 晏阳初：《在平教会长沙办事处周会上的讲话》（1937 年 5 月），见《晏阳初语录》。

③ 晏阳初：《农民抗战与平教运动之渊源》（1937 年 11 月 7 日—11 日），见《晏阳初语录》。

④ 晏阳初：《农村运动的使命》（1934 年 10 月），见《晏阳初语录》。

⑤ 晏阳初：《农民抗战与平教运动之渊源》（1937 年 11 月 7 日—11 日），见《晏阳初语录》。

的认识"，各项工作设施都建立在"事实根据"的基础上；①其四，不仅要"适应"生活，更要"改造生活"；不是为研究而研究；更要"推行研究之所得"；"不仅是学术化，而且还制度化"，将"研究之所得，成为老农老圃自己的建设"，并形成行之有效的制度。晏阳初的目的是要建立中国"自己的学术"，自己的独立、独特的研究观念与方法，并将其称为"定县主义"②。

其二，定县实验的最大特点，是"以县为单位"。这也是对中国国情进行深入研究的结果："中国虽大，而是一千九百多县造成的"，县是中国基本的政治单位，直接影响老百姓的生活，因此，"抓住一个可以代表的县去认识问题，找寻问题，研究问题，建设问题"，就能够从中"找到（有）普遍性、共通性，同时跟农民有关系的问题去研究它，以便将来别的县、别的省也可以采用"。③

定县实验的另一个重要特点，自然是它的学术性。它是立足于"科学的研究与实验"的，首先注重学术的调查和研究，也注重把研究成果转化为实际操作的实验。但晏阳初强调两点，一是要"把平教事业当作专业"④，二是"平教会是学术团体，应该注重质的改进，把量的推广由社会负担，否则就失去学术团体的意义和领导社会的力量"⑤。

因此，晏阳初主持定县实验时，一个重要的难题是如何处理学术与政治的关系。如前所讨论，晏阳初主张"学术与政治打成一片"，"政治须学术化，学术要实验化"，实验与推广需要政治之助；但晏阳初也一再提醒他的同仁与追随者："我们始终持超越政治的态度。我们的信念是科学研究应绝对独立进行，不依靠任何或许有朝一日掌握中央和省政府大权的特殊政治家集团"，"如把一项工作托付给那些瞬息变化的政治

---

① 晏阳初：《〈定县社会概况调查〉序》（1932 年 2 月），见《晏阳初语录》。

② 晏阳初：《农民抗战与平教运动之渊源》（1937 年 11 月 7 日—11 日），见《晏阳初语录》。

③ 晏阳初：《中华平民教育促进会工作的演进》（1935 年 12 月），见《晏阳初语录》。

④ 晏阳初：《平教运动的回顾》（1942 年），见《晏阳初语录》。

⑤ 晏阳初：《在平教会长沙办事处周会上的讲话》（1937 年 5 月），见《晏阳初语录》。

集团，那将肯定是危险的。"①他尤其警惕"官僚政治"对乡村改造运动的影响，始终要坚守乡村改造运动的"非政治"性与"民间"性。②

晏阳初还要坚守的是，研究与实验中的科学精神。他有两个具体论述给我很深的印象，而且都是具有现实警诫意义的。他谈到："近年中国有两个很普遍的现象：一就是整个的麻木不动，一就是忽地惊语，饥不择食地不研究其应如何动，而立刻乱动盲动。不动的害处固深。乱动的害处尤烈！"他最害怕的，是"不研究内容，不研究方法，张皇地匆促地"乱改乱动，"弄得农民鸡犬不宁"；他最痛恨的是"借了训练农民的美名，实行剥削农民、敲诈农民的勾当"。因此他立定下一个训条："我们要有热烈的感情，同时要有冷静的头脑。"③晏阳初还提出："'改革者'是一个很傲慢的术语。大多数所谓的改革者只是到农村去改革这个，改革那个，好像改革就一定是好的。"这大概就是所谓"改革病"吧。晏阳初因此提醒说："必须懂得什么需要改革，什么不需要改革，如何改革和什么时候改革。在搞清楚这些问题以后，就要开始去建设"，"破坏是容易的，但建设起来就难了。"④

晏阳初最看重的，自然是"创造的研究"。在他看来，研究与实验工作的生命力就在于不断地创造。他因此提出："凡是研究已有相当成绩者，即应另辟新途径。岁岁年年，依样画葫芦，决非平教之精神。平教工作应是创造而不是守成。"⑤

其三，"为了领导与发展建设计划，根本性的问题，是要有创造性的人才"⑥，这大概是晏阳初一个最基本的信念。因此，他做任何事情，首先着力的就是人才的发现、训练和培养。抗战时期在重庆创办的农村

① 晏阳初：《复斯丹巴》（1932 年 5 月 18 日），见《晏阳初语录》。

② 晏阳初：《菲律宾乡村改造运动的方法与其他不发达国家大不相同》（1959 年 2 月 11 日），见《晏阳初语录》。

③ 晏阳初：《关于我们为何发起农民抗战教育的广播稿》(1937 年 11 月 23 日)，见《晏阳初语录》。

④ 晏阳初：《在第十届国家乡村改造训练班上的报告》（1978 年 4 月 7 日—14 日），见《晏阳初语录》。

⑤ 晏阳初：《在平教会长沙办事处周会上的讲话》（1937 年 5 月），见《晏阳初语录》。

⑥ 晏阳初：《定县的乡村建设实验》（1934 年 7 月），见《晏阳初语录》。

建设育才学院、一九五八年在菲律宾协助创办的国际乡村改造学院都享誉国内外，是他的主要事业成就。晏阳初如此不遗余力地从事乡村改造人才的培育，也是基于历史的沉重教训。一九三六年他在农村建设育才学院的募捐书里，这样写道：鸦片战争以来中国图强运动屡遭失败的原因，"便是提倡的虽有其人，可是实际从事的基本人才太少，没有真实的成绩表现，以致不能持久，便即失败"！他因此发出警示："农村建设运动，目前固是高唱入云，假如不注意训练实际的基本人才，变成一种无目标、无计划的运动，无有具体的实际表现，不久也会逐渐地沉寂下去，一如以往的一切运动，不过是昙花一现！"① 这里所展现的我们已经多有讨论的晏阳初的忧患意识，自有一种感人的力量，我们今天读来，更有醍醐灌顶之感。因为其所提示的，正是一个现实的危险：我们志愿者的运动和乡村改造运动能否健康持续地发展，一个关键，就是有没有足够的合格、优秀的人才。在这个意义上，晏阳初关于乡建人才的论述，应该是我们学习其思想的一个重点。

在晏阳初看来，需要培养的，是两类"基本人才"，一是"培养行政上、技术上具有专门学识与实地经验之领袖人才"，二是"造就切合农村的各方面的一般人才，担任建设的工作"。② 有意思的是他对实际运动的领袖人才的理解与要求。他说，有的人虽然智力测验中分数很高，但"自己的事情做得很好，却不肯和人合作"，"不能过一天的团体生活，更没有驾驭人的能力"，这种人是不适合做"生活团体化、纪律化"的民间群体的领袖的；"真正的领袖，不一定是智慧高，而是具有多方面的能力的，有充分实际活动的人"。③

晏阳初同时又认为，无论是一般人才，还是领袖人才，作为所要培养的平民教育和乡村改造、建设人才，就必须具有某种共同的风格、精神和品质。晏阳初在这方面有很多的论述，我在研读中感受最深的，有以下几个方面。

---

① 晏阳初：《农村建设育才院的捐启稿》（1936 年），见《晏阳初语录》。

② 同上。

③ 晏阳初：《在第四次大周会上的讲话》（1935 年 11 月 18 日），见《晏阳初语录》。

首先，自然是人生的目标。在晏阳初的追悼会上，他的小女婿说了一段引人深思的话："您一生教导我们，要超越自己和自己的日常生活，在自己短暂的一生中寻求一个更有意义的目标：这个世界是否因为我们的存在而变得更好？"①——正是这句"超越日常生活"让我深受触动：我们这些人太容易沉湎于自己的日常生活，实际工作者也容易局限在具体的事务里，并且以此为满足，而不去寻找更高远的目标；即使有了目标，也容易模糊、淡忘与失去。还有"意义"，这正是我们的志愿者，乡村改造、建设者的价值所在：要"从创造个人存在的意义开始，去影响周围的人创造各自存在的意义，最后为社会存在创造意义；而他人意义、社会意义的寻求与创造，又反过来深化与强化自我生命的存在意义"②。而要世界因为自己的存在"变得更好"，这样的眼光、胸襟、生命境界，我们即使不能达到，也应该心向往之的。

其次，晏阳初规范了乡建人才的基本信条与行为准则，其要点是："到人民中间去"，"生活在人民中间"，"向人民学习"，"与农民共同计划"，"从其所知开始"，"在已有的基础上建设"，"不是维持而是创新"，"不是救济而是自我解放"。晏阳初说，这是他从半个世纪的成功与失败里，提炼出来的"乡村改造运动的格言"。③ 这也应该是今天的志愿者、乡村建设者所要恪守的。

关于乡建人才的条件，晏阳初提了四条：一、"要有本国的学术功底，科学的知识技能"；二、"要有创造的精神"；三、要有"吃苦耐劳的志愿与身体"；四、"要有国家世界的眼光。"④ 在这四条的基础上，晏阳初还提出过许多要求，如大家所熟悉的"四 C"：专业能力（compertcnce）、创造能力 (creativity)、毅力 (commitment)、个性（character）。晏阳初特别说明所谓"毅力"，"是一种很难的献身精神。要实现任何一项改善农民的

---

① 邓兴：《在追悼会上的讲话》（1990 年 1 月 20 日），见《晏阳初语录》。
② 参看钱理群：《为生命给出意义——谈"静悄悄的存在变革"》，载《名作重读》2013 年第 10 期。
③ 晏阳初：《就"乡村改造"答记者问》（1979 年），见《晏阳初语录》。
④ 晏阳初：《农村运动的使命》（1934 年 10 月），见《晏阳初语录》。

目标都需要一个艰苦而漫长的过程，需要花费大量的血汗、泪水和个人生命代价。在任何时候都要坚持不懈，除非他强烈地信奉并全力以赴地献身，否则他和她就会善始而不能善终"。此外，还有"六个条件"，即所谓"劳动者的体力，专门家的知能，教育者的态度，科学家的头脑，创造者的气魄，宗教家的精神"。[1]比较有意思的是晏阳初的"养气"说，即要有"阳气"（"坦白的心胸，有事当众大家商量，不要背后鼓噪"）、"大气"（"有接受他人的批评，甚至数落、指责的度量"）、"正气"（"只有是非的辨别，没有个人恩怨或权势观念"）;[2]还有"忠，恕，忍，恒，志"五字诀。[3]这都可以看作晏阳初把中国传统道德精神注入乡建人才培育的自觉尝试。

晏阳初要培育的乡建精神，有两点值得特别注意。一是类似于鲁迅的韧性精神的"死心塌地干到底"的"持久"精神。他是这样说的："要'死心塌地'地去做，为事业牺牲，不达目的不止。把自己认识的问题，用持久的精神去干，自己愿意为它干到死。中国能认识问题的人很多，下决心的也有，但能死生以之一直做下去的，却不多见。有的知难而退；有的升官发财，中途变节，为富贵所淫。中国的一切不进步，以致临到了沦亡线，症结全在于此。"[4]另一条就是"和谐，合作"的精神，用晏阳初的话说，就是要培养"结合的人"。这是自有针对性的："有些人有智力，但是他的智力是分散的。有的人存在内部冲突，心理学家称之为'怪癖'，换句话说，这样的人不是完整的一体，他的人格是分裂的。'结合的人'是个相当了不起的人：他是和谐的，与邻人、同事和他自己和睦相处。"[5]强调"与邻人、同事和自己和睦相处"，是因为乡建工作是一项集团的事业，相互理解与合作，是比什么都重要的。"和自己和睦"也是一个特别有意思的命题，有些人，而且往往是智力较高的人，就是不

---

[1] 晏阳初：《本院四大目标》（1940年），见《晏阳初语录》。

[2] 晏阳初：《在乡建学院纪念周上的讲话》（1946年10月7日），见《晏阳初语录》。

[3] 晏阳初：《关于忠恕忍恒精神的修养》（1942年7月10日），见《晏阳初语录》。

[4] 晏阳初：《三桩基本建设》（1937年5月），见《晏阳初语录》。

[5] 晏阳初：《对国际乡村改造学院全体职员的讲话》（1974年9月2日），见《晏阳初语录》。

懂这个道理，老是和自己过不去，不会自我调节、自我平衡。这也是个人必备的修养。

在讨论乡建人才的培养时，晏阳初特别提出了"大学教育的改造"问题。他尖锐地指出："中国的大学教育，就是从东洋西洋抄袭来的，不管中国社会究竟是什么背景，就依样画葫芦地什么院，什么系，开了一大套，结果毕业的学生，东洋的西洋的诚然知道了不少，中国的呢？却一点也不知道。以后到社会上去做事，与未进大学的，无所区别，只多了一张文凭。"因此他认为，"大学教育的改造，是中国当前一个最严重最急迫的问题"。[①] 在他看来，中国大学改造要解决的最基本的问题，是如何立足于中国的现实，适合中国的国情，真正培养中国自己的建设人才。他因此提出了"大学教育与乡村建设运动相结合"的思想：乡村建设运动"必须以大学作基础方能巩固"，而大学教育也应以乡村建设的实验地为根据地，使"大学生在学生时代的生活即农民化，对农运工作即具根底，毕业后可直接入农村服务"。晏阳初领导的定县实验的一大亮点，即吸引了大量在校和毕业的大学生、研究生参与，被称为"博士下乡"。在晏阳初的推动下，南开大学、清华大学、燕京大学、协和医学院等中国一流大学联合组织了"华北农村建设协进会"，晏阳初称之为"中国大学教育史上的新纪录，大学教育的一大革命"[②]。晏阳初显然对之寄以很大希望。今天重提这样的大学教育与乡村建设相结合的传统，更别有一种意义。

乡建人才的培养之外，还有管理的问题，这也是当下乡建运动所遇到的一个不可忽视的重要问题。

晏阳初指出，乡村建设运动是由"杰出的公民领袖""在农业、合作社、公共卫生和乡村教育方面的专业人才"和"献身于乡村改造的知识青年"三部分人组成，如何将"三股力量凝聚在一起"，形成有目标、有核心、有计划、有策略与方法手段的高效率的工作群体，就有一个相当复杂的

---

① 晏阳初：《农民抗战与平民教育之渊源》（1937 年 11 月 7 日—11 日），见《晏阳初语录》。

② 晏阳初：《对在定县工作同志的讲话》（1936 年 3 月 9 日），见《晏阳初语录》。

管理问题。^①

在晏阳初看来，乡建运动的管理，必须充分考虑它的特殊性，主要有二。一是"它不同于创办一所大学"，大学教师可以各行其是，乡建运动要求相互协调合作；它"也不同于成立一个政府衙门机构"，行政部门，上级可以对下级发号施令，要求绝对服从，乡建组织是民间团体，参与者都是志愿服务，并要付出极大代价，即使要维护必要的纪律，也"不能以官僚政治的方式，以简单的强迫指令和强行他们遵守的方法来产生"。^②另一个特殊性在于，乡建运动集中了许多人才，而"和第一流的人才在一起工作很不容易。因为他们有创造性，他们有自己的独立见解，对自己的观点考虑得多，对别人的意见考虑得少，他们坚持己见，拒绝别人的意见"，晏阳初说他领导乡建运动，几乎要以"四分之一的时间花在协调人际关系上"，^③这是老实话，也是中国特色，大概每一个实际运动的参与者都深有体会。我们的管理工作就必须从这样的现实出发。

晏阳初总结了两条经验。第一条，实行民主管理：让每一个团体成员都"参与管理方案或制定规则，""在作决定之前，每个人都有发表个人见解的权利和自由，但当决议一经做出后，在经过这样一个称之为'集体智慧'和'集体贡献'的民主（的）和成熟的过程（后），那么每个人毫不例外的均有责任、义务和纪律，必须服从决定"。^④第二条，要建立工作人员与管理人员之间的"真诚信赖的关系"，而管理人员应更为主动，负更多的责任。晏阳初强调，一旦发生矛盾，管理人员要善于"反求诸己：为什么他们拒绝合作，是否因我们的工作态度或方法不适当，造成什么矛盾？"他说："我的经验告诉我，职员犯错误虽是一件坏事，但领导人犯错误更糟，因为后者将影响整个运动。"他由此制定了一个训条："我们这些运动的负责人必须保持警惕，以防止我们自身的缺点

---

① 晏阳初：《就"乡村建设"答记者问》（1979 年），参看《平教会的历史回顾与经验总结》（1938 年 9 月 16 日），见《晏阳初语录》。

② 晏阳初：《致 M.D. 阿曼多》（1962 年 11 月 15 日），见《晏阳初语录》。

③ 晏阳初：《告语人民》（1945 年 3 月），见《晏阳初语录》。

④ 晏阳初：《致 M.D. 阿曼多》（1962 年 11 月 15 日），见《晏阳初语录》。

成为运动顺利进行的绊脚石，或泄滞了我们同事的士气。"①他还这样介绍自己对待每一个工作人员的态度与经验："我了解他们的缺点，但我也了解他们的长处。我一直试图抱有好感、理解的态度帮助他们逐渐克服缺点，而且不让其缺点有表现的机会。另一方面我力图给他们发挥其长处的一切机会，使我们这些同事能对运动做出他们力所能及的最大贡献。"②明白了这一点，我们大概就能懂得，晏阳初领导的乡村改造建设运动具有如此强大的凝聚力的一个重要原因了。

（四）

第四个问题——

▲ 做事情的眼光——平民教育与乡建运动的世界性

早在一九二六年，即从事平民教育运动之初，晏阳初就已经认定："中国之平民教育运动，不仅关系本国，而且影响世界。"③

难能可贵的是，晏阳初对中国平民教育和以后的乡建运动的世界性的体认，是建立在他对二十世纪世界文化发展的总趋势的科学分析的基础上的。他指出："二十世纪的新文化趋势，正向着全世界全人类的大门进展，故各国文化的进步，必为民众化；在世界范围内，必须全人化。中西旧文化的中心关系，大都限于少数人的阶级的贵族的范围，即十九世纪以来，欧美政治是流行的民众主义，也不过只有程度的差别。以二十世纪新趋势的文化眼光去重新估价，论中西文化，其价值都要发生变动，大起兴革。"④这里，有两个重要判断：其一是二十世纪文化有一个"世界化、人类化"的发展趋势，任何一个国家、民族的文化都不

---

① 晏阳初：《致 M.D. 阿曼多》(1962 年 11 月 15 日)，见《晏阳初语录》。

② 同上。

③ 晏阳初：《关于平民教育精神的谈话》(1926 年 11 月 30 日)，见《晏阳初语录》。

④ 晏阳初：《平民教育的宗旨目的和最后的使命》(1927 年)，见《晏阳初语录》。

可能远离世界而闭门孤立发展；其二，在二十世纪，中西文化的价值，都要"发生变动"，其变动的总趋势，是由原来的少数人的贵族文化发展为面向大多数人的平民文化。晏阳初正是从后者看到了他所要推动的中国平民教育运动的价值：它是符合二十世纪世界文化发展的历史潮流的；而从前者的判断出发，他明确地意识到，中国的平民教育、乡村改造、建设，都不能离开世界文化的发展，孤立地进行，它应该是世界平民教育、乡村改造建设的有机组成部分。

由此而引申出的，是两个问题。其一，二十世纪的现代中国的发展，必须走一条"民族古老文化与西方优秀文化相结合，建立一个民主国家"的道路；[①] 这不仅是中国的平民教育的发展方向，中国的乡村改造与建设也"要以我国最优秀的传统文化及最好的西方文化为基础"，中国县政改革的目标，也是要把"中国的县建设成现代化（非西方化）的县"。[②] 这里特别提出的"非西方化"的命题，更能显示晏阳初的思想特色。前面的讨论一再提到，晏阳初一以贯之的追求，就是要建立符合中国国情，具有中国自己特色的新教育、新文化、新农村，因此，他在强调吸取西方优秀文化，以实现国家现代化的同时，又提出要从西方（包括日本）现代化发展中遇到的问题中吸取教训。他在一九四五年写的一篇文章里，就谈到"日本和其他国家"片面进行"工业化建设，而不同时进行社会改造"所可能带来的严重后果，并发出这样的警告："如果中国像日本那样以错误的方式进行工业化建设，那么它将变成世界上最大的工资低微的工厂，并且会最终威胁到世界和平"。六十八年后，重读晏阳初当年发出的警告，不禁要出一身冷汗：因为今天的中国，正是一个"世界上最大的工资最低的工厂"，这是我们长期实行"富国强兵"的国家主义现代化路线，也即晏阳初所批评的单一工业化路线的后果。

晏阳初强调，中国现代化发展中如果出了偏差，不仅会影响中国人民，而且会"最终威胁到世界和平"，这是一个同样值得重视的判断。

---

① 晏阳初：《中国平民教育运动的总结》（1945 年），见《晏阳初语录》。

② 晏阳初：《致孔祥熙》（1929 年 12 月 30 日），见《晏阳初语录》。

他在同一篇文章里，紧接着还说了一句话："如果中国能按照鼓舞人民群众的方式实现工业化，那么这个国家将变成改良世界的重要力量。"①也就是说，在晏阳初看来，中国人民选择的发展道路正确与否，都不仅是中国自己的问题，同时会对世界产生或消极或积极的影响。这样的二十世纪世界发展中的"中国责任"问题，是晏阳初思考中国平民教育与乡村改造的基本出发点。他说得很清楚："我中华统四万万众多的人民，领四百二十七万英方里，承五千余年文化丰富的历史，处今日交通便利关系密接的世界，凡我国家的举措设施，社会的风习好尚，人民的行为思想，一举一动，莫不影响世界全局的安危。故今日关于我中华的问题，不仅是亚洲局部民族的问题，而且是世界人类利害相关、安危与共的问题。凡具世界眼光的人，并曾对此加过一番深切的考究的，当能十分地觉察。"②这表明，晏阳初从一开始，就是以"世界眼光"来看待、设计和要求他所推动的中国平民教育运动的。他这样明确宣示自己的理想与目标："当今日全世界新旧文化的过渡时期"，"吾辈所以从事于民众教育的事业，就先从根本上垫高我民族的程度，然后本吾辈毕生的经验，全副的心血，含四万万同胞的聪明才力，对于二十世纪的新文化，尽我民族占全人类四分之一的责任。这是平民教育的最后的使命，即我同仁共矢不渝的精神"。③

请注意：这里说的是中国平民教育的"最后的使命"，这是我们前面已有讨论的"民族自觉"与"世界眼光""人类意识"的高度统一，标示着晏阳初的平民教育运动的高起点。

在抗战时期，也即第二次世界大战时期，面对法西斯这个共同的敌人，世界爱好和平的国家与人民更有了生死与共的命运，世界眼光与人类意识也就更加强烈与自觉。正是在这样的背景下，晏阳初从二十世纪五十年代开始，自觉地将中国平民教育、乡村改造建设事业推向世界，

---

① 晏阳初：《中国平民教育运动的总结》（1945 年），见《晏阳初语录》。
② 晏阳初：《平民教育运动的宗旨目的和最后的使命》（1927 年），见《晏阳初语录》。
③ 同上。

全力以赴推动国际平民教育运动和国际乡村改造与建设运动。他的平民教育与乡村改造的"世界性"思想因此有了新的发展，被赋予了更为丰富的内容。

在第二次世界大战即将结束的一九四四年，晏阳初发表了一篇题为《平民教育与世界和平》的文章指出，"现在，世界上还有四分之三的人处在终日不得温饱，无法享受教育的状态之中。这就意味着，这个世界四分之三的基础还不健全，而只要这种情形继续下去，我们就不能建立一个健康、幸福的世界"，"我们不应该把和平教育视为一个孤立的计划，而要把它视为整个（战后）重建生活规划的一个组成部分。这项工作应该在世界范围内进行，而不是只在某一时，某一地进行。这样，就会产生一种世界意识和全球的责任感"。[①]——这是一个雄心勃勃的世界生活重建和改造的计划，它的核心观念就是"世界意识"和"全球责任感"。晏阳初遂把他当年提出的中国平民教育的"除文盲，作新民"的口号，扩展为"除天下文盲，做世界新民"的口号。

很显然，晏阳初所要推动的国际平民教育运动和国际乡村改造与建设运动，是从他的中国经验出发的。因此，他要做的工作有二。首先要赋予中国经验，主要是定县经验以更普遍的意义。他强调："人类的基本生活水平是普遍相同的。因此，在一个国家研究的基本原则和方法也可以运用于其他具有类似基本问题的国家。在最近二十年之中，中国平民教育运动所研究的经验和技术是普遍适用的。"他最为重视的，是其中两个基本点。其一是"愚、贫、弱、私绝不是中国独具的特色。南美、非洲、印度和许多东南亚国家都存在类似的情况"；其二是"人民是国家的基础，也是世界的基础"。这样，晏阳初就在和中国一样贫穷落后的第三世界国家的平民这里，找到了自己所要推动的国际平民教育和乡村建设运动的立足点、根据地。他的实验最后在亚洲的菲律宾、中南美洲的哥伦比亚、危地马拉得到实施，绝不是偶然的。为了更好地维护第三世界人民的权利，他于一九四七年，在美国总统罗斯福提出"四大自由"

---

① 晏阳初：《平民教育与世界和平》（1944 年 11 月 21 日），见《晏阳初语录》。

（言论、信仰、免于匮乏、免于恐惧）之后，又提出了"第五自由"的理念："免于愚昧的自由，就是取得教育的平等。取得教育的平等，才是国际的真民主，人类的真解放。"[①] 这在当时和以后的世界上都产生了深远的影响。

晏阳初要做的第二个方面的工作，就是将中国传统思想中的精华赋以世界性的普适意义。他说："大约在三千年前，我们的一位圣人讲：'民为邦本，本固邦宁'，我把这个道理应用于世界也是合适的，民为世界之本，本固则世界安宁。"[②] 他多次谈到"平教会治国平天下的立场"，所谓"平天下"就是"民族平等，整个人类世界和平"。[③] 他还提出要"赋予孔子光照千秋的思想，'四海之内皆兄弟'，以新的内容与精神，培养'公民'意识，确立国家独立意识，发展具有全球意识的中国"等。[④]——这是晏阳初的信念：中国不仅应为世界发展做出贡献，而且作为文明古国，中国传统文化也应是世界文明的宝贵财富。他要做的，就是由中国推行到世界的转化工作，这应该是我们前面讨论过的"民族自觉"与"文化自觉"的重要方面。他也同时一再提醒：每一个第三世界国家的乡村改造运动都"不是外国的而是本国的"，它不能"建立在与本国文化不一致的外国乡建运动的方法上"，当然也包括不能盲目搬用中国的方法，它必须是由其本国人"自己领导与发动"，寻找适合本国国情的改造建设道路。[⑤]

而最具创意的，是"人民的国际性"概念的提出："必须认识到，我们不能以民族、国家为单位，要确实认识到人民的国际性，应以全世界为一个单位。中国有'天下一家'的说法，当人民有了世界意识后，他们就会认识到自己绝不是一个与世隔绝的单位，而是世界整体的一部

---

① 晏阳初：《为和平而教育世界》（1947 年 5 月），见《晏阳初语录》。

② 晏阳初：《抗日战争以来的平民教育》（1948 年 4 月 14 日），见《晏阳初语录》。

③ 晏阳初：《关于校风诸问题》（1942 年 3 月 8 日），见《晏阳初语录》。

④ 晏阳初：《致 M. 菲尔德》（1945 年 4 月 28 日），见《晏阳初语录》。

⑤ 晏阳初：《复 J.M. 莱斯利》（1959 年 2 月 11 日），见《晏阳初语录》。

分。"① 这应该是晏阳初"平民"思想的重要发展。如此强调"人民的国际性",是基于这样的判断:"人们越来越意识到发展'全人类'的紧迫性和重要性。"② 晏阳初因此提出了全球"集体安全和集体繁荣"的概念和理想:"今天,没有单独一国的安全,就连单独一国的健康也不可能,因为别国的疾病和病菌也会传播过去的。"中国传统的"天下一家"的观念,因此也就有了新的现实的意义,它要求地球上的每一个人,都应该超越狭隘的国家、民族的观念,而要有"世界整体性"的思维。晏阳初说:"明智的国家主义就是国际主义。"③

今天我们读到晏阳初在将近七十年前提出的这些超前的论述,不能不感慨系之。因为到了我们所生活的二十一世纪,人类才真正进入了晏阳初所预言的"世界整体性"即"全球化"的时代:今天任何一个国家的问题,都是世界的问题,中国问题的解决,离不开世界问题的解决;世界上发生的任何问题,都会成为我们自己国家的问题。时代要求我们,不仅要有本国的"公民意识",更要有"世界公民意识"。我们正应该以这样的"世界公民意识"(也就是晏阳初所说的"人民的国际性"),来看待我们的志愿者运动和乡村改造、建设运动。我在北京奥运会以后和志愿者的一次谈话里,曾经引述了作家龙应台的论述,指出所谓"世界公民"就是"他的观照面超越他的本土,而且自觉是全球上的一员";所谓"世界公民意识"就是"强调对彼此以及对地球的责任",它主要有两个侧面:一是关心地球本身的"永续"发展;二是"理解并积极行动去解决地球社会不公不义的问题","让地球永续,让人类公平",这应该是我们的新理想。④ 这样的理想和晏阳初当年提倡的"全球责任感"应该是一脉相承的。我们所从事的中国志愿者运动和乡村改造、建设运动应该是国际志愿者运动和国际乡村改造、建设运动的有机组成部分;

---

① 晏阳初:《告语人民》(1945年3月),见《晏阳初语录》。

② 晏阳初:《接受拉蒙·马可赛赛奖答谢词》(1960年8月31日),见《晏阳初语录》。

③ 晏阳初:《告语人民》(1945年3月),见《晏阳初语录》。

④ 参看钱理群:《奥运会后的思考》(2008年),见《重建家园》,第42、43页,广西师范大学出版社2012年出版。

而这样的国际运动，恰恰也是晏阳初所参与创建的，而且是以他当年在中国的实验为基础的。这样的传统在中国本土失传近半个世纪以后，才在今天的中国青年中得以重新承续，对我们而言，不仅意义重大，更是责任重大。晏阳初说：我们"不像麻雀一样群集，却像珍贵而孤独的鹰，翱翔于高空。"[1]——我们应该飞得更高，更远！

2013 年 10 月 13 日—20 日

---

[1] 转引自理查德·埃尔斯·大卫（国际乡村改造学院专家）：《在晏阳初诞辰一百周年纪念会上的讲话》(1993 年 10 月 26 日)，见《晏阳初纪念文集》，第 196 页，重庆出版社 1996 年出版。

◆ **读梁漱溟**[①]

梁漱溟（一八九三——一九八八）无论在中国现代思想文化史上，还是在我们着重讨论的二十世纪三十年代乡村建设运动中，都是独特的巨大存在，是一个影响深远的大师级的人物。他一生经历四个阶段，做了四件大事。一九一七年，二十四岁的梁漱溟因为一篇文章（《究无决疑论》）被蔡元培看中，受聘在北京大学任教。在"五四"新文化运动中，他坚持孔子说法，而成为现代新儒学的早期代表人物。一九二一年，他出版《东西文化及其哲学》，形成了自己独立的思想体系，是为他"丰富博杂一生的纲要"[②]。一九二四年，三十一岁风华正茂的梁漱溟突然辞去北大的教职，到山东曹州办学，后又到山东邹平，推动乡村建设运动，创办山东乡村建设研究院，建立乡村建设实验区与县政建设实验区，设立村学、乡学，实施广义的教育工程，如推行农业改良，建立乡建金融，整顿风俗等。如研究者所说，"其设计之精、规模之大、内容之广、细节之富、效果之丰，是令人惊异的"[③]。一九三七年，抗日战争爆发，梁漱溟被迫中断了他的乡村建设实验，转而推动爱国团结统一运动，以国民参议员的身份，访问延安，巡视抗日后方，参与发起领导中国民主新中国成立同盟，调停国共两党纷争，为和平奔走不息。一九四九年中华人民共和国成立，五十六岁的梁漱溟选择了"留在政府外边"作独立观察者、研究者的道路，他也因为坚持自己的信念，而与毛泽东发生过当面冲突；研究者说，"在一九四九年之后的历史上属于仅此一例"[④]。在史无前例的"文化大革命"中，梁漱溟更以"三军可夺帅也，匹夫不可夺其志"的精神，公开对毛泽东发动的"批林批孔"运动提出保留意见。梁漱溟在五十、六十、七十年代还写了《人类创

---

① 本文为《志愿者文化丛书·梁漱溟卷》（三联书店即出）导读

② 梁卫星：《改造中国的实践：梁漱溟传》，第 61 页，中国友谊出版公司 2012 年出版。

③ 同上书，第 103 页。

④ 马勇：《期待更多梁漱溟》，载 2013 年 10 月 31 日《社会科学报》。

造力的大发展大表现——试说明新中国成立十年一切建设突飞猛进的由来》《中国——理性之国》等著述，写出了自己对新中国的观察与总结。而立意于一九二四年、正式着笔于一九五七年、完稿于一九七一年，持续半个世纪之久的《人心与人生》，则是"一本体系完备、思虑精深的人性论"[①]；梁漱溟在晚年接见来访者，谈到《人心与人生》时，特意提醒说："我想我一生，写成这本书，是我的最重要的事情。"[②]

　　在访谈里，梁漱溟对自己如此定位："我承认自己是一个有思想的人，并且是本着自己思想而去实行、实践的人。"[③]这表明：梁漱溟不是在学院里高谈阔论的所谓"纯学者"，他的思想是要实行的，他是个行动者，而且是投入了自己全部生命的；他也不同于一般的实行者，他的实践是以自己的独立、独特思想为指导的，因而具有高度的自觉的理性。简言之，他是以读书、思考、研究、实践为自己生命存在方式的。研究者因此说，梁漱溟"会在历史上占有重要的地位，不单单是他独特的思想，而是因为他表里如一的人格"，他"以自己的生命去体现对儒家和中国文化的理想，就这点而言，他永远都是独一无二的"。[④]对梁漱溟一生思考与行事，冯友兰有一个概括："百年尽瘁以发扬儒学为己任，一代直声为同情农夫而执言。"[⑤]在梁漱溟这里，这两方面是统一的；人们评论他是"中国最后一个儒家"，"儒家思想导向的乡村建设派最有影响的人物"。正是后者，将梁漱溟与其他乡村建设运动的推动者，如晏阳初、陶行知、卢作孚等区分开来：他是更加自觉地以儒家思想为乡村运动的导向的，这构成了梁漱溟乡村建设思想的最主要的特色。——我们先要有这样的总体认识，以后再作详尽讨论。

---

① 梁卫星：《改造中国的实践：梁漱溟传》，第160页。

② 梁漱溟：《这个世界会好吗——梁漱溟晚年自述》，第110页，东方出版中心2006年出版。

③ 同上书，第89页。

④ 艾恺：《艾恺教授序》，《这个世界会好吗——梁漱溟晚年自述》，第4页。

⑤ 冯友兰挽联，见梁卫星：《改造中国的实践：梁漱溟传》，199页。

（一）

据说梁漱溟人生有"四不料"，如"不料由厌恶哲学而在大学讲哲学，终被人视为哲学家"，"不料自幼未读'四书五经'而后来变为一个拥护儒家思想、赞扬孔子的人"等；而最引人注意的是："不料自己几代人都生长在北京的都市，而成为从事乡下工作，倡导乡村建设的人。"[①]而且如前所说，梁漱溟当时是北京大学的著名教授，在学术上前途正未可限量，他这样突然改变自己的人生路向，究竟是为什么？动因何在？——我们对梁漱溟乡村建设思想与实践的讨论，正可以由此开始。

于是，我们注意到梁漱溟的如下宣示："我所主张的乡村建设，乃是解决中国的整个问题，非仅止于乡村问题而已"[②]，"乡村运动正是民族自觉的开端"[③]，我们的目的是"从乡村开端倪，渐渐扩展成功为一个大的社会制度"[④]，"从中国旧文化里转变出一个新文化来"[⑤]。这表明，梁漱溟对乡村建设问题的关注与思考，并不局限于乡村问题本身，而是着眼于"解决中国的整个问题"，是要寻找一条中国自己的发展道路，创造新的"社会制度""新文化"之路。因此，在他看来，把"社会重心从城市移植于乡村"[⑥]，重新发现与觉悟乡村的意义，建设新农村，"在近代都市文明之外，辟造一种（新的）乡村文明"[⑦]，乃是民族新自觉的开端与标志。在这背后，更有着对人类文明未来发展的长远思考与展望。

这正是梁漱溟的特点：他所有的思考与实践，包括乡村建设的思考与实践，都是围绕着"中国问题是什么？如何解决中国问题？"而展开的；

---

① 参看梁卫星：《改造中国的实践：梁漱溟传》，第2页。

② 梁漱溟：《自述》，《梁漱溟全集》第2卷，第31页，山东人民出版社2005年出版。见《志愿者文化丛书·梁漱溟卷·语录》（以下简称《梁漱溟语录》）。

③ 梁漱溟：《乡村建设理论》，《梁漱溟全集》第2卷，第486页。

④ 梁漱溟：《乡村建设大意》，《梁漱溟全集》第1卷，第720页。

⑤ 同上书，第611页。

⑥ 梁漱溟：《敢告今之言地方自治者》，《梁漱溟全集》第5卷，第252页。

⑦ 同上。

而且他的任务，更准确地说，他自认的使命，就是要给中国问题找出答案与解决之道。

那么，梁漱溟所面对的"中国问题"，又是什么呢？

一九三〇年梁漱溟写有《中国民族自救运动之最后觉悟》一文，谈到自己一八九三年出生后第二年即发生了中日甲午战争。"中国民族以其特殊文化迷醉了他的心，萎弱了他的身体，方且神游幻境而大梦醺沉，忽地来了膂力勃强心肠狠辣的近世西洋鬼子（和东洋鬼子），直寻上家门；何能不手忙脚乱，头晕眼花？何能不东撞西突，胡跑乱钻？""我们许多先知先觉所领导的中国民族自救运动，亦于此加紧的、猛烈的进行了。"据梁漱溟观察，这样的民族自救运动是分为两个阶段的：前期无论是康梁变法维新运动，还是孙中山的革命运动，都是效仿西方的现代化发展道路，追求"资本主义的经济，新兴中产级的民主政治，近代民族国家之'三位一体'"的体制；而梁漱溟说的后期，是指一九二四年"国民党改组容共以来的国民革命"，据说这是源自第一次世界大战以后出于对传统西方文明的反思而出现的共产主义、社会主义新思潮，自觉地走"俄国共产党发明的路"，即"布尔西维克"（今译"布尔什维克"）主义之路。而在梁漱溟看来，到了三十年代，"以西方为师"与"以俄国为师"这两条道路都出现了危机。他如此描述思想界与爱国志士的苦闷与困惑：民族自救运动"前后换了不知多少方式，卖了不知多少力气，牺牲不知多少性命，而屡试无效，愈弄愈糟，看看方法已穷，大家都焦闷不知所出。究竟我们怎么会得到这步田地？事到今日，不能不回头发一深问"。[1]

这就是梁漱溟所面对的问题："中国向何处去？"这就是梁漱溟所要解决的问题："为中国社会改造和发展提供新的出路。"

为此，梁漱溟连续写了两篇文章：《我们政治上的第一个不通的路——欧洲近代民主政治的路》（一九三〇年）和《我们政治上的第二

---

[1] 梁漱溟：《中国民族自救运动之最后觉悟》，《梁漱溟全集》第 5 卷，第 102、44、50、103 页。梁漱溟：《我们政治上的第二个不通之路——俄国共产党发明的路》，《梁漱溟全集》第 5 卷，第 261 页。

个不通的路——俄国共产党发明的路》(一九三一年),对以往的民族自救之路,进行全面的反思。但仔细阅读这两篇文章,我们却发现,他的反思是从充分肯定"欧洲近代民主政治有使我们不能不迷信者"、有"所谓他的合理""巧妙"之处,[①]"取法于共产党的必要"[②]开始。他后来对此专门有过一个说明,说他思考问题、写文章,都是"先设身处地将别人的意见,叙述得有条不紊,清清楚楚。然后再转折说出我的意见。我以往凡是批评西洋的民主政治以及批评俄国现行的制度,无不是先把人家的意见,研究个透彻,说得明明白白;然后再转折到我的批评,批评其不通,批评其不行。"梁漱溟解释说,这是因为"我原来并不曾想到著书立说、谈学问,只是心目中有问题,在各个问题中都用过心思,无妨将用过的心思说给大家听。"[③]也就是说,"走欧美的路"与"走俄国人的路"都是梁漱溟在探寻中曾经"用过的心思",因此,他对前人的选择是有一个理解的同情的,他绝不以后来者的"事后诸葛亮"的心态来轻易否定与谴责先驱者。对他来说,最重要的是"解决中国问题",而不在于非要坚持某种"主义"。他说得很清楚:"当我们讨究如何解决中国问题的时候,我们的心里要完全放空洞,不存成见。凡是可以解决中国问题的办法,无不接受。"[④]这说明,如果把梁漱溟看作一个拒绝学习西方(包括欧美与俄国)的文化保守主义者、东方主义者,并不符合梁漱溟的思想实际,至少是将其简单化了。

当然,梁漱溟在吸取西方文化的同时,又坚定不移地坚持一点:无论是近代欧美的民主政治,还是俄国式的社会主义之路,都不能根本解决中国的问题。这也是他的前述二文所要论证的重点:中国仿行这两种制度之"不成功","物质条件之不合","精神不合"等。由于篇幅的限制,我们这里不作详尽介绍,而只强调一点:在梁漱溟看来,最根本的问题

---

① 梁漱溟:《我们政治上的第一个不通的路——欧洲近代民主政治的路》,《梁漱溟全集》第5卷,第134—140页。

② 梁漱溟:《我们政治上的第二个不通的路——俄国共产党发明的路》,《梁漱溟全集》第5卷,第262—264页。

③ 梁漱溟:《自述》,《梁漱溟全集》第2卷,第13页。

④ 梁漱溟:《精神陶炼要旨》,《梁漱溟全集》第5卷,第513页。

是，近代欧美和俄国的发展之路，都根植于其自身文化传统，而与中国的文化传统脱节，"与中国从来精神不合，全不能满足中国人精神上无形的要求，则我之不能学它亦可明白矣！天下原无干脆的模仿袭取，而况要组织新国家，走出一条新政治途径，这是何等需要努力的大创造！"① 这里的意思是十分明白的：对一切外国发展经验，可以吸取、借鉴，绝不可以"模仿袭取"、照搬，那都是"不通之路"。唯一的出路，是立足于自己的创造；而唯有"激发一民族的精神，打动一民族的心——他生命的深处——，而后他的真力气，真智慧，真本领始得出来，而后乃能有所创造，有所成就"② 。这就是说，新的创造是必须建立在自己民族文化与民族精神的继承与发展、发扬基础上的。由此得出的结论自然是：中国社会的改造与发展，必须走一条"以中国固有精神为主，吸取西洋人的长处"的"中西融合"之路。③ 梁漱溟因此强调：我们从此再也不要想使中国也成为一个西方式的"近代国家"，"今日已是西洋化的中国民族自救运动之终结"，必须"从'民族自觉'出发"，来一个民族"自救运动再发动"，他称之为"中国民族自救运动之最后觉悟"。④

应该注意的是，梁漱溟提出"以中国固有精神为主的中西融合"之路，不仅是一种"民族自觉""民族自救运动再发动"，其中还有一个人类文明发展的大视野。他有两个基本判断：一是中西文化的沟通是人类文明发展的趋势："历史迫着我们往西变，同时也迫着西洋往东变。我往西变，他往东变，两方就沟通了，调和了。"⑤ 二是"世界未来文化正是中国文化的复兴"。⑥ 梁漱溟认为，"中国文化实是一种成熟了的文化，而幼稚形态未除"，因此，他又有"中国文化是人类文化早熟"之论。由于"中国文化实在传之太久"，就日见其偏，又"日以僵硬，当然弊端百出"，因

① 梁漱溟：《我们政治上的第一个不通之路——欧洲近代民主政治之路》，《梁漱溟全集》第5卷，第172页。

② 同上。

③ 梁漱溟：《乡村建设理论》，《梁漱溟全集》第2卷，第308页。

④ 梁漱溟：《中国民族自救运动之最后觉悟》，《梁漱溟全集》第5卷，第108、113、44页。

⑤ 梁漱溟：《乡村建设大意》，《梁漱溟全集》第1卷，第665页。

⑥ 梁漱溟：《中国民族自救运动之最后觉悟》，《梁漱溟全集》第5卷，第115页。

此晚清以来在西洋文化冲击下，"只见（其）短处不见长处"，是很自然的。这样的"中国文化的老衰性，中国文化的幼稚病——实为我们的真缺欠"，逼其改革是必要的。[1] 梁漱溟因此对"五四"新文化运动对儒家的批判，并不持完全的否定态度。但梁漱溟同时又坚定地认为，中国文化比之西洋文化，是远要"成熟"的，甚至是代表了未来人类文明发展的方向的。因此，在他看来，中国传统文化经过"五四"新文化运动的批判性清理，到三十年代正应该有一个新的复兴；他所期待与要发动的"民族自觉"与"民族自救运动的再出发"，就"超脱乎一民族生命保持问题"，"吾民族实负有开辟世界未来文化之使命"，他断言"世界文化转变之机已届，正有待吾人之开其先路"；"所谓民族自觉者，觉此也。"[2]

我们的讨论还可以再深入一步：梁漱溟理解的中国文化的根本又是什么呢？他也有一个明确的说明："什么是中国文化的根？一、就有形的来说，就是'乡村'；二、就无形的来说，就是'中国人讲的老道理'。"他强调，"我们中国，偌大一个民族，有这么些人在一块儿生活，他总有他过日子的方法，总有他的规矩、制度、道理一套东西"，"我们相信，中国的老道理是站得住的。从粗处看，自然有许多要改变的地方；但根本、深处是变不得的"，但又必须"待老道理的粗处浅处需要改变处，通统破坏完了，然后才有转机，才能从真精神发出新芽，转出一个新局面来"。在梁漱溟看来，这样的老道理虽然近几十年在城市里遭到了较大破坏，但在乡村仍有保存；更重要的是，这些老道理本来就产生在中国传统的乡民社会里，乡村就自然成为其有形的载体。于是，就有了这样的选择："以乡村为根，以老道理为根。另开创出一个新文化。'开出新道路，救活老民族'，这便是'乡村建设'。"[3] 由此我们也就懂得：梁漱溟提出要从乡村建设入手，来创造新社会制度、新文化，就是要通过乡村的组织与建设，使中国传统的"老道理"得以复兴。梁漱溟强调，

---

① 梁漱溟：《乡村建设理论》，《梁漱溟全集》第 2 卷，第 202、203 页。

② 梁漱溟：《中国民族自救运动之最后觉悟》，《梁漱溟全集》第 5 卷，第 113—114 页。

③ 梁漱溟：《乡村建设理论》，《梁漱溟全集》第 2 卷，第 613、614—615 页。

这是"老根复活",是"旧生命"的"新创造",一种"再生",而绝不是复古复旧。[①] 可以说,乡村建设是梁漱溟终于找到的中国文化、中国民族再生自救之路。

某种程度上,这也是他个人人生的自救之路。他曾经如此"言志":"我觉得现在的中国,必须有人一面在言论上为大家指出一个方向,而且在心地上、行为上大家都要信赖于他。"[②] 因此他放弃北大的教职,毅然到农村推动乡村建设运动,就是要为彷徨苦闷中的国人指出方向,并以行动获取信赖,以实现自己的价值与理想。梁漱溟一再申明,著书立说当教授、学者本非他所愿;他要做的,是一个"解决中国问题"的思想者与实践者。

这样,梁漱溟也就为同时期方兴未艾的中国乡村建设运动打上了自己的鲜明印记。从表面上看,我们已经讨论过的晏阳初、陶行知、卢作孚等人,他们也都提出要走中国自己的发展道路,强调中西融合;但他们实际上都是倾向于欧美近代民主政治的。因此,他们对中国传统资源的吸取,着眼于寻找传统与西学的联结点,比如晏阳初开掘了儒学资源,即其"民本主义"("民为邦本"),以和西方人本主义与现代人权、民主思想相衔接。用晏阳初的话来说,就是要"保持和发展中国社会民主哲学的宝贵财产,引进和实行西方政治民主思想的精华,以此奠定现代民主中国的基础"。[③] 在一定意义上,我们可以说,晏阳初等走的是一条"西学为体,中学为用"的乡村改造之路。而如前所说,梁漱溟恰恰对西方的民主政治有一种批判性的审视;他强调的不是中国传统与西方文化的契合之处,而恰恰是不同于西方,而在梁漱溟看来,又是高于西方的儒家思想之本,即他说的"中国老道理"。在这个意义上,可以说,梁漱溟奉行的是"中学为体,西学为用"的乡村建设路线。

这大概也是今天讨论梁漱溟乡村建设思想的意义所在:晏阳初等的

---

① 梁漱溟:《精神陶炼要旨》,《梁漱溟全集》第5卷,第506—508页。

② 梁漱溟:《朝话·言志》,《梁漱溟全集》第2卷,第46页。

③ 晏阳初:《致 M. 菲尔德》(1945 年 4 月 28 日),见《晏阳初语录》。

民主政治之路，是我们比较熟悉的，其中许多观念都已成为我们的思维定式；现在正需要从梁漱溟这里看到另一种观念、思路，另一种选择，另一种可能性，以便和我们原有的乡村建设认识，形成张力，撑开我们的思维与想象空间。也许我们最后仍然不能认同梁漱溟的观念和主张，但他的思考与实践，却可以使我们对中国问题，特别是中国乡村问题的认识与解决复杂化、立体化、多元化。

（二）

以上是关于梁漱溟乡村建设思想的总体讨论：他为什么要做？他要做什么？现在，我们可以进一步讨论：他怎么做？他主张乡村建设的路怎么走？这里，又有三个层面的问题。

第一，解决中国问题的动力何在？依靠什么力量推动乡村建设？梁漱溟的回答同样干脆而明确："中国问题之解决，其发动以至于完成，全在其社会中知识分子与乡村居民打并在一起，所构成之一力量。"

为什么必须依靠知识分子首先发动？这关系到梁漱溟对中国乡村建设运动的基本判断：这是一个"由外面问题引发内部问题"的由外到内的运动。他具体分析说，外面的引发力量有三，一是"受外部压迫打击，激起自己内部整顿改革的要求"，二是"领会了外来的新理想，发动其对固有文化革命的要求"，三是近代历史发展将中国"卷入到外面世界漩涡里来，强迫地构生一个全新的中国问题"。这就决定了首先觉悟中国问题、要求乡村变革的，必然是"最先和外面接触的知识分子"。也就是说，乡村改造与建设的最初动力，不可能直接来自"乡村居民"自身，而只能是"先知先觉的知识分子"，在这个意义上，他们在乡村改造与建设中是"主"而不是"宾"①。

梁漱溟同时强调："社会的生路要在乡村求，知识分子的生路也要在乡村求。"这是梁漱溟的一个信念：中国文化的根在乡村，中国人，

---

① 梁漱溟：《乡村建设理论》，《梁漱溟全集》第 2 卷，第 450—459 页。

包括中国知识分子的精神家园也在乡村。他因此对中国知识分子的人生轨迹、精神发展之路，作了这样的分析与概括：首先要"走出乡村"，这样才能"与西洋文明接气"，并产生改造与建设乡村的要求；于是，既要"回到乡村"，"建设新社会"，同时也要找到自我生命的归宿。正是在这一"出"一"回"之间，"完成东西方文明的沟通工作"，实现了知识分子的使命。① 我想，今天中国的志愿者读到梁漱溟当年的这一总结自会有亲切感：因为许多年轻朋友也正是在践行这样的"出去—归来"的人生轨迹。

梁漱溟认为，作为志愿者来到乡村的知识分子，其主要作用是"沟通"。作为一个现代社会运动，乡村建设绝不能是自我封闭的，而必须"让内地乡村生活与外面世界交通，借以引进科学技术"和先进思想；这就要依靠志愿者"内外相通，上下相连"，"使下边社会实际问题与上边学术研究机关相连"②，同时把作为教员的志愿者的"知识头脑与本地人之实际经验"③ 结合起来。

当然，作为乡村社会运动，不仅作为运动推动者的知识分子应占"主导"地位，本地的居民更应该是"主体"。道理是明显的："单靠乡村以外的人来救济乡村是不行的"，更何况外边人"不了解乡村的情形，不知道乡村的需要，所用的方法不合，结果往往祸害了乡村"，因此，乡村建设运动顺利、健康发展的关键，还是要"靠启发农民自觉"，吸引其广泛参与，并发挥主动性。④

以上所说的"知识分子（志愿者）与农民的结合"，也即所谓"上层动力与下层动力"的相互"接气"，⑤ 其实是三四十年代乡村改造与建设运动的一个共识。能够构成梁漱溟个人特色的，是他所提出的"乡村居民"的概念，以及以全体乡村居民为发动与依靠对象。这自然是有针

---

① 梁漱溟：《乡村建设理论》，《梁漱溟全集》第 2 卷，第 479、481 页。

② 梁漱溟：《乡村建设大意》，《梁漱溟全集》第 1 卷，第 711、714 页。

③ 同上书，第 685 页。

④ 同上书，第 617 页。

⑤ 梁漱溟：《乡村建设理论》，《梁漱溟全集》第 2 卷，第 459 页。

对性的，即他不赞成同时期共产党领导的农民运动在乡村作阶级的划分，从"农工、无产者、被压迫者中"寻求动力；在他看来，中国农村"不独没有形成阶级的对抗，乃至职业的或经济上同地位的联结，也每为家族的或地方乡土的关系所掩"。①他提出"乡村居民"的概念，就是要强调这样的"地方乡土"与"家族"关系中的共同性，以形成建立在亲情与乡亲基础上的"乡村共同体"，而反对夸大经济地位的区别而制造对立和相互斗争。他以为后者会导致乡村的分裂，而不利于乡村的和谐、统一与建设。不仅如此，在他看来，在乡村家族、宗族中占据主导地位的地方乡绅，不但不能像在共产党领导的农民运动中那样，成为主要打击对象，而且也应该是乡村建设运动的重要动力与依靠对象。因此，在他设计的"村学、乡学"的组织结构里，除了包括"村中和乡中男妇老少一切人等"的"学众"之外，还由"村中或乡中有办事能力的人"和"村中和乡中品德最尊的人"，分别担任"乡董"与"乡长"，在乡村建设中实际居于领导的地位。②

第二，问题是，发动起知识分子和乡村居民以后，怎样进行"乡村建设"？这又首先要弄清楚：中国的乡村缺少什么，最需要解决什么问题？有意思的是，梁漱溟正是在中西对比中发现了中国农村（也是中国社会）的三大问题：一是科学技术的落后导致的经济落后；二是"西洋文化的战胜，胜于其组织能力"，"散漫无力，实为中国近百年来所以失败的唯一原因"；③三是"现在中国乡村社会，不止是经济破产，精神风貌亦同样破产。这是指社会上许多旧信仰观念、风尚习惯的动摇摧毁，而新的没有产生树立，以致一般乡民都陷于窨闷无主、意志消沉之中"④。在梁漱溟看来，这正是乡村建设所要解决的问题：农村的组织化，农村经济的发展以及为农民寻得精神的出路。

问题是如何解决。最简便的方法，是向西方学习。这也确实是梁漱

① 梁漱溟：《乡村建设理论》，《梁漱溟全集》第 2 卷，第 454、448 页。
② 梁漱溟：《乡村建设大意》，《梁漱溟全集》第 1 卷，第 676 页。
③ 梁漱溟：《中国之地方自治问题》，《梁漱溟全集》第 5 卷，第 320 页。
④ 梁漱溟：《乡村建设理论》，《梁漱溟全集》第 2 卷，第 425 页。

溟曾经考虑过的思路。他的《乡村建设理论》就谈到了"西洋人"的四大"长处"："一是团体组织——此点矫正了我们的散漫；二是团体中的分子对团体生活会有力的参加——此点也矫正了我们被动的毛病；三是尊重个人——此点比较增进了以前个人的地位，完成了个人的人格；四是财产社会化——此点增进了社会关系。"梁漱溟认为，西洋人、西方文化的这些长处，是应该充分"容纳"的。① 这大概也是三四十年代的乡村改造与建设运动的一个共识。如前所说，走以工业化和民主政治为核心的西方现代化道路，是一个主导性的潮流。

但梁漱溟之为梁漱溟，就在于他在对欧美工业化道路、民主政治理念与实践给予充分的肯定与理解的同情的同时，还提出了他的质疑。主要有以下几个方面：一、强调"自由竞争"，忽视"合作图存"，容易导致"贫富不齐"，产生"阶级"的对立。② 二、"自由主义把经济认成是个人的事，国家不要操心"，导致"政治与经济分离"。③ 三、"工商业撇开了农业，超过了农业，自己去发展；而农业还受到严重的抑压"，"都市与乡村仿佛成了两个极端"，导致工商业与农业、都市与乡村的分离与对立。④ 四、"从个人本位自由竞争，演为经济上之无政府状态，人类失去支配力"，导致"物支配人"而不是"人支配物"。⑤ 五、"资本主义下的工商业，只是发财的路，而不是养人的路"，是"以钱为本"，而不是"以人为本"。⑥ 六、西洋人"看人生是欲望的人生。所谓尊重个人自由就是尊重个人欲望。国家一面消极的保护个人欲望，一面还积极的为大家谋福利，帮助满足个人欲望。故西洋政治可谓'欲望政治'"。这样的"谋生存满欲望"的"目标"，可以收得一时之效，却因为忽略了人的精神要求，

---

① 梁漱溟：《乡村建设理论》，《梁漱溟全集》第 2 卷，第 309 页。

② 同上书，第 513、430 页。

③ 同上书，第 562—564 页。

④ 同上书，第 558 页。

⑤ 同上书，第 561 页。

⑥ 梁漱溟：《山东乡村建设研究院设立旨趣及办法概要》，《梁漱溟全集》第 5 卷，第 224、229 页。

而不能打动人的"真心",就远离了人之为人的本性。[1]七、西方民主政治"公事多数表决"的原则和方法,不仅"与中国尊师敬长的意思不合",[2]而且容易忽视少数人的意见,而"多数未必就对","取决多数只是一个省事的办法",并不是真正的"理性"原则。[3]八、西方民主政治中的"私事不得干涉"的原则,如果将其绝对化,也"与中国重道德的风气不合","在中国人看,一件事情,虽然不算犯法,而在私人道德上或者成问题;这样的事情,在中国是要受干涉的"。这里的问题是:"西洋把法律与道德分开了",而"中国的礼与法(礼俗与法律)是相连的"。[4]九、根本的问题,是西方"讲法不讲情",注重"外面有形"的强制性的法律的规定、束缚,而忽视人的"内里"的自动的道德约束和人际关系中人情的无形制约;西方"一切从(个人)权利出发",而忽略了人对团体和他人的自觉的责任与义务。[5]

梁漱溟对西方工业化和现代民主政治的弊端的这些观察与判断,使得他得出一个结论:面对西方的压力与挑战,中国必须克服自身的弱点,引进新的科学技术,发展中国经济,并真正组织起来;但却不能走西方现成的现代化道路,而必须另辟蹊径,主要从中国自身的传统,特别是儒家传统里寻找解决当代中国问题的资源。

于是,就有了"'乡约'的补充改造"命题的提出。梁漱溟对此有一个明确的交代:他所找到的"乡约",并非"明、清两代政府用政治力量来提倡的那个乡约,而是指当初在宋朝时候,最初由乡村人自己发动的那个乡约"。它是"乡里乡党"的自发、自动组织,并有称为"四大纲领"的相互约定:"一、德业相劝;二、过失相规;三、礼俗相交;四、患难相恤。"由此显示的是两个特点:这是一个"情谊化"的、"以人生向上为目标"的组织;它又"见诸实际",是一个行动化的组织。所谓"乡

---

① 梁漱溟:《中国之地方自治问题》,《梁漱溟全集》第5卷,第339—340页。

② 梁漱溟:《乡村建设大意》,《梁漱溟全集》第1卷,第456—457页。

③ 梁漱溟:《乡村建设理论》,《梁漱溟全集》第2卷,第290页。

④ 梁漱溟:《乡村建设大意》,《梁漱溟全集》第1卷,第658页。

⑤ 梁漱溟:《乡村建设理论》,《梁漱溟全集》第2卷,第168页。

约"，就是"大家相约来办事"，具体地说，就是办社学，办保甲，办社仓：
"社会即一教育机关，社仓是经济机关，保甲则是自卫自治—政治机构"：
这是一个"教育、经济、政治都包含进去"的乡村组织。而梁漱溟所说
的"补充改造"则有四点：其一，"将消极的彼此顾恤，变成积极的有
所进行"；其二，将"偏乎个人"并"有所限"的自发组织，变成一个"永
远开展"的，有着"改造社会，创造新文化"高远目标的自觉组织；其
三，不局限于"一乡之约"，而要"由乡与乡的联络，而渐及于县与县、
省与省的联络"；其四，"是私人的提倡或社会团体的提倡，以社会运动
的方式推行"，是"有志愿的人的结合"，"不可以借助政治的力量"，始
终坚持民间性。①

　　后来在曹州、邹平的乡村建设实践里，梁漱溟又将这样的"乡约的
补充改造"具体化为"村学、乡学"的试验。如梁漱溟所说，村学与乡学，
既是一个包括全村、全乡人在内的学校，又是一个乡村组织，"是花自
家的钱，办自家的事，设备为大家所公有"②，其目标又是"大家齐心学
好向上求进步"，显然是将"建设"（做事）与"教育"功能集为一身③。
其具体工作有两项：一是"酌设成人部、妇女部、儿童部等，施以其必
需之教育，期于本村社会中各分子皆有参加现社会之生活能力"，二是"相
机倡导本村所需要之各项社会改良运动（如反缠足、早婚等），兴办本
村所需要之各项社会建设事业（如合作社）等，期于一村之生活逐渐改善，
文化逐渐提高，并以协进大社会之进步"。④

　　而且还有这样的组织结构的设计：村学、乡学的组织由"学众""学
董""学长""教育"四部分人组成，发挥各自"独立不同的作用"："学众"
即全村、全乡所有的居民，他们是"改进乡村社会，解决乡村问题的主力，
乡村社会的主体"，最主要的职责是积极参与团体公共事务，并起"立法"

---

① 梁漱溟：《乡村建设理论》，《梁漱溟全集》第 2 卷，第 320—322、330—334、
338、339 页。

② 梁漱溟：《乡村建设大意》，《梁漱溟全集》第 1 卷，第 666—668 页。

③ 同上书，第 668 页。

④ 同上书，第 572—573 页。

作用；"学董"是村（乡）中"最有能力的人"，即为"乡村领袖"，他们的职责是处理公共事务，并负责沟通政府与乡村组织，起"行政"作用；"学长"为村（乡）中"品德最尊的人"，"民众群情所归"，又由"县政府理聘"，他"主持教育，为各该区居民之师长，不负事务责任"，起"监督"与"调和"的作用；"教员"即外来的志愿者，他们的职责是沟通上下、内外，将外面、上面的先进技术与思想，引入乡村，与本地实际情况与经验相结合，起"推动设计作用"。[①]

梁漱溟认为，这样的村学、乡学是一个"最完善、最妥当、最合中国实情的组织"，它同时解决了我们在前面一再提及，也是梁漱溟念兹在兹的中国科学技术落后与非组织化的问题；更重要的是，它提升了乡村的"生机活力"，"能够尽其改进（乡村）社会之功"，并为创造中国未来新的社会结构与新的文化奠定基础。[②]

如果再作进一步的考察，就可以发现，梁漱溟设计、领导实施的村学、乡学试验，具有两个重要特点，也可以说是梁漱溟的两大自觉追求。

其一，"政治、经济、文化、社会合一。"梁漱溟指出，"中国的问题原来是混整的一个问题，其曰政治、经济、文化三问题者，分别三方面看之耳，并不是当真有分得开的三个问题。因此，在这一大问题中，苟其一面得通，其他两面皆通；若不通时，则一切皆不通。政治、经济两面，彼此互不能离开而单独解决，大概人人都晓得；其实，中国政治上的出路、经济上的出路，不得离开他那固有文化的出路，亦是自明之理。"[③]——这是一个非常重要的思路。

这里，先不妨把话题拉开，讨论梁漱溟关于中国工业化和农村经济发展道路的思考。大体来说，他有三个方面的思考。首先是强调："我们所走的路，显然与西方近代所走的路不同。西方近代是从商业到工业，我们是从农业到工业。"[④]在梁漱溟看来，"从农业来引发工业，这是

---

① 梁漱溟：《乡村建设大意》，《梁漱溟全集》第 1 卷，第 676—697 页。

② 同上书，第 710—711、714、720 页。

③ 梁漱溟：《朝话·中国文化本位宣言》，《梁漱溟全集》第 2 卷，第 124 页。

④ 梁漱溟：《乡村建设理论》，《梁漱溟全集》第 2 卷，第 513 页。

我们的翻身之路","工业向农村分散,农业工业相结合,都市乡村化,乡村都市化,这许多本是世界的新风气新理想,其中实含有人类自然的要求"。^①他实际上是在其中寄寓了自己对未来人类社会发展的某些理想的,这在今天仍不失其意义。梁漱溟在谈及中西发展经济的不同思路时,还谈到一点:"西方是自由竞争,我们是合作图存"。^②他是主张"将农民纳入合作组织"中来发展农村经济的:不仅合作引进科学技术,兴办水利工程,而且发展信用合作,促进农村金融流通。他提倡"合作主义"精神:不同于西方的个人本位或社会本位主义,而是"个人与团体并重":"合作社是联合个人组成团体,于团体中不废个人。"^③梁漱溟发展农村经济思想的第三个方面,是要"以人为本"^④,在他看来:"在经济问题的解决中,实以调整人的关系为首要;其次才是人对自然的问题。"^⑤因此,农村经济的发展,就不仅是一个纯粹经济技术的问题,而"必须注意经济以外而与经济相关系那四周围一切事情",如"复苏农民精神","从伦理情谊来调整社会关系"等。^⑥这实际上就是将经济与政治、文化、社会问题合为一体。

其二,"政教合一。"梁漱溟解释说:"政教合一之'教'乃道德问题","'教化'二字庶几近之","故所谓政教合一,即政治教化合一也。"^⑦这里包含有两层意思:一是"政治、经济、教育三者合一",而教育"应居于最高位,领导一切";因此,梁漱溟设计的村学、乡学既是村民、乡民自治的政治组织,集体合作办事的经济组织,同时是一所大学校,教育贯穿、引领于一切经济、政治活动中,即"建设寓于教育"^⑧。

① 梁漱溟:《乡村建设理论》,《梁漱溟全集》第2卷,第508—512页。

② 同上书,第513页。

③ 同上书,第424—433页。

④ 梁漱溟:《山东乡村建设研究院设立旨趣及办法概要》,《梁漱溟全集》第5卷,第229页。

⑤ 梁漱溟:《乡村建设理论》,《梁漱溟全集》第2卷,第513页。

⑥ 同上书,第425—426页。

⑦ 梁漱溟:《中国之地方自治问题》,《梁漱溟全集》第5卷,第337页。

⑧ 梁漱溟:《乡村建设理论》,《梁漱溟全集》第2卷,第565、528、472页。

而所谓"教育",重心又在社会教育、民众教育,并不限于知识技能教育,而重在"生命本体"的激发与培育,所谓"读书明理","其理正在人生之理"。① 另一方面,则是一个管理、组织原则:"在团体(村学、乡学)中遇到问题发生,不愿意用法律解决的办法,必须彼此有情有义的相待,换句话说,我们是要以代表情理的学长来监督教训大众,把法律的问题放在德教的范围内。"② 这就意味着,一要打破"法律至上"的西方民主政治的原则,将法律置于中国传统的"德教"范围内;二要防止将"服从多数"的西方民主政治原则绝对化,将中国传统的尊重贤智的原则与西方服从多数原则"融会变化,慢慢合一"。③

这背后隐含着一个理念:"乡村组织要以中国的老道理为根本精神。"④ 这应该是梁漱溟的乡村建设思想的核心和最有其个人特色之处,是我们要讨论的第三个方面,也是最深层次的问题。

梁漱溟所看好的"中国老道理",其要点有四。一曰"伦理本位"。梁漱溟解释说,"伦理关系始于家庭,而不止于家庭。何为伦理?伦即伦偶之意,就是说,人与人之间都在相互关系中","伦理关系及情谊关系,也即表示相互间的一种义务关系","彼此互以对方为重:一个人似不为自己而存在,乃仿佛互为他人而存在。这种社会,可称伦理本位的社会"。⑤ 因此,在社会上,"家庭与宗族在中国人生上占极重要位置,乃至亲戚、乡党亦为所重。习俗又以家庭骨肉之宜推广于其他,如师徒、东伙、邻右,社会上一切朋友、同侪,情义益从重";在经济上,也是强调家人、亲戚、朋友"彼此顾恤,互相负责";在政治上则"举国家政治而亦家庭情谊化之","如何让人人彼此伦理上的关系各到好处(父父,子子,君君,臣臣),是其政治上的理想"。⑥ 在梁漱溟看来,中国传统的伦理本位所

---

① 梁漱溟:《自述》,《梁漱溟全集》第 2 卷,第 34 页。《乡村建设理论》,《梁漱溟全集》第 2 卷,第 341、342 页。

② 梁漱溟:《乡村建设大意》,《梁漱溟全集》第 1 卷,第 707 页。

③ 梁漱溟:《中国之地方自治问题》,《梁漱溟全集》第 5 卷,第 342—343 页。

④ 梁漱溟:《乡村建设大意》,《梁漱溟全集》第 1 卷,第 653 页。

⑤ 梁漱溟:《乡村建设理论》,《梁漱溟全集》第 2 卷,第 168 页。

⑥ 同上书,第 168—179 页。

形成的这些社会、经济、政治上的特点，是可以作为乡村建设，以致整个中国发展的有价值的资源的。

二曰"教化，礼俗，自力"。梁漱溟指出，"从来中国社会所赖以维持者，不在武力统治而宁在教化；不在国家法律，而宁在礼俗。质言之，不在他力而宁在自力。贯乎其中者，概有一种自反的精神，或曰向里用力的人生"，由此而形成了一种独特的精神和道德品质：一方面是"反省、自责、克己、让人、学吃亏"；另一面是"勤俭、刻苦、自励、要强"。① 梁漱溟称之为"理性"精神。这样就能达到"平静通达"，"吾人心里平平静静没有什么事，这个时候，彼此之间无论说什么话，顶容易说得通。这似乎很浅、很寻常，然而这实在是宇宙间顶可宝贵的东西"。② 中国的乡村建设正是应该建立在这样的理性精神之上。

三曰"人生向上之义"。不同于西方的"欲望政治"，中国传统"把穿衣吃饭生活放在第二位"，更看重"安饱以上"的"道"，即人的精神生活，"要求更高更深，在人心深处有其根据"，"把众人生存的要求，与向上的要求合二为一"。③ 梁漱溟指出，"人生向上，士气的提振，这是乡约的根本"④；这同时也应是乡村建设的根本。

四曰"崇尚贤者"。中国传统注重的"是人治而非法治"，"不以死板的法为高，而以活的高明的人为高"。⑤ 梁漱溟认为，在现代社会，"理性越发达，文化越进步的社会，越应当尊重学术，尊重专门知识：这恐怕是永远的必要"。乡村建设的要义就是"开出多数人接受高明的少数人领导的路子"，"就是提高教育在社会中的地位"，⑥ "少数贤智之士的领导与多数人的主动，二者可以调和，并不冲突"⑦。

---

① 梁漱溟：《乡村建设理论》，《梁漱溟全集》第 2 卷，第 179—180 页。

② 同上书，第 181 页。

③ 梁漱溟：《中国之地方自治问题》，《梁漱溟全集》第 2 卷，第 339—340 页。

④ 梁漱溟：《乡村建设理论》，《梁漱溟全集》第 2 卷，第 331 页。

⑤ 同上书，第 293 页。

⑥ 梁漱溟：《乡村建设大意》，《梁漱溟全集》第 1 卷，第 710 页。

⑦ 梁漱溟：《乡村建设理论》《梁漱溟全集》第 2 卷，第 292 页，

可以看出，梁漱溟的真正着眼点，是从乡村建设出发、入手，建设一个新的理性社会，理性文化。在他看来，理性正是中国儒家文化、中国传统精神的核心。他说，"孔子恰与宗教相反，他不建立一个大的信仰目标，他没有独断的标准给人，而要人人自己反省"，"他相信人有理性，他要启发人的理性。超越观念不合他的系统，强权势力他也不受，乃至多数人的意见他也不一定认为合理。唯理所在，甘之如饴，于是就开出中国的讲理之风"；"理性，一面是开明的——反乎愚蔽；一面是和平的——反乎强暴；故理性抬头，愚蔽与强暴可免"，"儒家彻见及此，而深悯生民之祸，乃苦心孤诣，努力一伟大运动"，将宗教、法律、制度，政治（包括军事、外交、内政），乃至人生的一切公私生活"悉化为礼；而言礼必本乎人情"。[①] 在这个意义上，我们可以说，梁漱溟倡导的乡村建设运动正是一个中国传统儒学的复兴运动。

今天我们来看梁漱溟的乡村建设理论与实践，是不能不有许多感慨的。尽管我们未必完全赞同他对西方文化与中国文化的分析，他的一些具体的设计，也会因为和中国当下的农村现实相距较远，而不具有可操作性；但他所面对、所要解决的中国问题、中国农村问题却是真实的，今天依然存在，而且远比梁漱溟时代复杂。就他所关注和讨论的西方工业化与民主政治的得失而言，在当下的中国，一方面，可以借鉴的方面并未充分吸取，另一方面，梁漱溟十分警惕、引以为戒的弊端，已经严重地侵蚀了我们的社会肌体，面对"欲望第一，物质第一，金钱第一"的拜金狂潮，面对"个人权利至上，拒绝承担义务；个人利益至上，拒绝承担对群体的责任"的极端利己主义和道德虚无主义思潮，我们不能不感到梁漱溟当年的批判的远见与力量。或许更具启发性的，是他的"以中国固有精神为主而吸取了西洋人的长处的东西融合"的发展思路，他所提出的"权利与义务的统一""个人与团体并重，彼此以对方为重""道德与法律合一""贤智之士的领导与多数人的主动的调和"等命题，都可以作为我们今天的新探索的思想资源。

---

① 梁漱溟：《乡村建设理论》，《梁漱溟全集》第 2 卷，第 184 页。

（三）

"精神的陶炼"即志愿服务乡村的建设者的精神培育，是梁漱溟乡村建设思想与实践的一个重要方面。

梁漱溟一再说明，他的最基本的思想，是"以'人'为本"，因此，他不仅在乡村建设中提出，最根本的是要提升"人"（农民）的精神，而且在乡村运动自身建设上，也把"人"（志愿者）的精神的培育、提升放到首要位置。梁漱溟还说过，"有两个问题占据了我的头脑"，一是"现实问题"，一是"人生问题"。[①]可以说，他一生就是要解决社会与人生两大问题。他因此提出"要复兴古人讲学之风，把讲学与社会运动打成一片"[②]。所谓"讲学"，就是讨论人生问题；他要把对人生问题的探讨与乡村建设的社会运动结合起来，这集中体现在他对乡村建设的志愿者的"精神的陶炼"上。

于是，就有了这样的试验：用中国传统的书院的方式，对乡村建设者进行精神陶炼。在梁漱溟准备去山东参与乡村建设运动之前，他曾经和一群追随者在北平什刹海租了一所房子，在那里讲学、读书、思考、讨论；后来在山东办乡村建设研究院，也沿袭了这样的讲学方式。他对讲学中的一个重要环节——朝会作了这样的描述：

> 如在冬季，天将明未明时，大家起来后在月台上环坐，疏星残月，悠悬空际，山河大地，皆在静默。唯间闻更鸡喔喔作啼。此情此景，最易令人兴起，特别的感觉心地清明、兴奋、寂静，觉得世人都在睡梦中，我独清醒，若益感到自身责任之重大。在我们团坐时，都静默着，即使讲话也讲得很少。我们就是这时候反省自己，这是我们生命中最可宝贵的一刹那。朝会时，要大家心不旁骛，讲话则

[①] 梁漱溟：《这个世界会好吗——梁漱溟晚年自述》，第３２页，东方出版中心2006年出版。

[②] 梁漱溟：《朝会的来历及其意义》，《梁漱溟全集》第２卷，第４０页。

声音低微而沉着，能达人人心里的深。①

这里讲到了"心里的深"。梁漱溟关注的社会问题与人生问题其实是涉及三个领域的，即"人与自然的关系""人与人的关系"以及"人与自身的关系"。如果说他推动的乡村建设运动主要是解决人与自然、人与人的关系，那么，他的讲学则是要解决更深层次的人与自身的关系，即进入"心里的深"，自我生命的最深处。这或许是梁漱溟的思想最具魅力之处。我们也因此选录了比较多的梁漱溟在朝会上的讲话，即所谓"朝话"。"朝话"的内容颇为精深，需要细细品味。在某种程度上，这也是每个人独自与梁漱溟先生进行的心灵对话。这里仅谈些自己的感悟，以作交流。

梁漱溟把他的"陶炼要旨"归结为四个字："深心大愿"。

先说"大愿"。梁漱溟阐释说：就是要有"大的志愿力"，"发大愿心"；"要有真问题，不要有假问题；要有大问题，不要有小问题"。这有两个层面：一是想真问题、大问题，一是要立志做解决真问题、大问题的人。想真问题、大问题，就要"超越个体生命"，也超越"个人的善"，"感觉个体生命问题以上的问题"。②梁漱溟因此对乡村建设的志愿者说："我们除了不说话，说话就说大话；我们除了不讲，讲就讲大道理，拼命往大里去！"所谓"大话""大道理"，在梁漱溟看来，就不仅是要"发愿改造我们乡村"，"更大而改造我们的社会，创造人类新文化"。这是一种着眼于全社会、全人类的改造和发展的大视野；而且对梁漱溟来说，这并不是一时的豪言壮语，而是建立在他的基本信念的基础上的：如我们前文所讨论的，梁漱溟是把他所推动的乡村建设运动视为"解决中国的整个问题"，"为人类文明未来发展开辟新天地"的出发点的。他之所以谆谆告诫中国的年轻乡村志愿者眼光要"拼命地往大里去"，就是要提醒他们不能忘记了自己奋斗的大目标。

---

① 梁漱溟：《朝会的来历及其意义》，《梁漱溟全集》第2卷，第41页。
② 梁漱溟：《精神陶炼要旨》，《梁漱溟全集》第5卷，第493—494页。

梁漱溟如此提倡"想大问题",还有更深的用意：这关系着他对"人"的理解。他说，"如果大家要问我，怎样是'人'？我的回答：人就是感觉顶敏锐、顶快、顶多、顶大——无所不感觉。这样就是人，人与其他动物不同即在此"，"动物虽然苦，然而苦不过人；人如果觉得苦，那是真苦啊！人要是快乐，那才是真快乐啊！其感觉特别多，特别大，特别深刻，特别敏锐者谓为'人'"，"'人'亦即'仁'也，俗人与超脱之人之分别亦在此。俗人问题少，问题小，问题浅；他的感觉迟钝，感觉不够，亦即其'仁'不够也。我们并不是想做一个超过常人的人，并不想与众不同；可是不愿意作一个不够的人，倒愿意圆足人类所具可能性"。①在梁漱溟看来，人之为人，就是人有思想，有精神追求；问题想得越大、越深，越能充分发挥"人类所具可能性"，就是"大仁"之人，超俗之人，也即真正的人。

梁漱溟要求自己并勉励大家都做"想大问题"的"大人"，其本身也是蕴含着一个大问题、真问题的，即他对他所处的时代的痛切的体认："中国陷于左右来回的双重矛盾中，伦理本位的社会崩溃了，而如西洋一样的个人本位或社会本位的社会也未建立。在这东不成、西不就的状态中，处处是矛盾，找不到准辙，没有法子相安——为父者不知应如何为父，为子者不知应如何为子，为婆为媳者不知应如何为婆为媳。在学校先生也不好当，学生也不好当，因而家庭父子之间、学校师生之间、朋友同侪之间，乃至政府与人民、上级官与下级官，通统不能相关，彼此找不出一个妥协点来。"在这样的矛盾、彷徨、混乱之中，就需要有"真正的通人"，也即真正能想大问题、真问题，解决大问题、真问题的人出来，"开出我们现在应当走的路，解决许多矛盾，建立新的社会"。②

梁漱溟显然认为自己就是这样的应运而生的"真正的通人"。他在朝会的一次讲话里，就如此"言志"："我愿终身为民族社会尽力；并愿使自己成为社会所永久信赖的人。"他说："我觉得现在的中国，必须有

---

① 梁漱溟：《精神陶炼要旨》，《梁漱溟全集》第 5 卷，第 494 页。

② 梁漱溟：《乡村建设理论》，《梁漱溟全集》第 2 卷，第 207、208 页。

人一面在言论上为大家指出一个方向，而且在心地上、行为上大家都有所信赖于他。然后散漫纷乱的社会才仿佛有所依归，有所崇信。一个复兴民族的力量，要在这个条件下，才能形成。"值得注意的是，梁漱溟要求自己的，不仅是给社会指路，更要提供"为社会大众所信托的人格"，给社会以力量与信心。梁漱溟说他"是对中国前途充满了希望，绝对乐观的人。我胸中所有的是勇气，是自信，是兴趣，是热情"，而在整个社会陷于彷徨、焦虑、绝望、虚无的情绪中时，这样的勇气、自信、兴趣、热情，是能够起到拯救民族精神的作用的。[①]人们不难从中看到梁漱溟"当仁不让舍我其谁的天命意识"。当年他在给儿子的信中就这样写道："'为往圣继绝学，为万世开太平'，此正我一生的使命，""我若死，天地将为之变色，历史将为之改辙，那是不可想象的，万不会有的事！"[②]这绝不是一时之狂言，而是体现了中国传统士大夫，也是现代知识分子的社会责任感与历史使命感。

因此我们不能不发出感慨：今天的中国，正需要梁漱溟这样的知识分子。历史仿佛正在重演：梁漱溟当年所面对的"左右来回的双重矛盾""东不成、西不就的状态"、整个社会（家庭父子之间，学校师生之间，政府与人民之间等）都"找不到准辙，没有法子相安"的状态，不就是今日之中国的写照？不正是我们每天都同样要面对的真问题、大问题？在这样的新的民族危机的时刻，历史正呼唤着梁漱溟式的"想大问题，解决真问题"的真正的"人"的出现，寄望于这样的人不仅探索民族振兴之路，更以其勇气与自信，提振陷于颓败的民族精神。呼唤"梁漱溟式"的人，就是说，我们需要的是千千万万的大大小小的"梁漱溟"。我认为，只要愿意与努力，我们每一个人，特别是每一个有志青年，每一个乡村志愿者，都能够成为梁漱溟那样的"想大问题、真问题，解决大问题、真问题"的人。这就要走出"以一己的悲欢为整个世界"的"小时代"，站得更高，看得更远，思虑更为深邃，

---

① 梁漱溟：《朝话·言志》，《梁漱溟全集》第 2 卷，第 46—48 页。
② 转引自梁卫星：《改造中国的实践：梁漱溟传》，第 159 页。

胸襟更为豁达，而且任何时候都充满信心，勇气和力量，尽享梁漱溟所说的"人的痛苦，人的欢乐"：这不仅是时代、民族的期望，更是我们每一个"人"健全发展的需要。这也是梁漱溟树立的目标：要使我们民族的生命、个体的生命、都永远"向上"。

梁漱溟所说的"精神陶炼"，在"大愿"之外，还有"深心"。梁漱溟说，"深心即悲悯"，并进一步解释说："普通说，'悲天悯人'，当社会上多数人在痛苦灾难之时，容易发生怜悯之心。不过悲悯亦还有更深的意思：不一定看见灾难才有，而是无时不可以没有的。这一种悲悯，自己亦在其中，斯乃对人生的悲悯。如果我们只是一天天的活着，笔直机械的活着，不会发生人生之感。——人生之感是从返回头来看人生时，所发生的一个更深的慨叹，一个更深的悲悯。必须从对人生的反省而来，平常不容易有。"① 这同样极具启示性：在当代中国，能够做到因"多数人在痛苦灾难中"而产生悲悯之情，已经很不容易，我们的许多志愿者大概也是在这个思想层面上来参加乡村建设运动的，这当然具有很大的合理性；但梁漱溟却提醒我们，还要将这样的社会道德层面上的悲悯，提升到人生的、人性的层面：对人自身的悲悯，对自己的悲悯。

于是就有了这样的申说："人类生命当真是可悲悯的。因为人类生命是沿着动物的生命下来的，他完全不由自主。好恶爱憎种种情欲，多半不由自主。人能够管住他自己的很少，好名，出风头等，自己也有所知道，好歹都明白，可是他管不住自己。"梁漱溟因此说："在人生的时间线上须臾不可放松的，就是如何对付自己，如果对于自己没有办法，对于一切事情也就没有办法，""如果内心不澄清，认不清楚自己，这时他心里一定有许多问题，""终日惝恍，精神上得不到安慰，还有何法去做乡村工作呢？"② 这样，梁漱溟就把乡村建设的社会问题转化成了一个参与者的"人自身"的问题：解决社会问题的关键在解决自身的问题：这是自有一种深刻性的。而解决自身问题的关键，在梁漱溟看来，是人

---

① 梁漱溟：《精神陶炼要旨》，《梁漱溟全集》第 5 卷，第 493—494 页。

② 梁漱溟：《朝话·忏悔—自新》，《梁漱溟全集》第 2 卷，第 41—43 页。

如何认识与对待人自身。他提醒说，人之为人的最大难处，是如何走出自己本能的动物性即种种个人欲望，如追求"财利浮名"的"世俗心理"，获得人所独具的精神性、道德性，从而"管住自己"。梁漱溟正是从"管住自己"之难，对人自身产生了一种悲悯。

这样的悲悯感，有两个层面。一是"忏悔—自新"。他强调，人要使自己内心的动物本能欲望与精神性追求之间的冲突平息下来，"只有忏悔、自新才能解决这个问题。如果谁能够对自己的责备越严，其忏悔也越深，这种人大概都是好人"，也即前面说的"真正的人"。二是，也要原谅自己：人皆凡人，孰能无过？"过去的不用说了，我们再努力开拓新生命罢！""只有这一句话，把悔恨转为悲悯，自己可怜自己。到了悲悯的心境，自己就高超了一层：自己不打架，不矛盾冲突，于是真能忏悔自新，开拓新生命了。"①

悲悯更是对着他人的。梁漱溟说他自己"对人的过错，口里虽然责备，而心里责备很少。他所犯的错误，我也容易有。平心说，我也是幸而免"。这样对他人"有同情，有了解"，就在"帮助人忏悔自新"的同时，有一种生命共同体的善意："你自己原谅自己罢！大家都各自原谅自己罢！"②这就进入类似宗教的境界了。

这同时就有了对异己者的容纳。梁漱溟说，"对方即与我方向不同的人，与我主张不同的人，我们都要原谅他，并要承认对方的心理也是好的，不应作刻薄的猜测。同时，在自己的知识见解上要存疑，怕也不必都对"，"自觉知识见解低过一般人，旁人都比自己强，这种态度，最能够补救各种不同方向、派别的彼此冲突之弊而相互取益"，"有一个根本点，就是：必须把根本不相信人的态度去掉。不信任人的路，越走越窄，是死路；只有向信任人的路上走去，才可以开出真正的关系和事业的前提来"。③可以说，对人之弱点的悲悯与对人的信任，构成了梁漱溟的人

---

① 梁漱溟：《朝话·忏悔—自新》，《梁漱溟全集》第 2 卷，第 43 页。

② 同上。

③ 梁漱溟：《朝话·对异己者的态度》，《梁漱溟全集》第 2 卷，第 64—65 页。

性观与人道主义精神的两个重要侧面。我们也终于明白，前面所讨论的梁漱溟"以中国老道理为本的中西文化融合观"与相应的乡村建设的社会理论与实践，都是建立在他对人性的这些基本体认基础上的，他的人生哲学里特有的自信与乐观，也是建立在对人的基本信任之上的。他的社会建设与人生探索两大目标和理想，也由此得到了完美的结合。这可能就是梁漱溟思想与精神、人格的精髓所在。

梁漱溟关于乡村建设运动的志愿者的精神陶炼的论述，还有许多，诸如"如何看待真理与错误，成功与失败"，"以出家的精神作乡村工作"，"组织团体的原则，如何亲师取友，彼此立信，做到志愿真诚"等，都是乡村运动队伍建设中所经常遇到的问题，是极其宝贵的精神资源，就留给我们每一位读者去自行体味与消化吧。

2014 年 2 月 5 日—12 日

◆ 读陶行知[1]

中国从事教育工作的，无论是学校教育，还是平民教育，大概都知道陶行知。郭沫若有言："两千年前孔仲尼，两千年后陶行知。"这或许有些夸张，但这样来强调陶行知对中国现代教育的巨大而深远的影响，还是符合实际的。

陶行知于一八九一年十月十八日诞生在安徽歙县的一个农家里。他十六岁在耶稣教内地会所办的学堂读书时，即在卧室墙壁上写道："我是一个中国人，要为中国做出一些贡献来。"后来，他先后进入南京金陵大学、美国伊利诺伊大学学习，后转入哥伦比亚大学师范学院攻读教育，以杜威、孟禄等为师，一九一七年毕业。在回国的船上，他立下"我要使全中国人都受到教育"的宏志，终生不渝。

陶行知的教育事业起步于一九二二年出任中华教育改进委员会主任干事之时，以后他又和晏阳初一起组织中华平民教育促进会，共同成为中国现代平民教育的早期推动者。真正打上陶行知个人烙印的教育实验，则是从推动成立南京燕子矶试验乡村幼稚园（一九二六年）和创建南京晓庄试验乡村师范学校（一九二七年）开始的。陶行知自身的教育实践也经历了由城市贫民为主的平民教育向农民教育的重心转移，以及将乡村教育与乡村建设相结合的最初尝试。这与晏阳初的教育思想与实践的发展是同步的，是显示了二十世纪二三十年代中国教育与改造的发展趋势的。

在此过程中，陶行知逐渐形成了自己独特的教育思想，先后提出了"生活即教育""教学做合一""社会即学校"等教育命题。三十年代，他更致力于"艺友制教育""乡村工学团"和"小先生教育"，教育思想与实践都进入成熟期，并拥有众多的追随者，影响越来越大。

抗战爆发后，陶行知立即投身于爱国救亡运动，提倡"国难教育"，

---

[1] 本文为《志愿者文化丛书·陶行知卷》（三联书店即出）导读

推动大众教育与民族解放运动的结合，并于一九三六年至一九三八年遍访欧美、亚洲各国，宣传中国抗日，争取国际支持，得到了广泛响应，回国后先后创办晓庄研究所和培养难童中的天才儿童的育才学校（一九三九年）。抗战后期与抗战胜利后，他又积极推动民主教育，为之倾注全部心血，一九四六年七月二十五日因脑溢血骤然去世。人们赞誉他为"人民教育家"（毛泽东、朱德）、"伟大的思想家"（徐特立）、"不屈不挠的民主斗士"（郑振铎），"是一往直前地奔赴真理的一个人"（梁漱溟），"不仅仅是属于中国的，而是属于全世界的"（美国华莱士）。

（一）

陶行知的教育思想博大精深，我们应从哪里切入？怎样寻找我们这些普通教师和支教志愿者进入陶行知教育世界的通道？这是我们首先遇到的问题。

于是，我们注意到了陶行知的一段自述："我的中国性与平民性是很丰富的。我的同事都说，我是一个'最中国'的留学生。经过一番觉悟，我就像黄河决了堤，向那中国的平民的路上奔流回来了。"[①] 同时想起的是和陶行知同时代的著名儿童教育家陈鹤琴先生对陶行知的评价，他说陶行知最大的特点，也是最重要的教育家品格就是"热爱儿童，热爱大众，热爱一切弱者"。[②]

中国性与平民性，这正是陶行知教育思想和实践的两大特点与核心，是我们学习与领会陶行知教育思想应紧紧抓住的纲，纲举而目张，循此探求，他的其他具体论述都可以迎刃而解。

先说"中国性"。陶行知说得很清楚，他的教育实验的一个基本目标，就是要创建出"真正适合中国国情并为中国服务的教育制度"。[③] 其

---

① 陶行知：《创造一个四通八达的社会》，见《志愿者文化丛书·陶行知卷·语录》（以下简称《陶行知语录》）。

② 见叶良骏编撰：《陶行知箴言》，第284页，上海教育出版社2011年出版。

③ 陶行知：《民国十三年中国教育状况》，见《陶行知语录》。

实不仅是陶行知，我们讨论的晏阳初等人，都是以此为目标的。有意思的是，他们都是留学生，也都曾经"把外国学来的教育制度拉到中国来"，都"以为这是文明国里的时髦物品，都装在东洋车上拉回来"，陶行知因此自嘲为"东洋车夫之一"。[1] 但一旦真正接触到中国这块土地和土地上的文化与人民，他们就懂得了必须要"在中国实际生活上面找问题"，为解决中国问题而进行教育的实验，从而创造出中国自己的教育思想与理论。当然，他们也不会因此拒绝学习西方的教育经验，如陶行知所说，他们的新创造是"吸收了旧的和新的、国内与国外的办学精神，因而是非常适合于新中国需要的"。[2] 陶行知们的这条自力更生寻找中国自己的教育发展道路的路线，也应该是我们今天继续推动教育改革所要遵循的，它既是出发点也是最后归宿。

也许陶行知教育思想中的"平民性"，是更能引起我们共鸣的。值得注意的是，陶行知思想的平民性，是建立在"济弱扶倾"即"弱者本位"和"幼者本位"的价值立场上的，[3] 这也是"五四"那一代人所坚守的，是和中国传统的"强者本位"与"长者本位"相对立的。在陶行知这里，这突出地表现为他对两个群体："大众"与"小孩"的特殊情感与持续关注；他自己也明确宣示："靠自己动手做工吃饭的真工人，和靠自己动手种田的真农民，和劳苦大众的小孩"是他的"整个的理论"的"基础"。[4] 如前引陈鹤琴先生所言，这正是陶行知教育思想中最具特色和魅力的部分，"热爱大众，热爱儿童，热爱一切弱者"应该是我们今天的教师与支教志愿者应该遵循与坚守的基本价值立场和行为准绳，也是我们走进陶行知教育世界的基本通道。

因此，我们学习、领会陶行知教育思想，最应该注意的，是他的农民观、儿童观，以及相应的关于乡村教育与儿童教育，特别是幼儿教育的思考。

---

[1] 陶行知：《晓庄试验乡村师范学校创校概况》，见《陶行知语录》。

[2] 陶行知：《民国十三年中国教育状况》，见《陶行知语录》。

[3] 参看陶行知：《共和精义》，见《陶行知语录》。

[4] 陶行知：《答复子钵先生之批评》，见《陶行知语录》。

陶行知说他的晓庄实验是"从爱里产生出来的：因为他爱人类，所以他爱人类中最多数而最不幸之中华民族；因为他爱中华民族，所以他爱中华民族中最多数而最不幸之农人"。① 足见他的农民之爱是建立在人类之爱、民族之爱这样的大爱的基础上的，自然也是建立在对农民和农村对于中国社会存在与发展的"安根"意义的理性把握基础上的。② 他因此为所有到农村去的青年和知识分子立了一个信条："心里要充满那农民的甘苦。我们要常常念着农民的痛苦，常常念着他们所想要得到的幸福，我们必须有一个'农民甘苦化了的心'"③；要"每人每天自问：为农人服务了没有？自己做学问，和农人发生了关系没有？"④——在我看来，这也应该成为今天的农村教师与支教志愿者的座右铭。

这背后蕴含着陶行知关于知识分子、青年人与农民关系的观察、思考与理想。他谈到，知识分子下乡，大体会经历三个阶段。开始是"抱着教人的态度"，也即启蒙者的精英立场，将农民视为"乡愚""开化"的对象。以后，在与农民的长期接触里，发现了农民的长处与自己的不足，就"始而把农人当作书读"，即研究的对象；"继而和农人做朋友，终而拜农人做先生"。一般说，发展到这一阶段，已经是一个很大的进步了，许多知识分子也就止步于此。陶行知却认为不能为此而"自满"，还要再发展一步，使自己"成为农人队伍中的一分子，和农人共甘苦，同休戚"，"教农人联合起来自己救自己"。⑤ 这样的三部曲：从"教农人"到"向农人请教"，最后成为农人中的"一分子"，帮助农人"自己救自己"，恐怕也是今天知识分子和青年下乡后所要经历的，并极具启发性。

由此引发的是陶行知对乡村教育的特殊关照。他首先发现的是"中国乡村教育走错了路！"。这确实是一个惊心动魄的发现："他教人离开乡下往城里跑，他教人吃饭不种田，穿衣不种棉"；"他教人羡慕奢华，

---

① 陶行知：《晓庄三岁敬告同志书》，见《陶行知语录》。

② 陶行知：《如何教农民出头》，见《陶行知语录》。

③ 陶行知：《我们的信条》，见《陶行知语录》。

④ 陶行知：《为农人服务的方针和做学问的方法》，见《陶行知语录》。

⑤ 陶行知：《四十万人是参考书吗》，见《陶行知语录》。

看不起务农";"他教农夫子弟变成书呆子";"他教富的变穷，穷的变得格外穷；他教强的变弱，弱的变得格外弱"。[①]我们今天读到这番话，更是有触目惊心之感：因为这样的"走错了路"的历史还在延续，甚至变本加厉，越走越远。我在一篇文章里曾经指出，今天中国农村教育最根本的问题，就是"落入了'城市中心主义'的误区"：它是"以通过逐层考试，最后成为城里人"为教育的最终目的和最终指向的。因此，我们的乡村教育不但"是与农村生活无关的教育"，而且教育的"城市取向"，使农村的孩子早在"心灵上失去了农村的家园"，他们中考上大学的，就"从此走上了永远的'不归路'"，即使考不上大学，或者大学毕业找不到工作回到农村，"也无心在农村寻求发展。他们中有些人就成了在城市与农村都找不到自己位置的'游民'"，真的"穷的格外穷，弱的格外弱"了。[②]

　　面对这样的仍在继续发展的农村教育的现实，我们在感到沉重的同时，也就更为陶行知的乡村教育思想所吸引：因为他提出了乡村教育发展的另一条途径、另一种可能性。和以脱离农村为指归的传统与现实的农村教育相反，陶行知为乡村教育指出的"生路"，是"建设适合乡村实际生活的活的教育"，[③]其核心就是教育和农村实际生活的结合。陶行知提出要自觉地运用乡村"环境里的活势力，去发展学生的活本领"。[④]我理解，这里实际提出的是一个如何充分发挥乡村的自然环境与乡村地方文化在乡村教育中的作用的问题。这正是乡村教育与城市教育相比较而独具的优势：乡村大自然环境的熏陶，"人在自然中"，这本身就是一个最基本、最重要，也是最理想的教育状态；农村本土的民间节日、戏曲、习俗，是潜移默化的文化传递渠道；农村特有的生活方式：全家在一个庭院里朝夕共处，邻里间鸡犬相闻所形成的亲情、乡情，更具有独特的

---

① 陶行知：《中国乡村教育之根本改造》，见《陶行知语录》。

② 参看钱理群：《我的农村教育的理念和理想》，见《那里有一方心灵的净土》，第135、136、137页，中国文联出版社2008年出版。

③ 陶行知：《中国乡村教育之根本改造》，见《陶行知语录》。

④ 陶行知：《再论中国乡村教育之根本改造》，见《陶行知语录》。

精神与道德力量等。由这些内容构成的乡土、地方知识，应该是乡村教育的有机组成部分。从书本上获得的普同性知识和从活的农村环境里获得的地方性知识，本是农村教育知识体系的两大资源，是相辅相成的：前者使学生走出乡村，与民族、人类的大文明相联结；后者使学生获得本土精神家园、"乡下人"的文化自信，两者都是农村孩子健康成长所必需，是缺一不可的。但城市取向的乡村教育，却将地方性的活的乡土知识完全排斥开，只留下单一的片面的书本上的普同性知识教育，结果就导致农村孩子失去了和养育自己的土地以及土地上的文化、乡亲的精神联系，成了无根的人。这是前面所说的农村孩子一旦离开乡村，就走上"不归路"的内在原因。① 因此，当年陶行知对农村环境里的活的乡土知识的强调，是抓住了要害，极具远见的。

陶行知乡村教育思想的另一个重点，就是强调乡村教育和乡村社会改造的结合。他说："办学和改造社会是一件事。"这句话包含了两个侧面：一方面，"改造社会而不从办学入手，便不能改造人的内心；不能改造人的内心，便不是彻骨的改造社会"；另一方面，"办学而不予改造社会的使命，便是没有目的，没有意义，没有生气"的教育，是根本没有出路的。② 陶行知由此而提出了一个重要的命题："乡村学校应当做改造乡村生活的中心。"③ 这是对乡村教育的一个重要定位：它不仅要参与乡村社会的改造，而且要成为乡村生活的"中心"。他说，"以后看学校的标准，不是校舍如何，设备如何，乃是学生生活力丰富不丰富"，参与乡村生活改造与建设的成效如何："村道已经四通八达了吗？村中人都能自食其力了吗？村政已经成了村民自有、自治、自享的活动了吗？"④ 后来陶行知在讨论"小先生运动"时，特意提到农村教育的一个重要功能：不仅要教育农民的孩子，而且要利用孩子的力量，去教育他们自己的父

---

① 参看钱理群：《我的农村教育的理念和理想》，《那里有一方心灵的净土》，第140—142页；《关于乡土教材编写的断想》，见《重建家园》，第114—116页，广西师范大学出版社2012年出版。

② 陶行知：《地方教育与乡村改造》，见《陶行知语录》。

③ 陶行知：《我们的信条》，见《陶行知语录》。

④ 陶行知：《再论中国乡村教育之根本改造》，见《陶行知语录》。

母、祖父母，还可以通过办夜校等方式，将学校教育与农民教育有机结合起来，农民的孩子当"小先生"，"就像通电的电线，把农村学校和每家每户连接起来，全村都成了学校，教育之光照遍每个角落"，乡村学校也自然成了乡村生活的中心。① 今天重读陶行知的这些论述，可能会有一种陌生感，因为当下中国的农村现实和陶行知的理想实在相距太远：乡村改造与建设本身就没有上轨道，城市取向的乡村教育更是远离乡村生活与改造。但或许正因为如此，陶行知的理想就更显出了其方向性的意义，它至少提醒我们：无论身处农村任教，还是到农村支教，都不能只看教育，而要关注教育之外的农村政治、经济、文化的实际问题和农村生活改造；并且在可能的范围内，参与农村建设与改造，"农村教育不应是自我封闭的，而应是开放的，要发挥学校的外扩性影响与发射作用"②。

陶行知乡村教育思想的第三个重要方面，是把乡村教师的培养放在战略性的突出位置上："培养乡村师资是地方教育的先决问题，也是改造乡村的先决问题。不在培养人才上做功夫，一切都是空谈。"③ 和"乡村学校应当做改造乡村生活的中心"的命题相适应，陶行知又进一步提出"乡村教师应当做改造乡村生活的灵魂"④。这自然是一个很高的要求。在陶行知看来，"乡村教师必须有农夫的身手，科学的头脑，改造社会的精神"。⑤ 这就需要有相应的培养与训练。于是就有了"发展乡村师范教育"的任务的提出和创办晓庄乡村师范的实验，它们构成了陶行知教育理论与实践的核心部分。陶行知指出，中国的师范学校多半设在城里，这同样也是一种城市取向的教育，"对于农村儿童的需要苦于不能适应。城居的师范生平日娇养惯了，自然不愿意到农村去。就是乡下招来的师范生，经过几年的城市化，也不愿意回乡服务了。所以师范学校虽多，

---

① 陶行知：《中国的大众教育运动》，见《陶行知语录》。

② 参看钱理群：《我的农村教育的理念和理想》，《那里有一方心灵的净土》，第144页。

③ 陶行知：《地方教育与乡村改造》，见《陶行知语录》。

④ 陶行知：《我们的信条》，见《陶行知语录》。

⑤ 同上。

乡村学校的教员依然缺乏"。陶行知因此提出要发动"师范教育下乡运动",不仅要在乡村办师范分校,而且要"训练学生改造眼前的乡村生活",使"每一个师范毕业生将来(都)能负改造一个乡村之责任"。[①]陶行知强调发展乡村师范教育是发展乡村教育,乃至改造乡村的关键环节,是真正抓住了要害。时至今日,乡村教师队伍建设,依然是一个迫在眉睫的任务。这里有两个关键:一是有没有足够的安心于农村教育、长期而稳定的教师队伍;二是这些教师是否具有适应农村教育和农村改造的需要的素质、修养和能力。这两方面恰恰是当下中国农村教育所欠缺的,因而成了发展农村教育的"瓶颈"问题。我们自然可以通过城市对农村的反馈,通过支教支农来缓解矛盾,但最根本的,还应该是乡村土生土长的教师的培养。这样,陶行知所倡导的"乡村师范教育"就具有了特别重要的意义。这种教育的特点有三:一是设立在乡村,至少是在县城;二是"顾全农家子弟"[②],采取特殊政策(如全额免费、包分配)来吸引农村优秀青年;三是课程设置、教学内容与方法都切合农村实际。这样培育出来的学生,就能留得住、教得好,真正成为乡村教师队伍的骨干。其实,在陶行知教育思想的影响下,新中国成立以后,我国的中等师范学校和幼儿师范学校都有过很大的发展。这样的中师和幼师都有明确的"面向农村"的办学方向,所学与农村所需相符合,"重视学生各方面能力的培养,体育、舞蹈、音乐、绘画、三笔字(毛笔,硬笔,粉笔)、普通话、教育学、心理学,样样都有所涉及,这是最适合农村小学教育的需要的,最后受益的是学生"。而且学生没有高学历,也就没有多少好高骛远、见异思迁的想法,工作踏实、勤恳,特别受基层领导、农民和家长的欢迎。事实上,这些按照陶行知乡村师范教育思想培养出来的中师、幼师毕业的学生,长期以来,一直是中国农村教育的骨干和基层领导。但在九十年代以后,特别是二十一世纪以来,师范教育在"升级提高"的口号下,实际上取消了中等师范教育,淡化了师范大学教育的

---

① 陶行知:《师范教育下乡运动》,见《陶行知语录》。

② 陶行知:《关于师范教育的意见》,见《陶行知语录》。

师范性，一律向综合性大学看齐，这就造成了极其严重的后果。在我看来，这正是当下中国农村教育面临缺乏稳定的高质量师资危机的根本原因[①]；解决的办法，还是要回到陶行知所倡导的"发展乡村师范教育"的路上来。

陶行知的儿童观和相应的儿童教育观，特别是幼儿教育观，应该是陶行知教育思想中最具光彩的部分。

首先是他的儿童观。人们通常说，"儿童是未来的主人翁"，但陶行知却提出了质疑，并由此开始了他对儿童问题的独特思考。他指出，这一传统儿童观，"表面看去好像是一种期待，其实是一种变相的抹杀，抹杀了儿童的现在的资格"；他因此针锋相对地提出了"儿童是现在的小主人"的教育命题。[②]这里提出的，是一个是否承认儿童的独立价值与权利的问题。这其实也是"五四"那一代人最为关注的问题。周作人就谈到，传统的儿童观不是将儿童看作"不完全的小人""一笔抹杀"，就是"将他当作缩小的成人"，独独不承认儿童是人生发展的一个"独立"阶段，"仍是完全的个人，有他自己的内外两面的生活"，"自有独立的意义与价值"。[③]陶行知由此引发出三个重要观念。

其一是"尊重"。尊重儿童的独立权利，首先是"儿童的人权"即"生存权"；[④]其次是儿童的发展权，自由地学习、思考、动手、参与、发问，维护独立意志的权利。[⑤]维护儿童权利的目的，是要"由儿童自己去创造"属于他们自己的"儿童的世界"："儿童的世界不是由大人们造好了之后，现现成成的交给小孩子去享受"；儿童的世界又是一个"只有真话，没有谎言""只有理智，没有恐怖""只有创业，没有享福""有人中人，没有人上人，没有人下人，没有奴隶"的世界。[⑥]

---

① 参看钱理群：《我的农村教育的理念和理想》，《那里有一方心灵的净土》，第145—147页。

② 陶行知：《从今年的儿童节想到明年的儿童节》，见《陶行知语录》。

③ 周作人：《儿童的文学》，见《儿童文学小论》，第37、38页，河北教育出版社2002年出版。

④ 陶行知：《敲碎儿童的地狱，创造儿童的乐园》，见《陶行知语录》。

⑤ 参看陶行知：《育才学校教育纲要草案》《第一届儿童节献词》等，见《陶行知语录》。

⑥ 陶行知：《儿童的世界》，见《陶行知语录》。

其二是"理解"。陶行知说："儿童需要的不是爱，而是理解"："不要你哄，不要你捧，只要你懂。"① 理解"儿童的需要""儿童的心理""儿童的能力"②；懂得"小孩的问题，小孩的困难，小孩的愿望，小孩的脾气"，这样，在理解的基础上，就能充分发挥儿童的"创造力。"③

其三是"解放"。这就是陶行知著名的五大解放论："（一）解放小孩子的头脑，从迷信、成见、曲解、幻想中解放出来"；"（二）解放小孩子的双手。中国人对于小孩子一直是不许动手，动手要打手心，因此摧毁了儿童的创造力"；"（三）解放小孩子的嘴。小孩子有问题，要允许他们问，从问题的解答里，可以增进他们的知识"，"小孩子得到言论自由，特别是问的自由，才能充分发挥他们的创造力"；"（四）解放小孩子的空间"，"让他们去接触大自然中的花草、树木、青山、绿水、日月、星辰以及大社会中之士、农、工、商、三教九流；自由的对宇宙发问，与万物为友，并且向中外古今三百六十行学习"；"（五）解放儿童的时间"，"一般的学校把儿童的全部时间占据，使儿童失去了学习人生的机会，养成无意创造的倾向。到成年时，即使有时间，也不知道怎样下手去发挥他的创造力了"。④

我读陶行知的五大解放论，最为感动，也最有感触的，是他的"解放小孩子的空间和时间"的呼吁。在我看来，这都是击中了陶行知那个时代已经存在，而今天更是发展到登峰造极的应试教育的要害的；陶行知说他"反对过分的考试制度的存在"，其理由就在于此。我注意到，陶行知特别关注时间的解放，似乎有一种切肤之痛。他一则说，"创造的儿童教育，首先要为儿童争取时间之解放"；⑤二则说，"把时间挤得滴水不漏，使得学生对于民族前途和别的大问题一点也不能想，再也没有一定空闲去传达文化，唤起大众。这是亡国教

---

① 陶行知：《谈谈儿童节》，见《陶行知语录》。

② 陶行知：《活的教育》，见《陶行知语录》。

③ 陶行知：《小学教师与民主运动》，见《陶行知语录》。

④ 陶行知：《创造的儿童教育》，见《陶行知语录》。

⑤ 同上。

育"；①三则说，"解放时间，把人民和小孩从劳碌中解放出来，使大家有点空闲，想想问题，谈谈国事，看看书，干点于老百姓有益的事，还要有空玩玩，才算有点做人的味道。"②在陶行知这里，时间、空间的解放，关系着儿童精神的自由，视野的开阔，以及创造力的发挥；而应试教育剥夺了儿童的时间与空间，无异于扼杀儿童的自由与创造，同时也窒息了民族精神发展的活力；陶行知说，"这是亡国教育"，绝非夸大其词。

或许最具陶行知个人特点的，还是他的"向小孩子学习"的思想，他甚至宣布："不愿向小孩子学习的人，不配做小孩的先生。"③陶行知坦然承认："在我的世界里，小孩和青年是最大，比什么伟人还大。"④这里大概也有"五四"时期的"小儿崇拜"思潮的影响，但对陶行知而言，"向小孩子学习"这一命题的提出，是建立在他对儿童创造力的高度体认基础上的。在他看来，关键是立足点放在哪里：以成人的眼光与立场来看小孩，就会觉得小孩什么都不懂，更不能做，离开大人，寸步难行，是一个完全被动的受惠者、受教育者；但陶行知告诫说：若是您"变成小孩子"，"和小孩子一般儿大，一块儿玩，一块儿做工，谁也不觉得您是先生。您立刻发现，小孩子的能力大得很：他能做许多您不能做的事，也能做许多您认为他不能做的事"，同样是一个具有主动性、能动性的创造者。结论是："人人都说小孩小，谁知人小心不小。你若小看小孩子，便比小孩还要小。"⑤

也是基于这样的认识，陶行知就把儿童教育置于特殊重要的位置。他郑重指出："教人要从小教起。幼儿比如幼苗，必须培育得宜，方能发荣滋长，否则幼年受了损伤，即使不夭折，也难成材。所以小学教育是新中国成立之根本，幼稚教育尤为根本之根本。"⑥教育的重心放在哪

---

① 陶行知：《文化解放》，见《陶行知语录》。

② 陶行知：《民主教育》，见《陶行知语录》。

③ 陶行知：《小学教师与民主运动》，见《陶行知语录》。

④ 陶行知：《小孩青年比什么伟人还大》，见《陶行知语录》。

⑤ 陶行知：《师范生的第二变——变成小孩子》，见《陶行知语录》。

⑥ 陶行知：《如何使幼稚教育普及》，见《陶行知语录》。

里？这在中国教育界是有不同选择的：以蔡元培为代表的教育家视大学教育为决定民族命运的根本；而另一批教育家则以基础教育，特别是小学、幼儿教育为根本。陶行知是后者最重要的代表。

我尤其感兴趣的，是陶行知关于幼稚园教育的论述。他这样谈到幼稚园教育的重要性："人格教育端赖六岁以前之培养。凡人生之态度、习惯、倾向，皆可在幼稚时代立一适当基础。"[①] 其着眼点显然在为人一生的"做人"打基础。陶行知所要推动的是幼稚教育的改革，因为在他看来，中国的幼稚教育从一开始就"害了三种大病"：一是"外国病"，所读、所唱、所玩、所吃，全是"外国货"，"中国幼稚园成了外国货的贩卖场"；二是"花钱病"，三是"富贵病"，"幼稚园只是富贵人家的专用品，平民是没有份儿的"。——这样的弊病是延续至今的，可谓中国幼稚园教育的痼疾。因此，陶行知当年的呼吁，今天依然有力："要把外国的幼稚园化成中国的幼稚园；把费钱的幼稚园化成省钱的幼稚园；把富贵的幼稚园化成平民的幼稚园。"[②] 这呼吁的背后的理念，就是我们前面讨论的陶行知教育思想中的"中国性"与"平民性"。

于是陶行知就发现了"幼稚园的新大陆"。他指出，在中国，最需要幼稚园，最欢迎幼稚园，"幼稚园应当到而没有到"的地方，就是工厂与农村。他多次深情地谈到，处在紧张劳累的生产第一线，无暇照料自己的幼儿的中国的女工、农妇的精神痛苦，她们迫切地需要在工厂附近和农村田头有相当的幼稚园，给予她们"最切要的帮助"。他急切地写道："乡村幼稚园，是乡村社会普遍的永久的需求"[③]，"幼稚园的下乡运动和进厂运动必须开始，实无疑义"[④]。今天重温陶行知当年的论述，不能不有许多的感慨：几十年过去了，幼稚园下乡，依然是一个梦想；而现实生活里，随着农村年轻的父母纷纷进城打工，大批的留守儿童无人教育，农村幼稚园的建立，更具有迫切性。在某种程度上，农村幼稚

---

① 陶行知：《幼稚园应有之改革及进行方法》，见《陶行知语录》。

② 陶行知：《创设乡村幼稚园宣言书》，见《陶行知语录》。

③ 陶行知：《推广乡村幼稚园案》，见《陶行知语录》。

④ 陶行知：《幼稚园之新大陆——工厂与农村》，见《陶行知语录》。

园教育已经成了乡村教育一个最薄弱的环节，亟待解决。这一点也是陶行知教育思想中最具有超前性的。

如果我们对陶行知关于农村教育和儿童教育思想作一个总结，就可以发现，陶行知的农民观、儿童观，有一个贯穿一切、始终坚持的基本点，就是把农民和儿童当作"人"，对他们独立"人格"的尊重，权利的争取和维护。他由此形成了其农村教育和儿童教育思想中的两个要点。其一是要争取与维护"教育机会平等。对人说，无论男、女、老、少、贫、富、阶级、信仰；从地方说，无论远近、城乡，都应有同等机会享受教育的权利"，其中特别重要的就是维护农民及其子弟和儿童受教育的权利，① 这样，才能真正保证每个人都能获得"立脚点"即起点的"平等"，这是一种最基本的平等。② 其二，教育的最终目的，就是"教人做主人，做自己的主人，世界的主人"。也就是说，无论是农村教育，还是儿童教育，都必须尊重受教育者——农民及其子女和儿童的主体性，维护他们自己管理自己的权利，最大限度地培养与发挥他们的创造力。做到了这两点，教育才能真正成为"民有、民治、民享的教育"，这也正是"民主教育"的本质，而民主教育又是民主政治的基础。在这个意义上，我们也可以说，民主教育是陶行知教育思想的一个核心，他越到晚年，越是热衷于推行民主教育，绝不是偶然的。

（二）

陶行知在总结自己的教育思想及发展道路时，曾经说："这十几年来，我有时提倡平民教育，有时提倡乡村教育，有时提倡劳苦大众的教育，不知道的人以为我见异思迁，欢喜翻新花样，其实我心中只有一个中心问题。这问题便是如何使教育普及，如何使没有机会受到教育的人可以

① 陶行知：《民主教育》，见《陶行知语录》。
② 陶行知：《平等与自由》，见《陶行知语录》。

得到他们所需要的教育。"① 为此，陶行知给自己规定了三大目标：一是"努力发展本国自己的教育，而不是发展从历史背景和自然条件不同的外国引进的教育"；二是"努力发展为广大劳苦大众服务的教育，而不是发展只为少数特权的阶级的教育"；三是"努力发展完整的生活教育，而不是发展畸形的智力教育"。② 对陶行知自定的"中心思想"和三大目标中的"本国自己的教育"及"为广大劳苦大众服务的教育"，我们在前文已作讨论，现在要讨论的是："发展完整的生活教育，而不是发展畸形的智力教育。"这也是陶行知教育思想影响最大的一个部分。

这其实是陶行知教育思想中最具有现实批判性的部分，我们今天读来，更有切肤之感。

陶行知对"畸形的智力教育"有一个鞭辟入里的分析：这是"吃人的教育"。这可谓一针见血，而且还有这样的解剖："他有两种吃法"："（一）教学生自己吃自己。他教学生读死书，死读书。他消灭学生的生活力，创造力；他不教学生动手，动脑。在课堂里，只许听老师讲，不许问。好一点的在课堂里允许问了，但不许他到大社会里，大自然中去活动。再加上要经过那些月考，学期考，毕业考，会考，升学考等。到了一个人大学毕业出来，足也瘫了，手也瘫了，脑子也用坏了，身体的健康也没有了，大学毕业，就进棺材，这就是教学生自己吃自己。"（二）教学生吃别人。他教人劳心而不劳力。他不教劳力者劳心。他更说：'劳心者治人，劳力者治于人。'说得更明白一点，他就是教人升官发财。发谁的财呢？就是发农人、工人的财，吃农人、工人的血汗。"——这真是把话说透了：畸形的智力教育，即应试教育，一让人读死书，死读书，读书死；二教人升官发财，做"人上人"，结果就是"吃自己"又"吃别人"。过去如此，今天依然如此，今后也还是如此。

陶行知说，这样的应试教育是一场"滑稽的悲剧"。首先是它荒唐的教育方式：一切围绕考试的指挥棒——"会考所要的必须教；会考所

---

① 陶行知：《普及教育运动小史》，见《陶行知语录》。

② 陶行知：《中国的大众教育运动》，见《陶行知语录》。

不要的，不必教，甚而至于必不教，所有要教的只是书，只是考的书，只是《会考指南》！教育等于读书；读书等于赶考。"它的结果："把性命赶跑了，把有意义的人生赶跑了，把中华民族的前途赶跑了"，这具有极大的悲剧性。但奇怪的是，包括考官在内的所有推行应试教育的人，这样做时，没有一个是出于信念与信仰的，他们是"不相信会考而会考"，这就更透着滑稽了。①

问题是，这样的只会给个人与民族带来灾难的，人人都明白其历史与现实的不合理性和荒谬性的应试教育，在中国，却屡批不倒，畅行无阻几十年，且越发不可收拾，这是为什么？

陶行知有一个很深刻的分析。他说，应试教育的目的，是要在中国制造一个"伪知识"阶级；而"伪知识"阶级又是由"特殊势力造成的。这特殊势力在中国便是皇帝"。这就是说，应试教育是统治者的意志的产物，是服从统治的需要，又是依靠现行统治体制来推行和维护的。陶行知分析说，任何统治者，特别是中国的皇帝，最害怕中国的老百姓掌握真知识，成为真知识阶级；因为老百姓有了"关于政治的真知灼见，谁的江山也坐不稳"。皇帝"他要把江山当作子孙万代之业"，最好的办法，就是让青少年和知识分子远离"真知识"，千方百计引诱人们"进伪知识的圈套"。他有一个法子，就是通过应试教育提供几个信息："照他的意旨在伪知识上用功"，一、"便有吃好饭的希望"，二、"便有做大官的希望"，三、"便有荣宗耀祖的希望"。这就是为什么尽管谁也不相信从应试教育会得到新知识、真知识，但大多数人，从教育行政部门，到教师，以至家长，甚至学生自己，都趋之若鹜地直奔应试歧途的原因所在。陶行知说这是用"名利权位"对青少年和知识分子进行"收买"，将其训练、收编为"伪知识"阶级的统治术。② 这就点到了要害。这是我所看到的对应试教育的实质和根源的最深刻的揭示与批判。

陶行知进一步指出，这样的应试教育会培养出一批"守知奴"。守

① 陶行知：《杀人的会考与创造的会考》，见《陶行知语录》。
② 陶行知：《"伪知识"阶级》，见《陶行知语录》。

知奴的最大特点，是"把知识占为私有"，"把知识当作商品买"。^①这就点出了另一个要害：知识与教育商品化所造成的危机。但在陶行知时代，还不是主要危险，陶行知也只是感觉到了问题所在，并未展开论述。陶行知始料未及的是：六十多年后，"教育产业化"会成为由政府推动的国策。这种有领导、有计划、有组织地将教育变成商品，变为有利可图的商业机器的思路，直接导致了学校（从大学，到中学、小学，以致幼儿园）的公司化，各级教育行政官员就成了老板，教师成为雇员，家长、学生都是投资者或消费者。这不仅使教育者与被教育者的关系变成被雇佣与雇佣关系，直接造成师生关系、教师与校长关系、教师与家长关系的畸形化与极度紧张，演化出无数校园恶性事件，而且由利益驱动而形成的教育既得利益链条，也成为应试教育的社会基础。支配着人们的，不是教育理念、信仰，而是赤裸裸的利益：教育者（行政官员与教师）考虑的是如何将知识转化为商品以营利；受教育者（学生与家长）考虑的是如何通过教育投资，逐步升级，以谋求最好的职业，获取最大的利息。应试教育一旦与利益相联结，就坚不可摧，势不可当：谁要真正挑战应试教育，就等于打了教育既得利益者的饭碗，处于利益链条每一个环节上的人，从行政官员，到各种教材、辅助读物的编纂、出版、发行者，到教师、家长、学生，都会和你拼命，你就成了"教育公敌"。这样的商业逻辑与前面论及的政治逻辑相结合，就使得应试教育成为今天中国教育的一个难以撼动的堡垒，难以割除的毒瘤。这恐怕是从陶行知那个时代起，直到今天，中国教育最为沉重的话题，是我们每一个关心中国教育的人都必须面对的历史与现实。

如陶行知所说，应试教育是一种畸形的智力教育，自有其理论基础。作为一个教育家，陶行知的主要精力也是集中在理论上的辩驳与建树。他在一篇讨论"陶行知主义"的"系统"的文章里，把他的思考与主张，概括为十二条，其中最重要的是要处理好五个关系，即生活与教育的关系，教与学、做（用）的关系，劳力与劳心的关系，行与知的关系，

---

① 陶行知：《从守财奴到守知奴》，见《陶行知语录》。

以及社会与教育的关系，他据此提出了五大原则与思想，即"生活即教育""教学做合一""在劳力上劳心""行是知之始，知是行之成"，以及"社会即学校"，从而构成了一个完整的教育思想体系。[①] 这或许更应该成为我们学习与讨论的重点。对陶行知这方面的教育思想已经有了很多的研究，我们也只能作一个概括性的讨论，在具有现实启发性的方面，略微多说几句。

在陶行知看来，"我国教育上的最大缺点"，是教育与社会的"隔绝"，与实际生活的"隔绝"，"学生一离开死的学校，踏入活的社会，便茫然无所措手足，一无所能"。[②] 对症之药就是"生活即教育"的理念，它要求教育实现"从书本到人生的，从狭隘的到广阔的，从字面的到手脑相长的，从耳目的到身心全顾的"的转变。[③] 所谓"生活是教育的中心"，包含了五个侧面的意思。其一是教育的内容："用活的生活进行活的教育，"这样，就极大地开拓了教育的天地，"不但能引起他活泼的精神，并且还可以引起他的快乐"。即使是书本教育也要选择"与人生很有关系"的"活的书籍"。[④] 其二是教育的目的："为生活需要而教育。"不是为教育而教育，为考试而教育，而是为满足人的生活需要，为人的健康成长，"好的教育是引人向上向前生活之力量，它是民族解放的工具，也是人类解放的工具"。[⑤] 其三是教育的功能与作用："通过改造生活发挥教育的力量。""学校必须给学生一种生活力，使他们可以单独或共同去征服自然，改造社会"，[⑥] "我们要到民间去的学生，不要到天上去的学生。学问之道无他，改造环境而已。不能把坏的环境变得更好，即读百万卷书，有何益处？"[⑦] 其四是教育的环境："要想接受什么教育，便须过什么生

---

① 陶行知：《答复子钵先生之批评》，见《陶行知全集》第 2 卷，第 754 页，湖南教育出版社 1984 年出版。

② 陶行知：《敬告中小学教师》，见《陶行知语录》。

③ 陶行知：《生活即教育》，见《陶行知语录》。

④ 陶行知：《活的教育》，见《陶行知语录》。

⑤ 陶行知：《桂林战时民众教育工作人员须知》，见《陶行知语录》。

⑥ 陶行知：《中国师范教育论》，见《陶行知语录》。

⑦ 陶行知：《驳特定学区论》，见《陶行知语录》。

活。""倘若嘴里读的是主人的书，耳朵里听的是做主人的话，而所过的是奴隶的生活"，"依生活教育的观点来看，则断断乎要称奴隶的教育，或是假的主人教育"。① 其五，陶行知进一步提出，要"使学校成为一个小共和国"②，因为"今日的学生，都是将来的公民；将来所需要的公民，即今日所应当养成的学生"，在学校阶段，就应该使学生得到公民的训练。陶行知因此将学生自治教育置于特别重要的位置。一方面，要让学生组织起来，自己"管理自己"，并"自己立法、执法、司法"；另一方面，"因为学生还在求学阶段"，这样的学生自治，还有一个"练习自治"的意义和作用，通过训练，养成基本的民主自治的习惯，即对"公众幸福"的关怀和兴趣，对"共同事业"的参与能力，以及对"公共是非"的判断力。③ 人们都在谈论中国的民主政治，讨论中国公民社会建设，却往往忽略了：民主政治与公民社会建设不仅是一个观念问题，更要转化为一种能力与习惯，这就需要从小训练起。这应该是学校教育的重要任务：为中国的民主政治打基础。

陶行知教育思想的另一个要点，是强调"教学做合一"。这里又包含了两个侧面的意思。

首先是"教"与"学"的关系。陶行知提出了一个似乎不成问题的问题：教师的本职是什么？什么是称职的教师？陶行知因此区分了三种教师：一种"只会教书"，"拿一本书要儿童来读它，记它，把那活泼的小孩子做个书架子，字纸篓"。——这大概是眼下大多数教师的做法；但在陶行知的教育观念里，这是误人子弟，是一种"要人死的教育"。第二种老师"不是教书，而是教学生"，把教育的"注意的中心点，从书本移到学生身上来了。凡是学生需要的，他都拿来给他们"。——这样的教师与教法自然比前一种要好得多，已经比较接近教育的本质了，在当下中国教育界已属难能可贵，但在陶行知看来，还有一个根本的缺陷："学

---

① 陶行知：《护校宣言》，见《陶行知语录》。
② 陶行知：《新教育》，见《陶行知语录》。
③ 陶行知：《学生自治问题的研究》，见《陶行知语录》。

生还是在被动的地位。"于是就有了一个严重问题："先生不能一生一世跟着学生。世界上新理无穷，先生安能尽把天地间的奥妙为学生一齐发明？"结论是："先生所能给学生的，是有限的，其余还是要学生自己找出来的。"由此而产生了对第三种教师的期待："我以为好的先生不是教书，不是教学生，乃是教学生学。"这里最关键的，"就是把教与学联络起来：一方面先生要负指导的责任，一方面学生要负学习的责任"。"对于一个问题，不是要先生拿现成的解决方法传授学生，乃是要把这个解决方法如何找来的手续程序，安排停当，指导他，使他以最短的时间，经过相类的经验，发生相联的理想，自己将这个方法找出来，并且能够利用这种经验理想来找别的办法，解决别的问题。得了这种经验理想，然后学生才能探知知识的本源，求知识的归宿，对于世界的一切真理，不难求之无尽，用之无穷了。"陶行知说，这就达到了孟子所说的"自得"，也即现今教育家主张的"自动"：这才是真正的教育。① 这是深知、真知教育之言。"教书——教学生——教学生学"，这教育的三境界，是逐渐接近教育的本质、本职、本体、本味的过程，值得我们终身追求。

陶行知对合格的、真正的教师提出的另外两个要求也不可忽视：一是"教的法子必须根据学的法子"。陶行知再三告诫说，绝不能"只顾自己的意思去教学生"，勉强拿学生来凑自己的教法，这样不但"收效甚少"，而且"学生苦恼太多"。唯有心中有学生，根据学生的学习、接受情况，来考虑、设计自己的教法，才能做到"费力少而成功多"。二是"做先生的，应该一面教，一面学"，绝不能"贩卖知识来，就可以终身贩卖不尽"，而应该"一方面指导学生，一方面研究学问"，这样，就能真正做到"教学相长"，每一次教学，都不会是"照样画葫芦"，而是不断有新的创造，从而获得"教育英才的快乐"。陶行知因此说了一句很有意思的话，是可以作为我们的座右铭的："必定要学而不厌，然后才能诲人不倦。"②

---

① 陶行知：《教学合一》，见《陶行知语录》。

② 同上。

在"教学合一"的基础上，陶行知又加上了"教学做的合一"。他解释说，"做"是一个过程：首先是"行动"，又同时"思想"，最后必然产生出"新价值"；再用新价值去指导新行动、新思想，形成良性的互动。[1]他因此强调，"教学做是一件事，而不是三件事。我们要在做上教，做上学"，"先生拿做来教，乃是真教；学生拿做来学，方是真学"。[2]这里所突出的"做"即"行动"的意义，我们在下面将再作讨论。

"在劳力上劳心"，是陶行知教育思想中的第三个核心概念，实际上是讨论教育和"劳心者"与"劳力者"的关系。他尖锐地指出，中国的传统教育是"单教劳心者，不教劳力者"的，同时又教劳心者"只劳心而不劳力"，这就造成了劳心与劳力、劳心者与劳力者的隔离和对立。这样的教育，是完全服务于"劳心者治人，劳力者治于人"的等级制社会结构的。在这样的社会制度与教育制度下，就培养出了陶行知所说的"二呆子"："读书而不做工"的"书呆子"和"做工而不读书"的"田呆子"，这就"形成了一个'呆子'国家"。"书呆子"不能生产，成了社会国家的寄生虫；"田呆子"不能"自保其利益"，成了"他人横搜直刮"的对象，更谈不上"做国家的主人翁"了。在陶行知看来，这正是中国"危机四伏，存亡一缕"的原因所在。由此提出的，是教育的两大根本任务："教劳心者劳力——教读书的人做工"和"教劳力者劳心——教做工的人读书"，[3]从而实现脑力劳动与体力劳动、手与脑、身与心、体力劳动者与脑力劳动者的结合。这既促进了人的健全发展，更保证了社会的合理发展。这样的教育理想是极具魅力，令人向往的。

陶行知还讨论了"知"与"行"的关系，这是中国教育既古又新的命题。这是人们所熟知的陶行知的故事：他早年研究并信奉王阳明"即知即行"的道理，取名为"知行"；后来，他对王阳明的思想有了反省，提出了"行是知之始，知是行之成"的新命题，是所谓"即行即知"论，

---

① 陶行知：《教学做合一》，见《陶行知语录》。

② 同上。

③ 陶行知：《目前中国教育的两条路线》，见《陶行知语录》。

就又改名为"行知"。① 由"知行"到"行知",显示的是对知识、理论与行动、实践关系认识的变化,强调"人类和个人最初都由行动而获得真知,故以行动始,以思考终;再以有思考之行动始,以更高一级融会贯通之思考终;再由此而跃入真理之高峰"。②

这背后的理念是:"叫行动取得主导的地位;行动产生理论;行动发展理论。行动所产生发展的理论还是为着要指导行动。理论要通过行动才能发生它的力量,丰富它的内容。"③ 陶行知的这些论述,很容易使我们联想起毛泽东《实践论》的有关论述。两者之间可能是存在某种关联的,它反映的是三四十年代的中国哲学、教育新思潮。如前面所讨论的,它针对的是将书本知识绝对化,将理论与实践分离、劳心与劳力分离的倾向,强调"实践第一性"是适应时代政治、思想、文化、教育发展的需要的,这对推动中国政治、思想、文化、教育的改造与变革,无疑起到了积极的作用。而且如前文一再强调的,在畸形的智力教育即应试教育泛滥成灾的今天,陶行知对行动、实践,对生活的活知识的强调,都更是及时的提醒,这都是没有问题的。但同时也要看到,如果将行动、实践以及相应的实际生活经验、知识的实用性的作用强调到极端,过度贬抑书本知识,夸大知识分子的弱点,也会形成新的遮蔽,产生新的弊端。在这方面,我们也是有深刻的历史教训的。这也是一个提醒:陶行知的"生活即教育""教学做合一""劳心者劳力""知行合一"的思想本身的意义与价值,都是不容置疑的;但如何理解与实行,掌握好教育与生活,教与学、做,劳力与劳心,知识与行动、实践的关系之间的分寸,防止从一个极端跳到另一个极端,也是需要认真思考与反复实验的。

最后,还要对陶行知"社会即教育"的思想,略作一点讨论。我们一开始就提到陶行知曾将他的教育思想的"中心问题",归结为"如何使教育普及,如何使没有机会受到教育的人可以得到他们所需要的教育"④。

---

① 陶行知:《行知行》,见《陶行知语录》。

② 陶行知:《育才二周年前夜》,见《陶行知语录》。

③ 陶行知:《答复庶谦先生》,见《陶行知语录》。

④ 陶行知:《普及教育运动小史》,见《陶行知语录》。

陶行知深知，在中国这样一个人口众多，幅员广大，政治、经济、文化情况极端复杂的国家里，要真正普及教育，就必须"跳出学校的圈套"，推动学校教育之外的社会教育。他的办法是把教育的"钥匙从少数人的手里拿出来交给大众"。他提出，要"对教师的观念起一个根本的改变"，不能把眼睛只盯着师范院校培养出来的老师和整个知识阶级，他们"不是教师的唯一源泉"；"小孩子最好的先生是前进的小孩，大众最好的先生是前进的大众。知识分子的使命在帮助前进的小孩和前进的大众，取得现代知识，以同化他们的伙伴，知识分子最多只可做小孩和大众的顾问。超过顾问的范围，就要损害他们的自动精神，即使做个顾问，知识分子也得跳进小孩和大众的队伍里去，与他们共患难同休戚，才够得上顾问的资格"。他算了一笔账：当时小学生有一千多万，识字大众有八千万，每人教两个人，合起来就有三万万。[1] 今天来看陶行知的这一设想，或许有理想化的成分，但它的内在理念——强调受教育者（小孩与大众）同时也是教育者，全民教育要依靠全民来办——则自有其合理性和启发性。

而且陶行知还有具体的实验。这就是他所推动的"工学团"运动和"小先生"运动。前者试图"将工场、学校、社会打成一片"，把前进的有觉悟的工人、农民、学生组织起来，自动进行自我教育与社会教育，[2] 这其实颇近似于今天的志愿者运动。而"小先生"运动更是发动小学生到学校之外去找"他的学生"，于是，"不识字的奶奶、妈妈、嫂嫂、姊姊、妹妹、爸爸、哥哥、弟弟，和隔壁邻居守牛、砍柴、拾煤球、扒狗屎的同胞"都成了"小先生"的"学生。"运动进行得如火如荼，吸引了广大的小学生。记得我所就读的南京师范大学附属小学，就是一所实验小学，直到一九四九年以后，我们还在办"小先生学校"，吸收流浪街头的孩子来上学，我还担任过校长，我的一个卖冰棍的学生，专门画了一幅画，送给"敬爱的钱老师"。我因此说自己的教师生涯是从当"小先生"开始的：这大概就是我和陶行知教育思想的一段渊源吧。陶行知

---

[1] 陶行知：《文化细胞》，《攻破普及教育之难关》，见《陶行知语录》。

[2] 陶行知：《攻破普及教育之难关》，见《陶行知语录》。

把"小先生"运动的"优点"归结为几条：它是一种义务教育，"知识不再是买卖的商品"；它是小孩当老师，成人和儿童"一起学知识"，自身也变得"年轻起来"；"小先生"可以随便出入于一切场合、一些死角，使例如深闺里的妇女，也受到教育；通过教别人，孩子自己也会学得更多、更自觉，学校和社会的关系也因此变得密切起来。[①] 我们前面提到，陶行知在推动乡村学校成为农村社会的中心时，就充分利用了农村学生当"小先生"的作用。在我看来，这一经验，今天也不失其意义：我们在提倡农村阅读时，也可以尝试引导学生把书带回家，和爸爸、妈妈、爷爷、奶奶一起读，以实现学校教育与农民教育的结合。

（三）

人们在关注与评价陶行知时，除了为他博大精深的教育思想所折服，更为他的人格与精神所吸引，称他为"当今一圣人"（董必武）。这是永远活在人们心目中的陶行知：他"一生光明磊落"（邓颖超），心怀"天马行空的理想"（茅盾），跳动着"赤子之心"（张劲夫），有"悲天悯人的胸怀，百折不挠的气概"（吴晗），"性情谦和，学识丰富，意志坚强，考虑周详，认识清楚，是极不可少的人才"（沈钧儒），他"不形于色，却力行不怠，沉毅踏实。许多人受他感动，就跟随他走。我简直要五体投地向他膜拜！"（梁漱溟）[②]

我们今天学习陶行知的论述，其中一个重要方面，就是要学习和继承他的精神与品格，也是要回答我们所面临的一个问题：作为一个教师或支教的志愿者，应该以怎样的精神去从事教育的改革与社会的改造？

我们应注意陶行知所说到的常见的三种教育家："一种是政客的教育家。他只会运动，把持，说官话；一种是书生的教育家，他只会读书，教书，做文章；一种是经验的教育家，他只会盲行，盲动，闷起头来，

---

① 陶行知：《中国的大众教育运动》，见《陶行知语录》。
② 参看《陶行知箴言》，第277—285页。

办……办……办。"——概括得真好，真准：今天的中国教育界不正充斥着这样的教育家、教师吗？我们每个人都可以以此为镜，看看自己属于哪一种类型？陶行知说，"第一种不必说了，第二、第三两种也不是最高的。"其实，在我们看来，在当下中国教育的环境下，能够做到第二、第三种就已经不错了，但却并不符合陶行知的理想，他要为我们树立一个更高的标杆：他呼唤"第四种教育家、教师。"他提出了两种"要素"，表示只要得到其中之一，就"可以算为第一流的人物"了——

（一）敢探为发明的新理。我们在教育界做事的人胆量太小，对于一切新知，大惊小怪。一举一动，不是乞灵古人，就是模仿外国。我们在教育界任事的人，如果想自立，想进一步，就需胆子放大，将实验精神，向着那未发明的新理贯射过去。不怕辛苦，不怕疲倦，不怕障碍，不怕失败，一心要把那教育的奥妙新理，一个个的发现出来。这是何等的魄力，教育界有这等魄力的人，不愧受我们崇拜！

（二）敢入未开化的边疆。要晓得国家有一块未开化的土地，有一个未受教育的人民，都是由于我们没有尽到责任。责任明白了，就放大胆量，单身匹马，大刀阔斧，做个边疆教育的先锋，把那边疆的门户，一扇一扇的都给它打开。这又是何等的魄力！有这样魄力的人，也不愧受我们的崇拜。

敢探未发明的新理，即是创造精神；敢入未开化的边疆，即是开辟精神。创造时，目光要深；开辟时，目光要远。总起来，创造、开辟都要有胆量。①

我几乎是情不自禁地一字不漏地抄录陶行知的论述，因为已经很少听到这样的高瞻远瞩、势如破竹的声音了，当下中国的教育界实在太沉闷，也太平庸，确实需要这样的登高一呼！

---

① 陶行知：《第一流的教育家》，见《陶行知语录》。

陶行知同时倡导"科学"与"试验"的精神。他强调"以严肃认真态度律己；以互助合作精神相待；以科学的态度治事治学"①，主张"世界上一切困难都要用冷静的计划去克服"②。尤其引起我的共鸣的，是他的"从事社会改造的人，要远处着眼，近处着手"的思想。他所说的"从我们的最近的环境着手，逐渐的推广出去"，其实就是我们今天所说的"从改变自己和周围的存在做起，以之作为改变社会存在的开始"。陶行知并且主张从解决一个个具体的问题做起；他说："我们倘能把种种问题用大刀阔斧来同时解决，岂不痛快！无如天下事没有这样容易，我们的精力也很有限，想把一切问题同时解决，结果必定是一个问题也不能解决。倒不如按照自己的能力，看准一件具体的物事，会精聚神的来干它一下。如果我们对于一件事肯得专心继续的努力去干，一定有解决的希望。一个人，一个时候，在一个地方，干一件事，是社会改造的不二法门。"③——这些话，说得多好。陶行知就是这样把前述"创造"与"开辟"的高远目标落实为"一个人，一个时候，在一个地方，干一件事"的具体可行的行动，把高瞻远瞩的气魄与脚踏实地的实干结合起来，这就是陶行知的风格。

这里还有陶行知的"韧性精神"。和鲁迅一样，陶行知也喜欢追问：一件事办好了"以后"会怎么样？他的回答是，"以后"还有新的问题，而且是"无穷尽"的：还有"无穷尽的事业，要我们继续不已的去办理它；无穷尽的问题要我们继续不已的去解决它"，所以做任何事情，都只是"前程万里的第一步"。④因此，就必须"有韧性战斗的精神"，做好"长期战斗"的准备。⑤用陶行知的话说，就是要"风雨无阻，行住不停，天天磨，月月磨，磨它五年十载，总会成功"。⑥陶行知因此提出：要"视

---

① 陶行知：《育才学校创造年计划大纲》，见《陶行知语录》。

② 陶行知：《投入大的社会里去》，见《陶行知语录》。

③ 陶行知：《社会改造之出发点》，见《陶行知语录》。

④ 陶行知：《我们对于新学制草案应持之态度》，见《陶行知语录》。

⑤ 陶行知：《每天四问》，见《陶行知语录》。

⑥ 陶行知：《学习外国文》，见《陶行知语录》。

阻力为当然，失败为难免，具百折不回之气概，再接再厉之精神"①；"不可过于急进，需要用委婉的精神，走到民众前头，慢慢地领着他们向前走"②；"与其把一切事业学问，挤在几年内，匆匆忙忙、劳劳苦苦的做了，何如把他们匀在几十年——六七十年从从容容、舒舒服服的去干"③。——这都是积累了丰富的历史教训的经验之谈，具有丰厚的人生哲理，值得反复琢磨与认真吸取。

下面这些话，都是可以视为陶行知人格的写照，也可以作为我们的座右铭的——

我是一头狮子，在人们都睡着的时候，巍然雄视一切。为夜之王，有整个的宇宙，待我整顿。④

我们应在山穷水尽的时候，找出一条生路来。⑤

人生是患难和欢乐所织成。追求真理的人以与患难搏斗为乐。人生与患难有不解之缘，患难给有志者以战斗的情绪与战胜之智慧。⑥

最重要的时候，就是现在；最重要的人，就是你对面的人；最重要的事，就是待人好。⑦

2013 年 12 月 7 日—14 日

---

① 陶行知：《试验主义与新教育》，见《陶行知语录》。

② 陶行知：《学生的精神》，见《陶行知语录》。

③ 陶行知：《到庐山去》，见《陶行知语录》。

④ 陶行知：《我现在是一只狮子》，见《陶行知语录》。

⑤ 陶行知：《山穷水尽》，见《陶行知语录》。

⑥ 陶行知：《育才十字诀》，见《陶行知语录》。

⑦ 陶行知：《三个问题》，见《陶行知语录》。

◆ 读卢作孚[①]

卢作孚先生一八九三年出生于四川合川县（今重庆合川市）一个世代农耕家庭。这一年，中国同时诞生了四位现代历史上举足轻重的奇才：除卢作孚之外，还有毛泽东和宋庆龄、梁漱溟。四人中的卢作孚，是一个没有念过大学的农家子弟，却创造了中国现代经济史、社会史、文化史、教育史上的三大奇迹。一是创建民生实业股份有限公司。到一九三七年抗战前夕，公司的轮船承担了长江上游70%以上的运输业务，开拓了近三千公里的内河航线。人们评论说："曾经横行川江，垄断川江航运的帝国主义船只被他兵不血刃地赶出了川江。"[②] 到一九四八年，民生公司达到鼎盛时期，航线不仅遍及长江各口，还延伸到日本和东南亚，初步实现了发展海洋运输的理想。历史更要重重记上一笔的第二大奇迹，是抗战初期的一九三八年十月，三万多从各地撤出的人员和难民、近十万吨战略物资全部滞留、积压在宜昌，在日机狂轰滥炸下，卢作孚坐镇指挥，在四十多天内，将全部人员和三分之二的物资分别运到重庆、万县、巴东等地，两个月后剩余物资也全部运完。晏阳初对此评价说，这次抢运堪称"中国实业上的敦刻尔克"。[③] 卢作孚创造的第三个奇迹，是他主持、推动的以北碚为中心的嘉陵江三峡地区三十多乡镇的乡村建设运动，在短短十多年内，就"将原是一个匪盗猖獗，人民生命财产无保障、工农业生产落后的地区，改造成后来的生产发展、文教事业发达、环境优美的重庆市郊的重要城镇"（梁漱溟语）[④]。一九四四年美国杂志上刊登的文章，则称北碚是"平地涌现出来的现代化市镇"，是"迄今为止中国

---

① 本文为《志愿者义化丛书·卢作孚卷》（三联书店即山）导读。

② 张维华：《上善若水卢作孚——远学老子，近学卢作孚》，载《卢作孚箴言录》，第134页，青岛出版社2011年出版。

③ 卢作孚：《一桩惨淡经营的事业——民生实业公司》，见《卢作孚文集》（增订本），第417页，北京大学出版社2012年5月出版。

④ 梁漱溟：《怀念卢作孚先生》，《名人传记》1988年第5期。

城市规划的最杰出的例子"。^① 陶行知也赞扬说：北碚的建设"可谓将来如何建设新中国的缩影"。^② 今天的研究者更对卢作孚的北碚乡村建设实验做出这样的历史评价：这是"民国时期众多乡村建设实验中时间最长、成就最大的一个，是民国时期乡村建设运动最完整的历史记录"。^③ 卢作孚和晏阳初、梁漱溟并称中国乡村建设"三杰"，是当之无愧的。

卢作孚留给后人的，不仅是他的事业，更是他的精神、人格力量。如梁漱溟所说，他"胸怀高旷，公而忘私，为而不有，庶几乎可与古之贤哲媲美"。^④ 在美国杂志《亚洲与美洲》上刊登的一篇文章，一语道破了卢作孚的特点：他是"一个未受过正规学校教育的学者，一个没有现代个人享受的现代企业家，一个没有钱的大亨"。^⑤ 这也正是他的独特价值所在。卢作孚离世后，黄炎培在《哀词》里提出了两个问题："君为何生？""君为何来？"回答是："君应是为一大事而生"，君之来"为的是国家，为的是人民"。^⑥ 今人则说："当代人与其看成功人士的训导，不如回到卢作孚去"，"当代人急切地要求社会圣经，要求和谐或人生絮语，不如回到卢作孚去"，"当代人要求励志明心的哲理，要求应对个人身心危机或社会危机，不如回到卢作孚去"。^⑦

二〇〇三年，卢作孚先生被重庆市民和专家分别评为"重庆十大文化名人"，并均列第一。专家的评语写道："民生公司、北碚实验区、《卢作孚文集》，其中任一项都足以改变世界。"那么，我们就来阅读与讨论从《卢作孚文集》里编选出来的语录和文章，或许我们可以从中获得思想的启迪，进而改变我们的世界：从内在精神到外在现实。

---

① 孙恩山：《卢作孚和他的长江船队》，载美国《亚洲与美洲》杂志，第 44 卷，1944 年 6 月。

② 陶行知：《在北碚实验区署纪念周大会上的讲演》，见《陶行知全集》第 3 卷，第 311 页。

③ 刘重庆：《卢作孚与民国乡村建设研究》，第 2 页，人民出版社 2007 年出版。

④ 梁漱溟：《敬仰故交卢作孚先生献词》，周永林等编：《卢作孚追思录》，第 47 页，重庆出版社 2001 年出版。

⑤ 孙恩山：《卢作孚和他的长江船队》。

⑥ 黄炎培：《卢氏作孚先生哀词》，见《卢作孚文集》（修订本），第 503 页。

⑦ 余世存：《中国人生的圣经——〈卢作孚箴言录〉序言》，见《卢作孚箴言录》，第 7 页，青岛出版社 2011 年出版。

（一）

我们一起来读卢作孚论"中国的建设问题与人的训练"。这本是一九三五年三月上海生活书店出版的卢作孚著作的书名，它集中体现了卢作孚最为关注的两大问题，正好借用来概括他的思想。我们的阅读重点，是和我们这些中国建设的志愿者有关的论述，主要有两大部分。

第一部分是"乡村建设之路"的探讨。卢作孚在这方面的思考，大体有五个层面。

第一个层面。卢作孚开宗明义这样说："我觉得中国急切需要的是根本问题的讨论和解决方法的追寻，而不是枝节的批评。徒有这桩事与那桩事的批评，这个人和那个人的批评，无裨于中国问题的解决。"[1]这样，卢作孚的思考与探索，就有了一个很高的起点和很大的视野：要追寻的，是全局性的、根本性的中国问题的解决。这说明，实业家卢作孚首先是作为一位思想家，去观察现实、把握世界，进而决定自己的事业和人生的选择的。这样的高瞻远瞩，是他不同于一般实业家的独特之处。

或许我们更应该注意的，是卢作孚关注中国问题的根本解决的原因，乃出于他对中国现实的深远忧虑。他紧接着就谈到了中国的"内忧外患"：他所处的时代，二十世纪二十、三十、四十年代，中国之外有西方与日本的侵略威胁，国内又深陷于政治腐败、内战频仍、民不聊生的困境之中。正是这样深刻的民族危机感，成为卢作孚和他前后几代中国有民族、社会、历史担当的志士仁人前仆后继地投入中国变革事业的内在动力。这是我们认识卢作孚们的思想时首先应该把握的。

卢作孚的独特见解，在于他对"内忧外患"关系的认识：他认为这"是两个问题，却只须用一个方法去解决它"[2]；他强调："中国问题的根本办法是新中国成立而不是救亡，是需要建设成功一个现代的国家，使自有

---

① 卢作孚：《从四个运动做到中国统一》，见《志愿者文化丛书·卢作孚卷·语录》（以下简称《卢作孚语录》）。

② 同上。

不亡的保障"。① 在他看来，唯有"确立公众的良好秩序，完成一切物质基础的建设，提高人民的生活水准和文化水准，使国家成为一个本身健全的现代国家"，中国才能真正把"国家的安全掌握在自己的手里"，"自己支配自己的命运"。② 他的结论是：中国问题的根本解决，唯一的办法就是"将整个中国现代化"。③ 研究者指出，在卢作孚的时代，"提倡教育救国、实业救国的，早有人在，但没有提到现代国家现代化的高度。孙中山的民生主义、新中国成立大纲及实业计划，已有明白的现代化思想。可在此之后，更明确提出'现代化'口号，并对具体内容和目标做了明确规定的人，卢作孚还是第一个"。④

卢作孚能够提出"现代化"问题，当然不是偶然的。这也是他的一个基本的思想出发点：一定要在"非常明了整个世界的状态之下决定自己的办法"。⑤ 正是在这样的世界视野下，他认为，当世界（西方和日本）已经进入"工商业时代"，"进化到现代"社会时，中国仍停留在"农业生活的状态下"，⑥ 用今天的话来说，就是依然是一个"前现代"的社会。这是中国落后挨打的根本原因，也是中国国内许多问题的根源。在他看来，中国的现代化，是一个历史进化的必然趋势。

那么，中国将怎样实现"现代化"？这就进入了第二个层面的讨论：卢作孚认为，中国的现代化，基础在"乡村现代化"。⑦ 这又内含着两层意思。

卢作孚首先强调，中国政治、教育、经济建设和发展的基础都在乡村。这是卢作孚思想的又一个超前之处。卢作孚尖锐地指出，中国的政治向来都是"城市中心的政治"，中国的教育、经济、文化，也无不以城市

---

① 卢作孚：《建设中国的困难及其必循的道路》，见《卢作孚语录》。

② 卢作孚：《论中国战后建设》，见《卢作孚语录》。

③ 卢作孚：《从四个运动做到中国统一》，见《卢作孚语录》。

④ 凌耀伦、熊甫编：《〈卢作孚文集〉前言》，见《卢作孚文集》，第12页，北京大学出版社2012年出版。

⑤ 卢作孚：《四川嘉陵江三峡的乡村运动》，见《卢作孚语录》。

⑥ 卢作孚：《建设中国的困难及其必循的道路》，见《卢作孚语录》。

⑦ 卢作孚：《四川嘉陵江三峡的乡村运动》，见《卢作孚语录》。

为中心。这样，他也就抓住了中国发展中的一个根本问题：城市中心。这一问题其实一直延续到了今天，并且已经成为中国现代化发展必须解决的基础性问题。卢作孚早在三十年代就已经提出了预警："乡村人民不能自治，不肯过问利害切身的乡村问题，便完全让土豪劣绅专横；自然，他们更不肯过问眼前以外的地方，乃至国家的政治问题，便完全让军阀官僚专横。一个乡村问题放大起来，便是国家的问题。"[①]其实，在此之前，李大钊就提出过类似的警告。他说，现在大家都在讲推行"民主政治"的关键，是要"立宪"；但是，不要忘了，中国的选民，"大多数都在农村"，如果农村没有开发，农民没有觉悟，如果真的实行普选，那些"积下了许多的罪孽金钱"的城市强盗，就会来骗"他乡里的父老"，如果这些人选上了，"立宪政治，民主政治，哪有丝毫的希望"？李大钊因此大声疾呼："立宪的青年啊！你们若想得个立宪的政治，你们先要有一个立宪的民间"，"把那专制的农村变成立宪的农村"，"这样的民主主义，才算有了根底，有了泉源。这样的农村，才算是培养民主主义的沃土"。[②]今天重读先驱者七十年前（卢作孚，一九三〇年）、八十年前（李大钊，一九一九年）发出的呼唤，仿佛他们就在和我们面对面地谈话，讨论当下中国的问题：今天的中国，仍然有许多人在提倡与追求"宪政民主"，但又有多少人认真地推动民间、农村的民主政治呢？人们注目于上层建筑的改革是有道理的，但如果因此忽略了社会基础的变革，那就会产生严重的问题：上层建筑变了，基础没有变，那么上层建筑不仅不牢靠，还有变质的可能。卢作孚也就是在这里找到了乡村建设的特殊重要性：它所推动的正是中国社会基础的变革，它是要解决中国民主政治的"根底""泉源"问题的，在一定意义上，它是更为根本的。

在卢作孚看来，这样的农村变革的基础性作用是全面的：不仅关乎中国民主政治建设，而且关乎中国教育与经济的发展。他指出："乡村是不断供给城市人口的地方。如因教育缺乏，供给的都是无知识的人口，

---

① 卢作孚：《乡村建设》，见《卢作孚语录》。

② 李大钊：《青年与农村》（1919 年）。

那不唯于城市文明没有帮助，反而妨碍不小。乡村教育不发达，不但是乡村问题，而且变成城市问题了。"而"乡村经济事业如没有（和城市）同样的速度进展，亦必引起城市原料的恐慌"，大量农村人口涌向城市，"城市人口无底止地逐渐增多，更会成了城市问题"。① 这些七十年前说的话，仿佛针对的就是当下的现实。他始终抓住城市与乡村发展的关系，来思考中国的发展问题，从而突出乡村建设的基础意义，是真正抓住了要害的。

在思考乡村建设问题时，他还有一个大思维："我们试作一种乡村运动，目的不只是在乡村教育方面，还在如何去改善或推进这乡村里的教育事业；也不只是在救济方面，还在如何去救济这乡村里的贫困或灾变。中华民国根本的要求是要赶快将这一国家现代化起来，所以我们的要求是要赶快将这一个乡村现代化起来。"② "乡村现代化"，这是卢作孚乡村建设思想和他所要推动的乡村运动的核心，它既是一个奋斗目标，更规定了活动的范围与方法。这也是最具启发性之处：我们从事乡村运动，既要落实为一个个具体问题（教育问题、救济问题等）的解决，但又不能局限于此，要有一个"乡村现代化"的大视野、大目标，要既立足局部，又着眼全局。这大概也就是"想大问题，做小事情"吧。

那么，卢作孚所设计、追求的"乡村现代化"，又包含什么具体内涵与理想呢？这就要进入第三层面的讨论。

卢作孚在设计嘉陵江三峡乡村建设时，一开始就提出了"要想将嘉陵江三峡布置成功一个生产的区域，文化的区域，游览的区域"的目标，③并且具体规划为：经济建设，文化、教育建设，社会建设，环境建设，自治建设等几个方面。这表明，卢作孚的"乡村现代化"是一个"全面现代化"的概念，并不局限为物质的建设，而是追求乡村政治、经济、文化、教育、社会、环境的全方位的改革，并最后归结为"人的现代化"。

---

① 卢作孚：《乡村建设》，见《卢作孚语录》。

② 卢作孚：《四川嘉陵江三峡的乡村运动》，见《卢作孚语录》。

③ 卢作孚：《建设中国的困难及其必循的道路》，见《卢作孚语录》。

经济建设和教育建设在后文会有进一步讨论，这里要说的是其他几个方面，它们都是极有卢作孚的个人独创性的。其一，卢作孚规划中的文化建设，不仅以"教育事业"为中心，而且把"研究事业"放在突出的位置。在他看来，乡村建设必须建立在科学研究的基础上，他因此强调服务于乡村建设的研究，"要注意应用的方面，有生物的研究，有理化的研究，有农林的研究，有医药的研究，有社会科学的研究"。后来北碚建立了西部科学院，就具体体现了他的这一思想，在城镇设立研究机构，这在全国是一个独创。其二，卢作孚特别重视社会建设。他不仅积极发展公共文化娱乐建设，创办博物馆、图书馆、运动场、植物园、动物园，而且大力推动"社会公共事业"，开展"社会工作的运动"，这背后又是一个人的建设：他要通过这些公共社会事业，培育新的"人民"："皆有职业，皆受教育，皆能为公众服务，皆无（不良）嗜好，皆无不良习惯。"[1] 其三，他对环境建设也倾注了极大热情。他提出，"凡有市场必有公园，凡有山水雄胜的地方必有公园"，"在那山间、水间有这许多自然的美，如果加以人为的布置，可以形成一个游览区"，[2] 他的理想是把北碚乡村建设实验区建设成"皆清洁，皆美丽，皆有秩序，皆可居住"的人间净土、乐园。[3] 其四，也是我们最应该注意的，是卢作孚把"乡村的自治建设"放在乡村现代化的突出地位。他在推动乡村社会建设时特别关注的是，所有的公共事业，都要"大众出钱，大众出力，而且是大众主持，由这些具体的活动以引起大众管理公共事务的兴趣，以训练大众管理公共事务的方式，以完成地方自治的组织"。[4] 他也因此特别注意地方自治的组织建设和制度建设，提出要建立"人民的代表会议"制度，其任务有二：讨论和"解决全乡镇本身的重大问题"，"选择乡镇长和各委员"，并进行"监督"。[5] 这其实就是我们前面所讨论的，要建立"立宪的农村"，

---

① 卢作孚：《四川嘉陵江三峡的乡村运动》，见《卢作孚语录》。
② 卢作孚：《建设中国的困难及其必循的道路》，见《卢作孚语录》。
③ 卢作孚：《四川嘉陵江三峡的乡村运动》，见《卢作孚语录》。
④ 同上。
⑤ 卢作孚：《乡村建设》，见《卢作孚语录》。

推动农村民主政治。

前面提到的黄炎培的《哀词》里，在哀叹卢作孚之早逝以后，又提到"几十百年后"，必"有欲之君者"。卢作孚当年的北碚乡村现代化实验，曾取得了惊人成绩，但在五十年代以后就逐渐被强迫遗忘了。现在已是六十年后，人们终于重新走近卢作孚，发现了他的实验区，同时又发现，他当年所提出的"乡村全面现代化"的目标，依然是我们的奋斗目标，他当年所做的事，也是我们正在做、正要做的事，这是不能不令人感慨万千的：既为历史的循环，重新回到起点，又为卢作孚思想的超前。

接着的问题是：如何着手乡村现代化？这是我们要讨论的第四个层面的问题。

卢作孚的回答是："（政治、经济、文化）这三方面的建设诚当并重，但更当以经济建设为中心，更当集中一切力量于经济建设。"他强调，无论是政府的工作，还是法律、教育、科学研究，都应该保障和服务于经济建设。

他提出的理由，也很有意思：不但因为"任何建设，政治的或文化的，皆应以经济建设为中心"，还因为只有经济建设的发展，才能"增进人民的富力"，人民富裕了，才能增进其"完纳赋税的负担力"，从而增强国力——民富才有国强，而不是相反。卢作孚更要强调的，是"经济活动为国家最大多数人所必须参加的活动"，经济建设是最能动员最广泛的民众参与的。[①]

卢作孚对乡村经济建设事业的理解与设计，同样是"全面的发展"。他说得很清楚："经济问题是人们物质生活的需要和供给的问题，包含着怎么样生产，怎么样消费，怎么样分配几个问题。"他的具体设计，应该特别注意之处有五。其一，强调"在乡村事业建设之前，还须调查乡村经济状况"[②]，这样，就能从当地资源、经济状况的实际出发，规划本地经济建设。他对如何使北碚实验区成为"生产的区域"，就是这样

① 卢作孚：《论中国战后建设》，见《卢作孚语录》。
② 卢作孚：《乡村建设》，见《卢作孚语录》。

设想的：“这里有丰富的煤产，可以由土法开采进而机器开采；为了运煤可以建筑铁路；为了煤的用途可以产生炼焦厂”，“两个山脉的石灰岩石，山上山下的黄泥，加以低廉的煤炭，可以设立水泥厂；为了一个山脉产竹长亘百余里，可以设立造纸厂”，[①] 等等。这样因地制宜地发展地方产业，是一条高效、节约，并且能够直接惠及当地农民的经济发展之路，这其实就是后来“乡镇地方工业”的滥觞。其二，卢作孚特别注重“乡村交通建设”的先行作用。卢作孚创办民生航运公司，就是基于“交通运输是全世界的血脉”，交通建设“应在一切建设事业之先”的战略考量；[②] 他现在将其运用于乡村建设，就指出：“交通事业，总需由城市而逐渐及于乡村，于城市与乡村的联络之外，亦需逐渐谋乡村与乡村之间的联络，尤其要谋乡村输出输入的便利，以辅助改良乡村人民的经济生活。”值得注意的，是卢作孚特别注重乡村的邮政、电话建设，理由是要“予一般人民用电话说话的权利[③]。这已经蕴含着我们今天所说的要让农民充分享有信息自由的思想，这同样是超前的。其三，卢作孚同时把发展农村金融事业放在农村经济建设的重要地位。他把“设立农村银行”和“提倡农村消费合作社”作为农村经济公共事业的两大任务，[④] 是出于他对农民“最感缺乏的，最感迫切需要的”愿望的深切体认。他说：“一个纯粹的农村，十之八九都是农人，过着非常简单的生活。他们最感困难的是农产品正在生产期，缺乏资金周转，最需要的是在这时期有低利贷款贷给他们，最需要的是农村信用合作社的组织；我们就得联络合作机关去帮助他们如何组织合作社，如何取得贷款，以资周转。”[⑤] 后来他就在北碚实验区办起了第一家农村银行、第一家农村信用合作社，这都是具

---

① 卢作孚：《三峡可以经营的地方产业》，《嘉陵江报》1928 年 3 月 8 日。转引自刘重来：《卢作孚与民国乡村建设研究》。

② 卢作孚：《战后的交通运输》，见《卢作孚文选》。转引自刘重来：《卢作孚与民国乡村建设研究》。

③ 卢作孚：《乡村建设》，见《卢作孚语录》。

④ 同上。

⑤ 卢作孚：《怎样组织青年服务社》，见《卢作孚文集》，第 392 页。

有开创意义的。①其四，卢作孚把组织农业合作社当作农村经济建设的基本任务和基础。为此，他不但"提倡消费合作社，供给农人廉价的消费品，并分予最后所获的红利"，而且"提倡生产合作社，以公共的保证，帮助需要借款的农人，取得随时可以借款的权利"。②其五，卢作孚十分热衷于"农村经济的公共事业"。除了前面已有讨论的农村银行、农村信用合作社之外，他还提出了建立农村"气象台""农事试验场"、公共"苗圃""开辟公用的堰塘或凿公用的井"等设想，并努力在实验区实施。③这都显示出卢作孚农村经济思想视野的开阔、规划的全面，是和他的农村全面现代化总体设计紧密相连的；而他提出的具体任务和措施又无一不切合农村实际，并处处考虑农民的要求和利益，在今天仍不失其指导意义。

这同时显示的，是卢作孚的一大特点：他是以实业家的眼光、思维、身份来参与农村建设事业的。这又是基于他对中国的国情决定的工业和农业的关系、城市经济与农村经济的关系的深切体认和独到认识。他指出："工业需要专业化，同时在这农业国度里，工业更需要为农村打算和设想。"④他一再提醒人们，特别是城市的工商业者，"须知农民才是最广大的买主和卖主，农村才是最广大的市场，必须先有农村市场。必须先有农村生产才有工业生产，须先有城乡交流才有内外交流"；⑤"人民无购买力，成品无消费市场，工业的生存当然要受严重打击"，"目前工业的失败，皆由于忽视农村问题所致"。⑥他因此提出了一个十分重要的命题和任务：城市工商业要"面对农村"，"为农民服务"。⑦

他自己也身体力行，以民生实业公司总经理和北碚峡防局局长的双

---

① 关于卢作孚的"农村金融建设思想和实践"，可参看刘重来《卢作孚与民国乡村建设研究》第151—163页的相关讨论。

② 卢作孚：《乡村建设》，见《卢作孚语录》。

③ 同上。

④ 卢作孚：《游美观感》，见《卢作孚语录》。

⑤ 卢作孚：《在西南军政委员会第二次委员会议上的发言》，见《卢作孚语录》。

⑥ 卢作孚：《游美观感》，见《卢作孚语录》。

⑦ 卢作孚：《在西南军政委员会第二次委员会议上的发言》，见《卢作孚语录》。

重身份，动员民生实业公司的财力、物力和人才、技术优势，全力支持北碚峡区的乡村建设，或以投资形式直接参与主持，或作技术文化服务，或提供人才和物质的支援。据研究者的总结，他大体上进行了五大建设工程，即投资煤业，开创峡区煤矿业；投资交通业，建成四川第一条铁路；投资纺织业，建立大明染织厂；投资科学研发，创建科学院、博物馆；投资教育，创办兼善实业股份有限公司，以企业养学校。而民生公司自身也从中获得了发展新机遇：不仅从煤矿、铁路、染织厂的运营中获得经济利益，而且利用乡村建设所提供的良好的社会、学习环境，在北碚建立了训练中心，培训了近千名的建设骨干人才。如研究者所说，卢作孚实际上创造了一个"以工辅农，工（工商业）、农（乡村建设）互动"的发展模式，其意义和影响是深远的。[①] 这一点在强调以工哺农、建设新农村的今天，就看得更加清楚了。

卢作孚同时也开创了乡村建设的新模式。如研究者所说，二十世纪三四十年代的乡村建设的方式，主要分为"四个方面：一为教育，一为卫生，一为政治，一为农业"，或兴办农村教育，或侧重社会服务、灾荒救济，或致力农业技术改良、农业合作的推广，或推动乡村自治、自卫，而大多重在平民教育或职业教育。其中最有影响的，无论是晏阳初代表的河北定县实验、梁漱溟代表的山东邹平实验、陶行知代表的南京晓庄实验，还是中华职业教育社代表的江苏昆山实验，无不如此。卢作孚的独特贡献，就在于他另辟蹊径，开创了"以经济建设为中心，以交通建设为先行，以北碚城市化为带动，以文化教育为重点"的"乡村建设实验"的新路。[②] 他作为实业家的参与，几乎是起了决定作用的。前面提到，卢作孚的北碚实验，是"民国时期众多乡村建设实验中时间最长，成就最大的一个"，这是和实业家参与直接相关的。这本身就有很大的启示意义：最近，人们在讨论新型城镇化建设时，提出了"要动员一百家民

---

① 参看刘重来：《卢作孚与民国乡村建设研究》第六章《以工辅农——民生公司对乡村建设的支持》的有关论述，第225—233页。

② 刘重来：《卢作孚与民国乡村建设研究》，第55—56页。

营企业参与"的设想，^①应该说，卢作孚正是这样的实业家参与的先驱。

最后要讨论的，是卢作孚乡村建设思想的第五个层面，或许也是最重要、最核心的一个层面，即他所提出的"训练人是一切问题的中心问题"的命题与任务。他这样提出问题："人人都知道目前遍中国都是问题，而且都是无法解决的问题"，"从我们看来，不是一切问题无法解决，是人无法解决一切问题。在解决一切问题之先，便要解决人的问题，便是训练人如何去解决问题"，^②"今天中国什么都不缺乏，只缺乏人，只缺乏有训练的人"^③。因此，他提出以"人人都能自立，人人都能'立人'"为乡村建设的根本目标。^④我理解，这应该包含两层意思：一是乡村现代化建设最终要落实到"立人"，即我们今天所说的"人的现代化"上；二是乡村现代化建设又要依靠"人人都能自立"的建设者去推动——"我们应当个个人都是中心，每个人有每个人的工作，那每一个人每一个工作即须变成功一个事业的中心。这样，自能共同创造有力量的运动。"^⑤

卢作孚由此提出了一个非常有意思的问题：如何看待我们的事业的意义和价值？他说："我以为我们今天做的事业，都不是最后的成功，而且终会有一天失败！"在民生公司的经营和乡村建设实验都如日中天的三十年代，卢作孚做出如此判断，是令人惊骇的；但这样的危机感恰恰是卢作孚的过人之处，而且后来的事实也证明了这一点。这就有了一个问题："我们在这每一件都免不了失败，而且不知道什么时候失败的事业上，仍然拼命地努力"，又是为了什么呢？卢作孚回答说，这是因为我们做事的意义，"不仅限于事业，而且有超乎事业之上的意义在"。他接着说了一番意味深长的话：我们"觉得中华民族，缺乏人才；过去一切事情，办理不好，一切问题解决不了，那是因为缺乏人，根本缺乏一

---

① 彭真怀、袁钢明、周天勇：《新型城镇化应当是国家的稳定器》，载《同舟共济》2013 年第 9 期。

② 卢作孚：《四川人的大梦其醒》，见《卢作孚语录》。

③ 卢作孚：《中国的根本问题是人的训练》，见《卢作孚语录》。

④ 卢作孚：《对训练所毕业同学的临别赠言》，见《卢作孚语录》。

⑤ 卢作孚：《新闻事业和社会运动》，见《卢作孚语录》。

批有办法可以解决问题的人！所以我们把所做的事业，当作一个机会，一种培养人的机会。"结论是："我们做事，与其说是做事，毋宁说是造人，培养的都是青年。"① 这是怎样幽深的民族危机感、社会责任感：卢作孚这一代人所做的一切的最终目的，是要为我们民族培养能够担当实现国家现代化、振兴中华重任的现代建设人才！这又是怎样高远的眼光：世界上的一切，人是最重要的；事业可以失败于一时，只要有了"有办法可以解决问题的人"，就永远有希望！作为新一代的年轻人，面对先驱们如此的殷殷期待，又该怎样加倍努力，使自己健康成长，迅速成才！

我们由此也就明白：卢作孚为什么要提出"乡村第一重要的建设事业是教育"。在他看来，乡村"需要人去建设，而人是需要教育培育成的"②。他的着眼点又不止于此，他关注的更是世界发展中的中国民族命运。他如此申说"教育之世界意义"："教育为世界文化之根源，提高民众之热力"，"近代号称强国者，无一而非教育发达所致；文化衰落者，虽大国不免于灭亡；文化精进者，即最小民族犹得保其存在"③。在他看来，教育是关乎民族命运和乡村建设的头等大事，必须置于第一位："教育经费之宜谋优裕；教育权限之宜谋扩张；教育人才之宜谋独立。"④

卢作孚教育思想中，最有特色与影响的，有三个方面。

和他的"全面现代化"思想相适应，他的教育视野也相当开阔。在乡村运动中，他要推动的，不仅是中小学、大学的正规教育，更倾力于"职业教育""成人补习学校"和"社会教育。"⑤ 这也是和他的现代教育观念直接相关的。他说："在今天以前，读书是一种专业，读书人是农人、工人、商人和一切有职业的人以外的一种专业的人，所以只须有一小部分人专读书。今天以后，农人、工人、商人和一切有职业的人，都需有知识，

---

① 卢作孚：《社会的动力与青年的出路》，见《卢作孚语录》。

② 卢作孚：《乡村建设》，见《卢作孚语录》。

③ 卢作孚：《四川的问题》，见《卢作孚语录》。

④ 卢作孚：《各省教育厅之设立》，见《卢作孚语录》。

⑤ 卢作孚：《四川的问题》，《四川的新生命》，《必须做民众运动》，《四川人的大梦其醒》，见《卢作孚语录》。

有能力，读书便须普及，学校便须扩充到市场以外，到四乡去，尽量容纳该读书的人。"① 教育普及，应该是一个现代社会，包括现代化乡村的基本指标。

卢作孚重视教育，立足点在为乡村建设与国家建设培养"能解决问题"的人才；因此，他强调："教育的主要目的，不在给学生以知识，而在训练学生的能力。"他还具体提出要训练学生的五大行为：在家庭中的行为；在政治上的行为，"知道怎样选择，怎样会议，怎样参与地方事业，怎样完成国民的责任"；在经济上的行为，"怎样养成他在职业上的技能，怎样提高他在职业上的地位，怎样教他继续不断的努力于一种职业"；在交际上的行为，"对人怎样恭敬，亲切，诚实，有信义，语言怎样明了，委婉而动听"；以及游戏的行为，"怎样运用暇时，运用人群，做正当的游戏，消灭以前社会上有的赌钱、饮酒、吸鸦片烟，种种不良行为"。卢作孚还提出，"训练学生最要紧的两点"，一是"训练他们运用科学的方法"，二是"教他们随时随地有艺术的欣赏"。——可以看出，卢作孚的教育，着眼在培养"社会中的人"，而不是"书斋里的人"，因此，着力于培养学生在社会生活的各方面、各领域（家庭、政治、经济、交际、娱乐）的基本素养与能力。他的目标是："培育出来的小孩子，一方面是能干的，一方面是快乐的，必能够创造无数崭新的可爱的乡村，为我们愿意在里面居住的。"② 这样的"能干"而"快乐"的乡村建设人才的培养目标，这样的适应现代生活需要的素质、能力的训练，恰恰是今天中国教育，特别是乡村教育所缺少的，应该成为我们今天的支教工作的重要内容。

卢作孚从他的教育思想出发，对当时（也是今天）的教育提出了批评："办学校的人都有一样的错误，认为学生只应该读书，只应该认识书本，不知学生于认识书本以外，还要到学校以外去认识自然，认识社会。"这当然不是否认书本知识的重要，卢作孚一贯提倡"做事与读书"的结合，

---

① 卢作孚：《乡村建设》，见《卢作孚语录》。
② 同上。

并且认为"做事越多，(读书)兴趣越浓。了解也越深刻"。[①] 他要反对的，是将书本知识绝对化，以致神圣化的倾向。他提醒世人，特别是教育者，"书本不过是记载那些知识的东西，并不是知识"[②]，要把书本知识变成真正的知识，需要实践的检验，是要在实际生活中去体味、学习的。卢作孚同时提醒说，"最好的教师，是帮助学生自己学习，帮助学生自己解决实际问题"[③]，"要养成儿童获得知识的能力，他才能一辈子随时随地获得知识"[④]。卢作孚的这些提醒，都是击中当下中国教育，包括农村教育的要害的。

讨论到这里，我们可以略作一个小结。卢作孚的乡村建设思想，应该有四个关键词，即"国家现代化""乡村全面现代化""乡村经济建设""以训练人为宗旨的乡村教育"。我们在阅读与讨论中，感触最深的，是卢作孚的远见卓识，他的思想因此具有强烈的当代性：他的几乎每一个论断，仿佛都在针对当下中国乡村建设中的问题发言，我们依然在做他的未竟的事业。

（二）

我们现在读《卢作孚语录》的第二部分："做事为人之道。"

这里，也有四个关键词："社会"—"秩序""训练"—"行动"，它们有三个层面的意思。

应该说，在卢作孚的思想中，举足轻重的关键词即主题词是"社会"。我们所编的《语录》里，第一部分"乡村建设之路"的第五节："创造现代集团生活"，第二部分"做事为人之道"的第二节"人是社会的动物"和第五节"精神之改造"，都是"社会"这一思想主题词的展开。我们不妨集中作一个讨论。

---

① 卢作孚：《如何改革小学教育》，见《卢作孚语录》。

② 卢作孚：《乡村教育》，见《卢作孚语录》。

③ 卢作孚：《如何改革小学教育》，见《卢作孚语录》。

④ 卢作孚：《乡村建设》，见《卢作孚语录》。

我们首先注意到的，是卢作孚在提出"中国现代化"这一命题时，对"现代化"是有一个自己的理解的。他提出了两个层面的要求与目标，即"现代的物质建设"与"现代的社会组织"。① 这样，他就引人注目地将"现代的社会组织"作为他对"现代社会"的理解，以及他的现代化想象的主要标志。对此，他在本书全文收录的纲领性文章《建设中国的困难及其必循的道路》里，有过详尽的阐发。

他的讨论的起点是中国的国情：如何认识中国的社会？他指出：中国的地理环境决定了"最适宜于农田，自然形成了一个长时间的农业民族"，"农业民族的经济单位非常简单，简单到一个经济单位只需要一个家庭"，因此，"家庭生活是中国人第一重要的社会生活，亲戚、邻里、朋友的关系是中国人第二重要的社会生活。这两重社会生活集中了中国人的要求，范围了中国人的活动，规定了社会上的道德条件，政治上的法律制度。这两重社会生活是中国社会的两重核心"。②

在卢作孚看来，这样的家庭与以亲戚、邻里、朋友为核心的两重社会生活，是具有极大的"消极"作用的：它造成"中国人只知有家庭，不知有社会；实则是中国人只有家庭，没有社会"③，"一出家庭，便只有个人的活动。从修养身心到学问事业都以个人为中心"④；这样的"家庭与亲戚、邻里、朋友本位"和"个人本位"，造成了社会关系畸形："用了家庭的道德条件去维持了大则天下，小则地方的关系"，"社会的奖惩亦是以你的家庭兴败为中心"，"为了家庭可以牺牲了家庭以外的一切"，一切都仰赖与亲戚、同学、邻里、朋友的关系；由此更形成了民族的惰性和保守性："凡涉及公共问题，则多一事不如少一事"，处世原则就是"化大事为小事，化有事为无事"；"政治上所一向要求的是清静无为"，"是卧治"，"所需要的是天下太平，只是无事"。⑤ 卢作孚认为，这是造成中

---

① 卢作孚：《从四个运动做到中国统一》，见《卢作孚语录》。

② 卢作孚：《建设中国的困难及其必循的道路》，《卢作孚文集》，第 254—255 页。

③ 同上书，第 255 页。

④ 卢作孚：《民生公司的三个运动》，见《卢作孚语录》。

⑤ 卢作孚：《建设中国的困难及其必循的道路》，《卢作孚文集》，第 255—257 页。

国严重的社会危机与民族危机的根本原因所在：它表明，中国依然处于"农业生活的状态之下"，是不适应"工商业时代"的"现代社会"的要求的，这是与"已经进化到工商业时代的民族"，即西方和日本这些先进国家的基本差距所在："他们是进化到现代的事业，而且由地方以至于国家了，中国人则尚留滞在家庭和亲戚邻里朋友关系中"，我们"个人的要求最强烈，常常有朋友要求你培植他或帮助他，而没有社会的要求——要求一桩事业或一个地方好"，"许多朋友忙着为个人找出路，不肯为社会——一桩事业或一个地方——找出路"。① 在卢作孚的理解里，"社会本位"，还是"家庭、亲戚邻里朋友本位""个人本位"，是区分"现代工商社会"和"传统农业社会"的根本标志；中国要实现现代化，进入现代社会，建设现代国家，就必须完成由家庭、亲戚邻里朋友本位和个人本位向社会本位的转变。在这背后，我们依然可以感觉到，卢作孚和他们前后几代人内心深处的民族危机感、焦虑感和强烈的社会责任感、时代使命感。卢作孚之所以大声疾呼：不要只追求个人出路，"青年的出路"也只是一个伪命题，必须为社会寻找出路："中国没有出路，社会没有出路，你们青年又哪里有出路！"② 原因即在于此。

因此，"社会"成为卢作孚思想的主题词，绝非偶然。在卢作孚的设想里，改造、建设中国必须从创造新的社会观念和社会关系，创建新的社会组织开始，这是一条"必循的道路"。他因此为自己和志同道合者提出了这样的历史任务："下大决心，挟大勇气，从我们的手上去创造它，创造出一种社会关系，创造出一种有组织的社会关系，创造出一种相互信赖的社会关系，创造出一种社会帮助我们，我们帮助社会，我们离不开社会，社会离不开我们的关系。无穷的快乐便会从这世界产生出来。这是我们今天以前不相信社会会有，却在眼前，就是我们今天正拼命努力经营的许多事业。"③

---

① 卢作孚：《建设中国的困难及其必循的道路》，《卢作孚文集》。
② 卢作孚：《为社会找出路的几种训练活动》，《社会的动力与青年的出路》，见《卢作孚语录》。
③ 卢作孚：《为什么发行这个小小的半月刊》，见《卢作孚语录》。

这其实是卢作孚所经营的所有的事业——从民生公司到北碚实验——时的内在追求。他不仅作理论的论证，而且作实践的努力，并在这一过程中作"精神之改造"。套用今天的俗语来说，这是一个全方位的系统工程。

卢作孚的讨论从人性论开始。他提出："我们说人是为己的动物，不如说人是社会的动物好。什么是社会呢？有一派社会学家说：社会是一个有共同生活关系的群体，""人不是为己的，人是为社会的。如果社会要求是对的，我们就要遵从它；如果社会要求是不对的，我们就要努力把它改造过来。"[①] 我理解，卢作孚所提出的"人是社会的动物"这一命题，在我们的讨论范围内，至少是有两层含义的。一是强调自私自利并非人的本性，人在社会群体中生存，不只是"为己"，更是"为人"的，也就是说，人是有为他人、为社会服务的内在要求的，问题是通过什么样的机制，将这样的有利于社会发展的人性因素引导到社会建设事业上来。另一方面，则强调人不只是经济的动物，要把人看作"社会人"，在物质的满足之外，人更要求建立和谐的社会关系，并从中获得精神上的满足，这就是我们下面所要讨论的创建集团生活的人性基础。

正是出于这样的对人的社会性的充分估计和信心，卢作孚提出了"建设新的集团生活"的命题和目标。如研究者所说："'建设现代集团生活'的思想，是卢作孚'实业救国'与'中国现代化'主张的理论基础。所谓'现代集团生活'，就是指的现代化的社会生产关系和意识形态，或现代化的社会生产方式与生活方式。"[②]

卢作孚自己也说得很清楚："我们要进入现代，一向的集团生活即不能不有所转变，不能不有现代的集团组织。分析起来，不能不有现代的相互依赖关系，不能不有现代的比赛标准，不能不有现代的道德条件，不能不有现代的训练，不能不训练个人去创造现代的社会环境；同时又不能不创造现代的社会环境去训练个人。这是当前的根本问题，任何事

---

① 卢作孚：《为己？为人》，见《卢作孚语录》。

② 凌耀伦、熊甫编：《〈卢作孚文集〉前言》，《卢作孚文集》，第15页。

业不能避免,虽万分困难亦是必须解决的。"① 这一段话的含义非常丰富,值得仔细琢磨。他首先强调的,是要实现集团生活由传统向现代的"转变",这也就是前文所讨论的,由"家庭、亲戚邻里朋友和个人本位"向"社会本位"的转变。那么,所要建设的"现代集团生活"又是什么呢?卢作孚指出,应该包含三项基本建设,一是建立"现代的相互依赖关系",也即建立现代人际关系、社会关系:不是传统的一切依赖家庭、依赖亲戚邻里朋友,而是一切依赖群体、依赖社会;不是传统的"家庭、亲戚邻里朋友之外,没有其他",而要建立"社会帮助我们,我们帮助社会,社会离不开我们,我们离不开社会"的新的社会关系。② 其二,建立"新的比赛标准",也即新的评价标准:不是传统的比赛对家庭、亲戚邻里朋友的贡献,以光宗耀祖、照顾亲友为衡量一个人的价值标准;而是比赛对集团事业,对社会、国家的贡献,以对集团事业、社会、国家的贡献的大小作为衡量人的价值的标准。其三,建立"现代的道德条件",也即建立新的伦理观。卢作孚还要强调的,是建设这样的现代集团生活,这不仅是为了集团本身的健全发展,更是为了影响、改造"社会环境",促进社会的健全发展,并在建设集团生活和改造社会生活的过程中"训练个人",促进人自身的健全发展。

对于卢作孚来说,建设现代集团生活,不仅是一种理想、理论的设计,更是一种社会实践和实验:思想家卢作孚与实业家卢作孚是统一的。因此,在成立民生公司时,他就明确提出要推动三大运动:一是"生产运动",这是基础;二是"集团生活运动",这是核心;三是"帮助社会的运动",这是发散效应:以集团生活影响社会,以集团力量帮助社会。如卢作孚所描述的那样,"民生公司便是一个集团,我们在这个集团当中应该抛弃个人的理想,造成集团的理想,应该抛弃个人的希望,集中希望于集团。不但我们的公司是集团的,天天进我们的办公室或工场去;我们的学问亦是集团的,天天进我们的图书室或讲演会场去;我们的游

---

① 卢作孚:《建设中国的困难及其必循的道路》,见《卢作孚语录》。
② 卢作孚:《为什么发行这小小的半月刊》,见《卢作孚语录》。

戏亦是集团的，加入我们的音乐会和球队去。不但我们的生产是集团的，有事务所，有工厂，有轮船；我们的消费亦是集团的，最短期间将要有我们的住宅、我们的医院、我们子女的学校，乃至于我们家属的娱乐场或运动场。个人都去解决集团的问题，个人的问题都由集团去解决。"①由此形成的是所谓"民生精神"，卢作孚称之为"法宝或灵魂"，并概括为五条："一是努力"，"二是和气"，"三是以公司利益为前提，职工绝不舞弊营私，股东绝不多分盈利"，"四是联合同业"，"五是无数朋友的帮助"。②

北碚农村建设实验区是卢作孚集团生活试验点。他如此描述实验区对青年的训练："要他们充满了对社会的要求、社会的思想、社会的活动；要求他们都非常明白现在世界的趋势、中国的困难，而且都非常明确理想的三峡而要求实现它"；"他们自晨起床，至夜晚睡觉仍然充满了社会的生活内容。晨早起床以后，集中到运动场各依排列的运动秩序运动一小时；早餐后，开始工作，直到午后完结的时候，则又集中到图书馆依所分配的研究问题读书两小时；如还有余裕时间，乃自由运动或休息；夜间都分头去担任民众教育，或民众娱乐，或整理一日之工作或再以余暇时间自由读书"；"他们另外有一种生活的相互依赖关系、比赛标准和道德条件，是他们的行动所趋赴的"；"他们之兴趣盎然，他们之工作紧张，他们行动之可歌可泣，乃不是沉陷在家庭、亲戚邻里朋友当中的人们所能领悟的"。③

这样的新的现代集团生活，培育着新的价值观、成功观、报酬观、幸福观，这凝聚现代集团生活的精神力量，是卢作孚极为看重的。

卢作孚提出过一个很有意思的命题：要"变更社会要求""创造新社会的引诱"。这一命题的出发点，依然是："人是社会的动物，是由社会的刺激而起反应的动物。"④问题是社会如何刺激，向哪一个方向引诱？

---

① 卢作孚：《民生公司的三个运动》，《卢作孚文集》，第 187—188 页。亦见《卢作孚语录》。

② 卢作孚：《公司的灵魂》，见《卢作孚语录》。

③ 卢作孚：《建设中国的困难及其必循的道路》，见《卢作孚文集》，第 267—269 页，亦见《卢作孚语录》。

④ 卢作孚：《什么叫自私自利》，见《卢作孚语录》。

卢作孚指出，在家庭、亲戚、邻里、朋友和个人本位的传统社会里，人与人之间的竞争、欲望，都是"一种社会兴趣促成的"："一些人都盛传某人在外面做官，又汇二十万回来了，都相互勉励，你快生个好娃娃，将来也这样做官去，于是做官人以找钱为能干，为体面，乃正是贪官污吏之所由来了。"这样的"比较性竞争"，唤起了人们"比较欲求"，即以"能赚钱与给家庭增面子"为人生第一追求、社会评价的唯一标准。在这样的社会要求、引导，实际也是人性的诱导下，人必然"（为）取得其所未有，或偷或抢，所得唯一的结果，便是不断的争夺"，人与人的关系也就极度恶化了。卢作孚的问题是，我们能不能改换一种社会要求、人性诱导，以建立新的"公共理想"？① "不要求人以所有的，而要求人以所为的在社会上表现"，并以此做出社会评价。"如果你有一段好的演说，全体听众便都鼓掌"；"如果你有了新的科学发现，便为举国所争先研究"；"如果你为社会担当了大难，便万众欢迎；如果你为社会创造了幸福，便万众庆祝"；"你的生路会沉溺在这强烈的社会要求当中，如痴如醉，如火如荼，比较沉溺在漂亮的衣服、高大的房屋、名贵的陈设、富有的财产、出人头地的地位，其要求人的力气和生命，要深刻和浓厚。"② 卢作孚这里所说的创建新的公共理想、变更社会要求、创造新的社会评价标准，其实就是要创造和建立新的价值观、新的幸福观。

这确实是前所未有的，又是健全的集团社会生活所必需的精神追求与境界——

> 人生的快慰，不在享受幸福，而在创造幸福；不在创造个人的幸福，供给个人享受，而在创造公众幸福，与公众一起享受。最快慰的是且创造，且欣赏，且看公众欣赏。这种滋味，不去经验，不能尝到。③

---

① 卢作孚：《四川人的大梦其醒》，见《卢作孚语录》。
② 卢作孚：《什么叫自私自利》，见《卢作孚语录》。
③ 卢作孚：《四川人的大梦其醒》，见《卢作孚语录》。

我们应努力于公共福利的创造,不应留心于个人福利的享受。[1]

工作的意义是在社会上的,工作的报酬亦应是在社会上的。它有直接的报酬,是你做什么就成功什么。你要办一个学校就成功一个学校……它有间接的报酬,是你的成功在事业上,帮助却在社会上。你成功了一个学校,帮助了社会上无数读书的小孩子,或培植了未来社会上无数需要的人才。……最好的报酬是求仁得仁,建筑一个美好的公园,便报酬你一个美好的公园,建设一个完整的国家,便报酬你一个完整的国家。这是何等伟大而且可靠的报酬!它可以安慰你的灵魂,它可以沉溺你的终身,它可以感动无数人心,它可以变更一个社会,乃至于社会的风气。[2]

人的成功不是要当经理、总经理,或变成拥有百万、千万的富翁,成功自己;而是盼望每一个人都有工作能力,都能成功所做的事业,使事业能切实帮助社会。

我们做生产事业的目的,不是纯为赚钱,更不是分赃式地把赚的钱完全分掉,乃是要将它运用社会上去,扩大帮助社会的范围。所以我们的目的,往往是超赚钱的。[3]

在今天以前,中国坏人固不论,即所谓好人者,亦大有不妥处。我人之所称之好人,往往即指不做坏事者之谓。不做坏事,亦即为己,因彼所为者,为一己成好人而已。不爱利而爱名,名即自身之名,中国不需要此种人。吾人做好人,必须使周围都好。只有兼善,没有独善。[4]

卢作孚显然想通过对这样的新的价值观的倡导,在现代集团内部创建一种新的人性秩序,并以此影响社会。

卢作孚关于创造现代集团生活和新价值观、幸福观的思想,对于当

---

① 卢作孚:《怎么样做事情——为社会做事》,见《卢作孚语录》。
② 卢作孚:《工作的报酬》,见《卢作孚语录》。
③ 卢作孚:《超个人成功的事业 超赚钱主义的生意》,见《卢作孚语录》。
④ 卢作孚:《精神之改造》,见《卢作孚语录》。

代中国志愿者来说，也许是更为亲切的：我们的志愿者组织，本身就是卢作孚现代化理想中所期待的"现代社会组织"，也是卢作孚所创造的民生公司和北碚实验区的现代集团生活传统的当然继承者。因此，读他的有关论述，往往会引起关于我们自己的联想。我曾经说过，志愿者公益组织已经走过了初创阶段，进入了一个新的发展时期，内外环境都发生了很大变化。这样，志愿者公益组织自身的建设问题，就提上了议事日程。在这方面，卢作孚这样的先驱者当年的思考与实践，是具有极大的借鉴意义的。

比如卢作孚当年反复强调的，要建立现代集团生活，必须实现由家庭、亲友和个人本位向社会本位的转变，就是今天志愿者公益组织的自身思想建设所面临的问题。参加志愿者组织的许多年轻人从小受到中国传统的家庭、亲友本位思想的影响，他们又生活在一个强调个人本位的时代，恐怕许多人至今也还是以为个人和家庭寻找出路的思想指导自己的行动的。参加志愿者组织，当然表明他们已经有了为社会服务的要求；但要成为一个真正自觉的志愿者，也还需要建立新的价值观与幸福观，其中的一个核心问题，就是如何处理个人、家庭与社会的关系。卢作孚在这方面的思考与实践，具有极大的启示性。当然，启示不等于全面认同，他的观念也是可以讨论的。比如，在我看来，过分强调个人为集团利益牺牲自己是有可能被利用的，其前提"个人去解决集团的问题，个人的问题都让集团去解决"，即所谓"人人为社会，社会为人人"，是具有某种空想社会主义的乌托邦色彩的，[1]这也是卢作孚那一代人的特点；问题是，卢作孚凭借个人的道德力量和影响，可以在他主持的事业上局部做到了这一点，但要普遍实行，就得有一系列制度做保证。这些问题，都是需要在理论的探讨与实践的探索中去逐步解决的。建议朋友们在读了卢作孚有关论述以后，就志愿者公益组织思想建设的根本问题，即"如何建立合理的价值观、幸福观"做一次深入的讨论。

---

[1] 参看凌耀伦、熊甫：《〈卢作孚文集〉前言》，《卢作孚文集》，第 17 页。

（三）

卢作孚关于"秩序"和"行动"的思考，则关系到现代集团生活，包括今天的志愿者运动的组织建设的问题。

"秩序"，也是卢作孚思想的关键词。他这样提醒我们："我们向来亦都知道教育、交通、经济事业是建设上的重要问题。然而此外还有更重要的问题，是根本，是解决一切问题的前提，我们却忽略了，便是如何建设秩序的问题。"[①] 他反复强调，"民主国家的人民应有一切的自由，同时国家应有整个的秩序"[②]，"要政治上轨道，正是要政治有秩序"，"人们有了公共生活，便必须有秩序"，"就个人生活中间，亦应建立一种秩序，公共秩序的建设，其繁复、其困难，比个人大大有加，其细致却一样。如果大家没有秩序的习惯，绝不宜急遽地训练。所以这不但是建设一切事业的根本问题，尤其是第一困难的问题"。[③]

这是一个重要提醒。在我看来，对今天的中国志愿者运动，它正是对症之药。据我的观察，志愿者有两大特点，一是在志愿的选择上，每个人都有极强的自主性，凡事都有自己的主见；二是参加志愿者活动的人，都有极强的个性，和极强的民主意识。这本是志愿者的长处，发挥得好，会成为志愿者运动的优势，但如果不做正确的引导，也会产生负面的问题。特别是如果把民主与集中绝对对立起来，把自由视为不受任何限制的个人的为所欲为，就会导致无政府主义倾向，从而拒绝任何"秩序"。在现实生活和工作里，就会各执己见，各行其是，陷入无休止的争论之中，很难形成集体的意志和行动，彼此之间也很难合作，无法形成和谐互助的群体，据我所知，当下的志愿者公益组织中都不同程度地存在着这样的问题。在这样的情况下，卢作孚先生关于"建立秩序"的

---

① 卢作孚：《四川人的大梦其醒》，见《卢作孚语录》。

② 卢作孚：《论中国战后建设》，见《卢作孚语录》。

③ 卢作孚：《四川人的大梦其醒》，见《卢作孚语录》。

思考与实践，就特别具有现实性和相当的可操作性。

卢作孚认为，所谓"秩序"问题，实际是一个"管理"问题。他提出现代生产有"两个武器"："一个是'技术'，一个是'管理'。技术要有控制机器的能力，要有控制物质设备的能力；管理就是管理一群人的行动，管理一群人在整个秩序范围之内行动。"①这样，卢作孚就把管理问题和他最为关注的中国现代化问题联系在一起了。在他看来，"中国人一向用在农业社会里的办法，用在农业社会里的技术和管理，仅仅根据了常识，仅仅根据了经验，而那经验并未经过科学方法的整理，用来应付非常繁复、非常正确的现代的工商业的物质设备，非常繁复、非常紧张的现代工商业的社会组织，断未有不一切失败的"。因此，他认为，技术和管理的落后，是中国和西方、日本等先进国家的重要差距，这个问题不解决，"一切不安全"，结论是："技术与管理才可以救中国"，"我们要鼓起勇气，坚定信心！凡白种人做得来的；黄种人都做得来；凡日本人做得来的，中国人都做得来！只要学会了他们的技术与管理，便能做出他们的事业……而且后来居上。"②这样，卢作孚就从促进中国经济、社会、教育、文化事业的现代化以实现民族振兴的高度，提出了各项建设事业都必须"专业化"和"树立现代管理制度"的问题。③

卢作孚这里提出的"专业化"与"树立现代管理制度"的问题，同样适用于志愿者公益组织这样的社会工作。我曾经参加过一个"社会工作专业携手志愿者组织"的论坛，在会上发表了这样的意见："在一定意义上可以说，志愿者也是社会工作者，因此，他也需要专业的知识与能力。也就是说，我们最初都是身怀一种理想、一腔热情，参与志愿者公益活动的，但这只是一个起点，我们并不能满足于此，因为一个真正好的志愿者必须追求服务的质量。你要真正地为弱势群体谋利益，除了发挥你自己的专业特长，如学农的在农业技术上帮助农民，学医的给农

---

① 卢作孚：《我们的一切都要有计划和预算》，见《卢作孚语录》。

② 卢作孚：《一桩事业的几个要求》，见《卢作孚语录》。

③ 卢作孚：《卢作孚谈美国工业特质》，见《卢作孚语录》。

民治病，等等，你还必须具备社会工作所必需的专业知识，如法律、社会学、心理学、教育学、经营管理学等方面的知识，而且还要有相应的能力，掌握一定的工作方法和技巧。"也就是说，志愿者组织发展到一定的程度和水平时，就必须明确提出"志愿者组织的专业化"的问题、"建立现代管理制度"以及"培养和提高志愿者的管理素养和能力"的问题。[①]

　　谈到专业化和管理，就不能不提到卢作孚的另一个使用频率仅次于"社会"的关键词：'训练'。在前面我们已经讨论了卢作孚"训练人"的思想，这里要就"训练"一词作一点补充。他强调："人都是训练起来的"[②]，"我们所需要的亦不是天生圣人贤人，是一切人有训练"[③]。我理解，卢作孚之所以要着意于"训练"，是因为他的着力点不仅在思想、观念的教育，更在发现问题、解决问题的专门的知识和技能、方法的培训，以及习惯的养成。他的这一"训练"思想是贯穿一切方面的，不只限于对企业和乡村建设人才的培训。比如在讨论乡村自治、底层民主建设时，他就特别重视对乡民的训练：不仅要唤起他们"管理公共事务的兴趣"，而且要"训练大众管理公共事务的方式"。他特别强调，"开会和选举，是自治问题中间两个中心问题。它的意义和它的方法，是应训练镇乡人民完全弄清楚的。怎样推选主席，怎样提出议案，怎样讨论，怎样表决，是开会应有的问题。怎样选择人，怎样投票，是选举应有的问题，必须随时、随地训练人民"。[④]也就是说，在卢作孚看来，要真正实现乡村自治和民主，不仅要使大众具有民主意识，而且要懂得实行民主的方法，最后形成习惯，而这些都需要训练，而且要落实到最基本的"如何开会、选举"这样的细枝末节的训练上。这是极有启发性的：许多人都喜欢空谈民主，而不知民主方法的训练和习惯的养成；我们对乡村民主的推动也应该落实到解决具体的问题（"如何开会、选举"，等等）上。

---

① 参看钱理群：《"我们"是谁》，见《致青年朋友》，第83页，中国长安出版社2008年出版。

② 卢作孚：《四川嘉陵江三峡的乡村运动》，见《卢作孚语录》。

③ 卢作孚：《四川人的大梦其醒》，见《卢作孚语录》。

④ 卢作孚：《乡村建设》，见《卢作孚语录》。

我们再回过头来讨论卢作孚的管理思想。他写有题为《工商管理》的专文，在企业和社会组织的管理上有大量的论述，其特别可注意之点，大概有五。

一、他认为，"管理的基本建设"应是"心理"的。"工作人员必须有事业上的远大的志趣与工作上的当前的兴趣"，也就是说，调动工作人员的积极性，应该是管理工作的出发点和归宿。[①]

二、他强调，"控制人事的管理是全厂大家的事，上至总经理，下至工人都要懂得管理，管理制度才能迅速树立起来"。[②] 这里已经包含了民主管理的思想了。

三、他主张，"今天以后的中国，应靠法治不能靠人治。所需于人的，亦重在造法的训练、守法的训练"，要处处"照顾到全局，要遵守公共规律，这是组织的精神，亦即是法治的精神"[③]。"工商管理的方法即系建设秩序的方法，建设每一个工作人员活动的秩序，建设一群工作人员相互配合行动的秩序，秩序而以成文表现之，即系'法'。任何管理皆有不可少的三事：（1）创造'法'；（2）执行'法'；（3）遵守'法'"[④]，"立法之前，应即审慎，立法之后，应即森严，不准任何人违犯"。——"法治"管理，这大概是卢作孚管理思想的核心。

四、他进一步提出，要让"尊重法律"成为"习惯"："即使没有法官裁判，亦有舆论裁判，即使没有警察干涉，亦有旁人干涉，法律乃能彻底发生效力"[⑤]；而且"不特有成文之法，也有不成文法，大家都行之若素，习以为常，不必监视，不必督促，而人人自然奉行"[⑥]。依靠这样的舆论裁判和不成文法，就可以形成集团里人人高度默契的"共同做事的原则和办法，并且大家都忠实地履行、忠实地遵守"，这才是管理秩

---

① 卢作孚：《工商管理》，见《卢作孚语录》。

② 卢作孚：《卢作孚谈美国工业特质》，见《卢作孚语录》。

③ 卢作孚：《四川的问题》，见《卢作孚语录》。

④ 卢作孚：《工商管理》，见《卢作孚语录》。

⑤ 卢作孚：《论中国战后建设》，见《卢作孚语录》。

⑥ 卢作孚：《卢作孚谈美国工业特质》，见《卢作孚语录》。

序的最高境界。①

五、在卢作孚看来，管理的目的在使每一个工作人员能够"有秩序地活动、有效率地活动"②；其关键在要有"细致的分工、亲切的合作"，"要从一个严整的系统上，甲做这样，乙做那样，各个不放弃责任，相互不失掉联络"③，"事业愈伟大，纵横错综关系愈复杂。在纵的关系中，必须每层有其明了的责任；在横的关系中，必须有相互明了的联系，乃不致职责混淆，系统紊乱"④。一方面，"一事业而有最高才能的领导者，不在其凭个人的天才监督人群"，而应充分"发挥整个社会组织的能力"；⑤另一方面，又要强调，每一层机构都"直接负起处理直接范围的事务的责任"⑥，每一个工作人员"有困难自己克服，每个人执行自己的任务，自己的事自己要求办完"⑦。"一个严整的组织下面，无论其为首长，或为从属，每个人都有权，而全都有限，不容人在权限以外做坏事，亦不容我在权限以外做好事。"每一个部门，每一个成员，都明确自己的责任与权限，尽力办好自己职权范围内的事，又相互联络，相互合作，这样就可以在充分发挥每一个层次、环节上的每一个人的积极性、主动性的基础上，形成有组织的集团力量。

而要形成一个相互理解与支持的和谐的群体，还有一个"如何待人，如何相处"的问题，这可能也是今天的志愿者公益组织经常遇到并必须正确处理的问题。卢作孚凭着他丰富的社会经验和工作经验，在这方面有许多具体论述，这里也只能略说一二。比如，"人有不可容的事，世无不可容的人"；"假定我们看清了我们离我们理想的社会的距离，那么，我们就不应该责备他人、形容他人、痛骂他人，我们应该像爱护无人照

① 卢作孚：《卢作孚谈美国工业特质》，见《卢作孚语录》。

② 卢作孚：《工商管理》，见《卢作孚语录》。

③ 卢作孚：《四川人的大梦其醒》，见《卢作孚语录》。

④ 卢作孚：《工商管理》，见《卢作孚语录》。

⑤ 同上。

⑥ 卢作孚：《论中国战后建设》，见《卢作孚语录》。

⑦ 卢作孚：《要解决当前的问题》，见《卢作孚语录》。

顾的小孩子一般的爱惜他们，同情他们，帮助他们"，"我们对人（要）有两（个）美德：一是拯救人的危难，二是扶助人的事业"——这里仍然有一个人性论的问题：人性本身是善恶并举的，每个人都有它的弱点，甚至恶的方面，但正如卢作孚所说，只要你承认社会永远是和我们的理想有距离的有缺陷的存在，那么，对他人的不足，就应该有一种理解和宽容，而不能轻易责备和痛骂，这就是"世无不可容之人"。另一方面，也要坚信，每个人都有善的方面，也都有需要他人帮助的地方和时候，这就是卢作孚提出的要"拯救人，扶助人"的道理。我理解，他所说的"拯救和扶助"，并不是要求当"救世主"，而是要善于将他人的内在的人性的善的方面发扬起来，将其恶的方面压抑下去，这样"扬善抑恶"就能达到"拯救人""扶助人"的目的。在我看来，这样的"扬善抑恶"应该成为集团里人与人相处的基本原则：对别人的弱点、恶的方面，心里要有数，要有一种宽容的态度；对别人的优点、善的方面，更要有充分的认识和估计。这样，彼此就能以善相处，自己以最大的善意对待他人，同时也真诚地学习他人的善处。彼此都最大限度地释放善意，恶的方面就自然被压抑了。一个好的集团、群体就应该努力营造一个"扬善抑恶"的环境和精神空间，这对建设新的人性秩序，是至关重要的。

卢作孚提出的新的人与人相处的原则还有："对人的行为，宜找出好处；对自己的行为，宜找出错处"；"对人诚实，人自长久相信；好逞欺饰，人纵相信，只有一次"；[①]"处世接物，应抱受气、吃亏两大主义"[②]。这样的"严于己，宽于人"的原则，既符合中国传统道德，也应该是一种现代道德，是与"弱肉强食"的逻辑相对立的。

这些精辟、警世之言，都是前辈经验的结晶，足以做我们的座右铭，也都具有可操作性，建议年轻朋友不妨结合自己和周围的实际以及卢作孚先生的实践，对其"为人之道"，做更深入的讨论。

最后要讨论的，是卢作孚关于"改造社会靠行动"以及"如何做事"

---

① 卢作孚：《怎么样做事——为社会做事》，见《卢作孚语录》。

② 卢作孚：《卢作孚年谱》，见《卢作孚语录》。

的思想，这和我们的志愿者运动的关系，就更加密切了。

"我们应一致反对的是空谈，应一致努力的是实践。"这确实是我们和卢作孚那一代实践家最"一致"的地方。

但卢作孚先生又提醒我们：我们的实践不是盲目的，是有强烈的对国家、社会、历史的"使命感"作为支撑的，又是有自觉的思想的："我们不但要求活动，尤其要求在活动中产生思想：第一是运用思想去寻找我们的问题"，"第二是运用思想去寻求解决问题的方法"，"第三是不怕失败去运用思想解决问题"。① 我们追求的始终是思想和实践的统一。

卢作孚曾把自己的行动称为"微生物的行动"，这是意味深长的。

这是由一次对话引发的命题："民国十一年（一九二二年，距今已有九十年）在川南工作时，曾邀一个川外人来演讲。他说：'请大家认识我，我是一颗炸弹。'我解释说：'炸弹的力量小，不足以完全毁灭对方：你应当是微生物，微生物的力量才特别大，才使人无法抵抗。'看见的不是力量，看不见的才是力量。"②

这段话，颇耐琢磨。在我看来，它有两层意思。

其一，是微生物，不是炸弹，强调的是建设的力量，而非破坏的力量。卢作孚明确表示，他主张"采用改良社会的办法"，而非"以暴易暴。"③

其二，是微生物，不是炸弹，强调的是持续的、"看不见"的力量，而非轰动一时的"看得见"的力量。

这样的"看不见"的力量，又具体体现为两种改良（改革）方式和行动路线。

一是"从自己开始，从眼前做起"："从眼前做起，决心改造当前的环境，做法要彻底"；"从当前个人所能接触的人起，只要能下决心，改革了自己，再改革一个人，让那个人有力量，再改革另一个人就够了。这就是力量。这力量在相当时间就能改造中国；在相当时间就能改造世

---

① 卢作孚：《我们的要求和训练》，见《卢作孚语录》。

② 卢作孚：《这才是伟大的力量》，见《卢作孚语录》。

③ 卢作孚：《这才是伟大的力量》《卢作孚对三弟卢而勤的谈话》，见《卢作孚语录》。

界。拿数理来说，今天我以一个人，明天两个人，后天四个人，这等比级数继续下去……每个人坚决行动，继续不断地努力，不管名誉地位，不问个人的成功，只问社会的结果，我相信，这样一定有结果。这结果在社会，不在个人"，"到那时，也许自己还在小事上，但心里安慰了"。[①]这是一条"由自己到他人到社会""由眼前到长远""由单一个人到少数人到多数人"的不断积累、按等比级数逐步推动的改革路线，是一条"不计个人名利，不求一时之效，着眼长远，只顾耕耘，不顾收获"的改革路线，这背后是一种准备长期奋斗的韧性精神，如卢作孚引述的哲学家柏格森所言："它的变化，是绵绵不断的，这才是伟大的力量。"[②]

一是"从大处着眼，小处着手"："横的方面，事业要做到大的范围，却应从小的范围起；纵的方面，事业要做到大的进步，却应从小的步骤起。许多事业进行起来，都是起初艰难，后来便渐渐容易；起初缓慢，后来便渐渐快利。所以起初从小处着手，用力比较经济"[③]。强调从小事做起，还出于对自己所从事的建设事业的深刻体认："国家虽大，其建设秩序的工作细致"，"都是一点一滴的问题，不是大刀阔斧的问题。合无数一点一滴以成一桩事业的系统"，[④]"因为小的关系，所以才把它做得极细致。最细致的地方，最能造成广大的影响"[⑤]。这背后依然有一种精神：鲁迅说的"不怕做小事情"的泥土精神，认真、细致，做事务求彻底、完美的建设精神。这也就是卢作孚先生的"微生物精神"。

在我看来，这样的微生物精神与作用，不仅是当年卢作孚主持的社会组织，也是今天的志愿者公益组织的特色及其特殊价值所在。无论是历史的还是现实的社会组织，都遵循一个原则：从改变自己和周围的存在开始，以此推动社会存在的改变，我把它叫作"静悄悄的存在变革"。由此产生四个特点。一是它的异质性，这是不同于社会主流的另一种选

---

① 卢作孚：《这才是伟大的力量》，见《卢作孚语录》。

② 同上。

③ 卢作孚：《一个根本事业怎样着手经营的一个意见》，见《卢作孚语录》。

④ 卢作孚：《四川人的大梦其醒》，见《卢作孚语录》。

⑤ 卢作孚：《要参加的社会活动》，见《卢作孚语录》。

择，就像前面讲到的那样：当大多数人以家庭、亲友、个人为本位时，我们选择社会本位；当社会风行弱肉强食的丛林法则时，我们选择克己利人的为人处世的方式，等等。我们要创造的是一种新的价值观，新的人与人的关系、新的生活方式。二是它的和平渐进性：我们不采取直接对抗的方式，而是在现行体制的框架内加进一个异数，创造"第二种文化""第二种教育""第二种存在"，以逐渐影响社会。三是它的民间性、草根性。我们倡导的从改变自己和周围存在开始的变革，是每一个普通人，特别是底层民众都可以参与的，它要推动的是自下而上的改革，从而和自上而下的改革形成相互补充、制约的关系。四是它的行动性，就像卢作孚先生强调的那样，它是"从大处着眼，从小事着手"的，是可以落实为一件件具体的事情的，是具有可操作性的；而在"小事情"背后，又有"大问题"，简言之，就是要创立扬善抑恶的新的人性秩序，进而创立公平、正义、民主、自由的新的社会秩序。

卢作孚更为在意的，是如何做好"小事情。"这也显示了卢作孚先生的特点：他是以实业家的精神，来创造现代集团生活，推动乡村运动的实验的。他说得直接而朴实："一言以蔽之：'做'而已。做，就有一切；不做，就什么也没有。"他说最要警惕的是两种状况：一是"根本不做"，二是"做虽做，但一遇困难，或遇有困难之可能时，便放弃不干"。他因此主张：要以"百折不回，不成功不止的精神"去做事情。[①] 这大概也是卢作孚的做事风格。

我们在读《卢作孚文集》时注意到，早在一九二九年他就写过一篇《怎么样做事——为社会做事》，到一九三四年他又在原文的基础上，补充扩大为一篇同题文章，但加了一个副题："偶感嘉言录"。可见卢作孚是十分注意总结自己的做事经验，并以此留给后人的。卢作孚的这些"偶感嘉言"内容非常丰富，充满人生智慧，是很值得仔细琢磨、认真汲取的。这里也只能摘录一二——

[①] 卢作孚：《精神之改造》，见《卢作孚语录》。

做事不怕慢，只怕断。

天下事都艰难。我们若能战胜艰难，天下便无难事。

事求妥当，第一要从容考虑，第二要从容与人磋商。

无论做什么事，事前贵有精密的计划，事后尤贵有清晰的整理。今天整理出来的事项，不但是今天的成绩，又是明天计划的根据。

苟安是成功的大敌。应该做的事情，每因苟安终于不做，应该（废）除的嗜好，每因苟安终于不除。①

做事莫嫌小，愈小愈做得好。

一人一事主义：每一个人，无论在一个空间，或在一个时间，集中心力专做一件事。②

平时胆子小，有事胆子大。无事时有事，有事时无事。③

各种事情都要天天有想法，天天进步和改良，没有一个可以永停的地位，一种可以永守的方法。④

这些都可以叫作"卢作孚精神"，是可以作为我们工作和人生的座右铭的。

2013 年 9 月 10 日—19 日断断续续写成

---

① 卢作孚：《怎么样做事——为社会做事》，见《卢作孚语录》。
② 卢作孚：《一段错误的经历》，见《卢作孚语录》。
③ 卢作孚：《精神之改造》《要解决当前的问题》，见《卢作孚语录》。
④ 卢作孚：《一个根本事业怎样着手经营的方法》，见《卢作孚语录》。

辑 二
理 论 篇

"我们"是谁

（在"'公益2007'：志愿者论坛"上的讲话）

　　我们是第二次举办这样的"志愿者论坛"了。这说明了志愿者队伍的扩大，看来还有继续扩大的趋势。这是一件大好事，而且来之不易。有人告诉我，据民政部门统计，现在全国各种类型的公益性组织，已达三十余万个——我估计还要多，因为有许多是没有注册登记的。我算了一下，如果每个组织参加者有三十人，就有近一千万人；如果每个组织的活动受益者也是三十人（当然这是大大保守的估算），那么，也有一千万。朋友们可以想一想：这两个"一千万"究竟意味着什么。这就是说，全国将有两千万人在尝试着、感受着一种新的生活，尝试着、感受着一种新的人与人的关系，尝试着、感受着一种新的人生价值理想。如果持续下去，坚持三年、五年、十年、十数年，那又将意味着什么呢？这样的精神效应的不断扩大，是会对中国社会的发展产生积极影响的。面对这样的发展与前景，我们是应该受到鼓舞的。

　　但在欢欣鼓舞之后，我们还要冷静下来。我在很多场合都说过，在一项事业草创时期，提出自己的目标本身就会受到巨大的压力；而当事业得到承认与发展，这时候要坚持自己的目标也不容易，因为会有许多的因素介入，模糊甚至歪曲你的目标。因此，从事这样的事业的人，就必须有明确、自觉、强烈的目标感，在任何时候、任何情况下，都坚守自己的目标，不断地思考、诘问自己："我们是谁？我们要干什么？我们追求什么？我们的意义和价值在哪里？我们能干什么？我们的限度又在哪里？"这就是我今天要和朋友们讨论的问题。

我想从五个方面来展开我的思考。

我们是志愿者

我们是自愿地选择了志愿者公益事业的。所谓"自愿"，有两个特点：一是"内发性"，它是出自自我生命的内在需要，而不是出于外在的功利的诱惑；二是"自发性"，是自己的主动、自主的选择，而非外在的强制所致。

于是，又有这样的追问：我们为什么要自愿选择公益事业？是出于什么样的自我生命的内动力？

我首先注意到的是，今天的青年志愿者，主力是在校的大学生、研究生和大学毕业不久的各行各业的青年，大多是"八〇后"这一代。这一代人是自有其特点以及我所说的"特殊的魅力"的；但他们也有自己的问题。我和许多当代大学生讨论过，发现"生活缺乏目标，缺乏责任感"是一个最根本的、让许多年轻人最感困惑的问题。在讨论中，我反复强调一点：问题要靠这一代人自己来解决，而且相信这一代人一定能够自己解决；而解决的途径，主要有两个，一是通过自由读书，最广泛地吸收民族和人类文明的精神资源；另一就是适当参加社会实践，主要是到社会的底层，到西部农村去，给那里的弱势群体以力所能及的帮助，更重要的是，在志愿服务的过程中，了解中国的国情，和中国这块土地、土地上的文化和乡亲，建立血肉联系：这就会为确立自己的世界观、人生目标，打下一个坚实的基础。我曾在一篇文章里，提到一位最早参加"西部阳光行动"的大学生的日记，他说自己在城市里长大，"心中的西部是一种田园诗般的印象"，但真的踏上了那块土地，"用双脚去丈量现实时"，看到了"恶劣的自然环境，以及在此条件下挣扎努力的农民"，面对"因为辍学而哭泣的孩子"，"那一张张温暖稚嫩的笑脸，那渴求知识的眼神"，就觉得一切都变了，一切都需要重新思考——而新的人生也许就开始在这重新思考中。

因此，我们可以说，青年志愿者运动，实际上是一个当代大学生自己联合起来，在参与社会变革的实践中，寻求新的价值理想，确立新的人生目标的自我教育运动。

这首先是出于我们自己生命成长的需要。

我们是民间参与者

"民间性"，这是志愿者运动的第二个本质特征。

这是出于这样一个信念：中国改革和建设事业必须既有自上而下的政府主导，也有自下而上的民间参与、监督，以保证相互促进与制约。这是改革和建设事业能否健康持续发展的关键。

我们，普通的中国公民，中国的年轻一代，是中国改革和建设的主人。"参与"既是我们的责任，更是我们的权利。

我们既是"非政府性"的组织，同时，又是"非营利性"的组织，是人们所说的"第三部门"。它对政府机制和市场机制形成必要的补充和制约，是所谓"第三种力量"。如论者所说，有效的民主政治和市场经济是离不开社会领域里的发达的第三部门的支持的，而且后者将在"社会改革与建设"中发挥越来越大的作用（参看徐永光：《中国第三部门的现实处境及我们的任务》)，这是可以肯定和期待的。

我们的主要任务是为社会弱势群体服务

如前所说，我们联合起来，首先是"自助"，但我们更要"助人"，在"助人"中"自助"；而我们"助人"的主要对象，是社会弱势群体。我们要为他们谋利益。

这同样是出于我们的信念。我们追求社会的公正、平等，追求社会正义。我们认同这样的生命观：全社会的每一个具体的生命的价值与幸福，是最重要的；只要还有一个生命不自由、不幸福，我们就是不自由、不幸福的。因此，我们是永远站在社会弱势群体这一边的，为他们呼吁，为他们服务，是我们自觉的使命。

我们因此特别关注"西部"，关注"乡村建设"，关注"农村教育"，这是中国社会发展的基础，却又是最为薄弱的环节。我们为当今中国西部、中国农民、中国农村教育的恶劣的生存状态而焦虑，也就是为中国的未来焦虑。作为中国未来的建设者，我们中国的年轻一代从现在起，就要开始担负起我们的责任。

我们的"先锋"和"桥梁"作用

和政府部门相比，我们没有权力；和企业相比，我们没有经济实力；和知识界相比，我们的知识力量显然不足。这三点，构成了我们的限度。一位青年志愿者在下乡以后这样写道："我们在没有来这里以前，可能满腔热情，踌躇满志，一心想为村民干些什么。而真正到了这里之后，我们才发现自己的力量原来是如此的微不足道，我们对这一切是那样的无能为力，""我们究竟是来干什么的？我们究竟能做些什么？"在丢弃了不切实际的自我期待以后，他反而有了一种生命的实在感："踏在这片西部热土上，起初的激情，年轻的冲动，都化作愈加沉重的脚步和更为踏实的工作"，"我们知道自己能力有限，唯有全心尽力地工作，才能或多或少弥补自己内心的沉重"，"在生活中，还没有这样的时刻，让我觉得如此重要，又如此渺小"。

应该说，这样的感受非常真切；这样的自我认识非常真实：我们是"渺小"的，因此，在中国的农村建设、社会改造中，我们不是主力军，我们的作用是有限的；但我们更是"重要"的，我们有自己的特殊优势，我们有自己的不可替代的作用。

我们有年轻人的敏感与热情，因此，我们是首先觉醒的人，我们意识到中国西部农村问题的重要与迫切，首先行动起来，就能够在学校和社会中营造"关心农村教育和建设"的氛围，起到"先锋"的作用。

我们更充满生命的活力，我们可以通过我们的活动，促进"政府"（他们是乡村建设的主导者）、"农民"（他们是乡村建设的主体）和各种"社会力量"（他们拥有丰富的社会资源，又具有支持乡村建设的巨大热情，却处于分散的状态）之间的结合与互动，我们的任务是为他们搭建平台，建立关系网络，用尚立富先生的话说，就是起一个"绳子"的串联与"双面胶"的胶合作用，也就是发挥"桥梁"作用。

"公民社会"就创建在我们脚下

我们的讨论，最后还要回到"自愿"上来。我接触的许多青年志愿者，他们都告诉我，他们的自愿参与，是出于对自己现有的生活方式、生命存在方式的不满，因而希望尝试一种新的生活、新的生命存在方式。在我看来，这样的不满和尝试欲求，正是青年志愿者运动最重要的存在理由和价值，是它的强大内在驱动力。

因为我们正生活在一个一方面发展经济，开始进入小康社会，另一方面却又是物欲横流、价值混乱，充满着精神和道德危机的时代。后者引起我们不满，前者也给我们带来了希望：在物质生活基本达到小康以后，我们需要重建新的价值、新的生活。我在演讲开始时提到，人们在志愿者的公益组织里"尝试和感受着新的生活、新的人与人的关系、新的价值理想"，指的就是这个意思。

当许多人奉行个人中心主义和极端利己主义，拒绝任何社会责任和承担时，我们却尝试"利我利他，自助助人"的新伦理，参加以帮助弱势群体为主要宗旨的社会公益活动，这是因为我们深信：自我的潜能，将在公共领域里得以发挥；自我的价值，将在公共事业的参与中得到实现——我们正在尝试着建立一种新的价值观。

当许多人沉湎于个人的无止境的物质享受、感官刺激、奢侈消费时，我们却相信人不仅有物质的欲望，更有精神的追求，我们尝试着一种"物质简单，精神丰裕"的新的生活方式。我们更关注大多数人的生存状态，以及我们生活的生态环境，希望在共同富裕、共同发展、公正、平等的社会和谐中，在人和自然的和谐中，获得自己生命的愉悦和意义——我们正在尝试着建立一种新的幸福观。

当许多人奉行将他人视为敌人的丛林规则，进行残酷的你死我活的生存竞争时，我们尝试着视他人为兄弟，在志愿者和服务对象之间，在志愿者之间，建立起人与人信任、尊重、支持、合作、互助的新关系。

当许多人陷于所想与所说、所做的分离，将真实的自我掩盖、保护起来，被迫或主动生活在谎言之中时，我们却尝试着通过志愿者活动将"想、说、行"统一起来，努力生活在真实之中。

正是对这些新价值、新生活的自觉的尝试，使得我们这些青年志愿者，注定了是一群理想主义者。我们的追求和尝试显然是对现实中国社会实际起支配作用的生活逻辑，对当下相当多的人的选择的一个挑战，因此，我们暂时还是中国人和中国年轻人中的少数，我们的孤独是必然的。或许正因为如此，我们才需要联合起来，相互支持，相互鼓励，用我最喜欢说的话，就是"相濡以沫"。用杨东平先生的话来说，这是好人联合起来做好事。我还要补充一句：就是理想主义者联合起来过新生活。但我们又深信，我们所追求的新价值、新生活其实是人人心中都有的生命欲求，只是由于种种原因，暂时被遮蔽了，只要有人开始尝试了，就有可能逐渐被越来越多的人所接受。这也是我们开始所说的志愿者队伍越来越扩大的内在原因和依据。

我们是理想主义者，我们知道，理想的完全实现，需要许多条件，包括体制的改革，等等。但是，我们确实又不能等待社会的根本变革，把一切希望寄托在遥远的未来。我们选择从现在做起，也就是说，我们要在现行体制下，开始我们的尝试。我们既清醒于这种尝试的有限性，又绝不因此放弃我们的努力。

许多人都在谈论，中国的未来社会将是一个公民积极主动地参与社会生活的社会，我们前面所说的关于人的生命的健全发展，关于人与人之间的新关系，都需要在这种新型的"公民社会"里得到全面实现。这必然要经历长期的奋斗。我们现在可以做的，是首先把我们的志愿者组织建设成一所公民大学堂。我们将在这个自主、自由、多元、开放的群体中，学会参与和独立创造，学会对话、合作和互动，学会信任和尊重，学会平等、公平和互惠，学会宽容、妥协、自我约束和相互监督。

我们要在实践中培育未来的"新公民文化"，我们可以把它命名为"志愿者文化"。

我们要在参与现实的变革的同时，改变和完善自己，赋予我们的生命以意义。这既是对国家、社会、民族、世界的承担，也是一种自我承担。

当今之中国青年和时代精神

——汶川地震引发的思考

（2008 年 5 月 24 日在一耽学堂的讲话）

将灾难转化为育人、治国的精神资源

　　"当今之中国青年和时代精神"是学堂主持人逄飞给我出的题目；而"汶川地震引发的思考"是我主动要讲的。原因也很简单：这些日子，我，相信我们大家都一样，整个心都扑在"震灾"上了，我们所有的言说，所有的思考，都集中在这一点上了。这是此刻我们唯一愿意甚至渴望彼此交流的话题。而且，也正是震灾使我们对什么是"当今之中国"，什么是"当今之中国青年"，什么是当今的"时代精神"，以及"当今之中国青年"和"时代精神"应该建立起什么样的关系、承担什么责任，都有了新的认识。正像震灾中的幸存者，北川中学的高一学生贾国伟在他的日记里所说："世界变了，原来的一切都变了。"（见二〇〇八年五月二十日《北京青年报》）我们也都是幸存者，我们都有这样的"一切都变了"的感觉：世界变了，中国变了，我们彼此的关系变了，我们自己也变了。在此之前，我们对世界、中国、中国人、人与人之间的关系，以及我们自己，都有过许多悲观的甚至绝望的看法；现在，因为灾难，我们原来看不到的、忽略了的世界、中国，以及我们自己人性中最美好的方面，突然呈现出来，我们开始目瞪口呆，继而被深深地感动了。

　　我们应该感谢的，首先是灾区里的受难者，是他们承受了这一切生命的苦难，正是他们在危难中表现出来的坚韧的生命力量、对生活的渴望、友爱与互助、奉献与牺牲，激发了、点燃了全民族、全人类以及我

173

们每一个人内心同样具有的爱与力量。一位网友说得好：真正的"英雄"是这些承受、"经历了磨难的人"，"他们绝不是等待别人怜悯的难民"，最终的解救者是他们自己，而且也是他们拯救了我们这些早已麻木的、沉沦了的灵魂。一切"感恩和歌颂"只能归于这些受难者和"抗震救灾"的真正承担者。（何帆：《每一共同经历了磨难的人都是英雄》）

我自己在整个抗震过程中一直处于焦虑不安之中，我感到了自己的无力，甚至因此有愧疚之感。在这许许多多的人都投入救灾行动中时，我特别感到了思想的无力；但我又不能放弃思想，这可能是我唯一能够做的，而且是应该做的。而因为思考，又带来了新的焦虑。昨天，我在报上看到了一篇《北京志愿者说》，文章说"好害怕一件事情发生"：当"灾难过去"，"大家都恢复正常作息"，会不会就忘记了这些受难的孩子呢？"我害怕他们已经被抛弃过一次了，他们不能承受再被忽略抛弃一次的二度伤害！"（二〇〇八年五月二十一日《北京青年报》）我也有这样的恐惧，即灾难过去"以后"的恐惧。灾难毕竟是一个非常态的状况，人们最终还要回到常态之中；我的忧虑正在于，回到原来固有的生活里，我们会不会故态复萌，又恢复了那个自私的、颓废的自我，那种冷漠的、互不信任的人与人之间的关系，那样一种僵硬的、官僚化的、非人性、反人道的权力运作？我相信这绝不是杞人忧天，因为我们体制的弊端依然存在，我们国民性的弱点依然存在。

这里，我想特别谈谈国民性的问题。是的，这一次抗灾，让我们看到了中国国民性中极其可贵的一面。这个民族有着一种难得的生命的坚韧力量。平时，看起来惰性很强，但凡有一条退路，就绝不思变革和前进，宁愿妥协、迁就，得过且过；但一旦到了危难时刻，就能突然爆发出一种自救的力量，即所谓"置之死地而后生"，或者叫"绝路逢生"。这就是我们这个世界上最古老的民族，经历了一次次民族危亡，又始终不亡不倒，屹立于世界民族之林的一个基本原因。这一次抗灾就是这样的民族精神的大爆发，是一次民族自救。但它之起也速，之退也快，这一次抗灾，并不能自然地将我们的民族惰性消除，而一旦这样的惰性发作起来，又会将我们国家以及我们自己置于一个不死不活的状态。我常说，中国人可以共患难，却难以同富贵；别看现在全民同心同德，日子太平了，又要窝里斗；然后再等待下一次危难中的爆发，再来团结自救。正是这样的循环，使我们这个民族，既不会垮，总在前进，但前进得又极其缓慢，令人心焦，我们也就永远在"绝望与希望"的交织之中煎熬。

现在，我要提出的问题是，我们有没有可能打破这样的循环，能不能把在这次灾难的"非常态"中爆发出来的人性之美、人情之美，变成一种稳固的社会与精神的"常态"？我以为，这就需要作两方面的工作。首先是要作理念的提升，即把在抗灾中从人的生命本能中爆发出来的人性美、人情美，提升为一种新的价值观、新的伦理观，同时对我们原有的价值观、伦理观进行反思。但仅有理念还不行，必须还要有制度的保证。也就是说，我们还需要将抗灾中所展现的政府和人民的新关系，提升为一种新的治国理念，并进行一系列的制度建设。同时也必须正视这次救灾中所暴露的制度缺陷，为我们正在进行的政治、经济、社会、文化的四大改革提供新的推动力。这就是这十多天来，我一直在紧张地思考，并且想在今天和年轻的朋友们一起讨论的问题——

如何将灾难转化为育人、治国的精神资源？

这首先是我们这些幸存者的责任。大家不要忘了，我们这里所说的抗灾中所爆发出来的所有的美好的东西，都是以数万人的死亡和数十万人的受伤为代价的，是浸透了死难者的鲜血的。如果我们不珍惜，不把它转化为精神资源，将其遗忘，甚至变为自我炫耀的资本，那就是犯罪。

我还想强调的是，这样的讨论，也是我们"当今之中国"所急需的。记得我今年四月二十七日北大成立一百一十周年的民间纪念会上就讨论过"当今之中国最需要什么？"的问题。我提出了一个分析：当今中国，已经基本解决了温饱问题，进入了小康社会，这是一个来之不易的巨大的成绩；但同时也就面临着这样一个摆脱了贫困、开始富裕的中国将向何处发展的问题。在这个意义上，当今之中国，正走在十字路口上。我认为，在这样的转折关头，需要提出"四大重建"，即"制度重建""文化重建""价值重建"（它是文化重建的核心）和"生活重建"。当时，对我提出的这个问题，许多同学都觉得过于宏观，并不能引起共鸣。但是，现在，经过这次地震的洗礼，我们再回过头来讨论这"四大重建"，它就有了血肉的内容：在我看来，我们要将灾难转化为育人、治国的精神资源，其核心就是一个"价值重建"与"制度重建"的问题。

下面，我就按照这样的思路来展开讨论。这是名副其实的抛砖引玉，我十分真诚和迫切地希望和年轻的朋友一起来思考和讨论；我以为，这是最初的激动过去以后，我们最应该做的工作。同时，我所提出的一己之见，是不成熟的，有些问题我自己也没有完全想清楚，没有把握，需要讨论，欢迎质疑，我所期待的是集体的智慧，大家共同来思考和解决我们所面对的问题。我想从三个方面来讨论。

▌敬畏生命，一切为了每一个个体生命的健全发展

这次抗灾，最为响亮，最激动人心，也最具有凝聚力的口号，大概就是"人的生命重于一切"。这实际上提出了一个"生命至上"的理念，强调的是人的生命价值的至高性与普世性。

所谓"至高性"，就是认定人的生命的价值具有绝对性，高于其他一切价值，它本身就是目的，而不是手段，一切与之相违背的价值，都应该受到质疑。我们长期以来奉行着"为了某个崇高的目的，可以无条件地牺牲人的生命"的理念。这是一个似是而非的观念。当然，人可以为了自己的信仰献出自己的生命——这次抗灾中就有这样的牺牲者——献身者应该为我们所崇敬；但是，这必须是发自内心的自主选择，其内在动因正是自我精神发展和完善的需要，和外力的强制不能混为一谈。而且即使是这样，也应该尽量地减少，不能轻言、更不能鼓励牺牲。我们必须将伤害人，特别是无辜的平民的生命的外加的战争，和对人实行肉体摧残和精神迫害的体制，同时置于审判台上，就是这个道理，这是一个不能让步的底线。所谓"为了崇高的目的"的"牺牲论"之所以不能接受，还因为这样的"牺牲论"的背后，常常隐含着巨大的欺骗，因

为所谓"崇高的目的"的解释者、宣扬者往往是那些自命"真理的掌握者、垄断者"的政客或某个利益集团的代表；所谓"为崇高目的"而"牺牲"，其实是为这些政客、代表卖命。这样的教训实在是太多了。年轻人对那些动不动就鼓动你们去牺牲的蛊惑，一定要保持高度的警惕。

人的生命至上，也是一个"普世性"的观念。我们知道，人是分为群体的，不同地位、出身、经历，不同文化、教育背景，不同信仰，不同国家、民族，不同利益的人的群体，共在同一块土地上、同一个地球上，彼此存在着这样那样的矛盾冲突，是必然的；而要真正和谐相处，就必须有一个"最大公约数"，取得公认共通的价值。这次抗灾中全国、全世界的"同一条心"，启示我们，这样的普世价值，就是人的生命至上性。这也是我们大家共同的体会和体验：救助每一个遇难者的生命，在这一目标面前，原来存在的所有的分歧、论争、利害冲突，都变得不那么重要了。

因此，通过这次救灾，我们应该毫不含糊地将"敬畏和尊重生命"（也包括大自然的生命）作为一个基本的价值、普世性的价值确立下来。如一位作者所说，它应该成为我们共同的"信仰"（浙江会计师舒圣祥：《活下去，是一种信念》，载二〇〇八年五月十七日《中国青年报》），并融入我们的日常生活中。"生命是美丽的，活着真好"，应该成为我们每一个人，特别是年轻人基本的、稳定的、不可怀疑、不能动摇的信念，前一段时间曾经出现的年轻人厌世、轻生的悲剧，再也不能发生了。

"生命至上"是一个总概念，它其实有着非常丰富的内涵，需要作更深入的讨论和分析。根据在这次救灾中的观察、体验和思考，我觉得它至少有八个层面的意思。

其一，我们讲的"生命"，是有明确的指向的，就是具体的、一个一个的"生命个体"。到我写作本文时为止，我们从废墟里救出的六千条生命，是一个一个地救出来的；我们说"只要有一线希望，就要付出百分之百的努力"，指的也是一个一个的具体的生命；我们说"为人的生命负责"，其含义也是明确的，就是为"每一个个体生命负责"。这在救灾中好像是一个不言而喻的常识，却有非同小可的意义。因为在中国传统观念中，是很少强调"个体的人"的，我们更重视的是家庭的人、社会的人、国家的人，这当然自有它的意义和价值；但它也容易造成对个体生命的意义、价值和权利的忽视和压抑。因此，鲁迅等先驱者在二十世纪初提出"个"的概念，在"五四"时期提出个性解放的观念，个体生命的价值和权利，从此得到了确认。但在后来中国历史的发展中，却不断发生用抽象的群体价值、利益否认个体价值、利益的观念和行为的偏差。比如，"为人民服务"，至今都是我们的基本治国理念，这本身是没有问题的，问题在于对它的理解。在一些人那里，"人民"成了一个抽象的群体概念，这样就出现了"我是为人民服务，又不是为你服务"的误解。问题更在于这样的抽象的"为人民服务"，很可能变成为自称"人民代表""公仆"的官员服务，那就变质了。而这一次，在救灾中，"为人民服务"，是实实在在地为每一个具体的生命个体，为他们的生存、温饱、发展负责，这正是"为人民服务"的治国理念的正本清源。所谓"敬畏生命，关爱和尊重生命"，就是"敬畏个体生命"，它是必须落实为对每一个个体生命、每一个公民的尊重、关爱和具体服务的。不仅治国如此，我们每一个人对人的爱也必须落实为对一个个具体的人的具体帮助。

其二，关爱每一个生命，同时就意味着承认每一个生命都是"平等"的。这次救灾的一个最大特点，就是完全打破了原来的等级观念，即所谓"在灾难面前人人平等"。不分贵贱、贫富，不分职务高低，不分官员平民，一起受难，互助互救，共度艰难，共同承担生命的艰险，也共享生命的意义和欢乐。如论者所说，"生命的宝贵不因包含身份、地位在内的一切差异而不同，所有的生命都同等宝贵"（舒圣祥：《活下去，是一种信念》）。这样的"生命平等"的意识也应该成为一个基本价值理念，并成为我们追求社会公正与平等的基本依据。

其三，给最危急、最困难，也就是最需要帮助的人以最及时的救助，这是这次救灾不言而喻的基本原则，它其实也是有普遍意义的，就是我们关爱生命首先是关爱弱者的生命，这也是"五四"时期的先驱者所提出的"弱者、幼者本位"的观念。有朋友提出"生命至上的理念首先要充分体现在孩子身上"（江苏市民尹卫国：《把教室建成庇护生命的坚固屏障》，见二〇〇八年五月十八日《北京青年报》)，这大概已经成为经历救灾以后的中国人的一个共识，因为孩子们在救灾中的表现，深深感动了每一个成年人；更因为这次灾难以血的事实昭示我们：社会体制的每一个弊端，我们成年人所犯的每一个错误，都会以孩子的生命为代价。这次灾难给我们带来了"永远的痛"：震灾中，中、小学校舍房屋倒塌极多，孩子的牺牲极为惨重。我们的政府，以及我们这些成年人，应该为此感到难堪和羞愧。人们有理由追问，并要求依法追查：这背后有没有腐败？人们也因此对这次震灾中的奇迹感兴趣：某"希望小学"的教学楼居然屹立不垮，原因是投资与建筑者十年前就确立并实行了这样的原则："亏什么不能亏教育，一定要把好质量关，要是楼修不好出事了，就走人。"问题是，能不能把"亏什么不能亏教育"作为治国的基本理念，把"谁在教育上出了问题，就罢官、走人"作为一个制度，真正把教育置于今后中国整个国家、社会发展首要的、绝对"不能亏"的地位，使之不仅在理念上得到确认，更在制度上得到保证，这是我们在救灾以后必须思考和解决的问题。在座的诸位义工、志愿者也需要重新来认识我们已经做、还要继续做的支教工作的意义。在我看来，"关爱孩子的生命"应该成为义工、志愿者的一个基本理念。

其四，在救灾中人们关心和考虑的，不仅是孩子现实的生命存亡和温饱问题，还有他们今后一生的长远发展。这也有普遍的意义。就是说，我们所说的"生命"不只是生理意义上的肉体生命，更是一种精神生命。这次救灾，不仅医治伤病，也注重心理的治疗，就表现了这样的对人的生命的物质与精神的双重关怀。这背后的理念，就是我们所追求的，即人的生命的健全的发展，也即鲁迅所说的，"一要生存，二要温饱，三要发展"。我们所说的人权中，生存权、温饱权和发展权，是缺一不可的。这次震灾所突现的，就是这三大人权。

作为人的精神发展需要的一个重要方面，还有公民民主权利的保障问题。这次救灾至少就涉及了公民的知情权、参与权与监督权。这次抗灾中表现出来的一个重要进步，就是知情权的扩大、透明度的增强。尽管在这方面，人们还是可以提出许多批评，但无论如何毕竟前进了一步，人们自然也就期待将非常态的知情权扩大为常态时期的对知情权的充分保障。随着民间捐款的日益增多，捐款人如何监督捐款的使用的问题也提了出来。有关部门很快做出了相应的规定。这都可以视为历史的进步。

我想着重谈的是公民参与社会活动和社会管理的权利的问题。曾经有过一个说法：每个人只做好本职工作，管好自己的事，而把公共事务的管理放心地交给"公仆"去做。这就在实际上把公民置于公共领域之外了，这是变相的对公民参与权的剥夺，同时造成了对人的生命发展空间的挤压。这些年许多人，也包括年轻人，变得越来越物质化与个人化，是和这样的公共空间以及政治、精神空间的相对狭窄，只能局限于个人的、物质空间的状况直接相关的。在这个意义上，这些年不断成长的民间志愿者组织、慈善组织，正是对年轻一代生命发展空间的扩展。尽管民间社会组织、志愿者组织、慈善组织的发展，已经得到国家的承认，有了法律的依据，但有的政府部门依然对民间组织心存疑虑，多有限制。正是在这次救灾中，这样的状况有了很大的突破。这都是救灾中最引人注目的新闻：地震发生数小时以后，一支由江苏某民营企业组织的，由一百二十人和六十台挖掘机等大型机械组成的民间抢险突击队，从江苏、安徽集结出发，四十八小时之内就赶到了绵阳参与救灾；曾经于今年春天赶赴湖南灾区，参加抗击冰雪灾害的十三名唐山农民组织的"爱心志愿小分队"，也赶赴抗震第一线。在受灾地区更是出现了大批本地与外地的志愿者。许多平时依据不同兴趣形成的网络社群，也集结为网下的志愿者团队，参与各地的救灾行动。《北京青年报》为此发表了专门的评论：《全民总动员见证中国公民社会的成长》（二〇〇八年五月二十一日），对救灾中所表现出来的自觉的公民意识、有序有效的公民行动给予了很高评价；很多志愿者也感到救灾是最好的公民教育。在这一次救灾中，民间组织所显示的力量，是一个重要的启示："敬畏、尊重生命"的观念，应该包含"尊重和保障人的公民权利"的内容，我们所要建立的是这样的公民社会，在这里，"公民意识落实为公民的普遍自觉，公民的权利得到法律的保障"，"每一个公民都有充分的自由和有效的途径，主动参与社会活动和社会管理"。希望这次救灾能够成为构建新型的"公民社会"的新开端：我们已经迈出了重要的一步。

其五，这也是《北京青年报》的一篇文章：《灾难告诉我们，人与人是这样相互依存的》（作者：广西市民范大中，二〇〇八年五月十七日）。在这次救灾中，许多受难者都谈到，是"一定会有人来救我"的信念支撑自己战胜了死亡。文章的作者问道：这样的"别人会来救我"的信念的"理由"是什么？于是就有了这样的分析：理由就在相信"你的生命与别人是有关的"，"灾难是平等的，不到它发生的那一刻，谁都不清楚谁是拯救者，谁是被拯救者。所以我们必须彼此守望、互为依存，这是个约定。你必须信守约定，以良知发誓让每一个遇难者得到救助，然后，当你某天遇到艰险时，才有理由在黑暗与恐惧中坚信别人一定会来救你"。作者说："人与人之间就是这样相互依存的。一个家庭，一个民族，一个国家，甚至是整个人类，都是以这种默认的契约依存的。"这就是说，我们所说的敬畏、关爱生命的观念，它还包含着一个"生命相互依存"的"约定"。作者说："或许，只有在汶川大地震这样的灾难面前，我们才有机会看清人与人之间最本质的相互关系。那就是，我们生活在同一个群体之中，同一片天空之下，每一个人都同时是别人生命的一部分，你的伤就是别人的痛。在这群体之中，任何一条生命的逝去，都会让所有活着的人悲痛，感到生命的减损。"这大概是所有的人在这次救灾中的共同感受，由此形成的"生命共同体"概念的背后是一个普世价值观念："每一个人的不幸都与我们有关，每一个地方的不公正都是对我们的羞辱，每次对别人苦难的冷漠都是我们为命运自挖的墓地。"

我要补充的是，这样的普世价值观念，也同时存在于中国的传统观念之中。正如一位作者所引述的，孟子早就说过："稷思天下有饥者，犹己饥之也；禹思天下有溺者，犹己溺之。"这就是古语中所说的"人溺己溺，人饥己饥"。张载也说："凡天下之疲癃残疾、茕独孤寡者，皆吾兄弟之颠连无告者也，民吾同胞，物吾与也。"这些讲的都是中国传统文化的核心价值："大仁即大勇。"（胡晓明：《大地是病，大地是药》，二〇〇八年五月二十日《文汇报》）这同时也是中国现代文化的传统——鲁迅直到生命的最后一刻，还感到"无穷的远方，无数的人们，都和我有关"。他说，一个真正的诗人是能够感受到天堂的欢乐和地狱的痛苦的。因此，鲁迅的生命有一个大境界，包含一种博爱精神，一种佛教所说的大慈悲情怀，既是独立的，又自由出入于物我之间、人我之间。这是一种大境界中的自由状态。

过去我在课堂里讲这些，同学们听起来总觉得有些隔膜，好像很难和自己联系起来；而现在，经历了这次大救灾，同学们大概就能领悟了。前不久，我和清华大学的同学有一次对话，大家都觉得，这些天自己的精神境界仿佛经历了一次蜕变。在此之前，自己眼睛里只有周围的那个小世界，考虑的只是个人的发展、前途，所感觉的范围非常狭窄，不免"咀嚼着身边的小小悲欢，而且就看这小悲欢为全世界"（鲁迅语）。就像大家自嘲中所说，沉湎于"小资情调"之中，自怜而自恋。这回地震，就一下子震出了一个"大世界"，突然感受到自己的生命原来和别人的生命息息相关，有无数和自己一样年轻的生命需要自己去救助，自己的生命也只有在和更广大的生命的相互依存中才获得意义。也就是说，当你眼里只有自己时，这世界很小很小；当你眼里有了别人，你自己的生命境界就很大很大了。同学们应该珍惜这由数万人的生命换来的生命体验，将"生命相互依存"的观念化为自己的信念，并转化为更加自觉的义工、志愿者行动。所谓"义工"，就是将从事公益活动视为自己的义务；所谓"志愿者"就是以帮助别人为自己生命发展的内在需要，其内在的理念就是生命的相互依存，"人溺己溺，人饥己饥"，"救人即救己，助人即助己"。

其六，我们说生命视野、境界的扩大，也包括看到了中国之外的世界，而且世界上也是那样充满了仁爱。如一位作者所说，我们突然发现，"这里的'地'，已不只是中华大地，而是全球各地；'人'也不只是中华儿女，而是包括了不同民族、不同肤色的全球民众。"（顾顺中：《大难兴邦，震情唤醒公民意识》，载二○○八年五月十七日《新民晚报》）于是，有人想起了胡适六十年前留下的名言："万国之上还有人类在。"（徐迅雷：《地球可以颤抖，精神不可颤抖》，载二○○八年五月十七日《新民晚报》）日本参议院议长说得好：这次中国四川的震灾，可谓"全球之痛"

（新华社五月二十日电）。在这全球化的时代，各国家、各民族之间，既有差异，有利益的冲突，更有利益的相关，以及生命的相通。有位朋友说得好，通过这次救灾，我们不仅要"感恩"中华儿女，更要"感恩世界"，人以仁爱之心对我，我更应以仁爱之心对人。

这里，我想讲一件今天回想起来让我们颇为尴尬的事情。我本来有点犹豫，不知道在此刻谈这些是否合适，但我还是决定讲出来，因为经历了这次地震的洗礼，我们已经更加成熟，应该更能正视自己的问题。这是我在网上看到的今年龙卷风袭击美国时中国个别网民的反应。一位网民这样评论："活该！苍天为什么不把更大的灾难降到美国呢？这种虚伪的自以为是的国家原该受到诅咒！"我尤其注意到一位四川成都网民的反应："美国怎么只死二十二个呀，为什么不死二十二万呀？"虽然这只是个别人，并不代表大多数中国网民和公民，但它所反映的人性的扭曲，却很值得警惕。这种把自己不喜欢的国家视为敌人的"你死我活"的"斗争逻辑"和狭隘心态，这完全漠视他国人的生命、幸灾乐祸的杀戮情结，这样的心灵的毒化，是怎样造成的？这不能不让人悚然而思。

其七，当然，人性的扭曲之外，更有人性的美好。这次救灾所展示的人性的光辉，让我们所有的人为之感动而震撼，也令举世瞩目。我们说人的生命之所以值得尊重，就因为它蕴含着这样美好的人性。

但是，不能否认，人性中也有恶的方面。"人性善"还是"人性恶"，自古以来，就存在着争论，这里暂不讨论。我只说说自己的人性观。在我看来，人性是"善恶并存"的，也就是说，我们每一个人的心中，都既有善的种子，也有恶的种子，问题是，我们自己，以及我们的社会，对人性中的善和恶，采取什么态度：是"扬善抑恶"，还是"扬恶抑善"？应该说，这一次救灾，就是一次"扬善抑恶"的壮举：每个人的内在的所有的人性的善良、美好，都得到淋漓尽致的爆发、放大，而且相互影响，形成"人心向上、向善"的环境、气氛，人性恶的方面，得到了极大的遏止。我以为这提供了人和社会改造的一个很好的范例。

但是，我们如何将这样的"扬善抑恶"转化为一种价值理念，变成更自觉的行动？我以为，应该有三个层面的努力。首先是，我们自己要努力"扬善抑恶",自觉地发掘、发扬自己内心最美好的东西。中国传统讲"修身养性",在某种程度上,就是在讲"扬善抑恶"。其次是在和他人相处中,能不能做到"扬善抑恶"。这里有两个层次的问题:一是自己要以最大的善意对待他人,二是在相处中要最大限度地释放对方的善意。这也是我经常说的,对对方的弱点、毛病以致恶的方面,自己心里要有数;但更看重他的优点、善处,并以善相处。我们在实际生活中的做法却常常相反。我最近在网上看了一篇文章,看得我心惊肉跳。作者说,我们中国的社会里,有太多的违背人性的东西,我们却习惯于此,并且努力去适应它,从而形成一种"自我糟践",把自己的内心世界弄得非常阴暗,并且以敌意看待周围的人,甚至以"恶意假设"彼此对待,人与人之间失去了基本的信任,自己释放敌意、恶意,又彼此交换敌意、恶意,极大地毒化了社会环境。这样,就弄得自己活得累,活得烦,活得不快活,同时也弄得周围的人都累、烦、不快活。我想,在座的同学对这样的"扬恶抑善"的人与人的关系和社会环境,都会有自己的体验,它在某种程度上已经成为许多中国人的生存常态了,以致我们的社会里充溢着怨毒之气,这是我们所说的民族精神危机的一个重要方面。我之所以感到心惊肉跳,就是为此。而这一次救灾一扫这样的怨毒之气,给我们提供了人与人关系的另一种可能性:以最大的善意对自己,不要自己和自己过不去;同时以"善意假设"看人,把自己的关爱和友善给予别人,又从别人那里收获关爱和友善。这样,热情友善地对人,成为日常生活人与人相处的一般行为方式,至少我们可以因此活得轻松点、快活点。在我看来,这并不难做到,起码我们的义工组织、志愿者组织,就可以以"扬善抑恶"作为自己的基本理念,努力培育友善的气氛和环境,使我们在这个群体中生活得快活而有意义。

当然,还得有制度的保证。我说过,一个健全的社会,总是"扬善抑恶"的;一旦出现"扬恶抑善",这个社会就出问题了。如何建立"扬善抑恶"的机制,应该是我们所说的"社会改革"的重要任务。

最后要说的是,我们还应该把我们这里讨论的"生命至上"的观念,变成一种治国理念。长期以来,我们一直在进行现代化建设,为实现四个现代化而努力，问题是，实现现代化的目的是什么？在很长时期内，我们奉行的是以"富国强兵"为目的的现代化路线。这固然是为了满足国家独立与富强的要求，自然也有一定的合理性，但其对于人民利益的忽视，以及"见物不见人"的弊病是明显的，后果也是严重的。这些年提出了"以人为本"的理念，应该说，这是治国理念上的一个进步；通过这一次救灾，我们对"以人为本"的理念的认识，可以有一个深化。应该更明确地指出，"以人为本"，就是"一切为了每一个个体生命的健全发展"，这里的关键词是"每一个""个体生命"与"健全"，其内涵前文已论述，不再重复。这次救灾，还有力地证明，只有实实在在地为每一个个体生命负责，为他们的生存、温饱和发展尽职，政府的权力才能真正获得公信力和合法性。这都是需要另作专门讨论的，这里只能点到为止。

▌ 宽容地对待异己的生命

下面，我想把我们的视野由救灾扩展到今年上半年所发生的一系列事件上。二〇〇八年五月将注定在共和国的历史和我们每一个人的心灵历史上留下深刻的印记，现在，只就前五个月的发展，作一个初步的讨论。

就我今天的演讲的主题——"当今之中国"问题和"时代精神"与"中国青年"而言，如前所说，救灾所展示的"当今之中国"问题，是中国基本实现小康以后往哪里去，以及由此提出的价值重建和制度重建的问题。而在我看来，在此之前发生的围绕火炬传递所发生的事件，则展示了当今中国问题的另一面：日益强大的中国，如何和西方世界相处？西方世界和中国，有着不同的信仰，有另一种价值、制度，而且在某种程度上，对我们心怀疑惧，存在误解，甚至会和我们发生冲突。在这样的情况下，对这样的和我们存在巨大差异的群体，中国，以及我们每一个中国人，如何对待？这是一个过去没有遇到过的新问题，我们必须认真面对。

应该说，过去一般的西方老百姓并不关注我们，因为我们贫弱，和他们的生活没有什么关系，我们是一个遥远而多少有些神秘的存在。现在，由于我们的日趋富裕与强大，由于大家都生活在全球化的时代，我们，比如说中国货，已经进入了西方普通老百姓的日常生活，我们成了与他们休戚相关的存在了，于是，中国开始成为西方人关注的对象了。这本身说明了我们在西方和世界上地位的变化：中国已经不是晚清时代的"东亚病夫"，我们成了世界大家庭中独立而不可小看的一员了。看清了这一点，我们自己在心理上就要适应这种变化，不能老是用受迫害的被围心态来看西方世界，总是觉得别人"亡我之心"不死，是自己的敌人。现在，用我前面的话来说，不能再用"恶意假设"的心态来和西方世界相处。同时，我们也要防止"中华中心主义"的自大心理的复活，以为西方世界已经没落，需要中国来拯救。应该说，这是中国和西方世界在全球化时代的一次相遇，双方都是独立的，并且都足够强大，但彼此的信仰、价值观、所选择的社会制度，又是这样的不同。在这样的新的情势下，彼此如何相处？这是过去没有遇到过的新问题。应该说，双方都没有做好准备。在这样的情况下，产生疑惧和误会、摩擦与冲突，是不可避免的。不错，西方是有些人、有些势力，希望我们变得和他们一样，想用他们的信仰、价值观、制度来改造我们，以实现他们理想的所谓"全球一体化"，这实际上是对我们的生命、我们的文化的不尊重，我们应该明确地表明自己的立场，维护自己生命和文化的独立性与尊严。在面对西方一些普通民众的疑惧、误会时，我们也应该发出自己的独立的声音，让他们了解、理解我们的想法。这都是必要的，具有合理性的。但是，我们也必须尊重别人的信仰、价值观、制度，如网上一篇文章所说："我们毕竟是生活在一个全球化的时代，既然希望以一个强国的身姿巍然崛起，就必须接受世界的审视，就不能完全否认别人的审视视角和评价标准，回避别人坚守的价值。"（杨逸鲲：《不同的世界，同一个梦想》）这需要交流，而不是对骂，在交流中要善于换位思考，不能只顾自己说得痛快，而毫不顾及别人的感受和反应。要学会从对方吸取经验，补充与发展自己，更要寻找前面所说的"最大公约数"，在普世性的价值基础上寻求心灵的沟通、生命的交融，就如同这次救灾时一样。

确实，这是全球化时代的新问题：世界要学会理解中国，和中国相处；中国也需要学会理解世界，同时重新理解自己，学会和世界，特别是和西方世界相处。日益强大的中国，在世界面前，应该有自己的独立性和尊严，同时又谦卑、理性、有节制、有分寸，表现出"礼仪之邦"的风度。

关键是要宽容，让不同生命在相互宽容中相互依存、相互关爱。求同存异，这本来就是我们的中华智慧。

▌灾难将成为常态，我们如何应对？

最后，我要说的，也是我们大家共同的感受：二○○八年五月，真的是多事之年！只有五个月，就发生了多少事情！先是冰雪之灾，又是火车相撞，手足口病的流行，同时是西藏骚乱，奥运火炬传递中的冲突，现在正面临汶川地震……真不知道还有多少突发事件在等着我们！问题是，我们应如何看待？这正是我想和诸位讨论的第三个问题。

我有一个基本的想法：不能认为这是一种偶然；相反，应该把它看作一种常态，也就是说，我们从现在起，应该有一个新的觉醒，要在思想上做好准备，中国，以至世界，将进入一个自然灾害不断、骚乱不断、冲突不断、突发事件不断的"多灾多难"的时代。

因为我们将面临两个大紧张。首先是人和自然关系的大紧张。二十世纪，人类在推行工业化的现代化时对大自然过度破坏，到二十一世纪就必然遭到大自然的"反抗。"连细菌都在"反抗"：人类原来制造了无数抗菌素，现在细菌就用变异来应对、"反抗"，反过来造成了人类在瘟疫面前束手无策而要进行新的发明，就像作家王安忆所说："我们和自然永远处于较量、协调、再较量、再协调的关系中。"这一次大地震，就是人与自然之间的一次大较量、大协调。我们必须学会如何和大自然协调相处，并且转变我们的观念，不要再"向地球开战"了，而是要"敬畏自然"。但较量也还是不可避免，要有自然灾难频频的心理准备。

其次，是人与人关系的紧张。现在是一个全球化的时代，不同信仰、价值，不同利益的国家、民族、个体，都处在同一个地球村里，来往越来越密切，所有的国内问题都成了国际问题，反过来也一样。这样的密切接触、联系，固然使人的生命越来越相互依存，产生生命的共同感，但同时也必然是摩擦不断、冲突不断，既相互批判、质疑、冲突，又相互支持、共处：这将是国内各利益群体，世界上各国家、民族之间关系的常态。

现在已经可以看得很清楚，二十一世纪人类将进入一个"多事之秋"，发生灾难、突发事件，将是常态。如何应对灾难和突发事件，就是当今中国面临的第三个问题，而且这个问题，是有世界性的。

我以为，中国一九七六年的唐山地震和这一次的汶川地震，都提供了很好的经验。

这大概不是偶然的。人们在面临汶川地震时，总要谈到唐山地震。我在地震第三天在网上看到一部《从唐山地震看汶川地震》的短片，受到了极大的震撼，和老伴一直讨论到凌晨二时。唐山地震是一个大悲剧，又创造了三大奇迹。说是"大悲剧"，不仅是因为死亡人数特别多，更因为这是早有预报的（这本身就是一个奇迹）、本可减少伤亡的灾难。预报被忽视，显然是因为那是一个"政治的稳定压倒一切"的时代，政治任务（当时正在轰轰烈烈地批判"邓小平右倾翻案风"）大于人的生命是占主导地位的意识形态。但当时也有坚持"人的生命更重要"的干部，某县的县委书记就抱着"宁愿丢掉乌纱帽，也要保一方百姓性命"的决心而提前报警，创造了全县无一伤亡的奇迹。第三个奇迹是开滦煤矿因早有预防，也无一伤亡。

这次汶川地震，据说也有预报，也未引起注意。网上有许多传闻，这是应该由政府当局来加以说明的：老百姓应有这样的知情权。如果果有其事，按照这次地震所确立的"人的生命重于一切"的原则，是应该对有关部门问责的。

我在这里要讨论的，是另一个重要的教训。前面说的唐山地震的三大奇迹的创造，是因为执行了周恩来制订的三大治灾原则，即"预防为主""土洋结合"和"群防群治"。当时的地震预报工作，不仅依靠专家，而且组织了一支强有力的群众业余的预报队伍；而预报的成功，除了利用了科学仪器,还采用了中国传统的"取象比类"的土办法,并且充分利用了古籍中的历史文献。很显然,这三大原则,是那个时代的宝贵经验,是我们所说的"社会主义经验"的重要组成部分。

问题是,我们自己的社会主义经验在改革开放以后,却被我们自己否定、抛弃了。群众预报队伍被撤销,完全依靠专家;"土法子"被抛弃,完全迷信现代科技;"地震不可预报论"成了指导思想;坚持"土洋结合"的专家被排斥。问题是,对自己的社会主义经验的忽视以致抛弃,不仅发生在地震研究界,而且在医疗卫生、体育、教育各领域都有突出的表现。比如,医疗卫生方面,"预防为主,中西医结合"的方针,重视农村卫生工作、发展合作医疗的指导思想和做法;体育方面,以提高全民身体素质为首要任务,特别重视青少年的健康,并有相应的制度保证;教育方面,对普及教育的重视,对工人、农民子弟教育权利的特别维护,大力发展适合中国国情的中等专业教育,对包括中等师范教育在内的师范教育的重视,等等,这些已经取得成效,有了比较成熟的经验,但在相当长的时间内都在所谓"和国际接轨"的口号下被忽视以致抛弃了,直到最近几年,才稍有恢复,但在指导思想上却并没有完全解决问题。这次汶川地震再一次给我们敲响了警钟:要知道一切思想与工作的失误,都要付出血的代价。

这样的"抱着金娃娃讨饭吃"的蠢事,再也不能做了。在我看来,中国社会主义实验中所形成的这三大经验,应该成为今天的中国应对将成为常态的灾难、突发事件的三大法宝,而且应该吸取国际经验,加以发展。

一是"预防为主"。首先要有危难、危机意识,准备持续作战,这就必须早作预防,时作预防,并且形成预防体制。在这方面,日本的"防震避难融入日常危机意识"的经验就很值得重视(参看二〇〇八年五月十九日《文汇报》报道)。

二是"土洋结合"。这里我想向大家推荐一篇文章:《雪灾教我们要更加尊重体力劳动》(作者:赵修义,见二〇〇八年二月十四日《文汇报》),这是我所看到的唯一的总结雪灾经验的好文章。文章说:"在自然灾害肆虐，造成无数的电网结冰倒塌的时候，我们从电视上看到的最惊心动魄的画面是，崇山峻岭中电力工人在数十米高的铁塔上，手持木棒、铁扳手或橡胶棒敲击结冰的电网，""而最感人的画面是破冰的解放军战士一双双伤痕累累的手。"作者说："这些触动心灵的画面告诉我们一个道理：在技术发达的现代社会，尽管我们已经有了许多技术装备，但是人的双手、人的体力还是最基础的。在诡谲多变的大自然面前，现代化也有其脆弱的一面，而克服这种脆弱性的法宝，就是人的体力，人的双手，人的智慧和勇气。"更值得注意的是作者的反思："在现代化的进程中，随着知识经济的来临，在一段时间里，我们一些同志在强调智力和脑力劳动的重要性的时候，有意无意地漠视了体力劳动的意义。加之，市场经济带来的拜金主义和消费主义文化的冲击，使得一些人把'劳动创造世界'这个平凡而重要的真理忘却了，""现在雪灾来教育我们了，该改变一下这种轻视、贬低体力劳动的愚蠢观念了。"文章最后提出：要"让尊重劳动，尤其是尊重体力劳动和体力劳动者成为社会风尚"，"学校教育要把培养劳动观念和劳动习惯纳入教育计划"，"各级政府要真心实意地把落实'体面劳动'的要求落到实处，逐步提高劳动收入在整个国民收入中所占的比例，让尊重体力劳动体现在制度上"。这都触及了要害。我在今年年初的雪灾中最感痛心的，是在电视上看到那两位抗灾中牺牲的湖南电力工人家里一贫如洗的状况。我不禁想到，在灾难降临的时刻，是这些普通的百姓、普通的劳动者挺身而出，救国于危难之中，而我们又是怎样对待他们的呢？灾难过去后，我们是不是又把他们忘却了呢？在这次震灾中，又是这些普通的士兵，普通的农民、工人、市民，站到了第一线。我们自然会注意到，在险恶的自然条件下，一切现代化设备都无法发挥作用，暴露了其脆弱的一面时，人依然要靠自己的体力徒步行进，靠自己的双手用土办法来救急。当然，现代化装备仍然起了主力的作用。这次救灾，正是显示了土洋结合、脑力劳动与体力劳动结合、普通劳动者和专家结合的威力。这是我们的传统、我们的优势，切切不可放弃。

还要说一点，所谓"土洋结合"，在文化上来说，就是"尊重中西文化优势互补"，在这一问题上，我们也是左右摇摆，忽而"全盘西化、洋化"，忽而"中国第一，越土越好"，而且至今还存在着两种力量，各执一端；但我看来，最终还是要走"中西结合"的路。

三是"群防群治"，其实就是"政府，专家，群众"的三结合。在这次救灾中，最大限度地实现了两大动员：一是以政府为主导的"国家动员"，二是以民间社会组织和个人为主导的"社会动员"。正是这两大动员，把我们国家、我们民族的物质与精神的力量，前所未有地动员起来，组织起来，形成了巨大的力量，令举世瞩目，我们自己也始料不及。这是一个重要经验：政府的主导和民间的社会参与和监督，是缺一不可的；两者应该建立相互信任、相互补充的关系。民间的参与，本是中国的传统，但过去对民间力量的独立性与独立作用却重视不够，往往视之为政府行政的附属力量，用政府权力来控制与限制它。因此，我们需要从公民权利与公民社会建构的高度，重新认识民间社会组织的社会参与作用，并从国家发展的战略高度来重新认识民间社会组织的社会动员的作用，逐步形成国家动员与社会动员相结合的全民动员体制，只有这样的全民动员才能应对我们前面所说的日趋严重、频繁的灾难和各种突发事件的挑战。

当今中国问题，时代精神，青年使命

我们最后做几点总结。

一、当今中国面临着三大问题：基本解决了温饱问题进入小康以后，要走向哪里，需要重建怎样的制度、文化、价值和生活？日趋强大的中国，在全球化时代，如何和与自己有着不同信仰、价值观、制度的西方世界相处？面对将成为生活常态的灾难、突发事件，将如何应对？

二、我们这个时代所需要并正在形成的三大精神：一是以生命至上为核心的仁爱精神，二是以多元社会、文化并存为核心的宽容精神，三是以社会参与和承担为核心的责任意识。

由此提出的，是一个理想的国家目标：建设更加人性化的仁爱中国；

建设和国内各民族，和世界和睦相处的礼义中国；建设对国内每一个人的生命负责，对世界和平发展负责任的大国。因此，必须对和这三大目标不相适应的观念、意识形态、制度进行全面的改革。

这同时也是对我们自己的要求：要学会关爱，学会宽容，要有责任感。

这里，我想对"宽容"再多说几句。大概有三点意思。其一，我们是一个有十三亿人口的大国，人多势众，唯其如此，我们就一定要宽容对待异己者，不要以势压人，不要咄咄逼人。要习惯于总是有人对我们指指点点，提出质疑、批评，要习惯于被人误解、猜疑，以致反对；对这些异己者的声音，要择其善而听之，其不善者则不听之，不必作过激反应。其二，还要有自我反省的精神，不要自以为是，自以为真理在握，要学会在和不同意见的论争和自我质疑中探索真理。其三，任何时候都不要忽视个体，要保护少数。在国家意识特别强烈和民族精神高扬时，尤其要注意尊重和保护个体的独立选择自由、少数人保留自己不同意见的权利。我们这个国家太容易"舆论一律"，形成"多数暴力"，我们自己也很容易在集体有意识与集体无意识，在群体意志和所谓"宏大叙事"，在有组织的舆论导向面前，放弃自己的独立思考。一个健全的社会，任何时候都不能只有一个声音。我们要学会和与你想法不一样的少数人对话。

三、这一代人的历史使命。

我相信，这十多天，对在座的"八〇后"和"九〇后"的年轻朋友，都是极不平常的。正像我一开始引述的那位北川的中学生的话，从这一刻，"世界变了"，世界变得更大、更可爱，也变得问题更多、更复杂。更重要的是，你们和这个世界的关系变了，这个灾难不断、骚乱不断、突发事件不断的世界，需要你们直接去面对，直接去参与，直接去承担了。事实上，在未做好充分准备的情况下，你们就已经接班了。我说过，在这次救灾中，最引人注目、最让人感动的，一是民间的力量，二是青年一代的力量——在第一线冲锋陷阵的解放军战士，主力就是"八〇后""九〇后"这一代青年。我注意到，香港的媒体、外国的媒体都在赞扬中国的年轻一代,说你们绝不是"自私的一代",而是有责任感、有献身精神的一代。我们前面说的"理想国家"的目标,要靠你们这一代去实现,你们将打造一个新中国,建设新社会,创造新生活,你们"任重而道远"!

我们这一代人,已经做不了多少事,只能给你们鼓劲。我曾经送给你们八个字:"独立、自由、批判、创造";现在,我还要送给你们六个字:"仁爱、宽容、责任"。这两者是相辅相成的。

人,特别是年轻人,总是在"瞬间"成长的。你们这一代就在汶川救灾这一"瞬间"成长了。你们成长了,我们就放心了。

但我们还要一起努力!

2008 年 5 月 22、23 日写出前半部分,5 月 25、26 日写完

附:在随后的讨论中,一些年轻人(北京各高校的学生)发表的意见的部分记录

我感到特别无力,我对自己失望。我发自内心地想去帮助别人,这确实是我生命成长的内在需要。我懂得了"行胜于言",也更认可我们一耽学堂的原则:"静默为主,做事第一。"我要永远追问:"我要干什么?"现在,以后,如始如终。

我第一次面对与思考:生命与死亡。我也第一次感到:我就是整个世界。我为生命的死亡彻夜难眠,我不止一次地追问我自己:活着的我,该怎么活着?我给自己定了十个字:感恩;理想;责任(奉献);谢罪(为自己的错误,弥补过失);享受(生命肉体和精神的欢乐)。

我反感于那些革命主义、英雄主义的宏大叙事,小资情调的"高

傲的悲悯"。我警惕以"名义"说话,包括"爱"和"善"的名义、"爱国"的名义。我想听到真正的当事人的个人感受,我想将个人叙述从宏大叙述中解脱、还原出来,个人与个人对话。我希望交流,而不是对骂。我们手里并无真理,真理也不是唯一的。那些不被我们视为我们的人,他们也有自己的感受,我们要和他们交流,应该给他们,也给我们自由表达的权利和渠道,没有个体的群体是危险的。

我们向谁哀悼?是死去的个人,而不是偶像。"挺住,中国",怎么不是"中国人","人"到哪里去了?

人文的关怀仍然缺失,不要打扰那些受难者,让他们一次又一次地叙述自己的痛苦,是残酷的。我们要真正的爱与自由,不能有任何的捆绑与压迫。

面对有组织的媒体,我们并不清醒,不是自觉,而是从众,我们的知情权并不全面。我们缺少独立思考的条件和能力。

我更希望听到真正的底层声音,普通人内心的真实感受到底发出来没有?

民间的力量还是太小了。

不能以仇恨支撑自己,动不动就"反日""反美"。

现在,有些救灾活动变成形式和表演了,应该警惕。要发自内心,不要组织;要尊重个人选择,不要以多数压少数。

重要的是"担当"。要问的是:"你来干什么?你能担当什么?"

我们正处在生死之际、危难之际，要增强危机意识。"中华民族到了最危险的时候。"文化重建刚刚开始，生活重建还没有开始。一切只是心理层面的期待。要回到生命的最基本点上、共同伦理上。任重而道远，唯其艰难，才有意义。

　　时代的问题要由这时代的人来解决，时代精神从时代实践中长出来。任重道远的另一个意思就是不能急，人性的事是快不得的。不要埋怨，不要猜忌，要积极行动。看准了目标，就一直往前走。

青年朋友，你们准备好了吗？

（2013 年 9 月 26 日在部分志愿者"简单生活"讨论会上的讲话，10
月 9 日在清华大学中文系讲）

这些年，我一直在提倡"想大问题，做小事情"，今天，就专门和
诸位谈谈"大问题"。

前几天，我看了电影《小时代》，突然发现，我们现在是生活在一个"小
时代"里，我这样"想大问题"，有点不合时宜。小时代、小人物、小享受、
小苦恼，还有点小孤独：这大概就是当今许多人，包括不少年轻人的生
活方式和精神状态。这使我想起了鲁迅当年对一些作家的批评，说他们
"把个人小悲欢看作整个世界"，因而陷入"顾影自怜"之中，我还想补
充一个"顾影自恋"。我发现，在当今社会，即使有人有社会责任感，
介入现实，也是紧贴具体矛盾和问题，不能自拔。这两种情况，都引起
了我的不安。更准确地说，都是我所不能适应的。关于前者，我们这一
代已经习惯于"大问题"的思考，有一种几乎本能的时代关怀、社会关怀、
政治情结、历史承担意识，老是想参与社会的变革、历史的创造。因此，
我们在年轻的时候，有极大的生命投入，但也因此被利用，上过当，于
是对过于强烈的直接参与，又有一种反思。过于贴近现实，就会有无止
境的焦虑感、无力感，很可能被现实所吞没；因此，又想和现实拉开一
点距离，想一些更大的超越性的问题，一些关于人性、人的存在、人类
发展的形而上的问题，既从自己生活的时代出发，更要有一点距离，想
更大、更根本的问题。在我看来，这才是知识分子的职责所在。

今天要和诸位交流的，是我正在想的，也是和年轻朋友直接相关的
一个问题。

我今年七十四岁了，而在座的诸位的年龄在二十岁、三十岁、四十岁上下，也就是说，你们距离我的年龄，还有五十年、四十年、三十年的时间。我想问的问题是：未来三十、四十、五十年间，也就是你们的人生的主要阶段，你们将面临一个什么样的世界？将面对时代提出的什么问题？为此，应该做什么样的准备？你们准备好了吗？

我最初想到这个问题，是在二〇〇八年汶川地震以后。当时，我也是给志愿者朋友作演讲，我讲了这样一番话——

"二〇〇八年，真是一个多事之年！先是冰雹之灾，又是火车相撞，手足口病疫流行，西藏骚乱，奥运火炬传递中的冲突，最后是汶川地震……

"不能认为这是一个偶然；相反，应该把它看作一个常态。也就是说，我们从现在起，应该有一个新的觉醒，要在思想上做好准备：中国，以至世界，将进入一个灾难不断、冲突不断、突发事件不断的多灾多难的时代。

"从这一刻起，世界变了，你们和这个世界的关系变了。这个灾难不断、骚乱不断、突发事件不断的世界，需要你们直接去面对，直接去参与，直接去承担了。在未做好充分准备的情况下，你们已经接班了。"①

从二〇〇八年到今天，又过去了五年。对当年我提出的问题，我们有了更深切的体会，似乎可以展开来讨论了。

当年我所说的"灾难不断、冲突不断、突发事件不断"，其实是有两个层面的。也就是说，我们今天所要讨论的"未来三十年到五十年，以至更长时间，将面临什么样的时代问题"，也有两个层面。

第一个层面。所谓"自然灾害不断"的背后是一个"人和自然关系"的问题，也就是二〇〇八年我所说的"人和自然关系的大紧张"。这实际上也是这五年来愈演愈烈的问题。就拿当下的二〇一三年来说，从年初的雾霾，到眼下、甚至是此刻，雾霾又重来，空气污染已经成为我们生活中的最大威胁了。可以预测，这样的威胁、紧张，要长期延续下去；

---

① 参看《当今之中国青年和时代精神——汶川地震引发的思考》，收《致青年朋友》。

可以断言，未来三十年、五十年，也就是诸位生活的年代，人和自然的关系，将成为人类第一大问题。

这个问题，我们和我们以前的几代人都未曾遇到过。当年，我们把大自然看作利用、征服的对象，人与自然的关系是以人为主体，并且是可以由人来掌控的。于是，在"工业化、现代化"的目标与口号下，我们不断地向地球开战，破坏大自然，现在，遭到了大自然的反抗和报复。连细菌都在反抗——人类原来制造了大量的抗菌素，现在细菌就用变异来反抗，反过来造成我们今天在瘟疫面前束手无策。现在，我们再设计、规划、决定人类问题时，就不能不考虑大自然的存在、反应和作用，人类中心论从此被打破，人们认识到，人与自然起码要处于平等的地位。二〇〇八年汶川地震时，作家王安忆作了一个很深刻的概括："我们将和自然永远处于较量、协调、再较量、再协调的关系中。"或许我们可以这样概括："人和大自然之间的不断较量与协调"将成为未来三十年、五十年，以至更长时间的时代主要内容、时代主题词。

由此提出的，是许多我们从未想过的问题；我们既定的观念、思维方式、生活方式、行动方式……都会遇到巨大挑战。这个问题，实在太大，涉及方面太广，太复杂，我还没有想清楚。今天只能就想到的，略谈几点。

首先是发展模式。我们讲大自然的报复，其实就是对工业化、现代化的报复。"征服大自然，向大自然无止境地索取"，正是单一的工业化的特征，自然资源、环境的破坏，就成为其必然后果。这是一个全球性的问题，只不过西方可以将工业化的负面效应转嫁到殖民地、东方落后国家，而中国这样的东方后发国家，转嫁的机会已大大减少，就只有自己承担后果。

当然，在国内，也有另一种形式的转嫁，即东部先进地区向西部落后地区转嫁，将后者变成"内殖民地"。这样一种"工业化即现代化"的发展模式，背后是有一个公认的理念的，即发展道路与模式上的进化论，它断言"渔猎文明——农业文明——工业文明——信息文明"是一个历史进化过程；农业文明与工业文明、农村文明与城市文明是二元对立的，有落后与先进的绝对的质的区别，必须全面否定前者，以后者全面取而代之。对这样的几乎是天经地义、无可怀疑的发展道路上的进化论，在重新思考人与自然关系的今天，恰恰是应该进行反思、质疑的。农业文明、农村文明保有的人与自然关系的相对平衡与和谐，尽管建立在低生产力水平上，但其精神内核却自有它的合理性。民间有一种说法，叫"一方水土养育一方人"，在长期的历史实践中，中国每一个地方的老百姓，都找到了一种适合于在自己本乡本土生存的生产方式、生活方式，在人和环境的经济、社会和精神的历史联系中所产生的一个地方、一个民族的知识和文化，是不可以简单地用工业化和现代化的逻辑任意摧毁的。问题是这样的摧毁仍然在继续发生，也就是说，反思单一工业化发展模式，不是一个理论问题，而首先是一个实践的问题：在东部地区基本上完成了工业化过程以后，中国的西部正在快速发展工业化。据我的观察，这样的工业化，正在走当年西方、中国东部地区走过的"先破坏，后弥补"的发展道路，生态平衡、环境破坏导致的人和自然关系的紧张，还会持续下去。这是令人忧虑的。

其二，人与自然关系的紧张，必然引起人与人关系的变化。过去我们习惯于将人分为阶级和阶层，现在突然发现，在"人和自然"这一组关系里，"人"具有某种共同性。也就是说，只要生活在同一个自然空间——例如北京——的人，都要面临同样的大自然的报复，无论富人、穷人，官员、百姓，都同样要受到雾霾的影响。当然，也有人会分析，同样面对雾霾，富人、穷人之间，官、民之间，受到的损失、应对的手段……都会不同。这样的阶级、阶层的差别当然存在，但不能否认，人在雾霾天气威胁下，其利益有某些共同性，因此，就产生了新的社会问题：由环境问题引发的不满和反抗，几乎会遍及全城居民，具有全民性。这很有可能成为未来社会不稳定的最大因素。在此之前，所有的社会矛盾引发的社会骚乱，都是局部的。包括拆迁、某些社会不公引发的冲突，都只涉及社会群体的某些部分，而不会是全民的，环境问题引发的全民不满和反抗，会引发新的政治问题，甚至形成政治运动的新的组织方式。西方已经出现了以解决环保问题相标榜的"绿党"，并深刻地影响了西方政治。这是不能不引起注意和深思的。

其三，人和自然的关系，还会引发新的伦理问题。这些年围绕动物保护引发的争论、冲突，提出了动物伦理的问题，进而引发了我们今天讨论的"简单生活"的倡导。这对我们的伦理观、生活方式的影响，都是极为深远的。由此展开的是一系列的形而上的宇宙观、天命观的哲学讨论。人和自然关系的背后，还有"天、地、人"的关系。中国"天人合一"的传统观念，这些年被广泛关注，当然不是偶然的。

以上是"天灾"所引发的讨论，还有"人祸"的问题。这就是我们第二层面的讨论。所谓"骚乱不断、冲突不断、突发事件不断"的背后，是人与社会的关系问题，人与人之间的关系的问题。在二〇〇八年的演讲里，我谈到"人与自然关系的紧张"以后，又谈到了"人与人关系的紧张"："现在是一个全球化的时代，不同信仰、价值，不同利益的国家、民族、个体，都处在同一个地球村里，来往越来越密切。所有的国内的问题，都变成国际问题，反过来也一样。这样的密切接触、联系，固然使人的生命越来越相互依存，产生生命共同感；但同时也必然是摩擦不断，冲突不断，既相互批判、质疑、冲突，又相互支持、共处。这将是国内各利益群体，国际各国家、民族关系的常态。"这些年来，大陆与台湾、内地与香港、中国与世界各国的联系密切了，冲突也大大增加了。香港人与内地人零距离的接触所产生的冲突，是一个明显的例子。这样的冲突是很伤感情的，甚至会产生分离的危险。最近我写了一篇关于台湾的文章，谈到随着大陆和台湾贸易、人员交往的密切，零距离接触，也会产生类似香港的问题，这将是大陆与台湾统一的主要障碍。中国国际冲突的加剧，不仅存在于国家、政府之间，更存在于国民之间，彼此不习惯、不适应造成的紧张，也许是更加值得注意与警惕的。对诸位来说，一方面可以自由地在世界范围内流动，同时也还有一个"如何和世界相处，如何培育自己的'世界公民'意识"的问题，这都是我们这一代未曾遇到的。

不过，我想强调的是另一个更为根本的方面。这就是我在观察二〇一一年的世界时所得出的结论。我发现全世界都病了：美国发生占领华尔街运动，病了；日本发生大地震后核泄漏，病了；北非发生"颜色革命"，病了；北欧（瑞典）发生爆炸事件，病了……这就意味着：现行的所有的社会制度（资本主义与社会主义）、发展模式（美国模式、北欧模式、日本模式等），都出现了问题，出现了危机。这是骚乱不断、冲突不断、突发事件不断的根本原因，由此也提出了一系列的问题。

首先是社会制度、发展模式神话的破产。我曾经说过，二十世纪，也就是我们这一代人生活的时代，有两大神话：资本主义的西方神话与社会主义的东方神话。社会主义与资本主义，孰优孰劣，谁战胜谁，曾经是我们那个时代的主题。毛泽东曾预言：未来五十年到一百年，将是社会主义彻底战胜资本主义的时代。毛泽东的召唤曾鼓舞着我们这一代人，为之付出了一切，最后梦想没有成真。在上一世纪末，社会主义出现危机，社会主义阵营瓦解，苏联、东欧发生剧变，这时候就有人出来宣布"历史的终结"，似乎世界从此进入一个全球资本主义化、美国道路模式独占一切的时代。但现在全球经济危机，又打破了这样的美国神话。

我们必须正视这样的现实：将任何一种社会制度、任何一种发展模式绝对化、理想化，都是一种遮蔽与欺骗，会使我们在寻找发展道路时，产生新的困惑。过去中国左、右两派争论的时候，他们都不满意于现状，各自开出了药方：右派主张"走英、美的路"，左派或主张走北欧的路，或说"中国道路最好"。现在都有了问题。在美国发生占领华尔街运动，揭示了美国社会存在的 99% 与 1% 的贫富差距造成的矛盾冲突以后，在北欧福利社会主义导致的巨大经济、社会、政治危机以后，再照搬美国模式、北欧模式，就多少有了些困难。当然，也还有知识分子坚持所谓"大坏与小坏"的道理，仍然走自己选定的道路，这自然是他们的自由，但对许多人来说，在危机面前，那样的美国道路、北欧道路的说服力、吸引力，显然减少了许多。

如果说我们那个时代，是社会主义和资本主义两种制度、西方与东方两种文明大博弈、大冲突的时代，博弈的结果是各种制度、文明的弊端的彻底暴露，各自出现了危机，形成全球性危机；那么，未来三五十年，将是一个对现行的社会制度、发展模式，也就是人类发展至今的各种文明形态（美国文明、欧洲文明、中国文明、伊斯兰文明、印度文明等）进行全面反省、反思的时代。

问题是：如何进行反省与反思？

要防止两种倾向，即所谓的"文明崩溃论"和"文明崛起论"。绝不能轻而易举地宣布：某种文明崩溃了，某种文明崛起了。这是新的欺骗。我们中国人既要拒绝"中国崩溃论"，又要警惕"中国崛起论"。我们一定要承认并正视两个基本事实：一方面是我们前面说到的，所有的现有的社会制度、发展模式、文明形态，都出现了危机，盲目固守某种制度、模式、文明，都是有问题的；另一方面，我们又必须看到，危机并非末路。现存的社会制度、发展模式、文明形态不仅曾为世界各族人民造福并且延续到今天，还将继续维持着今天的世界，甚至还存在某种发展空间。这说明，现存的所有制度、模式、文明，尽管出现了危机，但也都自有其存在的合理性，包含着某些人类文明积淀的成果，具有相对的普世意义的因素，它们都应该成为人类文明继续发展的基础与前提。弊病与价值并存，危机与转机并存，可能是更符合各种社会制度、发展模式、文明形态的真实的。这样，在未来的世界发展中，就有可能出现三种状况。一种状况是，仍然延续上一个时代的各种制度、模式和文明形态的冲突，在特定的条件下，在特定的时期，达到相当尖锐的程度；但更为突出的将是另两种倾向：一是各种制度、模式、文明形态内部的危机与冲突引发了内部的改革与调整。二是由于共处于全球化时代，各国内部的冲突、变革与调整，相互影响；而内部的改革与调整，也必然相互吸取。也就是说，改革与调整的结果，不是选择一个、抛弃一个，一个战胜另一个，一个消灭另一个，而是相互交融，是对现有社会制度、发展模式、文明形态的综合和超越。

我们可以做一个小结：如果说我们那一代，面临的是一个文明冲突的时代；那么，诸位所处的未来三五十年，将是一个由文明危机引发改革、调整，最后达到文明交融的时代。如果说，我们那一代人主要是要处理民族危机的问题，你们这一代要承担的则不仅是民族危机问题，更有世界危机问题，而且两者是纠结在一起的。诸位的历史任务，就是要对世界现有的社会制度、发展模式、文明形态进行全面反省，并寻找、创造人类文明发展的新的可能性，变危机为转机。你们的时代，是一个危机重重的时代，更是一个呼唤新的想象力与创造力的时代。在我看来，这个时代，是需要创造人类社会发展的新的乌托邦想象的。

这也就意味着对我们既定的认识世界的观念、方法的全面挑战。我越来越感觉到，简单地站在某一价值观念、思维模式、知识立场上，已经很难对当今世界发生的许多事情，做出准确的判断、合理的解释。举一个例子。对二〇一一年发生的几起世界性事件，中国左、右派知识分子都做出了各自不同的、甚至针锋相对的判断。比如对北非的"颜色革命"，包括埃及革命，自由主义知识分子判断为世界的又一次民主浪潮；对美国占领华尔街的运动，左派知识分子纷纷发出欢呼，认为是敲响了资本主义的丧钟。结果事态的发展，完全出乎意外：埃及穆巴拉克的独裁政权垮了，但国家并没有进入民主的新时代，而是陷入了无休止的内战之中；美国资本主义社会也没有左派想象的那样迅速走向崩溃。当然，仍然还会有左右两派的知识分子坚持他们的理论的"正确性"，但任何有现实感，而不是沉湎于理论幻觉的知识者都会承认：我们今天和今后所面对的，是前所未有的新的现实、新的社会问题、危机与变革，我们不能简单地固守于原有的价值立场、知识观念，以不变应万变，将变化了的现实强纳入我们已有、固有的理论框架内，而应该正视现实，从新的现实出发，进行新的研究和理论创造。要永远记住，生活之树常青，而理论是灰色的。

最后，不能不说的，还有一个问题：今后三五十年，你们将面临的第三个重大问题，将是科学技术的新发展、新变革所带来的层出不穷的新问题、新挑战。或许这是最应该注意的问题和挑战，但恰恰是最讲不清楚的：一是我们都受知识结构的限制，对此所知甚少；另一是许多问题还处于不明朗状态，还难以想象和预测。这里只能把问题提出来。

在某种程度上可以说，人类社会的发展都是由科学技术的发展引发的，鲁迅当年称科学为"神圣之光，照世界者也"，又称科学为"人性之光"，首先注意到科学对社会发展、对人自身的发展的特殊意义。我们可以举两个例子。一是网络技术的发展，它所引发的人类社会的变革将是全面的，而且至今还难以预测。有了网络，我们的学习方式、研究方式、思维方式、感受世界的方式、生活方式等，都彻底地变化了。还有网络政治，提供了和传统政党政治完全不同的另一种政治运作方式。我们前面提到了埃及"颜色革命"，穆巴拉克的独裁政权在某种程度上就是被年轻的网民通过网络联合形成的一种政治力量所颠覆的。网络的出现，同样是对我们既定观念、思维的巨大挑战。今天以及以后的中国年轻一代完全是网络培育出来的，网络对年轻一代的塑造，将对中国与世界的未来发展产生什么样的影响，也是至今还没有完全看清楚的。你们比我更熟悉网络，应该有更大的发言权。

其二，我还要谈到基因技术的发展。它不仅会影响动植物的生产，从而根本影响人的生活，而且会影响人自身的生产，由此带来的社会问题、伦理问题、人自身的问题，也是难以预计的。我们前面讲到了人与大自然关系的紧张、人与人之间关系的紧张，这两大紧张关系又会带来人自身心理的紧张。现在，又有了人自身生产带来的紧张，这是更带根本性的。这些都是我们那个时代想都想不到的。因此，像我这样年龄的人，对这样的科学技术带来的问题知之甚少，想之不多，都是可以原谅的；而对诸位来说，这都是你们将来会时时刻刻遇到的问题。你们对之漠然不知，就是不允许的。在这方面蒙昧，迟早是要付出代价的。

以上就是我现在想到的在未来三五十年，以至更长的时间里，你们将遇到的三大问题：人与自然关系的问题；人类文明的危机与转机，全面反省和寻求新的出路的问题；以及科学技术发展的新机遇、新问题。三大问题又引发了三大紧张：人与自然关系的紧张，人与人关系的紧张，以及人自身的内在紧张。这是一个多灾多难的时代，又是孕育着新的变革与新的希望的时代。问题是，要怎样迎接这样的时代？从现在开始，就要做好准备。在我看来，应该有三个方面的准备。

首先是精神的准备。认识到问题的存在，思考这些问题，这是最基本的准备，也可以说是最基本的觉悟。有了这样最基本的准备和觉悟才可能从容、主动、自觉地去应对新的时代问题。要直面多灾多难的时代，就需要有强大的精神力量；要探讨新的出路，就需要有新的创造力与想象力。

其次是知识、理论的准备。如前所说，这些新问题都是对我们的价值立场、知识理论的挑战。我要强调的是，新的想象力与创造力，必须建立在全新的深厚的知识结构的基础上。要真正对现有的社会制度、发展模式、文明形态进行全面反省，认识其存在的合理性和内在矛盾与弊端，就必须深入到其内部结构的深处，进行科学的分析与研究，这就需要对所要研究的社会制度、发展模式、文明形态有深厚的学养，而且还要有制度、模式、文明比较的眼光与学养。这样的反思、总结，还必须是多学科、跨学科的。这也正是我的苦恼所在：意识到了问题，却因为知识结构的缺陷，几乎处于无能为力的状态，就只能向诸位发出呼吁了。诸位一定要充分发挥自己年纪轻、时间多、精力好的优势，及早调整、健全自己的知识结构。

这里还想对理论准备多说几句。首先要有理论的兴趣与自觉。我很为青年人中的理论淡漠症感到担忧。这和我一开始就说到的人们沉湎于个人小悲欢或过于黏滞于现实的现状有关。其次，还要有理论的能力。在我看来，需要有两种能力，第一，是发现理论问题的能力。在这网络时代，我们天天面对无数的信息，却很少有人能够从中发现问题，特别是蕴含在具体事实背后的，也就是现实生活中的理论问题，这可能和我们的思维缺少距离感和理论敏感有关。第二，是解决理论问题的能力，这和知识和理论学养直接相关。我还发现，有些青年对理论也有兴趣，但要么沉湎在抽象的理论里，失去了现实的感觉，要么满足于对某种西方理论的搬弄，完全脱离了中国的实际。或许我们应该强调的是理论与实践的结合。这都使我想起了我们这一代当年对自己的期许：要思考大问题，要关注理论问题，要注重社会调查，要理论与实践相结合，要善于学习，敢于独立思考。我一再说，我们这一代有过许多的迷误、许多的教训，但这些年轻时的自我期许，也可以说是准备吧，或许在今天的年轻人做出新的选择时，还会有点借鉴作用。

我们再拉回来谈准备问题：精神、知识、理论的准备之外，还要做实践的准备。这个大危机、大转机的时代所提出的问题，几乎都没有前例可循，一切要靠我们自己去探讨、去实验，这也就给实践提供了一个绝好的机会。这真是一个"实践出真知"的时代。鲁迅的名言是最适合于这个时代的："地上本没有路，走的人多了，也便成了路。"我们这里所提出与讨论的今后三五十年所面临的问题，其中有些部分，如理论的反省和探索，不是所有人都能做到的；但实践、试验，却是我们每一个人都可以参与的。也就是说，我们思考的"大问题"是可以落实到"小事情"的具体实践上的。这就是"想大问题"和"做小事情"的统一。事实上，这些年来许多年轻朋友已经开始了这方面的试验和实践。我们今天的讨论的主题就表明，你们正在组织起来，尝试创造"新生活"，提倡并身体力行"简朴生活""农家生活"。这背后隐含着的，就是要建立人与自然的新关系，寻找工业文明与农业文明、城市文明与乡村文明、脑力劳动与体力劳动之间的新的结合。这有点类似于二十世纪初周作人他们倡导的"新村运动"，其最大特点，就是"从改变自己的存在，改变自己身边的存在"开始，逐步改变社会的存在。我称之为"静悄悄的存在变革"，这或许就是我所说的"新乌托邦主义"吧。但它是落实为可以具体操作、可以实现的新的社会实践的。这个问题，我谈过很多，这里就不多说了。

问题是要有自觉，要有准备。这也就是我今天来和大家讲"大问题"时所要提出的问题：这些未来三五十年的问题，你们想过了吗？你们做好准备了吗？

2013 年 10 月 19 日—20 日整理

刘老石留给我们的思想遗产

——读《刘老石纪念文集》

刘老石，原名刘相波，天津某大学的教师，后来成为梁漱溟乡村建设中心人才培训基地的领导人，2011 年遭遇车祸不幸罹难，全国志愿者纷纷悼念，称他为"中国大学生志愿者运动的精神之父"，并出版《刘老石纪念文集》，此为我写的序言。

我读《刘老石纪念文集》，再一次受到感动，感到震撼。感动自然是因为他的精神和人格；震撼则因为他的感召力和影响力以及其背后的行动力和思想力。老石的行动力是我早就佩服的，思想力却是这一次集中阅读时才强烈感受到的。老石曾向青年们提出五个"拼命"："拼命地读书""拼命地实践""拼命地锻炼身体""拼命地思考""拼命地和好人站在一起"（《明天，我们决定勇敢地去承担——写给青年的大学生们》）。他自己更是身体力行者：他既是一个"拼命的实践家"，又是一个"拼命的思想者"。他的思想来自实践，因此是"带着泥土气息的思想"。如他的学生所说，"中国从来不缺空头理论家"，但像老石这样的从实践中出思想、寻真知的，却少而又少。"在这一生中，他并没有自己的学术专著，也未曾获得博士学衔"，但他拥有立足于中国本土的实践和思想，其实践成果和思想成果都"胜过万千学者"（马永红：《乡建路上失去一双奋力前行的脚》）。他的思想更来自自己的生命、心灵深处，因此，人们读他的文章，常"震撼于他文字的力量"，这是"有灵魂的文章"。这样的真实、真诚，有着生命气息，有温暖的，简明的，为普通人能理解、接受的思想，"不是愤青的空洞的呼唤，不是书斋里掉书袋的无用虚弱，更没有写字人调戏文字的哼唧"，它属于另一个世界：民间的、农民的、青年的世界。（刘海英：《悼念相波》）

老石去世以后，乡村教育促进会发来了中英文唁电，说"他是少有的对中国农村发展持有系统连贯的见解的几个人之一"，并且说，"刘老石的哲学和精神对我们有极深的影响"。（《乡村教育促进会悼念刘老石》）这是一个公正的、重要的评价，揭示了老石思想及其贡献的两个方面：关于中国农村发展的系统的、连贯的见解，以及背后的精神与哲学。我要说的是，老石的系统的、连贯的见解，不仅来自他的实践，也是他的理论总结与创造的结果。在这方面，他是有高度自觉的。早在二〇〇六年，他在《新乡村建设实验如何深度推进》一文里，就已经提出："下一阶段的实验不能够仅用原来的摸索的方法来推进了，需要相当的理论探索。所以，我们说今天的实践其实已经到了理论思考的边缘，正在等待新的理论思路的介入。"尽管他的主要精力仍然集中在社会实践方面，但他从未间断过自己的理论探索。《老石文存》里的文章，即集中了他的思考，虽然只是初步的总结，却有着相当的理论含量，应该成为我们创造中国乡村建设和中国改革理论的基础。我们说及老石的基石地位和作用，这也应该是一个重要方面。我们纪念老石，不仅要追怀和发扬他的精神，而且也要学习他的思想，并且加以深化与发展。这是我们后继者的责任。这里，仅就我的学习心得，作一个简要的概括与叙述。

在我看来，老石的思想主要有三个方面：关于中国改革的思考，关于中国乡村发展、建设道路的思考以及关于中国教育改革、中国青年成长道路的思考。在这些思考的背后始终贯穿着一种中国改革最需要的精神。

一 关于中国改革的思考

从老石介入中国农村改革的第一天开始，他就苦苦地探索一个问题：农村改革与进步的推动力在哪里？

在二〇〇一年所写的最早的农村报告里，老石就发现"农村的真正的问题"是"农村公共管理责任的缺失"：一方面，"公共管理、公共政策供应不足"；另一方面，"农民本身的自觉意识又不够强"，"最终造成了农村社会进步推动力不足，使农村的经济政治形势徘徊不前"。但进一步深入考察，他发现，"希望还是有的"，"这个希望就在于农民中产生的具有新思维的农民精英们，而且很有可能就是过去那些有影响力的'农民领袖'（其实只是农村公共事务的带头人）"。这些农民精英大体具有四个特点："热爱公益事业，能够对大家负责"，"有一定的号召力和影响力"，"具有一定的知识背景，或具有某个专业方面的经验背景"，"能够接受外在的新事物，并主动与外界的新事物保持联系"。他们有着改变现实的强烈愿望和能力，"这种改变不仅仅是对农村内部的，如提出新的经营方式、技术改进、产业结构的调整，也是对外的，如信息交流、引进技术、关注市场等；也不仅仅是经济上的，比如减负增收，同时也包含农村政治上的诉求，比如，促进村务公开，推动村民自治等；甚至如果引导得好，在目前农村形势很不稳定的条件下，他们是农村稳定最可靠的保障，比如，他们可以将一些群体盲目、冲动的行为合法化"。在老石看来，如何认识和确立"农民精英的原动力作用"，并且"使那些还没有精英存在的地方也产生出精英来"，实现"原动力的普及"，是解决中国农村问题的关键。（《寻找农村进步的推动力》）

问题恰恰在这里：中国农村的现实是，相当多的部门都将这些农民领袖视为制造麻烦的人，所以用各种办法打击他们。如老石所说，打击农村改革动力的后果，就是"不仅基层政权更加肆无忌惮，而且农民的反抗也会更加暴力、无组织和冲动"，现有的农民精英"也将逐渐走向当地政府的对立面，最后自发形成农民自己的社会中心，农村政权也将进一步边缘化，失去政权基础，逐渐丧失存在的理由"。（《寻找农村进步的推动力》）

问题的严重性更在于，这样的视改革动力为阻力，加以打压的改革悲剧，一直在延续。二〇〇三年和二〇〇四年，当中国的农村改革把"成立农会"的任务提上议事日程的时候，又遇到了合法性的问题，即老石在他的文章里所说的"阴谋论"与"利用论"。在一些部门和知识分子眼里，农民的变革要求和代表这样的要求的农村精英发动的变革运动，"对社会秩序和稳定具有破坏作用"，会"被坏人（按：另一种说法是"国内外敌对势力"）所利用"。(《农民需要新"农会"》《合作：走向成功之路》)

老石作为一个有自己独立的教育理念和行动力的高校教师，无疑是中国教育改革的先行者，但在学校领导和一些教师的眼里，他却长期被视为异端，一再被排斥，最后被迫辞职。读了他辞职后的公开宣言《老师是用来牺牲的》（这可能是他公开发表的最后一篇文章），我们不能不追问：为什么在中国，改革的真正动力总是被视为阻力，本应该是改革的依靠对象却一再成为打击对象？——这其实正是当下中国改革所面临的最根本的问题，它是直接关系着改革的前途的。

原因其实很简单：真正的改革是必然要触犯既得利益的，而老石所说的农村精英以及老石自己，却代表了公众利益，特别是底层弱势群体的利益，他们强烈地要求改变现实，这样就必然要打破既定秩序和相应的既成观念，就会被权势者和习惯势力视为异端。他们特别具有行动力和号召力，更会被权力的执掌者看作威胁。在这个意义上，可以说，如何对待这些真改革的动力，是衡量改革的真假的基本尺度。

提出真假改革的问题，是因为今天的中国，几乎无人不谈改革，谈改革已经成为一种时髦。因此，我们必须分清：每一个改革的口号和旗帜下，其动力是什么？它要达到什么目的？鲁迅曾经说过："曾经阔气的要复古，正在阔气的要保持现状，未曾阔气的要革新。"(《小杂感》)中国的复杂性，就在于现在这三种力量都打着改革的旗号，因此，也就有了出于不同动力和目的的三种改革。一种是以"曾经阔气"的人为动力的，他们也不满意现实，要求改革，但他们改革的目的是要"复古"，比如要求中国回到"十七年"体制，甚全回到"文革"。他们表面上似乎很激进，实际上是一股保守势力。第二种是以"正在阔气的"人，即既得利益者，那些老石说的"权贵资本"势力为动力的，本来他们的利益就是维持现状，是不希望改革的，但大势所趋，又不能不把改革的旗帜拿在自己手里，于是就力图使改革变得对他们有利，这就是在改革的名义下，维护与扩展既得利益的改革，这其实是当下中国很盛行的改革，因此，不管它所提出的口号多么堂皇，其实行的结果都是对老百姓利益的更大损害。第三种，也就是老石和老石们所耗尽心血推动的改革，它是以"未曾阔气的"人，也就是现行体制下利益受损的无钱、无权、无势的弱势群体为动力的，他们中间的首先觉醒者，也就是老石所说的农民精英、工人精英、市民精英，他们迫切要求改变现实，争取自己的生存、温饱和发展的权利，以及掌握自己命运的真正的人的权利、公民的权利。这也是我们，一切有良知的知识分子和觉悟的青年所要求的真正的改革。它的标志有二：其一是改革的基本动力来自人民，特别是底层民众、弱势群体，因此改革的前提就是必须顺从民意；其二是以满足、维护、发展大多数民众的利益为改革的出发点和归宿，并以此为衡量、评价改革，检验改革成效的标准，看它是否实实在在地使老百姓得到了好处。我们今天学习老石关于改革动力的思考，就是要分清三种出于不同动力与目的的改革，警惕"复古"式的改革，拒绝"维护和扩大既得利益"的改革，推动老石所献身的维护底层人民利益的改革，特别要支持和依靠这样的改革的真正动力和主力的民间精英。在老石去世后，许多在农村改革第一线的农民带头人纷纷赞扬老石"是农民的好朋友、好兄弟"，"你的一切都是为了中国的农民"，是真正"属于渴望改变的农民"的知识分子（山东马宜场、湖北房县茶叶专业合作社等）。我们每一个人也都应该努力成为这样的人。

老石参与和思考中国改革所面临的第二个问题，是改革的思想、道路、方针、政策来自哪里？这个问题是在争论所谓"真假合作社的评价标准"问题时提出来的。关于"真假合作社"这里不准备做具体讨论，我们关心的是老石在这次争论中所提出的两个重要原则。一是"我们不希望今天的农村合作最终一定要遵循西方的合作社标准才算规范，我们更希望中国的农民合作能够创生出他们自己的规范标准，形成我们本土的合作社土标准来"。这里提出的是中国改革的一个根本问题：它并不拒绝吸取人类文明的思想成果，但绝不照搬外国经验，它一开始就从中国的国情出发，选择了一条人类改革、发展历史上从未有过的，产生于中国农民自己的实践，并符合中国实际的独特而独立的改革、发展道路。这也就避免了一些落后的发展中国家照搬外国经验所造成的弊端以及严重后果。这应该是我们的一个基本经验和原则：一定要坚持改革的本土性和独立性，尊重中国农民本土实践的要求与经验。其二，老石提出，绝不能把知识分子"自己善良的愿望和想象作为准则来衡量一个鲜活的实践运动"（《真假合作社再讨论：规范的合作社标准与不规范的合作社运动》）这就是说，既不能用我们的既定理念，即所谓"善良愿望"，其实是不加检验、未经反思的先验的理论观念、逻辑来规范实践，也不能用我们想象、主观预设的理想社会模式来指导实践，并以是否符合我们的理念、愿望与想象作为衡量实践的标准。在这方面，我们是有过深刻的历史教训的：人民公社、"大跃进"的农村改革就是靠理想的设计，走向了空想社会主义的乌托邦，从而带来了严重后果的。因此，我们今天的改革，必须确定两条原则。一是尊重实践的原则：中国改革的思想和未来社会发展的道路，绝不能从某个既定的原则和理论出发，也不能靠少数人的主观设计，而只能从群众的实践中去不断探索和开拓。富有生命力的东西，永远来自人民的实践；必须面对新的现实，新的实践所提出的问题，新的实践中所形成的新的实体与结构，以此为出发点，进行新的变革的实践，从中总结出新的改革理论与发展道路。另一个原则，就是尊重民意。这就是前文所说的，不以是否符合"主义"为标准，而以是否顺应民意、是否有利于大多数老百姓的生存与发展（不仅是眼前的生存与发展，更是长远的生存与发展）、是否有利于国家与民族的发展作为衡量改革的唯一目的与标准。坚持了这两条：实践和民意，或许我们就可以超越"主义"，超越左右，获得最基本的共识，即所谓"最大公约数"，共同推动以民意和实践为基础的改革，得到广泛的民意支持，真正把改革化为普通民众的日常生活实践，并不断从民众的实践中获得改革的新的想象力和推动力。

二　关于农村改革和发展道路的思考

二〇〇四年十月，老石在《农村的精神文化重建与新乡村建设的开始》一文里，总结了他参与新农村建设工作的经验，将其概括为"一条从农村的精神激励开始，进而形成农民的组织化，最终实现农村全面发展的思路"。这里有三个关键词，构成了老石农村改革与建设思想的三个基本点："精神""组织"与"文化"。

这是老石对中国农村现实的一个基本判断："我们在下乡时发现，农村中并不如我们想象的那样最缺少资金、技术、资源，而恰恰相反，这些在一定程度上都被闲置着，尤其是农村中现有的资源"；中国农村的根本问题，一是"不能还政于民"，二是农民缺乏"精神的支持"。也就是说，农民的经济贫困是现象，根本的还是权利的贫困与精神的贫困。因此，"需要新的扶贫观念：原来的物质扶贫不仅应该改'补血'为'造血'，而且应将'造血'同营养良好的精神支持相结合"。（《我们究竟能为农民们做些什么》）老石认为，忽视农民精神贫困与权利贫困，把农村改革变成单纯的物质扶贫的根本的原因在于，把农村改革和建设看成对农民的救济，因而"把政府当作了扶贫的主体，忘记了脱贫的主体应该是农民本人"（《农村的精神贫困与大学生对解决"三农"问题的贡献》）。应该说这是抓住了要害的。这其实也是历史的教训。我在对志愿者的讲话里，提到过在"五四"以来的现代历史中，曾有五次知识分子下乡运动，每一次下乡的结果都是雨过地皮湿：在外来力量的推动下，农村可能发生一些变化，外来力量一旦撤离，就一切如旧。这里的一个重要原因，就是没有解决农民的精神贫困与权利贫困的问题，农民自己没有成为农村变革的主人，就不可能有真正的、彻底的、持续的农村变革。

老石认为，造成农民精神贫困的原因，一是"农村自身缺少外来信息的有效流入"，老石因此十分重视网络在改变农民精神面貌和农村政治、经济、文化状态中的特殊作用，这就抓住了信息时代的农村改革与建设的一个关键环节，表现了老石的敏感和远见。这里要着重讨论的，是老石的另一个判断：农民精神贫困的最根本的原因，是"农村的非组织化"，"失去组织的农民个体在市场经济和强大的政府面前，是无法做到自信的。没有了自信之后，也就只有他信、依靠别人了"。(《农村的精神贫困与大学生对解决"三农"问题的贡献》) 这又是一个关键：农民没有建立自己的组织的权利，这是最根本的权利的缺失。这集中显示了农民精神贫困与权利贫困之间的内在联系。于是，就抓住了农村改革与建设的根本：把农民组织起来。我们可以看出，老石对农村改革与建设的介入，是有一个发展过程的，他是逐渐把主要精力集中到农民组织化的工作上来的。在这方面，他有很多的论述。我最感兴趣的，首先是他对"农业专业合作社"的论述。他指出，今天提出的新合作组织，和五十年代的合作化运动有着不同的背景：如果当年是"为了更多地提取劳动剩余形成工业资本积累"，今天则是"希望在快速的城市工业化进程中能够为农村寻找一条出路"，是"要解决工业资本扩展过程中的农村衰败凋敝的问题"。因此，在他看来，在发展新合作组织时，一要"走出单纯生产的误区，要将利润链条伸向流通和加工领域，甚至金融和保险领域"，农民也要掌握资本；二"必须综合发展"，实现"经济、文化、社会的一体（化），尤其是人的综合协调发展"；三"必须走向联合"，走出一个村的范围，"建立乡镇县乃至全国性的联合组织"，并逐渐走入城市，"推动城市消费合作"，"实现城乡互动"。(《中国大陆的新合作组织建设运动》) 尽管这些全新的合作组织目前还处于初级的缓慢的发展阶段，但它所显示的中国农村发展的前景，还是能给人以希望的。

　　老石在讨论新合作组织时，提出一个运作思路："以精神自立为起点"，"恢复社区的组织化"，达到"文化回归状态"。(《中国大陆的新合作组织建设运动》) 这里引人注目地提出了"文化回归"的概念和目标，后来他又提出了"乡村文化重建"的命题，积极推动"新文化运动"，这都显示了他的农村改革和建设思想的新发展。他在《乡村文化重建的路径选择》一文里，把乡村文化重建的现实意义总结为五个方面，即："它具有独特的动员作用"；"它能化解矛盾，促进社区和谐"；"精神文化生活和经济组织相辅相成，互为补充"；它可以"创造公共空间"，"形成公众舆论"，这是"农村社区形成的真正开始"；"文化重建是社区再造的一部分，是农村生活不可或缺的一部分"。但如果仔细读老石有关文化建设的论述，就可以发现，他其实还有更深层次的思考与追求。他曾经写过一篇题为《谁的文化》的文章；许多志愿者在回忆老石时，也都提到他的题为《文化三十年》的演讲。在他看来，文化是"有阶层乃至阶级分别"的：二十一世纪以来，作为权贵资本利益外化的消费主义文化，造成了社会道德与民族精神的严重危机，"大家已经被逼到头了"。因此，就必须有一场"文化保卫战"，其中的关键，就是要"重建劳动文化，重塑劳动地位"，以进入"资本和劳动真正可以平等对话、和谐相处的时代"。(《重建劳动文化，重塑劳动地位》，与温铁军合作) 同时，他又呼吁创造和发展一种"新乡村文化"，它"既要承担对本土文化和本土知识的保护，也要承担对旧文化的改造任务，同时也要承担对外来和新生文化的过滤作用"，这样创造出来的"新乡村文化"就能够成为"传统的乡村文化甚至是民族文化与世界先进文化接轨的桥梁"。他期待着用这样的既保持文化本土性，又与世界先进文化接轨的新乡村文化来拯救已经陷入重重危机的民族文化，以达到民族文化的复兴的目标。(《新乡村建设中的文化重建》) 不难看出，老石的这一用新乡村文化来改造中国文化的思想，是和梁漱溟的乡村建设思想一脉相承的。二〇〇六年他写过一篇题为《新乡村建设实验如何深度推进——年初读〈梁漱溟乡村建设运动〉的一些启发》的文章。文章首先为梁漱溟辩护：他"并没有停留在文化保守主义的立场上踟蹰不前，他非但没有排斥西方文化，相反，他在坚持文化的民族立场上，下决心用西方的先进文化来改造中国传统文化"。接着他又从梁漱溟已经达到的高度来反思"我们今天进行的新乡村建设运动"，发现了自己的不足："我们过于单纯了"，"我们的目标还来不及延伸到更远的地方，似乎还停留在经济利益上，停留在具体的形式上的改变"，"没有把文化这种更深层次的改变作为目标"，"也没有把教育理解为一种基本的文化改变方式"，"我们整个运动似乎还停留在初级阶段，没有顺势延伸到目标，也没有来得及围绕目标进行手段的综合运用"。从此，老石就更自觉地像梁漱溟那样，"把乡村作为文化振兴的根据地"，把乡村文化重建置于新乡村建设的战略地位，强调"一个经济体同时也是一个文化体，二者相辅相成，互相促进"。(《新乡村建设中的文化重建》)

应该说，老石以乡村文化重建作为民族文化振兴的基础的思想，是最集中地体现了他的思想的理想主义特点的，因此，也是最容易引起争议的。但也有人把他的思考看作"寻找和建设另一种可能"的"漫长征程"(刘海英：《悼念相波》)。还有学生这样谈到对老石的教育的看法：问题不在于老石的观点是否全都正确，而是那种态度，"把自己相信的认为是善的东西拿出来，很急切的想给你，这是一种认知、感情、价值和行动统一的态度"，"是对那些有着某种敏感潜质的青年，能让他们在思考社会和自身的过程中得到些支持"，"让他们知道其实还有不同的价值选择和生活的道路选择，还会有不同层次的幸福"，这样，青年的选择之路，就更宽阔，"向更好走的可能性就会更大些"。(吕程平：《对异化的反抗——纪念刘师》)这些分析都是很有启发性的。

三 关于中国教育改革和青年成长道路的思考

老石对中国教育改革的思考，是建立在一个基本判断上的：中国的大学成了一个"精神贫困的地方——智慧的蛇还没有来的伊甸园，人类精神还没有诞生"；"中国大学的精神贫困主要表现在大学生们已经不能肩负起时代的使命，甚至无法让自己负起对自己的责任来"。这一判断是相当严峻的，所有的教育者都会对此感到尴尬与难堪，但只要了解中国教育的现状，并敢于正视的，都必须承认，这一判断真实而准确地反映了中国教育的现实。

于是就有了对造成教育精神贫困症的教育体制的追问。在老石看来，这是一种在"发展主义和科学主义的教育理念"支配下的教育，其致命问题有三：一是"封闭式的教育"，学生从幼儿园开始就被装入铁罐子里，完全和社会隔绝；二是"机器教育"，没有任何人文关怀的单纯的技术教育和所谓能力教育，把本来有血有肉的人培养成"没有理念的动物"、有技术无思想的"螺丝螺母"；三是"文凭教育"，学生花费四年时间，背诵外语和陈旧的知识、无用的文字垃圾，只是为了一个文凭。本来是信息资源最为富集、文化更新最快，应成为先进文化诞生地的大学，却完全扼杀了学生的创造力、想象力，形成了信息资源的巨大浪费，制造了精神和文化的贫困。这是老石沉重的一问："如果一个民族连学校，甚至大学都不能增进民族或者个人的精神成长，那么这个民族怎么能看到希望呢？"

而老石的独到之处在于，他把这里讨论的大学生的精神贫困和前文所讨论的农民的精神贫困联系起来，形成"农民和大学生是中国两大精神贫困的弱势群体"的概念，这就从一个特定角度揭示了中国民族危机的根本与严重性：无论是民族的社会基础——农民，还是民族的未来——大学生都出了问题，而且是深层次的精神问题。找到了问题的症结点，也就找到了解决危机的出路。这就是："抓住大学生自己的精神贫困和自己现有的奉献优势，以及农村的精神贫困及潜在的教育优势，进行互补式的精神扶持，达到大学和农村精神的双向成长。"（《农村的精神贫困与大学生对解决"三农"问题的贡献》）——我们可以把这称为"老石式的改革之路"，它是具有很大的理论和实践意义与价值的。

这里内含着两个理论基点。首先是对大学生和农民两个群体的科学分析和认识，即在看到并突出他们的精神贫困的同时，也看到他们的潜在力量之所在：大学生作为有知识的年轻一代，是最能够吸取新思想，并且具有为理想而奉献的精神内质的，如果开发和引导得当，就可以成为社会变革的推动力量；而中国的农村固有的乡土文化，也有自身的精神优势，并有着顽强的生命力和吸引力，开发得当，也同样能够成为年青一代的精神资源。由此而产生的，是另一个更为重要的思想：农民和大学生精神贫困问题的解决，必须依靠他们自己，把内在的、被压抑的精神力量解放出来，并相互支持。"从来没有救世主，全靠自己解放自己！"而其中的关键，是自身组织起来。当中国大学生组成志愿者队伍，中国农民有了自己的合作组织，两者结合起来，就能够改变中国农村的面貌，并在这一过程中实现各自的精神自救。

这条道路的实践意义也是明显的。老石指出："农民的精神成长需要一个象征符号和最必要的一点酵母。"也就是说，"仅仅依靠农民自身也很难自发地组织起来并进行自我启蒙和动员"，它需要有外力的触发和推动。前文我们一再谈到，农村精英是农村改革和建设的动力，但精英的形成、发现、成长，是需要有人提供信息、支持的，也就是说要有"第一推动力"，才会形成"外部力量协助下，内外共同努力"的局面。"没有利益相关"而又"真正具有奉献精神并且数量巨大的"大学生志愿者队伍能够成为比较理想的"第一推动力"（《农村的精神贫困与大学生对解决"三农"问题的贡献》，见《中国大陆的新合作组织建设运动》）。

另一方面，当大学生组织成志愿者群体，走向农村，脚踏在中国的大地上时，他们就开辟了一条中国教育改革和自身成长的全新之路。老石把它叫作"教育的回归"：走出封闭教育，回归社会和生活；走出隔绝的原子化教育，回归群体；走出纯粹的知识教育，回归理论与实践的结合；走出文凭教育，回归理想与正义的追求、责任的承担；走出机器教育，回归人，回归人的精神成长（《走理想之路，过有意思的生活》）。老石热情洋溢地写道，"有一种生存，叫高尚"，中国的大学生志愿者正在创造自我生命的"新时代"："是顶着烈日、冒着暴雨、引吭高歌的时代"，"是骑着单车，苦行僧式宣传和行动的时代"，"是和农民兄弟姐妹同吃同住同舞同劳动的时代"，"是唤醒自己的良知，重塑民族尊严，挺起民族脊梁，叫作'理想'的时代"。（《向着一个新时代宣言》）老石也在这一过程中获得了自己生命的特殊价值，这就是人们在悼念他的时候所说的，"他在青年与农村、城市与农村之间架设了一座桥，这座桥的畅行无阻将使中国'这棵老树上长出希望的春天来'"。（邱建生：《爱是永不止息——与相波的爱在一起》）

最后还要说的，是贯穿老石所有的思考与实践的精神与哲学。我以为，最重要的有两点。首先自然是所有和老石接触过的人都会强烈感受到的他的理想主义气息和精神。老石的理想主义还有一个鲜明特点，即他的理想主义是和充分认识与估计实现理想的艰难程度的清醒的现实主义精神，和不怕做小事情的苦干实干精神结合在一起的，其背后正是"知其不可为而为之"的儒家传统精神和人生哲学。其二，老石说："当一种信仰，当一种偶尔为之的行动已经变成为一种日常的生活习惯以后，当我们每时每刻都生活在理想信念中，一个真正纯粹的理想主义者就造就了出来。"而他自己，也就像他描述的那样，"当你问及他们的理想，甚至他们都会很愕然，不知道如何应答：他们做的事情未必惊天动地，但是他们会把非常平凡的事情做得很好很认真，因为他们知道这是实现理想所必需的；他们已经不在意自己的得失，他们认为自己的价值和生命都已经蕴藏在奋斗和奉献的群体中。理想、信念和生命三者已经融为一体"。(《走理想之路，过有意思的生活》)老石还对年轻人说过这样一句话："什么才是一种做事情的状态？就是你成功了不觉得高兴，失败了也不觉得痛苦，就像一块石头一样。理想已经内化，成为你的一种生活习惯。"(吴丰恒：《老师天堂不孤单——缅怀刘老师》)这大概就是"老石式的理想主义"吧，它标示着一种生命的境界。

人们不断提及的，还有老石的执着。一位乡村建设运动和志愿者运动的参与者说得很好："世纪初的这场'运动'，是各色人物的风云际会，大部分人呼啸而来，很快又呼啸而散，刘老师却像石头一样，岿然不动，十年如一日守望着自己的理想。"(贾庆森：《老石陨落到的世界里》)在我看来，这除了显示了老石信仰和理想的坚定外，也源于老石对中国农村问题的深知，以及在此基础上对中国改革的长期性的深知。于是就有了一种"只顾耕耘，不问收获"的态度，以及认准一个目标，就拼命干去，慢而不息，永不懈怠，永不放弃的精神，这其实就是鲁迅所倡导的"韧性战斗精神"。

真正的改革是离不开这样的能够化为日常生活实践的理想主义精神和韧性战斗精神的。也正因为如此，我读《刘老石纪念文集》里笑蜀的文章时，单是题目就让我感到惊心动魄："理想主义不该穷途末路"。它道出了现实的真相：今天的中国，并不是没有理想主义者和韧性战斗者，但他们总处于不被理解的寂寞中，在各种力量，不仅是体制的力量，也包括社会习惯势力的围堵和冷漠中，时刻面临着"穷途末路"。于是就有了这同样惊心动魄的一问："社会能不能为他们做点什么"，让健在的老石们，"至少不至于穷途末路，也让理想主义不至于穷途末路？"在我看来，眼前这本集体写作、编辑、出版的纪念文集，就是对这样的呼唤的回应，作者与编者也借此相濡以沫，同时向我们这个多灾多难、变化莫测的时代表明，还有人认同老石们的思想、实践与精神，它活在一些人的心上。这就够了：人在，心不死，就有希望。

2012 年 4 月 6 日—11 日

志愿者运动的全球视野

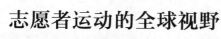

—— 奥运会后的思考

（2008 年 9 月 24 日在北师大的演讲）

今天是我今年第二次来北师大演讲，上一次是六月七日，讲《汶川地震引发的思考》。我今天要讲的题目是《奥运会后的思考》。汶川地震和北京奥运，正是二〇〇八年中国以至世界的两件大事。我已经说过，二〇〇八年在中国以及我们每一个人的生命史上都将留下印记，而其中最大的亮点有两个：一是志愿者的表现，二是"八〇后""九〇后"的年轻人的表现。甚至可以说，正是通过汶川地震和北京奥运，中国的志愿者与年轻一代，为国人和世界所瞩目，从此登上了历史舞台。

我自己也在这一过程中，受到了许多的启示，从志愿者和年轻一代的表现中汲取了许多力量。同时，我也在紧张地思考——这是我的习惯，也是责任。今天就是来和诸位交流这些思考的，其中的许多想法都是不成熟的，有些问题我自己也没有想清楚，可以讨论，也欢迎质疑。还是我在《致青年朋友》那本书里多次说过的：我姑妄说之，诸位姑妄听之，然后，自己思考，自己发言。

奥运会后所提出的问题

我还是从汶川地震和北京奥运的关系说起。这两大事件有相似之处，也有区别。

汶川地震救灾是在突如其来的大灾难中爆发出人性的力量、国民精神的力量的重大事件。在这里，灾难的沉重、可怖和人性的美好并置，同时呈现在国人和世人面前。灾难所呈现的，如一位作者所说，是"中国发展滞后地区的贫弱"，但就在这极度贫弱中爆发出了极其丰厚的精神力量，这就更让人们感到震惊。

而北京奥运，则是用大量的金钱投入、现代科技和高效率的管理机制，以及志愿者的参与所合力打造出的"盛典仪式"，是一次"豪华中国"的集中展示，它所展现的，实际是"中国高度发达的城市文明"。它和汶川地震所展示的"发展滞后地区的贫弱"形成的强烈的反差，正反映了当今中国的真实。也就是说，汶川地震和北京奥运从不同的层面反映了中国的真实。

奥运会所集中展现的，是我们改革开放三十年的经济成就、科学技术成就；运动员、志愿者的出色表现，也展示了中国国民，特别是年轻一代精神面貌的积极方面；而奥运会的三大口号"人文奥运，绿色奥运，科技奥运"，则展现了未来中国发展的某种可能性，即成为一个经济发展、科技发达，同时又注重人文精神与生态平衡，注重继承传统又向世界开放的现代国家。当然，这还是可能性，是我们要努力实现的目标，某种程度上也可以看作执政者对国民的一个承诺，但承诺要真正和完全变成现实，还有许多的路要走。以上四个方面，应该说都是反映了当今之中国的真实的。

不过，奥运会似乎还有另外一面。我注意到《南风窗》二〇〇八年第十六期上的一篇文章：《奥运三章》（作者：庄礼伟）。作者有一个分析，引起了我的极大兴趣。他提出了一个"电视屏幕中的奥运会"的概念，提醒我们注意：大多数人，也包括我在内，都是通过电视屏幕来了解、体认奥运会的。这就有许多可琢磨之处。首先，现场中许多不完美、不方便之处，比如那么多安全措施、喇叭指令、拥挤、暑热和长时期的等待等，都消失得无影无踪，"优美的画面行云流水般滑过，喜庆或者激昂的音乐强化着视觉的冲击，民众的笑脸和泪水澎湃着观众的心情，屏幕上的一切都那么美好和有说服力，让观众幸福并且信服"。这就是所谓"盛大公共仪式"的效应。我们不能否认它的真实性，但它已经是经过艺术选择的真实，是有别于生活原生态的真实，有所凸显，又有所遮蔽。

或许还有更大的遮蔽。文章引入了传媒理论中的"仿象世界"的概念。所谓"仿象世界"，就是"通过科技手段构建并经由受众意念活动所产生的一种可能替代现实世界的'现实世界'"。它有三个特点：第一，尽管是"仿象"，但它还是反映了部分的真实；第二，它是一个"人工的世界"画面，试图通过艺术和技术的手段来达到某种意识形态的灌输，和现实世界是有差距的，也是有遮蔽的，有可能减弱受众与现实世界的联系；第三，它又是受众、观众所愿意看的，因为他们也期待这样的既真实又梦幻的世界，以获得情绪的发泄、精神的按摩和抚慰。在生活中越是受压抑的人越是期待于此。这是政治需要（凝聚人心，制造"想象共同体"）和民众精神需要的一个巧妙结合。

　　作者还提出了一个很有意思的分析："愤青就是沉浸于仿象世界里的一种生物"，"例如他们的战争观念主要来源于电视屏幕中战争电视剧的熏陶。场面的宏大快意，梦想成真且不说，悬殊的敌我损伤比例也让愤青们觉得战争是一种很值得一试的对外关系的手段，对战争真实记忆的缺乏，使得对战争及其结果的浪漫想象得以建立"。我现在所担心的是，一些在城市里长大，不太了解中国底层社会的青年，如果凭借"电视屏幕里的奥运"以及某些媒体意识形态宣传去想象中国，把"仿象世界"看作"现实世界"，真的以为中国已经是"太平盛世"了，真的以为中国不仅是"奥运强国"，而且是无敌于天下的"世界强国"，未来的世纪将是"中国的世纪"，自己将要去主宰、拯救世界。陷入这样的"盛世仿象幻觉""大国仿象幻觉"，是会妨碍我们正视中国的问题的。在这个意义上，将汶川地震和北京奥运联系起来思考是很有必要的：欣赏北京奥运，不要忘了汶川地震；瞩目高度发达的城市文明的豪华，不要忽视发展滞后的农村和落后地区的贫弱。

　　事实上，在奥运会、残奥会期间和之后，中国仍然发生了许多灾难：攀枝花地区的地震、始终没有停止过的矿难、最近的所谓"泥石流"灾难、三鹿毒奶粉事件（据报道，三鹿董事局二〇〇七年十二月即得知奶粉有毒，八月二日才上报所在地区领导，又压到残奥会之后才向社会公布）等，都说明中国并不"太平"，所谓"盛世"之中，还有大量的灾难和苦难，也有巨大的贫富差距和社会不公，以及社会和体制的腐败，所谓"大国崛起"还只是一些人的愿望。当然，我们也不会因此否认奥运会所集中展现的已经取得的成就。中国有进步，但仍问题多多，距离奥运会所激发起来的"中国梦想"，还很远很远。其实，我在汶川地震以后就说过，不能把二○○八年所发生的一系列灾难、突发事件，看作偶然的，而应该将其视为"常态"："我们从现在起，应该有一个新的觉醒，要在思想上做好准备，中国，以及世界，将进入一个自然灾难不断、骚乱不断、冲突不断、突发事件不断的多灾多难的时代"，而这样的一个时代，将主要由中国的年轻一代，由"八○后""九○后"的诸位直接去面对，直接去参与，直接去承担。

同时，大家不要忘了，我们这些北京的大学生、志愿者都是幸运者，有机会在奥运会上向国人与世界展现我们的风采。有一篇文章将在座的诸位称作"青年中的精英"，并且提醒说："当聚光灯照射着这些青年中的精英的时候，另一部分生活在灯影背后的青年，此时此刻，或许正在为生存而挣扎努力，没有机会参与奥运会，但他们同样是真实的中国的一部分。奥运的宗旨是实现没有任何形式的歧视，如何让这些灯影背后的青年也能不受歧视地、公平地分享奥运精神和这个社会的成长，是有机会参与奥运的青年精英们和这个国家的使命。"（朱学东：《青年与奥运》，载《南风窗》二○○八年第十六期）。

汶川地震是一次突发的自然灾难，是一个"非常态"；在汶川地震后，我提出的问题是："能不能把这次灾难的非常态中爆发出来的人性之美、人情之美，变成一种稳固的社会与精神的常态？"奥运会也是一种"非常态"，与汶川地震由大自然主宰不同，奥运会的非常态是我们主观创造的全民狂欢节，是对日常生活节奏的有意打破，让我们在日常生活的平庸中享受一次"豪华筵"，一次视觉、听觉、情感、心理的豪华筵，在日常生活的压抑中得到一次发泄与释放，但奥运之后，一切都要恢复常态，回到日常生活中，这样，就有了三个问题。

第一，如何使在这次举世瞩目的狂欢中所爆发出来的内在的最美好的人性、人情，所内蓄的力量，我们青年的精神、国民的精神中积极健康的一面，成为一种精神常态？这里的关键是要做理性的提升，提升为新的价值观、伦理观、生活观，同时对我们原有的观念进行反思。

第二，由于奥运会是一次自觉的动员和组织，我们甚至采用了一种"战时体制"进行大规模的动员和组织。"一切为了奥运，一切为奥运让路"，不计一切代价，不惜一切牺牲，创造了非常时期、非常态的"奇迹"，比如，控制交通的奇迹、控制气候的奇迹、社会治安的奇迹等。问题是，在从"战时体制"回复到"日常体制"以后，这样的奇迹，也就是健全社会必须达到的目标，怎样才能延续下来，成为生活的常态？事实上，两个奥运刚刚结束，北京就面临着交通拥挤的问题；北京的污染，就更令人担忧。这就提出了一个尖锐的问题：如何不用采取非常时期的非常手段，而用正常手段来达到北京奥运向全世界，更是向中国老百姓承诺的目标，比如作为"绿色奥运"重要内容的降低空气污染的指标、"人文奥运"的保障公民权利的指标。有些奥运期间特别的规定与指标，比如划分一定的游行示威区域，新闻报道、采访的一定程度的开放透明，能不能也成为常态？在这些方面，都存在理念、宣言与现实的巨大差距。为解决这些问题，就必须有一系列的制度建设，必须加快政治、经济、社会、文化领域的体制改革的步伐，这也是奥运以后中国所面临的问题。

第三，对"电视屏幕里的奥运"可能造成的遮蔽，要保持必要的警惕。我们的目的是更全面、更深入地认识真实的中国，以此来决定我们的选择和行动。对于在座的诸位来说，不同程度地参与汶川地震救援和北京奥运，都取得了极其难得的社会实践经验。我们要通过这些实践，来检验已有的许多观念。这些观念都是长期灌输给我们的，我们也深信不疑，经过实践检验，正确的，我们应该坚持，偏颇的，甚至错误的，就要纠偏纠错，重新认识。我们要超越自我认识的局限，在一系列重大问题上有一个新的体认，确立更加健全的观念。例如，如何认识当今的中国？如何认识当今的世界？如何认识当今中国与当今世界的关系？如何认识我们自己和当今中国与世界的关系，如何认识我们的责任？这些大问题，我们过去想得很少，也不太关心，但经历了汶川地震、北京奥运这样的国家大事，全球大事，我们就有可能，更有必要来认真思考。这样的"想大问题"，关系着我们的成长：视野狭窄，一味咀嚼一己的悲欢，是长不大的。奥运之后，正是我们"想大问题"的最好时机。

以上三大问题，第二个问题涉及国家制度建设，政治、经济、社会、文化改革与建设，也许更带根本性，是需要另外专门讨论的；今天，我们要讨论的是第一、第三方面的问题，具体地说，我想讲两个问题。首先要讨论的是——

志愿者的地位、作用，我所理解的志愿者精神的核心问题

还是从汶川地震救灾和北京奥运的比较说起。我们前面谈了二者的区别，现在谈二者的共同点。

有一篇文章谈到两个重大事件都"定位在同样的格局"，这个格局有两个重要特点，一是"政府集中力量办大事"，一是"周边有社会力量摇旗呐喊"，这是一种"国家与社会互动"的"新模式"（释然：《国家与社会互动的新模式》，《南风窗》二〇〇八年第十六期）。这也和我在关于汶川地震的演讲中所谈到的"两大动员"相契合，即一是政府主导的"国家动员"，一是以民间社会组织和个人为主导的"社会动员"。正是这两大动员，把我们国家、我们民族的物质和精神力量，空前未有地动员起来，形成了巨大的力量，举世为之震动，我们自己也始料不及。可以说，汶川地震救灾和北京奥运都把"政府集中力量办大事"的国家动员和以志愿者为主体的社会动员发挥到了极致。

在汶川地震的救灾和灾后重建中，政府集中力量办大事的威力得以充分体现，显示了中国式的集中体制的力量。比如"对口支援"就是其他国家很难办到的。北京奥运更是把政府集中力量办大事的威力显示得淋漓尽致，简直可以说要什么就有什么，要怎么办就怎么办，能够集全国之财力、物力、政治之力、社会之力、文化之力，还有智力、想象力、科技力，来处理奥运会的每一件事，甚至每一个细节，不计成本，不遗余力。几乎可以说，只要想得到，没有办不到的。在我看来，奥运会、残奥会的开、闭幕式就是这么打造出来的。而为许多人，包括外国人所

称道的奥运会的高效率、"无与伦比"的完美、周到，就是这样的"政府集中力量办大事"的体制的一个成果，这几乎是其他国家、其他体制所办不到的，许多人觉得北京奥运不可复制，原因就在于此。

另一方面，汶川地震救灾、北京奥运的社会动员力量也是惊人的。这是举世瞩目的两个数字：据中国青年志愿者协会初步统计，参加汶川抗震救灾的志愿者有四百九十一万；而北京奥运志愿者人数据官方公布，则有一百七十万。汶川地震救灾志愿者的献身精神、北京奥运会志愿者的微笑，已经成为全球眼里的"中国标记"。

应该说，"政府集中力量办大事"，是我们的传统，可以说是从一九四九年中华人民共和国成立以来一直延续下来的，而以志愿者为代表的社会力量、社会组织的出现，并且发挥了如此巨大的作用，还是一个新事物。当然，这里也有历史的继承，比如今天北京奥运的志愿者和六十年代"学雷锋"的我们这些当时的青少年，也有某种精神上的承接；但那时的"学雷锋"运动，是国家动员的一部分，和今天具有一定自发性与独立性的"非政府"的社会组织、社会动员，性质是不一样的。如果细说起来，汶川地震救灾的志愿者和北京奥运的志愿者也有些差别，前者具有较多的自发性，后者就有更多国家动员、组织的成分。

这样的具有一定独立性的社会组织、社会力量的出现，是具有重大意义的。

在《致青年朋友》这本书里，有一篇题为《"我们"是谁？》的演讲就谈到了这个问题。长期以来，在中国社会的运行、管理格局和机制里，只有一种力量，就是国家机制的力量，是政府主导一切。经过三十年的改革开放，出现了市场机制、市场力量。"非政府，非营利"的志愿者组织、社会组织，则是"第三种力量"：社会组织机制、社会的力量。国家、市场、社会三种机制、三种力量的互动与相互制约，形成了一个全新的格局。

在汶川地震救灾和北京奥运中，许多公民，许多年轻人，不只关心自己的本职工作，自己的学业，更以志愿者的身份，关心、参与二〇〇八年这两个国家最重大的公共事务，政治、经济、社会、文化、体育公共事件。我在前面说过，这同时是有利于年轻人自身成长的。为什么大家都感觉到，在汶川地震和北京奥运这两个历史的瞬间，我们都迅速地成长了，就是因为我们走出了狭窄的校园，我们有了一个大视野，获得了一个大的生命空间。

更重要的是，作为一个公民，我们应该有充分的自由和有效的途径，主动参与社会活动和社会管理。这是公民的权利，具体地说，我们应该有知情权、参与权和监督权。同时，这也是我们的义务：这是我们对社会的回报和承担。我们还要在这样的公民权利和义务的自觉上，建立"公民文化"。这些年，我们提出了"志愿者文化"的概念。在我看来，所谓"志愿者文化"就是这样的"公民文化"；而志愿者精神，它的核心，就是公民意识。

确认这一点，不仅对如何把握志愿者精神，而且对如何确立志愿者及其组织的地位和作用，都是至关重要的。不能把志愿者看作降低社会成本的廉价劳动力，也不能简单地把志愿者精神归结为服务精神。志愿者当然要进行社会服务，但这种服务，是在行使公民权利，是在履行公民义务，这样的实质是不能忽略、淡化和湮没的。

应该说，在加强公民的知情权、参与权和监督权方面，汶川救灾、重建和北京奥运都迈出了重要的一步。最近报上就公布了对救灾、重建进行审计的结果。在这方面，我觉得北京奥运会似乎还有加强的必要。比如，我至今还不知道北京奥运会的支出情况。我前几天看中央电视台"奥运数字"的节目，看到了无数数字，就是没有看到奥运会支出的数字。据说北京奥运会的支出，大大超出了预算。我不知道这样的超出，有没有经过相应的合法手续。由于没有公布支出数字，就只能听各种"小道消息"了。据《华尔街日报》引用中国奥林匹克研究中心的估算，北京奥运投入总计四百二十亿美元，约合人民币两千九百亿元。还有"一天平均两亿元"的说法，那么，自取得申办权以来一共七年，就有五千一百亿元。这是一个巨数。难怪有人说："北京奥运的高规格可能会令今后潜在的奥运申办国家望而生畏。"我不反对奥运的费用多一些，毕竟是百年一遇，但这样的巨额却超出了我的思想与情感上的承受力，因为我有一个数字上的比较：今年九月一日，我在报纸上看到了一个特别报道，大标题是《教育提速奠基民族未来》，其中专门谈到"二〇〇六年至二〇一〇年，国家财政新增加农村义务教育经费两千一百八十二亿元"——如此大规模宣扬的"奠基民族未来"的教育工程，其投资居然比不上一个体育盛会！再考虑到一直到现在，我国还没有兑现教育投资占当年GDP4%的承诺，面对奥运会的过度奢华，我心里实在不是滋味。当然，这只是我个人的意见和感受，我知道也有朋友认为奥运会的钱花得值，但作为纳税人，我想是有权也应该对奥运会的用费——用多少、怎么用、用得是否都适当、有没有腐败现象，提出质询的：这也是在行使公民的监督权。

这里，顺便对国家所实行的体育发展的"举国体制"提出一点质疑。据说这样的"举国体制"也是体现了"政府集中力量办大事"的优越性的，这次奥运会中国运动员的突出成绩似乎也证明了这一点，但它的负面也是突出的，即突出了部分人竞技水平的提高，而忽略了全民健身。我这里也有一组数字：据今年六月一日公布的第五次全国多民族大规模学生体质调查结果显示，我国学生肥胖检出率仍然继续攀升，七至二十二岁城市男生超重和肥胖检出率分别为15.23%和11.39%，比二〇〇〇年上半年上升1.4个和2.7个百分点；城市女生超重和肥胖检出率也分别上升0.7个和0.9个百分点，达到8.72%和5.01%。最严重的就是举办奥运的北京，平均五个孩子就有一个小胖子。造成这一结果的一个重要原因，就是不重视体育锻炼，体育课被看作可有可无的"小课"，或装点门面的"花瓶"。最能说明"举国体制"的弊病的是中国男子足球：这是中国体育和球迷的心中之痛，不仅国家足球队在奥运会上的表现让人难过，更由于完全忽略了对青少年足球运动的扶植，以致奥运会后又面临后继无人的尴尬。我们不能因为奥运会的成功，就掩盖体育发展体制的负面问题，我们也应该对此加以关注和监督。

现在，我们讲第二个问题——

如何认识"世界""中国与世界"以及"我们和世界"

提出这个问题，是因为奥运会的理念"同一个世界，同一个梦想"，现在已经成为一个响亮的口号，却很少有人去追问和思考它的真实内涵。在我看来，它至少可以分解出几个问题：为什么是"同一个"？是"怎样的世界"？是"怎样的梦想"？以及我们每一个人在实现这样的梦想的过程中，应担负什么责任？

北京奥运，是中国和世界的一次零距离接触。我们早就说"全球化"，说"地球村"，但对普通民众来说，都不太容易理解；现在，具体化了，形象化了：某种程度上，奥运村就是一个地球村。我想在座的奥运志愿者更是亲身体验到了，我们和其他国家、民族的运动员和普通民众确实生活在"同一个世界"里。

所谓"同一个世界"，细说起来，应该有两个方面的含义。

首先是在全球化时代很多方面都已经打破了国界，许多人都成了移民，在世界范围内流动迁徙，更换国籍。这次奥运会最引人注目的就是所谓"海外兵团"——许多中国运动员加入了其他国籍，代表他所属的国家来和我们同台竞赛。过去我们对此大惊小怪，不能容忍，现在都习以为常了。作家龙应台有一个对大学生的演讲，甚至作了这样的夸张性的描述："一个二十一世纪的孩子，很可能父母分属不同国籍，自己又出生在第三国，在第四国接受教育，在第五国和第六国成家立业，妻子属于第七国，他的子女则拥有第八国和第九国的护照，最后他自己在第十国埋葬。"(《我离世界有多远——谈二十一世纪大学生的"基本配备"》)作家余光中还写过一篇散文，题目叫《日不落家》，说"一家而分居在五地，你睡我醒，不可'同日而语'"，就成了"日不落家"。这样老两口每天看电视，对气候的关注，就自然不限于台湾一地，而要关心全球气候："温哥华还在零下！""暴风雪袭击纽约，机场关闭！""布鲁塞尔呢，也差不多吧？"这样的描写，我们也可以把它看作一个象征：在这全球化时代，大家都成了"利益攸关者"。就以二〇〇八年所发生的几个全球性事件为例，无论是粮食危机、气候变暖，还是石油的价格起伏、美国次贷危机引发的金融危机，都牵动着世界各国，也具体影响了我们每一个人的生活。在今天的世界里，每一个国家的国内问题都会变成全球问题，每一个世界问题也都会变成国内问题，问题也不再是单一国家所能解决的。因此，我们生活在"同一个世界"中，我们是"利益共同体"。

我们更是"生命共同体"。我在关于汶川地震的演说中，就引述了胡适的话："万国之上还有人类在。"汶川地震之所以会成为"全球之痛"，北京奥运之所以能成为"全球狂欢节"，就是因为人类是一个生命共同体，有着共同的价值。尽管各国家、各民族之间，确实存在差异，有不同的文化、不同的价值观，但差异中自有相同与相通。要友好交往，和平共处，就必须有一个价值观念上的"最大公约数"，而且也确实存在大家都认同的"普世价值"。我曾经说过，在抗震救灾中，"人的生命至上性"就是一个公认共通的价值，而奥运会所要发扬的"公平竞争，反对歧视，和平友爱，人的自由发展"等精神，其实也都是普世价值。通过汶川地震救灾和北京奥运的实践，对普世价值的存在与认可，应该没有什么问题了吧？

但是，我们也同样不能把奥运会所集中展现的和平、友好绝对化、理想化，而应该同时看到这世界并不太平，也不和谐。我在前面说到的"灾难不断，冲突不断，突发事件不断"的"多灾多难"，既指中国，更指世界，这都是我们必须面对的。

这里涉及一个问题：我们怎样认识和想象世界？龙应台在对大学生的演讲中，就提到可以有两种想象。据说有这样的"全球化指南"："封面是一个或者一群穿西装的男人，两手交叉在胸前，带着极度自信的微笑，告诉你如何往上爬，变成跨国公司企业的高级经理人"：这是一个"国际成功人士"主宰、拥有一切财富和权力的"世界"。龙应台对此提出了尖锐的问题：为什么我们想象二十一世纪的世界时，眼睛里只看见"强者"？"跨国企业的发展，固然促进了全球强势经济和资讯的快速流动，但是它同时蕴含的暗面——比如全球经济游戏规则的不公平，比如强势经济带给弱势经济的文化倾斜，比如儿童劳工的人权，大企业对落后地区的驯训等"，为什么视而不见？也就是说，我们认识和想象世界，不能只看到普世价值、和平友爱，眼睛更不能只是盯着跨国公司的利润、经济和科技的高速发展，还要看到种种利益和文化价值的冲突，看到经济、科技发展带来的财富积累下的贫富不均。事实上，当今世界正面临两大全球性的危机和挑战。一是二十世纪对自然的过度开发，即所谓"对地球的开战"，造成了世界生态平衡的大破坏，从而形成全球环境危机，直接威胁到人类的生存和持续发展。二是超越国界的贫穷（今年的粮食危机就是一个突出表现）、疾病（想想"非典"所引发的全球性恐慌）、战争（伊拉克战争至今还在牵动着全世界的心）、人道问题（无论是发达国家如美国的虐俘，还是一些不发达国家的种族残杀），都使全球面临公平、正义、平等的危机。这两大危机，也可以说是世界文明的危机，是一个如何"防止、避免世界文明的腐蚀与毁灭"的问题。

由此产生的，是我们的"同一个梦想"：如何通过全球性的协商、合作，来保护和改善地球环境，以保证全人类的可持续发展？同时保障全人类的公平、平等，维护人类正义，以保证全人类一切地区、一切国家、每一个个体生命的健全发展？这里，我特别强调了"每一个个体生命"的健全发展，这是非常重要的。因为我们在强调"同一个"世界、"同一个"梦想时，很容易注意群体的"同"而忽略了个体的"异"。

应该意识到，在这样一个全球化的时代，全球面临的挑战，也是对我们每一个人的挑战，它们和我们自身的利益、自身的发展，都是息息相关的，迎接这些挑战，也是我们自己的责任。前面已经说到，全球化的时代是充满利益冲突的，这也就产生了一个问题：我们在这样的利益冲突中，应该做出怎样的选择：是努力挤进"强者"的队伍，还是关注全球化的弱者，为他们说话，为他们行动，批判并防止全球化的恶性发展？这就涉及志愿者的立场问题。我在一个讲话中曾经提出，志愿者的宗旨是"自助"和"助人"，而助人的主要对象就是社会弱势群体。这是出于我们的信念：追求社会的公正、公平、正义。我们认同这样的生命观：全社会的每一个具体的生命的价值和幸福，是最重要的。只要还有一个生命不自由、不幸福，我们就是不自由、不幸福的。因此，我们要永远站在社会弱势群体这一边，为他们呼吁，为他们服务，这是我们自觉的使命。应该说，这次残奥会的志愿服务，就是这样的为全球弱势群体服务的一个实践。正是残奥会充分地体现了"所有的生命都是平等的，所有的生命都应该享有自由发展的权利"的理念，其最大的特点，就是"互助"：不仅作为健全人的志愿者给予残疾人以尽可能的帮助，残疾人也以他们的生命的尊严、顽强、自立，给志愿者以精神的启迪与激励。可以说，志愿者的精神与价值，在残奥会上得到了完整的体现：助人即助己，我们和弱势群体的关系，是相互帮扶，以求得生命的共同成长。

通过残奥会的志愿服务，对前面所提出的作为志愿者精神核心的公民意识，我们应该有一个更深入的认识：我们的公民权利和义务，不仅限于国内，而且是全球性的。因此，需要提出一个"全球公民"的概念，提出确立"全球公民意识"的任务。

据龙应台介绍，"全球公民意识不仅只是自觉到我们是全球的一分子，它更强调我们对彼此以及对地球的责任"：一是"体会到地球的不可替代，并且积极地行动去保障它永续的未来"，一是"理解并且积极行动去解决地球社会不公不义的问题"，概括地说，就是"让地球永续，让人类公平"。这就是我们心目中的"全球公民"："他的关照面超过他的本土，而且自觉是全球的一员"，因此，他具有全球视野，"对全球经济、政治、社会、文化、科技和环境的关联和运作都有所了解"，同时又"尊重多元价值"。

龙应台特别强调："全球公民意识，其实是一种思维方式和行为方式，是一种人生观，一种信仰——坚信行动可以带来实质改变。"这样的行动性，其实也是志愿者精神、品格的一个基本内涵：志愿者是一群行动者，他们的全球关怀是体现在具体的、琐细的行动中的。

我们注意到，无论是汶川地震救灾，还是北京奥运，都有许多的国际志愿者，他们的参与，不仅是出于对中国人民的友好，更是基于我们这里所讨论的"全球公民意识"。志愿者运动实际上是一个全球性的运动。我们中国的志愿者应该成为国际志愿者队伍的组成部分，我们也应该成为"全球公民"。

最后，还要讨论一个问题：全球化中的中国。在北京奥运前后，世界的各种反应无一不在中国引起强烈反应，这提出了一个问题：世界要学会理解中国，和中国相处；中国也要学会理解世界，同时重新理解自己，并学会和世界，特别是西方世界相处。可以说这是全球化时代所提出的新问题。

说是新问题，是因为过去的中国在许多西方老百姓的眼里，是一个贫弱的国家，一个有着古老文化的遥远、神秘的存在，和他们的生活没有多少关系；但在全球化的时代，特别是随着中国经济快速发展，中国货已经进入了他们的日常生活，中国成了和西方世界休戚相关的存在，而中国又和西方国家有着不同的信仰、不同的价值观，社会制度更是不同。在许多西方人看来，这样一个不同于己而又日趋富裕和强大的中国，是一个不确定的因素，因此在对中国刮目相看时，又有了许多疑惧，不知道该如何认识中国、和中国相处。北京奥运会更是把世界的目光聚焦于中国，在某种程度上，这是中国与世界，首先是西方世界在全球化时代的一次相遇，一次短兵相接，应该说，双方都没有做好准备。在二〇〇八年的接触中，大概双方都会觉得对方有些变化莫测，看不透，吃不准。西方许多人在奥运火炬开始传递时，从自己的民主、自由的价值观出发，对中国有许多批评，要抵制奥运会；但奥运会又展示了他们所不了解的中国的另一面，让他们大吃一惊，觉得中国真是不可思议，不知如何评价。也有西方人出于对他们自己国家体制的不满，反过来将他们所看到的或自以为的中国的积极因素加以夸大和理想化。我们对西方的认识和态度也有一个变化：开始时，西方的疑惧、抵制伤害了一些人的民族自尊心，因此以非常激烈的态度进行对抗，那时西方在一些人眼里是邪恶的；而奥运会后，听到了来自西方世界的许多赞扬，有些人又有些昏昏然，同时也觉得西方人有些不可思议。因此，我相信经过汶川地震，特别是经过北京奥运，中国与西方，都需要冷静思考，调整对对方的认识。二〇〇八年无疑是中国与世界重新相互审视的重要年头。

我自己也在重新思考。我提醒自己，首先要调整好心态，以平常心对待这些相遇中的纷争。要看清今天的中国在世界大家庭中，是一个独立而日趋强大的成员，已经不是晚清时的"东亚病夫"、被侵略的对象，因此，不要老是以受迫害者的被围心态、弱国心态来看待西方世界，总是觉得别人"亡我之心不死"，"别有用心"。我们不能用"恶意假设"来和西方世界相处，但同时也要防止"中华中心主义"自大心理的复活。

其次，要看到所发生的纷争，既有利益之争，也有价值之争，而世界利益和价值都是多元的。因此，如一位研究者所说："西方世界作为一个整体，既不会成为中国人所想象的朋友，也不会成为中国人所想象的敌人。"（郑子平：《中国：大国思维和大国责任》，《同舟共进》二〇〇八年第八期）因此，在西方，总会有人批评我们、拒绝我们，也总有人欣赏我们，即所谓"有人欢喜有人骂"。我们不要以为一骂就是敌人，就做出激烈的反弹；一喜欢就是"铁哥儿们"，并且自我膨胀起来。

这里的关键，还是正确地认识我们自己。我想，是不是也有三条：第一，要有民族自信力：我们有悠久的历史文化，有这么好的人民，而且我们在不断地进步，汶川地震救灾中所爆发的民族自救力、奥运会运动员所表现出的自强不息的精神，都足以让我们自豪。第二，更要有民族自省精神。中国的问题我们自己最清楚，可以说，一个真正的爱国主义者对自己国家问题的批判，是远远超过外国人的批评的，因为这都是切肤之痛，爱之愈深，审视愈严。第三，要坚信，中国的问题要靠中国人自己来解决，而且我们也能够解决自己的问题。中国必须进行全面的改革，无论怎样艰难曲折，无论改革的路有多长，我们都要坚定地走下去。我想，真正的民族自尊，是应该建立在这样的民族自信、民族自省和民族自我改造的自主性基础上的，发虚火、说大话的"民族主义"，骨子里隐含的恰恰是一种民族自卑心理。

有了这样的民族自尊、自信，我们就会懂得应该如何和世界（包括西方世界）相处了。我也想了四条：要承认并尊重普世价值，最大限度地寻找"最大公约数"；要尊重差异，尊重和我们不同的选择；要善于学习、吸取别国的长处，及时调整和不断发展自己；要坚持独立自主，对外国的各种批评，善者则听之，不善者则不听之。

我很欣赏中央电视台主持人董倩的一句话："宽容、妥协、镇静、平常，知进知退，是大国应有的心态。"（《容纳、学习、吸取、调整》，二〇〇八年八月二十日《北京青年报》）

还是那句话：经过二〇〇八年的汶川地震、北京奥运，我们都长大了、成熟了，更能理性地认识中国、世界和我们自己。我们的视野开阔了，我们的胸襟扩大了。我们"想大问题"，又"做小事情"，既追求大的生命境界，又落实到日常生活实践中：这也就是我们今天所讨论的志愿者精神的一个重要方面。让我们以此互勉吧。

2008 年 10 月 20 日—26 日陆续写成

认识我们脚下的土地

（2003 年 12 月 5 日在贵州民族大学的讲话）

你认识脚下的这块土地吗？

虽然我是第一次来贵州民族大学，但是早就想来与大家见面、交流了。记得去年六月二十七日，我在北大上退休前的最后一堂课，学生问我退休后准备做什么，我说我将有三个回归，一是回到家里去，读书、写作；二是回到贵州去；三是回到中学去。当晚学生在网上挂了很多帖子，说"钱先生一路走好"。所以我离开北大后，第一站就到贵州来了。为了这次回来，我做了认真准备。退休前，我与以前在安顺的朋友编了一部《贵州读本》，讨论贵州文化。今天来，就是与同学们讨论贵州文化的。

我为什么要这样做呢？这与我的经历有关。有些同学可能知道，我大学毕业后就被分到贵州，在安顺卫校教书，后来调安顺师范、安顺师专。那是一九六〇年至一九七八年，我二十岁至三十八岁。一九七八年恢复研究生考试，我考取北京大学中文系研究生，毕业后留校。在贵州的十八年，是我人生中最美好的年华，也是最多难的时期，是贵州这块土地接纳了我，所以我对这块土地有很深的感情，我的感情已经融入了这片土地。一九九五年我在韩国当客座教授，夜里做梦，回到贵州，得诗一句："梦里万家竹楼。"因为我不是诗人，得了一句就写不下去了。我把这句诗寄给我的好朋友、贵州大学的袁本良教授，请他补足，结果他寄回一首《西江月》："眼底星星渔火，梦中万家竹楼。他邦竟作此乡游，许是汉江雨后？惯看烟岚出岫，曾谙水上凫鸥。何时携手再寻幽，共赏夜郎春透。"我此次来，就是来"携手再寻幽"。

为了编《贵州读本》，我读了许多关于贵州的材料。在阅读、编写的过程中，我忽然发现，我对这块梦牵魂绕的土地其实很陌生。我越爱她越发现自己对她了解不够。我对她是如此的熟悉，又是如此的陌生，这使我感到震撼和痛苦，甚至有些难堪。我不断追问，我认识自己脚下的这块土地吗？我作为黔友，不大认识这块土地；试问在座诸位，你们作为生于黔，长于黔，现在仍然生活、学习在黔的黔人，你们了解、认识这块土地吗？

这是一个很严峻的问题，既然黔人黔友都不很了解贵州这块土地，那么贵州以外的人不了解、误解贵州这块土地也就不可免了。黔人、黔友走出贵州，常常会遇到尴尬的场面，就是人们对贵州的忽略、陌生。前几个月，贵州师范大学中文系的一位教授去北京办事时，到中国现代文学馆参观，在馆中到处寻找贵州作家的资料，结果只找到很小的一张照片，就是蹇先艾先生的照片。他对我说，我们贵州有那么多现当代作家，有那么多优秀的少数民族作家，为什么文学馆里面没有他们的名字？他感到困惑不已。我想到当年鲁迅说的一句话：中国在世界民族中处在弱势的地位，当你处在弱势的时候，就常常处在被描写的地位，别人就会以居高临下的态度来写你，或是把你当作一种奇怪的东西来写，或者对你表示漠视。贵州在全国文化的总体结构中，也处于弱势的地位，因而还摆脱不了被描写、被漠视的命运。那么怎么办？怎么改变这种状况？不能依靠别人来写，当然别人愿意，我们也欢迎他来写，但主要是要靠自己来描写自己。自己写自己的历史，自己写自己的文化。所以在这个意义上说，我们这个《贵州读本》是黔人和黔友自己描写自己的尝试。

要以新的眼光来看贵州这块土地

人们提到贵州，总要想起三句话：一个是"夜郎自大"，一个是"黔驴技穷"，一个是"天无三日晴，地无三里平，人无三分银"。这是外省人对贵州的印象。贵州的有识之士感到这是压在头上的"三座大山"。

其实，这"三座大山"中有很多的误解。正如戴明贤先生说的——戴明贤先生是《贵州读本》的主编之一——《史记·西南夷列传》中首先问"孰与汉大"的是滇王，并不是夜郎王。而提出与汉相比谁大的问题，就被认为是不自量力，说明在汉的潜意识里它自己是最大的，这其实就是妄自尊大的表现。因为汉以外还有印度、希腊、埃及、西亚、罗马等，世界大得很。不过，到底谁自大，谁不自量力，都可以讨论。又如"黔驴技穷"，柳宗元在文中就说得很明白："黔无驴，有好事者船载以入。"说明这头驴不是贵州驴，是外地驴，而这头驴被贵州的老虎吃掉了。据北大季羡林教授的考证，类似"黔驴技穷"这样的故事，全世界都有。印度寓言故事集《五卷书》中有印度驴，《伊索寓言》中有希腊驴，法国寓言作家拉封丹的寓言书中有法国驴。这是人类普遍的故事，并非贵州才有。至于"三无"一句，的确写出了贵州地理地貌、气候、民生、经济的部分实情，但这还涉及如何认识的问题。贵州人头上长期压着这"三座大山"，就会形成强烈的自卑感。这个自卑感如果不除去，是没有办法正确认识贵州这块土地的。因此这次编《贵州读本》，就是试图用一种新的眼光来看一看贵州这块土地。这书中有我们的一些发现、感受、领悟，由于时间关系，我只能做一点简单的介绍。

贵州文化的包容性

有人说贵州非常封闭、非常狭隘，是不是这样封闭，这样狭隘，我们来讨论讨论。大家知道，在潕阳河畔有一个青龙洞，青龙洞的古建筑群堪称一绝，既有传播道家思想的正乙宫、吕祖庙、玉皇阁、斗姥宫，也有佛教禅宗的大佛殿、观音殿，还有讲修身、齐家、治国、平天下的紫阳书院，此外还有民间、世俗的会馆、戏台。很多人到了青龙洞，都为这种建筑格局感到惊讶。从某种程度上说，它可以看作贵州文化的一个象征。它有很大的包容性，把很多文化都包容在里面，而且完整地保存了下来。比如佛教文化，它是在唐宋之际就传入贵州的，在明清达到鼎盛。明清之际，许多高僧从四川、中原避乱来黔，还有许多遗民、义士为躲避清廷的政治迫害而遁入空门，如丈雪、语嵩、赤松、厂石、大错（钱邦芑）等。道教也是明清时传入贵州的，福泉的福泉山就是道教内家功的开山祖师张三丰的修炼所之一，是国内有名的道教圣地。伊斯兰教在元代由云南传入贵州，耶稣会在南明永历朝传入贵州。二十世纪初，英国传教士伯格理来到黔西北乌蒙大山深处的苗民中传教，他将基督教与苗族素有的巫教结合起来，在苗族中扎下根来，产生了石门坎文化。

刚才说到会馆。会馆是外省人在流寓地建立的同乡会的活动场所，全国各地都有，但像贵州这样从省城贵阳到各府州县，甚至穷乡僻壤都遍布会馆，却是少见的。如在贵阳，现九华村原是江南会馆，城南的三中处是两广会馆，大十字百花剧院处是湖南会馆，太平路有江西会馆，成都路有四川会馆。会馆的背景是移民，贵州是一个移民省，现在的主要少数民族苗、布依、侗、水、彝等，都是外地迁来的，占人口大多数的汉族更不用说。真正的贵州土著民族，称得上是古夜郎国居民的，只有仡佬族。所以贵州文化带有很大的移民特征。这些人来贵州后，都说自己是湖南人、江西人、浙江人等，从不说自己是贵州人，总认为祖先是外地人，自己也是外地人，这就使得贵州的文化凝聚力相对较弱，这是一方面。另一方面，这些人虽然仍在认同自己的祖籍，但他们将原籍的先进文化带进了贵州，贵州就聚合了各地的先进文化。由于地缘的不同，贵州不同地方的文化就有所差异，如黔北的遵义地区就更多地受到巴蜀文化的影响，黔东的铜仁地区更多地受到湘楚文化的影响，黔西的毕节、六盘水更多地受到滇文化的影响，黔中的贵阳则呈现五方杂处的特色。所以说贵州文化具有极大的包容性。

神话传说背后：对人与宇宙生命的关系的感悟

我们还可以考察贵州的少数民族文化。贵州少数民族的种种神话、传说、歌谣、民俗，长期被人误解，认为是神秘、落后的表现。我们能不能用一种新的眼光来看待它们呢？在神秘面纱的背后到底隐藏着什么？

比如说贵州各民族都有开天辟地的神话，这些神话包含了怎样的理念呢？贵州号称山国，居住在山国的贵州人对天地人之间的关系有何看法呢？一个人，当他笔立于高山之巅，尤其是在晚上，上头是天，下面是地，中间是人，是他自己，他可以感觉到天空的呼吸、大地的呼吸和他自己的呼吸，他就会发出种种追问，如天、地、人是怎么造出来的？天、地、人之间的关系究竟怎么样？这是一种形而上的追问，所以贵州各少数民族都有开天辟地的神话。

比如说苗族认为天地是盘古所开，盘古死后，他的五脏六腑化作宇宙万物：盘古的心是太阳，盘古的胆是月亮，盘古的骨骼是石头，盘古的肉是泥土，盘古的毛发是草木，盘古的血液是河流。他们认为，宇宙与人一样，是有生命的；天地万物与人都是有生命的、相通的。

在布依族神话中，开天辟地的时候，造了十二层天，造了十二层海。"我们就像大雁，张开我们的翅膀；我们就像老鹰，把脚缩在翅膀下。飞上十二层天，腾上十二层雾，去看看那一层层的天，去望望那一层层的雾。""我们飞上第一层天，雾罩变成白云一朵朵，雾罩变成星云一片片"；飞上第三层天，"天上的鸭挤成堆，天上的天鹅拢成群"；飞上第五层天，"来到天帝的大门，左边的门扇雕着凤，右边的门扇雕着龙"；飞上第七层天，"七姊妹正在织绫罗"；飞上第十层天，"见到了老雷公"；飞上第十一层天，"碰见'都卡'（天狗）吃月亮"；飞上第十二层天，"太阳比火烫，不能走近太阳，不能靠拢太阳"；还"要准备麻鞋十二双，要准备花鞋十二双，下水去看看，下海去望望"。这是多么奇特的想象！这种想象让人想起意大利诗人但丁的《神曲》，但《神曲》是诗人虚构的、幻想的，布依族的十二层天十二层海，是他们认定的宇宙、天地结构，他们相信那是真实的。

彝族神话中，曾有天神、地神、风神争大的局面，争得不可开交，这时人出来了，这个三百六十丈高的巨人分别降服了各神，安排他们各司其职，让风神作监督。在这些神话中，包含着少数民族对宇宙、对自然、对人的理解，在他们看来，人与宇宙万物是相依相存、互相转化、相敬相亲、和谐共生的。这些想象很动人，对今天我们理解人与宇宙、自然的关系是有很大的启示作用的。

歌谣里的生死观念与生命体验

比如歌谣。在贵州的节庆日，在乡间小道，在冬天的火塘边，都可以听见唱歌。在歌声的后面，有着怎样的想象呢？

比如可以唱几天几夜的古歌，《贵州读本》中选的是彝族古歌《戈阿楼》，它叙述的是彝族老祖戈阿楼的故事。按彝族的传统，死老人要扎纸马、跳海马舞，让死去的老人骑海马上天去与老祖先住在一起。吟唱古歌的过程，是超越时空的，今人与古人、后人与先辈的灵魂是能相遇、相通的；在灵魂的相遇、相通中，传递着祖先对历史的诉说，传递着祖先的遗训。这一代代地传下来的是什么呢？《戈阿楼》中说，彝族受到异族的入侵，戈阿楼率部族奋起反抗。在反抗侵略的过程中，戈阿楼产生了这样的思想：入侵我们的军队的士兵都是人，都是老百姓，哪个没有父母，哪个没有妻子？杀他们哪一个，我都有罪。为了止息战争，老人宁肯自杀。这首古歌就包含了现代社会所遇到的问题，以暴易暴的问题。戈阿楼说，人父是我父，人母是我母，人兄是我兄，人弟是我弟，大家一个样，天下是一家。这是一种博大的生命意识。虽然民族有别，文化传统有别，但大家都是人，都是生命，所以大家应该相爱相亲。因有这种博大的生命意识作支撑，贵州的各民族才会和睦相处，共生共荣。

贵州的婚丧嫁娶也要唱歌。在这种场合唱的歌，也有许多耐人寻味的地方。贵州人对生比较淡漠，对死比较重视，人死了，要大唱丧歌。苗族的丧歌中唱道："妈妈长眠眠……歌师来唱歌。唱歌带妈妈，带妈妈远行。"苗族的祭师用诗歌的形式引渡亡魂，沿着祖先迁徙的路线，返回东方老家，然后从那里上天去与历代祖先亡魂团聚。"我送你到了，我把歌收了。""把活魂系住，不让跟你走。让它把人护，护活人长寿。"这是"试图通过死亡与远古祖先血缘相连"的努力：死并不是一个生命的终结，而是族群生命永恒联结的开始，借助一个生命的死，族群全体的生命获得了一次解脱和升华。

布依族的丧歌唱道："树死树又生，人死有人接。树死倒在地，人死进棺材。进了棺材像进家，去到仙界像到屋。"在布依族的想象中，死亡如归家；而仙界之家，是一个更加理想化的人间世界。从死的哀歌中，有一种生的快乐。这种歌既唱给死者，也唱给生者。在死的哀悼中，完成了一种心理转换，得到一种平静、平衡，由死亡而深悟近名爱利的虚妄，进而由对死亡的歌唱，进入平和、宽容的生活之境，体会冲淡中的悠远的生命韵味。这背后隐藏着哲理的思考，就是"因死思生，向死而生"。这是现代哲学中的一个重要话题。

还有哭嫁歌。"出嫁"这一人生的大喜日子都要哭泣："啊，啊，明日天亮后""我们父女俩"，"我们母女俩"，"我们兄妹俩"，"我们朋友"，"怎样来分离"。这失声一哭，不但充满了浓浓的亲情，更把人在人生转折时刻生命感受的丰富表现得淋漓尽致。对人的美好情感的这样一种辩证的把握与表现，也同样显示了民间智慧。

贵州各民族丧嫁歌里的生死观念、生命感悟和体验，让我们想起了"乡人如哲人"这句名言。

自然崇拜下的生命敬畏

再看民间盛行的自然崇拜：崇拜山水、草木、野兽等，把它们当神来拜祭。一棵大树上系着很多红布条，表面上看是一种迷信，但其中也隐含着人与动植物、人与自然的关系。在苗族古歌《枫香树歌》中，认为人和万物都是一棵树上长出来的。另一个苗族传说中说，一个人的父亲死了，变成老虎来保护自己的孩子。人与植物、人与动物可以互相转化，因为他们都是同一的生命存在。这是一种敬畏生命、敬畏自然的观念。许多地方都有禁止砍树的碑，把树当作生命来敬畏、爱护。敬畏生命，是以自然为中心，不是以人为中心，人与自然之间是一种平等、和谐的关系，不像后来我们所做的，人向生命宣战，人向自然宣战，还要征服自然。所以说少数民族的自然崇拜中也含了一些形而上的思考。

发展低水平上的自然生态、文化生态平衡

通过以上讨论，我们对贵州文化有了一个基本认识。第一，看似很封闭的贵州，在人和自然、人类的生活需求和自然物种之间存在着一种平衡关系、和谐关系；第二，分属于不同文化传统的各民族之间，长期和平共处；第三，来源于不同国家、不同地区的文化，如儒释道巫以及"五四"新文化等，在落后的水平上，实现了人与自然的和谐、多民族的和谐、多元文化的共生共荣，自然生态平衡与文化生态平衡。贵州是落后的，但她追求的自然生态平衡与文化生态平衡，表达了人类的一种文化理念。这个理念在后工业时代显得特别有意义，因为后工业时代打破了自然与文化生态平衡。

过去人们总是把落后与先进、原始与现代全然对立起来。他们看贵州，总是只看到它落后的方面。如果打破二元对立的模式，用更复杂的眼光来看贵州，就会看到，贵州固然有落后的一面，但也有先进的理念；贵州固然原始，但也有现代的文明。我们用复杂的眼光来看贵州，就会对这块土地有新的发现。

贵州的人才

再讲一点，这就是长期都在讲的问题，即贵州到底有没有人才。清代初年，《桃花扇》的作者孔尚任为贵州诗人吴中蕃的诗集作序，他说天下诗分成十分，"吴越得其五，齐鲁燕赵中州得其三，秦晋巴蜀得其一，闽楚滇再得其一，而黔阳则全无"。不久，一个从贵州来的朋友唐御九带了吴中蕃的诗集给他看，他看了大吃一惊，诗真好，中州大诗人的作品也未必比得上他。贵州果然有人才，但是他最后还是说贵州无人才。为什么呢？他说："有之而人不知，知之而不能采，采之而不能得，等于无耳。"这很能说明问题。贵州有人才，有大才，有奇才，但不能知，不能采，不能得，等于没有。贵州长期被人们忽略了，以致被认为没有

人才。

贵州有没有人才，值得作一回简略的盘点。

奢香夫人，是明代初年的一个女杰，任贵州宣慰使，水西彝族土司的首领。有大汉族主义思想的贵州都督马烨当众裸挞其背，意在激怒她，逼她造反，然后借机灭掉水西土司。奢香部众群情愤激，云集军门，要求举兵报仇雪耻。奢香告诫众人，这是马烨的阴谋，他在制造借口消灭水西。她亲赴京城，向明太祖朱元璋陈述实情，朱元璋为了稳定边疆，将马烨杀了。

《桃花扇》里的杨龙友，是贵州人。他在剧中是一个清客，是他把侯朝宗与李香君撮合在一起，又是他逼李香君嫁给田仰。香君不从，以死相抗，血溅诗扇，他将血痕点染成折枝桃花。南京城破前，他竟"回敝乡贵阳去也"。这真是冤枉了杨龙友。杨龙友是一个忠勇节义之士，最后是抗清牺牲的。剧中杨龙友的行迹都是作者为剧情虚构的，与历史上的杨龙友没有多大关系。他是个大才子，在晚明以诗书画三绝独破天荒，在江南享有很高的声誉。他的诗是"崇祯八大家"之一；他也是吴梅村所称的"画中九友"之一，与董其昌齐名，可是现在人们只知道董其昌，不知道杨龙友，也是受了《桃花扇》的影响。明代除杨龙友外，贵州还有理学家、教育家孙应鳌、李渭和诗人谢三秀等人才。

清代的"西南大儒"郑珍、莫友芝，也是贵州人。贵州文化的发展比中原晚很长一段时间，如汉唐时我们的邻省四川就出现了大作家、大诗人，但到了清代，贵州诗歌才突然令全国瞩目，有"清诗三百年，王气在夜郎"之说。清初周渔璜，就是全国知名的诗家。最重要的还是遵义的郑珍，他被学界称为"清诗冠冕"，甚至说除李杜苏黄之外，鲜有能驾乎其上者。这是很高的评价。他不仅是大诗人，还是大经学家、大考证家。他与莫友芝并称"西南两大儒"。

贵州做官的也不少。贵州人脾气倔强，把山民性格带到了官场上，不大懂得官场的游戏规则，是贵州话所说的"拗国公"，如贵阳人花杰、石赞清，织金人丁宝桢等。丁宝桢任山东巡抚时，就敢把慈禧太后宠信的太监安德海杀了，名震天下。

到了近现代，贵州有一批人走出了大山，走出了国门。遵义黎庶昌曾任清朝驻英、法、德、西等国公使、参赞，后来两任驻日公使，他的《西洋杂志》是最早向国人介绍西洋文化的著作之一。

现在大家都羡慕北京大学，但很少有人知道最早建议创建京师大学堂即今天的北京大学的人是贵州的李端棻。他当时是刑部左侍郎，在戊戌变法中多次向光绪皇帝上奏折，请求推行新政，其中就包括建立京师大学堂。他出任广东乡试主考官时，发现了一位英才梁启超，选为第八名举人，并把堂妹李蕙仙许配给他。他请副主考做媒，而副主考也看中了梁启超，也想把女儿嫁给他，但主考先开口了，他只好作罢。这样贵州姑娘就成了梁夫人。

民国年间，贵州出现了一个大画家。我们知道二十世纪二三十年代，北京的大画家有陈师曾、王梦白、齐白石、姚茫父。姚茫父就是贵州人。他多才多艺，不仅精通文字学，而且精音律、画论，对昆曲皮黄也非常精通，梅兰芳、程砚秋对他都非常尊敬。他不懂英文，却能把泰戈尔的《飞鸟集》翻译成五言古诗（记录者按：自郑振铎白话译本转译）。刘海粟说姚茫父成功的原因，是生于黔又出于黔。生于黔，他接受了黔文化、黔中山水的陶冶；出于黔，他跳出了贵州的限制，到了文化中心、政治中心的北京，接收的信息多了，交流多了，名声就大了。

还有乡土作家蹇先艾，散文家、学者谢六逸。谢六逸是中国最早的大学新闻系——复旦大学新闻系的创始人，曾主编上海影响很大的报纸《言林》，主持贵阳文通书局编辑所，在新闻出版上贡献很大。

发现贵州的人

贵州不仅出人才，而且对外省的文学家、艺术家也很有吸引力。很多人到贵州后，风格就发生了变化。明代，王阳明来过贵州，这位中原文化的大师在荒僻的龙场悟道。他怎么会在龙场悟道呢？显然与龙场的地理环境有关，龙场因此成为世界王学的圣地。我们北大的一群学生曾到龙场朝圣。

一六三八年，徐霞客来到贵州，贵州的高山流水终于等到了知音，他是发现贵州的第一人。

南明永历王朝也在贵州落过脚。红军长征经过贵州，这本是历史事件，但在贵州变成了文化事件。历史的叙述逐渐变成了民间传说、故事，如说百里杜鹃为红军鲜血所染。这样，历史事件就变成了文化事件，融入了贵州文化。

抗战时期，西南联大一批师生，在闻一多先生等人的带领下，步行三千五百里，由湖南穿过贵州前往云南。闻一多看到贵州的奇山异水，兴奋得不得了，画了很多画。他原来的专业是绘画，但那时已经十多年未摸画笔了。他为学生的采风集作的序，引用了一组贵州山歌，如"哪个姑娘不爱我，关起四门放火烧"，是典型的贵州人的热辣辣的爱情。人们说这是野蛮，闻一多为野蛮辩护：你说这是野蛮，对了，我们如今需要的正是它。我们的民族文明得太久，如今人家逼得我们无路可走了，我们该拿出人性中最神圣的一张牌来。他认为我们的文化过熟过烂，缺少生气，就像人被阉割了一样，他称之为阉人文化。这种阉人文化，需要贵州的虎虎有生气的野蛮文化来补充。现在需要用野蛮来对抗侵略者，争取民族的生存、国家的独立与完整。

中国著名现代诗人穆旦的名作《赞美》，就写于穿越于湘、黔、滇三地的途中。他与这块土地及这块土地上的人民有了亲近有了感情后，写出了这首诗。贵州这块土地触发了许多作家的想象和激情。茅盾、巴金、沈从文、叶圣陶、施蛰存、张恨水等大作家都到过贵州，留下了各自的作品。沈从文的《黔小景》是他的代表作之一。许多画家也到过贵州，如丰子恺、徐悲鸿、叶浅予、马得，好些人的画风由此发生了大变化，这说明贵州的山神是宽厚的，它接纳了一切，又毫不吝啬地给予回报。

外国人也一样。一九○二年日本人类学家鸟居龙藏来贵州考察，他认为苗族族群谱系属于印度支那民族，是古代日本民族的来源之一，日本民族与苗族有一种血肉联系。他的观点可以讨论，但说明苗族文化对一个外国学者产生了启示。

我们为什么"不识黔山真面目"？

以上这些事例都说明了这块土地不仅有人才，而且是培育人才的好地方，但我们过去看不到这一点，还被自卑心理束缚着，因此我们必须提出一个严肃的问题，或者叫一个追问：为什么我们对脚下的土地产生了陌生感？这种陌生感对于我们自己，对于我们民族，究竟意味着什么？我们说一种美，一种文化的美，需要有一定的眼光才能发现，没有一定的眼光就看不到。眼睛是心灵的窗户，我们看不到这些，说明我们的心灵出了问题。我们的心灵在哪些地方出了问题呢？第一个，我们被偏见（包括"三座大山"，包括"落后""原始""迷信"）压垮了，产生了强烈的自卑感，总觉得贵州不好，总觉得贵州比别的地方差。第二个，是我们的心灵麻木了。长期生活在贵州，被生活琐事纠缠着，心灵就麻木了，以一种冷漠的眼光看待周围的一切。身在黔山中，"不知黔山真面目"。周围的一切似乎都是非常枯燥、单调、乏味的，长期以这种眼光打量这块土地，就会出问题。

人们现在似乎对贵州这块土地越来重视了，要开发贵州。贵州当然是需要开发的，但是如果以一种开发的眼光来看贵州，把贵州的山山水水、民族风情看作财源，滥加开发，那就变味了，未必是贵州的福祉或机遇。比如现在我们看一些歌舞表演、民俗表演，其中不是一点技术没有，但是已经失去了精神，变成了纯商业的东西。

我们能逃离这块土地吗？

还有一个问题，今天作为重点给大家提出来。现在不仅仅是贵州，包括全国，存在一种很值得注意的现象，我称为"逃离现象"：乡村往小城市跑，小城市往中等城市跑，中等城市往大城市跑，大城市往国外跑。怎样看待这种现象呢？要从两方面看。一方面，这是人的权利。我为什么不能到城里去？我为什么不能到国外去？走出去这是我们的权利，现在又是有条件的。你出国，取得外国国籍，在全球一体化的时代，都没有什么值得非议的，但如果把它作为一种文化思想现象来看，就值得思考了。在这种现象的背后，隐藏着什么原因呢？我们需要讨论的是这一点，而不是个人选择问题。

这种现象，出现在全球化的背景下。对如何认识全球化，我们需要怎样的全球化，有两种认识思路。一种思路是认为全球化就是以某一种文化统一全世界，当下就是以处于强势地位的美国文化来统一全世界，消灭文化的差别。另一种思路是，目前在中国，在世界，全球化包括两个侧面，一是全球化包含一些共通的、普适性的东西，即人类文明的共同积淀，人类共同的价值观念、共同的原则，有全球融合的趋向；另一方面是要尊重、发展、保持各民族文化的特点，形成一个多元文化的结构。

不能小视消灭文化差别的趋向，在我看来这是会造成一些民族文化的危机的。消灭文化差别涉及民族的语言问题、母体的语言问题。对此，我讲两个最近接触到的事情。大家都知道，最近北京大学在搞教育改革，在最早的教改方案中，有一条因教授们坚决反对而被取消了，这一条是什么呢？是规定今后北大的教授必须能用外语讲课。我们中文系的教授拍案而起："要我们用外语来讲《诗经》吗？"这一条虽被取消了，但是由此可以看到它里面包含的一个理念，就是所谓一流大学就要用外语作教学用语及工作用语。据说有个医院也进行类似的改革，要求医生查房用外语。这个理念非常可怕，而且作为一种样板提出来了。有人说资本主义国家的学校常有这种情况。是的，有些课程是需要用外语讲授的，我们并不封闭，但全部或大部分课程都要这样做就不对了。中国大学用英语讲课，美国大学为什么不用中文讲课呢？现在有些青年人，北大的尤其突出，他们外文很好，这当然是件好事，我很羡慕他们，因为我的外文很差；但他们的中文太差了，差得与外文不成比例，这就是大问题了。大家想想，今后我们的孩子如果只能用英文写作，完全不能用中文写作，真是个大问题。一些从西藏回来的朋友说，西藏也存在这种现象，很让人吃惊，说现在的西藏的孩子都不愿意学藏文了，都自愿学汉语、学外语，但没有人强迫他们。如果哪一天藏语被消灭了，藏族文化就完了。少数民族文化遇到了严峻的问题,即母语教育的问题。小则一个民族,大则一个国家,在全球化的背景下,都会因此出现文化危机,我们必须重视这个问题。

逃离现象使一个人对自己生长的土地的文化,越来越无知,越来越不认识这块土地了,这块土地上的父老乡亲也成了陌生人。不仅在认识上陌生了,而且在心理上、在情感上也疏离了。这就涉及一个生存问题,一个存在问题。我在北京与许多人讲这个问题。一个人到北京去,或到外国去,都很难融入那里的文化,即使取得了北京户口、外国国籍,仍然很难进入北京文化、外国文化。当然在北京要好一点,毕竟是本国,到外国就不同了,进不去。这时候总要想念自己的家乡,还有一条根,可以回来。如果你对本土产生了陌生感,在情感上已经疏离了,你就回不来了。那边进不去,这边回不来,你就成了悬空的人、无根的人,新一代就变成了无根的一代。

失根的危险:漂泊者与守望者的生命存在危机

在座诸位都是贵州人,也面临这个问题。我在《贵州读本》的序言中说,生活在贵州这块土地上的人有两种选择,一种选择是走出大山,一种选择是不离故土。这两种选择都有它的意义和价值。走出大山的人,我概括为漂泊者;更多的人,由于种种原因,走不出去,就成为土地的坚守者、守望者。漂泊者也会遇到回来还是继续漂泊的困惑,守望者也有逃离还是继续坚守的困惑。但不管是守望者还是漂泊者,如果他有根的话,就能很大地缓解他的矛盾。漂泊者只要与这块土地保持一种血肉联系,自身就还有依靠,还可以回家,还有一个心灵的家园,可以随时回来。守望者,如果他对这块土地有感情,就会觉得自己的工作是有价值的,觉得是在为乡土服务,为父老乡亲服务,就能在其中找到自己的生存价值。如果没有根了,漂泊者就走上了永远的不归路;而守望者虽然生活在这块土地上,天天见着这块土地,却看不到它的美,对这块土地的一山、一水、一条小道,再也不感兴趣了,麻木了。你讨厌土地,但又走不了，造成巨大的精神痛苦，你的生存就没有意义、没有价值。所以能不能与土地及土地上的乡亲保持血肉联系，涉及每个人的生存问题、存在问题。这就是我在这里要反复地讲"认识我们脚下的土地"这个命题的原因。

我们如何扎根在这块土地上？

最后，我想讲一个问题：我们将如何扎根在这块土地上，这是我今天最想与年轻的朋友讨论的问题。

首先，要重新认识、重新发现脚下的这块土地，用一种新的眼光去发现她；如果对熟悉的、司空见惯的、普通的事物，包括山、水、人，以新的眼光去看，就会有新的收获。美国作家梭罗在《瓦尔登湖》中说过，每天一觉醒来，都有一种黎明的感觉，一切都是新鲜的。所以我建议大家，去重新观察、重新认识脚下的这块土地。

怎样去认识？我认为首先要了解贵州历史上的名人，因为他们代表了贵州文化的精华。通过读他们的著作、读他们的传记来接触他们，了解贵州文化；另一方面还要了解大多数的普通人。正如鲁迅所说的，天才是要靠泥土来培育的。既要了解名人，也要了解平民百姓。所以我们的《贵州读本》设了"凡人碑"这样一个单元，就是为普通人立碑，其中有一篇写到天天在贵阳看到的"背篼"。不要看不起他们，要去读平凡的人，他们身上也负载着贵州文化，他们在默默地支撑着这个世界。要到寻常百姓家去体会贵州文化。

贵州的典籍文化相对薄弱，但贵州的民间文化却非常丰富，包括民俗民风、节庆、传说、歌谣等，可以到其中去理解贵州文化。我特别建议大家，要关注贵州方言，贵州方言背后有很深厚的文化。《贵州读本》中也设了方言单元。此外贵州文化很多是保留在石头上的，如摩崖碑刻，这些也需要去阅读。

还有应该怎样来开发这块土地。这里有一个矛盾。贵州很落后，必须要改变这种状况，解决很多人的温饱问题；但另一方面，在开发的同时，保护文化，这是一个问题。我说过贵州文化中有人与自然的和谐，有敬畏生命的观念，开发贵州就应该以此为指导，而不是以反自然的立场来开发贵州，以征服者的姿态去破坏自然生态平衡。破坏了自然的生态平衡，它就会报复你。在开发中，我们搞不好会成为不肖子孙、败家子。文化的破坏是无法弥补的。不能以掠夺的方式发展经济，不能走先破坏再建设的老路。北京的建设出了很多问题，北京已不是我的北京了，王府井与纽约的大街没有什么差别，都是类似的建筑。贵州没怎么开发，我认为是好事。如果贵州变成了小北京、小纽约，那还有什么意思。当然有人认为变成北京、纽约最好，但我们还要为子孙后代负责，不能把特点都毁了。所以在未大开发前，要好好讨论讨论，脑子要清醒。这当然是很复杂的问题，不是容易能说得清楚的，但是必须正视这个问题。

第三，作为年青一代，我们应该怎样回报贵州这块土地。在十九世纪末、二十世纪初，贵州大批学子走出大山，甚至走出国门去求学，形成了贵州人才成长的一个高峰期。这批人也有漂泊、守望两种选择，漂泊者如姚茫父、谢六逸等，对外地文化做出了自己独特的贡献，这是我们贵州人的骄傲；但更多的人回到了故乡，他们的理念是：服务乡梓，传播新文化，为后人留下一点文化的种子。他们怀着这样的拳拳之心，踏踏实实地从事地方的教育、体育、卫生、新闻、出版、学术、群众文化工作，比如办学校、开书店、办报刊、搞图书出版、作民众调查，在文化开拓与文化坚守中找到了自己的用武之地。我以为这些先人们的经验，是值得今天的贵州学子们借鉴的。

在座的诸位，可能有的会走出大山，离开贵州，大多数同学是离不开这块故土的。你们也有两种选择，一是对土地、人民很冷漠，时时思去而又走投无路、怨天尤人；另一种选择是用一种理想主义的精神来照亮你的工作，从事地方的文化建设。这是贵州的发展所特别需要的，贵州的发展最终还得依靠贵州自己来进行。要在工作中加深你对这块土地的认识，密切与这块土地的血肉联系。你应该是当地文化开拓、文化坚守的第一人。

这正是当下中国许多青年的大学生们所考虑的问题。我与北京、上海的学生有一些接触，知道上海复旦大学、华东师范大学成立了各种学生社团，如乡土中国学会、少年中国学会；北京大学有一耿学堂，北京师范大学有农民之子学会。这些社团有一个共同的做法，就是联合起来，到乡村去做社会调查，给乡村一些力所能及的帮助。如在北京，他们给农民工子弟办学校、培训教师，为打工者传授法律知识。他们利用自己的专业知识，为弱势群体、贫困地区做事。

有一个有趣的现象是，这些学生社团，这些年轻的理想主义者，他们在从事乡村的研究时，都不约而同地把目光转向贵州。北师大的农民之子学会在贵州进行过调查、支教，北大一耿学堂曾专程到阳明洞朝圣。外省的学生都这样关心贵州，贵州本地的学生就更应该，也更有条件来做这样的事情，从事乡村的基本建设，在这一过程中认识这块土地，与这块土地建立血肉联系。我期待着与年轻的朋友们共同去关心贵州这块土地，去发现、认识贵州的地理与历史文化，与这块土地上的父老乡亲对话，共同感受生命的快乐和痛苦，从而领悟生命的意义和价值，并将这一切融入自己的灵魂血肉中，成为生命成长的底蕴与根柢，为我们今后的发展奠定一个很好的精神基础。这就是我今天要讲的。谢谢大家。

（王尧礼记录、整理）

"我们"中的"我","我"中的"我们"

——论价值重建

（在北京大学"我们"文学社十周年社庆上的讲话）

"我们"社成立十年了！这是很让人兴奋的。一个大学里的学生社团，能够这样坚持下来，而且队伍越来越壮大，很不容易。这是我首先应该向大家表示祝贺的。同时，作为一个顾问，我也有很多的感慨，因为在座的同学，我都不认识了。我是二〇〇二年八月退休的，而同学们大部分都是在此之后入学的。见到你们，我真觉得自己已经老了。不过我们之间好像还能够进行对话，这又是我感到欣慰的。

今天，我主要想和同学们讨论一个问题。十年前，"我们"社刚成立时，我有一个题词，讲的是我对"我们"社命名的理解，一共十个字："我们中的我，我中的我们。"当时，我没有作任何解释，这十年来，也没有机会讲，今天，就来作一个迟到的说明吧。

我之所以十年不变地关注，今天又要特意谈这个问题，是因为"我"和"我们"的关系，是一个现、当代文学里的大问题，也是一个人生的大问题。这个问题在当下的中国，或许还有一种现实的意义和迫切性。

这也是最近我一直在思考的问题。随着经济的发展，大多数人已经基本上解决了温饱问题；在座的同学，大部分已经做到了"衣食无虞"，不愁吃，不愁穿，也有地方住——其实，这都是因为你们的家长、国家给包了。这时候，你就应该考虑，如何有尊严、有意义地活着，追求怎样一种合理的、更健康的生活方式和生命存在方式，这就是"价值重建""生活重建"的问题。具体地说，你就必须思考：要追求怎样的更健全的人性发展？如何更新、建立更健全的物质和精神的关系？如何更新、建立更健全的人与人之间的关系，个人与群体的关系，个人和国家、社会、世界的关系，个人和自然、宇宙的关系……以此重新确立自己的生命个体在群体、社会、世界中的位置，建立属于自己的健全的人性秩序，为自己的生命给出一个意义。

在这样的视野下，同学们大概已经明白我今天要和大家讨论的问题的意义了。"我"和"我们"的关系，也就是"个体"和"群体"的关系，应该是我所说的"价值重建""生活重建"的核心问题之一。它所涉及的问题也很多，今天无法全面展开。我想从一个历史的角度来讨论，看看二十世纪里我们中国人、中国知识分子在这个问题上曾经有过怎样的思考，曾经走过怎样的路：这也是我经常提到的"二十世纪中国经验"的一个组成部分。

中国的文化传统是比较强调"我们"的，它对人的理解和想象是：人是家庭中的人、社会中的人、国家中的人，而比较少地考虑个体的人。鲁迅他们那一代，以后"五四"那一代，所面临的就是这个问题。鲁迅在"五四"时期所写的杂文里，就十分感慨：中国人只有"父亲的儿子""母亲的媳妇"的概念，而没有"人之子"的概念，不承认子女是"独立的人"，有"与成人截然不同"的独立的"孩子的世界"。这样，就不可避免地会产生子女对父母的依附关系，"以为父对于子，有绝对的权力和威严"。因此，鲁迅这一代先驱者就提出了要"解放自己的子女"的呼吁，其关键就是承认他们的生命个体独立的地位、权利和价值。（参看《我们现在怎样做父亲》等文）于是，就有了鲁迅的小说《伤逝》的女主人公子君的那一声呐喊："我是我自己的，他们谁也没有干涉我的权利！"这里的中心词，显然是"我"，这在中国历史上是破天荒的，几乎可以看作"五四"那个时代的最强音。这样，"个性解放"就成为"五四"思想与文学的基本主题。"五四"文学之所以那样风靡一时，就是因为塑造了有着鲜明的个性、独立的意志，努力掌握自己命运的男女主人公的形象，这是中国历史上从未有过的"新人"，传达了那个时代的年轻一代的心声。

值得注意的是，早在"五四"时期之前，在二十世纪初期，鲁迅在《文化偏至论》里，还对"类"的观念，即仅把人归为某一"类"，而不是某一"个",提出质疑。比如把人仅仅看作"国民",而忽视其"个人"的存在，这是一种民族主义的人的观念，发展到极端，就成了国家主义，即强调为了国家的利益，应无条件地牺牲个人利益、个人权利和自由。当时孙中山就竭力地鼓吹这样的国家主义，以后几乎所有的中国政治家、政治领袖也都宣扬"国家至上"，使它成了现代中国的主流意识形态。这引起了启蒙主义的先驱者的极大警惕。在"五四"新文化运动中，陈独秀就专门写文，批判国家主义，提醒公众要提防掌握国家权力的利益集团，以"国家代表"的身份，打着"国家利益"的旗号，要求人民无条件地牺牲，放弃对个人幸福、权利、自由的追求。他还指出，片面强调"国家至上"的"爱国主义"，容易陷入非理性，容易被利用。这样的提醒，在今天仍不失其意义。

鲁迅则针锋相对地提出了"个"的概念。我在《与鲁迅相遇》的课上，有过这样的解释和发挥："鲁迅讲的'个'有两个意思：一是真实的、具体的人，而不是普遍的、观念的人；一个是个别的、个体的人，而不是群体的人。我们常讲'人民''群众''为人民服务''为群众服务'。'群众''人民'，这是观念的人，不是具体的人；是群体的人，不是个体的人。这是很容易被'调包'的：口头上讲的是抽象的、群体的'人民''群众'，真正一落实下来，就变成为'人民''群众'的'代表'（那倒是具体的、个体的某某官员）了。鲁迅要强调的是'每一个'具体生命'个体'的意义和价值，他把人还原到人的个体生命之中。真正的人道主义要关怀具体的、真实的人，要强调每一个具体的人的生命价值和意义。"因此，鲁迅强调，人的思想行为必须"以己为中枢，亦以己为终极"，以己为"造物主"。也就是说，他赋予"个""己"的概念以终极性的价值，人自己就是自己存在的根据和原因，不需要到别处去寻找根据和原因。此话非同小可，也就是说不要"上帝"，也不要上帝的"代言人"，不要"众意"，而要自己做主，自己裁判，自立标准，自己执行，同时自己负责。所以鲁迅讲的个性、个体，其意义不是放纵的，而是很有责任感的，自己选择的同时自己要负责，自身到自己那里寻找存在的意义和价值。这样，鲁迅就把"我"的意义提升到了存在论的高度上。鲁迅讲"立人"，追求的就是"人的个体精神自由",这几乎就是鲁迅思想的出发点与归宿。

鲁迅的另一个提醒,也很值得注意。他指出,不能将"个人""个""己""我"的概念,混同于"害人利己之义"。这里提出的要划清"己"和"害人利己主义"的界限,是非常重要的。也就是说,在强调"个人"("己""我")的独立价值和权利,强调发展人的个性的同时,也还存在另一个层面的问题:这是怎样的"个人""个性",怎样的"我"和"己"?

是具有广阔的现实的、历史的、人类的、生命的关怀的博大的"我"和"己",还是自我中心的狭窄的"我"和"己"?于是,就有了二十世纪三十年代鲁迅所提出的警告:如果"所感觉的范围颇为狭窄,不免咀嚼着身边的小小的悲欢,而且就看这小悲欢为全世界","过于珍惜有限的'哀愁'",就会变成"顾影自怜"。(《〈中国新文学大系〉小说二集序》)这是另一种形式的个体生命的萎缩和扭曲。

鲁迅在二十世纪三十年代提出这样的警告,也不是偶然的。因为当时的中国,正面临着严重的社会危机和民族危机,而处在国民党一党专政统治下的知识分子,在陷入苦闷与孤独中时,感到了"自我"的渺小与无力,渴望融入一个大的"群体"中,在集体的反抗里,获得个体生命的力量和意义。于是,在相当一部分知识分子,特别是左翼知识分子中,就出现了由知识分子自我走向工农大众的转变。后来成为"左联"五烈士之一的诗人殷夫在《一九二九年的五月一日》这首诗里,对自己参与革命群众运动时的内心感受有过这样的描述——

> 我突入人群,高呼:
> 我们……我们……我们
> ……
>
> 呵,响应,响应,响应,
> 满街上是我们的呼声!
> 我融入一个声音的洪流,
> 我们是伟大的一个心灵。

满街都是工人，同志，我们

满街都是粗暴的呼声。

一个巡捕拿住我的衣领，

但我还狂叫，狂叫，狂叫，

我已不是我，

我的心合着大群燃烧！

同学们自然会注意到，这里的中心词已经是"我们"了：这大概就是二十世纪三十年代的时代最强音，而且几乎延续到二十世纪七十年代末。殷夫当时还有一首诗，题目就叫《我们》："我们的意志如烟囱般高挺，/我们的团结如皮带般坚韧，/我们转动着地球，/我们抚育着人类的运命！/……/我们是谁？/我们是十二万五千万的工人农民！"应该说，诗人所表达的知识分子个体在以工人、农民为主体的革命集体中找到自己归宿时，所感到的生命的充实、喜悦和自豪，是真实与真诚的：这样的"我们"可以称得上是三十年代的"新人"形象。这也就说明，"我们"意识、情感的出现，它对人的群体性的强调，要依靠组织起来的集体的力量来解决自己的问题的人生道路、社会变革道路的选择，是具有合理性和历史意义的；但这也预伏着危险："我已不是我"，可能导致"我们"中的"我"的感情和个性的湮没，以至消失。此后的历史发展，正是这样一个合理性逐渐失去，负面作用逐渐显现的过程。

这里，有一个重要的关键：早在"五四"时期，鲁迅等先驱者就曾经提出过一个"自他两利"的伦理观："人类总有一种理想，一种希望。虽然高下不同，必须有个意义，自他两利固好，至少也得有益本身"（《我之节烈观》），强调的显然是"自"（"我"）与"他"（"我们"）之间的统一、"利己主义"和"利他主义"的统一，而又以"有益本身"为底线，即所谓"个人本位"。而四十年代提出的"毫不利己，专门利人"的新伦理观，从某种意义上说，正是对"五四"伦理观的否定："毫不利己"就是对我们前面谈到的鲁迅所提出的"己"的观念、"个"的观念，对人的个体性的全面颠覆，对个人欲望、利益、权利的全盘否定；而"专门利人"里的"人"，所指就是"我们"，即群体的、抽象的、观念的人，它提倡的是一种以牺牲个人为前提的"集体主义"精神，而这样的"集体主义"和"五四"所说的"自他两利"中的"利他主义"（那里的"他"和"自"一样，都是具体的个体生命）是有着质的区别的：所要求为之牺牲的"集体"利益，往往是"集体利益代表"的利益。

问题是，这样的彻底否认"个体生命"的意义和价值、完全把"我"消融于"我们"的伦理观，后来成了国家意识形态，体现为一种权力意志，"我们"开始上升为一种和权力结合在一起的秩序、体制。在所谓"个人主义是万恶之源""兴无灭资"的口号下，一切个人情感、欲望，以至兴趣、爱好，一切对个人利益和权利的追求、维护，都被视为"资产阶级思想"、罪恶的渊薮而彻底扫荡，其目的就是要求每一个人都以自称代表"我们"的意志的组织的意志为自己的意志，以组织的利益为自己的利益，无条件地服从和奉献。用当时最流行的话来说，就是做"驯服工具"。这就走上了极端：不仅完全否定了"我"，否定人的个体性存在，"我们"、人的群体性的意义也被扭曲和"调包"了，人变成了一个纯精神化与集体化的政治动物。

因此，在"文革"结束以后的八十年代，"回归五四"成为一种时代要求，就是可以理解的。于是，"我是我自己的，谁也没有干涉我的权利"的"个性解放"的呼声，再度成为八十年代的时代最强音，"我"再度成为一个中心词。应该说，对个体生命价值、权利的重新确认，对个人欲望与利益的重新肯定与保护，在八十年代的思想解放、八九十年代市场经济的发展中，都起到了积极的作用。

但历史的发展很快就转向了另一个极端：市场经济中很快就充斥着资本主义原始积累时期"弱肉强食"的"丛林法则"，"他人即敌人"的"害人利己主义"的伦理，很快就在事实上成为人们处理个人与他人、群体的关系的原则，并且严重地腐蚀着年轻一代的心灵。这真是历史的大嘲讽：当年，我们天天大喊"狼来了"，把一切对个人利益和权利的维护，都看作"资产阶级思想"；现在，真的资本主义（而且是原始资本主义）

的丛林法则、损人利己、自我中心主义"来了",人们竟然趋之如鹜。个人欲望不加节制的极度膨胀,对个人利益的追逐,成了人活着的唯一动力,成为人与人关系的唯一联结与尺度:人就这样变成了一个纯粹物质化和个人化的经济动物。这不仅是对"我们",即人的群体性的根本消解,而且是对于"我"——人的个体生命的另一种形式的扭曲。

于是,这些年,又开始了对"我们"的呼吁和对"集体主义"的重新提倡,但人们却又不免担心:会不会又回到那个要求人们为打着"国家的利益""集体的利益"旗号的"我们的代表的利益"而无条件牺牲"个人利益"的年代呢?

这正是我今天要来和同学们讨论的:在"我"和"我们"的关系的问题上的历史经验、教训的原因。可以看出,"我"和"我们"本来分别表现了人的个体性与群体性的存在,应该是统一的,但在中国传统与现代思维中,却总是把"我"和"我们"对立起来,把人的"个体性"与"群体性"分割开来。而在一百多年的社会实践中,更是从一个极端跳到另一个极端:忽而强调"我",全盘否定"我们",变成无"我们"之"我";忽而强调"我们",全盘否定"我",变成无"我"之"我们"。应该说,每一次重心的转移(如二十世纪前二十年突出"我",三十年代至七十年代强调"我们",八十年代再度突出"我",新世纪又提倡"我们"),都不是没有道理的,但每一次都会矫枉过正,将其发展到极端,从而丧失了合理性,然后开始新一轮的矫枉过正,如此循环不已,每一次都从不同方向造成了对中国人的人性与国民性的扭曲。我把这叫作中国人性发展、伦理发展中的"钟摆现象"。

今天,这样的在两个极端间的摆动不能再继续下去了,我们要回到"中点"上来,即回到人的个体性与群体性、"我"与"我们"的辩证统一上来,也即在二者的"张力"既矛盾、冲突、相互制约,又相互补充、妥协、调整之中,获得人性的健全发展。

于是,就有了"我们中的我,我中的我们"这样的新的思维。

所谓"我们中的我",就是强调"我们"(群体)的发展,必须以"我"(每一个具体的个体生命)的自由和发展为基础、出发点和指归。社会("我们")发展的成果必须为社会的每一个成员享用,必须落实为每一个"我"的发展。这其实就是马克思、恩格斯在《共产党宣言》里早已确立的理想与原则:我们要建设的是"这样一个联合体,在那里,每个人的自由发展是一切人的自由发展的条件"。

所谓"我中的我们"则是强调,"我"的"个体生命"是一种"大生命",是包容"我们"的,这就是我经常提到的鲁迅的生命体验:"无穷的远方,无数的人们,都和我有关。"所谓"心事浩茫连广宇",整个国家、民族、世界、人类、宇宙的生命都和"我"有关,"我"的生命的独立、自由,是和"我们"所有的生命的独立、自由息息相关的,只要有一个生命不独立、不自由,"我"就是不独立、不自由的,也就是说,只有在"我们"(群体)的共同发展中才会有"我"的真正的个人发展。这样的"我",不但对自我的生命有一种承担,而且对整个国家、民族、社会、人类("我们")的生命也都有自觉的承担,我们也正是在这样的对"我"和"我们"的双重承担中,获取个体生命的意义和价值。

这里贯穿着两个基本理念:一是提倡"个体生命本位",以社会所有的人、每一个具体的人的个体生命的发展为目标;二是倡导具有自我和社会"责任感""承担意识"的个体生命的健全发展。这正是我们所要建设的"我"与"我们"、"个人"与"群体"的新关系的两个关键词:"个体生命本位"与"责任(承担)"。

我想,我的意思已经讲清楚了,就以此作为对"我们"社十周年社庆的祝词。

2008 年 3 月 14 日—15 日整理,补充

和志愿者谈生活重建

（2008 年 10 月 5 日在中国人民大学乡建中心讲，
2008 年 11 月 8 日在北京大学讲）

这是我这一两年一直在关注与思考，并在许多场合一再谈及的问题：基本上解决了温饱问题的中国，应怎样实现制度、文化、价值与生活的四大重建？今天，我想和诸位一起讨论其中的一个方面：生活重建的问题，或者说，从生活重建这一角度切入，在另一层面上讨论四大重建问题。

对消费主义生活方式和价值观的质疑

我想从当下所面临的全球性金融危机说起。这一次金融危机可以说是震撼了全球，并引发了对许多问题的重新思考。这一反思涉及许多方面，其中和我们要讨论的问题有关的，是人们发现，引发金融危机的一个重要原因，就是人的贪婪、透支消费，而在透支消费的背后，是一种消费主义的生活方式；由此引发的是对消费主义的生活方式及其背后的消费主义价值观的反思。这样的消费主义的生活方式、价值观，不仅盛行于欧美西方国家，而且在中国，甚至是在中国的农村也大有市场，深刻地影响了许多人，特别是年轻一代的生活方式与价值观念。

在这里，我要向大家介绍一篇报告文章：《消费主义文化在中国社会的出现》（作者：陈昕、黄平）。据报告的说明，所谓"消费主义是指这样一种生活方式：消费的目的不是为了实际需要的满足，而是在不断追求被制造出来、被刺激起来的欲望的满足"。它通过大众媒体的推动和扩散，已经深入中国城市和农村，在城市里表现为"求新、求贵、求名、求洋"，在农村则表现为"高收入家庭的奢侈和炫耀与低收入家庭的模仿和攀比"，而且形成"流行消费符号链条"："村里追乡里，乡里追县里，县里追市里，小城市追大城市，大城市追赶国外和港台地区"，"从世界上最发达地区到中国乡村的最不发达地区"——这大概也是全球化时代的一个特点吧。也正如报告所说，"在最基本的生存需要（主要是由生理需要所决定）满足以后，对生活的其他欲求的内容主要应由社会价值所决定"，因此，消费主义"所涉及的不仅是经济问题，而且是整个价值观念和生活方式的深刻变异"。这是一个重要提醒：我们正在讨论"生活重建"，实际上这样的重建已经开始；因此，我们又需要追问：这是怎样的重建？

消费主义所建立起来的是怎样一种价值观念和生活方式呢？概括地说，有以下几个特点。一、物质第一，欲望第一，以满足不断增长、不断变化，因而永无止境的物质欲望为追求目标，其背后是一个将人视为"物质欲望动物"的理解与想象；二、以高消费（奢侈消费、一次性消费、高额度、大批量消费）和豪华享受为"现代生活"，其背后是一种"现代化"想象；三、以消费能力和消费生活为社会地位、个人成功、声望的评价标准，"消费便成为人们生活意义的来源和不断追求的对象，甚至可以说它在不断地制造关于什么是'成功人士'，什么是社会品位，以及什么是'美好生活'的幻象"；四、为满足无止境的物质欲望，就必然无止境地追求金钱，形成"金钱崇拜"，在中国的体制下，为追求"钱权交易"，也会同时产生"权力崇拜"和对权力的驯服，因而，这样的消费主义是得到权力和市场的双重保护和鼓励、支持的；五、以上一切想象、理解、追求，都是以人们想象中的"西方世界"，而且主要是"美国模式"为样板的，这背后同样有一个西方（美国）崇拜以致"现代化、全球化就是美国化"的想象；六、消费是有等级的，这样的消费等级尽管实际是社会不平等关系的一个折射，却被"消费面前人人平等"的假象所掩盖，并形成了论者所说的消费伦理："只要你能挣，你就可以花；奢侈在当今不算什么，挣不到、没得花才是问题；达不到当今流行的消费水平是你无能，是丢面子的"，由此形成的是"有钱奢侈光荣，无钱消费可耻"的舆论。在这样的舆论压力与诱惑下,消费竞争就大大加剧了。"用一切办法挣钱供消费"成为追求,也形成了高度紧张的工作和生活方式,同时产生的是随时可能被淘汰的不安全感与焦虑感,造成了许多生理和心理疾病。以上几个方面,实际上构成了一种"消费主义的意识形态"。正如调查报告所强调的,当消费主义占据了支配地位时,它同时是一种"文化霸权",它"控制了人们的消费的'需求'与欲望,就控制了人们的价值选择和以此为前提的制度的生产与再生产",以及生活方式的选择。

因此,这样的消费主义的价值观念和生活方式,是可以从几个方面进行质疑的。首先,如前所说,消费主义鼓励的是一次性、高额度、大批量的奢侈消费,它必然是"对能源、材料、资源、技术以及劳动的高消耗,通常也是对环境——生态的大规模的破坏"。这个问题,今天已经看得越来越清楚了,今年所发生的能源危机、气候危机以及接连不断的自然灾害,更是向人类提出了一个警告:这样的高消费、高消耗、高污染、环境大破坏,再也不能继续下去了。不仅不应允许,而且几乎不可能了。应该说,人们所称羡的美国发展模式和生活方式,是在世界殖民主义时代的特殊条件下形成的:以美国为首的西方发达国家,实际上是在国内实行高消费、高享受,而把必然同时产生的环境危机、生态危机转嫁给了作为殖民地、半殖民地的不发达国家。我们且不说这有违社会平等、公正的原则,而且在今天的世界上显然已经不可能复制,像中国这样的人口众多的后发达国家再也不能、也不可能走这样的高消费、高消耗、高污染的道路了,必须做出别样的选择。这一点,我想,在这一次全球金融危机中,我们应该看得更清楚,而且这样的别样选择具有越来越大的迫切性。

当然,更重要,也更根本的,是这样的消费主义的价值观和生活方式,会对现实生活中的社会不平等、腐败等消极现象以及体制和市场的弊端,形成掩盖和遮蔽,使之合法化、合理化,同时对年轻一代进行错误的引导:因为从根柢上,它将导致人的异化。这里需要对消费与消费主义作必要的区分:物质消费的合理性是毋庸置疑的,我也经常引用鲁迅的那句话："一要生存，二要温饱，三要发展"，说明发展不仅是精神的发展，也包括超越生存、温饱层面的物质生活的发展与享受；但鲁迅同时又解释说，"我之所谓生存，并不是苟活；所谓温饱，并不是奢侈；所谓发展，也不是放纵"（《北京通信》）。消费主义的要害和问题，在于前述报告所强调的，消费的目的不是实际需要的满足，而是被刺激起来的欲望的满足，"人们所消费的，不是商品和服务的使用价值，而是它们的符号象征意义"，在这样的"虚幻的和无止境的需求"中，人事实上成了自己欲望的奴隶、物质的奴隶，像人们常说的"房奴""名牌奴"等，而且还必然成为金钱的奴隶和权力的奴隶。此外，激烈竞争中的不安全感和焦虑感，也会梦魇般地压在人的心上，人即使得到了高消费、奢华享受，也只有瞬间的感官和虚荣心的满足，难以产生持续而实实在在的幸福感。

但同时也要看到，这样的消费主义在中国已成趋势，得到了"千百万人的'积极同意'和'主动实践'"，而且还特别得到许多青年人，也就是你们的同代人的认同。许多城市里的青年都以成为这样的高消费、高享受的"成功人士"为自己的梦想，如调查所表明，乡村年轻人、有机会出入于城市和乡村的年轻人，更是这样的城市时髦的追逐者。这都构成了消费主义的某些正当性：尽管消费主义作为一种引领社会的思潮，是存在弊病并会产生有害影响的，但作为个人，如果是用自己诚实的劳动去追求高消费、高享受，也似乎无可厚非，我们不能用道德主义的眼光去评价、看待消费主义。

这样，我们就既不认同消费主义，甚至对之持批判的态度，但又无法从根本上改变这样的趋势，那么，我们应该怎么办？

我们理想的"新生活"

我们只能从自己做起。

这就说到了我对志愿者工作的意义的一个认识。我想引入一个概念，这是后来成为捷克总统的作家哈维尔提出的。以后有机会我想和志愿者专门谈谈哈维尔的思想，今天只谈他的一个命题，叫"存在革命"，就是强调"从改变自己的生活开始，从改变自己的存在做起"，以"建设你自己"，作为"建设社会的开端"。这就是说，我们要在"现有框架内加进一个异数"，在许多人按照消费主义的价值观和生活方式生活时，我们选择另一种价值、另一种生活方式，这实际上是不公开对抗下的抵抗，用行动来开创另一种可能性。这样的另一种选择，对于我们自身，是在追求人有意义的存在，而它也会对社会产生影响，至少可以表明，已经成为时尚的消费主义的生活方式不是唯一的，人还可以有另一活法；而且我们坚信，我们所选择的新的生活方式，是根植于人的生命存在的内在需求的，因而是有生命力的，能够唤起社会的隐藏力量，尽管眼下还显得不合潮流。这其实也正是志愿者工作的意义和特点：它实质上是在进行新价值、新生活的实验，可以说是新价值、新生活的先行者，正如鲁迅所说："地上本没有路，走的人多了，也就成了路。"

因此，我们下面的讨论，既有现实的针对性，更具有理想主义色彩。我想从五个方面来展开。

第一个要提出讨论的，自然是如何处理物质与精神的关系，也就是说，在温饱问题基本解决，人在获得生命所必需的物质以后，应该做怎样的选择？是像消费主义者那样，无止境地追求物质享受，以不节制的物欲满足为生活的意义，还是另做选择，不追求物质生活的奢侈豪华，转而追求人的精神生活的发展。在某种程度上，这正是向人的生命本质迈进：人最终和动物区分开来，人之为人，就是因为人有精神的追求。这是另一种活法：追求简单的物质生活、丰盈的精神生活，做一个"外表生活俭朴，内心世界丰富"的人。用我这几年一直向年轻朋友鼓吹的话来说，就是"脚踏大地，仰望星空"，让我们的生命向两个方向伸展：把生命之根深扎在大地中，和养育我们的土地、土地上的文化、土地上的人民保持密切的精神联系；同时，把生命的枝丫伸向星空，向超越于现实物质生活的人类的、宇宙的、历史的、文化的精神空间扩展。

这里有生命的取舍，一方面，是舍弃，"需要极少"，过简朴的生活。我最近看过一篇文章，题目叫《将循环经济建设成为新的生活文明》（作者：潘洪其，载二〇〇八年九月一日《北京青年报》）。文章谈到循环经济的基本原则就是资源消耗的"减量化"与资源"再利用"，并据此提出了"新生活文明"的原则："新的东西消耗得少些，再少些，旧的东西用得多些，再多些。"那么，我们这里讲舍弃，讲"需要极少"，就是符合未来经济发展的趋势的。当然，最重要的，还是人自身的发展。有人曾将这样的简朴的生活称为"自然的生活"，这是大有深意的。现在大家都在提倡吃简单的有机食品，拒绝过多的人为加工，恢复食品的自然本色，这是很有道理的。其实不只是食品而已，人也应该过更为本色本性的生活，在我看来，这样的拒绝奢华的简朴生活或许是更接近人的生活本色、自然本性的，也更利于人的健康。另一方面，还要获取，"需要极多"，就是精神的需求、人的内心的需求，应当得到最充分的满足。当下这个烦嚣的世界中，外在的诱惑太多，我们对自己的内心世界反而容易忽略，而人的内心世界恰恰是最丰富、最广阔、最有发展空间的。内心世界的枯竭才是生命的真正危机，忽视我们自己的内心世界，这就使我们从根本上远离了人的本性、本色。

这里还有一个如何对待人的欲望的问题。我在这里要向大家介绍一篇周作人的文章：《生活之艺术》。文章谈到："中国生活的方式现在只是两个极端，非禁欲就是纵欲，非连酒字都不准说即是浸身在酒槽里，二者互相反动，各益增长，而其结果则是同样的污糟。"他因此提倡"生活之艺术"，要旨是"在禁欲与纵欲的调和"，"欢乐和节制二者并存，且不相反而实相成"。周作人认为，这样的"调和"和"节制"也就是中国儒家传统中的"礼"，他说："中国现在所切要的是以一种新的自由和新的节制，去建造中国的新文明。"这是一九二四年，即距今八十多年前的理想，或许到了今天才显示出它的意义。因为这八十年来我们一直在为基本的生存而努力，在大多数人饭都吃不饱的情况下，谈"生活之艺术"本身也有点奢侈；现在，我们在温饱问题基本解决以后，就可以来谈这类精神上的奢望了。

谈到人的精神生活，我想专门讨论两个问题。

首先，我们要使"阅读"成为我们精神生活的一个基本组成部分，成为一种生活方式。据说作家福楼拜曾说过一句话："阅读是为了活着。"陈平原先生在一次关于读书的演讲中，引述了这句话，并且说："这么说，不曾阅读或已经告别阅读的人，不就成了行尸走肉？这也太可怕了。"话虽可怕，但也说出了一个道理：阅读对于人的生命的意义和健康发展，是不可或缺的。据说美国总统尼克松也有一句名言："所有我认识的伟大的领导者几乎全都有一个共同的特征，那就是：他们全部都是伟大的读书者。"他提出了"伟大的读书者"的概念，这是很有意思的：读书能够提高人的精神境界，使你成为一个精神的"伟人"。瑞士著名作家黑塞对阅读之于人的意义，有一个很好的阐释：阅读是人"获得教养的途径"。作为个体的人，我们的生活是有很大局限的，受到我们生活在其间的现实时间和空间的极大限制。我们如何和百里千里万里之外的人世间、宇宙空间建立联系？如何和百年千年万年之前的历史文明建立联系？只能通过不受时间、空间限制的阅读来实现，阅读是我们打破自身局限，和历史与现实的民族文化、人类文明建立精神联系的基本手段和途径，有还是没有这样的精神联系，关系着人的生命的意义、质量，可以这么说，我们正是通过阅读，使人从自然人变成文化人，由生命的自在状态进入自为、自觉状态。也就是说，我们需要从人的精神需求，从人的生命本质来重新认识阅读的意义，这样，阅读才能成为我们生命发展的内在需要，成为我们基本的生活方式。

其次，我要谈谈体育的意义。坦白地说，我是受到了奥运的启发，才思考这个问题的，而且由我来谈这个问题是有些尴尬的：因为我这个人的最大毛病，就是不锻炼身体，因此，我大谈体育的意义，只能是纸上谈兵，并且多少有些自我嘲讽的意味。

这也是我在报纸上看到的美国著名黑人田径运动员欧文斯的名言："奥运会的含义不仅是比赛，还有尊重他人、生活伦理、如何度过自己的一生，以及如何对待自己的同类"，"奥林匹克主义是一种将身、心和精神方面的各种品质均衡地结合起来的人生哲学"。这里谈到体育对人的身心健康发展的意义，以及体育背后的生活伦理、人生哲学，都是点到了体育的本质的。

我在奥运会的集中展现中所看见的体育，是一种"美丽人生"。首先是"人体之美"。有一篇奥运评论给我留下了深刻的印象，题目是《发现美丽是奥运会的魅力之一》（作者：张天蔚，载二〇〇八年八月二十三日《北京青年报》）。文章谈到："从古代奥林匹克运动会诞生之初，展示、发现、欣赏人体之美，就是运动会最重要的内容。"作者提醒我们，"对体育运动的魅力和价值"，要"有更全面的认知和体会"：通过这次北京奥运，国人已经摆脱了"唯金牌论"的迷思，但只是一味强调学习运动员的"拼搏精神"，也依然没有走出"宏大的议题"，还需要能够"公开、快乐、健康地欣赏运动员在赛场上所展示出的美丽"。我以为，这是抓住了要害的：体育的第一要义关乎人的个体生命的健康发展，而且首先是人的"躯体的雄健、协调、美丽"。我们的误区，恰恰是要么像我这样完全不注意自己的肢体的健美，要么就是像某些消费主义者那样，一味地追求"美容"消费——这样的"美容消费"的问题，一是注重人为的装饰美，而忽略了人体的自然美，二是美容成了时尚，并不真正关心人体健康。对于我来说，谈"人体之美"似乎晚了一点；但对于诸位来说，却必须趁自己还年轻，通过体育锻炼来达到自身躯体的强壮和协调——在我看来，这是人体之美的两个基本要素，不仅是人的生命发展的基础，而且本身就体现了人的生命的意义、人的魅力。

　　当然，这强壮、协调和美丽，同时也是精神的。也就是说，体育对我们的意义，不仅是生理、身体的，也是心理、心灵的。对肢体残疾的人（运动员）来说，这样的心理、心灵的力量的获得则是更重要的，体育活动本身就构成了他们生命的意义。对肢体健全人来说，体育活动同样也是自己生命力量的一个释放与证明，正像奥林匹克精神所强调的，体育所激发的是一种对人的生命发展的积极的参与态度和创造活力，是对"更快、更高、更强"的生命状态的追求，是对人的体能极限的挑战，最终所达到的，确实是人的身心两方面的健康与"和谐发展"。我要强调的是人在这一过程中所获得的快乐和幸福感，这其实是最重要的。这是无论怎样奢华的消费也绝对达不到的；消费主义者可以将体育当作一种时髦的消费，借以显示自己身份的"高贵"，但却永远达不到作为生命内在需要的体育活动所创造的自由的酣畅淋漓的生命境界。

第二个问题：我们的生活应该保持怎样的节奏？如前所说，消费主义者为了高消费、高享受，必须有高收入，也就必然以高度紧张（工作的紧张与内心的紧张）的快节奏的生活为代价。能不能有另外的选择？前几年我在探讨贵州的发展道路时，就接触到了这样的问题。我发现，贵州老百姓在长期的农业社会里，形成了一种"安闲、散淡的生活方式"，"这样的生活方式可能带来某种惰性，必须进行一定的改造，注入更多的活力，以适应新的建设与开发的需要"。我的问题是："我们是不是应该对这种贵州老百姓长期形成的，也是历史选择的日常生活方式多一些理解与尊重，并将其转化为新的建设的精神因素。比如说，我们能不能以一种'从容坦荡的心态'来进行贵州的开发和建设，不那么急于追求高速度，而是以'慢而不息'的精神，追求社会经济更为平稳的发展，在'紧张'与'安闲'、'进取'与'散淡'之间取得某种平衡，重建既对传统有所继承，又能适应社会发展需要的，既旧且新的日常生活方式？"（《对贵州和西部发展的一些遐想》）——这里谈到了"慢"，这也是这些年我一直在思考的问题。我发现自己所关注的，无论是教育，还是乡村建设，都是"慢的事业"，都不可能立竿见影，急于求成，而是需要长时间的努力，潜移默化，逐渐才能见效。因此，与之相适应的生活节奏也应该"慢"，更准确地说，是"慢而不息"，这背后是一种生命的"韧性"力量。

安闲与散淡的慢生活，还蕴含着一个生命命题，即"闲暇"对于人的生命健全发展的意义。这也是周作人所鼓吹的"生活之艺术"："我们于日用必需的东西以外，必须还有一点无用的游戏与享乐，生活才有意思。我们看夕阳，看秋河，看花，听雨，闻香，喝不求解渴的酒，吃不求饱的点心，都是生活上必要的——虽然是无用的装点，而且是愈精练愈好。"（《北京的茶食》）这其实正是中国的一个传统，强调"无用之用""无为之为"。林语堂专门写过一篇文章谈"悠闲生活的崇尚"，认为"爱悠闲"是中国人的"性情"，"是由于酷爱人生所产生，并受了历代浪漫文学潜流的激荡，最后又由一种人生哲学——大体上可称为道家哲学——承认它为合理近情的态度"。闲暇还有一个意义，即是"意味着人可以专注于自己乐于从事之物，在追求自己的兴趣中获得乐趣与满足"（张文质主编"生命化教育读本"之《美好常常就在闲暇中·编者阐释》）。个人的小乐趣、小自由，很容易被忽略，但它们对于个体生命的健全发展，却十分重要。还需要强调的，是我们所说的"闲暇生活"，和"无聊的生活排遣"是有着质的区别的：后者是生命萎缩的表现，而闲暇展现的恰恰是生机勃勃的积极的生命状态。

第三个问题：如何重新认识乡村生活的意义。我们前面所说的简朴的物质生活、丰富的精神生活，有一位伟大的倡导者和实践者，就是美国作家梭罗。他的第一个实践活动，是二十八岁时只身来到他的家乡城外的瓦尔登湖，自建小木屋，自耕自食两年有余。他说他"想过一种经过省察的生活，去面对人生最本质的问题"。后来美国著名的哲学家爱默生也在这里定居，还吸引了作家霍桑等一批十九世纪美国的杰出人物。后来梭罗写有《瓦尔登湖》一书，二十世纪九十年代介绍到中国，产生了很大影响。梭罗和他的朋友的实践给我们的最大启示，就是他们在乡村生活中重新发现了我们在城市的现代文明中失去的生活文明、人生意义。

我在一篇文章里，谈到乡村教育及乡村文化的精神资源意义，说了三点。一是大自然的熏陶。"人在自然中"，真正地"脚踏大地，仰望星空"，这本身就是一个最基本、最重要、最理想的生存状态，同时也是最基本、最重要、最理想的教育状态。别的不说，单是在乡居生活中能够每天"按时看日出"（这是作家福楼拜提出的一个著名的生命命题），就足以使我们感悟生命的意义，尽享生命的欢乐了。梭罗曾因看早晨的阳光而产生"黎明的感觉"，即每天都以新的眼光和新鲜感去重新观察、重新发现已经司空见惯的生活，从而获得生命的新生。作家摩罗说，在大自然中，"体验阳光，体验美，体验幸福，体验纯净，体验温馨，体验柔情，体验思念和怀想，这样的精神生活，这样的心理空间，实在太有魅力了"。正是在大自然中，我们才能成为"精神明亮的人"，这才是健康的人。

乡村生活的第二个迷人之处，在于丰厚的民俗、民间文化资源。我们民族最伟大的现代思想家、文学家鲁迅，正是由他家乡的民间文化熏陶、培育出来的，这些资源是鲁迅生命中的永恒资源。他在面临死亡的危机时，总是要回到童年记忆中去，从中吸取生命的力量（参看鲁迅：《无常》《女吊》），这是能给我们以很大启示的。

乡村的魅力还在乡村生活方式本身：全家人在一个庭院里朝夕相处，邻里间鸡犬之声相闻，来往密切，这样就形成了充满亲情、乡情的精神空间，这是用金钱换不来的。由此形成的，是人与人关系的亲密与和谐。我曾说过，在人群的和谐与人和自然的和谐的气氛中，人的生命就进入一个沉潜状态，在这样的气氛和状态下，我们可以直面在城市喧嚣中被遮蔽的人生的真实，思考在城市的紧张忙乱中无暇顾及的"人生最本质的问题"，人的生命才能获得真正的意义和欢乐。

在我们中国，也有一位当代作家在农村建屋，自由游走、生活在城市与乡村之间，这就是写有《马桥词典》《暗示》的韩少功。他写过一篇《遥远的自然》，说得很明确：人们对乡村、对自然的"投奔"，实质上是在投奔乡村和自然"呈现的一种文明意义"，是他们"用来批判（城市）文明缺陷的替代品"。韩少功所指明的乡村和自然的"文明意义"有三。一是自然造化的"没有一片叶子是完全相同"的"个异性"，而这样的个异性在严格雷同的"技术高精度"和大量重复的"规模经济"中已经完全被摒除了。二是"永恒"的感觉："除了不老的青山、不废的江河、不灭的太阳，还有什么东西更能构建与不朽精神相对应的物质形式？"三是"所富含着的共和理想"："人造品总是被权利关系分割和网捕"，而"大自然无比高远和辽阔的主体，至少到目前为止还无法被任何人专享与收藏，只可能处于人类共有和共享的状态"，"世俗权利给任何人所带来的贫贱感或富贵感，卑贱感或优越感，虚弱感或强盛感，都可能在大山大水面前轻易地瓦解和消散"。——他的这些感受和分析，尽管有些理想化，却是能够引发思考的。在我看来，城市文明和乡村文明、人造文明和自然文明是应该而且可以互补的；理想的生活状态可能还是在城乡间自由游走。

第四个问题：重新认识体力劳动、手工劳动对于人的生命健全发展的意义。对体力劳动和体力劳动者的忽视，已经是当今中国政治、经济、社会、文化生活中的一大误区，在理论上也有许多的混乱，是中国今后政治、经济、社会、文化体制改革中亟待解决的问题，需要另作专门讨论。这里要说的，是体力劳动、手工劳动对于人自身的意义。有一份《中华手工》杂志，经常寄给我，我也读得很有兴趣。这个杂志的宗旨在"发掘、抢救、传承和弘扬中华手工文明"，倡导"具有综合人文价值密集型和劳动密集型之优势的手工文化产业"，我觉得很有道理，我在有关贵州发展道路的讨论中，也对此有过响应（参看《对贵州和西部发展的一些遐想》）。但我最关注的，是这样一些理念："劳动创造世界，并且创造人本身"，而"手工是人类文明和人类劳动的本质"。手工劳动的最大特点，是"工具"始终"握在人的手里，与人贴近，与人融合，可谓全面意义上的'人的延伸'。这种'物我一体'的关系，肯定了'手'的人性力量。"在手工劳动中，不仅能训练"手（人）对工具（自然）的细腻把握和敏锐体验"，而且会"达到一种心理甚至身体的治疗和平复"，繁复的手工过程，就成为"修性，慰藉心灵的过程"，这既是"手与物的触摸"，更是"心与材料的交融"。而且，手工劳动最便于发挥个人的想象力与创造力，是"技艺"与"艺术"的结合，其劳动产品"就因人的理想、情感、观念的介入，因亲手的制作，而成为个人主观意志、人格的物化"。但是，这样的手工劳动，却在现代工业生产方式一统天下的格局下，被人为地抛弃了，其后果就是论者所说的："在国人对机械，对电脑，对一切非人的因素，越来越近时，甚至连我们的孩子也在游戏机前流连忘返时，我们的动手能力也就反比似的越来越弱，我们丧失了对世界、对物质材料的亲手的触摸，我们也因此削弱了对世界的真切的感受。或许，在这个时候，手工及其手工艺产品，对我们就有一番特殊的意义了。"（以上均见《中华手工》创刊号文章）

或许是这样吧。对我们这里讨论的"新生活"来说，这样的手工劳动，是可以给我们提供一种新的生活方式的：在自己的业余、闲暇的自由时间里，通过手工劳动来创造一种"艺术化生活"。也真是凑巧，我正在思考这样的生活方式的可能性的时候，无意中翻到朋友送给我的一本新书：《小趋势：决定未来大变革的潜在力量》，其中一章就谈到了美国近年出现了一个新的生活时尚：有两千万人在业余时间从事手工编织活动，其中大部分是年轻人，他们聚在一起，一边编织，一边交谈，形成一种叫作"我的空间"的社交活动。据说吸引年轻人的，是"可以用编织来舒缓紧张的身心"，并"从自己动手的创造活动中获得乐趣"。而且这样的业余生活中的手工劳动的内容也有越发丰富的趋势，如做木工，自制运动鞋、运动服、结婚戒指等。如书名所暗示，这样的"小趋势"说不定就预示着某种生活方式以至价值观念的变革：或许这是一个更重要的启示吧。

最后要说的第五个问题，就是要把从事志愿者活动也当成一种生活方式，也就是我曾说过的，要让"关爱他人，特别是弱者，为他们服务，成为一种习惯"，把志愿服务"渗透到日常生活中：不仅积极参与志愿者的有组织的活动，而且一人独处时也随时随地为需要帮助的人服务"。（《"我们"是谁》）这同时也是对我们自身的现实物质生活与精神生活空间的扩大，是通过一种博爱的人道精神的注入，达到"大生命"的境界。不然，我们的"新生活"就有可能局限于一己的小自由、小欢乐，那也就走到了我们的追求的反面。关于志愿者的问题，已经谈得很多了，这里点一下题，就不多展开了。

从以上扼要的讨论中，可以看出，我们追求的"新生活"，从另一个角度说，又是最广泛的传统资源的继承与发展。这里既有中国儒、道传统，也有新文化的传统，比如"五四"时期颇有影响的"新村运动"，就是提倡一种调和"物质"与"精神""互助"与"独立""手的工作"与"脑的工作"的"人的生活"。还有社会主义文化的传统。我们这一代人理解的社会主义，就是要"消灭三大差别"，即"城市和农村的差别，脑力劳动与体力劳动的差别，工业和农业的差别"。值得注意的是，如前面所提到的，美国十九世纪的梭罗等倡导的作为西方工业文明的反叛的自然主义，也是我们所要吸取的精神资源。事实上，今天的西方国家，包括美国，也在反思消费主义，进行着新的尝试。除了这里提到的"慢生活""手工劳动""志愿者生活"以外，我在报上还看到了《十万美国人追梦现代"乌托邦"》的报道，据说为了应对经济的不稳定、不景气，许多美国人进行了建立"理念村"的实验，实行"简朴的生活"，"资源共享"，有大约三分之一的"理念村"建立在城市，其余则是在享受乡村生活。（二〇〇八年九月三日《文汇报》）这也许正表明，为应对人类面临的新的生存危机，探索新的价值、新的生活方式正在成为全球化时代的一个新的趋势。

这就是说，一切都正在开始。我们的讨论或许有些空泛，有些理想化，甚至有些超前，追寻的是"现代乌托邦"，显得不合时宜，因为我们的目的仅在引发思考，当然也同样期待实践。事实上已经有许多志愿者朋友在进行这样的实验。据我所知，北京农民之子文化中心的朋友就在作"简单生活"的尝试，而由一耽学堂发起的"晨读活动"正在全国各地许多学校轰轰烈烈地开展。在我看来，"晨读"正是将我们这里讨论的"使阅读与体育锻炼成为生活方式"和"生活在自然中"两者有机结合起来，它提出的口号是："青年！起来！早起来！读书去！晨曦大地，天光放亮！洪钟震响，击破长夜！拥抱这清明的寰宇，投入这浩然的天空！广大的世界里，做一个自强的男儿！""勿惶顾迟疑！勿推脱怠惰！勿枉费辜负！日日新，赤子之心！——赞叹你健康厚实的体格！赞叹你充盈生动的灵魂！赞叹你整个新鲜生命的朴素庄严！"（逢飞：《春天的倡议——致青年朋友》）这样的"晨读"活动实际上就是一个"新生活运动"。

"新生活"正在我们脚下开始。

2008 年 9 月 27 日—30 日

辑三

实践篇

▶ 志愿者运动

我们需要农村，农村需要我们

——中国知识分子"到农村去"运动的现实思考

（2004 年 11 月 14 日和"西部阳光行动"的朋友谈话的后半部分）

在前面的演讲里，我们回顾了中国前后五代知识分子"到农村去"的历史；现在，我想和诸位重点讨论的问题是：到了二十一世纪初，我们为什么要到农村去，到民间去？这其实是你们开展"西部阳光行动"时首先要想清楚的问题。和我们当年半被迫、半自觉地走向农村不同，你们有一个名称，叫作"青年志愿者"，但你们仍然属于"到民间去，到农村去"的谱系中的第六代："五四"的先驱者是第一代，二十世纪三十年代的共产党人与乡村建设派是第二代，延安的青年知识分子是第三代，我们这些五六十年代的知识分子是第四代，"文革"中的知识青年是第五代。那么，作为第六代人的"青年志愿者"，是在什么样的背景下，在什么样的历史驱动下，重新走向西部，走向中国广大的农村的呢？

我们需要农村

我想了两句话——"今天我们需要农村，农村需要我们"——作为回答。我对这两句话的次序作了点斟酌：应该把哪一句放在前面？最后决定，"我们需要农村"，是首要的、第一位的。为什么今天的中国大学生，中国年轻一代中的一部分人，会觉悟到自己需要农村？在上次你们的总结汇报会上，有一个同学说了一句话，引起了我的长久思考。他说：参加这次"西部阳光行动"，"我们的生命多了一层底色"。我想，今天就从这"底色"说起。

在前面的历史回顾中，大家可能会注意到，中国知识分子"到民间去，到农村去"的运动，在二十世纪八九十年代曾经中断了将近二十年。尽管如前所说，中国的改革开放，也依然是从农村开始的，但八九十年代，中国社会的主要流动方向是从农村到城市，这其中就有大批的农民工。这时候，很少有知识分子，更不用说大学生关注农村。

八十年代大学里的主流思潮是"个性解放"，人们更关注的是自己个人的发展。这是可以理解的。前面已经说过，我们那一代人曾经是驯服工具，而且经历了一个禁欲主义的时代。因此，当人们反思历史时，必然要着意地强调个人的价值与利益，强调人的欲望的合理性、合道德性与审美价值。我当时在北大讲周作人的"自然人性论"，受到学生的狂热的欢迎，都是这种思潮的反映。而且我认为，这在当时是起到了从封建专制主义禁锢下解放出来的作用的，而且在今天个人价值、利益仍然在很多地方被漠视的情况下，个性解放的命题也并没有完全失去其意义。也就是说，八十年代思想解放运动的成果，不能因为今天出现了另一方面的问题而轻易否定。

所谓"另一方面的问题"，是指到了九十年代，随着商业化与消费主义的盛行，导致了极端利己主义、实利主义、追求瞬间快乐的纵欲主义倾向，出现了所谓"自我中心"的一代人。这是许多人都感到忧虑的。但任何事情发展到极端，都会引起反思。在我看来，正是在这样的背景下，当代大学生中的某些人，大概也包括在座的参加"西部阳光行动"的年轻朋友，开始重新思考：我们需要什么样的"个人"，怎样的"个性解放"，怎样才能真正实现"个人的价值"？更进一步还要进行"人活着究竟是为了什么"这样的根本性的追问。

人们于是开始重新考察先驱者们所鼓吹的"个性解放"的真实含义。这里，我想向大家介绍我所熟悉的鲁迅的思想。鲁迅有一个很重要的概念，就是"个""己"的概念；他认为中国传统中强调的是"类"的概念，即把人看作家庭的人、社会的人、国家的人，却恰恰忽略了"作为'个'（个体）的人"。但鲁迅同时指出，他所说的"个""己"，并非"利己主义的'己'"；他批评那种把"个人的悲欢看作整个世界"的狭隘的个人观。他所强调的"己"，是一个博大的概念，是与世间万物、与他人相通的大生命。他有一句名言："无穷的远方，无数的人们，都和我有关。"就是说，整个人类、整个宇宙的生命——不仅是人的生命，还包括大自然的生命——都与我有关。由此可以形成一个观念：只要世界上还有一个人不幸福，我就是不幸福的；还有一个人不自由，我就是不自由的；还有一个人没有从被奴役的状态下解放出来，也就谈不上我个人的解放，至少我的个性解放是不完整的。也就是说，先驱者所追求的个性解放，是包含着一种博爱精神，一种大悲悯、大慈悲的情怀的。

其实，这样的追求，也并不神妙，同学们这次暑假到农村去，就应该有这样的体会；当你看到农村广大的农民有病不能治，有的还挣扎在饥饿线上，看到许多农民的孩子渴望知识的眼光，你能说你是真正幸福的吗？你能仅仅为自己有饭吃、有书读就心安理得吗？当然，这绝不是说，我们不应该谋求个人的发展与利益。鲁迅说，"一要生存，二要温饱，三要发展"，我们当然应该理直气壮地追求个人的生存权、温饱权与发展权；但同时，我们目中还要有他人，自己之外还要有他者，而这个他者与自己是密切相关的。人既是个体的存在，又是群体的存在，因此，不仅要追求个人的生存、温饱与发展，还要追求群体的生存、温饱与发展，并在此基础上，建立自己的人生理想、人生观。

这里，我想向大家介绍巴金老人的人生观。巴老已经一百岁了，那么，支撑他如此顽强地活着的人生目标是什么？他说过极其朴素的一句话："我愿意每张嘴都有面包，每个家都有住宅，每个小孩都受教育，每个人的智慧都有机会发展。"一颗炽热的心就为着这样的理想燃烧了整整一百年。这令人感动，更能给我们以启示。其实，在某种程度上，你们的"西部阳光行动"背后，也正是蕴含了这样的理想与价值观的。你们到农村去，自然是要寻求个人发展的更广阔的空间，是为了个体生命的更健全的发展，同时，也是为了对农民，特别是农村的孩子的生存、温饱与发展提供力所能及的帮助，在谋求"每个人、每个小孩、每个家"的健全发展中实现自我价值。你们至少是用自己的行动向世人表明，中国的年轻一代，并不是只为自己活着的，你们有着更为健全的人生观、道德观、价值观，像巴金这样的老一代人的理想，正在你们的手中得到继承与发展。而从你们自身来说，通过参加"西部阳光行动"，至少可以建立一个"心中有他人"的人生理念与人生理想，以此作为生命的底色，这对自己一生的健全发展也是意义重大的。

在我看来，新一代的志愿者到农村去，还有一个全球化的背景。我去年去贵州时，和当地的大学生谈到，在全球化的中国与世界，人的生命存在有两种方式。其一是"固守者"，即坚守本土：从世界的范围说，就是坚守中国本土；从国内的范围说，则是坚守自己的家乡。另一是"漂泊者"：从农村到城市，从小城市到大城市，从国内到国外，总之是远离故土，到"远方"去寻求自己的发展。当然，"固守"与"漂泊"是从来就有的，但在全球化的时代，全球性的流动成为越来越普遍的事实，"固守"与"漂泊"也就成为更为令人瞩目的生存现象。这两者之间，具体到个人，是可以变动与转换的，也不能对两者做价值高低的判断："固守"与"漂泊"都有自己的价值，同时也各自存在着危机。两者的共同问题之一就是有没有"根"的问题。"漂泊者"离开本土，其实是很难融入新的栖居地的。我和很多到国外留学的学生都谈过，你即使取得了外国国籍，由于你的出生与成长都是在中国，文化的差异是无法消弭的，在一些最深层次的生命与文化的底蕴方面，你是进不去的；你的生命的"根"还在你的本土。这就是为什么在国外生活了几辈子的华裔、华侨，都摆脱不了"寻根"情结的原因。现在的问题是，在全球化的背景下，许多年轻人不仅身体远离本土，而且在精神上对本土（本土上的文化以及生活于本土的父老乡亲）产生了认知上的陌生感和情感、心理上的疏离感。这样，一边不能真正进入，另一边又主动疏离，这就成了悬浮的人、无根的人，这就造成了自我存在的危机。说严重点儿，也会造成民族文化的危机。固守者从表面上看，似乎不存在失根的问题；其实事情并没有这样简单，你天天生活在这块土地上，并不自然就认识这块土地，甚至也会产生认知上的陌生感、情感与心理上的疏离感。我就这样问过贵州的大学生：你认识你脚下的土地吗？

这就说到了我们所要讨论的问题，这是一个最简单、最基本的，却是最容易被人们所忽视的事实：生活在中国这块土地上的，绝大多数人是农民，他们世世代代生养于此，辛苦耕耘于这块土地。中国的农村：土地上的房屋、河流与森林……构成了一个永恒的存在；因此，不认识中国的农民和农村，不了解他们真实的生存状态，不懂得他们的思想、感情，不知道他们的要求、愿望，陌生于他们的文化……就很难说真正认识了中国这块土地。在我看来，在过去的一个世纪中，一代又一代的现代知识分子之所以这样"前仆后继"地走向农村，其内在的动因，就是要去寻求自己的生命之根。在这个意义上可以说，在新世纪初，你们的"西部阳光行动"，实质上也是一个"寻根"运动，是在补生命历程中不可或缺的一课：重新认识脚下的土地。当你和这块土地与土地上的人民建立起了某种精神上的联系，使之成为你生命记忆中的永恒，以此作为你的生命的底色，那么今后，你无论走向哪里，哪怕是远离故国、家乡，走到天涯海角，无论从事什么职业，你都是有根的，都有一个精神的家园。

这里所提出的"你认识脚下的土地吗？"这个问题，不只是中国年轻一代的问题，更是我自己的问题，是中国知识分子的问题。中国这块土地、中国普通人民的生存状态，正在发生书斋里很难想象的深刻的变化，也面临着空前复杂而尖锐的问题，而我自己，以及我们许多知识分子，对这些却知之甚少，了解一些，也是失之笼统，更缺乏深切的体验。我们事实上是越来越陌生于脚下的这块土地了。现在许多人都在谈论中国的学术危机、思想危机，而在我看来，这或许是一个更带根本性的危机。当然，这些年已经有越来越多的知识分子关注中国的农村问题，而且有一些学者也自觉地继承三十年代乡村建设运动，开始了新的实验，对这些学者我是充满敬意的。你们的"西部阳光行动"也得到了杨东平先生这样的教育专家的支持，当我听说他在今年暑期与你们一起奔走于各个实验点时，我也是非常感动的。我由于年龄以及其他一些原因，不能直接参与你们的行动，但我愿意做你们的一个鼓吹者、支持者，因为我深切地感受到了年轻一代的行动对知识界、学术界、教育界的挑战意义。

这里，我要就对教育界的挑战，再说几句。我在为准备这次讲话重读《晏阳初文集》时，注意到他所提到的一个事实：在三十年代的乡村建设运动中，南开大学、清华大学、燕京大学、协和医学院四所全国最著名的大学成立了一个"华北农村建设协进会"。晏阳初先生对此做出了这样的评价："现在有几个大学，他们也有决心打破传统的大学教育，走上乡村建设这条路上来……（这）可以说是中国大学教育史上的新记录，大学教育的一大革命。农村建设运动是伟大的事业，必须以大学为基础，方能巩固。大学教育能走到乡村建设的路上来，比办几次识字运动、几个民众教育馆，其意义重要不知多少倍。有了大学源源不绝地培养农建人才，这运动才会发扬光大。"他还表示了这样的信心与希望："我深信有了华北农村建设协进会，也会引起全国大学教育改革的大运动。"

坦白地说，我看到晏阳初先生的这番讲话时，思想上受到了极大的震动。我立刻想到当前中国的大学教育改革，包括我所在北大的改革，甚至也想到了我自己所写的关于大学教育改革的文章。在所有的大学教育改革的设想与实践中，乡村建设问题都没有进入我们的视野，我们从来没有想过中国的大学应该担负"培养乡村建设人才"的重任，我们的大学教育——恐怕还不只是大学，而且还包括中、小学教育，我们的整个教育都严重地脱离了中国农村的实际，也就是脱离了中国最基本的国情，这难道不应该引起我们深刻的自省吗？

从这一角度看，我以为同学们所组织的"农民之子""乡土中国研究会""教育知行社"等社团，以及你们所开展的"西部阳光行动"，对当下正在进行的大学教育改革是具有启示意义的。可以说你们已经开了一个很好的头，希望有更多的响应者，引起更大的关注，而且除了学生，还能吸引更多的教师，特别是年轻教师参与，或许有一天，中国的大学能够成为培养乡村建设人才的基地。这无论对乡村建设，还是对大学教育本身，都是具有重大而深远的意义的。

农村需要我们

下面，再来谈谈"农村需要我们"。我先要谈当下中国农村问题——通称为"三农（农民、农村、农业）问题"——的特殊重要性与迫切性。这个问题人们已经谈得很多了，不过，我仍想再简要地谈三点看法。

在我看来，这是一个在中国的改革开放进入关键时刻时所提出的关系全局的问题。关于从"文革"结束开始已经进行了二十多年的中国的改革开放，可以总结为两句话：一方面是以经济建设为中心的各方面的建设事业都有了一个大发展，这是有目共睹，并且为举世所瞩目的；另一方面则是出现了严重的两极分化，以及城市与农村、东部与西部发展的极度的不平衡，这就导致了中国社会结构中出现大批的"弱势群体"，这也是一个无可回避的事实。问题的严重性在于，弱势群体的贫困，不仅是物质的贫困，更是思想、精神的贫困，权利的贫困；构成弱势群体的主体的又是农民与下岗工人，而他们正是社会主义国家的基础与主体：宪法明确规定，我们这个国家是"工人阶级领导的、以工农联盟为基础的"。国家的领导阶级与基础阶级陷入了物质与精神、权利上的相对贫困或绝对贫困，这就意味着，国家的立国之基、立国之本可能出了问题。

而农民与工人又是为中国的改革开放、社会发展做出了最大的贡献（别的不说，单就农民工对城市建设的贡献，就是谁也不能否认的），付出了巨大的代价（中国的企业改革就是以大批工人下岗为代价的，这也是有目共睹的事实）的，而他们所得到的社会分配额却很少，不能充分地享受改革开放与社会发展的成果，这就出现了严重的社会不公、社会不平等的现象，这也就关系到了改革开放的道义性的问题。

以上两个方面：立国之基的问题、改革开放的道义性问题，都是根本性的问题。我们说中国的改革开放到了关键的时刻，到了发展的十字路口，就是说，我们现在面临着两种发展的方向与可能，一是继续听任两极分化发展，扩大富人与穷人的差别以及城市与农村、东部与西部之间发展的不平衡，其结果自然是灾难性的，也是谁都不愿意看到的；另一个努力方向，就是认真地实实在在地而不是口头地、形式地，彻底地而不是表面地，来解决两极分化的问题、发展不平衡的问题，这样，改革开放就有可能走向健康发展的道路。

如何解决两极分化的问题，也有两种思路，一是重走"杀富济贫"的路，那就会形成历史的循环，这恐怕也是谁都不愿意看到的。当然，对用非法手段暴发致富者，应依法追究，这并不是"杀富济贫"。另一条思路就是国家从制度、政策上向弱势群体倾斜，扶植弱势群体、农村与西部地区的发展。农村建设问题就是在这样的背景下提出来的；记得三十年代的农村建设运动的发动者曾提出过这样的命题："农村改造就是国家重建，国家重建就是农村改造。"在我看来，我们现在也面临着"国家重建""文化重建"的根本任务，而农村改造与建设就是其中的一个关键环节。

在这样的背景下，李大钊在"五四"时期所提出的理念，就具有了特殊的、现实的意义："他们（农民）若是不解放，就是我们国民全体不解放；他们的痛苦，就是我们国民全体的痛苦。"我以为，我们今天尤其应该明确地提出：农民不富裕，就谈不上国家的富裕；农民没有充分享有民主、自由的权利，就谈不上国家的民主、自由；农民没有根本改变愚昧、落后的状态，就谈不上国家的文明；农民没有从种种束缚下解放出来，就谈不上国家的解放。应该以这样的观念与追求，作为我们建设现代国家的基本理念与目标。

人们所关注的当下中国的另一个重要而迫切的问题，是推动政治民主的问题。许多朋友都在鼓吹以立宪为中心的政治民主改革；我所关心并要追问的是，中国的政治民主改革的基础在哪里？中国的立宪运动的基础在哪里？在这个方面，我觉得李大钊当年所提出的问题，也有着特殊的现实意义。坦白地说，我一直有一个远忧：如果中国的社会底层的状况、农村的状况，没有根本的改变，中国真的有一天实行了许多朋友渴望的普遍的民主选举，将是一个什么局面？说不定会走向我们追求的反面。我的忧虑，是基于我对中国当下社会基层状况、农村状况的观察：中国的一些基层、农村（当然不是全部）已被"红、黑、黄"三种势力所控制：所谓"红"指的是滥用权力的腐败分子，所谓"黑"是指黑社会，"黄"是指农村高利贷者，这三者勾结形成了盘根错节的关系网，在有的地方已经达到了"针插不进，水泼不进"的地步。

另一方面，广大的底层老百姓，特别是农民，尽管所处的地位决定了他们有着内在的民主诉求，但是他们没有受过现代科学文化与现代民主政治教育，缺乏公民意识与公民训练，远没有摆脱不觉悟的状态。我这里有一份北师大农民之子学会提供的青年志愿者的农村调查报告，里面提到了"农村贫困中，更为根本的是精神贫困"："农村的基础设施已经破坏殆尽，各项公益事业如明日黄花，科技进步成为空中楼阁，医疗卫生也是纸上谈兵，青壮年和有些知识文化的劳动者绝大部分流失，农村已经没有可以推进自身进步的人才"，在这种情况下，"农民已经变得越来越懦弱、颓丧，失去了最起码的战胜困难的勇气、决心和意识，完全没有了自信力"，"目前的农村已经如同一盘散沙，缺少必要的凝聚力；与此同时，基层政府除了要粮要款、刮宫流产之外，什么事情都做不了。基层的整合能力基本丧失，靠基层政府和现有农村组织的力量根本没有力量再把农民凝聚起来"。农民精神的贫困化与农村组织力、凝聚力的丧失，这两个方面的问题如果得不到根本的改变，中国一旦实行普遍选举，就会出现李大钊所说的那种状况：城里、乡下的"积下了许多罪孽金钱"的流氓与强盗，就会纷纷打着"民主"的旗号，"欺骗乡里的父老"，这些人凭着选举进入各级权力机构，"立宪政治，民主政治"就会从根本上变质。这并非危言耸听，中国这样的事情发生得实在太多了：呼唤多年的改革真的到来时，很快就变了质。这就是鲁迅所说的，"每一新制度，新学术，新名词，传入中国，便如落在黑色染缸，立刻乌黑一团，化为济私助焰之具"。因此，如果我们不认认真真、实实在在地去做打破"染缸"，改变社会基础的工作，"深知民众的心，设法利导、改进"，我们的改革，包括政治民主改革，就会像鲁迅说的那样，成为"沙上建塔"。

在我看来，乡村改造与建设就是这样的改变社会基础的工作，它包括前面已经介绍过的四大教育：除文（化）艺（术）教育、生计教育、卫生教育之外，还有公民教育，同时也要大力推行乡村民主建设，建立乡村民间组织，推动村民自治以至县政改革等。这就是李大钊等先驱者所谆谆告诫的，"若想得到个立宪的政治，先要有个立宪的民间"，"这样的农村，才算是培养民主主义的沃土"。当然，这些基础建设是对社会根底的改造，会触及既得利益集团的利益，也会与千百年来形成的习惯势力发生冲突，因此它的艰难性是空前的；而且这也必然是一个漫长的历史过程，是需要几代人才能完成的，绝非一日之功，也不能一蹴而就。但我们又不能坐以待之，只能从眼前所能做的事做起，从一点一滴做起，最重要的是要迈出第一步，而且尽可能迈得坚实一些。

如果以上的讨论能够成立，那么，我们就可以得出这样的结论：当下中国最重要、最迫切的两大问题，无论是解决两极分化、发展不平衡的问题，还是推动政治民主改革，其关键都在农村的改造与建设。

这样的改造与建设，当然主要要依靠农民自身的力量（这是我们还要详加讨论的），但同时需要有大批的知识分子，包括知识青年，到农村去给农民以切实的帮助，因为我们今天所要从事的乡村改造与建设，归根结底是一个现代科学、民主运动，一个现代"立人"运动，在这个意义上，它与"五四"新文化运动存在着内在的精神联系。它必须以现代科学知识、现代民主思想作为指导，作为依托，而这样的现代新思想、新文化、新知识、新技术是农村所没有的，所以，"农村需要我们"。

如前所说，"我们也需要（或者说更需要）农村"。这样，新世纪初的中国，又重新产生了"有理想、有献身精神的知识分子与渴望改变农村面貌的农民相结合"的历史要求；新的青年志愿者运动，你们的"西部阳光行动"也就这样应运而生了。

"青年志愿者"：世界范围的理想主义者的运动

我还要说一点，这样的志愿者行动，这样的乡村改造与建设运动，并不只是限于中国，在某种程度上，这是一个世界范围内的运动。大家知道，西方、日本等发达国家都有许多知识分子与年轻人从事志愿者的活动，其范围非常广，思想、文化背景也很不一样，其中还有不少人在中国从事各种"扶贫"和"环境保护"的活动。这些志愿者有一个共同点，就是他们都是理想主义者。在某种程度上可以说，志愿者行动就是一个理想主义者的运动。我想，中国的青年志愿者行动也是如此。这也是一个国际现象：西方国家、东方国家的知识分子，发达国家、发展中国家的知识分子，经过了一个世纪的风风雨雨，大家心中的"上帝"都死了，都面临一个"理想重建，价值重建"的任务。"今天还要不要坚持理想主义，如何坚持？理想主义者的出路在哪里？"这是全球性的问题、全球性的话题，也是全球性的实践课题。据我所知，日本的"新村运动"是一直坚持到现在的，听说韩国也有知识分子在做新村实验。志愿者行动也是这方面的一种努力与尝试。我不否认，我自己也是这样的理想主义者，而且我称自己是不可救药的理想主义者；我想，在座的许多年轻的朋友恐怕也是新一代的理想主义者，我们今天在这里讨论"到农村去，到民间去"的问题，就是两代理想主义者的对话，也是在讨论理想主义者的出路问题。

乡村建设与改造：发展中国家的国际运动

至于乡村改造与建设运动，则主要发生在发展中国家，是发展中国家、东方国家知识分子所关注的问题，因为我们之间有着比较接近的文化背景相类似的问题与追求。二十世纪四十年代中国乡村建设运动的先驱者晏阳初先生，早在五十年代就把他中国定县实验的经验推向全世界，在他的推动下，建立了国际平民教育运动委员会，成立了国际乡村改造学院，他还先后协助菲律宾实行乡村改造三年计划，协助亚洲的泰国，拉丁美洲的危地马拉、哥伦比亚成立乡村改造促进会。这样，乡村改造与建设运动就成了一个发展中国家的国际性运动，晏阳初先生也被誉为"国际平民教育之父"。

记得前几年《读书》等杂志曾经介绍过印度一些知识分子已经开展了几十年的乡村建设运动，并且在喀拉拉邦进行了卓有成效的实验。在我看来，发展中国家的乡村改造与建设运动除了自身的意义之外，还是一个寻求不同于西方社会的东方民族国家的现代化道路的自觉尝试。最近我读了一份农村调查报告，题目叫《屯堡乡民社会》，这是《中国百村经济社会调查》的一个子项目。我当年在贵州的一批学生、朋友这些年一直在贵州安顺屯堡做调查与实验，这是一个阶段性的成果。关于这份报告，以后有机会我还要作专门的讨论，这里只讲一点：他们通过对屯堡乡民社会的调查，提出"乡镇工业和农业产业化并非农村发展的唯一选择"，"屯堡乡民社会核心家庭经济结构与乡村旅游、综合农业、传统农村工业、副业、手工业的现代改造的亲和力和可融性，向我们昭示了在经济领域进行传统资源与现代经济运作的另一种农村经济发展的模式的可能性。动辄单一的集约化、上规模、以高科技取代人力投入的农业产业化，并不一定适合黔中这一类喀斯特环境特征的农村发展，其经济结构的要求也与原有基础之间存在着断裂性的鸿沟"。他们由此而得出了这样一个认识："在传统和现代之间，并不存在不可跨越的鸿沟；相反，利用内涵性资源，可以稳定而积极地进行乡村重建，建设成熟的乡民社会，即是在传统与现代之间进行建设性的建构，而不是非此即彼的狭窄选择。"当然，这些认识都是可以讨论的，但我从中似乎看到了与当年梁漱溟类似的思路，即强调在中国的乡村现代化建设中，如何利用中国传统的乡土资源，走出一条既吸取了西方现代化建设中的成功经验，又有别于他们的中国自己的乡村建设、现代化发展的道路来。这同时又是一个现代民族文化的重建的过程。或许这也是我们正在进行的乡村改造与建设的更深层次的目标与意义吧。

我们怎么做？

最后要讨论的是"我们怎么做"的问题。这或许是在座的同学们最为关注的问题，而在这个问题上，我恰恰是最没有发言权的，因为我没有任何实践经验。我所能谈的，只是从历史资料中看到的历史经验；此外，也有上次听了同学们的经验总结后引发的一些思考。

▎"我们不是包打天下的英雄"

我想，首先要解决的是"我们能够发挥什么作用"的问题。先介绍晏阳初先生总结的"乡村改造运动的九大信条"："一、民为邦本，本固邦宁；二、深入民间，认识问题，研究问题，协助平民解决问题；三、与平民打成一片；四、向平民学习；五、与平民共同商讨乡建工作；六、不持成见，当因时因地因人制宜；七、不迁就社会，应改造社会；八、乡建是方法，发扬平民潜伏力，使他们能自力更生是目的；九、言必行，行必果。"这里，有两个概念很值得注意：一是"自力更生"，一是"协助"。晏阳初先生对此有更详尽的阐述，他指出："农民是乡村改造的主力。知识分子回到农村去，不是包办代替，而是启发教育农民，激发调动他们的主人翁意识，培养他们自发自动的精神。"为此他还提出了"发现、发明、发扬"的"三发"原则："发现是指我们与劳苦大众朝夕共处中发现了蕴藏在他们身上的无穷伟力；发明是说我们发明了开发人矿、脑矿的平民教育与乡村改造的一整套理论和方法；发扬则是说我们的整个系统旨在发扬民力、发扬人格平等的精神。我们不是包打天下的英雄，我们不是解放众生的基督，我们只是广大平民的朋友，乡村改造的事业没有千百万劳苦大众的自觉参与，是一定不能成功的。"

▎我们和农民应该建立什么样的关系

我在这里明确提出，知识分子与农民的关系是"朋友"关系。这是一个非常重要的命题，可以说是对"到民间去"运动历史经验的总结。知识分子到农村去，首先遇到的就是这个与农民的关系的问题，而最容易发生的又是两种倾向：或者是以救世主的姿态，包打天下，把农民当作"救济""施恩"的对象，这是一种英雄主义、贵族主义的态度；或者将农民理想化，将农村小生产的生产方式与生活方式美化，把自己置于被改造者的地位，这是我们前面一再提及的民粹主义的倾向。这都是对知识分子与农民的真实关系的扭曲。现在提出"朋友"的概念，即是强调知识分子与农民都具有各自独立的价值，应该相互补充，相互支持。只有在这样的科学认识的基础上，才可能建立起一种平等的、健康的关系。

我们今天重新走向农村，对历史上曾经发生过的前述英雄主义、贵族主义与民粹主义的倾向应该保持必要的警惕。但今天的年轻人大概很难再有救世主的姿态，一般也不会将农民作为自己的崇拜对象，可能出现的是另外一些表现形态，这就是我想和同学们讨论的两个问题。

▲ 先锋、桥梁作用和瞬间永恒效应

有的同学对自己到农村去所做的工作的效果期待太高，因而很容易感到失望，甚至对工作的意义与价值产生怀疑。这也是一种理想化的表现。这里所提出的问题，是如何恰如其分地确立我们的工作目标。我们在前面已经讲过，中国的农村问题极其复杂，乡村改造与建设更是一个长期的综合工程，需要动员各方面的力量，需要几代人的持续努力。正如当年的乡村运动者已经意识到的那样，知识分子到农村去主要是进行实验工作，这就需要得到政府的支持。实验成果的推广，更是"非借政府的力量，政治的机构不可"。说到底，乡村改造与建设应该是政府的工作，民间的介入只能起到一个促进、协助的作用，诸位作为大学生，力量更是有限，而且又是短期活动，因此，不能产生你所期待的明显的甚至是轰动的效应，也都是可以预料的。

但也并不是劳而无功，青年志愿者所能发挥的作用，是毛泽东所说的"先锋与桥梁"的作用。由于你们敏感，能够敏锐地感受时代的要求，首先觉悟到农村问题的重要，并且首先行动起来，这就能够唤起社会的关注，形成某种舆论：这就是"先锋"的作用。由于你们的热情与活力，就能够作为一个"桥梁"，把各种力量动员、协调起来。这方面的作用，是绝不可小看和低估的。这一点我们将在下面再展开讨论。

据我的观察，你们的工作往往会产生"瞬间的永恒效应"。在上次

汇报会上，许多同学都谈到，你们到农村去，反应最强烈的是那些农村的孩子，特别是一些女孩子，他（她）们几乎被你们迷住了，因为你们给他们带来了一个全新的"远方"世界。从教育的角度说，对远方未知世界的好奇与向往，是一个人的创造性生命的原动力，它带给人们的是一个美好与神圣的瞬间。一个人，特别是在童年时期，有或者没有这样的美好而神圣的瞬间记忆，是大不一样的。我曾经说过，教师的意义与价值，就是成为孩子童年记忆中美好而神圣的瞬间，我称之为"瞬间永恒"，有的时候这真的能够影响孩子一生的发展。在我看来，青年志愿者留在农村孩子记忆中的，也是这样的美好与神圣的"瞬间永恒"。

而且这是双向的：农村、农民、孩子，也会在你们的生命中留下美好与神圣的瞬间记忆，这对你们自身一生的发展，也是至关重要的：我在前面已经说过，这是关于人的生命之根、精神家园的记忆，有还是没有这样的生命底色，也是大不一样的。在这个意义上，我认为，青年志愿者到农村去的主要作用与价值，体现在促进自身的健全发展上。我甚至想，每一个城市里长大（或许还应该包括在农村长大的）青年学生，都应该到农村去生活、服务一段时间，哪怕只有一次、两次。这是人的成长历程中不可或缺的一课。

▲ 低调的、理性的理想主义

回到我们这里所讨论的到农村去的效果、作用问题上，我想，是不是可以总结为两句话：有效果，有作用；但又是有限的。从这一点出发，我提倡一种"低调的、理性的理想主义"。首先是坚持理想主义，同时又理性地估计与正视理想实现的有限性。我对自己做的每一件事，包括这次来演讲，都赋予理想的色彩，将其视为实现自己的理想追求的一个实际步骤，同时又不对其有过高的期待，用我最喜欢说的话，就是将其效果估计为小数点零零零几，但又相信它是正数——是正数，这就够了。这背后，其实是包含了鲁迅先生所提倡的韧性精神的，就是认准一个目标，就不计效果地、不问收获地、持续地、一点一点地做下去。既清醒于个人作为的局限，又相信历史合力的作用，也就是鲁迅所说的，"地上本没有路，走的人多了，也便成了路"。

▲ 如何看待农民

现在再来谈第二方面的问题，就是如何看待农民的问题。很多同学在去农村之前，对农民以及农民对自己的工作的反应、态度有许多设想、预期，结果一接触农民，一接触农村实际，就发现满不是那么一回事儿，于是，感到失望，以致迷茫。这或许就是理想与现实的矛盾吧。

问题可能正出在你的设想、预期，也就是你的理想的想象上。记得胡风有一个著名的观点：我们实际所接触的"人民""农民"，"并不是抽象的概念，而是活生生的感性存在"，"他们底精神要求虽然伸向着解放，但随时随地都潜伏着或扩展着几千年的精神奴役的创伤"。他强调，"世界上没有只有阳面没有阴面的事物，抛弃了阴面，阳面也一定要化为乌有，即所谓'观念化了'的东西"，而且所谓"阳面"与"阴面"实际上又是难解难分地纠缠在一起的。比如说，我们说农民在沉重的劳动与重重压迫下，常表现出一种坚韧与善良，而这样的坚韧与善良往往又是以安命、认命的奴隶哲学为其内容的。你能用"优点""缺点"这类简单的二分法、"快刀切豆腐的方式"来加以区划吗？胡风说得很好：那种"只要'优美'的人民，而不要带着精神奴役创伤的人民"的"理想"固然"纯粹"而"美好"，却不过是心造的幻影，在现实面前，是一定要碰壁的。我想，胡风的这一分析是能够给我们以启发的：有些同学对农民感到失望，是不是因为多少存在着这样的"心造的幻影"呢？

另一方面，还要看到，农民由于长期受到压榨和欺骗，他们是不轻易相信别人（特别是"城里人"），更不随便将心扉向他人敞开的。鲁迅就谈到他与"闰土"之间的"隔膜"，并为此而深感苦恼。同学们是新一代的年轻人，大概不会有鲁迅这样浓重的"隔膜"感，但知识分子与农民，要真正成为"朋友"，也必然有一个相互认识与磨合的过程，在这一过程中，"设身处地"地理解对方，也许是格外重要的。

讲到"相互认识与磨合",还有一个问题,尽管我们受了现代教育,有现代民主、科学思想,但应该意识到,我们本身所受的教育也有很大的弱点,就是我们常常是脱离中国实际的,我们对中国自身的传统,特别是乡村的民间传统更是隔膜的;如果我们不结合当地的实际,不考虑对传统资源的利用,只是一味地简单搬用从书本上学到的知识教条,那就会碰壁,甚至帮倒忙都是有可能的。在这个意义上,向自己的农民朋友学习也是非常重要的,相互给予,又相互学习,才可能真正地形成良性的互补。

在"苦痛的沉默"中"沉潜十年"

讲到这里,我又想起了鲁迅的一段话。一九二五年"五卅"运动时,许多青年又提出了"到民间去"的口号,鲁迅的反应却相当冷峻。他说,如果青年真的去了民间,回来以后,最好将"自己的心情"与对自己的"力量"的认识,和当初在北京"一同大叫这一个标语"时的心情、认识比较一下,而且"将这经历牢牢记住","那么,就许有若干人要沉默,沉默而苦痛,然而新的生命就会在这苦痛的沉默里萌芽"。

据我的观察,参加了暑期实践活动的同学中,恐怕也有"若干人"正处在"苦痛的沉默"里,其中一个重要原因就是当初你们在北京报名、喊口号时,对农村、农民的想象,对"西部阳光行动"及其效果的想象,与你们真正下去以后的实际效果与感受,产生了距离。我要说,这正是抛弃对农民与农村虚幻的想象,直面真实的农民与严酷的农村现实的一个契机,正是需要经历这样的"苦痛的沉默",才可能真正地认识中国,认识脚下的这块土地。

当然,"沉默"以后,有的同学会做出另外的选择,这应该受到尊重——年轻人的人生之路,本应该是多元的,而且最后很可能是殊途同归。但同时也会有些同学因此而"沉潜"下去:沉潜到民间、底层,沉潜到生活的深处、生命的深处、历史的深处。我给很多同学都写过这样四个字:"沉潜十年"。我认为真正有志气的青年,应该把目光放远一点,不要迷惑于眼前的一时一地之利，更应该摆脱浮躁之气，真正有力量、有自信的人是不会去追求那些表面的炫目的浮光的。"沉潜十年"必然是"苦痛的沉默的十年"，而"新的生命就会在这苦痛的沉默里萌芽"。无论个人，还是国家、民族，都是如此。

　　还有的同学向我谈到了他们的孤独。这，我是理解的；而且我还要进一步说，孤独正是理想主义者的宿命。于是，我又要说三句话。第一句话是：正因为孤独，你就必须坚持。我经常劝同学们要学学大侠的"定力"，要排除一切干扰，不为周围的环境、气氛、舆论、时尚所动，气定神闲，我行我素。第二句话是：要尊重他人不同于你的选择，千万不要因为孤独而陷入"众人皆醉，唯我独醒"的孤芳自赏。这也是我的一个基本信念：在多元化的世界里，只要是依靠自己的诚实劳动去实现自己的追求的选择，都有价值，都应该受到尊重。还有第三句话：尽管你在自己所处的环境中，或在整个人口比例中占少数，因而感到孤独，但仍要相信，天下自有同道者，而且由于中国是一个大国，志同道合者的绝对量并不少，因此，我一直主张中国的理想主义者应该采取各种方式，相互合作，相互支持，在整体的孤独中创造一个"吾道不孤"的小环境。在某种程度上，"西部阳光行动"，甚至包括今天的沙龙报告会，都是这样的相濡以沫的努力。

▎我们可以做的三件事：
乡村教育，信息建设，帮助农民组织起来

　　以上所说，依然是观念、认识的问题。下面再更深入地讨论一下青年学生到农村去如何发挥"桥梁"作用的问题。这方面，同学们的实践已经提供了一些经验。

　　在上次汇报会上，我特别注意到四川分队的同学谈到他们协助组织"老年人协会""村民文艺队"和建立"村民活动室"的经验，这背后其实也有个理念，就是把农民组织起来，推动、协助建立与发展农村各种类型的民间组织，让农民自己管理自己，以自己的力量解决自己的问题。

这其实应该是乡村改造与建设的根本。

前面提到的调查报告提到了同学们开展支农活动的认识过程：随着对中国农村问题有了越来越深切的体认，就逐渐将工作的重点放在了解决农民精神贫困与帮助农民进行组织化建设这两个重点上。我的贵州朋友写的《屯堡乡民社会》里，也将"扶持与引导农村公共组织，发挥其作用"看作一个"发展农村公共空间"的问题。在他们看来，这是"重建乡村社会的依附力，维持村落稳定，完善村民自治，实现乡村民主，遏制基础权力腐败的重要途径"。

这都是极其重要的思路，这实际上提出了一个如何在农村建立现代公民社会的问题。记得中国农村改革的老前辈杜润生先生曾经提出，要使农民获得三大权利，即经济发展上的更大的自由与自主权，政治上发展乡村民间组织的权利，以及平等的受教育权。这其实就是要使农民真正成为现代公民，也就是马克思在《共产党宣言》里所说的"自由人"。这既是农村改造与建设的根本，又是中国社会改造的基础。

这当然是一个长期的战略目标，但又是可以具体实践与操作的，是我们能够做的。根据同学们的经验，我以为可以做三件事：一是协助发展乡村教育，除了文化卫生教育、农村经济教育之外，还有一个重要方面是公民教育，要使农民真正获得以个人自由和自觉的民主参与、权利与义务的统一为核心的公民意识，做到陶行知先生所说的"对公共幸福，可以养成主动的兴味；对公共事业，可以养成担负的能力；对公共是非，可以养成明了的判断"。二是帮助农民进行农村信息建设，宣传政府的政策法规、法律知识，传播农业科学技术——能否及时获得各种信息，这也是现代公民的一个基本权利。正如同学们所说，"在城乡分割的二元体制下，农民获得信息的渠道狭小"，这就极大地限制了农民独立、自由的发展，是当下中国农村亟待解决的问题。据说经过青年志愿者的努力，现在在全国已经建立了二百多个"大学生农村信息传播站"，以后还准备建"农村—高校"信息传播渠道：在这方面发展的余地是相当大的。三是协助农民组织起来，发展各种类型的乡村民间组织。而根据同学们在实践中摸索的经验，这三方面的工作，最好是在某些条件相对成熟的实验点上集中进行，这样比较容易取得实效，并获得经验，以便推广。前面说过，在二十世纪的三十年代，全国就曾有过一千多个实验点，今天完全有条件有更大的发展。如果这样持续做下去，八年、十年、几十年，就会逐渐地、实实在在地改变中国农村的面貌。

▌注意发动三种人的力量：
农村能人、地方文化精英、当地学生

当然，话又要说回来，在这个大的历史性工程中，青年志愿者所能发挥的作用是重要的，特别在开始阶段更是巨大的，但同时也是有限的。你们主要的作用还是充当"桥梁"。在这个意义上，有几个分队谈到的"发动当地骨干与回乡大学生参与"的经验，就很值得注意。我由此想到了大家到农村去，应该注意发动"三种人"的力量。一是农村里的"能人"，这几乎是每一个村子里都有的，有的是村子里的干部，有的在村子里有着实际的影响力与号召力，有的则是村子里的边缘人物，却有着活动的潜力。这些能人有较强的变革的内在要求，比较容易接受新的事物，通过外出打工、参军、读书等途径对外部世界已经有了接触与了解，因此较容易与同学们沟通，能量又比较大，在某种程度上，农村的改造与建设主要应该依靠他们。另一类是地方上的文化人，他们中许多人都是八十年代的大学毕业生，基本上集中在县城里，或掌握了一定权力，是地方新闻、卫生、教育、文化部门的大小领导，或是地方名人，既有改革开放的意识，又有实力与影响力，你们应该努力获得他们的指导与支持。最后，你们这样的大城市里的青年志愿者还应该和地方院校的大学生们，县中学的学生们结合起来，不用说，你们之间会有更多的共同语言，而他们由于是本地人，自然比你们更容易深入农村，而且从长远来说，农村的改造与建设还是要依靠本土的知识分子了。你们所能起到的还只是一种促进的作用。

▍历史呼唤新一代乡村建设人才

今天的聊天实在太长了。最后，还想说一点希望。在我看来，青年志愿者参与农村改造与建设有两种方式。大部分人恐怕都是"走马观花"式的，是短暂的有限的参与，这样的参与其主要意义与价值，还是前面所说的青年自身的健全发展。不能要求大家都长期地到农村去，这是不现实的。我的想法很简单，只要能去，去一两次，走一走，看一看，就比根本不与农村接触要好。但我仍希望你们中的一部分人，能进一步发展为"深入式""扎根式"，献身于乡村改造与建设事业。这其实也是二十世纪三十年代乡村建设运动倡导者的理想。他们提出要"以学术立场去建设乡村"，要实现"政治学术化，学术实验化"，这就需要专门的乡村建设人才。中国的农村需要什么样的乡建人才呢？先驱者们提出了五条标准：一、"要有本国的学术根底"；二、有"科学的知识技能"；三、有"创造的精神"；四、有"吃苦耐劳的志愿与身体"；五、有"国家和世界的眼光"。应该说，这是一个相当高的标准，这也正说明，中国的乡村改造与建设是一个关系"国家与世界"的命运，具有高度"学术"性与"科学"性的，富有"创造"性的，需要"吃苦耐劳"的艰辛而伟大的工程，是可以当作自己的事业，值得为之献身的。可以说，到了新世纪初，历史正呼唤着新一代的乡村建设人才，同学们则用行动做出了自己的回应。第一步已经迈出，我们应该冷静下来，认真总结经验，作更深入的思考，使我们以后的步伐，迈得更加坚实、有力。

我的讲话完了，谢谢大家。

2001 年 11 月 12 日—14 日，11 月 16 日、18 日—20 日，29 日定稿

"用双脚去丈量现实"以后

——青年志愿者日记《西部的家园》序

当这些北京的大学生经过长途跋涉，来到西部山区，以好奇的眼光，打量着周围的一切时，恐怕没有意识到，这将是他们人生旅途中的重要时刻，对于当下中国社会变革，这一场景也提供了一个重要信息，具有重要的象征意义：他们正在参与历史的创造。

谈到中国社会，鲁迅有一个经典的描述："中国社会上的状态简直是将几十世纪缩在一时：自油松片以至电灯，自独轮车以至飞机，自镖枪以至机关炮，自不许'妄谈法理'以至护法，自'食肉寝皮'的吃人思想以至人道主义，自迎尸拜蛇以至美育代宗教，都摩肩挨背的存在。"（《随感录·五十四》）这也是当下中国的现实："前现代""现代"与"后现代"并存。

于是就有了完全不同的群体：大城市里名牌大学的大学生，他们既享受着现代和后现代的全部物质、精神成果，又承受着其所必然带来的种种困惑；西部农村的教师和学生、家长，他们还在前现代社会的物质与精神贫困中挣扎，处于西北师范大学一位教授所说的"无助、无望、无奈、无为"的状态。

这是中国社会的两极，他们本是隔绝的，但现在走到了一起，时间是在新世纪初。这当然不是偶然的。这是中国社会变革、中国教育改革发展到今天的需要：乡村建设与改造、乡村教育，成了改革的"瓶颈"问题，成为人们瞩目的中心。这也是当代中国大学生、中国青年一代的精神历程走到今天的需要：走出校园，到广大的农村，到社会的底层，去认识脚下的土地，接触更真实的人生，寻找生命存在之根。

"西部阳光行动"的朋友敏锐地抓住了这一历史机遇，及时组织北京十几所大学的学生到甘肃、宁夏、四川、贵州等地的六个点，进行"支教支农"的实验。本书即是参与者写下的实验记录，其中既有对西部农村教师与学生的生存处境的真切描述，对西部农村教育现状的真实揭示，更有自我精神历程的真诚袒露。正是有了这样的真切、真实与真诚，在我看来，它就具有了一种历史文本的价值：这里有新世纪初关于中国教育的真的声音。

于是他们面对了严峻的现实：西部教育投入严重不足，辍学率逐渐上升，教育质量大幅度滑坡，与其他地区的差距越来越大；农村教育的主体——教师仍是被忽视的群体，特别是他们中的代课教师、大龄教师、女教师，"一人一校"、从事复式教育的教师，正处于生存的危机、教育资源的缺失、权利与义务的失衡等困境之中，孤独无助，这导致了农村教师的大量流失；农村教育陷入"城市取向"的误区，完全脱离中国农村的实际，成了和农村社会无关的教育；农村社会的变迁更带来了许多新的教育问题："留守儿童"的教育问题、少数民族教育问题、女童教育问题、农村家庭教育的问题、"失落的农村初中生"的问题，等等。

于是我们听见了坚守在西部农村教育第一线的老师的呼声："我最大的心愿就是有更多的人来关心西部的老师与孩子们，也多么希望有设备完善、宽敞明亮的现代化的教室，使山村教师不再有跋山涉水去上课的艰辛，不再为生活所煎熬，不再有在危房中上课时的心情，不再出现困难学生上不起学的情况。我真希望山村教师也能在电脑前享受网络信息沟通带来的欢乐，不仅不再忍受贫乏的物质生活，也不再忍受无助的孤独和寂寞。当然我也希望能成为一名公办教师，每月有四五百元的收入……"

我们还听见了农村孩子的呼喊："我嫉妒……不，我羡慕城里的孩子。""我喜欢学习。""我要读书。""我要上大学！"……

我们更听见了这些城市里的大学生的心声。他们来到农村，"从起程前的憧憬、一路上的兴奋、踏入这片土地的激动，到支教中的困惑、无奈，与乡邻对话的疏离，再到熟悉后的亲密与离别的眼泪，这一路有很多收获，很多辛酸，很多感动，很多思考……"

一位大学生这样写道："对于在城市里长大的我来说，心中的西部是一种田园诗般的印象：连绵的青山，无垠的戈壁，淳朴的乡亲，还有那鸡犬相闻的恬静的生活。那里的一切都深深地吸引了我。"但当他真的踏上了这块土地，"用双脚去丈量现实"，看到了"恶劣的自然环境，以及在此条件下挣扎努力的农民"，面对"因为辍学而哭泣的孩子"，"那一张张温暖稚嫩的笑脸，渴求知识的眼神"，就觉得一切都变了，一切都需要重新思考……

他还有了这样的自我体认："我们在没有来这里之前，可能满腔热情，踌躇满志，一心想为村民干些什么，而真正到了这里之后，我才发现我们的力量原来是如此的微不足道，我们对这一切是那样的无能为力……我们究竟是来干什么的？我们究竟能做些什么？"在丢弃了不切实际的自我期待以后，反而有了一种生命的实在感："踏在这片西部热土上，起初的激情，年轻的冲动，都化作愈加沉重的脚步和更为踏实的工作"，"我们知道自己能力有限，唯有全心尽力地工作，才能或多或少弥补自己内心的沉重"，"在生活中还没有这样的时刻，让我觉得自己如此重要，又如此渺小"。

"也许我们改变不了什么，但这里的一切的确改变了我们。"当年轻的大学生对脚下这块土地和土地上的人民开始有了认识、有了感情以后，就不再安心于原来的生活方式，开始有了新的自我反省。一位同学在自己的日记里这样写道："我并不是不相信在这样短的时间里会产生如此的感情，我只是觉得我们从缺乏感动的城市来到这里，这样的情景简直是对我们的嘲笑，嘲笑岁月让我们变得对一切麻木，变得对一切冷淡，变得对一切无所谓，失去了许多作为人的最纯洁的感动，却学会了圆滑世故功利贪婪……这让我觉得我们到这里来是洗涤我们的心灵的。"

这样的自省带来的心灵震撼几乎随时都会发生。在听到孩子们谈到对未来的幻想时，会突然感到惭愧："我想过将来我是什么吗？我有这些幻想吗？或许我们在很多年前也有些这样的想法，不过我现在对自己的将来却毫无所知，而且不愿去知道。就这样让我们年轻的生命消逝在每天每天的平庸里，整天就这样飘来飘去，没有方向，漫无目标……"在听到孩子真诚的歌声时，也会有莫名的感动："这正是我心底最深处潜藏的一种期待，希望自己可以像他们一样，边走边放声歌唱，那么自然欢畅。而现实的我，早已失落了曾经的那份勇气和纯真，怯懦地在意别人的眼光和看法。来到顾沟，我想听他们唱歌。"

正是因为回归了这块土地，中国的年轻的大学生看清了自己身上的"现代病""后现代病"，开始了新的追求，有了新的情感。"为什么我的眼里常含泪水？因为我对这土地爱得深沉……"诗人艾青写于民族危难时刻的诗句，又久久地激荡着新世纪初青年一代的心灵。

他们还有了对中国教育，特别是大学教育的追问与思考："中国城市化与现代化的进程正在使我们的城乡差距逐渐地拉大，我们的教育无疑起了推波助澜的作用。我们的教材一册一册地显示着城市化、西方化的内容，我们的媒体也在大肆渲染城市的魅力与乡村的贫穷。教育没有教会孩子们如何改造农村，如何在土地上谋生、建设农村美好家园，相反却教会我们逃离农村。担负着提高国民素质的基础教育尚且如此，打着'学术'旗号的大学教育更是进一步远离了教育的初衷与实质。中国有80%以上的人口在农村，然而真正研究农村、农民、农村教育的专家又有多少呢？大学里光怪陆离的课程，又有几门是专门讨论农村的呢？造成今日我们大学生五谷不分、与农村有距离感的不是别的，而是我们引以为豪的教育本身，我们的教育没有成为社会公平的平衡器，相反，却成为社会分层的复制机。"

自然，一切都在追问、思考、探索中，并没有结论，而且更多的还是困惑，但我们又可以说，凡有思索的地方，就有希望。

这就是本书的作者在经过了农村教育实践以后，发自肺腑的真的声音，提供的中国西部乡村教育的真实——

我们的农村教师，在无助的挣扎中坚守。

我们的农村孩子，在无奈中仍怀着期待。

我们的正在走向农村的年轻大学生，在困惑中开始思考。

中国西部乡村教育正面临着空前的危机，又蕴含着新的希望。

让我们以直面这样的真实作为起点，持续不断地进行我们的探索与努力。

2005 年 12 月 2 日—4 日

一百块钱，有多轻又有多重？

——雪灾救助活动的启示

二〇〇八年初一场突如其来的暴风雪，让中国人过了一个充满不安的春节，也唤起了最初的自救救人的行动。正是在这样的背景下，一耽学堂发起了一场"春节临时救助活动"，在社会上募集了数量并不多的救助款，分发给每一个参与活动的义工（志愿者），数额在一百元到三百元之间，要求他们交给周围需要救助的人，并把救助过程和自己的观察、思考如实记录下来。这些记录最终集成了《二〇〇八年春节临时救助活动纪实汇编》。一耽学堂的总干事逢飞先生将汇编送给了我。我读了以后大受感动，深得启发，对这些年我一直在关注的青年志愿者运动有了许多新的认识，当时就想把它写下来，但接踵而至的汶川地震、北京奥运会、全球经济危机，都吸引了我的注意力，文章也就始终没有写成，不过心里却一直惦着这件事。而且事后来看，年初的雪灾其实预示了二〇〇八年的"多灾多难"，而春节的这次救助活动实际也是二〇〇八年举国举世瞩目的志愿者行动的一个先声。因此，在准备将我写在二〇〇八年的文字汇集成书时，就想到应该把这篇"雪灾救助活动的启示"补写出来，算是我也参与了的一段历史的记录吧。

按原定的计划，我准备谈四个问题。

一 帮助你身边需要帮助的人

正如一位年轻朋友所说，这次春节救助活动的最大特点，就是它是一种"个体对个体的救助"①，一切都要"一个人去面对"，这就意味着"义工一个人就可以做起来"，也就是"慎独其身"。②据说这是一耽学堂的一个信条。我认为这是一个重要的理念。

于是，就有了这样的命题："帮助你身边需要帮助的人。"同时，又产生了一个问题："一个人是否能够与另一个人发生一种关联？"③首先，就是要去"寻找""另一个人"，这几乎是所有参与活动的义工都要遇到的问题："身边需要帮助的人"在哪里？这个问题看似简单，真要做起来，就有了许多意想不到的困难与曲折。这是为什么？原来"身边的人和事往往都是擦肩而过，更何况我们是多么容易忽略边缘地带、边缘人群"④。我们所受的教育，使我们只关心自己、自己的家庭，三五个同学、朋友，我们所感觉的范围其实是极为狭窄的，但我们却"不免咀嚼身边的小小的悲欢，而且就看这小悲欢为全世界"（鲁迅语）。在这个意义上，我们这些"人"和周围的广大世界里的"人"是隔膜的。因此，真正要找到"身边需要帮助的人"，打破隔膜，首先需要的是改变我们自己：我们的生活方式、我们的思想视野。于是，义工们走出家门，到村寨里去访贫问苦，到养老院去看望孤寡老人，到大街上去和流浪汉、乞丐交谈，用眼睛去看，用心去发现。这样一个"寻找"的过程，实际上是一个深入认识中国社会、中国国情的过程。一位义工说，他在寻找中真正感受到了"社会底层的艰辛和在灾难面前的无奈"。⑤尽管这样的感受、认识还只是初步的，但却是一个根本性的改变。正像另一位义工所说："忽然发现关注生活的眼光都不同了：我开始观察并'看见'平常被忽略的社会的另一面，那些歌舞升平、光明敞亮之下的卑微、苦难和黑暗。我密切注视昆明电视台最受群众欢迎、有直接的申报救急栏目的《街头巷尾》

---

① 曾庆滨（广州）：《关于个人参与社会救助的一点思想》，见《二〇〇八年春节临时救助活动纪实汇编》。本文引文如无特别说明，都引自此书。

② 刘晨（昆明）：《谁是最需要帮助的人？》，孙丽烨（石家庄）：《一耽学堂春节临时救助小组纪实》。

③《一耽学堂春节临时救助小组座谈纪要》。

④ 史一可（沈阳）：《活动纪实》。

⑤ 韩晓宇（西安）：《活动纪实》。

《都市条形码》节目；我上街散步时开始观察那些乞讨的人，街上相互搀扶的残疾人；我仔细看人们的眼神、衣着、表情……连同我的父亲也开始关注报纸、电视中的信息。"①

于是，又有了这样的自我质问："我怎么判断对方是不是需要我的帮助？我的帮助真的能解决他的问题吗？我怎么在不伤害对方自尊心的情况下帮助对方？"尽管这样的自我质问难有答案，但至少表明在我们义工的思考中，不只是有"我"还有"对方"，他们在努力地寻找真正的心灵的沟通与理解，这或许是更重要的。而且还有自我反省："我自认还是个善良的人，平时遇到需要帮助的人，也会尽自己之力。可是限于自己的生活圈子和个性特点，更多的时候，我对社会的责任感，对人的善心，只是停留在心理层面，很少主动地付诸实施。"②

这确实是一个问题：如何把我们的爱心变成行动，而且要把"为别人的努力变成生活的一部分"③，也就是我在一篇文章里提到的，要使志愿者（义工）行动变成"习惯"："把这种关爱、服务精神真正变成自我生命的内在需要，以至变成近于本能的反应：看见有人需要帮助，就不加考虑，自然而然地伸手相助。于是，这样的志愿服务，就会渗透到日常生活中：不仅积极参与志愿者的有组织的活动，而且一人独处时也会随时随地为需要帮助的人服务。"④这次春节救助活动的一个特殊意义，就在于它所倡导的"个体对个体的救助"，是一种"一人独处"时的习惯性志愿服务，如其倡议书所说："见孤老病苦人，我应尽一份力！见鳏寡流离人，我应尽一份力！见无望失助者，我应尽一份力！见困急危殆，我应尽一份力！见我心不忍，我应尽一份力！知我力不及，我尽我心！知我心无悔，我尽全力！"⑤一位参与活动的义工说得很好："做好事要顺其自然、恰到好处、不露声色、润物无声式的，那种太明显的，

---

① 刘晨：《谁是最需要帮助的人？》。
② 包萧红（北京）：《一百块钱怎么花》。
③ 高勋（吉林）的文章（无标题）。
④ 钱理群：《"我们"是谁》，文见《致青年朋友》。
⑤ 转引自范英梅（北京）：《活动纪实》。

痕迹太重的，反而让我不安。"① 这里所说的"顺其自然、恰到好处、不露声色、润物无声"，等等，都是习惯性志愿服务所应达到的境界。当然，在最初倡导时也不免要造些声势，但它最终还是要返璞归真，使随时随地"帮助你身边需要帮助的人"成为一件自然的事，成为我们每个人精神素质的一个有机组成部分，因而成为习惯，这是我们应该追求的目标。

二 寻求心灵上相契相感

许多义工都谈到，他们在寻找需要帮助的人的时候，首先得到的是"怀疑的眼神和委婉的谢绝"，或者"沉默"，这是他们完全没有想到的，因此感到困惑。

他们遇到的是我们的社会环境问题：这是中国的志愿者（义工）运动所必然遇到，也必须面对的问题。

一位义工在他的总结里，提出了一个"官民心态"的概念，很值得深思。

首先是"官员的不作为和事不关己高高挂起的态度"："当我们希望我们的那些官员可以多为民勤政的时候，他们却不知所踪。"② 这样的冷漠和对"招商引资"的过度热情、趋之若鹜形成了鲜明的对比，正是这样的巨大反差暴露了我们的政府职能的根本错位：为社会，特别是为社会弱势群体提供公共服务，本来是政府的职责所在，而"招商引资"本应是市场行为，是不应由政府主导的。这是今天中国社会救助问题如此严重的症结所在，也是我们必须首先确定并正视的。

有什么样的政府就有怎样的国民。义工们遇到的还有周围的人的冷漠，作为一个普通的学生，却要去管那些连政府甚至自己的子女也不管的残疾老人，这是许多人都不理解的，甚至要怀疑其动机，这都对义工形成了精神压力。于是，又产生了这样的追问：随着中国经济的发展，

---

① 阎国华（北京）：《活动纪实》。
② 张钰（武汉）：《救助款使用说明》。

许多老百姓的物质生活改善了，但他们"心里富裕"了吗？[①] 这也是暴露了中国的改革以至"中国特色"的"现代化"的根本问题的。

更使得年轻的义工难以理解与接受的，是被救助者的拒绝或怀疑。一位义工说，当他意识到身处社会底层的人的"防卫心理很强，不容易相信别人"时，感到了一种莫名的痛苦和迷惑。[②] 这样的"防卫心理"其实是不难理解的：这些年对这些弱势群体的欺骗难道还少吗？在当今的中国，有多少种力量在打着"为弱势群体谋利"的旗号，为自己谋利，又不断继续侵犯他们的利益！他们能不"防卫"吗？而这样的"防卫心理"，却又确实反映了当下中国社会心理的危机：人与人之间已经失去了基本的信任感。这是会导致社会危机的。

其实，连义工自己也不能不有所防卫。一位义工谈到，他去救助街上的乞丐时，是心怀"不安"的，他害怕遇到"假乞丐"，并由此而想到："当那些'假乞丐'剥夺了真正困难者生存的最后办法，连社会中人们最后的一点怜悯心都要玷污，使我们最后一块同情的空间都不得不戴上'打假'的紧箍咒时"，他的心里是感到深深的"悲哀"的。[③]

"相契相感""感通心地"，[④] 这大概是所有作为理想主义者的义工的共同追求。但现实却告诉他们，在当今的中国，人与人之间——义工和政府官员之间，义工和周围的人之间，救助者与被救助者之间，要达到这样的心灵的"相契相感"，是极其困难的，需要长期而艰苦的社会改造、人心改造和人与人关系的改造。但我们又不能等待，从另一个角度说，在这样的心灵并不相契相感的社会环境下，坚持救助行动本身就是一个"绝望的反抗"，是改造社会、改造人心与人和人关系的开始。这也是这次和类似的救助行动的意义所在。

---

① 张钰（武汉）：《救助款使用说明》。

② 林清洁（福州）：《活动纪实》。

③ 刘晨（昆明）：《谁是最需要帮助的人？》。

④ 唐鼎峰：《北京》：《救助记录》。

三　根本的意义在于传播爱心

这也是义工们在参与救助活动时经常质疑自己的：个人的救助行为究竟有多大作用？这样的质疑是有道理的：如前所说，社会救助的根本责任在政府。正像一位义工所说，如果看不清这一点，过分强调民间救助的作用，就会在客观上为不少政府官员开脱责任，"掩饰了事件本身的残酷，甚至粉饰太平"[1]。

在看清了自己的限度，即我们的救助不可能根本解决被救助者的困难，只是"杯水车薪"之后，也不可忽视这"杯水车薪"的作用：送去的虽只是我们的爱心，但却是生命的活水和火种。很多义工都谈到，他们在一些孤寡老人无人照看，有的连子女也将他们抛弃，因而处于极度孤独，情感也受到极大冲击的情况下，及时给予救助和关怀，使绝望中的老人发出了微笑，"燃起了希望"。如一位老人所说："活这么久，总算感到了真正的温暖。"[2]因此，在某种程度上我们可以说，义工救助的主要意义，就在于"传播爱心"[3]。

不可小看了这"传播爱心"的意义。在我看来，这背后有两个理念，很可以琢磨。首先是"做公益，应该先从治人治心开始"[4]，"人们物质上的匮乏可以通过一定的途径改善，而人的精神的匮乏更难解决"[5]，也就更需要精神的救助。就救助本身而言，最重要的，也是"唤起被帮助人的自信"，激发出他的自救力量。[6]

从另一个角度看，"传播爱心"的任务和功能，也内在地决定了义工（志愿者）的本质特性：它的一切都必须从"爱心"出发，每一个义

---

[1] 包萧红（北京）：《花不去的一百块钱》。

[2] 参看路永照（山东滨州）：《活动纪实》，陈显韬（兰州）：《救助情况》，郑礼华（长沙）：《活动纪实》。

[3] 屈国家（南京）：《春节救助的感想》。

[4] 雒申升（北京）：《活动纪实》。

[5] 路永照（山东滨州）：《活动纪实》。

[6] 史一可（沈阳）：《活动纪实》。

工都是出于发自内心的"爱"——对社会、对他人、对被救助者的爱，来参加救助活动的。这样的"爱心"是内发的，不是强加的，也不是因为受了诱惑；是不求偿报，不带任何功利目的的：这样才会是真正"自愿"的。离开了这样的内发的、无功利的爱心，义工的公益活动就会走样。这正是许多义工所警惕的："掺杂了太多的功利的东西，'公益 + 文化'的理念就会变质。"① 一位义工在谈到"看到身边不少同学参加公益活动只是为了争名夺利"时，更是无法掩饰他内心的担忧。② 这样的担忧是有道理的。我在一篇文章里就说过，当志愿者成为一种力量、一种时尚时，就会有被控制、被利用、被掺假而变形变质的危险。因此，越是在发展条件比较好的时候，越要坚守自己的本性：自愿性、民间性；而它们的基础，就是每一个义工的"爱心"③。

四 新一代的理想主义者

义工都是理想主义者，这也是我们必须坚守的志愿者的本质与本性。

我多次说过，自己是一个不可救药的老理想主义者，我和一耽学堂和其他志愿者组织的年轻朋友的交往，也包括正在写的这篇文章，都是新、老理想主义者之间的对话。我也总是在思考新、老理想主义者的相同与相异。这也是我在读这本《汇编》时的一个特别关注点。于是，我注意到了参加这次救助活动的义工们的如下自白——

"要永远保持这样一种底层关怀、平民视角，保有这样一种行动的勇气和韧性。"

"相信并敢于自己去行动，去面对这个社会，并注重这种点滴的力量。"④

---

① 范英梅（北京）:《个人心理感受与事后思考》。

② 林清洁（福州）:《活动纪实》。

③ 参看钱理群:《我的两个提醒》，文见《致青年朋友》。

④ 以上两段话都见于刘晨（昆明）:《谁是最需要帮助的人？》

"从身边小事做起，从心源出发，从生活中得到锻炼，自我升华，体味生命。"①

这里所说的"面对现实""底层关怀""平民视角""行动勇气和韧性"，大概是新、老理想主义者的共同点，这里或许存在着某种精神的传承，人们比较容易注意到，这里就不再多说。

我要讨论的是，尽管"从身边小事做起"，"注重点滴的力量"，追求"自我升华"，也同样是新、老理想主义的共同点，如我多次说过的，鲁迅（在我心目中，他是最大的理想主义者）就最重视"从小事做起"。但像我这样的老理想主义者，还受过革命的教育，就有着另外一些也应该说是理想主义的（或者说是乌托邦主义）的信念与追求。这是和今天的新理想主义者大不相同的。不同之处主要有三点。

首先，我们相信并追求"彻底地、一劳永逸地"消除社会弊端。因此，我们期待用革命，而且是暴力革命的方式，推翻旧政权，相信在一个新政权下，可以通过"不断革命"来"消灭"一切不符合我们理想的"旧事物"（实际上也要同时"消灭"一切"旧人物"），以建立一个绝对理想的、纯净的、无弊端、无缺陷的"新社会"。总之，我们追求"彻底"，拒绝一切"点滴"的改良；追求"一劳永逸"，拒绝逐步的、"渐进"的改革。历史已经证明，通过这样的"彻底革命"的"理想"之路，不仅不可能真正建立现实的乌托邦，而且往往会导致十分严重的后果。这样的历史教训，是新一代的理想主义者必须吸取的。

其次，我们把一切希望都放在"未来""明天"的"理想世界"，并且信奉这样的"革命伦理"：为了美好的明天，我们必须无条件地牺牲今天。

其三，我们还相信，为了美好的理想，必须无条件地牺牲自己。而历史却证明，这样的"牺牲观"最容易被利用，并且秉持这一观念的人常常被引导在"革命理想"的旗号下做出许多违心的事情来。这样的教训，也是不能忘记的。

---

① 孙丽烨（石家庄）：《活动纪实》。

历史的进步已经使新一代的理想主义者在继承前辈理想主义者的传统的同时，还能吸取我们的教训，做出新的选择：坚持和平、渐进的改革，"注重点滴的力量"，"从小事做起"；从改变现在做起，不仅追求美好的明天，更追求美好的今天；把关爱他人和发展自己结合起来，救人与救己结合起来，在参与公益事业中"自我升华，体味生命"，实现自己生命的意义和价值。我想，这大概就是这次春节临时救助活动给予我们的最重要的启示。

2009 年 4 月 11 日—12 日

我们需要这样的反思和试验

——区纪复《愈少愈自由——盐寮乐修二十年》书序

　　我的青年志愿者朋友林炉生向我推荐区纪复先生的这本书，并希望我为该书的大陆版写序，我自是欣然同意。认真阅读以后的第一反应是：这是一本非常及时的书，今天的中国大陆亟需这样的反思和试验。

　　区纪复先生坚持他的"盐寮净土"试验已有二十五年之久。他如此概括试验的宗旨和特点："度的像是出世的生活，思念的却是入世的关怀。""盐"即有"消毒、防腐、调味的特性"，就是"希望对社会的不理想情况尽一点责任"，"调整一些歪曲的价值观与人生观"。这就使我产生了追问与讨论的兴趣：区纪复先生和他的朋友对当下社会和流行价值观、人生观有着怎样的不满与批判？于是就注意到区纪复先生对当今世界的一个基本判断："现在世界已经进入了科技进步、经济发展、社会富裕的阶段，但仍然有贫富悬殊、不公平正义的现象。"更让他们焦虑的，是工业化、城市化"过度发展而带来的奢侈、浪费、破坏、污染的不良后果"，由此引发的是对工业文明与城市文明即所谓现代文明的反思和反省。这样的反思、反省，又主要集中在两个方面：一是人与大自然关系的大破坏，二是物质、消费、功利的价值取向导致的人自身的异化，导致人越来越远离人的生命本性。其具体表现为三个极度紧张：人与自然关系的极度紧张、人与人之间关系的极度紧张、人自身内心的极度紧张。于是，就产生了"和大自然靠近一点，和生命本身亲密一点"的时代新要求；暨南国际大学教授李家同先生在《推荐序》里说，这是区纪复先生在书里所要表达的"终极主张"。我认为他抓住了要害，这是一个非常准确的概括。

我在阅读书里的这些讨论时，不能不同时想到当下中国大陆的现状；我相信本书的大陆读者也会有这样的联想。这些二〇一三年我们亲身经历、体验的现实：从年初的雾霾所暴露的空气污染，到此刻我们正在苦熬的酷热显示的气候反常，无时无刻不在提醒我们：人类正在遭遇大自然的无情报复，不能不吞下上一世纪世界工业化对大自然的无节制的开发所造成的恶果、苦果。而二〇一三年接连不断发生的公共恶性事件，从年初的死猪事件、毒奶事件，到刚发生的产科医生贩卖初生婴儿事件，等等，又无一不在挑战社会道德的底线，其所暴露的人性的变态、人际关系的险恶，已经超出了人们的想象力与容忍度，真正到了社会崩溃、人性崩溃的边缘。这都会转化为人内心的焦虑、烦躁，以致失控。这样的心灵的无名之火又会转化为社会的戾气，一旦蔓延，是随时可能导致暴力行为，产生灾难性后果的。问题的严重性还在于，中国社会发展的不平衡性，一方面决定了中国像北京、上海、广州这样的大都市已经进入类似台湾、香港的后工业化时代，开始了对过度工业化的反思；另一方面，在中西部更广大的地区，工业化还在如火如荼地进行，其价值观、人生观，依然占据主流地位。二〇一三年最流行的电影《小时代》露骨地宣扬"金钱至上、物质至上、欲望至上"的价值观，却受到了"九〇后"青少年的热捧。我们必须面对这样的现实，从观念、价值与实践两方面对之做出回应。这是中国的当务之急，也是一个时不我待的重大的社会、教育课题。

本书正是在这样的时代需要下显示了特殊的价值。在我看来，区纪复先生倡导的"简朴、自然的生活"，至少提供了克服上述时代弊端的一种可能性、一条全新的思路和途径。最具启发性的是其内含的两大观念。其一是"重建人与自然的关系"。区纪复先生反复强调，要用"另一种眼光看待"我们身边的水、火、石头与草木，它们都是"有灵有性，有感情，有喜好，有能力，会变化"且"多姿多彩"的，也就是说，水性、火性……都是和人性相通的；因此，"在大自然中，万物就像一家人一样"，人对自然要有"兄弟情怀"，要有"敬重"之心，要懂得"感恩、回报"；"顺应自然，爱护自然，保护自然"之外，还要"赞美、欣赏自然"，这样才能达到人和自然的"和谐共融"，最后达到"天地人合一"的境界。其二是"回归与升华人的生命本性"。这包含了建立新的价值观、寻求新的生活方式、重建人与人的新关系等几个方面，最终目的是要"得到各种良好的人性特质"。从区纪复先生的描述里可以看出，这是一个复归传统又具时代特色的既老且新的生命状态："不敛、不贪、不奢侈、不浪费、降欲、克制、节俭"，"惜福、惜物、惜缘"——这背后是一个和物质主义、消费主义、欲望至上的流行价值观完全不同的"愈少愈自由"的新价值观和"拥有的少""需要的少"的"简朴生活"和"简朴精神"；"真诚、慈悲、和谐、共融、分享、互信、互助、结纳、包容"——这是一种全新的人与人的关系；"喜悦、关怀、和善、谦逊、忍耐"，"不气、不怒"，"用心、细心、耐心、恒心、信心、好心、爱心"——这是通过人性的修炼所应达到的更高的精神品质与境界。区纪复先生称具有这样的追求和精神品质的人为"新人类"。如单国玺主教在其《推荐序》里所说，这是内蕴着"中西新旧合一的精神"的。区纪复先生又把这样的新人类精神概括为"和好的精神"："与自己和好""与他人和好""与大自然和好""与上天和好"。区纪复先生强调，这是一种"具现代特色的新的精神"：他显然期待这样的新人类、新精神、新生活能够通向人类社会的新世纪，期待着综合并超越传统文明和现代文明的人类新文明的诞生：本书提供的这一愿景，或许是一种新乌托邦，但也正是这个混乱而时常令人绝望的时代所需要的。

而区纪复先生和他的朋友真正着力的，却是彼岸的乌托邦理想（愿景）照亮下的此岸努力。他的"盐寮净土"是建立在现实土壤上的。这是一个具体的可以操作的试验，其最吸引人之处有四。一是人人都可以参与，只要愿意就可以做到。二是它的当下的行动性。如区纪复先生所说，它既不陷入"意识形态的高调"，又非纯粹"知识的论述"，不空发牢骚，也不高谈阔论，而是实实在在地行动起来，从一件件具体的小事情做起，把理想融入日常生活，落实到"一切生活行为的细节上"。因此，在"盐寮净土"里，前面所说的所有的理念、愿景，全变成了极富想象力和创意的具体修行。如体现人与自然新关系的"水修行""立石修行""千禧迎日操"，体现新价值观、新生活方式的"简朴修行""物尽其用""道在瓦甓"，体现人与人新关系的"信靠单行"，等等，或许这些设计与实践，是最能让本书的读者心驰神往的。其三，它完全是志愿的选择，因此就能够做到"心甘情愿，无拘无束，因此也享受到了这种生活带来的自由和乐趣"。其四，它所选择的是一种"由内到外、由近至远及由人到自然"的行为方式，这背后的理念，和我这些年一直在倡导的"从改变自己的存在开始"的"静悄悄的存在变革"确有相通之处，或许这就是我对区纪复先生的"盐寮净土"试验特别能产生共鸣的原因吧。

我一直坚信，这样的从自己做起的民间社会的存在变革，是符合人的本性的，因而就具有扩散效应。区纪复先生的"盐寮净土"精神由台湾推广到香港、澳门，现在又传入大陆，这都是势所必至。当我听说炉生主持的燕山学堂和"盐寮净土"将在二〇一三年联合发起"回归内心的简朴生活之旅"时，感到特别欣慰。这不仅意味着区纪复先生自然俭朴生活的种子在大陆的传播，而且也意味着我一直关注的青年志愿者运动的一个丰富与发展。炉生告诉我，燕山学堂是我所熟悉的"农民之子"的一个分支，另一批朋友还在坚持流动儿童的教育。在我看来，两种发展方向，或偏重于志愿者自我和群体自身的修行，或偏重于社会服务，是应当也可以相互补充的。这也是区纪复先生所强调的："每个人不会有相同的取舍标准，而可各自有他的重点看法，走出一条自己抉择的途径。"我对青年朋友的建议是：在寻找自己的发展道路时，不妨做多方面的尝试。区纪复先生书的出版，也就别具意义：它将打开一番新的天地。

2013 年 8 月 16 日—17 日

寻找城市的根，
重建城市与乡村、自然的联结
——读"留城青年故事"的感想

感谢"社区伙伴"的朋友对我的信任。他们寄来了新一期《比邻泥土香》里"留城青年"专题的几篇文章，以及他们编的《让梦想扎根》《书写社区》等书，并希望我写几句话。我也就欣然应命。因为我虽然已经七十五岁，很少有和青年接触的机会，但始终关注着中国青年，特别是鲁迅说的"醒着的青年"的动向，认定他们的选择与行动是决定中国与世界的未来的。我很想对"社区伙伴"的朋友说：尽管我已无法成为你们中的成员，也不能成为你们活动的参与者，但我愿意作为一个观察者、学习者、评论者、历史的记录者，为你们摇旗呐喊。

我首先要做的，是了解你们。我在认真阅读了寄来的材料以后，知道你们正在进行一场新的"生活革命"，寻找与创建"可持续生活"时，真的被感动了。这正是我所期待的。二〇〇八年我在梁漱溟乡建中心的一次演讲里，就提出"基本上解决了温饱问题的中国"，需要实现制度、文化、价值与生活的四大重建；我还对"理想的新生活"，提出了五个方面的看法和建议（见《和志愿者谈生活重建》，收《重建家园》）。我现在发现这些想法和青年朋友多有相合之处，而且你们已经将其变成了实践，这实在令人欣慰。更重要的是，你们的行动引起了我许多历史的回忆。我首先想起的，是"五四"新文化运动前后的"新村运动"，一群新青年，共同劳动、读书、思考、讨论、实践，和书中的"青年公社"很有点相似，都是在寻找主流之外的新的生活方式；其倡导者之一周作人说，"新村的理想，就是人的生活"，"物质的一面的生活，完全以互助、互相依赖为本，但在精神一面的生活，却注重自由的发展"(《新村的理想与实际》)。我还想到了我们这一代年轻时所向往的社会主义理想，就是要"消灭三大差别"，即"城市与农村的差别、工业和农业的差别、脑力劳动和体力劳动的差别"，这和今天青年追求城乡之间、工业文明与农业文明之间、脑与手之间的和谐，也有相通之处。这表明，每一代有志向的青年，都在寻找与开拓更加符合人性的新生活的可能性，这样的理想追求是前仆后继、代代相传的；我们今天的实验，是自有传统的，我们是前人的继承者和新的开拓者。

我更想到，今天这样的实验，也是通向未来的。最近，我在北京几所大学作过一个题为《青年朋友，你们准备好了吗？》的演讲，其中就谈到了，我们既要关注、投入现实的改造，同时又要与现实拉开距离，作"长时段的考察与思考"。我向二三十岁的青年提出了这样一个问题："在未来四五十年的时间里，也就是在你们人生的主要阶段中，你们将面临一个什么样的世界，将面对时代所提出的什么样的问题？为此，应该做什么样的准备？你们准备好了吗？"我提出，从现在到未来四五十年，以至更长时间，人类将面临三大问题："人和自然的关系，将成为人类第一大问题"；"那将是一个对现行的社会制度、发展模式、文明形态进行全面反思，并进行新的综合与超越的时代"；"将面对科学技术超乎想象的发展所造成的难以预计的新的机遇与问题"。在我看来，这三个方面构成了我们这里所讨论的年轻朋友们的"生活革命"的大背景：我们所探讨的"可持续的新生活"的一个核心问题，就是如何"恢复人们内心与大自然的联结"；而这一问题的提出，正是出于对已有、现行的发展主义、消费主义的发展模式的反思；我们的另寻出路，也必须充分利用新的科学技术所提供的新的可能性，并考虑其所可能带来的问题与挑战。在这个意义上，我们今天的实验，正是为未来社会的发展和自己一生的发展"做准备"的，而且这样的实验是应该长期坚持的，是要经过长时段的努力，才能真正显示其意义的。

以上都属于总体的考察，下面我们再做一点具体的讨论。本期专题是"留城青年"，就是要探讨在高速城市化的当代社会中，生活在城市里的青年如何回应这样的发展，寻找更可持续的生活方式、创造另一类可能性？这本身就很有意思：以往人们（包括我自己在内）更多关注乡村文化的失落带来的问题，城市生活的重建和创造却少有集中的讨论；但事实上，城市问题在发达地区是更具普遍性的。我注意到，本期发表的文章就来自大陆、香港与台湾，其中也涉及日本、泰国等地的有关实验，这都表明，今天的生活革命发生在全球化的背景下，是一个世界性的社会运动。

运动所提出的问题是：在发展主义、消费主义指引下的城市发展中，我们失去了什么？这是谁的城市？我们今天要找回什么？我们需要怎样的城市发展，建立怎样的城市与人、与我们每一个人的关系？我们又应该从哪里着手，去进行新的理想的城市生活的重建？对已有的占主流地位的城市发展模式，我们已经做了许多的反省和讨论：我们确实失去了许多许多，我以为最重要的是，在物质第一、欲望第一、消费第一的追逐中我们失去了人的主体，失去了内心，失去了与自然、大地的联系，这里不是"我的城市"，不是我们的家园，而是一个精神的牢笼。这些痛苦的反思，让我们刻骨铭心；但我们又不能止步于此，还要作更为积极的建设新生活的尝试。我以为，这正是本期几篇文章最具启发性之处。

首先，我们需要重新寻找城市的"根"。这就是何家兄妹所说的城市平民日常"市井生活"中蕴含的"地方文化"，它"代表着最质朴、原始、淳朴的生活方式"，体现在民间宗教，民间习俗、节日，地方戏曲，地方饮食，方言土语，邻里关系之中。和人们熟知的乡村文化一样，这些城市底层社会的地方文化，原本就是每一个城市人的精神家园，但在所谓"城市国际化"的狂潮中，这样的带有鲜明城市个性，与城市里每一个人的生命记忆紧密相连的城市民间文化，都在消亡。如论者所说，"在城市重新建立的所谓'社区'，既没有血缘地缘群体的支撑，也缺乏共同的价值观和文化体系的支撑，大体还是一种行政管理的形式"（《从社区故事说社区》，文收《书写社区》）。我们经常说到乡村文化的空洞化，其实城市民间文化的空洞化，或许是更为严重的。但这也是出路所在：我们重建都市生活的努力，正可以从城市社区的改造入手，在其中注入本土民间文化的丰富内涵。就像贵州的离乡苗族青年要"重走迁徙路"以"寻找我们的根"一样（杨胜文：《悄然的变化》，文收《比邻泥土香》第五期），今天的城市青年，也要重新了解自己的城市，了解它的地方文化与历史，寻找城市"味道"，接上城市的"地气"，"从传统中发现自己底蕴"，以形成与记忆、情感纠缠在一起的文化认同。正如何家兄妹所说："自己的土壤出来的果实、花朵，才是自己的。"（陈靖：《何家兄妹何家菜》）

构成传统都市文化的一个重要方面是曾经遍布城市各个角落的手工作坊。它们代表的不仅是一种手工劳动创造物质财富的经济活动，更是一种文化，一种生活的艺术。我在前述《和志愿者谈生活重建》的演讲里，曾引述专家的意见，强调"手工是人类文明和人类劳动的本质"，手工劳动的最大特点，是工具始终掌握在人手里，"与人贴近，与人融合，可谓全面意义的'人的延伸'。这种'物我一体'的关系，肯定了'手'的人性力量"。手工劳动是事关人自身的健全发展的，因此，在现代工业方式一统天下的今天，"国人对机械，对电脑，对一切非人的因素，越来越近时，就丧失了对世界、对物质材料的亲手的触摸，我们也因此削弱了对世界的真切的感受"，在这样的背景下，手工及手工艺产品就有了特殊的意义。如《重看香港工艺》一文作者所说，近年"工艺又慢慢走进生活"，同时又出现了"将工艺转型至文化产业"的可能，这都展现了"手工艺和生活重新接轨"的前景，这或许是创建城市新生活的一个重要途径。这是可以期待的。

本期好几篇文章都谈到了"在城市里寻找与乡村、自然的联结点"的问题。这是我特别感兴趣的。记得晏阳初先生曾经说过，"世居城市的市民，他们的祖先，什九都是乡下人"，因此"不但代表中国国民的应该是农民。连中国的人种也是出于农村"。（《农村建设要义》）这至少说明，中国城市与农村之间是存在着天然的甚至是血缘的联系的，而这样的联系却在"城市中心主义"的浪潮下，逐渐淡化了。在一些人的设计里，农村应该消亡，城市将一统天下，而这样的城市又是要消灭农村的一切痕迹的。在这样的发展路线下，"逃离农村，变成城市人"，就成为许多农村青年的梦想；但他们一旦真的进入城市，又发现自己实际难以完全融入城市，从而陷入了身份的尴尬与内心的焦虑。现在，"社区伙伴"的朋友却有了另外的选择：或者重返农村，或者在城市里重建城乡之间的联结。他们进行了多方面的实验。本书录的几篇文章即为我们提供了几种方式：或以菜市场为城市与农村交流的空间，建立"农夫市集"，促成从事生产的农民与城市消费者的沟通（苏之涵：《市场》）；或以"食物放提"即"食物分享"的方式，尝试"消费最小化的生活方式"，恢复"被抛弃的物品的本来价值"（陈靖：《平等，分享，行动》）；或在城市边缘、社区建立城市菜园，自给自足，守护"生活与大地"（王晓波：《活在彩云之南》）。这些实践经验都强调一点，即重建城市与乡村之间的联结，实际上是重建城市人与自然、土地的联系，以及与自己内心的联结。这或许是更为重要的。在我看来，这方面是有着广阔的发展空间的。随着城市环保问题日益突出，成为城市发展中的关键问题，在城市建设的各个环节更多地嵌入自然的因素，使城市更加绿色化，更加注重城市的生态发展，已经成为未来城市建设的新思路。是否能够由此建立城乡交融的新格局？这至少是可以想象与期待的一个前景。

我们还应该有一种"在城乡之间自由游走"的生活方式。这也是我在《和志愿者谈生活重建》里提出的理想。在这个方面，前述那些来自农村的城市新居民，也包括农民工，其实是自有优势的。我曾经因此给"新农民工"写过一封信，谈到要把他们感觉到的"身份尴尬"变成一种"文化身份自信"：他们来自农村，有乡村生活与文化的感受、经验、体验与记忆；他们又走出了农村，接触了更广大的城市文化与世界文化。这样游走于城乡之间，是最容易形成乡村文化与城市文化的双重认同的，这是单有一个方面（无论是农村还是城市）的经历与经验的同龄人所不具有的优势。充分发挥这样的优势（而不是让它们相互抵消），就会使得来自农村的新城市居民和农民工，在重建城市与农村的联结、城市文化与乡村文化的交融方面，发挥特殊的重要作用：这是一种不可忽视的"正能量"。

最后，还要提醒一点：对我们所有的思考与实验，在充分肯定其正面意义并坚持与坚守的同时，也要留有余地，要有更多的反思，保持自我质疑与批判的力量。这是麦芒先生在其《将理想植根在土壤里》（文收《让梦想扎根》）中提出的，引起了我强烈的共鸣。麦芒先生强调，要把我们的理想植根在"真实的生活之中"。城市实际生活"并非诸多两极中非此即彼的选择"，而是混杂、交融，相互吸纳、作用的，"存在着无数模糊的界限"；因此，"不要一味去拥抱乡村，抛弃城市；拥抱传统，质疑现代；拥抱日常的、文化的，而轻视政治的、经济的发展和变革"。麦芒先生指出，我们"不应模仿现代性思维方式，去建立二元对立的世界。我们应该去掉意识形态的坚硬框架，倡导一种柔软然而有力的对话与容纳，让我们的青年人在任何地方都可以去建构自己的理想和对世界的展望"。这些都抓住了要害，我也就不需要再说什么了。

2013 年 12 月 24 日—25 日

和即将去农村的师范生谈心

（2010 年 9 月 25 日在北师大讲）

　　我们是第二次见面了：第一次是你们刚入学时，现在是你们即将毕业，走向农村教育岗位时。这是你们人生道路上的两个关键时刻，我很乐意在这个时候和你们谈心。

　　我不是一个人来的，同时请来了你们中文系的两位老师：刘勇老师和杨联芬老师。我们先请杨老师给大家放映关于当下农村教育实际情况的图片，并请她先讲。

　　（放映志愿者在农村支教时拍摄的留守儿童的图片；在杨联芬老师讲话以后，我接着讲——）

　　我想，看了这些图片，关于为什么要到农村去教书，以及你们到了农村将遇到什么问题，已经有了答案，无须多讲什么了。

　　但我还是想讲一点自己在看了这些图片以后内心所受到的震动。我的思维习惯是无论遇到什么问题，都会立刻想起鲁迅。这一回，我也由这些图片，想起了鲁迅的四段话。

　　第一段，是鲁迅在《小杂感》里说——

　　楼下一个男人病得要死，那间壁的一家唱着留声机；对面是弄孩子。楼上有两人狂笑；还有打牌声。河中的船上有女人哭着她死去的母亲。

　　人类的悲欢并不相通，我只觉得他们吵闹。

324

真的是"不相通"！当我们在中秋节全家团聚，沉醉在欢歌笑语之中时，有谁想过家徒四壁的农村小屋里，这些留守儿童的痛苦和期盼？

在鲁迅看来，这不仅是一个人性的问题，其背后更有体制的问题。鲁迅说，我们实际生活在一个等级社会里，不同等级之间是相互隔离的，并不能感受别人的痛苦。有时候还会自己给自己带来虚幻的希望，即所谓"比上不足，比下有余"——"比上"你会感到不平，但一想到还可以"比下"，你又满足了。但是，我们为什么不能反过来，去感受一下处在你之下的人们的痛苦呢？

这就涉及鲁迅的第二段话——

（人们）所感觉的范围都颇为狭窄，不免咀嚼着身边小小的悲欢，而且就看这小悲欢为全世界。

我们经常听到一些人，包括年轻人在那里呻吟：啊呀，我痛苦呀，我寂寞呀，我无聊呀，甚至——我活不下去了！一切都围绕着一个"我"，而且他们所谓"活不下去了"的痛苦，不过是"身边小小的悲欢"，却把它无限放大，仿佛全世界都如此，那样就真的活不下去了。这叫什么？鲁迅有一个概括，"顾影自怜"。我还想加一句，"顾影自恋"。既自怜，又自恋，不正是当下许多知识分子和一些年轻人的最好写照吗？

我们能不能有另外一种精神状态，另外一种世界观？这就是鲁迅的第三段话要讨论的问题。

鲁迅一九三六年患了一场大病，昏睡四五天以后，半夜里醒来，突然有了一个感悟——

外面的进行着的夜，无穷的远方，无数的人们，都与我有关。我存在着，我在生活，我将生活下去。我开始觉得自己更切实了，我有动作的欲望。

这段话非常值得琢磨。

"无穷的远方，无数的人们，都与我有关。"——在这个世界上，不是只有我一个人，也不是只有一个天地，而且还有"无穷的远方，无数的人们"，这样，心中就不能只有"我"，还必须有"他人"。更重要的是，"他人"和"我"是"有关"的。这是因为人不仅是个体性动物，还是群体性动物。"社会性"是人的本质特征，就是说，人只有在群体的发展中才能得到自己个人的发展。这就形成了一个概念：自我和他人是一个"生命共同体"，是休戚与共的。

鲁迅由此而引申说，最伟大的诗人是最能感受他人的痛苦和欢乐的，他看见别人被捉去杀掉，比自己被杀更苦恼。这里有一个理念：他人的不幸，就是自己的不幸；世界上只要还有一个人不幸福、不自由，自己就是不幸福、不自由的。这就是一种博爱的精神、大悲悯的情怀。其中同时又隐含着一个理念：为别人谋幸福，也就是为自己谋幸福。所以鲁迅说，他只有在感受到无数的人们和"我"有关时，才感到"切实"，感到"我存在着"，感到自我存在的意义和价值。这是确实的：当一个人陷入自怜自恋时，往往感到空虚；当进入生命共同体，自我生命和他人生命联结在一起的时候，就会感到"切实"。

回到我们刚才看到的图片这里来：当你看到那些留守儿童无奈而期待的眼神时，你是无动于衷，还是心有所动，甚至心有所痛？或许你会像鲁迅那样，产生行动的欲望，想尽一己之力去帮助他们，并在这一过程中，实现你的生命的意义和价值。这就是"助人即助己，救人即救己"的意思。因此，诸位到农村去教书，不仅是要给迫切需要我们的农村孩子以切实的帮助，同时也是为了自我生命的健全发展，为了治疗我们自己的"城市空虚病"。

这就是我今天对诸位提出的第一个希望：要带着鲁迅说的"无穷的远方，无数的人们，都与我有关"的大生命观，以博爱精神、悲悯情怀，到农村去，在那里找到自己生命的意义与价值，实现利他与利己、助人与助己的结合和统一。

我要和诸位讨论的第二个问题，也就是鲁迅所说的第四段话。在二十世纪的"五卅"运动以后，也就是八十多年以前，许多当时的青年，为了挽救民族的危亡，发动了一个"到民间去"的运动。鲁迅写了一篇文章，对这一运动发表了他的看法。他对年轻人说，你们到民间去，可以看到一个真实的民间，然后，再和你们在北京高喊"到民间去"口号时的民间想象对照一下，你们的思想就会发生变化——

> 或许有若干人要沉默，沉默而苦痛。然而新的生命就会在这苦痛的沉默里萌芽。

这是什么意思呢？

鲁迅是在提醒年轻人：你们在北京这样的城市里的"民间想象"——包括我们今天在这里看有关农村图像而产生的"农村想象"——无论把民间的情况设想得多么困难、严重，一旦你真的到了民间，接触到了农村的真实，你就会发现，你还是太天真了，实际情况比你的想象要严重、严酷得多。在鲁迅看来，青年人和知识分子在城市里的"民间想象"，必然要被真实存在的"民间现实"击得粉碎；也唯有如此，才会有真实的而非虚幻的、现实的而非浪漫的民间变革。鲁迅的这一分析是深刻的，对于在座的诸位也是一个提醒。你们到农村去时，切切不可抱着浪漫主义的幻想，一定要做好精神准备：你们将要遇到的农村教育的问题比你们想象的要严重得多得多：不仅是外在的农村教育的物质环境，还有农村教育的软件，包括学校教育在社会、家庭教育面前的无奈，你作为一个普通的教师在强大的教育体制和复杂的人际关系面前的无力，都是你今天坐在城市大学的教室里难以想象的。这就是说，所有的年轻人，从学校到社会，从城市到农村，都会遇到理想与现实的巨大反差和矛盾，必然经历鲁迅所说的"沉默而苦痛"的人生阶段。

如果说，你当年决心从事农村教育时，做了一个艰难的选择；那么，你在面对理想与现实的矛盾时，就面临着更为艰难，也是更具实质性的选择。根据我的经验和观察，这时候大概可能有四种选择。一是闭眼不看现实，仍然按照自己的主观想象和理想，不顾主客观条件地盲目硬干，这样的"堂吉诃德精神"固然可嘉，却很容易碰得头破血流，难以坚持。

而且极容易转向第二种选择：放弃理想，和现实妥协，开始时有点勉强、不自然，但一旦从中获利，尝到甜头，就越来越自觉，终于和现实中的既得利益者同流合污，完全走到了自己理想的反面，发生异化了。如果既不愿为坚持理想付出代价，又不甘于或没有机会被体制收编，就消极颓废，无所作为，得过且过，混日子了：这样的第三种选择也是对自己的原初理想的放弃以至背离。第四种选择，也是最艰难的选择，就是既坚持理想，又面对现实，对理想做适当调整，在现实的缝隙里寻找局部实现理想的恰当途径。这当然是一个极其痛苦而艰难的过程，但如鲁迅所说，"新的生命就会在这苦痛的沉默里萌芽"。

看到诸位，我总要想起五十年前同样处于大学毕业这一人生阶段的自己，并引起许多的回忆。我现在就来具体地谈谈我在诸位这个年龄，大学毕业以后，面临理想与现实的巨大反差时，是怎样做出自己的选择的，或许可以作为前面的讨论的一个补充。

我是一九六〇年从中国人民大学新闻系毕业的，因为家庭出身的原因，被分配在贵州的山城安顺的一所中等专业学校——卫生学校里教语文。这样的分配，当然带有强迫的性质，但我也依然怀抱着"到最边远、最艰苦的地方去发挥自己的聪明才智"的理想。可以说我和我们这批二十世纪五十年代的大学毕业生，是最早参与西部开发，到边远地区支教的，我们应该算是诸位的先行者。然而，我一到安顺卫校，就遇到了四大困境。其一，是环境不能适应：我从小就在大城市（重庆、南京、北京）里生活，第一次来到这样一个仅有一条马路的小山城；我学的是新闻，满脑子的作家梦、学者梦，却安排在中专教语文。这是一门副科，学校领导和学生都不重视。记得第一次上课，讲台上赫然放着一个骷髅头的标本，把我吓了一跳。再加上远离家庭，孤身一人来到大山里，而且第一天报到，人事部门就严正宣布：贵州的大山进来了就休想出去，听到这话，心都凉了。其二，我一九六〇年到贵州时，正赶上大饥荒，原来在大学读书时，我一个月吃四十斤粮食，是个"大肚汉"，现在口粮一下子降到二十三斤，几乎少了一半，刚吃完饭就饿了，饿得整夜睡不着觉。其三，我还受到政治上的歧视，连当班主任的资格都没有，还因为得罪了领导，学校派老师来监视我。其四，在这种情况下，我只有寄希望于考研究生，一走了之。但也是因为家庭出身的原因，又不准我考，想走也走不了。这就真正似乎到了绝境了。如此巨大的理想与现实的矛盾，是我怎么也没有料到的。在最初的惶惑不安过去以后，我开始冷静下来，重新设计自己的人生之路。我突然想起了"狡兔三窟"的成语：我是不是可以为自己安排"两个窟"呢？即把自己的理想分解为两个层面，制定两个生活目标。一是"理想的目标"，也就是自己心向往之，但不具备现实实现的条件，需要长期的准备和等待的目标——对当时的我来说，这个目标，就是我读大学时就开始做的"学者梦"；这时候我正醉心于研究鲁迅，于是又有了回到北大的课堂"讲鲁迅"的梦。这在当时自然是十分遥远而渺茫的，但我又实在不愿意放弃，它就成了一个"不知何时能够实现，却要为之持续奋斗"的目标。这样又有了第二个"现实的目标"，即现实的客观条件已经具备，只要努力就可以实现的目标。我仔细分析了自己的实际处境：尽管学校领导对我有看法，有防范，但并没有禁止我上课。这就意味着，不管外在条件多么恶劣，我依然拥有"三尺讲台"作为发挥才能、局部实现自己的理想的阵地：我从小就有"教师梦"，而且自信自己是一块当教师的料。于是，我就定下了一个目标："要成为卫校最受学生欢迎的教师。"想清楚了这一切以后，我就全身心地投入教学活动中：不仅精心备课，力争每一堂课都上得有声有色，而且还为每一个学生建立学习档案，针对其特点，进行个别指导；后来我又干脆搬到学生宿舍，和学生同吃同住同劳动；以后，又成了学生足球队、田径队的教练，学生文艺演出、学生壁报的指导教师，和学生在一起学习、生活、锻炼、表演、游玩，成了学生最喜欢的老师。我的周围总是有一大群学生，有的后来就成了终生不渝的好朋友。在"文革"期间，我又把自己的活动范围扩展到更大的空间，团结了更多的青年朋友，成了当地最有影响的老师。与此同时，我一天也没有放弃过自己的"学者梦"，即使在"文革"的大动荡中也依然坚持我的鲁迅研究，写了几十万字的笔记。现在回过头来看，我的"狡兔二窟"，理想与现实两个目标的设置，对我的人生发展，是起了决定性的作用的：如果我当初不作任何调整，只有一个理想目标，我是无法坚持下去的，因为人总是需要不断有成功感来支撑自己。正是现实的目标的实现，使我能够不断从周围学生的成长中感受到自己生命的现实意义和价值，从而有力量去争取更高的目标。但是，反过来，如果我仅有现实的目标，没有更高的理想照亮，就容易满足，久而久之，就会失去不断奋斗的动力，而且一旦实现理想的机会到来，也会因为没有准备而失之交臂。我直到一九七八年"文革"结束，恢复招考研究生，才获得实现"学者梦"的机会。为了这一天，我足足等待了十八年。当时我已经三十九岁，因为我准备了十八年，就抓住了这最后的机会，实现了人生道路的新的飞跃。当然，如果由于种种原因，那年没有考上研究生，我也可能现在还在贵州当教师；但我也不会后悔，还是安于、乐于当一名山区教师，因为我已经从自己的经验里，感受、体会到了农村教师的特殊价值和魅力。

这也是今天我最后要和诸位交流的人生经验。我曾经谈到，我在贵州山城教了十八年的书，贵州那块土地，土地上的文化、人民，以及我的学生、朋友对我一生的发展的影响，我把它概括为四句话。因为时间关系，不能多做发挥，只能略作说明。

其一，贵州的真山真水养育了我的赤子之心。——许多人都羡慕我到了老年还保持着赤子之心，我总是说，其中的奥秘就是我受到了贵州的真山真水的养育。我还由此形成了一个教育观："人在自然中，这是最理想的生存状态、教育状态。"我还发挥说，"脚踏大地，仰望星空"，才是人的生命的最佳状态，这只有在农村才能真正做到。这也是农村教育的独特优势所在。诸位到了农村，一定要尽情享受那里的真山真水，自觉养育自己；同时也要善于把大自然的美转换为教育资源。

其二，和贵州的真人的交往，培养了我的"堂吉诃德气"。——这是我经常说到、念念不忘的。我之所以能够在贵州坚持十八年，完全仰赖我的贵州友人，也包括我的学生，他们都是"真人"，即保持着人的善良、质朴、纯正的本性，人的真性情的人。我和他们所建立的关系，更简单，更本色，更真率，也更温暖。我由此而形成一个信念：民间有真人。我的堂吉诃德式的带有几分天真的理想主义，也是建立在这样的信念基础上的。诸位到农村去，一定要和你的学生，和那里的父老乡亲建立起纯真的友情和血肉般的精神联系。

其三，"文革"中的摸爬滚打，练就了我的现实关怀、民间情怀、底层眼光。——这里不是要对"文革"做全面评价，那是一个十分复杂的问题；要说的是"文革"期间，我走出了学校的大门，走向更广阔的天地，经历了底层社会的大动荡，也就更深切地了解了中国的国情、民意，这对我以后的学术研究几乎是具有决定性意义的。这或许也能对诸位有所启发：到了农村，不要只局限于学校教育，要适当参与当地的新农村建设，特别是乡村文化的重建，并要适当地作一些农村社会调查，以尽可能地了解地方民情民心，这对你们世界观的确立，也是至关重要的。

其四，十八年的沉潜读书，更是奠定了我的治学根基和底气。——我们也不必回避农村、底层生活的局限与不足：一是视野相对狭窄，二是琐细的日常生活有时也会让人产生惰性，可以消磨志气，以至湮没生命的活力。这就需要通过读书来扩大自己的精神空间，不断获取精神活力。而我要强调的，是在农村边远地区读书，也自有其优势。我曾经谈到，许多事情都需要从两个方面看，一些看似劣势的地方，其中也蕴含着另一方面的优势。比如，落后地区发展机会比较少，但从另一面看，则是诱惑也比较少，如果你认准一个目标，就可以心无旁骛地去做。农村比较空闲，生活节奏慢，正可以悠悠闲闲、从从容容、洒洒脱脱地读书、作研究。边远地区外在信息少，就可以把自己逼向内心，开发内在的想象力和创造力，对悟性好的人，正好把自己的思考引向深入。这里说的"心无旁骛""悠闲从容""逼向内心"，还有"山高皇帝远"的自由，都是"练内功"的重要条件。我就是在贵州练了十八年的内功，"治学根基和底气"就是这样练出来的。这也是我对诸位的一个期待：一定要利用农村的相对沉静的环境，认真地读书、思考，练好内功。

你们中的有些人可能就此以农村教师作为终身职业，但或许更多的人，在农村工作一段后又要离开，这都是正常的。人的生命总是流动的，我自己后来就通过读研究生"流"到了北京。问题是如何看待和对待这段农村生活的经历。我是一直把我在贵州任教十八年的经验视为自己最宝贵的精神财富的，而且我离开贵州三十多年始终和贵州安顺，和当年的朋友、学生保持密切的联系；我退休以后更是和他们合作，尽力为贵州乡村建设、地方文化研究、地方教育多做事。我多次说过，我有两个精神基地：一个是北大，一个是贵州。我的生命流动于城市与农村、中心与边缘、上层与底层、精英与草根之间，形成一种张力，相互汲取补充，又相互制约。这是我最重要的人生经验，当然有它的个人性；但我想，其中有一点或许可以作为诸位的参考：你们即将开始的农村教育生活，对你一生的健全发展，是极其宝贵的经验，一定要珍惜它；即使以后离开了农村，也要和你曾经生活过的那块土地、土地上的文化和人民，保持精神的联系：那是你的"根"之所在。

最后，还是引用鲁迅在《与幼者》一文中的一段话，作为对诸位到农村去临行前的祝福——

（走）上人生的旅途罢。前途很远，也很暗。然而不要怕。不怕的人的面前才有路。

这里，并没有许诺光明的前景，相反，却要告诉你："前途很远，也很暗"，如我们一开头所说，还有许多意想不到的困难、曲折在等着你；但是，关键是"不要怕"，要勇于面对一切，承担一切，"不怕的人的面前才有路。"鲁迅还有一句话，这是大家所熟悉的："地上本没有路，走的人多了，也便成了路。"

2011 年 11 月 12 日—13 日整理

志愿者的培育与社会工作者的教育问题

——在"'公益2007'：志愿者论坛"上的总结发言

我们这次论坛有一个主题："社会工作专业携手志愿者组织"，也就是说，这是专业的社会工作者，大学里的社会工作专业的老师、学生和业余的青年志愿者的一次聚会和交流。真要感谢会议的组织者给我们提供了这样的机会，至少对于我，这是第一次。坦白地说，在此之前，我还不知道中国已经有了如此规模的社会工作教育，有了这样一支社会工作专业队伍。从这次会上，我获得了许多新的知识、新的信息，并且有了新的思考。我想，这也是我们大家共同的收获。可以说，参加会议的双方——社会工作者和青年志愿者都从对方那里学到了许多，获得了新的启示。

志愿者的培育：精神、文化、素养、能力与习惯

从志愿者的角度看，我们或许可以通过这次会议的交流和讨论，更全面地思考和策划志愿者自身的培养和成长问题。当然，首先要考虑的是"志愿者精神"和"志愿者文化"的理念。这一点，我在会议的"主题发言"中已经有所论及，希望以后还有机会来做更深入的研究和讨论。其次，还有一个"志愿者素养"和"志愿者的管理与能力"的问题：这正是社会工作者的教育对我们的最大启示。在一定意义上可以说，志愿者也是社会工作者，因此，也需要专业的知识与能力。也就是说，我们最初都是身怀一种理想、一腔热情，参与志愿者的公益活动的，但这只

是一个起点，我们并不能满足于此，因为一个真正好的志愿者必须追求服务的质量。你要真正地为弱势群体谋利益，除了发挥你自身的专业特长，如学农的在农业技术上帮助农民，学医的给农民治病，等等，你还必须具备社会工作所必需的专业知识，如法律、社会学、心理学、教育学、经营管理学等方面的知识，而且还要有相应的能力，掌握一定的工作方法和技巧。也就是说，在志愿者组织发展到一定的程度和水平时，就必须明确地提出"志愿者工作的专业化"的问题。当然，志愿者毕竟不同于社会工作者，除了少数骨干力量会以此为自己的事业以至职业，成为专业的社会工作者外，大多数志愿者都是业余的参与者，具有较大的流动性，但当你从事社会公益工作时，也必须尽可能达到一定的专业服务水平，也就是使自己一定程度地专业化。我想，通过这次会议，我们应该把专业化的问题，提到志愿者组织的工作日程上来。在这方面，我们是可以从社会工作者那里学到很多东西的。

还有一个方面，人们很少谈到，我也是在参加这次讨论时，才开始意识到的，就是我们讲志愿者精神、志愿者文化，最后都要转化为一种"习惯"。这就好像这些年我们讨论语文教育，许多有经验的老师都提出，最重要的是"养成习惯"，把读书、写作的能力的训练，最后变成读书、写作的习惯。志愿者的培育也一样，最后要把关爱他人，特别是弱者，为他们服务，变成一种习惯。所谓"习惯"，就是要把这种关爱、服务精神真正变成自我生命的内在需要，以至变成近于本能的反应：看见有人需要帮助，就不加考虑，自然而然伸手相助。于是，这样的志愿服务，就会渗透到日常生活中：不仅积极参与志愿者的有组织的活动，而且一人独处时也会随时随地地为需要帮助的人服务。这就意味着，志愿者精神、志愿者文化已经成为志愿者的精神素质的有机组成部分，和他的生命水乳交融地融为一体了。应该说，这是志愿者的更高境界，就是说，通过参与志愿者活动，实现我在"主题发言"中最后所说的自我生命的改造和完善，在一定的意义上，成长为一个"新人"。这同时也就意味着开展志愿者活动的过程，其实就是"立人"的过程——在我看来，"立人"才是志愿者运动的根本，其宗旨、意义和价值都在这里。

社会工作者教育的本土化：本土资源与本土实践

这次会议谈得比较多的，还有中国社会工作者及其教育的"本土化"的问题。这大概也是社会工作教育和志愿者运动的一个联结点。讨论主要集中在两个方面。

首先是发掘、吸取本土资源的问题。不可否认，社会工作教育的概念，以至志愿者的概念，都是"舶来品"。因此，我们在讨论志愿者文化、进行社会工作教育时更多地借鉴西方的资源是可以理解的，也是必要和有益的，却又是不够的，因为不仅这些外来思想、理念本身有一个和中国国情相适应的问题，而且中国本土虽然没有这样的概念，但也存在着志愿者精神、志愿者文化和社会服务精神，这样的本土资源也需要发掘与研究，它们同样可以成为我们今天所提倡的社会工作和志愿者运动的精神滋养品。

这样的本土资源，我以为主要包括三个方面。首先是中国古代传统的资源。过去我们谈得比较多的是儒家思想资源，比如儒家的"知其不可为而为之"的精神就很值得发扬。最近我还想到墨家的思想和它的组织形式，它的兼爱、尚同理念，它的苦干实干精神，它的草根性，它的行动性、实践性，这些性质甚至可以使得墨家被视为中国古代的"志愿者组织"的。当然，这还需要进一步的研究与讨论，这里只是出个题目，打开一个思路，说明中国古代这方面的资源还是相当丰厚的。

其次，是现代中国的资源，这也是一个传统。事实上这些年的志愿者在参与新农村建设的实践中，就直接从二十世纪三四十年代乡村建设的先驱陶行知、晏阳初、梁漱溟、卢作孚先生的理论与实践中，汲取了许多营养。我曾经写过《和青年志愿者谈鲁迅》这样的文章，也是试图将鲁迅的思想资源，如他对"泥土精神"的提倡，他的韧性战斗精神，提供给年轻朋友。我最近想，胡适的一些思想、观念，精神，同样有启示性。另外，革命文化里也包含着宝贵的精神财富，那些为革命理想而献身的先烈，也都是那个时代的"志愿者"。也就是说，现代文化资源也是多元而丰厚的。

最后，我还要强调民间文化的资源。这就是蕴含在老百姓日常生活中的民间伦理。这是最基本的，却是最容易被忽略的。它是学者所说的"比较稳定的价值系统"，它的一些口口相传的道德信念，行为准则，例如"不许杀人""不做伤天害理之事""要善待落难之人"之类，构成了社会生活的道德底线。同学们如果真正深入农村，特别是在农村老人那里，可以发现这样的民间道德、民间生活准则、智慧：这也是一种精神的力量。

一方面，继续吸取外来资源；另一方面，注意吸取古代传统、现代传统、民间传统中的本土资源，将其融会贯通，在我看来，这就是我们创建中国自己的社会工作伦理、志愿者文化的一个根本途径。

当然，还有一个重要方面，就是要关注"中国问题"，如新农村建设问题、农民工问题，等等，这都是具有中国特色的社会问题，中国社会工作教育应该引导学生关注这些问题，组织学习社会工作专业的学生适当参与青年志愿者行动，培育他们的志愿者精神，在实践中总结经验，这是有助于年轻一代社会工作者的成长的。

因此，我们完全可以期待，在这次"志愿者论坛"之后，社会工作者、社会工作教育者和青年志愿者之间能够有更密切的合作。

2008 年 3 月 17 日—19 日整理、补充

和一位青年志愿者的通信

××：

你好。我外出半个月，前天刚回来，现在才回复你的信，请原谅。拜读了大作，我觉得你提出的问题很重要。其实，志愿者组织就是一个小的公民社会；或者说，参加志愿者行动的目的之一，就是要学会如何成为一个现代公民，这是一次构建公民社会的实践。作为现代人，首先应该有自由思想、独"立人"格，这一点，是许多志愿者认同并身体力行的；但现代社会又要求"社会人格"，认定人的个性只有在一定的社会条件下，在社会交往中，才能得到健全的发展。因此，我们不仅要建构独立的个体人格，而且要培育社会性的现代公民人格，在"个体个性化"与"个体社会化"之间求得平衡发展。这就需要正确处理你所提到的"个人"与"集体""自由"与"约束""民主"与"集中""多数"与"少数"的关系这一系列问题。我们过去有过以"集体""集中""约束"（"纪律"）"多数"压抑"个人""民主""自由""少数"的教训，但今天恐怕也不能反过来走向另一个极端。我们所需要的是两者之间的动态平衡。

你提出的另一个问题也很重要：志愿者必须弄清楚"我是谁？我要干什么？"这样的根本问题，并在这一点上获得最大限度的共识，这是合作共事的前提。这个问题的重要性还在于，如你所说，中国正处于十字路口，正面临着"前进"还是"倒退"，以及"进"到哪里去的问题。就志愿者所参与的乡村建设而言，也同样存在要建设怎样的乡村社会以及怎样建设的问题。这也是我所忧虑的问题：现在大家都到农村去了，或者说大家都"来了"：政府官员来了，知识分子来了，外国慈善机构来了，我们这些青年志愿者也来了；但"来了"之后，到底给农村、给农民带来了什么？我们的作为是建设性的，还是破坏性的？会不会带来了现实的利益，却损害了农民的长远利益？会不会只是走一个过场，来了又去了，什么也没有变？还有，我们的作为，对农村哪一个利益群体有利，会不会被利用？等等，这都是必须认真思考与对待的。这里的关键，我们自己要弄清楚：我们到农村去，要干什么？怎样建立我们自己的主体性与独立性？

　　而要真正回答清楚"我是谁"的问题，还涉及你在邮件中所提到的"为什么活着"的问题，即人生观与信仰的确立的问题。这是我们大家共同的问题，甚至是一个全球化的问题，但对于你们这样刚刚走上人生之路的年轻人则具有更大的迫切性；而且这个问题只能自己来解决，别人是不能代替的。其实，我之所以重视青年志愿者行动，就是因为在我看来，这是一个年轻人联合起来，在参与社会实践中重建价值理想，寻找自己的人生之路的行动。因此，你们应该充分利用在农村的机会，进行社会调查，以真正了解中国社会，这是奠定人生观的基础；同时，也要利用农村生活相对宁静，外在诱惑较少的条件，多读书，最广泛地开拓自己的精神资源，逼向自己的内心，并把它记录下来，这样把"实践—读书—思考—写作"结合起来，就会使我们自己的身心在参与志愿者行动的过程中，得到健全的发展，成为一个有明确人生目标的独立自主的人。

　　以上意见，仅供参考。或许我们以后有机会一起作更深入的讨论。

钱理群

1 月 21 日 — 22 日

（附录）关于草根公益组织志愿者管理的一些想法

　　提这个问题，主要是因为现在我所接触的一些草根志愿者机构或多或少地存在着如何管理志愿者的问题。要么是管得太松了，缺乏纪律性，工作效率不高，自由散漫，做事没有目的性，责任心不强；要么是管得太紧了，机构出现家长制和官僚化的倾向，导致志愿者资源的流失。这两者，现在以前者为绝大多数。

为什么会出现这种情况呢？志愿者原本应该是一群道德高尚、关心社会的人才对，怎么就成了不守纪律、自由散漫的代名词了呢？我觉得这是由于缺乏对志愿者定位的思考。如果是把当志愿者作为一种业余的生活方式，想体验不一样的经历，为社会做一些力所能及的事情，还可以自我"陶醉"一下，那么当一名短期的志愿者是合适的；但对于希望长期从事公益事业的志愿者来说，这样的认识显然是不够的。长期志愿者必须对自己有更高的要求，因为你必须对得起自己投入的大量时间和精力。当今社会，有公益意识、社会责任感的青年人本来就不多，可以说是极度稀缺的资源，要是还浪费在一种精神上的自我满足和自我陶醉中，实在可惜！所以，我以为长期志愿者对自己的投入和产出应该"斤斤计较"。计较什么？就是计较诸如我们为什么做志愿者，我们应该做哪方面的志愿者，该怎么做好志愿者等问题。不好好想明白这些问题，是很难成为一名合格的长期志愿者的。为什么呢？我后面会讲到。

当然上面所说的很具有功利主义的色彩，有人会说，其实公益活动和志愿者服务，就不需要这么明显的实用主义，总去谈投入产出比和工作效率是会令一些向往轻松愉快、到处充满爱的生活的人们望而却步的。其实我也承认，比起对志愿者工作的成效的斤斤计较来说，完全出于本能的关爱、带着多一点的快乐去参与公益服务可能是更高的境界，是我们所向往和追求的理想。可是要达到这种境界更多地需要一种人与社会的统一，离开了与之相适应的存在环境，即一个和谐的社会，个人也就失去了达到这种较高境界的前提和条件。就好像人类社会的和谐发展比互相破坏当然是更高的正义，但是如果个人生于战争年代，那么最大的正义就莫过于对敌人的破坏。我觉得现在的中国社会正处在十字路口，前进还是倒退，哪个方向谓之进，如何进，都是问题。要解决这些问题就需要有更多的人的关注和行动，而这种关注和行动是有很强的时代背景的，就是为了找到问题的答案。我以为这就是当代公益活动的功利目的所在。

　　既然我们的公益活动也好，志愿者行为也好，在很大程度上有了这种时代的功利性目的，那么无可避免地要考虑如何有效地达到这个目标，也就是说要考虑效率的问题。这个问题有很多方面，但我想先说一下公益机构中志愿者管理的问题。

　　毫无疑问，志愿者管理的效果将直接影响到公益机构工作的效果和效率。但现在的志愿者管理既然如本文开头所说的，存在明显的问题，那么问题的根源在哪里？我以为是在于对志愿者这个群体缺少足够的约束。其实几乎任何人一旦没有了约束，或者缺少了必要足够的约束，都会出现自由散漫的倾向。这主要不是人的问题，而是制度的问题。同样的志愿者，在自己的工作单位恐怕是绝不会用同样散漫的工作态度和作风去对待老板分配的任务的。这就是由于工作单位对员工是有足够的制度约束的——要么是严格的规章制度和操作流程，要么是赏罚分明的责任制管理，当然大多数情况是两者皆有。在大多数情况下，这样的制度约束员工不得违反公司规定，并对完成自己的工作任务的员工有足够的激励。但是，这样的约束制度安排是有一个前提的，就是必须有与工作成效相对应的奖励和惩罚。工作完成得好就涨工资甚至升职，反之，则扣奖金或者解职。这对于公司和员工的关系来说是可行的，却不适用于公益机构和志愿者的关系。志愿者本来就是无偿或低回报地在为公益机构提供帮助，也就基本不存在升职或者薪资的问题。即使要奖励，也大多是以精神上的鼓励为主。这样的话，公司的那套管理制度就显然不能起到同样的效用。这一点，很多公益机构的管理人员也都在实践中意识到了，但接下来他们就陷入了迷茫，不知道该怎么样管理这批充满理想化和自由化倾向的年轻人。出了问题，最多是批评几句，惩罚是根本谈不上的；而且批评还不能批评重了，不然就把"宝贵"的志愿者资源给赶跑了。要是没有了志愿者的参与，就现在这些正式工作人员绝大多数不超过五人的草根机构，还能做起什么事情呢？再加上，志愿者本来就容易产生自我认同的优越感，没有了约束，就更加不好管理了，总体的工作效率自然大受影响。

说了这么多，我的观点很明白了，就是公益机构也要有一套制度来管理约束志愿者。当然不管是出于公益组织和志愿者的特殊情况，还是我本人的思想倾向，我都不能认同那种独裁的家长式管理，估计大多数志愿者也不会接受；但对于另一个极端——放任自流或者完全"民主"，事事讨论商量，又考虑大家的意见，又尊重个人的喜好和选择，充分保证个人的自由权利，恐怕也不行。我的选择是集中民主制，以之为核心，制定一套相应的制度。当然对于不同的机构、不同的志愿者，具体的制度该如何，不是我想讨论的问题。问题是为什么选择集中民主制，尤其是"集中"二字，相信很多反对的意见会集中在这上面。其实我所提的集中民主制与平时所说的民主集中制是有根本不同的。真正的民主集中制，要包括少数服从多数，下级服从上级，个人服从组织，全体服从中央。这里有很强的特殊背景，针对的主要是共产党的组织，尤其是革命斗争期间的共产党，为的是在艰难的革命斗争环境中生存下去。可以说，民主集中制的根本是集中制，是一种带有民主色彩的集中制。但对于公益组织和志愿者管理而言，这一制度肯定是过于严格了，恐怕不太为人所接受，而且也没有其绝对必要性。何况，集中制在现代，相比民主制，恐怕是一种落后的制度了。那么什么是集中民主制呢？我认为无非就是民主制——少数服从多数，加上组织管理的内容——下级服从上级和个人服从组织。之所以要提集中民主制这个概念，只是为了强调"集中"的必要性。没有集中，没有对个人自由的约束，何来民主，何来少数服从多数？难道在我们口口声声要民主的时候，必须预带我们本身就是多数派一员这个前提么？难道当我们成为少数派的时候，就可以以"自由"的名义来抵制多数的"暴政"么？这确实是很有意思的问题，也是一个很难回答的问题。对这个问题，不同的时代，有不同的答案。

但既然我在这里，以反问语句提出此问，答案就很明显了。有人就会提出不同的意见。主要就是这样的制度会侵害志愿者的自由，进而影响工作积极性和工作效率。

我的看法是，首先，本来就没有绝对的自由，至少在人类社会中是这样。如果是独裁的制度，当然缺乏自由，但就是我们很多人所提倡的民主制，也不可能。民主的重要组成部分之一就是投票表决，这种投票并非单纯地表达自己的看法，而是将个体的看法转化为整体看法的一个过程，是个人对整体决策产生影响的一种权利的体现。无论从权利和义务对等的角度，还是现实可行性的需要——个人的意见与整体的意见常常是存在分歧的，个人都存在服从整体决定的义务，即放弃一部分自己的权利和自由。如果一出现分歧就拒不执行，甚至退出组织，那么这样的"民主"组织肯定一事无成，最终将分崩离析。其次，对于草根公益机构和志愿者而言，值得警惕的不是组织对个体权利的侵害，不是多数的暴政，也不是组织领导的专断独行，而是志愿者群体和草根机构与生俱来的自由散漫作风和所谓追求人性自由、人格独立的倾向。如果一个志愿者受到了上级或者多数其他人的侵害，很难想象他会继续待下去，他完全可以选择立即离开这个组织。这是由志愿者与公益机构的特定关系所决定的，完全不同于员工之于企业，个人之于国家。也正是由于志愿者有这样的选择余地，公益机构也不太可能冒着流失志愿者资源的风险，去尝试侵害其正当的权利和自由。最后，志愿者和志愿者之间，志愿者和公益机构之间，其理想、目标的共同之处是远远多于其不同和分歧的，因此，也基本不存在那种利益冲突和压榨侵害的动机。

然而，我并不否认，这样的制度对于某些志愿者而言，无论多么理性，仍然是无法接受的，那么必然会影响其工作的积极性和工作效率。这里就牵涉一个志愿者的认识和定位问题，也就回到了本文开头提出的如何才能成为一名合格的长期志愿者这个问题。就好比民主制中的少数服从多数的背后，必须有一个大于互相间分歧的共同点或者共同利益一样。离开了超越分歧的共同之处和相互认可，很多人都无法说服自己在没有利益驱动的情况下，接受一份可以避免的约束，接受对自己自由和独立的"剥夺"，至少在某种程度上而言是这样。那么什么是志愿者的最大的共同之处呢？我认为就是志愿者心中对于诸如"为什么做志愿者""应该做哪方面的志愿者""该怎么做好志愿者"这些问题的答案。只有有了对公益事业的整体的认同以及对特定的公益领域的认可，才可能使志愿者心甘情愿地接受制度的约束，而不产生过度的抵触情绪，也才能使集中民主制或者随便其他什么管理制度真正起到作用，才能组建出一流的、高效率的志愿者团队。

总而言之，我认为制度的约束对于志愿者管理是必需的，但是，最最关键的因素是如何让志愿者群体，尤其是长期志愿者群体对自己的理想和使命有一个更加统一的认识，从而产生足够的向心力和凝聚力，再结合必要的制度，以防止其自由散漫的倾向，最终达到理想的组织管理的目标。

我的两个提醒

—— 和“‘农民之子’文化发展中心”的青年志愿者的谈话

参加今天这个研讨会，我有很多的感慨。我和北师大的“农民之子”的关系，已经有七八年了。“农民之子”是一九九八年成立的，那时候就和我有联系，但当时“农民之子”还是受压制的，发生了一些后来的参加者很难想象的事情。因此，我支持“农民之子”，也受到很大压力。鲁迅早就说过，这是一切改革事业和改革者必然的遭遇，在开始阶段，总要受到权力的压制，但改革事业是有它的内在生命力的，压是压不住的，“农民之子”因而也就一步一步地发展、壮大起来。于是，我们就有了更多的合作。我多次应邀来演讲，以致北师大成为我退休以后来得最多的一所大学。我和“农民之子”最成功的合作是“首都打工子弟学校学生首次作文竞赛”，那次活动产生了不小影响。慢慢地，“农民之子”的名声也越来越大，突然有一天，我在电视上得知，北师大的“农民之子”成了一个典型了。我真是既喜且忧。喜的是“农民之子”终于走出了困境，被社会承认了，这正是我们当年一起奋斗时所期待的，有了社会的承认和支持，我们就可以做更多的事情，吸引更多的人参加；但坦白地说，我高兴之余，同时就有了忧虑。我立刻想起了当年鲁迅关于“革命的命运”所说过的一番话。他说，“庆祝，讴歌，陶醉着革命的人们多，好自然是好的，但有时也会使革命精神转成浮滑”，“革命的势力一扩大，革命的人们一定会多起来”，一些根本没有革命信念的人也会参加进来，“这样的人们一多，革命的精神反而会从浮滑，稀薄，以致消亡，再下去是复旧"。(《庆祝沪宁克服的那一边》)鲁迅还讲过,对支持者要有分析,有的是真支持,有的是反对改革的压制者的另一种手段:压不住了,就做出支持的姿态,"咸与维新"了。改革如果成为一种时尚,就有可能变形、变质,就可能出现许多问题,产生某种弊端,于是就会有人打着"纠偏"的旗号反攻倒算,而且是"改革一两,反动十斤"。正是鲁迅的提醒,使我对"农民之子"的命运,有了一种也许是多余的忧虑。在我看来,得到承认、支持,意味着草创期已经结束,走到了一个十字路口:或者坚守自己原初的理想、追求,同时充分利用新出现的有利条件,进行新的探索,求得新的发展;或者在大发展中逐渐模糊、"稀薄"了自己的理想、追求,"以致消亡",或者"名存实亡"。我甚至想到了和"农民之子"的关系,我觉得自己的任务只是"雪中送炭",而不是"锦上添花",现在既然有许多人关心,我就可以退出了。我对"农民之子"这样的青年志愿者组织的活动的参与,完全是个人性的,因此,是可进也可退的。

　　或许是因为有过这样一些考虑,因此,当我得知,"农民之子"的一些老社员,在大学毕业以后仍不忘自己的理想与追求,还要坚持下去,因而组织了你们这个"'农民之子'文化发展中心",并且还像当年一样,关心打工子弟,为他们开办"节假日学校",进行"自然教育"的新的探索,我是非常高兴的,因为这正是我所期待的。同时,你们这样几年如一日地持续关注打工子弟的做法,也让我感动。在我看来,我们每一个人,包括青年志愿者组织所能做的事情是有限的,因此就应该抓住一两件事,把它办好,而且坚持三五年、十数年,积以时日,就会有成效,这也就是鲁迅倡导的韧性精神。我今天到你们这里来,就是为了表示我的支持,如果你们还需要我做什么事,我也愿意尽力。

　　我也由"农民之子"想到了青年志愿者的遭遇。尽管今天不同程度、不同形式的压制依然存在,但总体来看,青年志愿者运动已经过了草创期,得到了学校和社会的广泛认同,甚至也出现了"时尚化"的倾向。政府、学校当局提出了许多鼓励性的政策和措施,给志愿下乡支教、支农者以许多优厚待遇,还实行了"村官"制度,这实际上是在发动以国家为主导的志愿者运动,有的地方甚至出现了官方组织的志愿者对民间自发的志愿者的打压。面对这样的新情况、新问题，我们必须高度重视。这里存在着一个困境：在中国现行体制下，志愿者的民间社会运动，如果得不到体制的支持，几乎是寸步难行，因此，如何与政府部门保持理性的合作关系，在现实的制度框架下，如何与体制展开有效的、建设性的互动，就是每一个志愿者组织和个人必须面对的问题。而我要强调、提醒的是，在谋求这样的良性互动时，必须坚持自己的独立性和主体性。我经常对青年志愿者说，你们必须时时想到"我是谁？我要做什么？我要达到什么目标？"有三个东西是必须坚守的，就是我们的"志愿性""民间性"以及"站在农村弱势群体这一边，实实在在为大多数农民谋利益"的基本立场。如果这三条守不住，我们就可能被同化，面目模糊化，以致被利用，造成独立性的丧失。而坚持"我要做什么"，同时也内含着"我能做什么""我不能（理念不允许和能力不允许）做什么"的问题，这也就形成了自我约束和自我限制，既不能超越现实可能性去做我们力所不能及的事，也不能对现行体制下青年志愿者在农村建设中所可能发挥的作用有过高的估计和期待；既要坚持原则立场和独立性，又要有自我限度意识，既要保持我们的自我主体性，又要保持自我调节的功能，这样才可能有一个持续、健康的发展。

我对致力于农村建设事业的青年志愿者的第二个提醒，是要时刻反省自己：我们给农民究竟带来了什么？我想给在座的年轻朋友讲一个电影故事和一个文学故事。

首先是姜文导演和主演的《鬼子来了》。一个僻远的山村，老百姓与世隔绝地在那里平平静静地生活了几百年、几千年，战争"来了"，日本鬼子"来了"，八路军"来了"，后来国民党也"来了"，老百姓分不清这些人有什么区别，但他们却按照本性，一律善待这些外来者，但却遭到了"以怨报德"的屠杀。战争结束了，所有这些外来者因为"来过"，就获得了某种资本，纷纷宣称自己是"解放者"，却偏偏遗忘了战争中真正的牺牲者——中国的农民，那土地上的青青坟草，早就被历史的叙述所湮没、省略了。

另一个是被称为现代文学中的"乡下人"沈从文写的《长河》里的

故事：抗战开始以后，国民党湖南省政府派数千学生到农村去推动"新生活运动"（很有点像今天的"新农村运动"，其意也在推动农村的变革）。小说写的就是消息传到湘西以后农民的反应。小说选择一个"老水手"作为观察视点，这是很有深意的，因为老水手曾走南闯北，是农村中见过世面的人，对外界事物比较敏感，因此，他对"新生活""来了"，是既喜且忧的：他期待着"来了"会给他的家乡带来新的变化，但历史的经验却又使他满怀忧虑，因为这些年来，先是一批人"来了"，闹革命，后来又是另一批人"来了"，镇压革命：他们"来了"，弄得老百姓鸡飞狗跳墙，拍拍屁股就"走了"，吃亏的还是老百姓。老水手因此担心：这一次"新生活运动""来了"，会不会又是一场新的骚扰？值得注意的是，老水手在寨子里走了一圈以后，发现大多数老百姓对"来了"的呼声并不在意，生活照样进行，就又放下心来。这其实是表达了作者的观点或信念的：他对中国农村的观察有两个基本点，即是农村的"变"与"常"；在他看来，农村中的"常"，即老百姓的日常生活及其背后的日常生活逻辑，是具有永恒性的，也是乡村生活的真正力量所在；而"变"则有两种，一种是良性的，是老水手这样的老百姓所渴望的，但实际在中国农村发生的，却是一次又一次的"来了"，带来的是对乡村生活的破坏，是农民所惧怕的恶性的"变"。但沈从文却相信，即使是这样的恶性的"变"，也是一时的，最后必然要回到老百姓日常生活的"常"即乡村永恒中来。

最近我重读了沈从文先生的这篇《长河》，觉得历史仿佛正在重演。长期以来，一直是国家财政、公共事业、政府治理的事实上的"弃地"的农村，被许多学者、知识精英宣布必然要"消灭"的农村，连农民自己也纷纷逃离的农村，突然成为注目的中心，于是，大家都"来了"：政府官员们来了，企业家来了，知识分子来了，大学生来了，志愿者来了，外国慈善家、学者也来了，来了，来了，在近年的中国大地上，涌动着"来了"的浪潮，但似乎没有人问过或想过："老水手"们即中国的农民，是怎样看待这样的"来了"的。我们如果真正关心中国农民的命运，就不能不如当年的沈从文那样，提出这样的问题：我们的"来了"，给中国农村带来的究竟是农村发展的良性的"变",还只是一次新的骚扰,甚至是破坏性的恶性的"变"？我们如果要创造良性的"变",就需要如沈从文强调的那样,研究农村老百姓生活中的"常",尊重农民的意愿,真正让他们在这块土地上安居乐业。因此,我们在支教支农、参与农村建设时,必须要有自警、自省意识,要时刻问自己：我们所做的事,是有利于还是有损于村子里大多数乡亲的利益,是有利于还是有损于农民的长远利益？一个"大多数",一个"长远",这是我们考虑问题、办事情的基本出发点与归宿。不能想当然地认为,我们怀着善良的愿望"来了",就一定会给农民带来好处,会受到农民的欢迎。就新农村建设的全局而言,也要看到两种可能性,弄不好,《鬼子来了》和《长河》里所描述的历史就会重演,或者又只是一个过场,"雨过地皮湿",农村依旧不变,甚至是又一轮的骚扰,给农民带来新的灾难,而我们自己却因为"来了,来过",而获得某种炫耀的资本。如果这样,就完全违背了我们的初衷,走到了愿望的反面。也许这只是我的"杞人忧天",也许同学们暂时还感受不到这些,我姑妄说之,同学们就姑妄听之吧。

不管怎样,第一步已经迈出,不管会经过多少曲折,甚至失败,我们总要努力,希望正在脚下。

2007 年 4 月 28 日讲, 5 月 3 日整理

▶ **乡村建设**

寻求中国乡村建设与改造之路

　　《屯堡乡民社会》一书，是著名的社会学家陆学艺先生主持的"中国百村调查"项目中的一个课题的总结报告。课题的承担者是我当年所在的贵州安顺示范专科学校，负责人、参与者都是我的安顺老朋友和新朋友，他们的调查对象安顺屯堡九溪村，我在安顺生活时就听说过，只是没有实地去过。因此，在课题进行过程中，我就给予了极大的关注，一直将其视为我们当年"民间思想村落"所思考与关注的"中国问题"在新的历史条件下的继续探讨。而在阅读这本书的过程中，我又发现了这样的探讨和父辈的联系。这样的几代人的精神承接，让我感怀不已。于是，在2005年8月23日该书的首发式上，我作了如下发言——

　　关于《屯堡乡民社会》这本书，我已经说了不少，这里再补充谈一点我的阅读感受与理解，其中有些纯属我个人的话题，算是随便聊聊吧。

一　危机在哪里？——我们越来越脱离脚下这块土地

　　记得前年我来安顺时提出过一个命题："认识我们脚下的土地。"这两年来，我却一再发现自己虽然在安顺生活过十八年，却实在不了解安顺这块土地。先是戴明贤先生的《一个人的安顺》，让我为自己对安顺普通百姓的日常生活的陌生与隔膜感到羞愧；这一回又是《屯堡乡民社会》这本书，使我看清了自己对安顺乡村社会结构、文化传统的绝对无知。更引起我的反省的是，本书所详尽描述的屯堡老百姓的现实生存状况，屯堡乡民社会正在发生的深刻变化、所面临的空前复杂而尖锐的问题，我更是绝对的陌生。这样的陌生，并不只限于屯堡、安顺一地，而是对整个中国农村的陌生，陌生的背后是隐藏着一种冷漠的。我们这些自称社会精英的知识分子，已经深陷于自恋与自怜之中不能自拔，早就失去了对中国大地上的普通民众生活的感觉、感受与体察能力，甚至连这样的愿望也没有了。我们事实上是越来越陌生于、甚至脱离脚下的这块土地了。现在很多人都在谈论中国的学术危机、思想危机，以至知识分子的危机，在我看来，这或许才是一个更带根本性的危机。

坦白地说，我为这样的危机（我从来把知识分子的危机看作自己的危机）忧心忡忡已经有好几年了，但我一个人待在京城里，年龄也越来越大，真是一筹莫展。因此，可以想见，当看到我所熟悉的安顺的年轻朋友，走出校园，走向民间，扎扎实实地作深入的田野调查，并且写出了这样的真实地反映中国农村的现实，深刻地思考与谋划符合国情的乡村改造与建设之路的著作时，我所感到的欣慰真是难以言表的。我确实从中看到了中国学术、中国知识分子的某种希望。对我个人而言，这些安顺的新老朋友是代我做了自己想做而无力做的事情，我对此是心怀感激的。我不能追随他们，就只能当"吹鼓手"了。

二 为什么"雨过地皮湿"？——探索农村发展的内发资源

阅读本书，对我来说，是一个重新认识中国农村社会、重新学习与思考的机会。比如读到书中论述农村"自组织机制"时所说的一段话，就为之一震：中国的农村改革"多数是通过一种外部强势资源的导入去推动村落的发展，但这种导入基本上没有考虑村落内部的文化网络和社会基础，因而效果欠佳"。这就使我想起了一直困惑着我的一个问题。这两年来，我在北京和许多高校的青年志愿者讨论知识分子到农村去的问题。我们注意到一个现象：从二十世纪二十年代开始，先后有六代知识分子投身于农村的改造与建设事业："五四"运动的先驱算第一代；三十年代的中国共产党人与梁漱溟、晏阳初这些乡建运动的发动者是第二代；抗战时期以延安为中心的敌后根据地的知识分子是第三代；新中国成立以后成长于五六十年代的知识分子是第四代；"文化大革命"中的下乡知青是第五代；在八九十年代沉寂了二十年之后，到二十一世纪初，又出现了下乡支农的青年志愿者，应该是第六代。我提出讨论的问题有两个：为什么这一个多世纪以来，知识分子几乎是"前赴后继"地要到农村去，但每一次去都是"雨过地皮湿"，农村的落后面貌没有得到根本改变，以致不得不一次又一次地重新开始，这是为什么？

我们这里且不讨论第一个问题，而收效甚微的原因更是复杂，也不是我们在这里能够完全说清楚的；但本书所提出的"自组织机制"问题，确实给我们提供了一个思考与探讨的思路。看来，一个多世纪的知识分子下乡运动，无论是知识分子自发组织的，如三十年代的乡村建设运动，还是国家发动、组织的，如"文革"时期的知青运动，都有一个共同问题，都是"一种外部强势资源的导入"，而缺少农村自组织机制的支撑，村民自治资源、乡村改造与建设内发动力的不足，就造成了农民主体性的缺失，农民因此始终处在被动接受的地位。这样，只要外部强势资源削弱或退出，农村变革就自然停顿以至恢复原状，即所谓"人一走，茶就凉"，"雨过地皮湿"。

因此，我们在新世纪初重新发动农村的改造与建设时，就必须吸取历史的经验教训，从一开始就把"探讨农村发展的内发动力"作为一个重要理论与实践课题。百村调查九溪课题组的朋友的贡献，正是在于他们通过大量的调查，发现了存在于屯堡文化传统与现实中的"自组织机制"，使"村民能够整合村落内部的相关资源，自我组织，自我管理，以实现村落的自我发展"，并进而提出了"乡民社会"这一重要概念，这就为探讨"农村发展内发动力"这样一个关系全局、关系乡村改造与建设长远发展的问题，提供了一个思路，也提供了某种现实可能性。

三 到哪里去寻找国家与农村社会对接的载体？——培育农村公共空间

我读本书的另一个兴奋点，也是一个全局性的问题，即到哪里去寻找"国家"与"农村社会"对接的现实载体的问题。

我对这一问题的兴趣，其实是有个人家庭的原因的。我的父亲天鹤先生在二十世纪三四十年代曾主持全国农业发展工作，五六十年代又是台湾地区农业复兴的领导人之一。我在九十年代整理父亲的遗作时，发现他在长期的领导工作中，逐渐形成了发展中国现代农业的一整套思想，其要点是："提高农产品的商业化程度，提高农产品的利润，以便在实质上提高农民的生活水平和生产积极性，这是发展现代农业的目的与关键。为此，就必须从工业、商业、金融、贸易等各方面给农业以实际的扶植。"他由此而提出了一个"农业与教育、科研、工业、商业、金融、贸易一体化发展"的思路。而作为一个现代农业的组织者，他更关注的是这样的一体化发展在组织上的落实。于是，他抓住抗战时期建立战时国家体制的时机，建立了"教育、科技、推广"一体化的政府农业机构体系，从中央一直延伸到县，但却发现，仍缺少两个环节：一是县以下没有相应的组织，一切农业现代化措施都不能落实到农民；二是在组织上仅限于政府机构，缺少民间组织的辅助。

现在看来，我父亲他们那一代农业、农村工作者所面临的正是我们在这里讨论的"国家与农村社会对接的载体"的缺失问题。后来他在台湾地区发现了"农会"，才找到了恰当的组织形式。台湾农会早于一九〇〇年台湾地区沦为殖民地时即已成立，为兼营性合作组织，并且落实到村，具有深厚的民间基础。因此，台湾地区的乡村改造与建设的一个重要环节就是"农会的改组"：一方面从根本上改变原农会的官方性质，使其成为"真正的民治机关"；另一方面充分发挥原农会的合作功能，"除办理信用、运销及农业推广外，尚有提倡文化福利、排除会员纠纷及供应家庭与农业用品等项服务"，这就终于找到了"政府与农民间的桥梁"（参看钱天鹤：《农会与合作社合并改组》，收《钱天鹤文集》），将"一体化发展"的设想全面落实到了农民身上，在此后台湾地区农业的腾飞中，农会是发挥了很大作用的。

回顾这一段历史，特别是对照台湾地区农村发展的经验，我们或许就能对九溪调查课题组提出的"农村公共空间的培育与拓展"问题的重要意义有一个比较确切的体认。"农村公共空间"的概念是课题组从九溪历史与现实的调查中提取出来的。这是一个"介于传统社会与国家之间的具有丰富内容的社会空间，这一空间作为第三领域，在其社会基础和文化网络的支持下，在多元的组织、组织中精英的活动、空间中社会舆论的控制等因素的共同作用下，起着一种沟通一、二空间（国家与社会）的功能"。尽管"农村公共空间"这一概念本身也会引起讨论，在具体实践中更会遇到许多问题，但它确实为建构国家与农村社会对接的载体，提供了一种新的可能性，而且因为它是深植在乡民社会的历史传统与现实中的，因而也是具有生命力的。

四 怎样走出西部地区自己的发展之路？——从"认识脚下的土地"开始

课题组通过他们对屯堡乡民社会的深入调查与分析，提出的"乡镇工业和农业产业化并非农村发展的唯一选择"的命题，也同样具有重大的理论与实践意义。他们在报告中指出："动辄以单一的集约化、上规模、高科技取代人力投入的农业产业化并不一定适合像黔中这一类喀斯特环境特征的农村发展，其经济结构的要求也与原有基础之间存在难以逾越的鸿沟。"这都引起了我的强烈共鸣。前年我来贵州讲学以后，就一直在思考这个问题：贵州的发展，贵州农村的改造与建设，一定要走适合自己省情、地情的独立自主的路，西方国家的发展之路、东部地区发展之路、其他西部地区的发展之路，都只能借鉴，而不能照搬。而要走出自己的路，首先是要正确地了解我们自己，即所谓"认识我们脚下的土地"，这就要从对历史与现状的调查、研究做起。现在九溪调查组的朋友已经迈出了第一步，而且有了这么好的成果。这实在令人高兴。

五 书的背后站立着谁？——屯堡文化、屯堡乡民社会的真正创造者

而且，从以上的分析，可以看出，他们的研究，不仅立足于本土：九溪、安顺与贵州，从一个人、一个家庭、一个村子、一个地区的调查入手，可谓"脚踏实地"；而且放眼全中国、全世界，以开阔的理论视野、难得的理论勇气与创造力，直接触及前沿性课题，并提出许多具有前瞻性的概念与命题，称得上是"高瞻远瞩"。当然，这两方面的追求也偶有不和谐之处，留下了若干缝隙，有不少可议之点。一切都正在开始，以后还有很长的路要走。

最后，我们不要忘了，在这本书的背后，还站立着许许多多九溪的老乡、九溪的精英。他们才是屯堡文化、屯堡乡民社会的真正创造者，他们是本书的坚强后盾，本书的内在力量源自他们的心灵深处。因此，我们今天在这里讨论这本《屯堡乡民社会》，不能忘了我们对屯堡乡民的责任与承诺。真的，一切都正在开始，本书将在屯堡乡民社会新的改造与建设中继续"写"下去。

2005 年 8 月 19 日—20 日

新一代乡村建设人才的培养问题

——答《南方周末》记者问

读了你们传给我的《一个支农学生的梦想与挫折》，我很感动，同时也感到不安。因为中国人民大学农村与农业发展学院"农村发展人才培养计划"聘请我担任马永红的指导教师，我并没有尽到责任：除了我给他们做了一次报告，见了马永红一面，就再也没有和他联系过，对他的情况一无所知，在他遇到困难的时候，我没有及时给以帮助，这是应该检讨的。马永红也没有找过我，大概他认为遇到问题应该自己负责、自己解决。这样的志向我倒是颇为欣赏的。

在我看来，马永红的出现和他的遭遇，都不是孤立和偶然的，它提出的许多问题，很值得我们深思。也就是说我们应该在一个大的背景下来讨论"马永红"的问题。

一 一个历史新课题：培养乡村建设人才

这是什么背景呢？我记得我在二〇〇四年和青年志愿者朋友的交谈中就提出了"历史正呼唤着新一代的乡村建设人才"这样一个命题。我当时主要是受到晏阳初先生乡村建设运动的启发而提出的，南方一个报社很敏感，他们在摘录发表我的讲稿时，就以之作标题，显得很醒目。坦白地说，当时也只是一个呼吁，对其现实的实现考虑得并不多。但是，形势发展很快，到了今天，二〇〇六年，国家的"十一五"规划中，明确提出要把"建设新农村"作为国家发展的重要目标，我们就应该并有了可能从战略的高度来看待"培养乡村建设人才"的问题：它可以说是"建设新农村"中的关键性环节。

这道理也很简单：农村建设是需要人去推动和实施的，而我们所要进行的乡村建设，是现代乡村建设，在某种意义上是一次科学实验。晏阳初、梁漱溟那一代先驱者当年就提出过要"以学术立场去建设乡村"，要实现"政治学术化，学术实验化"。他们还提出了农村建设人才的五条标准：一、"要有本国的学术根底"；二、有"科学的知识技能"；三、有"创造的精神"；四、有"吃苦耐劳的志愿和身体"；五、有"国家和世界的眼光"——应该说这样的目标的制定，是具有战略眼光的，在我看来，至今仍有指导意义。

但农村的现状又如何呢？一谈到农村建设，首先遇到的问题就是人才的奇缺。我们知道，当代中国农村的最大问题，就是自身的空洞化：农村大量有文化、有能耐的壮劳力、年轻人，农村社会的精英纷纷流向城市。从国家建设的全局和农村城镇化的发展角度看，这或许有必要性与必然性，但从"建设新农村"的角度看，这却是一个必须面对的大问题。如何培育一支农村建设人才队伍，是建设新农村的一个战略任务，需要统筹规划。

在我看来，大体有这样几条培育途径：一、对农村里现有的人才，特别是农村社会精英的发现与培养；二、创造条件，吸引外出务工人员返回农村，使其利用其在城市里创业时所积累的物质与智力财富在新农村建设中寻求新的发展；三、改造和发展农村学校教育，使其成为培养本地农村建设人才的基地，同时大力发展村民教育，这既是从根本上提高农民素质，也是农村精英的培养过程；四、组织城市志愿者，到农村短期服务，进行财力与智力的支援，其中大学生中的青年志愿者或许是最有活力的部分；五、在志愿者的基础上，进一步培养以从事新农村建设为专业的专门化人才，他们将成为新农村建设的骨干与组织者。这其中又有两部分人，有的是城市里的人才，有的本身来自农村，甚至就是本地人。以上所说的五条途径，其实就是两条：一是农村自身的人才资源的培育；二是城市人才资源向农村的转移，这也是国家所提出的"城市反哺农村"的战略转移的一个重要方面。

把马永红放在这样的农村建设人才的大格局里,就不难给他定位:他现在的身份是大学生青年志愿者,同时他又是一个乡村建设专门人才的好"苗子":他的改造和建设新农村的高度自觉性,他对养育自己的土地与父老乡亲的深厚感情,他的巨大热情、活力,他的组织能力、创造精神,他的吃苦耐劳的意志与身体,都说明他有可能成为时代所召唤的新一代农村建设人才。当然,他还需要经过许多的磨炼,而且最终我们还要尊重他自己的选择。

我们下面所要进行的讨论,是把"马永红"作为一个典型,并多少排除了他的个人性,来考察新一代的农村建设人才在成长过程中将会遇到什么问题,以及由此引发的新农村建设人才的培养问题。

二 马永红的问题:深度参与之后的困境

马永红和其他大学生志愿者的不同之处,在于他回到了自己的家乡。这种情况使我想起了二十世纪许多乡村知识分子所走过的道路。他们大都出生在乡村的富裕阶层(也有的属于马永红这样的困难家庭),因此在中国社会发生转折时都不失时机地走出家乡,到城市以至国外去读书。他们中许多人从此走上了"不归路",在乡村之外的广大世界求得了自己的发展,但也有相当一部分人又返回了自己的家乡,服务乡梓,主要的就是从事乡村建设,发展乡村实业、教育、文化、卫生事业,等等。由于其家庭背景,加之所具有的新思想、开创的新事业,他们就逐渐成了地方社会名流,即所谓"新乡绅"(其实也就是我们今天所说的"乡村精英"),成为农村社会发展的中坚力量与稳定因素。当然在这一过程中,他们也必然和农村原有的各种力量形成十分复杂的关系,发生各种冲突,演绎出无数的故事。我读这篇《一个支农学生的梦想与挫折》时,总要联想起这些历史故事,这多少说明我们今天所遇到的问题,其实是历史的延续,虽然它们也必然具有新的历史条件下产生的新的历史特点,但这样的历史感却是重要的。

考察马永红的遭遇，可以发现一个有意思的现象：最初阶段，当他主要作为一个志愿者带着许多外来资源回到自己的家乡，办农民夜校，组织农民协会，统购化肥，给父老乡亲以实实在在的利益时，他受到了普遍的接纳——尽管镇上有"不予接待"的指示，但当时村干部对他是肯定的；更重要的是，他得到了村民的欢迎与支持。这有力地说明，农村确实需要马永红这样的青年知识分子，他们是农村变革与建设不可或缺的新的推动力；这同时也说明，只要实实在在为农民谋利益，以心换心，就一定能够得到他们的倾心支持。后来马永红遇到了挫折时，仍然有村民拥护他，作他的后盾，就证明了这一点。

　　一般来说，一个青年志愿者做到这一步，就已经尽责了，所以，温铁军先生指出："年轻学生到农村去的时间短，不可能了解征地、农民负担等这些表面矛盾背后的复杂原因，他们应该以调查研究和了解情况为主。支农支教，能帮助就帮助，比如农民夜校这样的属于改良性的工作都可以做，不能帮助的事情就不要随意参与。"这是一个实事求是的要求：青年志愿者的工作和作用是有一定限度的。

　　但是，马永红是当地土生土长的，他和这块土地与乡亲有更深的血肉联系，他后来开始尝试更深的介入，也是有理由的。而他一旦试图涉及农村改革和建设的深层次问题，他就面临着没有想到过的一系列的矛盾和复杂局面。从他后来的遭遇看，它们主要有四个方面。

　　一、中国农村本来就充满了各种复杂的关系和矛盾，而改革本身就会引起各种利益关系的复杂变动，发生利益的博弈。马永红的介入，特别是他对掌权者直言不讳的公开批评，就使他自然成了利益受损者的"代言人"，而他竞选村长更是对既有的权力结构的一个冲击。因此，他受到种种阻拦，绝不是偶然的。这说明，参与乡村建设不是一个简单的物力、智力支援的问题，迟早必然要面对农村现行社会结构中的各个利益群体及其复杂的利益和权力关系。而打破掌权者说了算的农村现行权力结构，通过建立农村公共空间，以实现权力结构中的某种制约与平衡，这本身就是乡村建设的重大课题。从这个意义上看，马永红的遭遇又是必然的，而且具有很大的典型性。应该说，马永红对此是缺乏思想准备的。

二、他更没有料到的是还要和农村基层政权发生冲突。镇党委对马永红的看法是颇耐人寻味的："发展经济是我们的第一要务，保持稳定是我们的第一责任。基层干部反映，马永红接触的是村里的落后面，有不稳定因素。支农支教我们是支持的，但他后来做的就脱离了这个初衷，影响了地方稳定，我们不好支持他。"这是有相当的代表性的：有不少基层政权对这些外来的乡村建设者事实上是心存戒备的。如果马永红仅仅"做好事"，可以为他们的政绩增添光彩，他们当然会支持；如果如马永红这样批评"村里的落后面"，就会被认为是给他们的政绩抹黑，自然要视之为"不稳定因素"，就要收回支持。

而基层政权的态度对乡村建设实验能否取得成效又是至关重要的。当年晏阳初他们就遇到过这个问题，所以他把他们的工作演进分为三个阶段，即"文字教育的阶段"（大概相当于"支教"），"农村建设的阶段"（大概相当于"支农"），最后就必然进入"县政改革的阶段"。这就是说，农村建设绝不单纯是一个经济问题，而是必然涉及农村政治的改革。如晏阳初先生所说，"从消极方面说，如单以县为单位而帮助农民，救济农民，则非改革政治不可；从积极方面，要把我们研究实验的结果——教育的内容及农村建设的方案——推到民间去，亦非利用政治机构不可"（《平民教育促进会工作演进的几个阶段》）。而农村政治改革的一个重要方面，就是必须使基层政府成为农村各种利益关系的调节者，它只能是公众利益的代表，而不能是某一利益群体的代表，更不能使自身成为一个利益群体。唯有这样，才有可能正确地认识与发挥乡村建设者的作用。

三、马永红还要面对农村社会舆论的巨大压力。据说有一个时期，从镇到县城的中巴车上，几乎所有的乘客都在谈论马永红，有人说这娃不简单，有人则说这娃脑筋有毛病。最令人感慨的是马永红自己向记者讲述的一个故事：一位县里的干部把马永红的事情讲给自己的小孩听，让他说说看法。这位小学生很认真地问："是说写作文的话，还是真话？如果是写作文，那他就是奉献农村的好人；如果说真话，那他就是一个疯子。"这是一句令人不寒而栗的真话，这是一个残酷的现实：连孩子都认为"奉献农村"不过是用以宣传的谎言，谁真要这么做谁就是疯子！

而且这样的舆论公意，在中国还是个传统：鲁迅不是早就写过《狂人日记》吗？《长明灯》里的孩子不也是对"疯子"大加嘲弄么？这样的视真诚的改革者、建设者为"疯子"的舆论，显然又和当下中国假话成风，信仰缺失，实利主义、实用主义猖獗的时代病直接相关；而乡村改革和建设自身也会触犯乡村传统观念、习惯势力，为其所不容。这也是必须正视的现实：我们是在极其不利的社会环境下，坚持自己的乡村建设理想的，正像马永红已经意识到的那样，孤独是一个宿命。

四、当然，最让马永红感到痛苦的是他和家庭的冲突。这几乎也是必然的。我们前面说到的上一世纪外出读书归来的乡村知识分子，大都遇到过这样的矛盾。我们很容易简单地把它归结为新旧观念不同的父与子的冲突。可能有这方面的问题，但其中或许有更复杂而丰富的内容。比如，他与母亲的冲突就是如此。由于马永红自己家里也很贫寒，妹妹连一双完好的鞋也没有，母亲于是央求马永红从捐赠的衣物中为妹妹留下一双鞋。这本也合乎情理，马永红却为避免谋私之嫌，只能拒绝，同时对母亲不能理解自己的处境而伤心，以至对母亲大发脾气。这母与子的彼此伤害，令人心酸。此外，马永红更要面对由于自己的行为引发的矛盾（包括前述舆论的压力）也要由父母及家人共同承受的现实，由此引起的内疚和自责，是难言的。马永红在日记中写道："我不是一个好儿子，对家里人来说，我总是舍弃小家，而为了人家。我甚至批评我爸在媒体面前不应该说对我的不理解和不支持。但我无形中剥夺了他的表达权。我不敢想象，他当时内心是何等的痛苦！""我不是一个好儿子"，大概一切为自己理想的公共事业献身的改革者和建设者都会有这样的内心痛苦，这是一个更为沉重的心理和情感的付出。

三　外在冲突引发的内在矛盾：对理想主义和英雄主义的质疑与坚守

于是，所有这一切外在的冲突，都会引发或转化为自我的矛盾、冲突，以及自我质疑。这或许是最为根本的。

在反思自己的这一段经历时，马永红说了一句老实话："原来我不相信社会有那么复杂，我常想，我不能改变整个中国，改变一个村还不行吗？"

这里其实存在着两个问题：首先是对社会的复杂性估计不足，把现实理想化了，于是就必然产生理想与现实的冲突。

这可以说是一个人成长过程中必须经历的过程。我曾经引述俄国批评家伯林斯基的话，说人生是要经过三个阶段的。一是做梦，也即理想的形成与追求的阶段，这可以说是学校教育（从小学、中学到大学）的基本任务，马永红的理想就是在校读书阶段形成的，这说明他所接受的教育是正常和成功的。现在，他由学校走向社会，也就意味着走向人生的第二个阶段，其主要问题就是理想和现实的矛盾，这是一段非常痛苦和漫长的人生旅程。这一段路走完了，就像我这样进入人生的第三个阶段，就会重新回到第一阶段的理想主义，即所谓"老来少"，因此我和马永红相遇并不是偶然的。但这又不是简单的回复，而是更高层面的复归，因为这时的理想主义，是经过了理想与现实冲突的洗礼，在对现实的复杂，甚至严酷有了深切的体认以后对理想的坚守。但我们不难看到，并不是所有的人都能做到这一点：有些人在经历了理想与现实的冲突以后，就放弃了理想，陷于消极颓废，无所作为，更有的顺应现实，不再与现实中的假、丑、恶抗争，甚至同流合污。

因此，现在马永红和他的同代年轻人，在遭遇理想与现实的冲突时，在某种意义上也就面临着人生的十字路口，可以有三种选择：一是放弃理想，顺应现实，被其同化或消极无为；二是继续闭着眼睛做梦，不肯正视现实确实存在的问题，看似坚持理想，超越现实，其实是逃避现实，主观盲动，最后碰得头破血流，这时候就最容易转而悲观失望，走到第一条路上去；三是冷静地面对现实，借以深化对现实的认识，纠正自己某些不切实际的想法，反思自己的行为，做出某些调整，寻找新的实践机会与方式，在深刻体认现实的基础上，在新的变革现实的实践中，坚持自己的理想。在我看来，马永红走的是第三条路，这也是我们所期待的。

从前述马永红的反思中，还可以看出，他曾经以为自己一个人就可以改变一个村子，他忘了鲁迅的告诫：在中国，"即使搬动一张桌子，改装一个火炉，几乎也要血"，更何况改变一个村子！同时，他也没有看到个人力量的有限性，于是他的英雄主义也在现实面前碰了壁，面临着对自己内在气质中的英雄主义的反省。在我看来，如同对理想主义一样，在正视自我力量的有限性的时候，也不要将"孩子和脏水一起泼掉"，仍要保持自信，坚持奋发有为的精神：这都是英雄主义的合理内核。还是那句话：要质疑理想主义又坚持理想主义，要质疑英雄主义又坚持英雄主义。

记得我在第一次和马永红与他的志愿者伙伴的谈话中引用过鲁迅的一段话。鲁迅对当时"到民间去"的知识青年说，你们去民间回来以后，最好将"自己的心情"和对自己"力量"的认识，与当初在北京一同大叫"到民间去"的口号时的心情、认识比较一下，并且"将这经历牢牢记住"，你们中的若干人会"沉默而苦痛"，而"新的生命就会在这苦痛的沉默里萌芽"。当时，马永红们可能不会有什么感觉；而现在，经过了这一段到农村去的实践，像马永红还经历了这么多曲折，我想他们就能够体会到其中的深意了吧，而且现在也确实到了"沉默而苦痛"地思考并从中产生新的思想和实践的"萌芽"的时候了。也就是说，我们需要冷静下来，消化前一段的实践经验，调整对自我和社会的认识，以便以更理性也更健全的心态和姿态，进入新的实践。

四 在反思中重新认识乡村建设事业，以及我们应有怎样的精神、心态和选择

在我看来，或许可以在以下几个方面达到新的认识。

第一，对我们所要从事的中国乡村建设事业的艰苦性、复杂性以及由此决定的长期性，同学们大概已经有了切身的体会，而在下乡以前，大家都是严重地估计不足的，我甚至觉得现在也很难说已经有充分的认识了。我曾在一篇文章里对青年志愿者朋友们说，你们既然做出了参与乡村建设事业的选择，你们就必须做好四个思想准备：第一，你们肩上

的担子注定是超负荷的，要"一人兼做两三人，四五人，十百人的工作"（鲁迅语）；第二，你们自己这一代不会看到你们所期待的农村面貌的根本性的改变，进步会有，但不会发生奇迹；第三，你们工作的付出与收获永远是不成比例的；第四，你们只能是"只顾耕耘，不问收获"，只能"再一代，二代……"地奋斗下去。

　　第二，我们还要确立中国农村的改造和建设是一个"慢的事业"的观念。有一位年轻的教育专家曾提出"教育是慢的艺术"的命题，我很赞同，曾写文章呼应；在最近一次见面时，我对他说，这一命题其实是有更普遍的意义的：我越来越感到，教育、农村教育，以至乡村改造与建设，这样的"百年大业"都不可能立竿见影，不能急功近利，它是一个"慢活""细活"，不能搞一哄而上的"运动式变革"，要细水长流，慢慢积累。我因此提出了"开始要早，步子要慢""态度要积极，行动要谨慎"的指导思想，对此我写有专文，这里不再多说，只想强调两点：一是我们从事乡村建设事业，要有什么精神？鲁迅曾引用韩非子的话，提倡"不耻最后"的精神："即使慢，驰而不息，纵令落后，纵令失败，但一定可以达到他的目的"。我们需要的就是这种"慢而不息"的韧性精神。二是我们要以什么心态去从事乡村建设事业？这里也有几个重要概念：要有"耐心"，要善于"等待"，还要"从容"。它们的反面，就是急迫与浮躁，这是成事不足、败事有余的。我们一定要让自己的心沉静下来，进入生命的沉潜状态，心平气和、沉沉稳稳、锲而不舍地做下去：这才是干大事的样子。

　　第三，我们要确立一个中国农村的改造与建设必须采取"渐进"的方式和路线的思想。我们在前面说过，乡村改造与建设是一个利益博弈的过程，各利益群体的矛盾和冲突是不可避免的，有时甚至会达到十分尖锐的程度。而作为一个民间的志愿者，他的使命决定了他的立场必然是在弱势群体这一边，成为促进乡村利益平衡的一支积极的建设性的力量。这里强调的"利益平衡"与"建设性"，其中就包含有"渐进改革"的意思。

　　这是吸取了历史的经验教训而提出的。一方面，我们不能无视和遮蔽农村改革与建设中的利益冲突，因为这种无视和遮蔽的实质是无视弱势群体的利益，遮蔽他们利益受损的现实，这样的一味向强势群体倾斜的农村建设绝不是我们所追求的。但我们又不能采取"一方吃掉另一方"的激进的阶级斗争的方式、劫富济贫的方式来解决乡村改造与建设中的利益失衡问题，而只能采取调节的方式，在各利益群体之间寻求某种平衡点，这就必然是一个渐进的过程，它需要"宽容"与"妥协"，以最终建立"多元"的利益格局。

这同时是一个"博弈"的过程，其中不可能没有斗争，特别是弱势群体更需要为争取自己的被忽视、被剥夺的权利而斗争。志愿者理所当然地要支持这样的斗争，但同时也要积极促进这样的斗争的理性化，避免矛盾的激化。而这样的妥协与利益调整在中国的现实下，是有可能的。根据《一个支农学生的梦想与挫折》报道，马永红最终也和竞争对手及基层政府之间找到了妥协点，从而为自己开辟了一定的活动空间——当然，矛盾依然存在，也还会产生新的矛盾。在斗争中寻妥协，在妥协中有斗争，这将是一个长期的渐进的运动过程。

第四，我们要把高远的理想与低调的行事结合起来。把理想主义与科学态度结合起来。这也就是我经常强调的"想大问题，做小事情"。

这里包含了两个侧面。首先，既然我们已经确认了中国农村改造与建设是一个长时间的、慢的事业，而且必须采取渐进的方式，那么，我们在做事情的时候，就必须有一个"边界意识"，在弄清楚自己"要追求什么"的同时，还要问自己："我能做什么？我不能做什么？什么是现在就可以做的？什么是将来条件具备了以后才可以做的？我的优势在哪里？我的限度在哪里？可能存在的危机与陷阱又在哪里？"等。正是在这样对主、客观条件的正确认识与把握中，你们将走向成熟。

此外，还有一个"选择"的问题，即是要回答"从哪里开始"的问题。我想，你们在总结自己的实践经验时，已经不难做出回答，就是要"从我们能够做到，能够改变，能够尝试的地方做起"。我前面提到的那位青年教育学者曾概括了四句话：要把教育当作一件事来做；一个人一辈子只能做一件事；我们只能在现实条件下做事，很多情况下，都是在夹缝中求生存，戴着镣铐跳舞，因此，一件事也不一定能够做好；重要的是尽力去做，而且从具体的小事情做起，做一件就是一件。我想，他谈的是教育，其实同学们所要做的乡村改造与建设事业也一样。我要补充的是，从小事情做起，而且一定把它做好，这本身就会使我们不断获得成功感，具体感受生命的意义与价值，增强自信心，这就能够反过来成为我们坚持长期奋斗的内动力。

当然，我们又不能满足于"做小事情"，还必须"想大问题"。所谓"想大问题"，其实就是一个目标感的问题。要知道，做小事情本身也是有危机的。任何事情都有两面，日常生活中的琐细小事自有其意义，我们甚至不难发掘出其中的诗意，但如果一味沉溺其中，即所谓"只管埋头拉车，不会抬头看路"，则也会被遮蔽眼界，失去目标，导致自我精神的狭隘与封闭。另一方面，如前所说，做小事情是必须有妥协的，妥协就有一个限度的问题，特别是我们是在中国的现行体制下妥协，这样就有更大的危险。如鲁迅所说，中国是一个大染缸，这样的体制的染缸的腐蚀力与同化力绝对不能低估。

因此，我们在注意自己"能够做什么"的时候，更要时时记住"自己是什么？自己要追求什么？"。也就是说，做小事情绝不是目的，在它的背后必须有一个更大的关怀，一个改造社会、人生的社会关怀，促进自我与他人健全发展的生命关怀，以及彼岸的终极性关怀，也就是要以理想、信念、信仰作为我们做小事情的精神支撑。弱化或失去了这样的精神目标和支撑，不但我们做的小事情自身会失去意义，而且几乎是不可避免地要被现实的大染缸所同化，最终导致自我的异化，走到我们追求的反面，"从这个门进去，却从那个门出来"，这样的悲剧在历史上是屡见不鲜的，新一代乡村建设者从一开始就要对此保持高度的警惕。

这就要求我们在从事乡村改造和建设的事业中，必须在理想和现实，坚守和调整、妥协，想大问题和做小事情之间保持必要的张力，取得某种平衡，在改造、建设客观世界的社会实践中，同时改造、健全我们自己的主观世界，做一个目标明确、信仰坚定，而又脚踏实地的健康发展的人。"立人"才是我们一切努力的根本。

五 马永红们向我们的教育、知识分子和社会提出的挑战

坦白地说，写这篇文字，面对马永红这样的青年志愿者的困境，我时时陷入深深的自责之中。

马永红的退学在校内外都引起了广泛的争议，我不想对事情本身发表意见，我想到的是另一个问题：马永红要求退学的一个重要原因，是他立志于中国农村的改造和建设，而他在大学里所受的教育却与农村的改造和建设无关。这是很值得注意与深思的：在所有关于大学、中小学教育改革，甚至农村教育改革的讨论、设想与实践中，乡村建设事业都没有进入视野。我们从来没有想过，中国的大学应该担负起"培养乡村建设人才"的重任。在国家的"十一五"规划将"建设社会主义新农村"作为国家重大决策的今天，将"培养乡村建设人才"的问题提到教育改革的议事日程上，是具有极大的迫切性的。我们不能只是鼓励大学生毕业以后到农村去，而不注意在他们大学学习期间的培养，这是本末倒置的。或许更为重要的是，如果将培养乡村建设人才的任务纳入教育，特别是地方教育和农村教育体系，将会带来整个教育面貌与精神的重要变化，这是可以预期的。

当马永红这样的青年志愿者在农村处于孤立无援的状态时，我更感到了我们这些大学老师、知识分子的失职。我常常会想到当年乡村建设运动的那批先驱者。我在《民间》杂志上读到过一篇文章，题目叫《晏阳初和下乡的博士们》。文章提到的这些人中有许多是在国外长期留学，学有专长，甚至在某一学科领域执中国之牛耳的著名人士，如哥伦比亚大学社会学硕士、著名社会学家李景汉，第一届国会议员、国立北京政法专科学校校长陈筑山，《北京晨报副刊》著名编辑孙伏园，康乃尔大学农学博士、罗马万国农村研究院研究员冯锐，哈佛大学博士、国立戏剧专科学校校长熊佛西，北京协和医院毕业又在哈佛大学研究公共卫生学的陈志潜……他们都毅然辞去城市里条件优厚的工作，举家迁到农村，踏踏实实地为农民服务。我还想起了印度喀拉拉民众科学运动，其发起

者与中坚力量都是顶尖的知识分子精英。这些年中国的乡村建设与志愿者行动也有不少老师和知识分子参与，但似乎并没有形成更强有力的群体力量。我一直期待学院里的教师，特别是青年教师、著名学者有更多的参与，却无能为力，也不敢呼吁，因为我自己受到年龄、身体的限制，下乡后反而会成为别人的负担，只能写这些无力的文字。自己没有做到的事情，自然无权多说什么，就表达这样一个期望吧。

但有一点却是我要大声呼吁的，那就是我们整个社会应该给这些青年志愿者以更多的关注和更切实的帮助。我很赞成中国青年政治学院的陆玉林先生的意见："通过马永红这件事，我们需要检讨，怎样给大学生，给那些愿意用所学知识和实际行动回报社会的人，以体制性的支持。"我们应该为这些有理想有献身精神的年轻人提供一个更宽松的环境，基层政府更要转变观念，把他们看作建设社会主义新农村的积极的建设性力量，给予更有力的支持。

最后，还要说一句：本文开头即已说明，我们是将马永红作为一个典型来讨论的，并没有过多地考虑他个人的特殊性。据马永红和记者说，他不准备在农村待一辈子，警察和作家两个职业都对他有吸引力，今天的年轻人是可以也应该有多种选择的。但他又说："农村的事情我会一辈子关注下去。"这我也是相信的：他的这段农村经历对他一生的发展自然会有深远的影响。在这个意义上，我们也可以说，青年志愿者到农村去，首先是有利于他们自身的健全发展的。

2005 年 12 月 14 日口头答记者问，

2006 年 3 月 12 日发表，4 月 15 日、16 日，26 日整理、补充成文。

（附）一个支农学生的梦想与挫折 [《南方周末》特别报道]

■编者按　本报用了四个月的时间，跟踪一个大学生支农支教的选择。正值北京市公开招聘高校应届毕业生担任京郊农村的村党支部书记助理、村委会主任助理，"大学生村官"现象为公众所关注。马永红选择休学参与乡村建设的实践，可以说是一个具有探讨价值的样本。

社会主义新农村建设需要青年知识分子的参与，青年知识分子亦需要从基层得到磨砺，加深对国情的认识，但这一"双赢"的过程并不简单，肯定伴随着冲突和妥协，也就是在这样的过程中，农村的面貌才会得以改变，而青年人也才会更加成熟起来。马永红的心路历程，也代表着深入基层的年轻人的心路历程。

马永红没有在家过年。除夕，他被母亲赶出了家门。

事情的起因是支农，母亲唠叨说因为马永红搞支农以及接待来村里支教的大学生志愿者，家里的柴火都被烧完了，马永红一怒之下和母亲吵了起来，结果是被母亲喝令："滚！"

这个在 2005 年选择休学支农的大二学生，在陕西渭南冰冷的冬天游荡了半个月。直到剩下的 800 多元钱被人偷走，他才在正月十五又回了家。

在过去的一年中，大学二年级学生马永红成为自己的出生地，陕西商洛县麻坪镇的一位出名人物。他为了改变家乡的面貌，不惜休学。但反思这半年，马永红承认，也许改变最大的是他自己。

让他想不到的是，在遭遇挫折而选择"妥协"之后，他所推动的事情，却好像真正进入了稳步发展的时期。

▍迷茫的大学生

21 岁的马永红曾经带着记者来到麻坪镇合兴村的制高点俯视山下，手拿一条树枝指向山下的瓦房："这一片是我支农支教、想要改变的地方。"

那是 2005 年 11 月。在合兴村土生土长的马永红，当时既是休学支农支教的大学生，又是东麻坪"农民协会"的领头人，还是合兴村村委会主任的有力竞争者。

而在一个月后，当他竞选失利，新任合兴村村委会主任锁上了那间办了半年"农民夜校"的小学教室时，这间"农民夜校"的创办人和主讲者马永红以妥协换取了那把锁的钥匙。

在有着近 800 口人的合兴村，马永红家是最为贫困的几户之一，他们家住着村里唯一的土房子。

种植烤烟一年的毛收入刚够马永红上一年大学的学费和开销，家里还有在县里上中学的弟弟和妹妹，马永红的父母马民治和邓福勤夫妻俩极度省吃俭用才能勉力支撑这个家庭。

还好，有马永红为这个家庭争气。2003 年，18 岁的马永红被提前录取到西北政法学院公安系边防管理专业，成了全村第一个大学生。夫妻俩就指望着马永红早点毕业，找份稳定的工作，好给这个家庭带来新的希望。

但是，步入大学校门的马永红却并不愿循规蹈矩。这个山里娃发现，不少人的大学生活原来是"谈恋爱、上网、打游戏，学习反倒是最不重要的"。这让他十分迷惘。

马永红开始和周围的同学格格不入，他不喜欢参加聚会，班上集体照相他也不参与。他也绝不沾自认为不好的东西。"有一次，我们宿舍同学逼我抽了一支香烟，那是我长那么大第一次抽烟，之后我去刷了十几遍牙，我觉得这真是太脏了，我马永红怎么能抽烟呢？"马永红将这一切变化归结为堕落的城市生活："城市生活让我在农村时候的很多理想都泯灭了。"

痛苦之中的马永红想到的办法是献血，他称之为"换血"——给自己换血，换掉在城市里沾染的坏东西。2004 年 5 月，他联合了十多个同学，分别在西安、延安等地献血，他自己献了 1000 毫升。

学习之余，马永红将更多的精力放到了文学创作上，他写了几十万字的小说和散文，在相当长的一段时间里，他把自己看成是继韩寒和郭敬明之后的又一位青春写手，他以自己生活的家乡为背景写作的 25 万字的长篇"诗幻"小说《洛子情殇》模仿郭敬明的《幻城》,充满了奇幻色彩,故事发生地云蒙山实际上就是村前的云镇山。

执意休学

大一下学期公安系组织过一次下乡助教活动,那次,马永红和同学们一起给陕西蓝田一个贫困乡村的学校带去了募捐来的衣物和书籍,并且花了一天的时间给孩子们讲课、和孩子们联欢。孩子们的夹道欢迎、村民们饱含真情的感激之词让马永红感受到了前所未有的满足。"我从农村来,应该回到农村,帮助家乡改变贫困和落后的面貌。"

马永红立即将自己的设想付诸行动,他联络了一批西北地区各大学的青年志愿者,组建了"西北青年纵队",自任总队长,经过一个多月的筹备,2005 年寒假,马永红带着陕西 7 所高校的 14 名大学生回到合兴村,对当地农民进行法律知识、致富意识的培训,对学生进行学习兴趣激发活动和作文培训活动。按照自己的理解,马永红将这些活动统称为"大学生反哺农村工程"。

2005 年"五一"假期,马永红又组织西北政法学院的 6 名师生回乡支农,这次他们不仅带去了从学校募捐来的物资,而且在当地建立了试点性的农民协会,帮助农民们开展饲料和化肥的统购统销,很多村民积极参加农民协会。"利用假期回乡支农支教"让马永红觉得自己终于找到了一件真正有意义的事情。

但 2005 年 6 月,马永红遭遇了一次挫折。他想在西安钟楼举行一次支农支教的宣传活动,同时公开拍卖小说《洛子情殇》的版权,为支农支教筹集经费。租用钟楼需要系里开证明,但是系党总支的李争社书记却拒绝了他的要求。他劝马永红说:"贫穷的地方那么多,你一个人的力量能改变得了农村?"

此前李争社一直是马永红支农支教的支持者,而正因此,他的拒绝让马永红觉得难以接受。那天他没有回宿舍,在雨中走了一夜,因为担心他出事,班上同学也找了他一夜。

让李争社决定拒绝马永红的却是马民治。马民治早就知道儿子不安分，怕他耽误了学业，为此曾专门赶到学校找到李书记，跪在他的面前，求他管住自己的娃。

但对李书记来说，这是个没有完成的任务。为了避免马永红再有过激的行动，李书记没过几天就同意给马永红开证明，可他又晚了一步，马永红突然向系里提交了休学申请。

让马永红产生休学之念的，既有城市生活的空虚和"堕落"，更有"无人支持与理解"的痛苦。他在日记中写道："天底下的穷苦农民很多很多，我不能一个一个把所有都改变，但……我会在自己力所能及的范围内改变哪怕一点点。……政法学院在那一阵子给我的感觉如同漫漫的沼泽……"

但马永红的辅导员蒋国纲说，学校一直非常支持马永红，"我们只是不支持他现在去支农支教，而是希望他利用假期或者毕业之后去"。

被马永红缠得实在没办法，系里终于松口。蒋国纲说，同意马永红休学的真正原因其实还是为了保护马永红："他那时候已经不到学校来了，如果不同意他休学，那么就要算他退学了，我们大家都不愿意这样。"

▌ "马永红语录"

7月10日，放暑假的马永红又回到了合兴村。这既是他"反哺农村工程"的第三次活动，又是他休学的开始。

暑假支农支教的大学生已经有了30多人，并且给合兴村、红岩沟和石门镇的桥上村带去了募捐来的4000多件衣服和2000多本书，在7月10日到25日这半个月的时间里，他们利用村办小学的教室开办了10期农民夜校，给村民们讲授文化知识和农业技术，教农村妇女们写日记。在活动结束的时候，马永红还组织了一次两镇四村村民参加的联欢晚会。

马永红组织能力很强，和前两次一样，这次的活动又是马永红一个人策划、组织的。从 5 月中下旬召集西北各高校大学生志愿者负责人、农民协会代表讨论活动时间、地点和内容，到组织各高校开展捐衣捐书活动、与红十字会联系借用运送捐赠物资的卡车，都是马永红亲自操办。在志愿者们出发之前，马永红甚至还给他们集中进行了一次"思想整顿"，要求他们牢固树立起"反哺农村"的信念。

马永红带给了村民很多新鲜的感觉，36 岁的李秀芳现在还记得马永红组织的"给妈妈洗脚"活动。她说，当女儿提出要给她洗脚的时候，"我吓了一跳，以为她脑子出毛病了"。但是说到女儿给自己洗脚的情景，李秀芳就幸福地笑个不停。

暑期的支农活动中，马永红进一步展示了自己的精明之处，他主动联络市、县媒体对活动进行报道，突出宣传自己的休学和支农，他甚至自己出资印刷了一套 70 多页的《支农支教手册》，系统地收集和整理了农民协会的章程、各种支持农民协会的论文和新闻报道，而其中最为主要的内容，则是自己历次支农支教的总结、演讲乃至"语录。"

"马永红语录"有板有眼："欲理解中国社会必先理解中国农村，而理解中国农村必先理解中国农民，而如何去理解他们？那就要求我们走进农村走近农民，和他们进行面对面心贴心的交流。"

"困难是有的，但战胜困难的勇气更是有的，当代青年知识分子唯有将自己所学的知识见之于广大人民群众的实际生活中，为广大人民群众谋福利，才能更好地见证自己的人生价值。"

有意识地组织媒体报道，让马永红有了更大的知名度。商洛电视台对马永红的支农支教作报道之后，引起了"三农"问题专家温铁军的关注。温将他吸收进了中国人民大学农村与农业发展学院等数家单位联合发起的"农村发展人才培养计划"，并让他 7 月底到 8 月底去北京参加了培训和交流。

从北京培训归来后，马永红开始在农民协会上倾注更多的精力。这个协会早在 5 月 4 日就已经成立，曾经成功地统购过化肥，由于集中购买量大，50 公斤一袋的化肥要比供销社卖的便宜 3 块钱，自然受到欢迎。马永红回忆说："那天运化肥回来，结果车陷到水里面，要把车上的化肥一袋袋从车上扛下来，农民们一分钱不要，自发地帮着扛化肥，扛了整整一天，没有一个人抱怨。"但是由于没有明确的发展思路，同时又缺乏组织和领导，农协几个月来基本无所事事。

从 9 月中旬开始，马永红决定对原来的农民协会进行改组，他说："农民协会可以在经济上实行统购统销，把村民们联系起来，可以搞广播、夜校、黑板报，影响整个村庄的文化，这样村庄就充满了活力，不再死气沉沉。"这次，马永红组建了包括半个麻坪镇在内的"东麻坪农民总协会"并自任名誉会长，而会长则是由协会的会员们选举出来的。村里 232 户人，有 125 户加入协会，如果算上其他村，农民协会的会员有 157 户。为了对会员有所约束，马永红要求每个会员必须缴纳会费 20 元，一次管 3 年，缴费之后才能享受协会提供的服务。协会还吸纳村民自愿入股，每股 100 元，作为购买物资的原始资本，每年可以分一次红，可以退股。

包括原村支书邓三平、原村长马振印在内的一批马永红的爷爷、叔叔辈们心甘情愿地跟着马永红干。马振印说："永红年轻，有文化，而且愿意给村里办事，所以我们支持他。"

▌竞选村委会主任

回到村里以后，马永红感到自己阻力重重，首先就是和家庭的矛盾。

2005 年 9 月 3 日与父母的争吵令马永红印象深刻。那天因为母亲抱怨马永红没有把募捐来的衣服给自己家挑两件，母子俩爆发了剧烈的争吵。马永红骂母亲"不要脸"，把母亲骂哭了。

母子俩的争吵惊动了马民治，他把所有的愤怒和不满都发泄出来了，他说已经把儿子看透了："你就是毕业了都不能适应社会，不是叫人掐了就是叫人暗杀的对象……"

马民治对儿子的咒骂也跟马永红回去后搅动的风波有关。回村没多久，马永红就和村干部们产生了直接的冲突。

在一次农民夜校上，马永红针对听说的村上退耕还林和移民搬迁中的问题，对村干部们的一些做法提出了公开批评。一位村干部的家属正坐在台下，当即拍桌子和马永红吵了起来。

这时正赶上村委会改选。自从暑假和村干部们发生冲突之后，马永红就担心今后的支农支教会受到影响，而农民协会想跟村里要块地搞养猪场又遭到了村干部的反对，马永红觉得应该找一个肯支持自己的村委会主任。

马永红最早并没有想到要竞选村委会主任，他希望农民协会能自己推选出一个代表参加竞选，但是马永红的支持者们并没有在农民协会的"头头"们中找到合适的人选，他们觉得原来的村委会主任何刚干得也不错，又有镇上的支持，农民协会的这些人大多是以前的落选村干部，和何刚竞争没有什么优势。于是大家一致推举马永红出马，而马永红也欣然同意，前两年村民马玉杰户口不在村里导致失去选举资格的事情提醒了马永红，10月底，他将自己的户口从西安迁回了村里。

尽管村里的选举委员会并没有将马永红列为候选人，但是依然有数百位选民联名推荐马永红为村委会主任候选人。

▍一选受挫

就在马永红信心百倍地准备选举时，合兴村第六届村民选举委员会却突然宣布取消马永红的候选人资格和选民资格，理由是马永红是非农业户口。

马永红对选委会此举不服。11月7日，他向洛南县人民法院提起诉讼，诉求其候选人资格和选民资格。洛南县人民法院受理了此案。

11月10日下午，法院最终判决马永红胜诉，确认马永红具有洛南县麻坪镇合兴村第六届村民委员会换届选举的选民资格。但是11月12日，合兴村第六届村民委员会换届选举如期进行时，选举委员会依然没有将马永红列为候选人。在这样的情况下，村民们只能自己在选票上写马永红的名字，对于很多不识字的村民来说，这是一道难题。

投票结果出来了，马永红得到了126票，原任村委会主任何刚得到148票。另外的45张票被认为有争议，封存了起来。直到11月21日，终于认定其中有马永红的15张，何刚的5张。因为两人的票均没有过半，所以两人都没有当选，需要在10日内再次选举。

11月23日，本报记者走访了合兴村原村委会主任何刚，合兴村选举委员会主任、村支书邓道华，并电话采访了麻坪镇党委书记贾异荣。

何刚觉得马永红"娃是个好娃"，但是有些事做得"不妥当"，其中最让何刚感到不满的是："他在夜校上公开评价两委会（村党支部、村委会）班子，我们干得好坏只能由群众来说，他不能说，他又不是党员，没有这个资格。"

村支书邓道华对马永红的看法与何刚大体一致。他说："马永红头脑比较简单，本质是好的。我认为我们村的基础设施、产业结构调整，需要得到县里、镇里的支持，马永红做不到这一点，他才智不够。"

发生在合兴村的竞选事件已经成了全麻坪镇人谈论的焦点。那段时间，从麻坪镇开往洛南县城的中巴车上，几乎所有的乘客都在谈论马永红，有人说这娃不简单，也有人说这娃脑筋有问题。

在等待第二次选举的时候，马永红决定要在关键时刻有所行动，他重新开始了因为有"贿选"嫌疑而暂停的捐赠物资发放工作，同时，重开已经停办了1个月的农民夜校——自从农技学校的大学生们结束暑假的活动回家之后，马永红只能自己在夜校里给农民们讲解中央的各种政策，宣传自己理解的"新农村建设"理念。

▎"读懂了农村"？

11 月 29 日下午，重新选举在合兴村小学进行。选票上依然没有马永红的名字，合兴村选举委员会主任、村党支部书记邓道华对本报记者解释说："因为候选人已经法定了，上次公布之后就不能改了，这次可以给他留个空格，如果真的要选他，可以在空格里写他的名字。" 3 时 50 分，唱票结束，马永红落选，他只得了 147 票。作为正式候选人的前任村委会主任何刚得了 296 票，再次当选村委会主任。

马永红对这个结果表示不满，但这没有妨碍他第二天如期出现在北京，这次他参加了中国人民大学组织的新乡村建设论坛，也去民政部咨询了村委会选举的相关法律问题，更多的时间，他是在与老师、同学的交流以及自己的思考中度过的。

但没有想到的是，从北京回来之后，马永红突然"想通了"，决定和何刚和解。"我为什么妥协？因为没有办法。重新选举已经不可能，我休学还有大半年的时间，寒假还有 100 多个大学生志愿者要到村里来，总这样也不是个办法。何刚已经表态要用好大学生志愿者们的热情，为村里办点实事。" 2006 年 1 月 5 日，村党支部、村委会、农民协会、支农支教的大学生和合兴村小学五方召开会议，签了一个合作共建的协议。

春节过后，马永红和村委会主任何刚的关系进入了"蜜月期"，双方约定"不利于团结的话不说，不利于团结的事不做"。

接着，2 月 20 日，马永红在杨凌签下了购买 3000 棵核桃树的协议，钱是西安的一个老板感动于马永红的事迹而出的，总共15000 多元。在合兴村，村民们已经挖好了树坑，就等着树苗了。

这是 2006 年马永红帮助合兴村农民协会做的第一个项目。马永红说，过年之后，农民协会发生了新变化："原来是我'垂帘听政'，我说什么，他们照做。现在则是大学生支农办公室和农民协会分开办公，尽管农民们很多事情想不到，缺少主动性，但是现在我可以帮他们想主意，然后他们自己讨论完善和决定。"

变化还不止这些。在马永红签了协议之后，县里的态度发生了积极的变化。在最近与马永红见过几次面之后，县农业局表示将支持马永红的支农支教，并且要把合兴村树为县里"建设社会主义新农村"的试点。马永红现在是村委会主任助理，他承认何刚还是有些能力，而且也愿意听取他的意见。"竞争还是很有好处，前几任村委会主任都不做什么事情，现在何刚的压力可大了，四处奔走，为村里找项目、做事情。我觉得这种状态也不错。"

眼看着自己在合兴村的工作似乎受到人们的认可，马永红说自己的心态已经平和了很多，不再会选择"闹"。在接受一家媒体采访时，他说，经过 2005 年的波折，对于中国农村自己"已经能懂 60%—70%。"他还说，中央关于建设新农村的决定让他深受鼓舞，"现在村里形势这么好，我在考虑，怎么能让学校同意我再休学一年。"（录入：陈利明）

▶ **农村教育**

我的农村教育理念和理想

（2005 年 9 月 17 日在"西部农村教育论坛"上讲）

一 我为什么要到这里来？

今天这个会，最没有发言权的是我，因为我对西部农村教育了解得很少，与农村教师更是几乎没有接触；但是，我又确实非常愿意来参加这次论坛。我经常接到各种邀请，讲学或者开会，我都尽可能地推掉了，但这样的会，我却一定要参加，可以说是"招之即来"。这是为什么呢？

我是一个不务正业、爱管闲事的人。我的正业是当北京大学教授，研究与讲授中国现代文学，但这些年我却在关心中小学教育，管了许多闲事，惹了许多麻烦，也让许多人讨厌，他们总想把我赶出中小学教育界，我却偏偏不肯走，就是"挥之不去"。也有些好心的朋友觉得不可理解：为什么一个非教育专业的大学教授要如此固执地管中小学教育的闲事？我总是对他们讲两条理由。一是我对中国问题的一个认识与判断：中国的问题可以讲出很多，但我觉得最重要、最基本的一条，是中国的人心出了问题，人心出问题是因为教育出了问题，教育的基本问题又出在中小学教育。而教育的问题又不是突击抓一下就能立竿见影的，它需要及早抓，持续地下功夫，是需要长时段的努力才能见效的。在我看来，中小学教育的问题已经成了一个制约中国长远健康发展的根本问题。我对中小学教育的关注正是基于这样的危机感，尽管我十分清楚自己的参与对解决危机几乎不起任何作用，但我仍然要发出一个声音，还是"五四"前辈早已呼唤过的："救救孩子！"在这个意义上，我其实并没有走出自己的现代文学专业，不过是在新的历史条件下继续实践鲁迅所提出的历史命题。

我在许多场合还说了这样一条理由：一个人到了老年，特别是退休以后，就把什么事都看透了，但是，对我来说，却有一件事情不能"看透"，更准确地说，是不敢"看透"，那就是我们的孩子。如果连对孩子的教育都绝望了，放弃了，那么，我们就真的什么都没有了。我不想否认，自己对中小学教育的参与，是出于自己这样的危机感，这是一次自觉的"反抗绝望"的挣扎与努力。坦白地说，我是在对大学教育，包括北京大学的教育感到极度失望以后，才到中小学来寻求我的教育乌托邦的——明知还会遭遇失望，但仍不放弃寻求。

我对中小学教育的关注与参与，是有一个过程的，到现在，大概经历了两个阶段。先是关注教育理念的问题——在对应试教育的理念提出质疑与批判的基础上，提出了自己"以'立人'为中心"的教育理念，并在这一过程中聚合了一批朋友，编写了《新语文读本》等课外读物以体现我们的教育理想，又提出了语文教育的一些新的理念与模式，产生了一些社会影响。不过，用我的话来说，这还只是"门外谈"。从去年开始，我又走进了课堂，进行了"大学教授到中学上课"的实验——先是在我的母校南京师范大学附属中学，后又在北京大学附中与北师大实验中学开设了《鲁迅作品选读》的选修课。从 1999 年开始介入到现在，6 年的时间里我其实就做了这两件事，但却遇到了空前的难以想象的阻力，一次又一次地被驱赶、封杀、冷落，好在我都挺住了，但难以排解的是内心的寂寞与自省。对中小学教育有了实际接触以后，才知道自己对中小学教育问题的严重性其实是认识不够、估计不足的，应试教育的铁的逻辑（其背后是中国现实社会生活的铁的逻辑）对学校的校长、教师，对家长以及学生自身的支配性力量，几乎是无可抗拒的。那是一张"针插不进，水泼不进"的密织的网，我所追求的理想教育根本就没有立足之地，更有随时变质、变形的危险，会陷入"播下的是龙种，收获的是跳蚤"的尴尬之中。

而更让我感到不安的是，我把《新语文读本》的读者定位为"理想教师"与"理想学生"，以满足学生进一步提高语文水平的需求为目标，这固然在特定历史条件下有其思想启蒙与开拓语文教育的新思路、新境界的意义，但它的精英教育的印记仍是非常明显的，至少说它是面对少数学生的。当然，在编写过程中，我也明确地提出了"我的一个梦想"，即希望能够为农村的孩子编一本读本，集中编选全世界最好的作家写的最好的作品，因为我觉得农村的孩子应该有接受全人类最优秀的文化、文学遗产的权利。后来我真的编选了一本《新语文读本》的"农村版"，很用了一番心思，但仍然传不到农村去，其中的一个重要原因大概就是我的立意太高，多少有些脱离农村教育的实际。

于是，我又进一步反省到，包括我自己在内的许多关注中小学教育的知识分子，实际是将自己的关注点集中在城市的中小学，特别是重点中学、重点小学，广大的最需要关注的农村教育反而在我们的视野之外，而这恰恰是问题所在。刚才许多老师都说自己很难适应新课程标准，其实这暴露了标准本身的问题：它更适用于城市的重点中学，而没有考虑农村教育的实际。我突然发现自己的立足点不应该放在城市教育，关注那里的人已经不少了。我不应该做"锦上添花"的事，而应该"雪中送炭"，把注意力转移到亟需关注而又没有引起足够关注的农村教育上去。因此，今年7月初，在结束了在北大附中与北师大实验中学的课以后，我就把自己对教育的介入转向了农村教育。这当然也不是突发的转变：去年下半年，我在参加北师大学生社团"农民之子"举办的"北京首届打工子弟学校作文竞赛"，并在大学生中做《我们需要农村，农村需要我们》的报告时，就已经孕育了这样的重点转移。

应该说这样的转移对我来说，是相当困难的。我人在北京，年纪也大了，到农村去会成为别人的负担，于是我决定找几个点，主要工作由年轻人做，我来充当"吹鼓手"。而要当好"吹鼓手"，首先要当"学生"，从了解农村教育的实际开始。因此，在来这里之前，我去了贵州——那是我的根据地，大学毕业以后我在那里当了18年的中专语文教师，这回就是去我当年任教的安顺，参加那里的地方文化研讨会（其中一个重要方面，就是讨论地方乡村教育），了解了一些情况，思考了一些问题。

下面我要讲的，就是在贵州的一个发言的内容。我这次来参加"西部阳光行动"组织的"西部农村教育论坛"，也是想以"西部阳光行动"的年轻朋友所做的乡村教育实验作为一个点，但我主要是来"听"的，而不是来"讲"的。如前面所说，我现在的角色正处在转变过程中：从大学教授转向关注中小学教育，从关注城市教育转向农村教育；在这个转变过程中，我实实在在需要重新学习，这不是谦虚，而是实情。

我到这里来，与诸位见面，就是一个新的学习、新的思考、新的追寻的开始。我从北京走到大西北的兰州，实在不容易，这背后有一个漫长的追寻过程、一段复杂的心理历程。

二 诸位来到这里也不容易

我们这次论坛最大的特点，也是我最感兴趣之处，就是有许多来自第一线的农村教师，这是有非常重大的意义的。我曾经说过，中国的中小学老师其实都是沉默的大多数，基本上没有发言权。很多人都在谈教育，教育官员谈教育，我们这些学者也在谈教育，而真正的教育主体——第一线的老师却很少发言，特别是在座的农村教师们。本来第一线的老师对教育与教育改革是最有发言权的，但由于体制的原因，也由于观念的原因，却使得第一线老师无论在关于中小学教育的讨论，还是教育改革方案的设计，教育制度、政策的制订中，都始终是缺席的，我们很少能听到他们的声音。我们的教育改革是自上而下的政府的指令性行为，这固然是由教育本身就是国家行为这一基本特点所决定的；但它缺少自下而上的民间支撑，弊端也是明显的，其中之一就是将教师看作被动的执行者，这样，他们的声音被忽略就是必然的。而我们在这里举办关于西部农村教育的论坛，就是希望能够发出民间的声音，发出第一线农村教师的声音，以使我们的教育与教育改革获得自下而上的民间推动力，与自上而下的改革形成良性互动。

这两天和大家有了初步的接触，发现诸位即使在农村教师中也处于弱势的地位，来到这里，真不容易。我也因此受到了很大的教育。我和杨东平教授有个共同的感受：听了老师们的发言，我们再说什么，都显得苍白。

刚才，听到陕西省蓝田县九间房乡柿园子小学李小锋老师的发言，我掉泪了。他所提供给我们的数字，实在令人震惊："13、31、103、134、4。13就是我从1992年至今已经当了整整13年的代课教师；31，就是我今年刚好31岁；103，就是我现在的工资每月为103元。134就是我教出来的学生有134名，4名还考上了大学。4就是我身兼数职：校长、主任、老师、后勤，整个学校就只有我一名教师。"这些数字的背后，有农村教育的真实状况。西北师范大学王嘉毅教授在这次论坛的发言中告诉我们，到2004年年底，我国农村小学共有代课教师60万人，目前甘肃全省有公办小学教师9.7万人，而代课教师则高达4.2万人，这些代课教师主要分布在农村中小学中。这就意味着代课教师事实上是我国农村教育的重要支撑力量，但他们的待遇却惊人的低下，而且他们作为教师的权利更是被严重地忽略甚至剥夺。在这样的难以想象的恶劣境遇下，李小锋这样的代课老师却十数年、数十年地坚守在教育第一线，献出了自己的青春，为最边远山区培养了人才。这令我们敬佩、感动，更让我们羞愧难言：我们整个社会给他们应有的关注和帮助了吗？

我还要向陕西延川县土岗镇小程小学的贺权权老师表示敬意，他跋山涉水来到我们这个讲坛，向我们报告了从事复式教学的农村教师的境况：这又是一个重要而被我们所忽视的教育群体。"西部阳光行动"的尚立富在采访时，甘肃成县主管教育的副县长告诉他，目前该县有三分之一的小学仍依赖复式教学才能维持。有专家指出，在西北、西南欠发达地区的边远山区，复式教学班所占的比例仍很高，而且这种状况在一个较长的历史时期内将会继续存在下去，虽然这是适应边远地区学生居住分散、办学条件简陋这样一些特殊情况的，但问题是绝大部分从事复式教学的教师处于封闭环境中，却很少有人关注。贺老师的发言让我们听到了他们的呼声，我们将如何回应呢？

四川仪陇县大罗小学谭秀容老师所报告的农村女教师的情况，更可谓触目惊心。谭老师说，当年从仪陇师范学校毕业怀揣梦想走进大罗小学的七姐妹，如今只剩下她一人，这怨不得姐妹们，条件实在太苦！但这回她到了兰州，才知道甘肃农村代课女老师的境遇更令人心酸：她们每月的工资不过140元，最低的只有40元。可就是这140元，有位女教师也已是3年分文没领到，真不知道这路是怎么走过来的！而由此造成的后果则更让人忧虑。王嘉毅教授提醒我们注意：在城市中女教师比例已达70%以上，成了城市教育的一个问题；农村则相反，女教师的比例仅占42%，在甘肃、西藏、贵州、四川、宁夏、青海等西部地区农村，中小学女教师的比例尚不足三分之一。据尚立富在宁夏一个乡的调查，女教师仅占25%，而且多在中心小学，16所村小中就有13所没有一名女教师。女教师的稀缺不但影响教师队伍的稳定，也造成了许多新的教育问题。首先是影响农村女童教育。在甘肃部分少数民族地区，因为没有女教师，女生不去上学。当然，更根本的还是宗教、传统观念等原因，使得女童的辍学率特别高。谭老师所在的大罗乡，今年升入高中的学生中，女生只占九分之一。这就形成了两个怪圈："女教师少"与"女童就学少"互相影响，以及"女童就学少—母亲素质差—贫困愚昧—多胎生育—女童就学更难"的怪圈：这同时就成了制约农村长远发展的一个因素。看来，关注农村女教师的问题，已经是刻不容缓。

我见到甘肃靖远县三滩中学的胡成德老师，感到特别亲切，因为我在这个论坛上是年龄最长的，已经有四十多年的教龄；胡老师是到会的农村教师中年龄最大的，已有三十多年的教龄。胡老师提供给我们的一个数字，也很值得注意：他所在的乡，40岁以上的中老年教师占教师总数的60%，50岁以上的老教师占40%，由此带来的教育改革的问题是：一方面，有的领导把这次教改理解为对传统课堂教育的全盘否定，根本不重视，甚至否定老教师所积累的农村教育的丰富经验；另一方面，对老教师来说，面对变化迅速的新的教育形势，又没有机会得到培训，很难适应新的教育任务，感到无所适从。胡老师说，他都不知道该怎么教书了。听了这话，我心里很难受：我们是不是应该给这些在农村教了一辈子的书的老教师以更多的尊重、理解与更切实的帮助，更多地听取他们的意见，并认真反思我们当下教育改革中的问题呢？

宁夏西吉县沙沟乡顾沟小学的马树仁老师所提出的"少数民族学校教师的现状"问题，是西部农村教育中的一个大问题。让我们忧虑的，不仅是少数民族学校教师数量缺乏、文化素质较低、身体状况差，更是民族文化的教育与传承的问题。

　　非常感谢诸位老师让我们了解了西部农村教育的真实问题，让我们真切地感受到了西部教育的"扶贫"的迫切性。国家必须以更大的教育投入来根本解决西部农村教师，特别是他们中的代课教师、女教师、从事复式教学的老师、老教师、少数民族教师的基本生存条件，以及农村办学的基本条件问题，这是首要的，可以说是当务之急。我们必须认真倾听李小锋老师代表西部农村老师发出的呼吁："我最大的心愿就是有更多的人来关心西部的老师与孩子们，也多么希望有设备完善、宽敞明亮的现代化的教室，使山村教师不再有跋山涉水去上课的艰辛，不再为生活所煎熬，不再有危房上课时的心情，不再出现困难学生上不起学的情况。我真希望山村教师也能在电脑前享受网络信息沟通带来的欢乐，不再忍受不仅是物质的贫困，还有无助的孤独和寂寞。当然我也希望能成为一名公办教师，每月有四五百元的收入……"——听到这样的呼吁，我们是不能不为之动容的。它是对我们每一个人的良知的叩击与拷问。

　　这里我还要特别响应西北师范大学李瑾渝教授的发言，他所提出的农村教师的"义务与权利失衡"问题，在我看来，是当下中国农村教育更深层的、更带根本性的问题。这是一个无法回避的事实：在很多地方、很多学校，我们的农村教师实际上是"被管理和被使用的对象"。李教授说，当下农村教育管理通常的思维是：对教师必须通过奖惩施加强大的外部压力，教师"才会好好干活"；达到上级制定的考核目标是学校管理的最高任务，教师的一切行为必须符合考核目标，"要求你做什么，你就必须做好"。于是就有了教育行政官员这样的训话："饭碗你要想要，那就好好抱住，否则就丢开，滚蛋走人，没有别的出路！"而且还有相应的制度，如"末位淘汰制""后果自负制"等。这都对农村教师形成了巨大的压力，以致造成了心理恐惧。尚立富就听到过这样的诉苦："现在老师的日子越来越难过了。整天提心吊胆的，说不定哪天就被下放或辞退了。""如果学生的成绩达不到学校和教育局的要求，不但要扣工资，有时候末位淘汰制就把你淘汰了。""尤其是现在实行聘用制以后，校长的权力更大了，真的是为所欲为，所有的标准和真理都集中到他一个人身上。他们都喜欢听话的老师，不喜欢有想法的老师。聘用制实行过程中，谁来监管校长的权力？老师有多大的个人发展和生活空间？"在这样的教育体制与环境中，就出现了李瑾渝教授所说的农村教师的"四无"状态：或"无助"，想做事而得不到帮助；或"无奈"，想做的事没有办法去做；或"无望"，看不到自己的希望何在；或"无为"，无所作为，陷入孤独、孤立的困境。这提醒我们，中国农村教师首先面临的是物质贫困，在深层次上，又存在权利的贫困与精神的贫困。因此，要改变西部农村教育的落后状态，当下首要的是要加大教育投入，从长远发展看，还需如李瑾渝教授所强调的那样，建立农村教师"赋权"和"增能"的长效机制。最重要的是，我们关注西部农村教育，要有"站在西部农村教师立场上的思维方式"。李瑾渝教授说得非常好："没有从教师的实在困境当中去理解教师，也不会对教师有真正意义上的实质性的帮助。农村教师的需要究竟是什么？他们的生存状态和发展中的真实困难又是什么？这些问题，有谁能站在教师的立场上去思考、去研究、去解决呢？"——这也是包括我在内的每一个关心西部农村教育的人，必须时刻向自己提出的问题。

三 重新确立农村教育的定位、价值与目标

为什么会把农村教师当作"被管理和使用的对象"？除了体制的问题，也有观念的误区，因此李瑾渝教授提出"必须重建'农村教师'概念"，这是抓住了要害的。我由此想到了另外一个重要问题，就是要重新确立农村教育的定位、价值与目标的问题。这应该是当下中国农村教育的另一个关键问题。

之所以要提出这个问题，是因为我们的农村教育落入了"城市中心主义"的误区，这也是整个中国教育的问题。乡村教育在整个中国教育

中处于被忽视的地位，农村教育投入的严重不足、教育资源分配的不平等，都反映了城市中心主义的倾向。这都是有目共睹的，人们的议论也很多。但如果我们的认识仅仅局限于此，也会遮蔽一些或许是更深层次的问题。

其实教育中的城市中心主义的一个更内在的表现，是整个教育设计中的"城市取向"。所谓应试教育，是以通过逐层考试，最后成为城里人（对于农村孩子而言）或城市上层社会里的成员（对于城市孩子而言）为教育的最终目的与最终指向的。通俗地说，我们的教育成了"升学的教育"，也就是说，既脱离了生活，也脱离了青少年的成长，唯一的目标就是升学。我们的乡村教育，也是与乡村生活无关的教育，是完全脱离中国农村实际，因而在某种程度上脱离了中国基本国情的教育，是根本不考虑农村改造与建设需要的教育，也就是说，农村完全退出了我们的乡村教育以及整个教育的视野。

正是这样的"城市取向"的教育使乡村教育陷入了困境，而且这是一个全方位的困境。极少数的农村孩子，承受着远超出城市孩子的负担，以超常的努力，通过残酷的高考竞争，上了大学，实现了"逃离农村"的梦，但也从此走上了永远的"不归路"。这些年，又有些本科生或大专生毕业后，找不到工作，回到农村，却完全不能融入农村社会。如我们在下面还要引述的韩少功先生的文章所说，他们因此"承受着巨大的社会舆论压力和自我心理压力，过着受刑一般的日子。他们苦着一张脸，不知道如何逃离这种困境，似乎没有想到跟着父辈下地干活，正是突围的出路"，因为他们所受的全部教育都是要脱离土地，他们的父母也不愿意他们回到土地上来，农村凋敝的现实也无法吸引他们扎根于土地。

而绝大多数高考竞争的失败者，无望通过逐层竞争往上爬者，或者提早退出而辍学，或者即使在校继续学习，也因为无望而失去学习的动力与兴趣，而学校的教育者——校长、老师们也将其视为负担而忽视对他们的教育。这样，这些农村的孩子尽管"混"到了小学、初中、高中毕业，实际上并没有达到相应的文化程度。

这样的低质量的教育使得他们在离开学校以后，即使有机会以打工者的身份来到城市，也会因为自身文化素质不高，在另一种形式的竞争——市场竞争中处于被动、不利的地位。再加上城市的排斥：生存的艰难、人格的歧视等原因，许多到城市寻梦的农村青年这些年又回到了农村。这就是"打工者的回归"现象。

但这些回乡青年在农村中却又找不到自己的位置，因为他们所受的教育如前所说，是与农村生活无关的教育，他们既无从事沉重的农业劳动的体力与习惯，也没有从事多种经营，参与农村改造、建设的知识与技能，更重要的是，长期的"城市取向"的教育使他们的心灵中已经失去了农村的家园，即使身在农村，也无心在农村寻求发展。他们中的有些人就成了在城市与农村都找不到自己位置的"游民"。

记得前几年，我在报上读到居住在农村，因而对农村教育有近距离的观察的韩少功先生的一篇文章，受到了很大的震动。这次来开会，我又把它翻了出来。文章中有这样一段话，特别触目惊心："我发现凡精神爽朗、生活充实、实干能力强、人际关系好的乡村青年，大多是低学历的"，"如果你在这里看见面色苍白、人瘦毛长、目光呆滞、怪癖不群的青年，如果你看到他们衣冠楚楚，从不出现在田边地头，你就大致可以猜出他们的身份：大多是中专、大专、本科毕业的乡村知识分子。"（见韩少功：《山里少年》，原载 2003 年 8 月 29 日《文汇报》）——这真是对我们的脱离农村生活、以逃离农村为指归的教育的最大嘲讽与报应。

要知道，我们的乡村教育从根本上是靠农民用自己的血汗钱来支撑的，而城市取向的乡村教育却培养出了这样的"游民"，我们实在是愧对农村的父老乡亲的。农民也有自己的对付办法：既然教育会让孩子成为"无用之人"，那就干脆及早退学回家。在我看来，这就是农村辍学之风禁而不止的深层原因，这是农民以他们自己的方式向我们的教育发出的警告。

我们由此而得到这样的警示：乡村教育必须改变以升学为唯一取向与目标的定位，要面对全体学生，着眼于他们自身生命的健全成长，为他们以后多方面的发展，打下坚实的基础。无论是留守农村，还是走出农村，到城市发展，都能打开局面，即"走得出，守得住"；同时还要加强教育与农村生活的联系，注重对乡村改造与建设人才的培养。

这就意味着，我们的农村教育应该有三重使命和三个培养目标。一是向高等学校输送人才。这是发展高等教育的需要，上大学也是农村青少年的权利。农民的后代完全有权利和城市人的子弟一样，接受高等教育，在中国以至世界的广阔空间里寻求自己的发展，这理应是我们所追求的教育与社会平等的重要方面。正是在这一点上，现行的高考制度是有它的合理性的，是不能轻易全盘否定的。第二是向城市建设输送人才。在今后相当长的时期内，城市建设都需要从农村吸收劳动力，农村自身也有城镇化的发展趋势，因此，培养有文化的城市劳动者必然是农村教育的一个重要任务。第三，由于中国的地域广大，地理情况复杂，人口众多，因此，即使中国城市化程度得到极大的提高，仍然会有广大的农村，有为数不少的人口留在农村，于是就有"建设社会主义新农村"的任务的提出。农村教育理所当然地要担负起培养农村建设和改造人才的重任，而且在相当一段时间内，农村建设人才主要还需仰赖本地学校的培养。

为适应与落实农村教育的以上三大使命与目标，必须建立农村教育的新结构。我和社会学家王春光先生讨论过这一问题，我们一致认为首先应当在农村发展与完善九年制义务教育，使农村的每一个孩子都毫无例外地受到基本的高质量的现代教育，这是教育和社会平等的基础。鉴于目前农村普遍存在的辍学现象，以及办学条件的恶劣，因此，在西部农村真正地，而不只是在统计数字上普及义务教育，并为保证教育质量，下大功夫，做大努力，无疑应成为西部农村教育的重中之重。这方面也应是国家教育投入的重点。记得我在2000年和《甘肃日报》记者的谈话中，谈到一个观点，我现在还是这样看。我说："发展教育的重点应该放在哪里？有两个选择，一个是以发展大学和作为大学生源的高中普通教育为中心，着重高、精、尖人才的培养，另一个是以小学、初中的基础教育和职业高中教育为重点，主要着眼于劳动者整体素质的提高。从国家的全局来说，这两种教育是应该兼顾的；但在我看来，西部地区与东部地区的主要差距是劳动者素质低，这是长期制约西部地区经济、文化发展的最基本的因素。在这种情况下，如果只考虑城市孩子要求上大学的社会压力，把教育经费主要用于发展高中和大学教育，忽略了更广大城乡的九年制义务教育这一块，就会把本已存在的东西部教育以及劳动者素质的距离越拉越大。我这样说，当然不是主张不要发展大学与高中教育，而是强调西部地区发展教育的战略选择，应该是重点发展九年制义务教育，适度发展高中和大学教育。"(《西部开发中的教育问题之我见》，收《语文教育门外谈》)——这确实是一个战略选择的问题，是不可掉以轻心的。

应该看到，目前西部经济、社会发展的实际水平决定了大多数的农村青少年在完成了九年义务教育以后，就要走向社会，因此，在初中阶段，就应该有适当的实用技术教育的内容，以适应学生以后走向社会的需要。当然，这是有限度的。因此，在初中教育以后，应该同时发展两种教育：一是职业教育，用以培养城市建设与乡村建设需要的技术人才，或做基本的技术技能培训；一是高中教育，用以为高校输送人才，但同时也应有一定的技术教育的内容。这两类义务教育以后的教育，除要有国家投入外，应向社会开放，更广泛地吸收社会教育资源，特别是职业教育要有更大的灵活性。我们设想，如果形成这样的结构与布局，农村教育就有可能有一个比较健全的发展。

四 重新认识农村教育的特点

这里，还有个问题：如何理解"农村教育"？它有没有自己的特点与优势？

在前面提到的 2000 年和《甘肃日报》记者的谈话中，我已经提到了这个问题："西部地区农村进行素质教育，也有自己的优势。在我的教学中，有过这样的体会，许多来自农村的孩子比城市里的孩子拥有更多的想象力与艺术天分，这是由于他们比城市的孩子更多地接触大自然的缘故。如何充分利用西部地区独有的自然资源与地域文化资源，是我们面临的一个富有挑战性的教育新课题。在这方面有许多文章可做。"但我的这一意见，并没有引起任何反响。

这样的忽视大概不是偶然的，因为在城市中心主义的教育观念里，乡村教育是绝对落后于城市教育的，这背后有一个"城市—乡村""先进—落后"的二元对立的模式。这样，城市化就是乡村教育的唯一出路，也就是说，乡村教育城市化了，就是现代化了。这其实是一个认识上的误区。这样，乡村教育的独特性及其独有优势，就完全被忽视了。

在座的大都是在农村长大的，大家不妨回想一下，你们从小是怎样接受教育的。其实在接受书本的教育以通向一个超越本土的世界之外，还有农村本土的地方文化、民间文化的熏陶，比如乡村有许多民间节日，你们西北地区有社火、演戏等活动，小孩子活跃于其间，在享受童年的欢乐的同时，也接受了潜移默化的文化传递。在某种程度上这是融入生命的教育，影响是更为深远的。老师们不妨从教育的角度去重读鲁迅的《社戏》，还有他的《无常》《女吊》，就可以知道，这样的童年时期的农村文化、地方文化、民间文化的教育，对一个人的终生发展，对鲁迅这样的文学大师的培育的作用，是怎么估计都不会过分的。而这样的地方文化、民间文化教育、熏陶的缺失，在我看来，正是城市教育的一个不可忽视的问题。今年上半年我在北京两个重点中学上课，讲鲁迅的《无常》《女吊》。我本以为学生会很喜欢这两篇散文，没想到学生感到最不能理解的就是这两篇，因为他们毫无这样的童年记忆，他们完全陌生于、甚至抵制这样的地方文化、民间文化。他们问我：鲁迅为什么对这些封建迷信的东西如此念念不忘？坦白地说，他们把我问呆了，我感到十分震惊。在我看来，一个人从小就对本民族的地方与民间想象持排斥态度，他的精神发展就是畸形的。这可以说是科学主义教育与所谓的"唯物主义教育"所结出的恶果。

还有大自然的熏陶。"人在大自然中"，这本身就是一个最基本的、最重要的，也是最理想的教育状态。脚踏泥土，仰望星空，这样的生存状态，对人的精神成长，可以说是具有决定性意义的。现代都市发展中的最严重的问题，就是对人的这样的生存空间的剥夺。这也是现代城市教育的最大缺憾。而在这方面，农村教育的优势是十分明显的。"西部阳光行动"中的一些大学生从小在城市里长大，这次第一回到农村，最大的体会就是他们的童年中缺少了这一课。他们在日记里这样写道："城市里的孩子有很多很多遗憾，他们或许永远没有机会在这样整齐的梯田中品尝这美味的烤洋芋，在这空旷的山野中畅快奔跑……"（参看《西部的家园》），这其实也是对我们的教育提出的一个警示。当然，如果有条件，农村的孩子也应该到城市里去看他所不知道的更广大、更丰富的世界。城市教育与农村教育是应该互补的。

乡村生活还有一个我们习以为常，其实对孩子的教育有很大影响的特点，简单说就是全家人在一个庭院里，朝夕共处，邻里间鸡犬相闻，来往密切，这就形成了充满亲情、乡情的精神空间，自有一种口耳相传的、身教胜于言教的教育方式充盈其间，这对农村孩子的健康成长的影响是潜移默化而又深远的。鲁迅曾写文章深情地回忆："水村的夏夜，摇着大芭蕉扇，在大树下乘凉，是一件极舒服的事。男女都谈些闲天，说些故事。孩子是唱歌的唱歌，猜谜语的猜谜语。"（《自言自语》）我想，有过农村生活经历的人都会有这样的体验：这确实是终生难忘的生命记忆。而在都市的公寓式的居住空间中，公务员、公司职员的家庭空间被挤压的生活方式里，这样的有利于儿童成长的教育空间、氛围被挤压了。

对以上问题，湖南师范大学教育科学学院的刘铁芳教授有一个精辟的概括，我的分析就是受到了他的启示。他说："乡村地域文化中原本就潜藏着丰富的教育资源。传统的乡村教育体系正包含着以书本知识为核心的外来文化与以民间故事为基本内容的民俗地域文化的有机结合，包含着外来文化的横向渗透与民俗地域文化的纵向传承的结合，学校正规教育与自然野趣之习染的结合，专门训练与口耳相授的结合，知识的启蒙与乡村情感的孕育的结合。"（《乡村教育的问题与出路》，文收《守望教育》，华东师范大学出版社 2004 年出版）这既是乡村教育的特点，同时也构成了其特殊优势。在强调素质教育的今天，乡村教育的这些特点与优势就更显示了其重要价值，对城市教育也有极大的启示与借鉴意义，但我们自己却把它丢失了，这叫作"抱着金娃娃讨饭吃"。

当然，也有人批评刘教授"把原有的乡村教育理想化了，是不是在削弱那引导乡村少年走出乡村世界的正规书本教育的重要性"。我想这可能包含了某些误解。农村学校教育显然仍是以正规书本教育为主，我们已经说过，这是使农村青少年走向超越本土的更广大的世界、接受民族与人类文明结晶的基本途径，其重要性是自不待言的。当然，这样的批评也是一个提醒，就是不可将乡村文化、乡村教育"过于理想化"，它也有不足与劣势，需要向城市文化、城市教育吸取与借鉴。我们一定要走出二元对立的思维模式，不是将农村教育与城市教育对立起来，而是强调其互补性。而其前提，就是要承认，"从人的心灵乃至智慧发展的视角来看，显然乡村文化和城市文化都具有同等的价值"，并在此基础上，承认并尊重农村教育与城市教育的各自特点。（以上讨论参见刘铁芳：《就乡村教育问题答晓燕女士》，文收《守望教育》。）鉴于长期以来对农村教育特点的忽视，我们今天在发展农村教育时，特别强调要注意吸取乡村本土文化与民间文化的教育资源，开发农村教育的内发性资源，是完全有必要的。

但这样的呼唤却很容易被看作太过于理想化了，因为这样的中国农村的传统教育资源正在日趋萎缩。这也是我们必须正视的现实。地方文化传统（包括民间节日）的失落与变形、农村自然环境的污染、农民工的大量外出造成的农村家庭与农村生活的空洞化，已经成为当下中国农村的重大社会、文化、生态、经济问题，对农村教育的影响与冲击是明显的。但这也反过来证明，恢复与发展农村的内在教育资源的迫切性。

这同时提醒我们，农村教育的发展必须和农村本土文化的重建与自然环境的保护结合起来，形成良性的相互补充与推动。这就是说，我们要通过对乡土文化的研究、整理、重建，对自然环境资源的保护与开发，为农村教育提供内发性资源；同时，通过教育使本土文化传统在年轻一代中传承下去，唤起大家保护自然环境与家园的意识，并让这样的意识代代相传：这都关系到农村长远的健康发展。

这里我要特别谈到"乡土教材"的编写问题。这应该是我们所提出的农村教育、乡土文化建设与自然保护三者结合的一条具有可操作性的途径。如杨东平教授在这次论坛上所强调的，这也是一个教育的地方化问题。在最近的教育改革中规定了 10% 的"校本课程"，这就为乡土教材进入课堂，为教育的地方化提供了一个空间。如何编写乡土教材，如何开设校本课程，都是形成农村教育自己特点的新的教育课题，以后我希望有机会再来专门讨论这个问题。

五 重新认识农村教育在乡村建设和改造中的地位与作用

这里实际上还内含着一个农村学校在乡村改造与建设中的地位与作用的问题，这也是长期被忽略的。我在贵州参加安顺九溪村的文化建设（那一带保存了明代从江南地区传来的独特文化，叫"屯堡文化"）与乡村建设的学术讨论会，谈到了农村学校里的老师在乡村建设中实际上处在一个边缘化的位置，老师们对此有不满，却不知道如何参与：这引起了我的注意与深思。记得当年晏阳初、陶行知他们就提出过要使乡村学校成为乡村改造与建设的中心的设想，这样一个思路，对我们今天的思考与探索也是有启示意义的。农村学校不仅要把学校自身办好，而且也应该积极参与乡村改造与建设工作，农村教育不应是自我封闭的，而应是开放的，要发挥学校的外扩性的影响与放射作用。

这里或许涉及了一个更大的问题，就是乡村教育在乡村建设中的支撑作用的问题。我们所说的"乡村教育"其实包括了两个方面的教育，一是我们这里所讨论的乡村"学校教育"，这是属于"国民教育体系"的；其实还有一个重要方面，就是"现代乡村社区教育体系"，就是我们通常所说的对农民的教育与培训，即所谓"村民教育"。我们说乡村建设与改造必须以农民为主体，但农民要真正发挥主体作用，在我看来，有两个关键环节，一是要把农民组织起来，另一个就是要使农民接受现代教育，包括公民教育、文化卫生教育、科学教育、职业技术教育、地方文化传统教育、环境保护教育、法律教育等，成为具有现代意识、觉悟与知识的现代农民，这样他们才有可能把命运真正掌握在自己手里。学校应该把国民教育与社区教育统一起来，同时担负起村民教育的任务，通过办夜校等方式，使学校成为农村文化、教育的一个中心，成为乡村社会"家园"的象征与载体，而乡村教师也因此自然成为乡村精英的重要成员、乡村建设与改造的骨干力量。当然，这样的任务仅仅依靠学校教师是完成不了的，需要有乡镇政权、乡村教育自治组织与学校的相互配合。这涉及多方面的复杂问题，更需要具体的实验，这里只是提出一个理念与设想，也算是我关于农村教育的一个梦想吧。

六 重新规划农村教师队伍的建设问题

西部地区农村教师队伍建设问题的重要性与迫切性，大家都已有了共识，不必多说。我要讨论的是，西部地区农村教师的培养应该有一个统一规划，建立一个新的结构。

我设想，似乎要有三个方面。首先是现有农村教师的培训。在这方面，西北师范大学教师培训学院已经积累了不少经验，我们这次论坛的另一个内容就是要做农村教师培训的试验，这个问题就不再讨论了。

这些年关注农村教育的人逐渐增多，出现了各种形式的志愿者的支农、支教活动，这应该是城市反馈农村的一个重要方面。问题是如何建立起一个乡村支教体系，使它更有规模与制度化，以实现城乡教育资源的有效沟通。可以把大学生志愿者也纳入这个体系。这应该是乡村教师队伍结构中的一个重要环节，其作用不可低估。

我想着重讨论的是，如何就地培养能够在农村留得住、又能胜任农村教育工作的年轻教师——在我看来，他们应该是农村教师队伍中的新生力量与骨干力量。因此，有些有识之士提出"师范教育是农村教育发展的灵魂，是改变贫困与落后面貌最有效的途径"，这是抓住了要害的。现在的问题是，不仅不重视，而且有取消师范教育的趋势，这些年师范大学纷纷向研究型的综合大学发展，这是很让人忧虑的。这里有一个认识上的误区，即不承认教师是一个专业，需要经过严格的专业教育训练，以为只要具有大学本科、研究生的水平，经过短期的教师培训就可以胜任教师工作。这在实践中是非常有害的，造成了教师选用上的唯文凭倾向，出现了非师范生比师范生更容易被选拔为教师的怪事。

在师范教育中，这些年还出现了取消中等师范教育的趋向，这在西部地区的农村教育界已经引起了强烈反响。尚立富他们到农村调查，许多校长、老师都反映，"中师教育在西部地区是比较适合农村教育需求的，中师生在现在很受基层校长的欢迎"，现在农村教师中的许多骨干教师都是老中师生，他们撑起了一片蓝天，有些老教师因此担心若干年后，就会出现断层，没有完全适合农村学校发展的老师。这并非杞人忧天。一位从师范学校毕业被保送到北京的研究生说得很好："中师教育是中国的特色教育，尤其是在中国的农村。长期以来，中师教育发挥了它独特的作用：一方面，它为广大的农村培养了最基层的师资，是培养地方资源最成功的范例；另一方面它是基于中等师范教育的教育体制，没有高中的升学压力，也不像专科院校强调'专'字，由于是专门培养小学教师的摇篮，中师教育一直以来都重视学生各方面能力的培养，体育、舞蹈、音乐、绘画、三笔字（毛笔、硬笔、粉笔）、普通话、教育学、心理学，样样都有所涉及，这是最适合农村小学教育的需要的，最后受益的是学生。"我自己在二十世纪六七十年代就是在贵州的中等专业学校，先是卫生学校，后是师范学校教语文。这类学校的工作就是为所在地区的广大农村培养卫生与教育人才，学生的最大特点：一是进校时对毕业后的去向就很明确，都安心于在农村工作，留得下来；二是所学与农村所需相符合，专业基本功比较全面、扎实，因此能胜任工作；三是没有多少好高骛远、见异思迁的想法，工作踏实、勤恳，受到基层领导、农民与家长的欢迎。一直到今天，这个地区卫生、教育两个部门的许多基层领导、骨干都是我们当年的学生。应该说，五十到七十年代的中国中等学校教育是成功的，一是目标明确，面向农村，二是从课程设置到教学内容都比较切合农村实际，确实是符合中国国情、具有中国特色的教育。因此，在我看来，对中等教育，包括中等师范教育的削弱以至取消，反映了教育改革指导思想上的某些问题：一心只想所谓"与国际接轨，和世界同步发展"，而忽视中国自己的教育传统，忽视中国农村，特别是西部农村的实际、西部农村教育的实际。现在这样一味强调教师的学历，并有统一的硬性规定，至少是不切合西部农村教育的实际的。有的老师说得好："在农村教书，文凭是次要的，关键是能力，文凭不能代替能力。我们不能用城市的眼光来看农村，不能用城市的标准来要求农村，我们提高文凭的目的是更好地育人，而不是追求一种形式。"如果我们为追求文凭，而否认在过去曾是，现在以及将来相当一段时间都应是培养农村教师的主要基地的中师教育，那很有可能如一些老师所尖锐指出的，"成为历史的罪人"。

因此，我主张农村教师的培养仍应以中等师范（主要培养农村小学教师）与专科师范（主要培养农村初中教师）为主体，而且应对这两类师范教育实行特殊的优惠政策，即全额免费，并包分配，学生则与学校、政府签订合同，保证毕业后到农村任教三至五年。这样，既可以解决农村贫寒子弟的求学问题，更可以吸引一大批农村的优秀青年入学并最终返回到农村去，使农村学校得到稳定而合格甚至高质量的老师。这样的培养基地，与我们前面所讨论的在职教师的培训体系、城市的支教体系相结合，就可以形成一个培养农村教师队伍的合理格局。

以上所讲，都是这两天听了各位西部农村教育第一线的老师，以及多年从事农村教育研究的专家的发言以后的一点心得，也是看了"西部阳光行动"的年轻朋友所做的西部农村教育调查报告以后的一些体会，也可以说是我关于西部农村教育的初步思考所形成的一些理念与建议，可能理想的成分比较多，仅供参考吧。

2005 年 11 月 28 日、29 日，2006 年 3 月 31 日整理，

2008 年 3 月 12 日再整理，有删节

民族、地方性知识与乡土知识
——关于乡土教材编写的断想

我最初接触乡土教材问题，是二〇〇二至二〇〇三年编选《贵州读本》时，但当时想到的是要对年青一代进行"认识脚下的土地"的教育，还没有提出"乡土教材"这样的概念。直到二〇〇五年应邀参加北京天下溪教育研究所召开的"乡土教材编写与使用"研讨会，才注意到乡土教材的编写问题，而这次会议又把《贵州读本》列在"参考书目"里，我也在会议上就《贵州读本》的编写理念作了一个发言。这样，我就算是和乡土教材的编写工作发生关系了。二〇〇六年、二〇〇七年我又先后两次参加了天下溪教育研究所组织的《湘西乡土教材》编写的讨论会，作了一些即兴发言，引发了我的研究兴趣，此后一直想把我的一些思考整理成文，但因杂事太多，耽搁了下来。这几天总算抽出时间，看了一些材料，特别是读了香港"社区伙伴"出版的《传统文化与乡村建设：土地在沉思》里面许多既有实际经验又有理论思考的文章，受到很大的启发，得以把我这些年关于农村建设、乡村文化、教育重建以及乡土教材的编写的思考全都串在一起了，但我一时又难以形成系统的看法，只能把这些"断想"记录下来，供关心同一问题的朋友参考：这是名副其实的"抛砖引玉"。①

---

① 本文的写作，还受到了天下溪教育研究所梁晓燕、郝冰，特别是《湘西乡土教材》编写组的王小平、王丽等朋友的启发，在此特表示我的谢意。

一 讨论背景：全球化视野下对中国发展道路和教育的反思

我在考察与思考乡土教材的编写时，首先遇到了一个问题：它和我所熟悉的五六十年代曾经提倡过的"爱祖国、爱家乡、爱人民"的"乡土教育"有什么区别？这实际上是一个今天提出乡土教育的时代背景、时代内容与意义、价值的问题，也应该是我们讨论时首先需要解决的问题。

我们也不能就教育谈教育，需要有一个更开阔的视野。于是，就提到了全球化背景下对中国发展道路的反思：这大概是一个最重要的背景。在改革开放三十年后的今天，人们在回顾走过的道路时，在充分肯定经济、社会的巨大发展带来的积极变化的同时，也不能不正视一个严峻的现实：这样的发展，是以资源的过度消耗和生态环境的严重破坏为代价的；同时出现的还有城乡发展、东西部发展的不平衡、贫富差距的扩大以及道德伦理的危机等一系列问题。由此引发的，是一系列的反思，其中一个重要方面，就是我们的"发展观"以及对我们所要追求的"现代化"目标的理解上是否出了问题。

这是一个曾经支配，也许今天仍然在支配我们的思维与行动的主流观念：所谓"现代化"，所谓"改革和发展"，就是要以"先进"的中国与社会取代"落后"的中国与社会——这似乎是天经地义、无可非议的；问题是我们将西方的工业化模式绝对化，不加分析地视为绝对的"先进"，同样又不加分析地将中国、本土的传统定为应该完全抛弃的"落后"包袱。于是，追逐高产、高速同时也是高掠夺（高污染、高破坏）的生产方式，追逐高消费同时也是高浪费的生活方式，成为领导潮流的发展观，并形成了以物质主义、消费主义、实利主义为核心的价值观、伦理观。正是这样的发展观和价值观、伦理观以及相应的发展实践，导致了前面所说的生态破坏，价值、伦理混乱等一系列现实问题。这一点，人们已经看得越来越清楚了。

我们的讨论再深入一步，就可以发现，这样的发展观的一个要害问题，就是完全忽略了一个最基本的事实：中国的老百姓几百年、几千年来在中国这块土地上究竟是怎样生存、怎样发展的？他们生养于兹，代代繁衍，长期保持着社会的稳定发展，这难道是偶然的吗？这样的生存状态，这样的发展中形成的经验，难道是可以像破旧包袱一样随意抛弃的吗？割裂了现代与传统的关系，也就割断了今天的发展与本土发展的历史联系，并从根本上割断了人与土地的血肉联系，这样，我们的发展就成了失根的发展，导致了文化的失根、民族的失根、人的失根：这才是一个根本性的发展危机以至生存危机。

当人们跳出了这样的"先进"与"落后""现代"与"传统"的二元对立的主流思维模式，以更为冷静与科学的态度来重新认识中国这块土地以及土地上的文化与人民时，就会发现：在长期的历史实践中，中国每一个地区的老百姓都找到了一种适合于在自己乡土上生存的生产方式与生活方式，并"形成了利用和保护自然的经验和知识"，它"不但能指导当地人以最低成本且有效的方式，利用和保护现有自然资源，同时也是维系社区内与社区间、人与自然、人与人、人与社会和谐关系的重要基石"。这就是所谓"一方水土养育一方人"，在人和环境的经济、社会和精神的长期历史联系中，必然会产生一个地方、一个民族的知识与文化。

于是，就有了"民族、地方性知识""乡土知识"的概念。如研究者所说，"它是各民族为适应自然所采取的各种各样生产和生活方式的经验结晶和积累。各个民族为适应其地理环境采取了不同的生产和生活方式，并不断调整与环境之间的关系，逐渐形成了各具特色的语言、宇宙观、价值观、饮食、建筑、服饰、节日、礼仪、宗教信仰、技术、文学艺术和乡规乡约等社会文化"。

这样的民族、地方性知识和乡土知识，一方面具有"本土的、当地的"，"多数是口头传承"的"实践性的知识"的特点，具有"地方性、文化特定性和环境局限性"；但同时，它也积淀着普通百姓追求和谐（人和自然和谐，人与人、人与社会和谐，多民族和谐）和多样性（生物多样性、文化多样性）的理想和智慧。①我们当年在总结贵州文化时，就将其概括为在"发展低水平"上的"人与自然的和谐，多民族文化的和平相处，以及多元文化的共生共荣"。在我们看来，它是低水平的，"自然有落后的一面"，我们不必回避，不必将其理想化；但它所内含的"自然生态平衡"与"文化生态平衡"的观念，却体现了人类文明的理想，而且是通向现代的。特别是"恶性的所谓现代化开发，造成了自然生态平衡与文化生态平衡的严重破坏，人们开始着手治理现代文明病时"，就更突显甚至是发现了它的意义。②

如论者所说，这样的民族、地方性知识和乡土知识，有两大特点。一是其"存异性"：它所关注的是本地区的特点、个别性、差异性，着眼点在具体地解决本地人与自然环境、人与人之间的关系问题；③二是它的"整体性思维"："它是全面地、综合地来看待人与自然。它是从整体的视角来看待'技术领域'与'精神领域'、'理性行为'与'非理性活动'、'客观物质'与'文化象征'、'真实世界'与'超自然世界'的。它不同于现代科学那样趋于把事物分解成一个一个单元来解析研究"。④因此，民族、地方性知识和乡土知识是将技术（农业、林牧业、健康护理、食品制作、建筑、气象、手工艺等）和文化、艺术、观念（宇宙观、价值观）、信仰与相应的礼仪、民俗活动、乡村伦理、民间舆论、社会交往、组织与管理、儿童发展与教育……融为一体的，是当地人普遍认同，参与创造、遵循和共享的，所以也被称为"人民的知识"⑤。由此可以得出一个重要的结论：民族、地方性知识和乡土知识，是不同于主要由文化精英所创造的，超越于地方、民族文化的，意在求同的，分学科研究的"普同性知识"的另一种知识体系。我们更要强调的是，地方性知识、乡土

---

① 以上引文均见何俊：《乡土知识与文化反思》，文见"社区伙伴"出版：《传统文化与乡村建设：土地在沉思》。

② 《贵州读本·论黔·编者絮语》。

③ 杨庭硕：《重塑人类的良知》，文见《传统文化与乡村建设：土地在沉思》。

④ 何俊：《乡土知识与文化反思》。

⑤ 同上。

知识与普同性知识，都是"人类认知客观世界不可或缺的一翼"，"两类知识之间并不存在是非优劣之别，反而需要互相依存、交错制约、共同服务于人类社会的存在和可持续发展的需要"。[①]

由此而引发的，是对我们的知识观与教育理念的反思：长期以来，我们事实上完全漠视民族、地方性知识和乡土知识的存在和意义，将其视为"落后"甚至"迷信"而加以排斥。如研究者所说，改革开放前的政治文化使其"失忆"，近三十年的物质主义、消费主义、实利主义的主流文化使其"失语"，主流经济发展所造成的人力资源的失散，更使其"传承后继无人"：[②] 我们所面临的正是民族、地方性知识、乡土知识与相应的民族、地方、乡土文化的全面流失、衰落的危机。

传承后继无人的一个重要原因，是我们的教育，特别是学校教育，包括乡村学校教育，将民族、地方性知识和乡土知识的教育完全排斥在外。这样的排斥，对教育自身的危害也是不容忽视的：学校教育变成了单一的普同性知识教育，即使有一点所谓乡土教育也只是"爱国、爱家乡"的政治思想教育的一个部分，而不是学校教育的知识体系中的一个有机组成部分。人类认知的两翼只剩下一翼，这样阉割知识、文化的传承，对学校教育的损害是根本性的，后果也是严重的：不仅使人的发展趋同，忽视了民族、地域与生命个体的差异性，造成畸形人格，而且还会导致年轻一代对生养自己的土地、土地上的文化和父老乡亲在认知上的陌生感、情感与心理上的疏离感，变成无根的人。对少数民族而言，这样的民族知识、文化在本民族年轻一代中的失传，更是釜底抽薪，会造成真正的民族危机。

同时应该反省的，还有农村教育的问题。本来，农村教育之于城市教育是自有其特点和优势的，其中最重要的方面，就是它拥有地方性乡土知识的丰厚的教育资源。一位教育研究者有这样的分析："传统的乡村教育体系正包含着以书本知识为核心的外来文化与以民间故事为基本

---

① 杨庭硕：《重塑人类的良知》。
② 过竹：《苗族女儿杉风俗与生态文化》，文见《传统文化与乡村建设：土地在沉思》。

内容的民俗地域文化的有机结合，包含着外来文化的横向渗透与民俗地域文化的纵向传承的结合、学校正规教育与自然野趣之习染的结合、专门训练与口耳相传的结合、知识的启蒙和乡村情感的孕育的结合。"① 这里所说的"民俗地域文化""自然野趣""口耳相传"与"乡村情感"，讲的都是我们所讨论的地方性知识、乡土知识及其传授方式，而"书本知识""正规教育""专门训练""知识启蒙"则大抵相当于"普同性知识"教育；也就是说，传统的乡村教育体系本来就是普同性知识教育和地方性乡土知识教育的结合。我们现在的农村教育却走入了城市取向的应试教育的歧途，其结果，自然是拦腰斩去了地方性乡土知识教育，而农村学生一旦失去了对地方性乡土知识与文化的认同，顺利升入大学者自然就走上了永不回乡的"不归路"，而应试竞争的落伍者也绝不愿回归脚下的土地，有的就流入城乡之间的游民队伍之中，成为黑社会的后备军：这都是我们必须正视的当下中国农村教育危机的危害。②

讨论到这里，我们就可以进入对乡土教材的观察与研讨——

二　乡土知识、文化自觉、精神家园：乡土教材的三大基本理念

在我们看来，乡土教材的编写以及地方性乡土知识、文化教育进课堂，正是面对这样的地方性乡土知识、文化失落的教育危机、文化危机（其背后则是隐含着中国发展道路的失误）所采取的应对措施的一个关键性环节。它的实质，就是重新建构地方性乡土知识，将地方性乡土知识纳入学校教育的知识体系和教育体制，"使普同性知识与地方性知识有效接轨"。③ 在某种意义上，可以说这是对中小学教育的知识体系的一个重要改革和完善，同时是对高度集中化、趋同化的教育体制的一个突

---

① 刘铁芳：《乡村教育的问题与出路》，文见《守望教育》，华东师范大学出版社 2004 年出版。

② 参看钱理群：《我的农村教育的理念和理想》《乡村教育和文化重建是我们的问题》。

③ 杨庭硕：《重塑人类的良知》。

破，为地方教育、学校教育的个性化发展打开了一个空间，其意义是重大而深远的，绝不能仅仅看成是新开设了一门校本课程而已。对农村学校教育而言，这更是扭转城市取向的教育方向、恢复和农村生活的联系、为新农村建设培养人才的一个新开端。因此，民族性、地方性乡土教材进课堂，应该是中小学教育，特别是农村学校教育改革的重要内容，应该纳入政府推动的教育改革的总体规划，纳入学校教育的计划，使其获得体制的保证。

还有研究者指出：将地方性乡土知识、文化引进学校的课堂，是一种"成本最低的非物质文化保护行动，这样做对乡民，对和谐社会的建设，对非物质文化的传承与保护都大有好处"。[①]这是提醒我们注意乡土教材的编写与教学对乡村文化的重建的重要意义。有论者早就注意到，地方性乡土文化的流失的一个重要原因，就是对"自我文化的认识不足"、文化"自信心"的丧失，并因此导致了对主流社会发展趋势和主流观念的"过于信赖"，以致盲目趋从，由此形成的是"我们是谁？我们自己的文化还有没有价值？我们还有没有能力为自己寻找快乐，还是只能接受别人在'现代化'名义下赐予的快乐？"的根本性的"困惑"。[②]因此，重建乡村文化的一个关键，就是如何建立和提升当地人的"文化自信"与"文化自觉"。而这样的文化自信、自觉的建立，又必须以本地区、本民族的年轻一代为主体：不仅因为他们对乡村文化陌生，最容易受外来主流观念的影响，更由于民族、地方性的乡土文化主要需要仰赖他们来传承和发展。这就需要"从娃娃抓起"，因此学校里的地方性乡土知识、文化的教育，就显示出了一种特殊的重要性。这也同时提醒我们，乡土教材的编写与教学，不能仅限于知识的传授，它的基本着力点，应该放在建立和提升学生对本民族、本土文化的"文化自信与自觉"上。这是根本性的。

当然，乡土教材的编写，民族地方性乡土知识、文化的教育中最应

---

① 杨庭硕：《重塑人类的良知》。

② 郭净：《文化与自我拯救》，文见《传统文化与乡村建设：土地在沉思》。

注重的，还有对学生心灵的浸润和开发。我注意到"天下溪乡土环境教育教材系列"几乎每一本书的序言里都要强调："年复一年，学生们从校门中走出来，有的回到土地，有的走向城市。学校教育给了这些乡村少年什么呢？""我们想让这些孩子的行囊中多一样东西：对乡村的记忆和理解。无论他们今后走向哪里，他们都是有根的人。"[1] 这里谈到了"童年记忆"的问题，这是中小学教育中一个十分重要的问题。我在很多场合都表达过这样的观点：中小学教育、中小学老师工作的意义与价值，就在于成为"学生童年和青少年记忆中美好而神圣的瞬间"。我强调："一个人，在他的童年，有这样的记忆和没有这样的记忆，是大不一样的。"[2] 在这里，我想补充的是，在童年和青少年的神圣记忆里，最根本的应该是"乡土记忆"。我在研究鲁迅时注意到，每到了生命发展的关键时刻，特别是面对疾病和死亡的时候，鲁迅都要回到童年的乡土记忆中去：那是他生命中的永恒。[3] 我们可以说，这样的乡土记忆，实际上是构成了一个人的精神家园的，是他生命的"根"；所谓回到童年的乡土记忆，就是回归自己的精神家园，也就是追寻生命之根。在这个意义上，我们可以说，乡土教材的编写和教学，是在给我们的孩子营造精神的家园，是让他在他生命的起点上就建立起和养育他的土地的精神联系，这是会影响他的终生发展的。我们可以将学生在参与乡土教材编写和学习时的活动记录、作业都保留下来，即"珍藏童年"，待学生长大以后，还可以回到学校，重温童年的乡土记忆：那也是一种向精神家园的回归。这就是我在一篇演讲里所说的："一个人一生中要两次和中小学的精神家园相遇：生命的'春天'在这里养育、成长；到了'初夏'时节，就从这里出发，走向远方；到了生命的'隆冬'季节，又回归这里，静静栖息，

---

① 韩静编写：《与鹤共舞·序二》。

② 钱理群：《我的教师梦》，文见《那里有一方心灵的净土》。

③ 鲁迅在 1926 年大病以后，以及在 1936 年逝世前，分别写了两篇回忆童年看民间戏剧演出的文章：《无常》和《女吊》，它们是公认的鲁迅散文创作的巅峰之作。参看钱理群：《鲁迅笔下的两个鬼》，文见《鲁迅作品十五讲》。

默默感悟生命的真谛。"①——中小学教育，特别是乡土教育，在人的精神成长中的特殊地位和作用，它所特有的意义和价值，都在这里了。

这样，我们就有了三个概念和理念："民族的、地方性的乡土知识与文化""文化自信与自觉""精神家园"。我想，这大概可以作为我们编写乡土教材的基本理念吧。

三 编写乡土教材的几个问题

问题是如何将这样的理念贯彻到教材编写的实践中。在天下溪教育研究所主持的湘西乡土教材编写的讨论中，我们一起议论过几个问题。

（一）乡土教材中的时间、空间问题。

因为是编写湘西乡土教材，就不免要时时谈到从湘西走向世界的沈从文。我在讨论会上一再强调，沈从文思想中最重要也是对我们编写乡土教材最有启发意义的，是他的"常"和"变"的观念，这是他观察与思考湘西与中国农村、乡土文化的一个基本立足点、观照点和基本价值立场，也应该成为我们编写乡土教材的一个指导思想和贯穿性线索。

首先是"常"。正像一位作者所说："在发展的过程中有一些东西是应该坚守的。"② 这自然是有针对性的：谈改革，绝不是将民族、地方、乡土文化中的根基性的东西、恒常不变的东西、具有长久的生命力、应该代代传承的东西，也当作落后的东西，一起"改"掉"革"去，那会导致民族虚无主义和文化虚无主义。真正的改革，是应该有所改又有所不改，既要创新又要坚守的。当然，认识和发现乡土知识、文化中的恒常的、具有生命力的因素，是需要眼光的，要经过认真的研究。我们在编写《贵州读本》时，就专门讨论过"如何认识乡土文化中的动植物崇拜、山石崇拜"的问题："我们曾经把这一切斥之为迷信和愚昧。其实，新

---

① 钱理群：《我理想中的中小学教育和中小学教师》，文见《我的教师梦——钱理群教育演讲录》。
② 缪芸：《听音寻路：苗族歌舞文化传承与失落》，文见《传统文化与乡村建设：土地在沉思》。

文化、新文学的先驱（鲁迅）早在二十世纪初就发出过'迷信可存'的呼唤：'此乃向上之民，欲离是有限相对之现世，以趋无限绝对之至上者也。'所谓自然崇拜所要追寻的正是人与自然的同源共生关系，所表达的是人对尚未认识的自然的敬畏感"，"在做够了'向自然开战'这类真正的愚昧之举并受到惩罚以后，今天又要回到历史的原点上来：当然不是简单地回归自然崇拜，但保存某种敬畏之心却是必要的；或许我们更应该视大自然为友，建立一种平等与和谐的关系。"① 从看似"落后""原始"的乡土知识和文化背后，发掘出其内在的、恒常的、可以通向现代与未来的因素，这应该是乡土教材编写的最大任务，也是最应该着力之处。

还需要指出的是，在沈从文的理解与观念里，乡土中的"常"，其最主要的永恒因素，是大自然的山水，是千百年生息在土地上的父老乡亲，因此，乡土知识、文化中最恒常不变，应该世代传承的观念，就是对大自然和老百姓都要永存敬畏之心。敬畏自然，人们谈得已经够多了；敬畏百姓，却需要多说几句。按我的理解，它应该包括：让老百姓在这方土地上安居乐业，应该成为乡村建设的宗旨、出发点与归宿；要尊重乡土知识与文化中所积淀的人民智慧、民间信仰、民间伦理等。这样的"敬畏自然，敬畏百姓"的观念，是应该贯彻于我们的乡土叙述中的。

其次是"变"。其实，乡土知识、文化本身就是一个动态的概念，它永远是实践的产物："过去的实践是现在的'传统'，现在的实践是将来的'传统'。传统本身是动态变化的，永远没有真正的尽头。因而乡土知识（文化）是在不断地革新、适应和试验的基础发展起来的。"② 因此，我们也需要警惕将民族、地方性乡土知识、文化理想化、凝固化的民族保守主义、文化保守主义的倾向。应该看到，在这个改革开放和全球化的时代，年轻的一代有可能接触到更为广泛的信息、更为多元的文化，地方性的传统乡土文化在和外来文化的撞击中发生变异，是必然的，

---

① 《贵州读本·自然崇拜背后的企求·编者絮语》。

② 何俊：《乡土知识与文化反思》。

在某种程度上，这样的"变"，也是适应现代生活发展的内在需要，绝不能一见"变"就忧心忡忡，那样的保守心态是不足取的。

一位作者说得好："我们不能依据自己的标准、自己的需要，把民族歌舞（文化）定格为一成不变的东西，成为取悦外人的道具。"①

这里包含着两个很重要的观点。首先是要确认一个基本的观念和立场：民族的、地方性的乡土知识、文化的主体应该是当地的老百姓，无论是坚守还是变革，主导权应该属于当地的老百姓。乡土文化"不应当为别人而存在，它应该是社区自发的内在的一种需要"。因此，绝对不能按照外来强势文化的价值标准与需要，用强势的力量去决定乡土文化的取舍，也就是说，绝不能用殖民主义（外殖民主义与内殖民主义）的态度去对待乡土文化的"变"与不变（"常"）。

因此，必须区分两种"变"：积极的变与消极的变，其标准就是是否有利于当地自然生态、文化生态的长期保护和健全发展，是否有利于当地的长治久安，是否有利于老百姓个体和群体生命的健全发展。这也是沈从文在观察湘西和中国农村的变革时的一个基本出发点。他的长篇小说《长河》就是这样提出问题的：城里人到农村来提倡"新生活"，给农民带来的究竟是促进农村发展的良性的"变"，还只是一次新的骚扰，甚至是破坏性的恶性的"变"？在沈从文看来，如果要创造良性的"变"，就必须研究农村老百姓生活中的"常"，尊重农民的意愿。②这对我们这些乡土教材的编写者、这些外来者来说，是一个重要的提醒：绝不能想当然地认为，我们怀着善良的愿望"来了"，我们所做的事情就一定会给农民带来好处，就一定有利于乡土文化的保护与发展，我们必须时时有一种自警与自省意识。

就乡土教材的编写而言，应该坚持这样的原则：乡土文化教育必须注重培育农村学生的"文化主体意识"，在学生获得了基本的乡土知识以后，应该组织学生讨论本土文化中的"常"与"变"：哪些必须坚守，

---

① 缪芸：《听音寻路：苗族歌舞文化传承与失落》。
② 参看钱理群：《我的两个提醒》，文见《致青年朋友》。

哪些要进行改革，又如何变化？在现实生活已经发生的变化中，哪些是良性的，应该发扬的？哪些是恶性的，应该避免和纠正的？由于学生尚未成年，这样的讨论，自然带有一定的模拟性，但这样的主体意识的培育，对农村学生自身的发展以及整个农村社区的发展，都有重要的意义。

"常"与"变"背后是一个时间的概念；乡土教材的编写，还应有一个空间的概念。如前所说，我们是在全球化的背景下来讨论乡土知识与文化的重建的，如果说我们讲的乡土是具体的地方性的"小乡土"，那么，我们还同时要教给学生以"大乡土"即"地球村"的概念，并且要注意二者的相连和沟通：我们所要培育的乡土意识绝不是自闭自封的，它应该是开放的。这也是这个开放的时代的要求。正是在这样的理念下，我们在编写湘西乡土教材时设计的第一课就是"地图上的家乡"，首先引导学生"在世界地图上找找我们的祖国，在中国地图上找找我们的湖南省，在湖南省地图上找找我们的家乡"。这不仅是地理知识的传授，更是要为学生认识家乡的乡土文化提供一个大视野。这样的大视野是贯穿整个教材的。比如说《湘西：山·水·城》就强调湘西的大河流水是"通向外面世界的交通要道"；讲完了《多姿多彩的民族服饰》，还要引导学生"讨论一下，你在电视上或画报上看到的现在人们的衣服上面，有没有和我们民族服装相似的东西，把它列出来"；而讲家乡的名人沈从文时更要突出他是"把湘西带给全世界的人"；甚至在讲乡土语言时，也不忘记引导学生不仅用方言，用民族语言，而且也用普通话和英语来大声朗读"太阳""月亮""吃饭""割稻"这些词语。正像《湘西童谣》课文里所说的那样："童谣是童年最美的歌，伴着我们长大，成为童年最美好的记忆；也和家乡的青山绿水一样，伴随我们走向更广阔的世界。"

（二）乡土教材中知识与文化精神的关系，乡土叙述和认知方式

如前所说，乡土知识、文化的最大特点，就是它的"整体性"，它是将"技术领域"与"精神领域""客观物质"与"文化象征"融为一体的；因此，乡土教材也必须融"知识"与"文化精神"为一体。也就是说，既要防止将乡土教材变成单纯的乡土知识读本，也不能脱离乡土

知识空谈乡土文化、精神。比如，《我们的手艺》一课，首先要引导学生向当地的民间艺人学习动手制作手工艺品，从中学习手工艺的知识与技术，这样的手工劳动对培育学生的健康、全面发展，是非常重要的；[①]同时还设计了一个教学环节：引导学生"向自己的家人或村里的长辈调查这些手工艺的故事和传说"，这个环节所要追寻的正是这些故事与传说背后的文化精神。还有《请到我家来做客——美味的湘西腊肉》一课，就不只是要传授有关腊肉的特点、制作的知识，而且要引导学生讨论："你们认为平时吃的食品中，哪些可能和家乡的气候或者地形有关？"这其实是揭示了乡土文化的一个基本特点的：它是当地老百姓在本土自然环境下的生存智慧和能力的结晶。通过具体的乡土知识的传授，引导学生把握本民族本地区乡土文化的精神与特色，感受"乡土之魂"：这应该是乡土教材编写的基本目标与途径。

因此，乡土教材的乡土叙述，也必须是具体的，要从细节描写入手，给学生以感性的认识与感悟，形成有声有色的充满感情的形象记忆，并通过适当的点评和活动设计，来引导学生体味其背后的文化精神：对这样的文化精神，老师要有明确的认识，应该心里有数，但对学生应点到即可，不必过于明确，切忌抽象说教，我们注重的是潜移默化的长期熏染。

在二〇〇五年的经验交流、学术讨论会上，有许多学校都谈到了"图片、声音、影像"结合的教学方式，还有的地区引导学生和村民自己来拍摄家乡独特的自然风景和人文风景，"表达自己的文化观念"[②]，这都是很好的经验。这使我想起了刚读过的一本书中讲到的一个很有意思的观点：人类原本是综合运用人的各种感官来感受外部世界的，文字和书籍的出现，固然极大地开拓了人类认识世界的视野和途径，但也导致了全观能力的退化，现在网络、影视等新的科技手段的出现，又创造了将文字和文字以外的声音、影像相结合的全新的认知方式，这无疑是对人被

---

① 我写有《和志愿者谈生活重建》一文，特别强调了手工劳动的意义，可参看。

② 参看《贵州省黔东南雷公山地区"生活与环境"乡土教材》，《云南香格里拉县乡土传统知识教材》。

单纯的文字阅读压抑了精神需求的一种释放。^①这样看来，乡土教育运用综合性的全新的认知、感知方式，也是传统的认知和感知世界方式的回归，而且它还是和现代科技所提供的现代教育手段的结合。这方面的试验天地还是很大的。

（三）参与性、活动性、实践性：乡土教材和教学的基本特点

《土地在沉思》一书介绍了泰国学校教育中的"另类学习"的经验，据说很类似当年陶行知所提倡的"生活教育"，"提倡把整个社会整个乡村当作学校，将学校的一切延伸到生活和自然中"。^②在我看来，乡土教学就是这样的另类学习，和学校里的其他教学相比，它具有更为鲜明的参与性、活动性、实践性的特色，这也就决定了乡土教材编写的特点。

有一份总结报告这样介绍他们的乡土教材："该教材与众不同的是，不是按部就班地告诉学生答案，而是让学生们在老师的带领下，通过观察、辩论、游戏、画画、问答、研究报告等形式，实地走访，以亲身经历来填写书上问题的答案，把自己对家乡的认识和感受写、画进书里，使它成为一本真正的学生自己的书。"^③——"学生自己的书"，学生的直接参与：这大概确实是乡土教材的一大特点。

在乡土教材的结构中，一般都有两大块：基本的阅读材料之外，最重要的就是"活动"设计：这是教材编写中最为着力，也最容易显示特点和创造性之处。根据各地所创造的经验，这样的活动大体上有三大块。

其一是"游戏活动"。这是由中小学生的特点决定的，中小学校里的乡土教育，不同于农村社区里的成年人的乡土教育的最大特点，就是它的模拟性，即游戏性。这也内含着一个教育理念："在快乐中学习，在体验中感悟"——中小学教育是更要强调情绪、情感、感悟和体验的。^④"天下溪乡土环境教育教材系列"里有一本《自然的孩子——湿地

---

① 参看郝明义：《越读者》。

② 尹春涛：《觉悟的心照亮世界：泰国青年的另类学习》。

③ 《四川彭州白水河小鱼洞乡土教材——青山绿水我的家》。

④ 《湖北洪湖湿地自然保护区乡土教材》。

冬夏令营活动方案》，书里介绍了许多极有趣味又有丰富的教育内涵的游戏活动，据说集中了中国、美国、德国、俄罗斯等多国的乡土环境教育活动的经验。它给我们的最大启示是，在游戏活动的设计上，还有很大的试验空间。

其二是"探索性活动"，引导学生通过实地观察、体验、实验、调查访谈、讨论、研究、演讲、辩论、写笔记等多种方式，了解乡土知识，探讨乡土文化精神，并进行交流。

其三是"制作活动"，即自己动手，巩固所学到的知识，把它变成劳动成果，从中获得创造性的快乐。在湘西教材中就有这样的设计：在学完《独具风格的吊脚楼》以后，引导学生"用找得到的材料（树枝、杉树皮、芭茅秆、竹枝、泥土等），自己搭建一个小小的吊脚楼"；教了《我们的手艺》以后，又要求"在课堂上大家一起制作，比一比，看看谁做得最漂亮"，等等。这样，就不仅眼看、口问、脑想，而且手动，孩子全身心地投入，乐在其中，乡土文化的精神也就融入其心里了。

如果说以上的活动都带有模拟性，那么，乡土教育还有一个重要环节，就是适当地参与乡村文化建设和环境保护的社会实践。像《湖北洪湖湿地自然保护区乡土教材》就设计了这样的实践活动：在引导学生认识洪湖湿地知识以后，又引导学生通过调查，了解洪湖湿地生态破坏的现状，并在学生中展开了"保护洪湖与我有无关系"的辩论，然后，因势利导，带动学生发起"保卫洪湖"的社会实践活动，除了向渔民进行宣传以外，还提出"保护野生动物，从我做起"，把"保卫洪湖"的理念落实到了日常生活实践中。[1] 这样的学校和社会的联结，从小培养了学生对乡土的社会责任感，自会有深远的影响。这种"小手牵大手，共护母亲湖"的设计，还有借助于孩子比较容易接受环保意识的特点，通过发动孩子来促进成年人参与环保活动的意图，它的社会影响也是很显著的。[2]

---

① 《湿地保护环境教育地方教材·我爱母亲湖》。

② 《湖北洪湖湿地自然保护区乡土教材》。

（四）贴近学生的生活，继承和发展传统，这也是乡土教材编写和教学的一个基本原则

在湘西乡土教材的编写、讨论中，曾经提出过这样一个要求：不能以我们成年人的心态去编写乡土教材，把它变成一个"怀旧"的文本，而应该有一个学生本位的立场。因此，教材一要贴近学生的生活，使对传统的学习成为学生今天生活的滋养，二要引导学生目光向前，不仅要学习和继承传统，而且要发展传统，创造新传统。从这样的指导思想出发，我们作了这样一个尝试：在《欢乐的节日》一课介绍家乡的传统民族、民间节日以后，又设计了一个《班级艺术节》的活动课："现在，让我们来为我们的班级设计一个节日吧！这个节日只属于我们班级自己。当我们还在学校的时候，我们要每年欢度这个自己的节日；当我们毕业离开学校的时候，它将成为我们全体同学和老师的美好记忆。"这样的班级节日的设计，显然受到了传统节日的启示，但它是一个新的发展，甚至可以说创造了一个新传统：它同样发挥了节日所特有的凝聚人心，创造、培育、传递共同的文化精神的作用；它又是和学生的生活紧密联系在一起的，是每一个学生都可以而且愿意参与的，它其实创造了一种"班级文化"。这样的班级文化是在乡土文化的滋养下发展起来的，而且有了班级节日这样的仪式化、模式化的载体，它就可以一届一届地传下去，成为前面提到的"珍藏童年"的一个重要组成部分，这是会影响学生一生的发展、成为其生命中的永恒记忆的。由乡土文化转化、发展为班级文化（还有校园文化），是乡土教材编写与教学中的一个很有创造性的思路，在这方面，似乎还有许多"文章"可做。

最后需要特别讨论的，还有一个教师作用的问题。乡土教材的编写与运用的一个关键，是要调动当地的教育行政部门、学校校长和老师的积极性，这已经成为一个共识。事实上，实行当地教育行政部门、地方教育专家、学校校长、老师和外地教育志愿者四者的合作，已经成为乡土教材编写与运用的基本模式。我这里要强调的是乡村教师在乡土知识、文化传承中的地位与作用。乡村教师在这方面是有他的特殊优势的：一方面，他们大都是本地人、本民族人，比之我们这些外来的志愿者，对

民族地方性乡土知识与文化，有更多的也更切实的体认；另一方面，他们又是乡村知识分子，比之当地老百姓，又比较容易接受外来的新思想，能以一种更为开放的眼光和胸襟来对待本地本民族的乡土知识与文化。因此，他们在民族、地方性乡土知识、文化的重新建构、坚守、传承、变革、创造上，都应该而且可以发挥骨干作用。同时，作为乡村学校的校长、教师，他们既占有教育资源，又熟悉学生，并在学生中享有权威性，无论是乡土知识文化的传授、活动的组织引导，还是将乡土文化转化为班级文化、校园文化，都必须由他们来落实。应该说，乡村学校的校长、老师本身在乡土知识、文化传承上是有着巨大的潜力的，但他们又往往缺乏自信，常常产生有劲无处使的无力感，以致陷入失去目标的困惑与彷徨之中。因此，在我看来，乡土教材的编写与教学的意义，首先在于教师自己：这是一个使乡村学校的校长、教师的自我生命和养育自己的乡土发生精神联系，从而获得意义的有益的尝试，并可由此而确立一种新的生活目标和价值：做一个乡土知识与文化的传播者，做学生精神家园的营造者与守护者，真正成为学生童年时代神圣美好记忆中的一个永恒的瞬间。如果我们的乡村学校里的校长与老师具有这样的自觉性，乡土教材的编写和教学就有了坚实的基础和保证。

四　余论：乡土教材编写与教学的辐射作用

我们在前面已经一再提及乡村学校和乡村社区的联结；这里想着重讨论学校的乡土教育的辐射作用问题。这内含着一个"农村学校在乡村改造和建设中的地位与作用"的问题。我在《我的农村教育理念和理想》里曾谈到，我们所说的"乡村教育"，不仅指"国民教育体系"中的学校教育，还包括了"现代农村社区教育体系"中的村民教育，"农村学校应该把国民教育和社区教育统一起来，同时担负起村民教育的任务，通过办夜校等方式，使学校成为农村文化、教育的一个中心，成为乡村社会'家园'的象征和载体，而乡村教师也自然成为乡村精英的重要成员，乡村建设与改造的骨干力量"。① 因此，就我们这里讨论的乡土教育而言，乡土知识、文化的传递由学生辐射到村民，是一个必然的发展。因此，我们在编写了供学生使用的乡土教材之后，也还有为村民编写乡土教材的任务：这都是乡土教材编写与教学工作的题中应有之义。而这样的向村民的辐射，实际上就意味着对民族、地方性的乡土知识、文化的重新认识、重新建构，它对乡村文化的重建、乡村社区生活的重建，对建立科学的农村发展观的意义，是我们至今仍然估计不足，甚至是远没有认识到的。

《土地在沉思》一书，还提出了一个重要的概念："城乡互动"。这不仅包括城市对农村的反馈、支持、"知识下乡"，也还有农村对城市的影响，即"回乡寻根"的问题。于是，就有了"向农村学习，让农村学习"的号召和实践。② 于是，我们就注意到，不仅在乡土教材的编写和教学中，城市里的志愿者发挥了极大的作用——这本身就有"知识下乡"的意义；而且乡土知识、文化也反过来深刻地影响了这些城市知识分子，甚至成为他们生命中的"自我拯救"。③

我们关注的还有一个方面：乡土教材不仅为农村学校所用，也还为中小城市的学校所用，尽管这些学校的学生的父母有许多都是来自农村，但他们自己却在城市里长大，对于农村生活、乡土知识文化已经完全陌生了，因此，城市学校里的乡土教育，对恢复或重建这些城市孩子和农村、土地的精神联系，就具有了特殊重要的意义，这是真正的生命的"寻根"。当然，不能仅限于在学校里学习乡土教材，还需要创造一定的条件，让城里的孩子到农村调查访问，和农村学校里的孩子一起生活、游戏：这也是乡土教育对城市教育的辐射，这对城市里的孩子一生的健康成长，也是至关重要的。

2008 年 11 月 5 日—10 日

---

① 文见《我的教师梦——钱理群教育演讲录》。

② 袁小仙：《中国社会脉络下的城乡互动》。

③ 郭净：《文化与自我拯救》。

附记：此文刚刚写完，就读到了二〇〇八年十一月十一日《北京青年报》的一篇报道《乡土教育边缘化，新课改亮点失色》："根据北京教育科学研究院基础教育课程发展研究中心对全市十一个区县自主开发并通过义务教育阶段地方教材共三十七套的调查显示，虽然地方课程已经进入大多数区县制定的课程计划并列入学校的课程表中，但学校的实施情况不容乐观。由于不是学校教育的主科，也没有列入中考科目，因此一些地方课程有名无实，课时常被占用，在一些区县的某些学校,地方教材实验已经处于边缘化的境地","由于综合性地方教材本身涉及多个领域，而现有的各学科教师都是单一学科背景，难以适应综合性地方教材的教学，再加上兼职教师所兼科目较多，工作任务繁重，备课和教学难度很大","另外，不少地方教材的实施需要通过参观、实地考察甚至野外考察等校外实践的方式进行，而学校又缺乏必要的经费支持，这也影响到地方教材的顺利实验"。这里提供了两个信息：乡土教育已经进入学校课程，第一步已经迈出，但又面临边缘化的困境，其原因有教师、经费、教学时间的保证等具体问题，又涉及目前中小学教育的深层次问题，如非主科、没有列入中考科目的课程必然被边缘化的问题。在这样的现实对照下，我在本文中的讨论就更显得有些理想化，但我仍然认为，即使是"梦话"，也还是要说的。在我看来，乡土知识、文化教育要真正成为中国中小学教育知识、文化体系中的一翼，还需要走很长的路；除了报道中所谈到的这些现实问题以外，也还有一个认识问题，有一个对其意义、价值和地位估计不足的问题，因此，就需要一些坚守教育理想的人，继续深入地研究，不断地言说和实践，而且是明知效果有限也要说和做。我这个局外人之所以也要来说，则是出于对中国乡土教育的先行者的敬重和钦佩，并有感于他们的寂寞，所以在一旁呐喊几声。还是鲁迅那句话："地上本没有路，走的人多了，也便成了路。"

2008 年 11 月 11 日补记

把最好的精神食粮给农村的孩子

——《新语文读本》中学卷（农村版）前言

有机会读到本书的农村的孩子们与老师们：

这是一本专为你们编的书。在你打开它之前，请听我们讲一个真实的故事。

有一位著名的作家，名叫"老村"，他小时候生活在一个边远的山区，没有书读，一个偶然的机缘，他得到一本残缺的《道德经》，自然是看不懂，但因为没有其他书，就只得翻来覆去地读这本残书。开始是硬着头皮读，读的遍数多了，就慢慢地有点领悟，进而越读就越有兴趣；读进去了，就仿佛"登堂入室"，一下子和整个民族以至人类的文化接通了，从此，终身受益，影响了以后的人生道路。

这个故事，让我们感到震动：边远地区的农民的孩子要读到一本书，竟如此困难！由此而产生了我们的一个"梦"：为你们——千千万万的幼年"老村"编一套书，里面集中了民族与人类文明的精华，你们即使没有机会和条件读其他的书，只要有这一套书在手，也就会像当年的老村一样，通过反复的阅读而进入文明的殿堂。

现在这个梦想终于实现了，这套书到了你们手中。

有位老师这样说：人是应该有两种生活的，一种是现实的物质的生活，另一种是书本为我们建造的精神生活。我们每一个人的现实生活是受到时间和空间的限制的，而书本却可以帮助我们打破这样的限制。这是什么意思呢？比如说罢，你每天都生活在这样的天空下，这样的土地上，每天都看见这样的山，走这样的路；但你每次爬到山顶上，望着远方，就会产生这样的好奇：山之外、天的那一方是什么呢？在那里，有什么人，他们过着怎样的生活？……有时候你还会这样想：同样生活在这块土地上的几十年、几百年、几千年前的人，他们又是什么模样，他们在想什么呢？……现在好了，有了这套书，就有了一个"秘密的通道"，可以和你想见而见不到的人：千里、万里以外的异乡他国的人，百年、千年以前的古人见面交谈了，而且那又是何等样的人啊，全都是民族的精英、思想的巨人、文学的大师，是孔子、屈原、李白、杜甫、陶渊明、苏轼、曹雪芹，是鲁迅、老舍、沈从文、艾青，还有古希腊的苏格拉底，俄国的普希金，英国的莎士比亚、雪莱，西班牙的塞万提斯，美国的爱因斯坦、惠特曼，法国的雨果、左拉，德国的马克思、歌德、海涅，意大利的布鲁诺，波兰的居里夫人，印度的泰戈尔，奥地利的卡夫卡、里尔克……当然，也还有更多的和你生活在同一时空下的当代的中国作家与学者。更有意思的，还有许多人们在想象中创造的神话英雄：女娲，夸父，普罗米修斯，童话名人：美猴王、皮诺曹、小丑鸭、海的女儿、小王子……现在他们一起来到了你的身边，你可以和他们促膝谈心，进行思想的交流、精神的对话。你将触摸集中了人世大智大勇的高贵的头颅，融合了人间大悲悯、大欢喜的博大情怀的颗颗大心。你将在有声、有色、有思想、有韵味的语言世界里流连忘返，透过美的语言窥见的是美的心灵、美的世界。你将由此而站在巨人的肩膀上，以一种新的视野、新的眼光重新观察你所生活的地球与大地：许多你所不知道、不熟悉的"新大陆"将奔涌于你的眼底；就是你天天生活于其中司空见惯的这山、这水，这鸡、这狗，你都会有新的感悟、新的发现。如这本书里的一篇文章所说，就像每天早晨起来，你会有一种一切重新开始的黎明感觉一样，你将用婴儿的眼睛重新发现世界。更重要的是，你将重新发现你自己。你会觉得，在和这些大师（如今他们都已经成了你的朋友）的交往中，不知不觉地你已经变了，变得更聪明更美好了；你终于有了一个自己的精神家园。

原来读书，读好书，就是这样一件快乐、有趣、美妙的事情！这是以书交友，而且你是主动而自由的：你想和谁聊天（鲁迅？还是萧红？），打开他（她）写的文章就行了；如果话不投机，翻过去不读就是。谁也不会强迫你读，更不会要你死记硬背。别看他们全是些了不起的大人物，但都是你可以"招之即来，挥之即去"的。这多好呀！当然，读书，特别是读这些大师的书，也会有困难，要真正理解自己的朋友本来也不容易。这就需要有耐心和恒心，就拿出我们山里人特有的犟脾气，一遍又一遍地专心致志地读吧，读多了，自然就会有自己的体悟。谁敢说我们的悟性比城里的孩子差？有时候某一个句子、段落看不懂，就暂时放在一边，继续读下去，读到后来，反转过来，就又懂了。读书，就像爬山，是不断攀登一个又一个的难关、险道的过程，当时感到很累，有时甚至觉得快坚持不下去了，但再硬挺一阵，如果又有老师指点，扶一把，就上了顶峰，回头一看，就有"一览众山小"的感觉，那才叫真快乐！你说是不是？

现在，你恐怕已经急不可耐地想要登"书山"、见新朋友了——那么，就打开书，读吧。

2004 年 3 月 4 日

请关注农村初中的作文教学

——《"草房子"作文竞赛获奖作品选》序

北京大学爱心社的同学发起了面向全国农村初中学生的"草房子"杯作文竞赛,现在又把得奖作品编辑成书,希望我写几句话。我欣然应命,原因有三。

首先是这些被认为是所谓"天之骄子"的北大学生,能够把"爱心"投向农村的孩子,表明他们没有忘记培育自己的中国这块土地以及土地上的父老乡亲,这样的"报春晖"的行动,让我感动而欣慰。积极参与"平民教育"本来就是蔡元培老校长所开创的北大传统,今年正是成立北大一百一十周年,爱心社的这一活动,就更有了继承和发扬北大传统的意义。

其次,这次作文竞赛把关注点放在初中教育上,也深合我意。我一直主张教育的重心,特别是西部地区教育的重心,应放在初中,即义务教育、基础教育上,因为这样的教育普及工作,所担负的是提高未来的公民、普通劳动者的素质的任务,而这正是西部地区以及我们国家能否健康、持续发展的一个关键。也就是说,应该从地区和国家长远发展的战略高度来认识初中教育,特别是农村初中教育的意义。

这里,我还想指出一点:经过长时间的努力,我们现在已经在城乡基本上实现了义务教育的普及——尽管我一直认为所谓"基本普及"还要打很大折扣,因为不可忽视农村严重的"辍学"现象,但这毕竟还是一个很大的成绩。不过,我们并不能满足于此,因为还有一个是否让农村的孩子也能像城市里的孩子一样,受到高质量的义务教育的问题,这实质上是一个教育平等的问题。而教育平等的实质又是不同的利益群体在发展起点上的平等问题，它同样也关系着国家未来发展的方向，是不可以掉以轻心、等闲视之的。因此，在教育基本普及以后，我们就应该提出提高农村小学、初中义务教育的质量问题，其中一个重要方面，就是城市教育资源向农村的适当转移，我们这些年所做的"支教"就包含了这样的意义。在这方面，是有许多事情要做、可以做的，而且应该落实到具体的可操作的行为上，这就是我这些年一直在说的"想大问题，做小事情"。如果把北大爱心社所发起的这次农村初中作文竞赛放到这样的背景上来考察，就不难看出其意义：它的目的是吸引广大的读者，特别是城市里的读者、大学生、关心农村发展的社会人士、教育工作者，一起来关注农村初中的作文教学，既肯定其成绩，以增强信心，又发现问题，给予切实的帮助。这就是"小事情"里的"大意义"。

其三，爱心社的同学在发起书里，提出了三点写作要求，关系到初中作文教学的基本理念，也是我感兴趣并深有同感的，这里不妨略作一点发挥。

一、"写身边的事"。强调"写身边的事"，首先有破除写作迷信的作用，应该告诉孩子，把你平时所听到的、看到的、想到的，如实写下来，这就是"作文"，作文一点也不难，这是我们通常所说的作文第一关：让孩子感到作文并不难，于是就可以放开来写。

强调"写身边的事"，还可以发挥农村学生的优势。因为相对而言，农村孩子的生活比城里孩子的更为丰富。老师们应该都记得，在鲁迅的《故乡》里，农村孩子闰土就因此而成为城市里的小少爷心目中的"小英雄"："我素不知道天下有这许多新鲜事：海边有如许五色的贝壳；西瓜有这样危险的经历，我先前单知道他在水果店里出卖罢了……阿！闰土的心里有无穷无尽的希奇的事，都是我往常的朋友所不知道的。他们不知道一些事，闰土在海边时，他们都和我一样只看见院子里的高墙上的四角的天空。"鲁迅这段描写也许可以打破农村学生和他们的老师的自卑心理：农村孩子生活在大自然中，从小就受到地方风俗、节日和民间艺术的熏染，更和家人、亲戚、邻里有着密切的接触，他们"身边的事"

是更为多彩的，这就提供了丰富的写作源泉，在很多地方都是城市里的孩子所不及的。写下来，就都是好文章。这次竞赛的许多好作文，就来源于农村孩子自己的丰富的真实的生活：这应该是一个很好的经验。

但也不可否认，在这次参选的作文里，也有些文章的内容显得空泛，这有点出人意料。这背后的原因颇值得探讨。深层次的原因，可能和这些年乡村的衰败、乡村文化的破坏，造成了今天农村孩子生活比过去的"闰土"相对狭窄、单调有关，这是最令人痛心与忧虑的，需要另做详细讨论。这里要说的是，这也可能和这些年农村教育的"城市取向""应试取向"有关，以致造成了部分语文老师认识上的误区：以为写作文就要像某些高考"范文"那样，从书本上抄引警句妙语，做大而无当的、不着边际的议论和抒情，其实这样的"从书本到书本"的写作，既违背了写作的规律，更是对农村学生从生活出发的写作优势的自动放弃，是令人惋惜的。

当然，这里也还有一个指导的问题。就是说，农村的孩子尽管他"身边的事"非常丰富，也还有一个"能不能发现"的问题。身在其中，却听而不闻，视而不见，还是会觉得"没有什么可写"。这是我们在作文教学中经常遇到的问题，即如何从"客观上有可写的"到学生"自己感觉到有可写的"，这里正需要教师的引导。在这方面，这次竞赛中的优秀作文的老师的引导，就提供了很好的经验。这就是我在评语中所总结的"三引导"：引导学生"用耳朵听"，通过有意识的访谈，从成年人那里探知他们所不知道或不甚了然的乡村事、乡村人、乡村知识；引导学生"用眼睛观察"，观察大自然，观察身边的人和社会，观察他们的神态、动作、行为、生活习性、彼此关系等；最后是引导学生"用心去理解、体察"，这就是由表及里地进入自然生命的内部和人的内心，理解、感受、感悟他们的思想、情感、心理、精神、性格，另一方面，又是对自己内心世界的逼视、发掘和体验。这次得奖的作品中，《不熄的明灯》一文对父亲的观察与理解，《我希望爱回温》一文对自己内心痛苦的发掘，都是成功的例子。

最后，还要强调一点："写身边的事"，应该是初中阶段的作文训练的重点。学生的写作一般应遵循"由近及远，由小及大，由具体到抽象"的原则，这是由学生的思维能力的发展、精神成长的过程特点所决定的。少年时期是一个独立的个体意识逐渐觉醒的精神发育阶段，其中心是如何认识自己、自己和周围的世界（自然和人）的关系，简言之，就是"自己"和"身边的人和事"。作文所要完成的，除了认识之外，还有个表达的问题。这是需要训练的。所谓"写身边的事"，其实指明了语文训练的重心就是叙述和描写能力的训练，就是要学会叙述"身边的事"、描写"身边的人"和"身边的景物（自然景色、自然生命）。"这次评奖的重心，也放在记叙文和描写文上，就是要提倡和鼓励这样的文体的写作。这是实实在在的写作基础，是基本功。这自然也是有针对性的：这些年大概也是由于高考应试（所谓"话题作文"）的影响，作文训练越来越偏向于抒情文和议论文的写作，而忽略了叙述、描写能力的训练，这至少在打基础的初中阶段是不合适的。

当然，任何问题都不能绝对化。比如强调"写身边的事"，不等于不要引导学生关心更广大的世界；强调叙述和描写，不等于根本否定抒情、议论能力的训练。一则叙述、描写和抒情、议论本来就是很难严格分开的；二则学生的思维、精神也是发展的，从初中到高中，就是一个突破自我，视野逐渐扩大，思维与写作能力逐渐多样化，由叙述、描写向抒情、议论发展，最后达到综合的过程。这次作文竞赛的获奖作品中，也有《我希望》这样超越身边、眼前事，关注人类长远发展的文章，以及《生活的韵律》这样的谈人生感悟、偏于说理的文章，评委都给予了充分的肯定，这说明，我们的着眼点，还是学生精神与写作能力的全面发展和提高，虽然在学习的不同阶段，训练应该有所侧重。

二、"抒发质朴的情感"。这里引人注目地提出了"质朴"的要求。"质朴"是和"真"（真实、真诚、真切）联系在一起的，我们在得奖作文的评语中，一再提到这三个"真"：所写的事、所发表的意见，要"真实"；抒发的感情要"真诚"；叙述、描写要"真切"。这是评价作文的最基本、最重要的标准，也是鲁迅所总结的"作文秘诀"："有真意，去粉饰，少做作，勿卖弄。"（《作文秘诀》）

"质朴"的另一个意思，就是"平实"：老老实实地把一件事叙述清楚，把自己想表达的意思说得正确、准确而明白，追求一种"本色"的美，而不着意装饰、打扮。当然，从文章学的角度说，"质朴"只是文章风格的一种，也自有作家追求"华丽""繁富"的风格，这之间并无高下之分，但作为作文训练，"质朴"（"平实"）却是一个基础性的要求，就是通常所说的，先把话说清楚，说正确、准确了，再去追求把话说得漂亮。具体到我们这里讨论的初中作文教学，因为它的基础教育性质，就更应该把"清楚、正确、准确地表达自己"作为第一要求、基本的要求。

　　其实，"质朴"的文风背后，还有一个"质朴为人"，即"实实在在、本本分分地做人"的意思。这本是农村人、乡村文化的一个特点和传统：无论做事、说话，无不追求实在、本分。这也是农村教育的一个可贵的精神和文化资源，学生生活于其间，耳濡目染，它本是一个很好的学习写作的基础，我们的教育应助其发展，而不要为了"提高写作水平"而将其扼杀或作错误的引导。

　　谈到错误的引导，就不能不谈到前面所提到的高考取向，以及在社会风气的影响下中学生作文中出现的"浮华"之风。福建一中的陈日亮老师将其概括为"弄虚作假，无病呻吟，为文造情，浮华不实"，其具体表现是："罗列材料，铺排事例，大量借助修辞手法和各种花哨的所谓诗化语言，再加上真假莫辨的旁征博引，来路不明的哲理警句，作丰富深刻状，力图给人以满纸烟霞、才思横溢的印象"（《呼唤严谨求实的语文学风》），其实也就是鲁迅当年提醒要引以为戒的"粉饰""做作"和"卖弄"。应该说，这一次作文竞赛的文章基本上都还保留了质朴的本色，但有的文章着意追求华丽的辞藻，堆砌形容词，突兀地抒情，也露出了一些令人担心的苗头。有一位小作者在文章一开头就说："我曾想像郭敬明一样驾驭华丽的文字……但是，我没有那种能力，我写出来的永远只是普通的文字。"这里或许也存在着认识上的误区，这是教师必须给予引导的。

　　实际上，质朴的文字也是有表现力的。如这次获得一等奖的《小巷深深》，正像评语里所说，作者用笔十分简洁，甚至没有形容词，用的是鲁迅提倡的"白描"手法,读起来却很有味。当然,也如鲁迅所说,"质朴"并不等于"(简)陋",或者说开始有点"陋",以后还是要逐渐丰富起来(《忽然想到(二)》)。就对学生的训练而言,在首先训练学生"清楚、正确、准确地表达自己"的能力以后,也还需要有"有力地、有创造性地表达自己"的要求,也就是说,还有一个表达得好的问题,因此,就需要引导学生学习和运用叙述、描写、抒情、议论、说明这样一些基本的表现手段以及必要的写作技巧,不断提高语言文字的表现力。在这方面,本次竞赛中的一些获奖作文,也提供了好的范例。

三、"分享成长中的点点滴滴"。这是谈作文的意义,我想由此引申出两点意思。首先,作文不仅是写作的训练,而且本身就是学生精神"成长"的过程。像获得一等奖的《不熄的明灯》一文,写作的过程就是一个认识、理解父亲的过程,并且,在这一过程中,作者自身的精神也提高到了一个新的境界。其次,通过作文写下自己"成长中的点点滴滴",发表出来,就可以和他人"分享"成长的快乐和烦恼;但对作者自己来说,它还有一个"收藏"的功能,即是说,作为自己成长历史的真实记录,少年时代的作文就是一本照相簿,把它珍藏起来,等人到青年、中年以至老年时,再来翻阅,那将唤起多少美好的回忆啊。

其实,我们这本《获奖作文选》本身,也有这样的收藏意义和价值。十年、二十年后再重读,我们,发起和组织竞赛的北大爱心社的学生,作家,杂志编辑,参赛、获奖的学生,辅导老师,会想起什么,会说些什么?……这真是个饶有兴味而引人遐想的问题。

2008 年 5 月 11 日—12 日

附录：首届"草房子"杯全国初中生作文大赛评语

▎一等奖：《不熄的明灯》
（江苏启东市江龙初中 2 班 韩腊梅）

写母亲容易，写父亲难。因为要真正了解父亲，懂得父亲的爱，并不容易。

本文作者的父亲，"一生清贫潦倒"，却读书写作不止，"我"不理解他为何"乐此不疲"；直到那一夜，父亲一句话："孩子，人是要有点精神的啊……"，"我"才被点醒：不仅懂得了父亲"将读书写作融入血液和生命"的精神，更懂得了父亲对自己的期待和爱，懂得了如何读书与做人。作者具体细致地写出了这一对父女情感交流、认识的过程，没有过多的赞语，也几乎没有多少抒情，就深深地打动了我们，并且引发我们深思。这里的关键，是要用心去理解，写出自己的真情实感。

▎一等奖：《小巷深深》
（淄博市周村区实验学校初一 3 班 朱晓禹）

这篇文章的文字很好。

好在它朴实有味。你读开头一句："我的家乡是一座小城，城里有许多小巷，小巷里藏着许多故事……"，没有华丽的辞藻，连一个形容词都没有，没有夸张的抒情，更没有引用名诗警句，只是娓娓道来，却又逗人遐想。

好在善于捕捉细节。如第一段里的"脚下踏着的砖发出'咚咚'声和回响"，"水滴的滴落声"，和最后一段的"夜暗了，孩子都上床睡觉了，……只有一些小虫仍不肯闲着"，三个细节，就写尽了小巷的幽静，显示了作者细致的观察和感受力。

　　好在文章还有波澜。仿佛是三部曲：开始小巷宁静而温馨，后来发展旅游"忽然热闹起来"，最后喧闹过去，又"归于原有的本真状态"。这一番起伏，既展现了时代特色，又加深了小巷的魅力。

　　最后一句抒情："哦，我爱小巷里的生活！"正是水到渠成，而此前一句："哦，我爱你，家乡的小巷！"却可删。

▌二等奖：《我希望》
（静宁县红寺乡红中学初中七年级 1 班　杨强）

　　我希望所有的成年人都来读这篇《我希望》，倾听这位甘肃少年的警告——

　　"如果有一天，地球只剩下一个空壳，到那时，我们还有矿物用吗？"

　　"有一天，地球上所有的水都成了污水，不仅毁灭了别的生物，也毁了我们人类自己。"

　　面对这位农村孩子对地球的命运、生命的发展、人类的未来的大关怀、大忧虑，我们成年人应该感到羞愧。

　　但我们又为一位初中生的文章竟然有这样阔大的视野而高兴：应该鼓励学生写这样的大气文章。少年人本应想大事，说大话，立大志。教师的职责，就是发掘、保护和培育这样的"少年意气"。

　　因此，我们还应该感谢这篇作文的指导老师。

▌二等奖：《生活的韵律》
（淄博市周村区实验学校芙蓉文学社　耿爱）

　　这篇文章，构思巧，意义深。

　　讨论的是："什么是生活？"问题既大，又不好回答。作者去问"经历沧桑的爷爷"，又去问"人到中年的父母"，再去问"青春时期的姐姐"。回答当然很不一样，但答案也就自在其中。因此，问完了，也就明白了："生活之歌不是单调与乏味的，而是需要用心去歌唱！"

我们也终于明白：这是一篇讲对生活的体悟的说理的文章，但一点也没有说教的味道。

其实，文章点到了这点意思，就该结束。后面一段"原来生活之歌的激情没有淡忘"等议论，都属画蛇添足。

▌二等奖：《我希望爱回温》
（河北省蓉城县野桥中学弄潮文学社 李彩玲）

这是一篇催人泪下的文章。

因为它真实而真诚地写出了一个孩子刻骨铭心的痛苦。

还因为它写得真切。请看这一段："我慢慢放开妈妈……抹干眼泪……瘫倒……本想乐观地笑笑，双唇却不听话的在颤抖……不敢哭出声音……咬着手臂……无力地撞击……"，没有用任何煽情的语言，却通过一系列的动作刻画，将自己在那一刻复杂万端的情感一一呈现，如历历在目。

正因为有了这样的积累、铺垫，最后的一声感情喷发："被冰冻的爱，请你回温吧！""请你拿走我的一切，只求你，别让我没有妈妈！"就具有了震撼人心的力量。

▌二等奖：（或三等奖）《一位老人的一生》
（江西信丰县第四中学八年级14班 谢晓铃）

建议每一个中学生都来写写你身边的老人。

这是写作的练习，更是精神的传递。

用耳朵去听——像这位作者这样，听老人讲过去的人生故事。

用眼睛去观察——请看这位作者笔下奶奶编扫把的劳动，观察得多细，写得也具体入微。

用心去理解——作者写奶奶的"迷信"，却是那么的动人，因为她懂得，在轻信算命的背后，是对"我"的深深的爱。

▌二等奖（或三等奖）《忆童年》
（山东博兴县实验中学初一18班 常吉霖）

我读这篇文章时，不时发出会心的微笑。因为它写出了童心、童趣。

看看这只"一身雪似的绒毛"的小狗，学"我"躺在草坪上，"我"站起来追它，它却反过来舔舔"我"的手：多可爱！

听听"我"的抽泣："妈妈，西瓜籽在我身体里发芽了，你看我头上有没有绿绿的东西"：多美丽的想象！

是的，"我"长大了，"我"成了中学生。但是，童年时候的某些东西却是不能丢掉的，比如对小动物的爱，比如那自然而又奇特的想象。

其实如实写下自己的记忆和感受就行了，不必故意地修饰，像开头的"题记"，"岁月如梭，光阴似水"这样的套话，模仿鲁迅《从百草园到三味书屋》里的那段景物描写，还有后面"童年是我一生中最美好的时刻"这样的议论，都可以删去，因为那是别人惯用的，它不属于自己。

学写作，还要学会删改自己的文章。

第二届"立人"乡村作文比赛评语

（"传知行社"是一群北京的朋友的志愿者组织，他们在工作之余，自动集资到边远地区去建立农村图书馆，还组织了两届"'立人'乡村作文比赛"。他们从一开始就和我有联系，但我除了提出一些建议，也即作一番空谈之外，几乎做不了什么实事，这让我颇感不安。后来他们让我为评选出来的优秀作文写几句鼓励的话，说要将它刻在水晶杯上，以作永久的纪念，或许能够给这些农村的孩子，留下终生难忘的记忆。我因此而欣然命笔，就算是我这个老人赠给孩子的美好祝愿吧。）

▍《遗忘了真实》评语

寻找真实，学会宽容
用自己的眼睛看
用自己的头脑思考
——这很艰难
却是做人、作文的根基

▍《相信爱》评语

爱改变人的一生
爱支持民族的脊梁
相信爱，学会爱
生命与写作就有了意义

▌《伴君独幽》评语

穿越时空的隧道

和文化巨人交友，对话

读书、写作的意义和趣味就在这里

▌《阳台上的绿色精灵》评语

阳台上的绿色精灵

是活泼泼的生命

学会珍惜生命，欣赏生命

这是人生、写作的根本

▌《我不再是丑小鸭》评语

做人和作文

都要追求自然和平凡

因为

自然是美的

美存在于平凡之中

2009 年 1 月 19 日、24 日写

给农村教师"讲三句话"

（2011 年 5 月 7 日在《新语文读本》出版十周年纪念活动
河南新野教师报告会上讲）

这是我期待已久的一次见面，同时我也有点紧张，因为我缺乏教学的实际经验，谈的都是偏于理想的空话。我很担心，老师们愿不愿意听我说这些梦话，但反过来一想，教育在一定意义上可以说是一个理想主义的事业，教师最重要的素质就是理想主义精神。理想主义者就一定要说梦话。大家在忙乱的教学过程中能够有一段时间和实际教学稍微拉开一段距离，想一些更大的、更根本性的问题，可能有好处，也可能会打开一些思路，一些梦想就可能变成现实。有一些梦想是永远不能实现的，但我个人认为，能够做梦，是一件美好的事情，所以我今天来说一些梦话，可能还有一点意义。这也是我决定要来讲的原因。

今天我要讲的，就是三句梦话，也可以说是三个理念。第一句梦话是：把最美好的精神食粮，给农村的孩子们。

十年前，我为什么要编《新语文读本》这套书？我在一篇文字里说得很清楚，就是因为我有一个梦想。当时我认识一个作家，叫老村，他是陕西出来的一个本土派作家。他告诉我，他当时在陕西的山区里读不到任何书，就像今天农村的很多孩子一样。但是一次偶然的机会，他得到了一本《道德经》。他没有别的书，就只能读这一本书。可以想象，一个农村的孩子，他是读不懂的，但又没有其他书读，所以他就硬着头皮读，一遍一遍反复地读，慢慢地读得多了，就有了感悟。然后他就通过这本书，登堂入室，进入了思想文化的殿堂。我们今天看老村，无论是为人还是处世，都有很浓厚的道家气息，这是和他从小读《道德经》

有关的。

当时我就很震动：农村的孩子要读本书，竟然如此困难。现在，农村家庭平均藏书不到两本。这种状况长期以来一直没有得到根本的改变，实在令人触目惊心，而我们高谈教育的人竟然没有注意到这种现象，真是感到非常愧疚。我觉得自己关心中小学教育，就应该从这里开始，就应该给这些孩子们编一套书，书里应该集中了我们民族、我们人类最美好的东西。城里的孩子读书机会很多，有很多选择，这套书就是众多书中的一种，没有太大的价值；但是，对于农村的孩子而言，如果他得到了这套书，哪怕只是其中的一本，只要反复地读，就有可能因此进入人类精神文明的殿堂。

什么事都要从两面看，比如说城市的孩子容易读到书，他就常常不珍惜；而农村孩子得到一本书，他就会凝神屏气、心无旁骛地读。这种专心致志的阅读正切合阅读的本质。所以农村的孩子，他们没有那么多的外界的诱惑，如果有恰当的书，反而是一种优势。在几十年的教育经验里，我历来看重农村的孩子。我最得意的学生，至少一半来自农村。这跟我的一个感悟有关：我在贵州教了十八年的中学语文。我觉得贵州的农村孩子生活在大自然中，他对大自然中的生命、天地，有一种最直接的感悟。这种感悟，如果有恰当的引导，就是一种悟性。我对农村孩子的悟性是充满自信的，我一直认为：农村孩子有智慧的宝藏，但这个智慧需要开发。正是出于这样的想法，让我要为农村孩子编一套书，把最好的东西浓缩其中，让孩子读一辈子，为孩子终生的发展垫底。

这是我编《新语文读本》最初的动因、第一动因。听说这套书受到城市孩子的欢迎，我心里始终有些不舒服，因为农村孩子没有得到。所以我特地请广西教育出版社出了农村版，因为原书太厚，选的文章太长。但听说农村版发行也不好，我心里非常遗憾。

有一次我在中央民族大学演讲，一个孩子走到我跟前，说：钱先生，我是广东人，一个山区的孩子，一次偶然的机会得到一本《新语文读本》，我们兄弟姐妹都读这本书，后来我考上了中央民族大学，我行李中唯一带的书就是《新语文读本》，我在大学里还要继续读下去。我听了非常感动，这正是我所追求的最佳效果。现在，我又听说新野这里做了推广《新语文读本》的实验，终于让书进入了课堂。我真是喜出望外，这是《新语文读本》出版十年来最重要的带有标志性的收获，我原来的梦想终于开始变成现实。因此，尽管我年龄大了，不宜远行，还是要跑到这里来，向诸位表示我的谢意和敬意。当然，我非常清醒，这只是开始，不能夸大它的作用，但是毕竟经过在座老师的努力，这套书终于到了部分孩子的手里。坦白说，刚才听几个孩子朗读的时候，我真想掉泪，这是我十多年来最幸福的一个时刻：农村的孩子在读我们编的书，这实在是意义重大。

但是，我们还要追问：为什么一本书会对孩子，特别是农村的孩子产生这么大的影响？阅读在中小学教育中究竟有什么意义和地位？这是我要和大家讨论的问题。这里我想引用深圳育才中学严凌君老师提出的一个概念：人的生活有两种，一种是平面的生活，日常的偏于物质的生活，这种生活受到时间和空间的限制，所以它是平面的；另一种是精神的生活，它最大特点就是可以超越时间和空间的界限，哪怕你在最偏远的地区，只要你得到一本书一读，就可以和最伟大的思想者对话，这样的精神生活是立体的。

我在农村版的《新语文读本》的序言里给农村孩子写了一段话，大意是：我们都有这样的经验，比如说吧，你每天都生活在这样的天空下、这样的土地上，每天都看见这样的山，走这样的路；但每当你爬到山顶上，望着远方，就会产生这样的好奇：山之外、天的那一方是什么呢？那里有什么人，他们过着怎样的生活……有时候你还会这样想：同样生活在这块土地上的几十年、几百年、几千年前的人，他们又是什么模样，他们在想什么呢？我们总有一种欲求，想去了解远方的我们不熟悉的人和事。书，就能满足这个欲求。通过读书，可以和千里万里之外的人交流，可以和百年千年之前的人交流。你从来没有打过仗，但翻开《三国演义》，就知道古代的人是怎么打仗的。对很多人，尤其是农村的孩子，他可能都没有走出去过，但打开书，就到纽约去了，到伦敦去了。书让人超越了时间和空间的限制。我们的孩子在进入学校的时候，是一个处于自然状态的人，但读了书，就成了一个文化的人。在座的各位，你们是帮助孩子打开并进入文化之门的人，这可是了不得的一件事。

在中小学教育阶段，学生主要的学习途径就是读书；中小学教育最基本的任务，就是让孩子读书。当然还有第二个问题，读什么书？我主张读经典著作。因为经典是人类文明的积淀，这些作家都是巨人。让孩子从起点就站在巨人的肩膀上，占据人类文明和精神文明的高地，站得越高，对他今后一生的发展作用就越大。在给农村孩子的书里，我这样"诱惑"我们的孩子：你有了这套书，就有了一个"秘密通道"，可以和你想见而见不到的人见面交谈了，而且那又是何等样的人啊：全都是民族的精英，思想的巨人，文学的大师，是孔子、屈原、李白、杜甫、陶渊明、苏轼、曹雪芹，是鲁迅、老舍、沈从文、艾青，还有古希腊的苏格拉底，俄国的普希金，英国的莎士比亚、雪莱，西班牙的塞万提斯，美国的爱因斯坦、惠特曼，法国的雨果、左拉，德国的马克思、歌德、海涅，意大利的布鲁诺……你可以和他们促膝谈心，进行思想的交流、精神的对话。你将触摸集中了人世大智大勇的高贵的头颅，融合了人间大悲悯、大欢喜的博大情怀的颗颗大心。你将在有声、有色、有思想、有韵味的语言世界里流连忘返，透过美的语言窥见美的心灵、美的世界。你将由此而站在巨人的肩膀上，以一种新的视野、新的眼光重新观察你所生活的地球与大地：许多你所不知道、不熟悉的"新大陆"将奔涌于你的眼底，就是对你天天生活于其中的这山这水，司空见惯的这鸡这狗，你都会有新的感悟、新的发现。如这本书里的一篇文章里所说，就像每天早晨起来，你会有一种"一切重新开始"的"黎明感觉"一样，你将用"婴儿的眼睛"重新发现世界；更重要的是，你将重新发现你自己。你会觉得，在和这些大师（如今他们都已经成了你的朋友）的交往中，不知不觉地你已经变了，变得更聪明更美好了；你终于有了一个自己的精神家园。

阅读的最根本的目的，就是为孩子构建一个精神家园。老师的任务是什么，就是牵着孩子的小手，让他来到巨人的面前，让巨人和他们对话。我们就站在旁边，微笑地看着。老师的价值就在于此。

我还想强调的是，农村的孩子享受人类的精华与文明，是他们的权利。我们长期以来都未能让他们读到最好的书，我们是欠着债的——对孩子、对我们社会的未来都是欠着债的，因为孩子代表着未来。

但我这样讲，有的人并不接受。我听说有的农村家长，甚至孩子自己都认为：农村孩子将来就是要打工的，识几个字就行了，读莎士比亚、读雨果，和自己没有关系。这就提出了一个更根本的问题：我们农村的教育是干什么的呢？我感觉，我们长期身处一种危险之中，那就是农村教育陷入了严重的"城市中心主义"。城市教育严重应试化，教育的目的就是让学生通过高考上大学。所以如果老师断定这孩子不太容易上高中、上大学，他教起来就没有劲，学生也不愿去学习。应该怎么去看待这个问题？我认为有两个方面。

一方面，农村教育确实有这样的任务，为高等院校输送人才。上大学是农村孩子的权利，他们通过高考向上流动，从而进入更广阔的世界，有更大的发展空间，是理所当然的。但仅仅局限于这一任务是不够的。农村教育还有其他两个任务：为城市的发展和建设输送劳动力，也就是打工者。这里讲"打工"没有任何歧视的意思，这也是一种选择。但大家要看远一点，随着城市建设的发展，对打工者的要求也越来越高了，他们也必须有相当的文化程度。随着社会的发展，一部分学生还应该成为新农村建设的人才。这三类的人才都需要孩子有很好的底子，也就是学习底子和精神底子。我们的任务，就是要让农村的孩子都能受到高质量的义务教育，让他们有机会进入人类文明和民族文明的殿堂，无论他以后从事什么工作，无论是上大学，还是投身城市、农村建设，都有一个坚实的基础。这关系着人的发展起点上的公平，意义非同小可。

农村孩子读书还有一个意义——促进乡村文化的发展。今天讲的农村教育的概念是一个笼统的概念，具体来说，应该包括学校教育和村民教育（或社区教育），不能只局限于学校教育而忽略了村民或社区教育。在农村的社区教育中，孩子会不会起很大的作用？新野的经验证明，孩子带动父母一起读书，由学校读书扩展到农家读书，就为村民教育创造了好的氛围。

第二句梦话是：教师、家长和孩子一起成长。

这些年语文教育界有很多争论：人文论、工具论等。这把语文教育复杂化了。其实语文教育很简单，概括成一句话就是：一群喜欢读书、写作的老师带领孩子一起读书、写作，并在这个过程中共同获得快乐和人生的意义。

要搞好语文教育，最关键的就是要有一批爱读书、爱写作的老师。怎么培养这样的老师，是一个具有全局意义的任务。

首先要为这些老师创造条件。爱读书的老师并不多，这个事实必须正视，但是有，这也是事实。怎么把爱读书的老师联合起来一起读书？我介绍一下福建的经验：老师利用网络，建立"1+1读书俱乐部"，每月集体读一本书，在网上充分地交流。网络还有一个好处，它不受时空的限制，比如说你们需要我帮忙，就不必把我请到这里来，用网络联系就可以了，我还可以联系若干专家，大家都来当你们的顾问，这就打破了新野相对闭塞的状态，而获得了更广泛的教育、学习资源。我在这里郑重地建议各级教育部门的领导，要有计划、有步骤、有领导地培养一批爱读书的老师，以此作为最基本的教育建设。这项工作坚持三五年，就会见效，把整个县的教育水平提高一大步。

作为语文老师，除了爱读书，还要爱写作。我和老教师共同总结出一条语文教师的成长之路，八个字：读书、写作、思考、实践，大家再团结起来，充分利用各种资源，这就是中小学教师，特别是边远地区教师的成长之路。

第二，在读书中获得快乐和人生的意义。

教师是做什么的？我想起鲁迅的一句话：一要生存，二要温饱，三要发展。当教师，第一要义是谋生。这一点不用回避：通过诚实的劳动来谋生是每一个教师的基本权利。但这只是一步，是不够的。还要发展，还要自我实现。我们要从教育中寻找快乐，寻找人生意义。有种说法我是坚决反对的：教师是蜡烛，燃烧自己，照亮别人。当教师是为了毁灭自己？这是多么荒谬的说法，这是一群吃饱饭的人在那里骗大家的说法。教师不能无条件地牺牲自己，当教师不是完全为了别人，而是首先要使自己从教学中获得快乐，这也是教师的权利。课堂上的效果好不好，就看老师有没有把自己的生命气息放进课堂。教师如果都没有把自己的生命放进课堂，又怎么去要求学生？其实老师是可以在教学过程中和学生共同成长的。教师的快乐来自他面对的是年轻人，是生命起始阶段的活泼天真的孩子。教师也有职业习惯，我做了四五十年教师，现在只要一看到孩子，就两眼发亮。我上课前也会紧张，因为我面对的是不同的学生，我期待自己每一次讲课都是一次新生，是一种生命的爆发。教师的全部意义和价值就在于每一天都处在新生状态。有人问我，为什么你七十多岁了还这么精神焕发，我的答案就是我每天都和青年在一起。如果有人想惩罚我，不让我和青年见面就可以了。

我经常给学生讲：如果教师从当教师中得不到快乐，有别的谋生手段，就别当教师。我很清醒地知道教师工作的艰难和痛苦。可以毫不夸张地说，中国每一个教师都有自己的辛酸泪。由于种种原因，我们每个人都有痛苦的、心酸的东西，而这些痛苦和哀伤，不完全是体制造成的。教师工作本质上就有痛苦的成分，尤其是中小学教师。这个群体有两大特点。

中小学老师只是播种者，而不是收获者。播下种，孩子却很快就离开你了，以后的生活是你管不了的。我开玩笑说，博士生导师才是收获者。最后到我这里，他成才了，他首先感谢的是我，绝不会是你们。但我心里很明白，没有你们，怎么会有他的成长。你的收获在于孩子成长后，他还记得你，回到学校来看你，向你鞠躬致谢，但这时，你已须发皆白。这是中小学教师，尤其是农村教师的宿命。所以，中小学教师必须有一种只顾耕耘、不问收获的精神。但是你要知道只有你的播种才会有孩子的未来。有一种很坏的社会风气，它只盯着成功者。以这样的价值观看中国的教育，是看不清楚的。

还有一点：你别以为你对孩子好，孩子就会回报你，大多数会回报你，个别的就不领你的情，还会有意无意地伤害你。教师是最容易被学生伤害的。

回顾我一生的教育生涯，四五十年的教育过程，我常常想到受到的伤害，而这些伤害是永远也抹不平的。我举一个简单的例子，"文革"前，我在贵州的一个山城教语文，我的学生很多都是来自农村的。我非常爱我的这些孩子，当时农村是非常贫困的，所以他们没袜子穿了，我经常给他们买袜子，他们没衣服穿了，我给他们买衣服，我还把自己的棉衣送给他们。"文化大革命"来了，我所有的这些对孩子的爱护、帮助却成了罪证，罪名就是"和党争夺青年"。有一天，我关在牛棚里，醒来就看见我床边的墙上挂着我送孩子的棉衣，旁边写着大字报"钱理群，把你的狗皮还给你"。我想在座的老师都能体会那一刻我内心的痛苦。后来，这些孩子毕业了，毕业典礼上要照相，因为当时的工宣队告诉学生"钱理群是反革命"，因此，全班同学拒绝和我照相。你想这对我伤害有多大。当时，只有一个学生站出来说：你们太不公平了，钱老师这样对待我们，你们怎么可以如此对待他？他宣布：如果你们拒绝和钱老师照相，我就拒绝照相。我到现在还记得这个学生。这样的人是有的，但毕竟只有一个。

当然，我遇到的是极端情况。但是，孩子肯定会有意无意地伤害你，我相信在座的每位老师都会在不同情况下，不同程度地受到来自学生的伤害。这是你当教师必须付出的代价，因为你面对的是不成熟、不懂事的孩子。你要让孩子从不懂事到懂事，这个过程中就会遭到学生有意无意的伤害。

我回顾一生的教育生涯，可以总结两句话：想一想你要哭，想一想你要笑……诸位或许不一定要到我这个年龄，今晚就可以躺在床上想想你从教的生涯，总会有许多事让你哭，也总会有许多事让你笑。既让你哭，又让你笑，这就是教师工作的特点，也是教育工作全部的意义和价值。我们说教师的欢乐，不是一种轻飘飘的欢乐，这是伴随着痛苦的欢乐，因此，也是最有分量和价值的欢乐。

即使有时哭、有时笑，即使有时受委屈，即使有时看不到收获，但是我们依然要做教师。为什么？因为我们的一切都是为了孩子。

最近我提了一个概念叫"真正的教师"。不是说，只要上课就是真教师。真教师和假教师有一个区别，就看他心中是否有学生。真教师的全部特点就是他心中有学生，为学生的成长，心甘情愿地贡献一切。然后，在学生的成长中获得自己的快乐和成长。

我经常讲一个小说里的故事。俄国作家陀思妥耶夫斯基的小说中有这样一个情节：一群农村的孩子毕业了，一起聚会。一个孩子发表了一篇演讲说道：我们要告别童年了，回顾童年的生活，总有一些美好的记忆，会永远留在我们的生命中。以后我们长大了，由于外界的各种压力，我们同学当中，有人可能会变成坏人。但即使成了坏人，在枪毙的那一瞬间，可能想到他活着的时候，童年的时候，有一些快乐的时刻，心里就多少有一点安慰。同样是死，有还是没有这样的美好的童年记忆，是大不一样的。

这提出了一个非常重要的教育问题：童年生活留下了怎样的记忆，是快乐的、光明的，还是痛苦乏味、阴暗的，这是会决定一个人一生的发展的。为什么现在有很多学生读了初中、高中，读了大学后要自杀？这样的人他童年就没有快乐过，人生没有让他可以留恋的东西。而我们的教育，特别是农村基础教育最根本的任务，就是给我们农村的孩子提供一个美好的、光明的童年记忆，教师的最基本的意义和价值，就体现在能够成为孩子童年记忆中最光明的、最幸福的那一个瞬间。当然，这一瞬间有的孩子记得起，有的孩子记不起，但能否记起无所谓。我们的老师一定要记住，孩子是在生命的起始端和你接触的，给他一点温暖、一点快乐，这对他以后的发展是起决定作用的。你对孩子冷漠，不能给他快乐，不能给他幸福感，哪怕瞬间的快乐、瞬间的幸福感，你就失去了作为教师的基本职责。

第三句梦话是：我们没有奢望，能帮一个算一个。

我为什么产生这样一个想法呢？就是因为深深地感到作为一个教师的无奈。我们绝对不要把教育理想化、神圣化。无奈有两层。一是教育的逻辑在生活逻辑面前的无奈，生活的逻辑远远强大于教育的逻辑，坦白地说，我们辛辛苦苦地在孩子心中树立的很多信念，一遇到生活，很可能就会破灭了；第二层是作为一名普通的教师，在目前的教育体制面前的无奈，越是底层越如此。面对这样的社会，这样的教育体制，有追求的教师是不能不感到自己的孤单无助的。我相信在座的许多老师都是如此，我也如此。因此，我完全理解现在不少中学、小学老师中弥漫着的虚无主义的、失败主义的情绪，觉得教书没有意思，就只有混。我理解，因为这是出于无奈。我知道许多老师都经历过这样的过程：刚开始充满了理想、充满了憧憬去参加教育工作，以后在现实教学中一再碰壁，处处感到自己的无能为力，又找不到别的工作，那就混吧。我听说一些农村的老师经常喝酒，喝完一圈又一圈，我完全理解，这些老师的内心其实是痛苦的。

但是，光理解并不能解决问题。有时候我反过来想：这样混下去多没意思，也不是事儿，在无奈中能不能找到一些积极的东西，从虚无主义、失败主义中挣扎出来，让我们的生活、生命获得某种意义和价值呢？我常常这样想：大范围的事情我们管不了，作为一个无权无势的普通教师，别说国家的事情，一个学校的事情我们也管不了，但是我们能不能在力所能及的范围里，营造一个相对能活下去的、有点意思的环境和氛围，多少做些有意义的事情？于是，我就提出了"帮一个算一个"的教育命题。

这是反映了我现在对教育的态度的：我对中国的教育想得比较宽、比较多，因而比较悲观，总体上不相信中国的教育会有根本的改观，但是在处理具体的教育问题、从事教育实践时，我又是积极的，并不消极和虚无。这就是孔夫子说的"知其不可为而为之"，也就是鲁迅的精神，叫"反抗绝望"。"绝望"就是清醒的现实主义，看透中国教育问题积重难返，也看透自己的局限性，作为普通教师，实际处于"少有可为，甚至不可为"的状态；但是尽管看透，却不甘心，所以要"反抗"，在"少有可为，甚至不可为"中寻找"可为"的空隙、空间，从这当中获得生命的某种意义和价值。

"帮一个算一个"的指导思想，就是在这样的思想状态下提出来的。我做很多事情时，都是抱着"帮一个算一个"的态度，积极、认真去做，但又不抱太大期望，包括今天的演讲。我可以坦白地告诉大家我对自己演讲效果的估计。我是很认真地准备这次演讲的，在北京就写好了详细的讲稿。现在大家很认真地听我讲，这个场面也是我预料中的。我相信，也看到了老师们听我演讲时，会有瞬间的感动。但是我更清醒地知道，听完演讲，你们回到现实的教学生活中后，我的话基本会被忘掉。这是前面已经讲到的：现实生活的逻辑，比理想的教育的逻辑要强大得多。这里有五百来位老师，或许有五个老师真听进去了，在以后的教学实践中，会想着我说的某些话，去积极地改变自己的教学环境，这样，我的努力，这次演讲就有了收获，没有白说——其实即使白说也要说。

我不是在贬低诸位，而是客观地估计自己所做的事情的限度。许多人都在大谈教育的伟大与神圣。总体上可能是这样吧，可是作为具体的教师，我可不敢把自己做的事，看得多么伟大与神圣，从不奢望能够创造奇迹，甚至宁愿把结果想得坏一点；但也不自馁，相信自己做的事，还是有点积极意义的，否则就不做了。我通常这样计算：我花了大力气，效果只有小数点零零零几，但只要是正数，我就满意了。我还算了笔账：今天五个，明天演讲再五个……不断地讲下去，加起来就相当可观了。比如，《新语文读本》，我不知道发行了多少套，或许有几十万套，我只希望有一百个、几百个孩子读进去了，对他的一生发展产生积极影响，那我就成功了，而且可以说是伟大的胜利。

我也要请在座的老师来算两笔账：一笔账是，你自己做一件事，比如，你引导孩子读《新语文读本》，你认真地进行教学，不要以为教完后，孩子就会变一个样子，但是每个班、每一学期有五个学生因此有了改变，你教二十年书，日积月累下来，你一辈子就影响了一二百个孩子，这就是很了不起的成绩。还要算一笔账：虽然和你一样有理想追求的、爱读书的老师，在教师总量中的比例确实极小极小，我估计一个学校就几个，但是全国有很多中小学教师，所以绝对量绝对不小，在这个意义上，你绝不孤单。如果你们这些理想主义的教师，团结起来，积极做事，就能做很多有意义的事，会培养出成千上万，以至更多和你们一样的有理想、爱读书的孩子，这件事的意义就非同小可了。事情就是这样：看自己，做的事确实很小、很有限，但放开来看，许多人都这样做，事情就绝不小。虽然也不会大到根本改变什么，但在变，小小地积极地变，这就够了。想到、看到这一点，就会在总体绝望下有点信心，在总体无力感中感到一点力量。

这里还要补充一点，所谓"帮一个算一个"，其帮助的对象是应该包括全体学生的，你的爱应该施向所有学生，也就是不能只帮学习好的学生，你要帮所有的孩子。在教育中，我们常常忽略中等水平的孩子，因为这些学生成绩不是特别好，老师不会特别关注他，他也不太惹事，成绩也不是太坏，家长、老师都放心，但恰好这样的孩子就需要关注。老师稍给点关怀，就会有意想不到的收获。举个例子，我曾读到浙江一位小学老师写的教育故事，她班上有一个中等成绩的孩子，从来没有人关注他，有一次老师带他到城市的公园去玩儿，玩儿了二十分钟，孩子就待不住了，说要回家。他飞奔到家里对妈妈说：妈妈，今天老师带我去玩儿了，并立刻写在日记里，说他度过了最快乐的一天。这个故事很感人，也很有启发性：有时候教师无意中帮一个孩子，可能就会产生深远的影响。只要你有爱心，爱所有的孩子，给他们帮助，哪怕是一回谈话、一次作业批改，甚至一个眼神，就会在孩子心中留下我们所说的美好的瞬间记忆。

我们可以总结一下。"帮一个算一个"的教育命题看起来是消极的，其实它背后是有几个理念的：第一，清醒地估计现实，清醒地认识教育和自己的局限性，不把教育理想化，不对个人抱不切实际的幻想。第二，采用积极的人生态度。第三，从改变眼下自己的存在开始，不寄希望于未来；从现在做起，不企图、不等待特殊的条件，从我们能够做到、能够改变，能够尝试的地方做起；不追求根本的改变，从一点一滴地改革、改良做起。在我看来，这也是在当今中国现实条件下可能出现的"教育理想主义者"的三大特点。我今天来讲梦话，就是要提倡这样的教育理想主义。

在当下的中国教育体系下，要做到这一点，做一个好的中学、小学语文教师，必须要具备两个条件：一是教育智慧，二是韧性精神。

要有教育智慧。你要在现有体制下做事，就要善于作妥协，善于寻找缝隙、寻找生存的条件，但这种妥协又不能过度。什么都不妥协是做不成事情的；妥协过度了，则会失去原则和自己的理想：这就是我们所面临的困境。这就需要有教育智慧。许多老师在这方面，有许多很好的经验，大家不妨互相交流，这里就不多说了。

此外，还要有韧性精神。这是鲁迅所倡导的。他打了个比方，说我们如果到天津去，就会遇到一种流氓叫青皮。他来给你提行李，你问多少钱，他说两块钱；你说路很近，用不了吧，他说两块钱；你说不要他提了，他还说要两块钱。青皮的特点就是认准一个目标，比如说要两块钱，就死咬住不放，不达目的誓不罢休。鲁迅说，这样的流氓行为固然不足为训，但其所体现出的韧性精神，却大可借鉴：我们认准一件事儿，也要咬住不放，不把它做好，绝不放弃，绝不罢休。

我们也要把教育当作一件事来做。其实，作为一个普通的农村教师，我们一辈子只能做一两件事，而且要做好也不容易。当我们下决心，立志做一件事时，比如要让我所教的学生都认真读书，比如读《新语文读本》，要养成他们读书的习惯。我教一辈子书，就做这一件事，竭尽全力去做，持续不断地做，日日做，月月做，年年做，没有条件就创造条件去做，不动摇，不放弃，长期努力，就会培养出我们前面所说的一个又一个、一批又一批喜欢读书的学生来。做到了这一点，你的教师生涯就有了一种意义和价值，你就会感受到生命的充实与快乐。

我今天要讲的三句话讲完了。谢谢大家冒着酷热，听完了我讲的这些梦话。

在河南校信通教育科技有限公司刘田田、张晓东根据讲座视频整理的基础上，重新整理，2011 年 11 月 28 日—29 日

日常教学的琐细中
隐含着深长的教育意义

—— 许丽芬（呱瓜）《像傻瓜一样冒险》序

作者说，她是一个普通得不能再普通的老师。这是确实的：一个城镇小学一年级的语文老师和班主任，也可以说是底层得不能再底层了。

底层的教育意味着什么呢？除了我们这些城里人，我这样的大学教授难以想象的贫穷、艰难、无助之外，就是无穷无尽的日常教学工作的琐细和平淡——"这平淡的日子，就好像一个农民"，日出而作，日落而息，日复一日地面对"一颗颗湿漉漉的脑袋"，闻着"一股股浓浓的汗酸"，"日子就这样七零八落地逝去，孩子们也在一天天成长"。（《日记，即自言自语》）

生活就是这样，教育就是这样。

但有一天，虽然依旧是悄然无声，却发生了变化。许丽芬老师后来回忆说："当生活的污浊淹至胸膛时，我开始在逼迫中奋起：要读书，要吸取力量，要在日常生活之外为自己寻找一条可以信赖的小路。"于是，"在焦虑的苦痛与对光明的渴求中我啃读每一本能够抓住的书。"正是书，将她带入了精神的星空，"仍然在日常生活中爬行"，"心却向着远方"。（《有点野气，有点不羁》）许丽芬老师终于找到了自己的生命存在方式："脚踏大地，仰望星空。"——依然立足于底层教育，"和土地结缘"，却有了精神之光、理想之光的照耀，生活、工作依然琐细、平淡，却有了新的意义，"每天都有新的太阳升起"。（《日记，即自言自语》）

生活变了，教育变了。

依然每天和孩子说话，但是突然注意到了"被遗忘的角落"：那些"父母早出晚归的，长年单独和外婆一起生活的，少言寡语的，我又极少顾及的"，不好不坏，因而在班级中显得不那么"重要"的孩子，但因为被忽略，孤独感就隐蔽地每日每夜地蚕食着他们稚嫩的心灵，"为以后的心理不健康和'心智不全'埋下隐患"，"而这样的侵蚀就发生在我们身边"。意识到这样的失职，就产生了教育的顿悟："驱赶孤独，营造温馨，应当成为我们每日生活的必需，每天和孩子说说话，应当成为'关注每一个孩子'的必备。每天，我们都有必要争取时间去和不同的孩子聊点什么，谈点家常，语气轻松，内容贴心，没有训斥，看上去毫无教育意义，这些微不足道的琐碎都应该成为我们每日捕捉的灵光。我想这就是教育的人情味吧。""教育的人情味"，这是一个多么重要的教育命题，这是真正触及教育本质的顿悟："唯有人性的教育，才值得我们如此兢兢业业，备加谨慎。"而且还有这样的实践和效应：一个周末，许老师带着一位孤僻的孩子在绿地上玩了十五分钟，"他玩得有些羞涩，但很满足。当我问他要不要继续玩时，他说'不要了，回去吧'，声音有点异样"，"那天他一回到家，就兴奋地叫着：'我要写日记，我要写日记，我的老师带我去青草地玩了！'""听了这话，我心里有些欣慰，更多的是心酸。"（《每天，和孩子说说话》）这是真的：谁能不为之感动，并由此而深思教育的责任呢？

依然是每天没完没了地批改作业，却突然对自己千篇一律的批语模式产生怀疑，感到厌倦，以至羞愧。"我们能否绕开教条的作文评语语法，另辟蹊径？我们能否和学生一起，运用语言，挑逗语言，使之相互辉映？"由批改语言联想到课堂语言，又有了教育的顿悟：教育本质上就是语言的教育，而"我们的语言，精彩纷呈的语言，正在被取代和埋没。我们本该用来传承、延续、实验和创造语言的课堂，更多地被用来复制、堆砌语言垃圾或者近似垃圾的东西了"。于是，就有了这样的自觉追求：要将上课、作文指导与批改都当作是"参与一次美妙的言语实验"。（《"如沐春风"的痛楚》）

依然是例行公事的家访，又突然发现了其中的味道和意义：正是家访，使自己"能更多地和学生的家庭、学生的日常生活建立起真实、具体的联系"。于是，一直视为外加负担，令人疲累不堪，也不胜其烦的家访，突然进入了自己的生活："很多时候，我会忘记了我是代表'教育'而去的，我更多的只是想去走走、看看、听听，或者只去摸一摸他们家早已斑驳的墙壁。我觉得，每一次走动，都会从不同的角落里传递出一些细腻、真切的东西，揣回一些可以凝神静思的情感。孩子、家长注视的眼神，汇集在一起，几乎融成了我的土地，我就生长在这里。"(《家访笔记》）——这背后也有教育的顿悟：教育对教师而言，不仅是谋生的手段，更是生命存在方式，是生命的意义之所在，因此，真正的教育是内在于真正的教师生命之中的。

依然是带领学生集体旅行，突然有了不一般的"感觉"：这一刻"站在山上，看一看更远一点的地方"，这一番"体验'迷路'和'开路'的趣味"，这一声"我们冒险回来了"，难道不都蕴含着一个个的教育课题？(《"你很有福气"》）于是，就懂得了这也是教育：带孩子"在村庄和野外瞎玩狂奔，在我的指引下，感知对土地、对虫鸟万物的爱惜和眷恋"(《被蓝色包藏的诗意》)。人在自然中，这本身就是一个最基本的、最重要的，也是最理想的教育状态。

这样，当许丽芬老师用新的眼光去观察、体验底层教育的日常教学生活时，就发现了琐细、平淡中"隐含着深长的教育意义"(《每天，和孩子说说话》)，并且"在琐细里挑出了快乐"(《看我怎么罚你·第三个故事》)。

一个新的教育天地，在她面前展开，并随时随地激发着她的想象力和创造力。她逢人就眉飞色舞地唠叨一句话："教书真是一件很有创造力的事情。"她这样提出问题：为什么我们不能有"奇思妙想"？(《突然有了感觉》)她大力宣扬："我在期待着一个意外"，"期待一个逃越'文明规范'和'大众口味'的意外"，"期待一份开阔、一份自由，期待一种真正代表儿童朴素、真诚、尤忌的生命状态"。(《日记，即自言自语》)

这是"教学灵感"的产物：许老师有一天给学生上了一节"独一无二"的课，叫"静心思美"，老师和学生一起"静思五分钟，想想以前谁帮助过你，关心过你"，然后用笔写下自己内心的感受。许老师这样解说她的教学设计背后的教育理念："每个人都要学会在安静中面对自己，对着自己说话，思考自己的生活。而思美是因为我们在生活中曾经得到过很多关心、帮助和鼓励，美需要用心地反复咀嚼。所以我们要经常地思考它、回味它，怀着感恩的心。这样我们才能获得信心、善良、乐观和活力，生活也因此开阔和美好。"（《珍贵，献给"我淡蓝色的晕眩"》）无论是"静心"，还是"思美"，都隐含着教育的真谛，它引起孩子强烈的反响是可以想见的："所有的生命都有回声。"单看学生的文题——《穿过美好时光的隧道》《温暖的心灵》《藏在心里的太阳》——就知道许老师播下了怎样美好的生命种子！

还有"爱心加油站"。这也是一次突发的灵感：临近教师节，许老师布置学生开列一张"爱心清单"，罗列教过自己的老师曾经给过的点滴关爱，并且鼓励说，写得越多的人代表着他越富有。从表面看，这只是前述"思美"活动的一个延伸，但许老师却赋予了新的意义："作为教师，在教师价值普遍贬值的情况下，有必要真诚而适当地宣扬我们所付出的劳动，和为人们遗忘、贬低的爱意，这是对自我价值的自信与认可"；而"那些懵懂的学生"则"可以因此寻回被日常遗落的爱的星火，重新调整出良好的受教育的心态"，"懂得感激他人之爱，感激师恩"，"避免因为相互不能理解而造成的师生之间的相互残害；理解的爱，才是解救一切生灵的灵丹妙药"。（《爱心加油站》）在师生之间建立"理解的爱"，许老师有意无意间抓住了当下中国教育的一个症结点。

她就是这样在日常的教学工作中思考、探索教育，深化和提升自己对教育的理解，并开始对某些公认的教育观念提出了质疑。

面对举世滔滔的"差生"论，她这样追问："何为'差生'？""差生的头衔是一种根植于我们头脑中的习惯势力强加给那些孩子的"——"思考即迟钝；顽皮即野性；与众不同即学不正经"；有的学生"只不过是学习或其他某些方面比较薄弱，处于暂时的弱势，可我们来不及等待，也不作静思，更缺乏尊重，一种坦坦荡荡的尊重，一种一视同仁、平等对待的尊重。"这又抓住了一个要害："尊重一个人在普遍意义上的存在，便是最大的教育。"（《我们的孩子，没有差生》）

她还追问：人皆有好恶之心，但教师能够以自己的"好恶之心"对待学生吗？有好恶，就会对不喜欢、不欣赏的学生产生无由的怨怼，有意无意地伤害学生的自尊、自信，这从根本上是反教育的。教育的宗旨应该是"接纳"，无条件、无差别地公平、客观、谨慎地接纳一切学生，"对每一个孩子保持应有的敬畏之心"。(《师道应秉持"无好恶之心"》)

　　还有，依靠感性的爱，可以解决教育的问题吗？这是人们很少去想的一个常识："如果教育的爱能够包治百病，那么社会就不用培训教师了，直接请当母亲或者父亲的人来当教师就行了。"教育当然需要爱，但更需要理性的引导，唤醒学生自身潜在的理性(《第二个故事》)，"没有职业理性就没有教育"(《职业理性要比爱先行》)。

　　我不知道许老师的这些教育理念，是出于她自身的感悟，还是受到书本的启发，但有一点是可以肯定的，所有这些理念，都已经融入了她的生命，有机地转化为她的日常教学实践，成了她自己的教育观。这底层教师的教育学，或许是更具有本真性和本根性的。我曾经说过，在远离中心的地方，应试教育的污染相对少一些，或许还保留一点朴素的教育常态，并因此而具有了进行新的教育实验的可能性。在我看来，许老师的工作正展现了这样的可能性，她的教育随笔所提供的信息，让我们感到振奋，我们应该向许老师和所有真正支撑着中国教育的底层教师表示最大的敬意。

2009 年 8 月 16 日

▶ **乡村文化重建**

乡村文化、教育重建是我们自己的问题

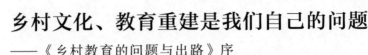

——《乡村教育的问题与出路》序

　　春节期间闭门写作，已经成为我这些年的习惯——因为电话、手机、网络的发达，很少有人登门拜年，也就是说，生活的现代化给我这样的文人提供了一个"躲进小楼"的机会。但对我来说，"躲进小楼"并不意味着忘却外部的世界，因为独自静思，却面对了许多在平日喧闹中无暇顾及的问题，不免扼腕长叹。眼下正在读的这本《乡村教育的问题与出路》的书稿，就让我怎么也平静不下来。首先想到的是——

这块土地上的多数人是怎么"活着"的

　　这里所说的"土地上的多数人"主要是指农村人口。书中选录的贺雪峰先生的《新农村建设与中国道路》引述了二〇〇五年国家统计局的统计：我国城乡人口占总人口的比重为43%，有近八亿人口生活在农村；但贺先生又指出，这里公布的城镇化数据是把农民工计算在内的，但农民工仍是依托农村的土地赡养父母、养育子女的，他们自己也只是城市里的过客，如果将这些农民工排除，则中国的城市化率仅略超过30%，农村人口（或依托农村生活的人口）约为九亿人。

　　这中国十三亿人口中的九亿人，他们的生存状态怎样，他们是怎么"活着"的？这是讨论中国问题时不能不首先关注的。然而，它恰恰被许多人有意无意地忽略了。

　　书中的两篇文章《巧家有个发拉村》和《故乡：现代化进程中的村

452

落命运》因此首先进入我的视野，而且读得我心惊肉跳。

《巧家有个发拉村》的作者孙世祥，正是我去年写的文章里说的那本"沉重的书"(《神史》)的作者。我所说的那位母亲，就生活在发拉村里，他们的生存状况我应该说是有所了解的，但这次读来仍如作者一样有"泣血般的感觉"的，是他们惊人的、超出想象的物质贫困：看看五十多岁的孙明万，一大早饿着肚子，赤着脚，冒着大雨，到六公里外借得点苦荞回来，在石磨上推碎，烙成粑粑，给八十多岁的老母和二十八岁讨不起媳妇的儿子充饥的情景；看看阮应卿这一家：他自己七十多岁瘫痪在床，儿子摔死在悬崖上，孙子只有十多岁，全靠断手的儿媳苦苦支撑……你就会明白，这里的农民已无法在这块土地上容身：全村因生活维持不下去被迫搬迁、在外地流浪的，已达一百八十户！绝不能低估这样的绝对贫困的严重性，它不仅关乎千万人的生命（国家统计局新发布的二〇〇六年《统计公告》宣布年末农村贫困人口为两千一百四十八万人），而且如本书收录的刘健芝先生的文章所说，它是和另外一些人同样惊人的、超出想象的暴富并存而且"内在相关"的（《乡村建设的另类经验》）。

同样惊人的、超出想象的，还有精神的贫困：因争食、争救济而斗殴，以至杀人，几成常事。如作者所说，生存危机必然带来"礼仪沦丧，情义扫地"。更严重的是，如我在《这本书竟是如此沉重》一文中所指出的，在残酷的生存竞争中，"家族的亲情越来越淡薄"，"家族凝聚力彻底丧失"，加之"基层组织在农村生活中的退出"，导致发拉村以及许多西部地区的农村，"已经如同一盘散沙，没有任何组织力量能够把农民凝集起来"，当地的乡村民间社会正处于瓦解的过程中。

而这样的过程，又以另一种形式同样出现在东部农村。《故乡：现代化进程中的村落命运》的作者告诉我们：他的家乡——广东的农村，大体已经解决了温饱问题，但"故乡的房子越来越新，越来越时髦"，却是以"河水脏了，青山秃了"为代价的。更内在的代价是精神的伤害。作者这样描述外出打工者的"精神困惑"："在见识了外面的世界后，在目睹了农村的真实情况后，他们早就彻头彻尾地对农村生出了一种隔膜，甚至是厌恶的感情"，于是他们陷入了生存的尴尬之中："农村本是他们的家园，却无法产生天然的归属感；城市不过是他们讨生活的人生驿站，他们却渴望能够做多一分的停留"；但能否停留，停留多久，却远非他们自己所能掌握，只有在城乡之间"跑来跑去，过一种自己都无法理解的生活"，彷徨无助，没有任何安全感。然而他们却又将一种新的价值理念、新的生活方式带到了农村，"冲击了乡村的根基"。如作者所描绘的，首先变化的是价值观念："在他们眼中，最能衡量人价值的标准毫无疑问只有金钱。能不能赚到钱，能不能在最短的时间里赚到钱，已经内化为他们行动的最大理由和动力。"生活方式的变化也许更加令人触目惊心：许多富裕了的农民因为精神空虚和投机心理，走上了滥赌之路：打牌成风，"买码"（"六合彩"）泛滥，以至吸毒成瘾，终于败坏了社会风气，也破坏了家庭、邻里的人与人之间的关系，于是就出现了作者所描写的"老满被他的儿子放倒了"的家庭伦理沦丧的悲剧，而且这一现象绝非个别和偶然。

乡村教育和文化的危机

在这样的生存状态下，农村出现教育的危机、文化的危机是必然的。在发拉村这样的贫困地区，失学现象的严重程度、办学条件的恶劣，也同样超出想象：发拉村学龄儿童中，有三分之一以上失学；未失学的，无力交书钱、买不起纸笔的又占 20%。于是，村里就出现了"无书、无纸、无笔，空手来校，空手回家"的"学生"：这叫什么"教育"！如收入本书的中央党校课题组的调查报告所说，西部农村教育"用'凋敝'这个词来形容，一点都不夸张"。我们总是在夸耀已经"基本上普及"了九年制义务教育，且不说这是一个虚数，就算真的"基本普及"了，也掩盖不住一个事实：15% 的人口——大约一亿八千万人——所居住的地区还远没有普及义务教育，这也就意味着每年有数百万的儿童作为共和国的公民难以享受他们接受义务教育的权利。另一个事实也不容忽视："从一九八六年《义务教育法》颁布之后，到二〇〇〇年'基本普及'之前的十五年间，总计有一亿五千多万少年儿童完全没有或没有完全接受义务教育。"如一位作者所说，"这一庞大人群的一部分显然在以各种形式显示着他们的存在：从国家今年公布的'八千五百万青壮年文盲'，到各地以种种暴力手段威胁着社会的低文化层青少年犯罪"（张玉林：《中国农村教育：问题和出路》）。这些沉重的事实是不能回避的。

尤其令人感到沉痛的是，教育越是凋敝，农民越把希望寄托在教育上。发拉村人"比供孩子读书成了风气"，以至出现了忍饥挨饿、倾家荡产供孩子读书的"英雄"。作者说，这是濒于绝境的农民"勠力奋斗，力图改变命运的悲壮行动"。（孙世祥：《巧家有个发拉村》）感动之余，我们也感到心酸：这其实是一个"画的饼"。

有两个事实是无情的。一是教育的成本越来越高，教育资源的分配越来越不公平。社会学家告诉我们："一个大学生四年的学费大约相当于一个农村居民二十年的纯收入。"不用说西部贫困地区，连基本脱贫的东部地区的农民孩子离"大学梦也越来越远了"（《故乡：现代化进程中的村落命运》）。于是，就有了这样的统计：新世纪以来，"农村孩子在大学生生源中的比例在明显下降，与二十世纪八十年代相比，几乎下降了一半"，这就意味着"通过高考，农村孩子向上流动的渠道"的"缩窄"。

社会学家指出的另一个事实是："出身农村家庭的大学生就业更加困难。"北京大学的一项调查显示，"父亲为公务员的大学生的工作落实率要比农民子弟高出十四个百分点"（孙立平：《大学生生源农村孩子比例越来越小了》）。这意味着什么呢？农民本来是中国教育的主要承担者，长期推行的"人民教育人民办"的教育体制，其实就是"农民办"，而直到现在，"贫困家庭用于教育的支出仍占其收入比例的92.1%"（《中国农村教育：问题和出路》），也就是说，农民可以说是倾其全力支持了教育的发展，而一旦出现"毕业即失业"的就业危机，其后果仍然主要会转嫁到农民身上：这本身就是最大的"不公"。

于是，在当下中国农村就出现了两个令人触目惊心的教育和社会现象：一是大量的学生"辍学"。湖南的一个调查表明，"农村贫困生的失学率高达30.4%"（《中国农村教育：问题和出路》），而且有这样的分析：

"辍学的学生基本上都是二十世纪九十年代生的那一代，是所谓的真正的长在阳光下的一代。这一代的父母有的过去还能读到高中毕业，而他们则连初中都没有读完，接受的教育还超不过他们的父母"（《农村九年义务调查》），由此导致的劳动者文化素质的下降，对未来中国的发展的影响，确实堪忧。

同时，大批的辍学生和失业的大中学校毕业生游荡于农村和乡镇，成了新的"流民"阶层的主要来源。教育资源分配的不公堵塞了农民子弟向上流动的渠道，而城市取向的教育（包括农村教育）又使得他们远离了土地，即使被城市抛出，也回不去了：他们只能成为"上不着天，下不着地"的"游民"，而这样的"游民"一旦汇成洪流成为"流民"，就会造成社会的大动荡、大破坏，这是中国历史所一再证实了的。

这是我们必须面对的事实：教育不但不能改变农民的命运，反而成为他们不堪承受的重负。首先是经济的重负，即所谓"不上学等着穷，上了学立刻穷"。社会学家告诉我们："在一些地方已经出现明显的因教致贫、因教返贫的现象。""甘肃省二〇〇四年抽样调查显示，由于教育因素返贫的农户，占返贫总数50%。"（《大学生生源农村孩子比例越来越小了》）同时，如上文所说，中国的"毕业即失业"的教育与社会危机的后果事实上是转嫁到了农民（还有城市平民）身上，沦为乡村和城镇流民的农家子女，所承受的不仅是经济重负，更是精神重负。

但中国农民除了寄希望于教育使他们的子女得以另寻出路，还能有什么别的希望呢？现在出路不可靠了，有的农民选择了辍学。我说过，"这是农民以他们自己的方式向我们的教育发出的警告"（《关于西部农村教育的思考》），用韩少功的话来说，就是用辍学来"保护人心，保护土地，阻止下一代向充满着蔑视、冷漠以及焦灼不宁的惨淡日子滑落。"但也如韩少功所说，这样的选择是既显得"荒唐"，又有些无奈的。（《山里少年》）也还有许多的农民几乎是孤注一掷地仍然"将孩子的教育放在生活中的第一位"，这样的"知其不可为而为之"的努力确实给人以悲壮感。一位下乡支农的大学生在收入本书的文章里说，这是"困境中的不绝希望"（张宝石：《空心社会的发展陷阱和困境中的不绝希望》）。但在我看来，如果不对农民寄以希望的教育（包括农村教育）进行新的反思与改造，如果不从根本上解决教育资源分配不公和农民子弟就业难的问题，恐怕很难有希望。

乡村文化的衰败，引起了许多学者的担忧和焦虑，而且我发现这些学者有不少出身于农村，他们有着自己的乡村记忆，和对现实乡村的直接观察和体验，因此，他们的忧虑就特别值得注意。这样的忧虑主要有三个层面。

首先是"故乡的传统生活方式，也是我的童年生活，正在消亡与崩溃"（陈璧生：《我的故乡在渐渐沦落》）。这里既有传统的以民间节日、宗教仪式、戏曲为中心的地方文化生活的淡出、空洞化（《我的故乡在渐渐沦落》），也包括曾经相当活跃的，与集体生产相伴随的农村公共生活形式（如夜校、识字班、电影放映队、青年演出队）的瓦解（倪伟：《精神生活的贫困》），更有在纯净的大自然中劳作和以家庭、家族、邻里亲密接触、和睦相处为特点的农村日常生活形态解体的征兆和趋向：生态环境的恶化、家庭邻里关系的淡漠和紧张、社会安全感的丧失。"乡村生活已逐渐失去了自己独到的文化精神的内涵"，包括前文提到的"赌博、买码、暴力犯罪，这在很大程度上都是乡村社会文化精神缺失的表征"（刘铁芳：《乡村的终结与乡村教育的文化缺失》）。

于是，就有了更深层面的焦虑："传统乡间伦理价值秩序早已解体，法律根本难以进入村民日常生活，新的合理的价值秩序又远没有建立，剩下的就只能是金钱与利益。"（《乡村的终结与乡村教育的文化缺失》）如论者所说，"农民对自我价值的认知完全趋于利益化，钱成了衡量自我价值的唯一标准"，"消费文化已经成为农村社会的主宰性的意识形态，它对生活以及人生意义的设定已经主宰了许多农民尤其是农村里的年轻人的头脑"（《精神生活的贫困》），由此带来的问题自然是十分严重的。

于是又有了"作为文化—生命内涵的乡村已经终结"这一根本性的忧虑。而"乡村作为文化存在的虚化，直接导致了乡村少年成长中本土资源的缺失"，"乡间已经逐渐地不再像逝去的时代那样，成为人们童年的乐土"，如今的乡村少年生活在乡村，却根本上无法对乡村文化产生归属感——那已经是一个陌生的存在了，而城市文化离他们又十分遥远。这样，他们"生命存在的根基"就发生了动摇，成了"在文化精神上无根的存在"（《乡村的终结与乡村教育的文化缺失》）：乡村文化的危机和乡村教育的危机，就是这样相互纠结着的。

这一切，自然对那些曾经感悟至今仍依恋乡村文化的知识分子产生了巨大的冲击力。一位作者说："我已经无家可归"，"我在城市是寓公，在家乡成了异客"。（《我的故乡在渐渐沦落》）这样，无论在乡村少年身上，还是在农民工那里，以及这些出身于农村的知识分子这里，我们都发现了"失根"的危机。这是发人深省的。

我们的思考和追问还要深入一步：乡村文化的衰落，乡村教育的文化缺失，对我们究竟意味着什么？

"底线"的突破，"活着的理由"又成了问题

本书的一位作者说得很好："以前我们常说'礼失求诸野'，意思是说，在乡村社会里，是存在着一套相对而言比较稳定的价值系统的。在乱世，乡村社会的这套稳定的价值系统，甚至可以成为整个社会重建的价值来源，因为这套系统里包含着对人与自然、人与人的关系，以及人的生命存在意义的深刻理解"。（倪伟：《精神生活的贫困》）这种存在于民间社会的、主要是乡村社会的价值系统、伦理观念、生活逻辑，即使是在高度集中的体制下，依然在发挥作用，成为无形的对抗、消解力量，以至能够给"落难者"以庇护，乡村社会也就成了他们可以回去的"家乡"。最近，社会学家孙立平在《同舟共进》二〇〇七年第二期上发表了一篇文章，谈到了"社会生活的底线"问题。在我看来，我们这里讨论的乡村民间社会的"比较稳定的价值系统"，就是这样的"社会生活的底线"。如孙立平先生所分析，所谓"底线"，"实际上是一种类似于禁忌的基础生活秩序。这种基础生活秩序往往是由道德信念、成文或不成文的规则、正式或非正式的基础制度混合而成的，这样的基础秩序是相当稳定的，甚至常常具有超越时代的特征。它平时默默地存在，以致人们往往忽略

了它，甚至在大规模的社会变革中，政权更替了，制度变迁了，这种基础的秩序依然如故。比如'不许杀人'的道德律令、体现诚信的信任结构等，在社会变革的前后几乎没有大的差别"。在始终以农业社会为主体和基础的中国，乡村文化所内含的民间伦理、价值观念、生活逻辑、基本规则规范、基础秩序，实际上就是这样的"社会生活的底线"的载体。因此，今天我们所面临的乡村文化的衰落，就具有了非同小可的严重性，它意味着孙立平先生所说的"社会生活的底线的频频失守"，"社会生存的基础正在面临威胁"。(《这个社会究竟什么地方出了问题》)

于是，就产生了我的问题和恐惧：今天的中国农村，还能够成为落难者的庇护所和家乡吗？不能了，因为"善待落难者"这样的民间伦理已经荡然无存，人和人的关系早已利益化了。是的，我正月初一写的文章里还在说："最终的胜利者仍是这平民老百姓的日常生活伦理，或者说，历史总是要回到这块土地上的大多数人的生活逻辑上来。"现在，我必须面对一个无情的现实：这样的民间日常生活伦理、逻辑正面临着解体的危险。这是一个根本性的存在危机：这个社会出了大问题了！

我又想起了《巧家有个发拉村》的作者向我们提示的历史教训和警告："只要问到发拉村何以会如此穷困，群众都不假思索：'一九五八年大炼钢铁造成的。'"这就是说，大炼钢铁破坏了人和自然的和谐，破坏了生态平衡。毁灭性的自然破坏，使农民"丧失了生存的(物质)基础"，"代价是触目惊心的，如今的四代人已经殃及，以后还要殃及多少代，就说不清了"。今天，这样的自然生态平衡的破坏还在继续，我们又开始了文化的破坏，而且是基础性的文化的破坏，这将导致人与人关系的生态平衡的破坏、人的生命存在意义的瓦解，以致在体制统治的严密性达于极致的时代仍保持相对稳定的民间日常生活伦理都发生了动摇。这样的破坏，可能是更为根本的，那么，它将要殃及的，会是多少代人呢？真是"说不清了"。想起"父母造孽，子孙遭殃"这句俗话，我真不寒而栗：面对我们自己造成的乡村民间文化、教育的破坏，社会生活底线的突破，是不能不有一种罪恶感和负疚感的。

而当人的生命存在意义一旦瓦解，人"活着的理由"就成了问题。

这就说到了这些年日趋严重却未能引起深入思考的"自杀"问题。刘健芝先生在收入本书的一篇文章里提到"自杀的人群里面,几乎农民都是排第一或第二位"的问题,据说这是一个全球性的问题。(《乡村建设的另类经验》)我们这里经常听到的,还有青年学生(特别是大、中学生,研究生,其中有不少是农家子弟)的自杀。有一个报道特别让我感到震惊:一个研究生,在自杀之前,曾列表说明"活下去"的理由和"不活"的理由,结果前者的理由不敌后者,于是他结束了自己的生命。

鲁迅说的三个层次的"活着"的理由——为自己活着,为爱我者活着,为敌人活着——在日常生活伦理、逻辑被颠覆以后,确实都成了问题。当人仅仅为"钱"活着,缺少精神的支撑的时候,就随时会因为生活遇到挫折、物质欲望不能满足而失去活着的动力。而亲情关系淡漠、功利化,家庭情感功能退化,当孩子感受不到或不能强烈地感受到父母、亲人的爱时,也必然导致"为爱我者活着"的动力的丧失。因此,我读到以下一组调查数据时,确有毛骨悚然之感:在留守儿童中,"38.4%的认为父母不了解自己,20%的认为与父母在一起的感觉很平常,7.4%的甚至不愿意和父母在一起"(《湖南农村留守型家庭亲子关系对儿童个性发展的影响》),连和父母都"形同陌路"了,真不敢想象这些孩子将来的人生之路将会怎么走。这岂止是农村儿童的遭遇,在城市里,越演越烈的应试教育不也同样把亲情关系绝对功利化,从而导致了一个又一个的杀母弑子的家庭悲剧吗?

今天,逼着人死的"敌人"大概不会很多,但因为生存的基本条件匮乏或被剥夺而走上绝路的事件,却时有发生,这在农民的自杀中,大概要占相当的比例。更致命的是人与人关系的淡漠,当人觉得个人生死和他人、社会无关,自己的生命毫无价值,甚至没有人需要自己活着时,也会丧失活着的动力。

今天青少年的轻生,还有一个重要原因,就是他们的童年是被剥夺了的:当乡村生活不再成为乡村少年的乐土,当城市的儿童几乎从小学,甚至幼儿园开始,就笼罩在应试教育的阴影里,他们便早已失去了童年的欢乐,这就意味着他们从来没有享受过人生的欢乐,而且以后也很难享受生命的乐趣，这也就很容易导致活着的动力不足。

现实就是这样严峻：乡村文化的衰落，乡村教育的文化缺失，都在有意无意地剥夺青少年活着的理由、生命的意义和欢乐，而对一个民族来说，自己的后代子孙能否有意义地、快乐地、健康地活着，可绝不是小问题。

讨论到这里，我们大概可以懂得，所谓"乡村文化"和"乡村教育"，绝不只是乡村的问题，或者说，如果我们只是在乡村的范围内来讨论乡村文化、教育以及其他乡村问题，其实是说不清也解决不了问题的。我们必须有一个更大的视野，一个新的眼光和立场——

如何看待"工业文明"和"农业文明"及其相互关系

这也正是本书的一位作者所要强调的："所谓的价值重建，不可能只是局限在农村社会内部，而必须是整个社会的价值重建。对消费主义的意识形态的抵抗，也不应该停留、限制在农村社会当中，而必须在城市和乡村中同时展开，如果我们不把城市和乡村关联起来，仅仅是在农村社会内部寻求局部性的解决，那么，这样的努力就是根本无效的，""农村的问题，也不仅仅是农村社会内部的问题，而是整个社会的问题。"(《精神生活的贫困》)

今年年初，我到台湾参加了一个名为"城流乡动"学术讨论会，亲历了一场争论。在第一天的会议上我做了一个关于"大陆知识分子'到农村去'的运动"的发言，当即遭到了质疑。论者认为，在台湾，农业人口只占5%，已经实现了城市化与工业化，再谈"知识分子到农村去"不过是受一种"乌托邦意识形态"的驱动。我在回应时只谈到了大陆不可能走单一的"农村城市化"的道路，而必须同时进行"新农村建设"，但对台湾的农村问题，因不了解情况而回避了。但到了会议的最后一天，我却听到了台湾学者的另一种意见。论者并不否认台湾农业与农村文化衰败的现实，提出的问题却是：这样的衰败，真的是"历史的必然"，真的有利于台湾的发展吗？进一步的追问是："农业""农村"对台湾发展以至人类发展的意义何在？后来，我在他们办的刊物上又看到了更明确的表达："农业是台湾宝贵的产业"，因此，要"从农业出发，开创台湾新的绿色农业；从农村出发，开创台湾有机的社会未来"。"谈农业，必须要与其他产业连在一起想。谈农村，也需要连着城市来讨论。""农村，要种植干净的食物，重新建立新的社区，建立新的城乡关系，从而建立一个有机的新社会"。（罗婉祯：《台湾农村愿景会议参与记》，载《青芽儿》第二十期）而且还有关于农业、农村和文化保存的关系的讨论：传统文化"都是在农村的环境下发展而成的"，"德国人如果丧失了农村，他们就读不懂歌德、席勒、荷尔德林的诗"，因此，"台湾的小孩读不懂李白的诗"是必然的。"文化不只是几个孤立的建筑或物件，而是包括了酝酿出它们的自然环境背景与更整体性的历史空间"，要真正了解传统文化，就必须接触农村。结论是：一个不要农业的政府，不保留农业的人，"没有资格谈文化保存"。（彭明辉：《古籍、生态与"文化资产"》，《春芽儿》第十六期）

我尤感兴趣的是，作为"过来人"，台湾学者对大陆农村发展趋向的观察和质疑："农民羡慕市民，或因后者有诸多的社会福利保障，有较佳的公共服务设施。这无可厚非，或本应如此。但我好奇的是：农村的现代化，一定就是都市化？而都市化，一定就得是：把原本的农舍、农村全部铲平？""农村的发展，仅能是这样？或是在城乡之间，仍有一定的分工和提携？让整个社会发展，在更多样下稳健地向前？台湾或第三世界社会，过去三四十年的发展，不也正是城乡发展失衡、农业持续在'失血'的情况？这方面的经验能否成为大陆农村发展的参照？不要再重蹈覆辙，否则，将来遭殃或受害的，还是农村和农民"（舒诗伟：《投入农村的年轻人》，《春芽儿》第二十期）。

在我看来，这些论争背后有一个根本性的问题：如何看待和对待"农业文明"（"乡村文化"）和"工业文明"（"城市文化"）以及它们的关系。这也是收入本书的好几篇文章所要讨论的。以农村文明的衰落作为农村城市化（＝现代化）的代价的主张，其背后是有着三个理论观念的支撑的：其一，是农村与城市、农业文明与工业文明、乡村文化与城市文化的二元对立，二者具有不相容性，必须做出非此即彼的选择；其二，就是论者所说的"文明进化论"：采集文明、渔猎文明—农业文明—工业文明是一个直线的进化运动，后者比前者具有绝对的优越性、进步性：其三，这是一个取代，以至一种消灭另一种的过程，后一种所谓"体现了历史发展方向"的文明，只有通过前一种"已经落伍于时代"的文明的毁灭，才能取得自己的历史性胜利。如论者所说，"似乎就是人类文明每一次进步都要抛弃已经取得的所有成果，人们总是站在今天嘲笑过去，为我们今天的一切沾沾自喜"（石中英：《失重的农村文明与农村教育》）。应该看到，正是这三个观念长期以来一直支配着我们对文明问题、农村与城市问题的认识，影响着我们的现代化想象，以及社会发展的设计、规划、行动，以致造成了许多今天我们看得越来越清楚的文明病。因此，要总结历史经验教训，就必须对这些几乎不容置疑的前提性观念提出质疑。

不错，在质疑中又出现了另一种倾向，即当面对越来越严重的工业文明、城市文化的弊端时，又有人自觉或不自觉地将农业文明、乡村文化理想化，形成了论者所说的"逆向乌托邦陷阱"（康晓光：《"现代化"是必须承受的宿命》）。看起来，这是从一个极端跳到了另一个极端，但其内在的二元对立的思维方式却是相通的。其实，这样的在农业文明和工业文明之间来回摆动，正是中国革命和建设发展中的一个很值得认真总结的现象，但它似乎还没有进入人们的视野。不要忘了，农业社会主义思想在我们这块土地上曾经相当盛行并被作为主流意识形态的，而相应的极端实验也曾经造成过灾难性后果。但我们在纠正和放弃农业社会主义道路时，又摆到了根本否定农业文明、乡村文化，将工业文明、城市文化绝对化的另一端，以未加反省的城市化为社会发展的目标，形成了城市取向的思想、文化、教育路线，并使之成为新的主流意识形态，其相应的实践已经弊病丛生，我们在上文所揭示的许多灾难性的问题都是有力的证明。而我要指出的是，无论是过去的农业社会主义，还是今天的城市取向，它们所造成的灾难性后果，都主要是由农民来承担的：中国农民的命运，实在是多灾多难。

因此，我们要真正走出在"钟摆"中不断损害农民利益的怪圈，就要如一位作者所说，必须根本改变"非此即彼的思维方式"，跳出"现代化／反现代化"（它内含着"工业文明／农业文明""城市文化／乡村文化"等一系列的二元对立的概念）的思维模式（《"现代化"是必须承受的宿命》）。这确实是问题的关键。我们应该以一种更为复杂的眼光、态度和立场来看待历史与现实中的各种文明形态，首先要确认：它们都是在"自己独特的历史过程中生长起来的"，都是"在长期的生产与生活实践当中所创造与憧憬的理想的生存状态和生活形式"，因而都有"自己的独立存在的价值"，而且都积淀了某种"普适性"的价值（如农业文明对人与自然关系的和谐，和人与人关系的和谐的强调，工业文明对科学、民主、法制的强调，等等）。但同时，它们又各自存在着自己的缺憾和问题，形成某种限度，也就为另一种文明的存在提供了依据。也就是说，各种文明形态，是既各不相同，存在矛盾、冲突，相互制约，又相互依存和补充的，并由此形成了文明的多样性和文明的生态平衡（《失重的农村文明和农村教育》）。

我们要创造怎样的生存状态和生活方式

问题正是这样："什么样的生活是一种好的生活？"或者说，作为现代中国人，我们要追求、创造怎样的生存状态和生活方式，并建立怎样的价值理想和理念？这其实是我们讨论"乡村文化、教育的重建"（它的背后是整个中国文化、教育的重建）时内在的根本问题。康晓光先生说得很好："我们在面临这样一些问题的时候"，必须在"理想主义和现实主义之间寻求一种平衡"（《"现代化"是必须承受的宿命》）。我们必须坚持理想主义：作为人类文明的继承者，我们自然要超越于农业文明和工业文明，对两种文明所积淀的人类文明的普适价值都要有所吸取，同时对其各自的缺憾又有所警惕。这样就能够在两种文明之间、城乡之间寻找互补与平衡，做到前引台湾朋友文章中所说的"多样下的稳健发展"。

收入本书中的许多文章，在我看来，都是在理论与实践上对这样的

"互补与平衡"，这样的"多样下的稳健发展"道路的探讨。如贺雪峰先生所提出的"低消费（可以说是低污染、低能耗），高福利"的"生活方式建设"，以及在提高城镇化率的同时，进行新农村建设，保留城乡二元结构，但它们不是相互对立，而是相互沟通、补充，使农村成为"可以回得去的富有人情味和生活意义的'家'"，农民（以及市民）可以在城乡之间自由流动的设计（《新农村建设与中国道路》），尽管还需要经过实践的检验，但它确实跳出了既有的思维模式，提供了一种新的选择。

当然，同时我们又必须有现实感：毫无缺憾的选择是不存在的，我们所说的互补、平衡都是一个动态的过程，需要在实践中不断进行调整和探索。就已有的实践看，这样的互补与平衡是可以实现的。刘健芝先生在她的文章里所介绍的印度的"民众科学运动"的经验，就很有说服力：他们一方面充分吸取了工业文明的科学精神，"以科技作为手段来帮助农村提高生产，改善生活"，又对工业文明所容易导致的"人的自大"的"科学主义"持清醒的批判态度。把科学发展中的生态问题放在突出的地位，这背后就有农业文明所强调的人和自然的和谐的理念。对消费问题也同样如此，在强调提高农民的消费水平，以充分满足农民的物质与精神需求的同时，又提出"消费是为了我们的需要而不是为了我们的贪婪"，避免走向消费主义的极端。（《乡村建设的另类经验》）

这样的另类经验，显示的是另类思路，也就展示了另一种可能性。值得注意的是，这样的另类经验是产生在乡村建设的实践中的，如刘健芝先生所强调的："在纷乱的形势下，还是有一些东西保留着，就是在百姓中间，在庶民中间，在农民中间，在原住民中间，还零星地存在一些痕迹，还坚持创造着一些东西。"也就是说，我们不能把乡村社会、把农民看作需要救济、改造的对象，看作包袱，而要看到那是一种巨大的财富，一个宝贵的精神资源，一处提供新的想象力的创造源泉，一个创造新的存在、新的可能性的广阔天地。因此，"乡村建设是关乎所有人的，不简单只是一个农民问题"（《乡村建设的另类经验》）——当然，我们也不可把它绝对化、唯一化。

乡村文化和教育的重建

现在，我们可以回到本文所要讨论的主要问题——"乡村文化、教育的重建"上来了。我想总结两点。

首先是我们需要怎样的"重建"？如前文所阐述，提出重建问题，是因为乡村文化的衰败和乡村教育中乡村文化资源的失落。因此，重建问题自然首先是一个"重建乡村文化尊严"的问题，要重新确认乡村文化在整个社会、民族文化中的价值和地位，重新确认乡村文化作为乡村教育和整个国家教育的文化资源的价值和作用。把文化重建和教育重建联系起来，也包含着从乡村教育入手，强化其对乡村文化的"庇护和培育"功能的设想（《乡村的终结与乡村教育的文化缺失》）。如石中英先生所说，引导农民和他们的后代"正确理解他们所生产、所传承、所享受、所创造的文明"，并以之作为基本的精神资源一代又一代地传下去，应该是农村教育的基本任务(《失重的农村文明和农村教育》)。在我看来，这背后更有一个以和大地血肉相连的乡村作为精神家园的深刻内涵。为年轻一代营造这样的精神家园，培育这样的生命存在之根，正是乡村教育带有根本性的功能。

同时提出的是"文化下乡"的问题，即将更广阔的外部文化资源引入乡村文化生活，并与本土文化相融合，以拓展和丰富乡村文化的内涵。(《乡村的终结与乡村教育的文化缺失》)在我看来，本土文化资源的发掘、培育和外部文化资源的引入、培育，应该构成乡村文化和教育重建的基本内容和任务，二者都是不可或缺的。石中英先生说得很好："教育是干什么的？我们总是说教育是培养人的，教育是促进社会发展的，但是人和社会都是统一在巨大的文明体下面的，教育应该给一代又一代的青少年一种文明观的教育。"问题是："我们究竟要帮助青少年树立起一个什么样的文明观"，"是文明的多样性呢，还是单一文明论"？这是直接关系着下一代的精神成长和发展的。因此，我也非常赞同石中英先生的主张：乡村教育不能只限于教会学生"如何生存"，用石先生的说法，就是局限于"离农、为农"教育，以帮助学生"走出农村"或帮助他"在农村更好生存"为教育的全部目的，而更应该关注学生的文明观、世界观的培育，使他们懂得怎样"理解生存"，追求人的"生命存在"的意义和价值（《失重的农村文明和农村教育》）：这才是乡村教育的根本，也是我们反复强调乡村文化教育的意义所在。

乡村文化、教育重建是我们自己的问题

其次，还要强调本文的主题："乡村文化、教育的重建是我们自己的问题。"这其中隐含着对我们在讨论乡村文化、教育，以至乡村建设、"三农"问题时，很容易陷入精英立场的一种警惕。刘健芝先生在文章里提出要"反思我们的整套思路"，这是抓住了要害的。如果我们把乡村文化、教育的重建，以至整个乡村建设和"三农"问题，看作自外于我们的问题，那么，我们就不可避免地会落入前文所提到的将乡村和农民作为救济和改造对象的陷阱。应该警惕的是，这样的乡村观、农民观事实上在今天的中国是占据了主流地位的。如刘健芝先生所分析的："主流在谈'三农'问题的时候，往往把它作为现代化里面的一个消极的、负面的问题看待，站在'现代化'的高度，不自觉地俯视落在后边的、被看作无知的顺民，或是刁蛮的暴民。我们只能把农民想象成一个落后群体，简单使用二分法，就是'现代—传统''进步—落后'，然后就想用一整套的、根本的解决办法去处理问题，即使我们不是位高权重，也会想象自己在统治全国、统治世界的位置上'救国救民'。"而如康晓光先生说，这样的现代化逻辑下的农村观、农民观的背后，是隐含着"强势集团的利益"的。（《"现代化"是必须承受的宿命》）按照居高临下的权势者、成功者的立场，甚至以"让农民别太穷了，或者别暴动啊"的心态，来看待和对待"三农"问题，就必然将乡村建设变成一个为民做主的救济和缓和矛盾、维护稳定的补救措施，这样"三农"问题就被简化为一个纯粹的物质贫困的问题，所谓"新农村建设"也就仅仅变成了盖房修路的慈善之举，而我们这里讨论的深层次的精神、文化、教育的问题，以及未能涉及的农

民权利问题，就通通被遮蔽，或者被虚化、空洞化了。更危险的是，在这样的农村观、农民观指导下的乡村建设，不是流于形式，雨过地皮湿，就可能变质，形成对农民利益的新的损害。

因此，如刘健芝先生所说，我们必须对这样的主流农村观、农民观提出质疑（《乡村建设的另类经验》），明确地与之划清界限。现在提出"乡村文化、教育重建是我们自己的问题"，就是试图提出既不同于权势者、成功者的精英立场、思路，也不同于代言人的所谓平民立场和思路的一个新的立场和思路。这有点近于鲁迅说的"连自己也烧在里面"（《文艺与政治的歧途》），也就是我们在本文中反复讨论的体验、感受和认识：今天中国农村、农民所面临的问题，特别是深层次的精神、文化、教育的问题，也就是今天中国城市的问题，特别是我们知识分子的问题。因此，我们是在和中国的农民一起面对共同的中国问题以及我们自己的问题，并一起来探讨解决这些问题的理论思路和实践途径。在这一共同探讨中，我们又需各自发挥自己的独特优势和作用，相互吸取，相互补充。如前文所一再强调的，新的思路与实践，是必须建立在对多元文明的广泛吸取基础上的。这样，作为知识分子的我们，就必须向农民学习，到农村民间社会中去寻求、吸取那里的丰厚、博大的农业文明、乡村文化资源，同时我们也可以发挥知识、文化上的优势，帮助农民认识与培育自己的乡村文化，吸收同样广阔的城市文化及其他外来的和传统的文化，并在此基础上创造我们这个时代的新文化，解决我们共同的问题。

因此，我同意康晓光先生的意见：有社会责任感的知识分子和农民一起来解决农村的问题，"可能最有希望"（《"现代化"是必须承受的宿命》）。在这个意义上，今天的中国，是特别需要"知识分子和工农相结合"的。当然，必须充分地吸取历史教训，既不能把农民简单地视为被启蒙的对象，也不能把知识分子看作被改造的对象，而应该在新的基础上，建立一种更为平等、合理的关系。本书的一些文章已经涉及这方面的问题，如刘老石先生的《农村的精神文化重建与新乡村建设的开始》一文，就提供了一个以大学生青年志愿者和当地农村精英为主体，重建农村精神文化、开拓农村公共空间的经验。或许我们正是从这里看到了实现我们的理念和理想的某种可能。因此，我们应该向那些正在中国广袤的农村大地上默默耕耘，从事乡村建设，乡村文化、教育重建实验的农民和知识分子致敬：他们是先行者，希望就在他们的脚下。

2007 年 2 月 23 日、24 日，2 月 26 日——3 月 3 日

地方文化研究的意义

（2005 年 8 月 23 日上午在安顺屯堡文化学术讨论会上的发言）

我想就"地方文化研究"的问题，谈谈我的一些想法。朋友们在私下交流中也经常谈到，现在在中国，特别是在贵州这样的边远地区，坚持严肃、认真的学术研究，包括地方文化研究是十分艰难的。除了学术外在环境的恶化以外，我们自身也有许多困惑。我们经常这样问自己：我们的研究究竟有什么意义与价值？它与现实生活，与中国老百姓，与我们自己的生命有什么关系？在我看来，这些年的屯堡文化研究，包括我们这次会议，正是力图对这一关系自身存在的问题做出自己的回答，而我们交出的答卷，我认为，对全国的学术界、文化研究界都是有启示意义的。

我注意到中国社科院社会学研究所研究员王春光先生对安顺师专与九溪的合作所做的这样一个评价："我们知识分子终于找到了一条能为老百姓和村里发展做事的路径。"这样的"路径"的特殊之处，在于它不同于我们通常理解的下乡扶贫，而是带着一个课题，去做学术研究、文化研究的。

而他们的学术研究、文化研究又有自己的特点。首先是有明确的问题意识，是从中国的现实问题出发的，学术研究、文化研究的背后，有一个"全球化背景下，中国社会转型期的乡村改造与建设"这样一个大关怀、大视野，因此他们的研究方法必然是以田野调查为主——历史文献的稀缺也是一个客观原因，但同时也注意理论的观照与概括，着力于屯堡文化的普适意义的提升以及传统资源的现实转换的可能性的探讨。

这也就注定了，他们的工作是从学术出发的，但最后又内在地需要走出学术，直接参与到乡村（九溪）的改造与建设实际工作中来，这既是学术研究的成果的现实化，又为学术研究的发展提供了新的可能性：现实的实践对屯堡文化内在潜力的激发，会反过来加深对屯堡文化的体认。这是一个良性的互动过程。

尤其值得注意的是，在这一过程中，课题的参与者、研究者自身也会越来越深切地感到自己的学术、教学工作以至自我的生命，和生养自己的这块土地，和乡村改造、建设之间，存在着一种密不可分的联系。有了这样的感受，学术研究、文化研究才显示出其真正意义与价值：它不再为外在的功利目的所驱使，而是符合社会发展的内在需要和自我生命发展的内在需要的。在我看来，这正是学术研究、文化研究的真谛。

这就说到了贵州及安顺的朋友经常担忧的另一个问题，即在全球化和全国经济、文化大发展的当代世界与中国，贵州及安顺的经济、文化、学术研究的进一步边缘化。不可否认，这是我们必须面对的现实；但我认为，这样的边缘化，并不是不可避免的。

首先要破除一个认识上的误区：绝不能将"先进"与"落后""中心"与"边缘"绝对化，在学术研究上尤其如此：在看似落后与边缘的地区，仍然可以有前沿性的课题与成果。在我看来，屯堡文化研究就是中国以至世界的前沿性课题，因为它所要探讨的是贵州及安顺农村发展的内发动力的问题，是怎样走出一条符合贵州省情、安顺地情的现代化发展道路的问题，而这样的问题，正是困惑着当代中国以及全世界的发展中国家的共同问题。屯堡文化研究，引起我国学术界与一些外国学者的关注，当然不是偶然的。这不仅是如鲁迅所言，"有地方色彩的，倒容易成为世界的，即为别国所注意"（《1934年4月19日致陈烟桥书》），更因为在现代社会，在全球化的时代，几乎所有的地方问题都是全国的问题、世界的问题，而许多真问题的提出与解决，社会真正深刻的变化，都是发生在社会的底层以至边远地区的。

这样，我们就看到了地方文化研究以及我们这次会议所要讨论的屯堡文化研究的意义。它是紧贴两头的：一面连接着脚下养育我们的这块土地，通向生活、劳动在这块土地上的父老乡亲，一面又连接中国与世界更为广阔的天空与大地，通向正在苦心探讨全国与全球健康发展道路的兄弟姐妹。

能够献身于这样的研究是幸福的。

最后，我还要说一点，这次会议由安顺地方政府主持，这本身就有着重要意义，它说明地方文化的研究，已经成为地方开发与建设的有机组成部分，这是显示了一种眼光与远见的。这些年在安顺各级领导的组织与扶持下，安顺地方文化研究取得了非常可观的成绩，可以说是硕果累累，在我手头就有：安顺市文化局编著的大型图片集《图像人类学视野中的安顺屯堡》《安顺老房子》，安顺市文联编写的《黔中墨韵》《神秀黔中：安顺地域风情散文》，刘又谅、康友刘先生主编的大型图片集《黔中奇石》，戴明贤先生的散文集《一个人的安顺》,《安顺晚报》连载的《安顺老照片》，以及将在这次会议上详作介绍的《屯堡乡民社会》等有关屯堡文化的研究专著。应该说，安顺地方文化研究已经初具规模，据我所知，这在全国也是不多见的。而且在这一过程中逐渐形成了一支队伍，它在安顺普通老百姓中产生了影响，得到了社会的广泛认同与参与，这更是十分难得。

这就使我们有理由期待，通过这次会议，安顺以至贵州地方文化研究能够进入一个新的阶段，将更加自觉、广泛、深入地进行，最终形成一个体系，并和地方发展、乡村改造与建设，和安顺、贵州的土地与人民，取得更为密切联系。这将造福于地方，泽被后代；而且我敢大胆地说一句：这也是对中国和世界文化、学术发展的贡献，实在是"功德无量"。我也以此向会议的主持者，向与会的朋友表达我的祝愿和祝福。

2005 年 8 月 16 日—17 日

附：关于"构建地方文化知识谱系"的讨论

（一）自己来描写我们自己
——读《二十世纪贵州文学史书系》（节选）

钱理群

何光渝先生在"总序"中谈到最初的写作动因时，说了一番颇为动情的话——

"中国文学史上，曾有不少虽不显赫但也并不默默无闻的地域文学，在今天习见的文学史著作中，仅仅是淡淡一笔，有时甚至连一笔也没有。贵州文学的命运即是如此，仿佛这块土地上从未产生过文学，没有过文学历史的发生与演变。但是，我们确实有过！然而，百年过去了，千年过去了，在文学史事实上已逐渐成为中国人耳熟能详的知识体系的今天，我们仍然没有看到一种对于贵州文学整体的、真诚的描述。临到这世纪、千岁之末，我们还能让这样的命运再落到二十一世纪贵州人的头上？"

这使我想起鲁迅当年曾谈到，近代以来，中国常常处于"被描写"的地位（参看《花边文学·未来的光荣》），这是一个弱势民族、国家、文化在与强势民族、国家、文化遭遇时经常面对的尴尬。在现代中国文化、文学的总体结构中，贵州文化、文学无疑是一种弱势文化，也就会面对"被描写"或根本被忽略的这类问题，而问题的解决也只能靠我们自己用自己的话来真诚与真实地描写自己。这正是贵州学者的历史责任：小则为乡梓效力，大则为考察中国的文学、文化提供一个独特的视角。贵州文化的外来输入性的特点，它的多民族大杂居、小聚居的特点，以及多元的文化结构，正是中国文化中独特的存在，因而具有特殊的价值。

我们在"真诚地描述"自己之后，还要做一个工作：把它融汇到乡土教育中，真正转化为贵州这块土地的精神、思想、文化资源，一代代传下去。我这样提出问题，和这两年特别关注中小学教育有关，也是受到了"五四"先驱者们的启示：他们在创造"五四"新文学（即现代汉语文学）时，除了理论的倡导，始终抓住创作试验与教育两个环节，创作出了具有现代思想的，同时具有文学价值的现代汉语文学作品；这些作品大量进入中小学课本，并成为大学的文学教育的重要内容，就会深刻、广泛地影响整个民族的思维、言说方式与心灵世界，在凝聚民族精神上产生巨大的作用。我由此而设想，是不是可以利用我们的研究成果，比如对黎庶昌、李端、姚华、黄齐生、蹇先艾、谢六逸、石果、何士光等各个时期的贵州代表作家的历史地位与创作成就的总结，对包括新时期作品在内的大量优秀诗歌、小说、戏剧、散文作品以及少数民族文学作品的筛选，编选出普及性的"贵州文学读本"，或者与教育部门合作，编选贵州中小学的"乡土教材"，作为语文课本的补充读物。上述研究成果更可以补充进大学中文系的现当代文学教育中，关于贵州文学的研究也应成为大学科研的重要课题；甚至还可以为开发贵州人文景观提供资源，使之成为社会文化教育的一个重要内容。

我们的目的是要使生活在贵州这块土地上的人，在从小知晓中国与世界的文化名人的同时，也熟知自己本土的文化的创造者，与他们进行精神的对话与交流，这对"黔人"的精神文化素质的培育和潜移默化的影响的作用是不可低估的；而贵州文学也只有影响到青少年，才算是真正在贵州这块土地上扎根了。我这里所说的，全是理想主义与浪漫主义的"畅想"，但并非没有实现的可能，关键是我们愿不愿意从实实在在的、具体的、一件一件的实事做起。

（二）构建地方文化的知识谱系——以五本关于安顺的书为例

何光渝

我手边有五本关于安顺的书，是二〇〇三年到二〇〇四年出版的，按出版的时序为：图文集《大山深处的屯堡》（郑正强文、杨延康图）、安顺地域风情散文集《神秀黔中》（安顺市文联编）、中篇小说集《迷离的屯堡》(韦瀚著)、散文集《一个人的安顺》(戴明贤著)和长篇小说集《小城故事》(韦瀚著)。它们写的都是安顺事,著者也都是安顺人。

书曾先先后后分别读过,也曾因其文、其事、其情而感动。这些安顺人,写起安顺事来,笔端下那份绵延不绝的浓浓乡情,那种几乎可称为"安顺流派"的叙述风格和风骨,足以打动每一位读者。这种情愫,这种自觉,这种追求,在写家乡的贵州人的文字中,是不多见的;但此时,我并不想再用"文学"的尺度去评价它们,而是想:当我把这几本书连缀起来时,"小城"安顺的一线命脉,"一个完整的文化生态圈"(戴明贤:《一个人的安顺·后记》),竟活现在眼前了:这是一个与日常所见非常不同的"另样"安顺,一个与贵州其他地方底蕴迥异的安顺。这是为什么?

这是否就是因为:这些书不约而同地都在追溯"起源"——今日安顺的"文化起源"?

追溯起源是这样一种努力,它试图捕获事物的精确本质、事物最纯粹的可能性以及事物被精心保护的同一性。就我所认识的安顺而言,它本原的凝重、恬淡、温良,它的对天地人心的敬畏和反思,它的讲说和叩问历史的欲望,它的石头屯堡和石头透雕云龙柱……已经或正在被各色各样的喧嚣浮躁、急功近利所遮蔽。安顺与其他许多城市一样,只顾急急忙忙朝前赶而无暇回望自己的来路,以致在对安顺的通常认识中,今人(不仅是外地人,也包括本地人)已经不再去质疑、打破和消除某些不证自明的东西、已经习惯了的东西、熟悉了的和已被接受了的东西,于是,也认为自己正在与这样那样的时尚、时髦"同步""接轨",也认为洋的、外来的就是新的,新的就是好的。难道自己的家乡,从来就是这样无根无柢,无文无化?

所幸,有了这样一些书,向我们讲述了被遮蔽在历史深处的这座城、这座城的另一面、这座城的本原。我知道许多安顺的朋友读过这些书,喜欢这些书,特别是其中的年轻人,感慨自己的乡邦原来竟是如此陌生,如此迷人,爱乡之情油然而生。而此时,我想到的是,虽然这些书中的历史叙述也都是后设性的,历史因为我们的现实需要而被不断地重新叙述,这也正是历史的意义所在;但是,对今天的写作者和读者来说,重要的已经不是有没有这样的预设，甚至也不是有没有历史的偏见，而是能否对这种后设性形成清醒的自觉和反省。

一个人的历史，一座城的历史，一片地域的历史，总是在有意或无意的遗忘、取舍中被不断构建；长长的历史链条中，总会有某些环节因此而破损、缺失。今天我们所要质疑的，正是这种不断做"减法"的"历史"。当那些被遗忘或放弃的历史被重新唤回的时候，我们自以为熟悉的"历史"会不会变得陌生呢？当我们把这些被"减去"的东西重新放回历史时，历史是否就有了其他的解释的可能，并因此而更为亲切？或许，一如郑正强所说："终于有一天，我走在屯堡的田坝上，向着那石头城堡般的山寨频频回首的时候，一切都逐渐地清晰起来。"（《大山深处的屯堡·引言》）

读着这些书时，我曾自以为熟悉的安顺，也逐渐地清晰、丰满、完整起来。那些已经消逝的时代的生命气息，那些向往已久的历史文化情境，使我仿佛真正成为文化安顺中人：这"城"，这"人"，陌生的变得可以理解，不懂的似乎也可以把握。这只是因为，我从中读到了安顺的文化。

由是而想到我的贵州。二十世纪末，我曾在一篇文章中不无痛楚地写道："百年过去了，千年过去了，在文学史事实上已经逐渐成为中国人耳熟能详的知识体系的今天，我们仍然没能看到有一种对于贵州文学整体的、真诚的描述。"后来，我们筚路蓝缕，终于实现了为二十世纪贵州文学写史立传的夙愿。但是，这种尴尬和隐痛，岂止于贵州的文学这一端？想想，关于贵州这片乡土的知识，还有多少不为人知？已知的知识中，还有多少亟待整合起来，形成贵州文化自己的知识谱系？

一位曾在贵州工作生活过的知名学者为此曾十分感慨。他认为："在现代中国文化（文学）的总体结构中，贵州文化（文学）无疑是一种弱势文化，也就会面对'被描写'或根本被忽略的这类问题。而问题的解决也只能是我们自己用自己的话来真诚与真实地描写自己。这正是贵州的学者的历史责任：小则为乡梓效力，大则为考察中国的文学（文化）提供一种独特的视角。……而我们在'真诚的描述'自己之后，还要做一个工作：把它融汇到'乡土教育'中，使之真正转化为贵州这块土地的精神、思想、文化资源，一代代传下去。"后来他与几个贵州人一起，编出了一本颇受欢迎的书:《贵州读本》，希望通过它，使黔人不再"自我陌生"。而在我看来，让生活在贵州这块土地上的人，在从小知晓中国与世界文化及文化名人的同时，也熟知自己本土的文化和文化的创造者，与他们进行精神的对话与交流，这对当代贵州人精神文化素质的培育和潜移默化的影响的作用，是不可低估的。更重要的是，当这一切努力也影响到了青少年的时候，他们才能算是真正在贵州这块土地上扎了根。

我在这里以安顺这几本书为例子，希望构建起贵州地方文化的知识谱系的愿望，并非没有实现的可能。事实上，据我所知，在安顺，包括一些党政领导在内的有识之士，已经在用自己的实际行动,在文学、歌舞、书画、历史等领域中,不事张扬地构建着安顺地方文化的知识谱系。因为，他们已经深刻地认识到:"这种着眼于乡土，侧重于地域的文化建设理念和精神书写角度，实际上还包含有更深层也更丰富的现代文化蕴涵，那就是如何在席卷而来的现代化浪潮中传承我们民族文化的精粹? 如何在急剧扩张的城市建设与城市变迁中，尽可能地保住那些一旦毁损就极有可能永久性丢失的珍贵历史文化遗存⋯⋯"（朱学义:《神秀黔中·后记》）这话，说得何等好!

用我们自己的眼光和思想，去认识我们脚下的这片土地;用我们自己的语言，真实而真诚地描写我们自己。

其实这样做并不算太难。已经有人在做了。关键是我们愿不愿意从实实在在的、具体的、一件一件的实事做起。

热爱贵州，从何说起? 又从何做起?

（三） 也说谱系之建构

戴明贤

何光渝先生在《安顺晚报》上刊文，提出地方文化谱系的建构问题，拜读后颇受启迪;昨天又读到杜应国兄的《"破题"与"接题"，任重而道远》。我素乏理论训练，不能接着他们的思路讲，只能根据他们的思想联系一下实际，说点具体的想法。

这个命题的重要性，我觉得在于可由此自觉地以"谱系"的宏大严密结构来审视以往的工作：有无空白地带和薄弱环节，有无畸重畸轻之弊，有什么值得注意的倾向，等等，进而补阙拾遗，扶弱助强，逐渐形成丰富而有序的"谱系"，而不是提出这个命题后，才一切从零做起。长期以来，尤其是改革开放以来，全省各地对地方文化的发掘研究都给予了程度不同的关注，不少有志于此的朋友已经默默地做了大量工作，虽然这些工作成果还构不成完整的谱系，但却是地方文化谱系的组成部分。比如五卷本《贵州通史》和《贵州民族民间文学选萃》《贵州民间文化研究丛书》《贵州旅游文史系列丛书》《二十世纪贵州文学史书系》《贵州新文学大系》等一大批大型图书的陆续出版，以及陈福桐、史继忠、黄万机、刘学洙、熊宗仁诸先生的研究成果，都是"谱系"的"题中应有之义"。贵阳市在这些方面也做了大量工作，出现了何静梧、朱崇演、卢永康等勤奋的地方文化研究者，这里不详说。

光渝的文章从有关安顺的五本书引出了"谱系"的命题，其实我们安顺在这方面的工作，远不及全省及贵阳的规模和深度；但我们也不必妄自菲薄，可列入"谱系"范围的远不止这五本书。如范增如先生选注的《明清安顺诗词选》、袁本良兄选注的《白水红岩集》、图片集《安顺地戏》《安顺老房子》等，都是谱系的砖瓦。近年韦瀚先生又增加了新著长篇小说《小城故事》，郑正强兄的另一本屯堡专著也列入了全国乡镇文化丛书。孙兆霞等人的《屯堡乡民社会》，更是研究屯堡文化具有学术分量的新力作。刚出版的《黔中墨韵》图版集和文字集，是形象的地方文艺志，是发扬地方志传统的有益尝试。沈福馨、帅学剑对地戏，袁本良对安顺方言的研究，也是开天辟地的工作。《安顺晚报》从多年以前起，就自觉于地方文化的开掘，从发刊十周年时选编出版的《夜郎履迹》等书，直到今日以大量版面开设的众多地方文化专版专栏，态度越发自觉，受到全省的关注。《西秀文丛》中有关地方文化的篇章，以及政协的"文史资料丛书"，也都为构建安顺地方文化谱系提供了大量的材料和信息。

面对这种状况,可以措手的:一是按照"谱系"的构想把这些分散的、零乱的大小成果去粗存精,组合成具有规模和气势的整体形象,向"谱系"的方向逐渐靠拢;二是仿民国朱启钤先生编印《黔南丛书》之例,编印《黔中丛书》,把郭春帆、何威凤、任可澄、杨覃生、王恩诰、吴晓耕等地方名士的诗文著述编印出版(贵阳已出《金筑丛书》多种),把地方文化史的断层填补起来;三是依据杜应国文章提出的史论研究课题,进行有组织、有重点、有秩序的规划,逐步加以完成。这是一项大工程,需要群策群力,需要政府的策划和支持,单靠个人兴趣或志向是难以奏功的。

方志当然是地方文化的重要载体。数月前点校完工的咸丰《安顺府志》,点校质量不错,亟须正式出版,这是一项重大的基本建设。前些年出版的《民国府志》概括精要,文字简洁生动,读了不仅能得到知识,还可体会文字之美感。

艺术是地方文化的重要组成部分。安顺近年有几部舞台艺术作品,参与者都尽了最大努力,取得了一些成绩。但近十多年来,国内舞台艺术发展很快,表现手段和形式美感日益显示出重要性,以后安顺搞舞台艺术,建议先让主创人员外出开阔眼界,并礼聘著名导演指导,以避免陈旧之感。贵阳市戏剧连续获得"文华奖""五个一工程奖"等重大奖项,都是这样做的。

应国说,构建地方文化谱系的工作任重而道远,一点儿不错。但千里之行始以足下,何况我们已走了不止一步了。俗谚说"不怕慢只怕站",有了远景目标,再开动脚步,总是在一天天走近的。

(四)"破题"与"接题",任重而道远——关于地方文化知识谱系的构建

杜应国

何光渝先生的大作《构建地方文化的知识谱系》一文,自在《安顺晚报》刊出后在安顺文化界引起了一阵热烈的关注和议论。何先生此文,

立意高远，视野宏阔，以关于安顺的五本书为例，着眼点却在贵州全省的文化建设上，可谓高屋建瓴，以点带面，以偏寓全，堪称妙笔。文中对安顺一地的文化建设颇多褒勉，这自然是安顺的荣幸——安顺文化界的热烈反响也多缘此而来。不过，据我观之，该文更别具深蕴的，是率先提出了一个很重要的命题，即"地方文化知识谱系"及其构建问题。我原想，既有何先生说论宏文"破题"于前，又有宋茨林兄"编读感言"倡应于后，不甘寂寞的文化界衮衮诸公、博雅君子，必会引出一番雀跃的讨论。未料，转眼两个多月过去，却应者寥寥，几未见到任何的回应文章，如此迁延下去，热话题势将变作"冷处理"，岂不有负何先生一片美意与苦心？感念及此，乃不揣谫陋，冒昧陈词，顺着何文的思路，略陈管见，权当枹鼓相应，还望各位高士贤人不吝赐教。

"谱系"一词在现代汉语学界的广泛运用，本源自九十年代在中国大陆时兴起来的后现代思潮，而其学理渊源，则需追溯至法国后现代思想家福柯。

福柯曾在他的"知识考古学"中，对传统的西方思想史研究进行了颠覆性的考察。他舍去思想史上那些纷繁而迷人的外表，将他剖析的利刃，直指那个人人视而不见的、构成思想或知识的最基本的元素——语言及其表达方式。福柯认为，人关于思想或知识的任何表达，其实都可归结为一个简单的关系——"词与物"。任何话语实质上都是语言符号（词）与其所表征、所指涉的对象（物）之间的一种配置关系，配置关系不同便导致了话语的不同；而配置关系亦即构成话语方式的那些规则和型式（福柯称为"知识型"），并不是固定的、一成不变的，而是间断性的、裂变着的，具有时代差异的。福柯认为，自文艺复兴运动以来，就出现了三种"知识型"，即"文艺复兴知识型""古典知识型"和"现代知识型"，并且正在经历从"现代知识型"向"当代知识型"的裂变。不同的"知识型"决定着不同时代的话语形式和话语选择，换言之，是话语选择人而不是人选择话语。福柯的这一颠倒，是对人的主体性的消解——人既已成了被话语虏获的工具，其主体性又安在？因此，福柯的《词与物》一书，又被西方思想界视为继尼采宣布"上帝死了"之后的又一惊世骇俗的声音——人之死。更有人将他的这一颠倒归结为这样一个极端命题："不是人说话，而是话说人！"这之后，在直接感受和经历了法国五月风暴的震荡和洗礼后，福柯将他的话语研究转向权力研究，并将两者结合起来。他从尼采的"道德谱系"一词获得启发，逐渐建立起了他的"权力谱系学"体系，并最终放弃了他的"知识考古学"一词。而在他的权力谱系学中，对"话语—权力"或"知识—权力"的思考不唯仍是其理论构成的一大界面，而且更是福柯在当代世界影响最广泛的思想理论之一。"谱系"一语也随之成为社科领域内使用频率越来越高的概念。九十年代后，在后现代的语境下，汉语学界使用渐多的"谱系"一词实即滥觞于此。

那么"地方文化知识谱系"这一命题的提出，究竟意味着什么？又有何意义与价值呢？

在我看来，其意义至少有二。其一是对目前还处于离散、碎乱，缺乏整合的各种地域文化现象，给予了一个独立、统一的现代性命名。尽管就其主旨而论，"地方文化知识谱系"的提出，主要是针对贵州这样的落后省区及其边缘—弱势文化而发，并且明显具有为之而不平、而抱屈甚至抱恨的情感因素，但若放到全球化的背景下来考察，该命题实则已超越了具体的地域局限而具有了某种普泛性的蕴涵。因为，在世界经济一体化的背后出现的文化趋同现象，正在蚕食和瓦解着传统意义上的国家边界，原有民族国家的文化防护膜已被明显地软化和弱化，于是出现了整体性文化特征淡隐而地方性文化特征凸显的趋向。不仅如此，在全球化快速抹消差别、去除个性的发展过程中，以多元化和多样性为支点的地方性特征，已经成了制约全球化单一与趋同法则的最重要的平衡点。在这个意义上，地方文化知识谱系的构建就成了一个世界性的问题。也正是在这个意义上，地方文化知识谱系与吉尔兹的地方性知识具有同一逻辑，即都以强调文化的差异性和多样性为指归。不过，吉尔兹的阐释文化学主要是以一种外来的"他者"眼光，去尽量合理地阐释各种地方文化的意义与价值，因而尽管他很注重由外及内的"深度描写"，注重某种移入式、置换式的"内部眼光"，但其文化释义终不免会有些隔膜之感。与此不同，地方文化知识谱系的提出与构成，却是来自内部的一种自我阐释冲动，是源于自我意识觉醒后的一种自我审视、自我描写的诉求，故而其内在的自觉与本真就更显难得，更显可贵。

其二，"地方文化知识谱系"一语，并不是一个简单、空泛的概念，其中"谱系"一词明确表明，所谓地方文化，绝不是一堆杂乱无章的知识的堆积，而是有着其内在的逻辑结构、学科构成与学理支撑的知识体系架构，因此其构建过程，就应当是一个多学科、多层面协同努力、互补递进的系统工程。不过，既是系统工程，所谓的"构建"云云，岂不是一个令人望而生畏的难题？

其实不然。这里的系统工程，是就知识体系构架的整体性及其整个过程的艰辛与繁难而言，它并不表明这是一项无从着手的任务。因为，所谓的系统工程也是可以分解的。譬如，它至少可分为主体与枝干、基础与前沿、主流和边缘等。若就其学科构架而言，它至少涉及考古学、历史学、经济学、社会学、人类学、民族学、文化学、民俗学、文献学、语言学，以及文学、艺术、音像、戏曲等多种门类、多种学科。其中，除去一些综合性、跨学科的重点课题、重点项目确需多人合作、集体协同，因而需要有相应的组织依托和资金保障外，还有不少课题、专题、项目等，是应该也必须由文化学者们以个体劳动的方式去实施与完成的。即以何光渝先生所举的五本书为例，其中就有四本属于此种方式。当然，也要看到，即使是这类个人行为，在进行过程中的某些环节，如资料查阅、田野作业以及成果出版等方面，也有需要获得相关的资助与支持的情况，这是不可一概而论的。

总之，通过以上分解，自不难看出，所谓地方文化知识谱系的构建，实则是一个政府与民间、集体和个人互相结合，体制内外的资源有效利用、良性整合的联动—共振过程。上有地方官员和政府部门的重视与支持，下有地方文化学者的努力与配合，这正是近年来安顺文化建设工作成果突出、绩效显著的原因之一。

平心而论，安顺近些年来的文化风貌，确有面目一新、气局不凡之势，可称繁荣一时。这固然可喜可贺，令人欣慰，但扪心自问，这样的大好局面是否就可以算是已臻"至善"、达于极点、走到"光辉的顶点"了呢？显然尚差矣、远矣。别的且不论，就拿我们的前人来说，清咸丰时期安顺知府常恩主修的《安顺府志》、民国耆宿黄元操先生主持的《续修安顺府志》，以及以诗书画称引一时、名震京师的何威凤的作品等，给后人留下了的一笔笔绕不开的文化财富，似这样的大构划、大手笔，而今有几？

诚然，一代人有一代人的使命和责任。与前人相比，今人的许多努力、许多贡献也同样具有开拓性，具有填补空白的意义，其功自不可没。但历史所要求的，是要在前人的基础上有所超越，有所建树，有所提升。与之相较，我们今天已经取得的成绩，虽不能说是微乎其微，却也只能说是一个良好的开端，一些很初步的收获。摆在我们面前必须做也可以做的事还很多，比如地方文化史志的书写，比如地方社会经济发展史的书写，以及军屯史、移民史的书写，比如安顺在从传统转向现代的过程中衍生出来的新文学史、新艺术史、新戏剧史、新思想史等的书写，以及对蕴藏丰富的大量少数民族民间文化的搜集、整理和挖掘，等等，都可以说是艰苦繁巨的大工程。借用孙中山先生的话来说就是："革命尚未成功，同志仍须努力。"任重道远，吾侪岂可松劲乎？更何况所谓构建地方文化知识谱系一事，并非一朝一夕之功，而是需要有持续的努力、不断的积累，徐图渐进方能臻至成型的一个过程。因此，如何在现有基础上巩固成绩，深入提高，并积极地探索出一条稳定发展、持续发展的文化建设之路，以俾至少在可预见的将来，尚能以此良好势头循序而进，使短效机制变为长效机制，一时的繁荣转化成长久繁荣，间断性发展转变成持续性发展，就成了安顺文化界诸同仁需要再接再厉、图谋解决的一大问题。倘若有此局面，则告慰前人、启佑后人的承前启后之路通矣。未知各位高人雅士以为然否？

屯堡文化研究与乡村文化重建

——《建构与生成：屯堡文化及地戏形态研究》序

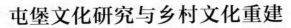

为本书作序，对我来说，几乎是义不容辞的。因为我和本书几位年纪并不轻的作者，已经有了三十多年的交往与合作，达到了思想、行动的默契，更达到了心的默契。当年，在"文革"后期的"民间思想村落"里，讨论"中国向何处去，我们自己向何处去"的时候，中国农村的变革就是我们关注的话题之一。到了二十世纪初，我们在新的历史条件下，又面临着"中国向何处去，我们自己向何处去"的问题，又不约而同地把目光集中在中国的农村。这几十年一贯的关注本身就是意味深长的。

这是我们一起讨论过，也是我在多个场合一再谈到的，改革开放三十年以后，经济获得了发展，基本上解决了温饱问题的中国，正面临着一个"向何处去"的问题。由此而提出的是制度重建、文化重建、"价值重建"、生活重建的四大重建任务，也就是要重建让每一个中国老百姓都能够安居乐业、健康发展的比较合理、健全的制度、文化、价值与生活。

我们在这里所要讨论的，也是我们更为关注的，是乡村建设中的制度重建、乡村文化重建、价值重建、生活重建的问题。在许多人看来，这是一个"伪问题"，因为按流行的观点，乡村将随着城市化的发展而趋于消亡。因此，当下中国乡村文化的衰败，是历史发展的必然，不必为之忧虑。这恰恰是我们所不能同意的。至少这是不符合中国国情的，特别是在像贵州这样的复杂的地理、生态环境下，要完全实现农村的城市化，几乎是不可能的，而必定要走一条城镇化与农村建设并举的道路。更重要的是，我们必须打破"农业文明—工业文明"的线性进化观——以"先进的工业文明必然消灭、取代落后的农业文明"为所谓"历史发展的必然规律"——在我们看来，这是一个认识上的误区。应该建立的，是农业文明与工业文明、农村文化与城市文化、农村与城市相互补充、吸取的新观念。因此，我们反对目前存在的以对农村和农民的剥夺与不平等为特征的城乡二元对立结构，但却主张在未来的中国社会结构里，保留城乡二元结构：它们不是相互对立，而是相互沟通与补充的，人们可以在城乡之间自由流动，不仅农村人可以到城市生活，城里人也可以在农村居住，享受同是现代的，却各具特色的文明生活。这或许是我们的又一个梦想，但我们这一群人注定是不可救药的理想主义者，因此，不断提出新的理想，既是我们生命发展的内在需要，也是我们的社会责任。

于是，就有了"乡村文化重建，是我们自己的问题"这一命题的提出，这其实也就是我们三十多年前提出的命题的一个延续——"中国向何处去"的问题，同时也是"我们自己向何处去"的问题：我们这一代人注定是把自己的命运和国家、时代以及中国农民的命运联系在一起的。但具体到我们这一群人来说，我们又是处于边缘位置的：不仅我们所生活的贵州在全国社会结构中始终处于边缘，而且我们自身都是普通的教师、公务员，是所谓"民间思想者"；但我们却"在边缘位置上关心、思考社会、时代的中心问题"，也可以说是"位卑未敢忘忧国"吧。

于是，又有了"想大问题，做小事情"的自我设计。这是我们的两个共识：一是要重建乡村社会与文化，特别是首先要对乡村社会、文化的历史与现状有一个科学的认识，这就是我们这些年一直在提倡的"认识我们脚下的土地"的意义；二是既然我们提出的"四个重建"是以使生活在中国这块土地上的老百姓生活得更好为目的与指归，那么，新的理想与设计就必须和扎根于中国这块土地上的民族传统有更深层次的承继，也要做更多的承担；而所要承继与承担的民族传统必须是宽宏、丰厚、多元的，不但应涵盖诸子百家传统、近百年的现代传统，而且还应包括渗透于老百姓日常生活的民间传统：这是长期被忽略的，因此是我们更为关注的。而且，我们还清醒地意识到，这样的中国古代和现代典籍中的传统和民间传统，是和人类文明的普适传统相连接而非对立的。正是基于这两大共识，我们最终选择了把所"想"的乡村社会、文化重建的"大问题"，落实为"乡村社会与文化的田野调查和研究"这样的具有可操作性的"小事情"。而且从一开始，我们即已明确，"走入乡土，走入民间，去发现中国农民的生存状况和对历史与文化的伟大创造，其实也就是在寻找自己生命的存在之根"。(《屯堡乡民社会·后记》)

需要说明的是，这里一再提到的"我们"，不过是一批志同道合的朋友。从三十年前开始，"我们"就没有一个固定的组织形态，而是"不约而同"地做一些事情，因此，不断有新的朋友，特别是更年轻的朋友参加进来，每次活动的参与者也不一样。也有像我这样的不参加具体工作，只是在一旁关注、鼓吹的"热心人"，更有始终参与却不署名的实干者。现在，回想起来，这样的田野调查和研究是从二〇〇〇年开始的，当时选择的课题是"九溪村调查"，是中国社会科学院主持的"中国百村调查"的子项目。九溪村是贵州安顺附近的屯堡村落中的一个大村，因此，这一项目的选定，标志着我们的乡村社会、文化田野调查和研究，最终选择了"屯堡社会与文化研究"作为切入点和突破口。二〇〇四年"九溪村调查"结项，出版了《屯堡乡民社会》一书（社会科学文献出版社二〇〇五年出版）。此书主要是一部社会学的著作。大概是从二〇〇三年开始，另一批更喜欢文学的朋友，其中也有九溪调查的参与者，又进入屯堡，进行屯堡文化和地戏的田野调查与研究，现在，放在我们面前的这本《建构与生成：屯堡文化及地戏形态研究》，就是最后的研究成果。这样，对屯堡社会与文化的调查与研究，前后持续了八年之久，而且收获了两个具有相当分量的研究成绩，这在当今中国，自是十分难得。这也是从一开始，我就有的信念："在看似落后的边缘地区，仍然可以有前沿性的课题与成果。"(《地方文化研究的意义》，文收《漂泊的家园》)

二

如果说《屯堡乡民社会》一书,主要偏重于对屯堡社会的考察与研究,提出了"自组织机制""农村公共空间""乡民社会"等重要概念,为今天的乡村制度重建提供了历史资源(参看拙作:《寻求中国乡村建设与改造之路》,文收《漂泊的家园》一书);那么,本书则把屯堡文化作为考察与研究的重心,为今天的乡村文化重建,提供了有益的启示。

正如本书"导言"所说,屯堡文化研究早在二十世纪八十年代即已开始。本土的文化学者在这方面做了许多开创性的田野调查与研究工作。在九十年代以后,全球化与地方性的紧张、冲突成为学界广泛关注的问题,正是在这样的背景下,屯堡文化现象也为一些省外、海外,包括台湾地区学者所注目,他们也开展了相关的研究。应该说,本书的考察与研究,正是在将近二十年的研究积累基础上进行的,对已有的研究成果,既有广泛的吸收,也有新的突破。

比如,在以往的屯堡文化研究中,有一个具有代表性的观点,认为屯堡文化是一种移民文化,自当年由屯军兵士及其他移民带入贵州后,就一直稳定不变,是江南汉民族文化较完整的一次平移,具有超强的稳定性。而地戏作为屯堡文化的一个载体和符号,也是早已存在于江南地区的"军傩"的平移。在这样的观照下,屯堡人长期被看成"化外"之民,这一地域文化也被看成封闭环境带来的遗存现象,即屯堡文化被看成保持了六百年的明代汉文化遗韵。坦白地说,这也是我原先的"屯堡印象"。但本书的作者,经过他们的独立研究,却得出了完全不同的结论:就生存的地理环境而言,屯堡人身处农业生产条件在贵州居优势地位的安顺平坝上,内部交通相对便利,开放度相当大,并不闭塞、边缘,边缘的只是他们的身份与处境;更重要的是,这个族群并非如人们所想象的由于"天高皇帝远"而遗世独居,也不是"心远地自偏"地自外于历史变迁,相反,我们今天看到的一切,是他们积极应对变化了的生存环境的产物。整个屯堡社区不是一块保存完好的"异域飞地",而是他们重建的故土家园；屯堡文化也不是一种足以见证历史遗迹的单纯移民文化，而是一种丰富复杂的生成建构性族群文化。也就是说，屯堡文化在形成过程中有明显的"文化增容"和"文化重组"。地戏的形成即是一个典型例证：它并非简单的移植，而是在移民带来的形式碎片的基础上在本地的合成，是一种重构和创造。这样的新的认识，或许会引起不同意见的争论，但在我看来，这是在广泛的田野调查与相关文献的细致考察基础上，经过周密的思考和论证所得出的结论，是言之成理的，至少可以成为一家之言。我由此而体会到"认识脚下的土地"的不易，要真正认识与把握一个地方的文化，确实需要下苦功夫，这是一个不断地研究、辩驳、反复探讨的长期积累的历史过程。我们现在对屯堡文化的研究，包括本书所做的工作，也只是一个开始。但每一次认真、严肃的研究、探讨，都会有自己的贡献，成为认识过程中的"一木一石"。在我看来，本书的上述结论，强调屯堡人积极应对变化了的生存环境的主动性、创造力，以及屯堡文化所具有的"建构性"特征，对屯堡文化及屯堡人精神的研究，无疑是一个新的开拓，有着重要的意义，并极具启发性。

本书根据一些深入研究所做出的描述与概括，也许更值得注意，也是我更感兴趣的，它们大大加深了我和读者对屯堡文化的认识——

一、从作为历史开端的明代征南战争的移民，到屯堡社区、屯堡文化的成形，经历了一个历史流变的过程，并有其外在条件和内在动力。作为原初移民的屯堡人始终面临两大困境：与外围少数民族地区潜在的紧张关系；来自和安顺城市发展同步的后移民集团的压力。这样的双重困境，发展到清代，就使得曾经是"正统""主流"，以"征服者""中央军"自居的屯军后代逐渐被边缘化；物理空间上向外拓展的困难，也造成了他们心理上的自我保护意识的增强，他们只能选择对自己文化的固守。屯堡文化正是在和周围少数民族与后汉族移民的文化互动与博弈中逐渐形成的。"屯堡人"的称谓出现在清朝中期，它正是屯堡文化成形的一个标志。

二、与费孝通所描述的以宗族血缘关系为社会组织原则的农村社会形态不同，屯堡社会以核心家庭为社会结构的基本细胞，并通过族群内部的通婚制度，靠姻亲关系建立"准血缘"的普遍关联，又以村落内部民间组织自发形成的社区公共空间的建构，弥补核心家庭社会功能的缺陷，由此而形成了稳定的社会结构。而屯田制度一直延续到民国初年，更使地主经济受阻，私有经济难以发展，这就更强化了核心家庭经济与社区经济的互助，导致了经济水平的均质化，对公共资源的共同占有、共同享受的平等观念，以及整齐划一的建筑、服饰、饮食等物态文化结构。

三、我们所说的屯堡文化包含了三个方面的内容：始终坚守与汉民族礼治传统一脉相承的婚葬风俗、节庆活动等礼俗性文化；始终坚守有着中原、江南文化传承的"雅俗合一"的语言趣味，以及以山歌、花灯、地戏为主体的娱乐性文化；始终坚守以多神敬仰、地方神崇拜、祖先崇拜为支撑的民间信仰，儒、释、道合一，而以儒家礼教为正统的实用宗教观的宗教性文化。这样的屯堡文化，是江淮汉文化与贵州山地文化的结合，它是最能反映屯堡人群特征和身份标志的因素，反映了被边缘化的屯堡人借文化以自存的文化保护心态。它的主要功能是保持与汉主流文化的认同，增强内在凝集力，对抗外在歧视，在濡染中完成传统的继承和发扬。屯堡文化不是自闭系统，而是一个有限开放的系统，它具有"吸纳—同化""选择—排异""抗变—复制"等机制，实质上是一个通过自我调节与自我构建来实现自我平衡的亚稳定结构。这就是屯堡文化长期保持并承续的秘密所在。

四、地戏是屯堡文化意义产生过程中的"文化产品"，它是遗民携带来的"形式碎片"于一定的契机下在本地组成，由"与乡村祭祀结合在一起的武打活动""与母源地有关的民间宗教信仰活动""有驱魔纳吉之力的面具""作为内容黏合剂的民间唱书"等元素构成的。它是一种成形于清代的继发性仪式剧，也是地区仪式剧，它承担着整个社区彰显集体意识、为民众祈福消灾、进行道德历史教化和实现交际娱乐的功能。它是屯堡人群族的标志性活动，构成了屯堡社区活动链的核心环节，既是公共资源，也创建了公共空间。它同时还是屯堡文化精神的核心组成部分：它构建了建立在虚拟历史观上的一套国家至上、忠孝为本的民间意识形态，而突出"忠"的观念与强调国家意识，都反映了屯堡人的"正统国家武士"的身份认同。在乡民社会与虚幻的天皇玉帝之间多了一个想象的"国家权力"这个建构，这是普通农村所没有的特殊意识，也是地戏不同于其他民间戏曲的特点所在。

三

在对本书的主要内容、主要结论作了以上概述以后，我们还需要对本书所研究的屯堡文化的意义、价值以及对今天的乡村文化重建的启示意义，作更深入的探讨。这是一个大题目，我只能就想到的三个问题，作一些简要的讨论。

一、应该说，屯堡文化是一个极其丰富而复杂的载体，凝聚着多重关系：江淮汉文化与贵州山地文化，贵州本土的少数民族文化与不同时期的移民文化，民间文化与国家主流文化，儒、释、道文化与民间宗教中的巫文化，等等。这或许正是屯堡文化特别迷人之处。但同时，它又具有极大的特殊性，是不可复制的，是由特殊的人群（屯军，即"国家武士"及其后代）在特殊的历史条件（自命"正统"，而又在多方挤压下，处于"边缘化"位置）下，形成了特殊的心态、意识（"身在江湖，心在朝廷，推崇官方正统性，具有一种在野状态中的在朝心态，边缘处境中的中心意识"），进而形成的一种特殊的文化形态。这样的特殊文化自有它的特殊价值，但毋庸讳言，也自有其历史的局限。在这方面，本书的作者是清醒的，正像"结语"中所说，屯堡文化"体现的是一种群体生存本能。它有精神层面的虚假性和意识形态的陈腐性，如对君主的愚忠，对权力的臣服，对个性主义和自然天性的压抑，对等级制的推崇，等等"。这都会和现代生活以及相应的现代观念形成冲突，屯堡文化因此也就必然面临所谓的"现代性转化"的问题，需要进行新的文化调整、文化增容和文化重组。而正如本书所强调的，屯堡文化在历史形成过程中，本就是文化增容、重组的产物，屯堡人从"不拒绝那些随着时代的演进而出现的新事物，而是将之吸收，并按照自己的文化习惯对之进行处理、消化"。因此，如何利用屯堡文化所固有的"吸纳—同化"机制，发挥屯堡人积极应对变化了的生存环境的主动性与创造力，使屯堡文化在新的历史条件下，在变革中得到继承和发展，是我们首先需要讨论的问题，更是一个迫切的实践问题。把屯堡文化理想化、绝对化、凝固化，本身就是违背屯堡文化的基本精神与传统的。

二、当然，我们在指出屯堡文化的某些保守因素时，也不能过于夸大。首先，如本书作者所说，屯堡文化"精神层面的虚假性和意识形态的陈腐性"，"在现实中多为屯堡乡民务实的生活态度所消解"，"'我们当年阔多了'只是一种叙事，生活中他们仍然勤勤恳恳、任劳任怨、锱铢必较、踏实谋生"。屯堡人虽然推崇儒家正统文化，但他们远离官场和中心，实际接受和发展了的是"儒家文化早期的朴素活力和入世性，推崇勤恳、团结、互助的社区意识，表现出吃苦耐劳、不尚虚礼等很强的实用性与功利性的特点"。不仅儒家文化，佛教、道教文化经过屯堡人的本能性的选择和"创造性转化"，也成为他（她）们"以更从容、更平静的心态来面对生活，面向所有可能到来的幸与不幸"的精神资源。这一点，在屯堡妇女身上表现得尤为突出——妇女在屯堡社会和文化中的特殊地位与贡献，是一个很值得注意的现象，是可以大做文章的。本书作者发现，"妇女是屯堡族群中一个最稳定，也是最坚毅执着的群体"，特别是主持佛事的老年妇女，她们那"看惯了宠辱哀荣"，"举重若轻、气定神闲"的神态，给人们留下了深刻印象。可以感到，多元混杂的，经过本土化、世俗化改造的民间宗教，在农民面对生活的艰辛，特别是社会动乱和自然灾难时，依然保持着稳定社会和人心、提取精神力量的积极作用。

我特别感兴趣的是屯堡文化所独具的把"集体文化""作为弱势群体的自强型互助型文化"的特质。如前所述，屯堡社区有着强大的民间资源组织和社会动员力量，有以地戏为核心的极富生命力的民间文化资源，有成规模的礼俗性、娱乐性、宗教性民间活动的传统，更有公共资源共同占有、共同享用的平等观念，形成了有极强的族群认同的"集体有意识"，和超出一般农村社区的"对集体活动的热衷"，这都使得屯堡社区有一个相对成熟的公共空间，并且形成了相对稳定的核心家庭与社区互补的社会、经济结构。这固然与其军屯传统有关，自有其特殊性，但在我看来，这更是具有普遍意义的。在当下的乡村文化重建中，公共空间的营造，应该是一个重要的任务。如何发挥民间组织礼俗性、娱乐性、宗教性公共活动的作用，进一步扩大农民对公共政治、经济、法律、管理等公共事务的参与，开拓与发展农村公共生活，这些都是亟待解决的问题。它们不仅关系着乡村社会的凝聚力，而且实际上是一个如何使农民真正成为乡村建设的主体，保障他们的民主权利，发挥他们的主动性与创造力的问题。在这方面，屯堡的经验，包括它所建立的核心家庭与社区互补的社会、经济结构，都是具有启发性的。

需要讨论的，还有一个如何看待地戏这样的民间戏剧的"神性色彩"及仪式化与模式化特征的问题。本书作者提出："在中国民间，尤其是乡村，各种类型的仪式剧都在自发地产生戏剧，但其中许多永远不可能进化到完型态的观赏戏剧"。作者认为："这并不是它们的缺陷，它们也不是一个过渡形态，相反，这就是中国戏剧与中国现实相适应的本质性存在方式。"这里，将农村仪式剧视为"本质性的存在方式"，是很有见地的。可是，长期以来，我们一直将这样的农村祭祀和仪式剧的演出，视为"迷信活动"。——我自己当年（"文革"前和"文革"中）在安顺生活时，就是这样看待地戏的。而具有讽刺意味的是，我所研究的鲁迅与周作人却早在二十世纪初，就为农民的"迷信"，包括民间祭祀和仪式剧的演出辩护。有趣的是，当年鲁迅津津乐道的江南地区的"五猖会"的民间祭祀与戏剧，如本书所说，和屯堡社区的民间祭祀与戏剧，是有着密切的亲缘关系的，这是我阅读本书的一个意外收获。因此，鲁迅的辩护，今天读起来，就会觉得特别亲切。鲁迅指出，这样的民间祭祀与戏剧演出，不仅是农民辛苦耕稼之余的"自劳"，使其"精神体质，两愉悦也"；更是一种超越性的精神追求："此乃向上之民，欲离是有限相对之现世，以趣（趋）无限绝对之至上者也"。（《破恶声论》）而周作人所看重的，是在民间祭祀、传统节日和戏剧里，"对于鬼神与人的接待"（《立春以来》）。我曾经有过这样的阐释：在民间节日的祭祀、戏剧演出中，"创造了一个人鬼相融、古今共存的世界，是子孙与祖先、人与鬼之间的精神对话，由此而形成了深沉的历史感与超时空感"(《周作人论·民俗学研究与国民性的考察》)。如本书的作者所说，地戏所创造的是一个"神人相通，天人相接"的世界，它的具有神性的仪式，将其内含的价值观、道德观神圣化，转化为必须认同与遵循的观念和准则，"使彼岸的观念变成此岸的观念，神的意志成为人的意志"；而模式化，更是一种"复制机制"，便于"年轻的参与者的学习与模仿"。正如本书作者所注意到的那样，这类祭祀与戏剧活动，"最热心、最忠诚的参与者总是孩子，他们无处不在，任何秘密都躲不过他们的眼睛"。其实，也就是在这一过程中，完成了精神的传递。这正是农村仪式剧最重要的功能：这不仅是娱乐，更是精神传统的营造和传递，目的是要构建"精神的家园"。这是要影响人的一生发展的。于是，我们也就懂得了鲁迅为什么在一九二六年和一九三六年两次面对死亡时，都深情地写下了他的童年民间戏剧记忆：《无常》与《女吊》。这是生命的寻根，是要回到童年农村记忆中的"精神家园"去。因此，本书的作者坚持地戏这样的农村仪式剧不能演变为观赏剧，是大有深意的：正是要坚守民间仪式剧以及乡村文化"构建精神家园"的功能与价值。这自然也包含了一种隐忧：包括地戏在内的民间戏剧、民俗活动，在成为单纯商业化的旅游资源时，就有可能变成单一的观赏表演，导致"和农民的宇宙观、道德观、生命观，乃至生产方式紧密相连的传统文化"和乡村文化的"碎片化"与"空洞化"(参看拙作：《贵州发展道路的遐想》，文收《漂泊的家园》)。这是我们在讨论屯堡文化这样的乡村文化的意义、价值与命运时，不能不提出警示的。

三、最后还要说及的是，我们所说的"乡村文化的重建"，其实包括了两个方面的任务与要求，除了我们这里所着重讨论的对乡村文化本土资源的重新认识、开发、继承之外，还有一个"文化下乡"的问题，即将更广阔的古今中外的外部文化资源引入乡村文化生活，使之与本土文化相结合，以扩展乡村文化的内涵。这是另一个话题，只有再找机会讨论了。

在《屯堡乡民社会》一书出版时，我曾说过一句话，此刻在结束这篇长序时，想到的还是那点意思："不要忘了，在这书的背后，还站着许许多多屯堡的老乡，他们才是屯堡文化的真正创造者"；"不要忘了我们对屯堡乡民的责任和承诺"，"一切都还在开始，本书将在屯堡文化、乡村文化的重建中继续'写'下去"。

2008 年 6 月 13 日—15 日

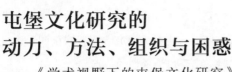

屯堡文化研究的
动力、方法、组织与困惑
——《学术视野下的屯堡文化研究》序

　　一九〇二年，当日本人类学者鸟居龙藏路过今平坝天龙镇，并写下他的考察记录时，大概没有想到天龙镇会成为二十一世纪的一个旅游胜地，更不会预料到他已经开辟了一个"屯堡文化研究"的新领域。这项研究此后延续了整整一百年，至今势头不减。这是一个奇迹：不仅屯堡文化历经六百年沧桑而不衰，连对它的研究也具有如此的生命力！

　　这其中的奥秘，值得深思。

一　动力：全球化视域下的屯堡文化研究

　　我注意到一个现象：屯堡文化研究，无论它的起端，还是每一次重要发展，都有一个国际的视野与背景。鸟居龙藏在观察到屯堡人作为"屯兵移居的明代遗民"却"渐渐受到清朝众多移民的欺压和蔑视"时，首先想到的是"这种情形跟日本旧幕时代的情况很相似"。他在这里发现的是中国和日本以至人类所共有的问题。或许正是这样的对人类共通性问题的发现，成为他对这个中国边远地区的被称为"凤头苗"的"汉族地方集团"（这是他对"屯堡人"的第一个命名）进行人类学研究的最初动因。而如论者所说，八十年以后，屯堡文化研究掀起第一个高潮的直接契机，就是"安顺地戏于一九八六年赴法国和西班牙的演出，及演出所引起的轰动效应"①；那么可以说，正是中国结束了自我封闭，向世界开放，实行国际文化交流的需要，成为屯堡文化研究振兴的原动力。而在二十世纪九十年代，特别是二十一世纪初，屯堡文化再掀高潮与全球化所提出的新问题的内在联系，更是为研究者所普遍认同。这也是我在阅读本书所收录的论文时，感受最为深切的一点。

正像研究者所指出的，"世界经济一体化的浪潮席卷全球"，带来了"全球化与地方性的紧张、冲突"，并成为全球（当然也包括中国）学术界广泛关注的问题，"具有强烈地方性特征的屯堡文化"就是在这样的背景下而引人注目的②。

这看起来是一个悖论：恰恰是全球化引发了国家、民族与地方文化知识重构的新冲动，成为这样的知识重构的强大推动力。受到最大冲击的，正是在全球化中处于劣势而又在努力追赶的东方世界：这都是令人感到饶有兴味的现象。这是可以理解的：因为正是这些落后的国家、地区长期以来一直处在"被描写"的地位，现在，它们要以独立、平等的地位、身份，参与全球事务，就必须以"重新认识自己"为新的起点。就中国而言，正是这样的"被描写"的地位（顺便提一点，第一个提醒我们注意这样的地位的,恰恰是在中国最具独立性,因而被视为"民族魂"的、"骨头最硬"的鲁迅,这大概不是偶然的③),使得我们关于中国社会、历史、经济、文化、文学……的许多叙述，被纳入西方话语（也就是全球化的强势力量）的体系，比如社会性质上的"封建社会"论、文学史上的"现实主义""浪漫主义"……这样的话语体系，可能有助于一些中国传统话语体系中所没有注意、无法解释的现象的揭示，但毋庸讳言，也遮蔽了许多东西，有时更是削足适履。特别是这样的既定的关于中国叙述的话语体系被僵化和神圣化以后，就成为我们发展自己的学术、科学地认识自己（国情、文化等）的一个障碍。如何突破这样的由西方话

---

① 杜应国：《屯堡文化研究概述》。

② 同上。

③ 鲁迅：《花边文学·未来的光荣》。

语主宰的话语体系的束缚，重建关于中国叙述的国家、地方文化知识体系，就成为全球化时代中国学术的新的历史使命，这是整个中华民族"文化重建"的一个重要方面。这是我们今天的讨论的一个大的学术背景。

具体到我们所讨论的屯堡文化在这样的国家和地方知识体系的重建中能够发挥什么样的作用，恐怕是更应该关注的。我注意到许多论文的作者都不约而同地谈到，这些年人们在重新考察中国社会、文化时，都注意到它的几个基本特点：多民族性、文化多元性、国家与地方文化的共同建构性、主流文化与民间文化的共同建构性。当人们进一步讨论：这样的多民族社会、文化结构的多元格局是怎样形成的？国家意识形态与地方文化之间、主流文化与民间文化之间有着怎样复杂的关系时，就不能停留在宏观的把握与讨论上，而是要进入具体的研究领域，进行历史与现状的两个方面的考察，以获得具体的认识，即在进行"面"的研究时，还必须有"点"的个案研究。

屯堡文化正是在这样的客观需求下，进入了人们的视野，并至少在四个方面显示出了典型的意义和价值。

其一，屯堡人作为明代汉族移民，自身有着强烈的汉族自我意识和归宿感，却被后来的汉族移民视为非汉族，加上它和周边的少数民族之间的复杂关系，就构成了一部"汉族下位集团的形成史"，并显示了"汉族和少数民族的民族学境界的流动性"。这样，如果把屯堡放在"近现代中华民族的形成过程"的大视野下，它就具有了一种典型意义，由此生发出的是"对民族集团应该怎样研究"的方法论意义。①

其二，屯堡文化作为一种移民文化，在漫长的六百年间，既在周边异质文化的挤压下，坚守了原发地江南文化的某些特质，同时又吸收了周边异质文化的元素，自身产生了变异，从而形成了意义、构成更为复杂的"屯堡文化"。这样，屯堡文化的形成史，在形成过程中所发生的坚守、

---

① 参看［日］蟓田诚之：《对民族集团应该怎样研究——以贵州"屯堡人"为例》，［日］探田诚之：《贵州省西部民族关系的动态——关于"屯堡后裔"的研究》，郑正强：《从对抗走向融合——屯堡人与周边少数民族的关系》，蒋立松：《田野视觉中的屯堡人研究》。

吸取和变异，就为我们理解和把握贵州文化以及中国文化的多元性的形成过程与机制、特质，提供了一个典型案例。①

其三，如论者所说，屯堡文化是"中华文化涵盖下的有自身个性特征的地域文化"，其最重要的特征，就是它是明代所执行的"调北征南"和"调北填南"的国家政策的产物。"大规模的军事移民，不仅代表了国家意志的远距离控制，而且更象征着国家力量的直接介入。在与周围的少数民族杂居过程中，屯堡人既为一体多元的地域文化增添了新的色彩，影响了其他差异性的民族文化，同时也传播了国家观念或王朝意识，强化了大一统的地缘结构秩序。"另一方面，屯堡文化形成的必要条件却是"屯堡人由军事武力集团变为地域生活集团，屯卫渐渐变成村落"，"个人身份也从军人变为农民"，其结果必然导致"国家意志淡化而民间社会特征突出"。这样的国家与地方、民间生活的复杂关系，同样也为我们对中华文化发展中的国家与地方、民间社会的共构关系及其内在机制的考察，提供了一个典型个案。②

其四，屯堡文化的一个显著特征，就是它以儒家忠义伦理为核心价值，并通过各种祭祀仪式，"建构了一个儒家伦理的礼俗世界"，但他们的日常生活和民间信仰，又在不同方面突破了儒家礼教，形成了"儒释道三家混杂的现象"，如论者所说，"这正是儒学深入民间世界之后，社会下层通俗文化反过来对其施加影响的结果"。这样，屯堡文化就为我们"了解和体认儒家文化如何不断世俗化、生活化的长时段历史过程，提供了一个难得的生活世界的活文化具体范例"③。显然，以上四个方面的概括是不全面的，不仅有些重要侧面未能论及（如妇女在屯堡文化建构中的作用及其普遍意义④），而且随着研究的深入，屯堡文化的意义，还会有新的呈现与认识。但讨论到这里，我们可以肯定地指出，屯堡文

---

① 参看熊宗仁：《六百年的延续和变异——屯堡文化研究之我见》，朱伟华：《黔中屯堡文化性质新探》等。

② 张新民：《屯堡文化与儒学的民间化形态》。

③ 同上。

④ 参看孙兆霞：《家园的守护者与有意义的生活——对九溪妇女"佛事活动"的社会人类学考察》。

化研究是对于全球化时代所提出的"重新认识我们自己，自己描述自己，进行文化重构"的历史命题的一个回应，并因此而获得了不可忽视的研究价值。如张新民教授所说："在这一意义上，也可以说，理解屯堡文化，其实也就是理解我们自身：既理解我们的传统文化，也理解我们的现代化处境；既了解中国社会的城市化发展过程，也了解原来固有的乡土性特征。区域文化或汉民族支系文化的解读，必然有利于更大范围的中华文化的解读。"①

张新民教授的上述分析，谈到了屯堡文化与"我们固有的乡土性特征"和"我们的现代化处境"的关系，这是一个重要的提醒：屯堡文化不只是一种历史文化，更是一个活生生的现实存在，也就是说，如果我们仅仅把屯堡文化看成一个历史的"活化石"，也会遮蔽许多东西。我们的目光，不应只在"过去"，而更应在"现在"和"未来"，"我们对屯堡文化历史传统的关注，仅是一个出发点，我们的兴趣更集中在传统、现实与未来的历史联系上"。于是，屯堡文化在"全球化背景下的中国社会转型中的乡村改造与建设"中的资源性意义就浮现出来，成为另一个研究的动力与问题意识。②在这方面也已经有了一些重要的收获，如"乡民社会""乡村公共空间"等概念的提出，都表现出一种自觉的努力："在具有传统中国农村特点的屯堡文化社会形态中，发现具有一般意义的积极因素"，从而跳出"在农业社会与工业社会、传统与现代、城市与农村之间非此即彼的解读模式"，在传统农村社会内部，寻找西部新农村建设的"内在的发展动力与机制"，以实现传统乡土社会向现代乡民社会的现代性转换。③另外一些学者则将屯堡文化与旅游研究有机结合起来，试图建立新的旅游文化，并为正在兴起的屯堡旅游提供文化的内涵

---

① 张新民：《屯堡文化与儒学的民间化形态》。

② 参看钱理群：《学术研究与乡村建设的有机结合——从〈屯堡乡民社会〉谈开去》。

③ 参看孙兆霞：《屯堡乡民社会的特征》，王春光、孙兆霞、罗布龙、罗霞、袁葵、张定贵：《村民自治的社会基础和文化网络——对贵州省安顺市 J 村农村公共空间的社会学研究》，张定贵：《乡村治理的社会变迁及其文化、制度分析》，吕燕平、张定贵：《乡村社群与社区和谐发展——对黔中屯堡村落 J 村的社群研究》，吴羽：《传统组织资源在新农村建设中的作用探析——以九溪屯堡为例》。

与理论的资源。① 如研究者所说，"现代性的建设事业不能脱离人类学的基础，也不能脱离地方文化资源的实际"②，"通过屯堡文化的研究与开发，在传统与现代之间寻找一条可通达的桥梁"③，还有很大的空间。

二 建立"屯堡学"：方法、组织、困惑

我们在讨论屯堡研究的动力时即已经发现，它所引发的是多个学科的研究兴趣。因此，屯堡文化研究从二十世纪八十年代至九十年代中期，对历史学、民族学、文学、美学、经济学等传统方法的运用，到九十年代中期至二十一世纪初，对民俗学、文化人类学、旅游学、社会学、宗教学、统计学、社会性别学等多学科理论与方法的大量引入，是一个必然的发展趋势，④ 它显示的是随着研究的深入、研究视野的扩大，屯堡文化的多重意义逐渐呈现，它的内在的综合性逐渐被认识。可以说，我们现在已经形成了对屯堡文化进行多学科综合研究的基本格局。同时提出的还有进一步扩大视野，进行比较的、溯源性的研究的要求，⑤ 以及向宏观和微观两个方向开拓的要求：微观方面进入"村落组织、个人生命史等具体对象"；宏观方面，则有"更高的学术视野中的整体关怀"，"从研究屯堡到以屯堡为切入点，研究中国社会形态及其变迁"。⑥ 这表明，屯堡研究正处在需要进行整体提升的阶段。因此，张新民教授二〇〇五年在安顺召开的屯堡文化学术研讨会上提出，"像敦煌学和徽学那样，有组织、有步骤地建立地域性的专门学科——屯堡学"，可以说已经是水到渠成。

---

① 参看陈瑶：《面对凝视："屯堡人"的选择与适应——对贵州中部汉族亚文化族群人际传播特征的人类学研究》，陈玉平：《"弃新复旧"：村寨旅游开发中的新景观——以贵州省平坝县天龙屯堡为例》。

② 张新民：《屯堡文化与儒学的民间化形态》。

③ 钱理群：《学术研究与乡村建设的有机结合——从〈屯堡乡民社会〉谈开去》。

④ 参看龚文静、吴羽、张定贵、彭菁、宋吉雨：《屯堡文化研究的现状及趋势》。

⑤ 这方面已经有了初步的成果，如古永继：《从明代滇、黔移民特点比较看贵州屯堡文化形成的原因》，万明：《明代徽州汪公入黔考——兼论屯堡移民社会的建构》。

⑥ 龚文静、吴羽、张定贵、彭菁、宋吉雨：《屯堡文化研究的现状及趋势》。

有了这样的总体目标指向，就进一步提高了我们研究的自觉性；同时提出的是学科建立和建设的组织工作的问题。有研究者注意到，屯堡文化研究正"逐步从个体研究进入团队研究"。[①] 不过，我还是主张个体研究与团队研究相结合，这样才能做到优势互补；而且团队研究也必须以个体研究为基础。因此，在我看来，学科建设的组织工作，也应该有两种形式：一种是民间的组织形式，如正在筹建的"贵州省屯堡研究会"；另一种是在大学或研究院里建立的专门研究机构，如安顺学院的"屯堡文化研究中心"。前者有助于民间研究力量的整合、国际学术的交流，实现资源和信息共享；后者则可以用体制的力量，制订研究规划，更有计划、有规模地推动屯堡文化研究，做到循序渐进，逐层推进。我们需要这两种力量的通力合作，以形成较为系统的"屯堡学"的研究体系与构架。

这里，我想对安顺学院的屯堡文化研究中心多说几句。安顺学院是我的母校，我是从那里走出来的：上一世纪七十年代中期（一九七三——九七八），我曾在学校（当时叫安顺师范、师专）任教。我对她的感情自不待言，我也一直在关心、观察、思考着她和像她这样的地方院校的发展。记得二○○五年我在贵州大学的一次演讲中提到过安顺学院所创造的"校村挂钩"的经验：他们以安顺屯堡的九溪村为点，组织教师与学生深入村寨做社会调查与研究，同时积极参与九溪的乡村建设，获得了乡民和乡村精英的极大信任，这反过来也促进了学校的建设：不仅取得了具有全国影响的科研成果，出版了在屯堡研究中具有开拓性的《屯堡乡民社会》一书，而且将其转化为教育资源，开设了相关课程，开创了以屯堡文化为中心的本土文化教学新领域。他们的这一经验给了我很大的启发。就在这次演讲中，我提出了地方院校应成为"培养乡村建设人才的基地"的教育理念。[②] 而现在，屯堡文化研究中心的建立又使我想到，或许还应该加上一点：地方院校应该成为"建构地方文化知识体

---

① 龚文静、吴羽、张定贵、彭菁、宋吉雨：《屯堡文化研究的现状及趋势》。

② 参看钱理群：《我的关于地方院校教育的畅想与空谈》，文收《那里有一方心灵的净土》，中国文联出版社 2008 年 5 月出版。又收《漂泊的家园》，贵州教育出版社 2008 年 5 月出版。

系的中心"。这一个"基地",一个"中心",都关系着地方院校的发展方向,以后有机会还应作更深入的讨论。有意思的是,安顺学院所创造的这两个经验,都是在屯堡研究中产生的,这大概不是偶然的。也就是说,无论是"校村挂钩",还是"建立研究中心",都为如何开展和组织屯堡文化研究提供了经验。"建立研究中心"提出的是发挥地方院校在屯堡研究中的核心作用的问题,前文已有论述;而"校村挂钩"对屯堡研究以至学术研究的意义,我曾有过这样的阐述:"他们的工作是从学术出发的,但最后又内在地需要走出学术,直接参与到乡村的改造与建设的实际工作中来,这既是学术研究成果的现实化,又为学术研究的发展提供了新的可能性;而现实的实践对屯堡文化内在潜力的激发,又会反过来加深对屯堡文化的体认,这是一个良性的互动过程。在这一过程中,课题的参与者、研究者自身也会越来越深切地感到,自己的学术、教学工作,以至自我的生命,和生育自己的这块土地,与乡村改造、建设之间,存在着一种密不可分的联系。有了这样的感受,学术研究、文化研究才会显出其真正的意义与价值,不再为外在的功利目的所驱使,而成为社会发展的内在需要和自我生命发展的内在需要。在我看来,这正是学术研究、文化研究的真谛"①,这也是屯堡文化研究的根本。

以上所说的,多少具有理想主义色彩,因此,我们还需要回到现实中来:屯堡文化研究既有着广阔的前景,又有着发展的机遇,但同时也存在着研究者所说的巨大的"困惑"。困惑首先来自生活本身,来自屯堡自身的发展困境、屯堡文化自身的命运。这就是许多研究者所指出的:"目前,在现代化与市场化的强劲冲击下,屯堡文化已出现衰变现象,屯堡文化研究也有可能丧失原初形态及意蕴。"②"衰"是我们必须面对的现实,"变"则是对我们的研究提出的新挑战。顺便说一点,这"衰"与"变"不仅是屯堡文化所遭遇的问题,而且也是全球性的。我最近有一次"阿拉斯加之旅",我本期待这是一次"文化之旅":沿着当年淘金

---

① 钱理群:《学术研究与乡村建设的有机结合——从〈屯堡乡民社会〉谈开去》。

② 龚文静、吴羽、张定贵、彭菁、宋吉雨:《屯堡文化研究的现状及趋势》。

者的足迹，去寻求北方的原始的荒野文化，但我所见的，却都是满足了今天大多数旅游者娱乐需求的、已经充分商业化了的文化符号，其文化内涵已经空洞化了，而且大多数旅游者也都不再关心这些文化内涵，痴迷文化如我者，只能在永恒不变的大自然（雪山、冰川、河流）和杰克·伦敦的小说里的历史与文学记录里，在想象中勉力体会当年的文化意蕴了。我最终获得的是一次"休闲之旅"，尽管我也从中得到了身心的享受，但总有一种挥之不去的失落感。我很自然地就联想起一直关心的屯堡文化的命运。这其实也显示了我们一开始就讨论的"全球化"与"地方性"关系的另一侧面：在这全球化的时代，所有的地方问题都是全球问题；在这个意义上，我们在这里讨论与寻求走出屯堡文化困境之路、屯堡发展之路的努力，也是具有世界意义的，是全球性的挣脱发展困境的努力的一个有机组成部分。

当然，我们更要面对的，是屯堡文化研究自身的困境。首先是这个学科的先天不足，这就是研究者所指出的，"有关屯堡人的史料比较缺乏，我们看到的更多是屯堡人的现存生活状态"，而"对屯堡历史较为了解的民间老艺人则缺乏传人，随着他们相继去世，屯堡文化正处在迅速消解的过程中"，而我们的一些研究者又习惯于重复使用第二手史料，"很少有人去探究原始材料"，不重视田野调查，"对史料运用的不慎重、不规范，导致了人们对屯堡文化的一些误解"，以致造成了某种混乱。这都表明，我们要建立"屯堡学"，首先要确立的是"史料是第一位的工作"的观念，所有的研究都必须建立在充分、翔实、可靠的史料基础上，要花大力气作好史料的收集、辨别、整理、分类的工作，并采取一切手段，包括运用现代科学技术，对"日渐消亡的活态文化进行抢救性发掘和保护"。[①]

对史料运用的不慎重、不规范，反映的是学风和学术规范的问题。这就谈到了必须正视的另一个方面：我们所处的整体学术环境并不理想，学术体制与评价体系的缺陷，以及社会与学术空气的浮躁，都会影

———————

① 龚文静、吴羽、张定贵、彭菁、宋吉雨：《屯堡文化研究的现状及趋势》。

响屯堡文化的研究。一篇研究述评指出，"在已经发表的近四百篇（本）左右的研究成果中，有一半以上是重复性、描述性的文章"，"大量的研究仍然处于浅表的研究层面"。[①] 这样一个基本的研究现状，是不能不引起注意和担忧的。这里固然有研究水平的问题，但更有急于出成果的浮躁心态，以及以成果的量作为评价标准等更为内在的原因。我担心，如果真的出现"屯堡研究热"，这样的低水平的重复研究还会大量出现。学术研究从根底上说，是需要"沉潜"的。我由此而想到，或者说我想发出这样的呼吁：我们需要用屯堡人的精神来研究屯堡文化。而在关于屯堡人的描述中，最触动我的，是屯堡从事"佛事"的老年妇女，她们那份虔诚，那举重若轻的气定神闲，正是我们所缺少的，而又是真正的学术研究应有的境界。

2008 年 8 月 20 日—24 日

---

① 龚文静、吴羽、张定贵、彭菁、宋吉雨：《屯堡文化研究的现状及趋势》。

好人联合起来做一件好事

（2012 年 10 月 25 日在《安顺城记》预备会上的讲话）

先说编撰《安顺城记》的缘起，谈谈历史。

我个人接触与思考贵州、安顺地方文化、历史的书写问题，大概是从二〇〇一年读了《二十世纪贵州文学史书系》以后开始的。我当时写了一篇书评，谈到鲁迅的一个观点。他说，近代以来，中国一直处于"被描写"的状态。这是一个弱势民族、文化在与强势民族、文化遭遇时经常面对的尴尬。我由此联想到贵州：在现代中国文化的总体结构里，贵州文化也是一种弱势文化，也会面对"被描写"或者根本被忽视的问题。我因此提出一个命题："用自己的语言，真实而真诚地描写我们自己！"呼吁"黔人和黔友联合起来，认识和描写贵州"。

于是，就有了二〇〇一年到二〇〇三年《贵州读本》的编写，在"认识和描写自己"的基础上，我又提出了一个新的命题："认识我们脚下的土地。"这又是一个惊心动魄的发现与自我反省。戴明贤先生在他的《一个人的安顺》的后记里说："小时候看景看社会，一切都是天生如此，理所当然，后来离乡外出，求学和工作，有了参照物，才发现有差异。进入新时期，眼界拓宽了，尤其是读了一些有关文化人类学的著作，感到童年的家乡，竟有一份自己的文化，竟是一个完整的文化生态圈。"这意味着我们发现了一个"文化的安顺"。这是另一个安顺，是我们熟悉而又陌生的安顺，是被遮蔽在历史深处的这座城市的本原。应该说，"文化安顺"命题的提出，是我们对贵州和安顺认识的一个大飞跃，足以惊天动地。

作为一个黔友，我也感到震惊。尽管一直把贵州、安顺视为"第二故乡"，但我突然发现，自己实际上并不认识贵州和安顺。因为我在贵州、安顺的那个年代，是曾将一切民间习俗与节庆活动看作封建迷信，是需要严加禁止的。很长时间以来，在我的印象里，安顺地戏是跳神弄鬼，是与落后、愚昧联系在一起的。意识形态的偏见，让我们心智迷乱，有眼不识泰山，不识黔中真面目。

这样，我们就面临着重新认识脚下的土地、寻回失去了的文化安顺的任务。

这背后隐含着两个问题。

首先是我们自身的问题：我们自己及下一代的失根危机。我在《贵州读本》的"前言"里说到，生活在贵州这块土地上的人，通常有两种选择：走出大山和不离故土，漂泊与坚守。但无论是漂泊还是坚守，都应有自己的家园：漂泊中有乡思，坚守里有依傍。但人们现在却面临着釜底抽薪的危险：当人们，特别是年轻一代，对培育自己的这块土地、土地上的文化与人民，产生了认知上的陌生感，情感、心理上的疏离感的时候，就失去了精神家园。漂泊者从此走上了心灵的不归路，坚守者陷入了心灵的空虚。这是民族精神危机，更是人自身的生命存在的危机。这样，我们对文化安顺的重新发现，对贵州、安顺历史的自我描写，就具有了自我拯救与民族精神建设、地方文化教育建设的重大意义。

我们同时发现的是贵州发展方向、道路上的危机。我写过一篇关于"安顺城气"的文章，其中谈到："这些年每次来安顺，都看到城市建设的新成就，也不断听朋友们说起这样那样的城市建设新规划，作为安顺老居民，我自然是高兴的。但无可讳言，也同时看到、听到、感到安顺城气的衰败、传统城气的失落：气定神闲的风姿不再，到处是一片浮躁之气；浮华代替了质朴，萎靡驱走了刚健；浪漫的想象为实利的经营所放逐，诡奇已无容身之地。安顺已不是我的安顺。"于是，我提出了这样的问题："城市是会越来越现代化的，但是，一个失精神、没了气的城市，对我们有什么意义？我们就把这样的城市交给子孙后代吗？我们又怎样向列祖列宗交代？现在是重新审视我们城市建设的方向和道路的问题的时候了。如果把城市建设变成单一的经济开发，而完全忽视政治、文化、精神、社会建设，我们就真的走向了歧途，而且后患无穷。不是说'以人为本'吗？那就请还一个属于安顺人的安顺，一个具有安顺'人气'和'城气'的安顺。"这样，我们对文化安顺的发现与书写，就具有了拯救城市发展危机、创造具有"人气"和"城气"的新贵州、新安顺的意义。

正是在这样的"认识脚下的土地"的指导思想下，大概在二〇〇三年至二〇〇四年期间，安顺出版了五本书：图文集《大山深处的屯堡》，散文集《神秀黔中》，小说集《迷离的屯堡》《小城故事》（韦瀚），散文集《一个人的安顺》（戴明贤）。

这五本书引发了何光渝先生的思考，他在二〇〇五年提出了"构建地方文化的知识谱系"的历史任务。这是我们对贵州、安顺认识上的又一个重大突破。

如戴明贤先生所说，这样的努力早已开始。他指出：五卷本《贵州通史》和《贵州民族民间文学选萃》《贵州民间文化研究丛书》《贵州旅游史系列丛书》《二十世纪贵州文学史书系》《贵州新文学大系》等一大批大型图书陆续出版，以及陈福桐、史继忠、黄万机、刘学洙、熊宗仁诸先生的研究成果，都为谱系的建立打下了坚实的基础。

对何光渝先生提出的"构建地方文化的知识谱系"的命题，杜应国先生作了两个方面的阐释。他首先指出，放在全球化背景下来考察，这一命题"实则已经超越了具体的地域区限，而具有了某种普泛性的蕴涵"。在全球化（世界经济一体化）快速消灭差别、去个性化、文化趋同的背景下，以多元化与多样性为支点的地方性特征，已成为制约全球化单一与趋同法则的最重要的平衡点。地方文化知识谱系的构建，就成了一个世界性的问题，而且是来自内部的一种自我阐释冲动，是源于自我意识觉醒以后的自我审视、自我描写，是格外有意义的。

杜应国先生对"如何构建地方文化的知识谱系"提出了他的设想：这不是一堆杂乱无章的知识堆积，而是有内在逻辑结构和学科构成与学理支撑的知识体系架构，是一个多学科、多层面，协同努力、互相递进的系统工程，涉及考古学、历史学、经济学、社会学、人类学、民族学、文化学、民俗学、文献学、语言学及文学、艺术、音像、戏曲多种门类、学科。

有了全球眼光，就加深了我们对安顺文化，对脚下土地的认识。刘纲纪先生有一个重要概括：安顺"由于它地处黔之腹、滇之喉，又为蜀粤之唇齿，因此外来文化对它的影响和它对外来文化的吸纳、改造，都比其他地方要更快更广"。安顺这块土地并不封闭，它是和中国以至世界的更广大的土地联结在一起，息息相通的。这就提醒我们：对家乡土地的认识、把握、描述，必须本于本土，又高于本土，要有一个全国、全世界的大坐标，即要有一个"大土地"的概念。在"大土地"的视野里，我们通常说的"地方""乡土"，就显示出了一种新的意义。

在"构建地方文化的知识谱系"指导思想下，又出现了一系列著作：《黔中墨韵》（二〇〇五年，安顺市文联编）、《黔中烟霞》（二〇〇六年，安顺市文联编）、《黔中走笔》（二〇〇六年，《安顺日报》社编），加上之前出版的《神秀黔中》（安顺市文联编），就构成了四大"黔中丛书"。还有两本研究著作《屯堡乡民社会》和《建构与生成：屯堡文化及地戏形态研究》先后出版。这些年安顺政协主编的《安顺文史资料》以及企业家创办的《黔中文化》《京海百合》等刊物，也发表了许多地方文化的历史资料。

文史资料的整理之外，还有我所提出的构建地方文化知识谱系的三大工程。

一是地方典籍的整理。比如我们可以仿鲁迅《会稽郡故书杂集》编《安顺故书杂集》，在《黔中墨韵》基础上编《安顺先贤文丛》等。这方面的最新成果是袁本良、杜应国重新点校的《安顺府志》。

二是关于地方文化的文学书写，即"大文化散文"的创作，也可以称为"文化志性质的散文"或"散文笔调的文化志"。这是由戴明贤先生的《一个人的安顺》首创的。其写作原则是"一切按记忆实录，述而不作"，特点有二：追求老百姓原汁原味的日常生活的实录；把文、史、哲包容在一起，包含了社会科学、民俗学、文化人类学等价值和功能。

除《一个人的安顺》，这方面的成果还有：宋茨林的《我的阳光我的月亮》、邓克贤的《子丑寅卯》以及《神秀黔中》《黔中走笔》里的不少文化散文。我曾经说过，戴明贤先生写了四十年代的"一个人的安顺"，宋茨林先生写了六七十年代的"一个人的安顺"，还应该有八九十年代、新世纪的"一个人的安顺"，形成一个以大散文的形式，以时间的坐标为经，写小城故事（小城文化演变的故事和小城人的精神发展的故事）的"一个人的安顺"系列。这将是安顺地方文化知识谱系的有机组成部分，它以安顺普通老百姓的生活为中心，记载民间小传统，而且是和亲历者的生命血肉相连的记忆和纪实，可以构成一部活的历史、生命化的历史、个性化的历史。这是可以与典籍形态的大传统、正史互补的。

　　第三，就是《安顺城记》的编写。这是最后出场，带有集大成性质的大工程。这就是说，我们在做了以上充分准备以后，就可以进行民间修史的尝试了。这就是今天提供给会议的《编撰构想》里提出的任务："撰写一部仿《史记》体例的《安顺城记》，以现代眼光、现代视角，采取国史体例与地方志体例相结合的方式，尝试为一九四九年以前的安顺历史作民间修史的探索，以形成一部较完整的，角度不同、撰写手法新颖的地方志，使此前散乱、零碎的地方资料有一个系统的整合与富于现代语境的言说。"

　　这就要进入我今天要讨论的第二个问题——编写《安顺城记》的理念、方法和史观。

　　在我们的设想里，最引人注目的自然是"仿《史记》体例"。

　　为什么要提出这个问题？主要是出于对现行史学和历史书写的反省：它是深受西方史学影响的产物。传统的西方史学，具有学科界限清晰、分期合理的优势，但也存在问题。我曾经将其概括为三大问题：有史事而无人物；有大人物而无小人物；有人物的外在事功而忽略了人的内心世界。最根本的问题还在于，今天包括历史学研究在内的中国学术，越来越知识化、技术化、体制化，缺少了人文关怀，没有人、人的心灵、人的生命气息。这样的学术、史学，只能增知识，不能给人以思想的启迪、心灵的触动、生命的感悟。

这就使我想起了中国自己的传统，即司马迁《史记》开创的传统。它的最大特点，就是文、史、哲不分，既是一部历史学经典，又是一部文学经典。它至少有三大优势：其一，不仅有大人物，而且有小人物；不仅有人的事功，更有人物的性格、形象和心理。其二，在体例上，将通史和国别史、专史与区域史相结合，史事和人物互相穿插，较好地处理了史观与史识的表述问题。它的"本纪""列传""表"的结构，也很有启发性。其三，在历史叙述上突出文学的表现手法，其中最重要的，就是注意历史细节的感性呈现，以及对历史人物个体生命的呈现。因此，我们提出了这样的设想：如果在吸收《史记》的观念与方法的基础上，再吸收一些传统的方志学的体例优势（如分篇较细、门类较专等），取长补短，以相得益彰，就会有一个新视野、新叙事，它们的背后是新观念。

　　这样的设想，是建立在对学术思潮史的分析基础上的。在中国的传统中，文、史、哲本是融为一体的，在十九世纪末，接受了西方影响，才逐渐有了文学、历史、哲学的学科划分。以后，又陆续引入了诸如社会学、民俗学、文化人类学这样一些新的学科范畴，逐渐形成了分工明确的学科体系。而到了二十世纪末、二十一世纪初，又出现了学科交融的趋向。这样的"合—分—合"是很有意思的。在今后很长的时间内，恐怕都将是既分又合的。我们正是在这样的学术发展的新趋向下，设计《安顺城记》的。

　　这样，我们期待的《安顺城记》的写作，将有以下特色，其中贯穿着我们的历史观。

　　首先，这是一部以安顺这块土地、土地上的文化、土地上的人（乡贤与乡民）为中心的小城历史。"土地""文化"和"人"（乡贤和乡亲），构成它的中心词、关键词。这是对选材、历史叙述的对象的基本要求，具体来说又有几个要点。

　　1. 要注意安顺地理文化（地理位置、地貌特征）、风景文化与历史文化的关系，及它们对安顺文化性格的影响。

　　2. 它所呈现的是多元与开放的安顺文化，对内要突出多民族并存与相互影响、交融的特点，对外要突出对外部世界的交流与吸取（徐霞客、鸟居龙藏、湘滇黔旅行团、故宫南迁等）。

3. 正确处理乡贤和乡亲的关系。这背后有一个历史观。我们主张的是精英和平民共同创造历史，要突出乡贤的历史贡献，也要关注老百姓中的人物、风俗习惯与日常生活。

其二，这是一部以小城故事为主的，融文学、社会学、民俗学、文化人类学、历史学、哲学为一炉的"大散文"笔调的历史著作。这是对历史叙述的基本要求，也有几个要点。

1. 注意文学性，注重文笔，讲究语言，可适当运用安顺方言土语，突破类型化模式，是一种非类型化的写作。

2. 尽可能有一点形而上的意味。其实我们反复强调的"土地"意象里，就蕴含着诸如生命与死亡、空间与时间、精神家园……这类哲思与隐喻。我们或许可以在民间神话、传说、民间宗教……这些领域中发掘这块土地上的人们对世界与宇宙、此岸与彼岸的理解与想象。

3. 要有生命气息。这里有一个生命史学的观念，是对人的个体生命史的关注。我们的叙述要带有个体生命的体温，要通过一个个具体民族、家族、个人生命的叙述，体现城市生命，写出小城历史的"变"与"常"、小城的文化性格。我在戴老师的书序里写道："我从中看到了某种永恒的东西，那是小城人永远不变的散淡、潇洒的日常生活，小城人看惯宠辱哀荣的气定神闲的风姿。"这城与人所特有的韵味，构成了一种坚韧的生命力量。这也是我们的《安顺城记》应该显示与追求的境界。

4. 增强直观性，追求历史的原生形态。这也是一种历史观。要有"图像志"，收入有关安顺的图像学资料，包括省、地史籍所载的地理图经、具有一定写实意义的绘画作品、人物图片以及各时代的老照片。

最后，对这套书的编写工作发表一点议论。

最近，我刚刚完成了一项大学术工程：《中国现代文学编年史——以文学广告为中心》，在《总序》里我谈到了自己在当下学术背景下的两点追求，或许也可以作为本书的追求。

一、针对当下学术平庸化的倾向，强调"学术研究的创造性和想象力"。应该说，我们这套《安顺城记》的设计，是具有想象力的，对此我们要有充分的自信。我们的预设目标是一部有创造性、实验性、开拓性的，有自己鲜明特色的历史著作。

这一目标内含着三层意思。其一，"创造、实验、开拓"这三性决定了它对当下历史写作所具有的挑战性；其二，但它并不试图否定现有历史写作模式，而是要求自己的生存权，并自我定位为"多元中的一元"；其三，这同时意味着一种清醒：追求鲜明特色，也就必然有局限、有缺陷，这就是我经常说的，是一种有缺憾的价值。我们是民间修史，不承担传播历史知识的任务。我们只追求特色，而不求全，因而必然会有遮蔽，有我们的叙述模式不能涵盖的东西。我们总的指导原则是：发挥特长，承认局限。还要不断修订，自我怀疑，保持一种开放性。

二、在当下学风浮躁，学术商业化、体制化的背景下，我们强调并追求——

1. 学术的严肃性、严谨性、科学性。要在史料的发掘、整理上下大功夫。著作之新，要建立在大量新史料的基础上。

2. 提倡沉稳、沉潜的学风，不要急，以安顺人特有的气定神闲之风写《安顺城记》。三年时间能完成就不错了。

3. 提倡学术研究的理想主义，拒绝名利。参与《安顺城记》的编写，就要有一点奉献精神。付出自然会有回报，但主要的恐怕不是丰厚的物质回报，而是丰厚的精神回报。

最近，我在教育界提倡"静悄悄的教育存在变革"；今天，我又要在这里呼吁"静悄悄的学术存在变革"。面对世风日下、学风日下的现实，我们这些无权无势的知识分子，无力改变整体格局和体制，但我们可以从改变自己和身边的教育存在、学术存在开始，集合一批志同道合者，按照我们的良知和追求，做我们的教育、学术与创作。而每当要寻求志同道合者时，我总要把目光投向我的第二故乡贵州、安顺的精神兄弟姐妹。我曾经借用一位学者的说法提过一个"好人联合起来做好事"的口号；今天，就是在这里，我呼吁我的第二故乡的好人联合起来，做一件好事，写一部我们自己认可的《安顺城记》。这是一件泽被后代、功德无量的事。

我最近已经宣布"告别教育",所以《安顺城记》实际上这也可能是我能为贵州做的最后一件事。当然,我还有两个期待——

1. 以《安顺城记》的写作做一次试验,如果获得成功,就可以以我们的经验,推动《贵州城记》的写作。我没有大的奢望,但至少贵阳可以一试。因此,这一次也请了贵阳的朋友和我们一起做。

2. 把我们的历史研究、学术研究,转化为文学资源和教育资源。我始终认为,写安顺小城故事的大文化散文,还是大有可为的,而且是一个培养青年作者的好途径。希望这一次《安顺城记》的写作,能对此有所推动。我还希望编乡土教材,这也是关乎子孙后代的大事。

我经常说,我们现在的研究、写作,其实都是在为未来研究、写作。

我刚出了一本书:《梦话录》,书中说到自己总是在这个不宜做梦的年代不断地做梦。刚才我又说了一大堆梦话,但我觉得有些梦还是可以实现的。

谢谢大家耐心地听完了我的梦话,可能还要和我一起去做梦。

2012 年 12 月 25 日—26 日整理

▶ 打工子弟教育

他们有权利发出自己的声音

——关于打工子弟教育的两次演讲

在"首届北京市打工子弟学校作文竞赛"新闻发布会上的讲话

2004 年 11 月 27 日

我今天也是以志愿者——不过是"老年志愿者"——的身份来参加会议的。我之所以愿意促成"首届北京市打工子弟学校作文竞赛"活动的开展，是因为主办者北师大"农民之子——中国农村发展促进会"的计划书中的一段话深深地打动了我："与同样生活在这个城市里的其他成长在公立学校的同龄孩子一样"，打工子弟"他们有权利"，"挺起胸膛，大大方方地站在领奖台上"，"展示自我，证明能力"，发出自己的心声！

这里的"权利"两个字非常重要。我们通常说的"弱势群体"之"弱"，不仅是指物质的贫困，更是权利的贫困。

长期以来，为北京市的城市建设做出了巨大贡献的农民工的孩子却没有享受教育的权利。记得几年前我最初接触北师大的"农民之子协会"时，得知他们遇到的最大困难，就是想去打工子弟学校支教，而这些学校都没有取得合法的地位。现在经过多方面的努力，北京打工子弟学校已经有四百余所，学生人数超过了十五万人。应该说这是一个历史的进步。

但农民工还是"沉默的大多数"，还没有发出自己的声音。现在，我们就从他们的孩子着手，通过作文竞赛，让社会倾听打工子弟的心声。

作文题是《北京—家乡—梦想》，那么，我们就来听孩子们讲述自己家乡的故事，讲述他们来到北京的感受，以及他们的梦想。这不仅是讲述，更是一个证明：他们也是中国的小主人，他们有权利做梦，更有权利大声说出自己的梦想，而且说得不会比任何孩子差！

于是，这次作文竞赛就有了不同寻常的意义：尽管城市里的各式各样的作文竞赛已经令人厌烦了，但打工子弟的作文竞赛却是第一次。这"第一次"，既让人兴奋，又令人感到辛酸，同时也在提醒我们成年人：对这些天真无邪的孩子，我们是欠了债的。什么时候，打工子弟可以随便参加城市里的任何文化、教育活动，可以不必为他们单独举行这样的竞赛，我们大概才能心安。

同样处于权利贫困状态的，还有孩子们的老师与校长。他们几乎处在社会舆论关注的视野之外，却是付出最多的群体：不仅要为自己的生存而挣扎，更要在几乎是一无所有的条件下为培育这些孩子而耗尽心血。因此，他们更有理由和他们的学生一起站在领奖台上，受到理应得到的尊重。

这次活动，还有一个目的，就是要"让打工子弟学校联合起来，让打工子弟团结起来，为了自己的权利，为了自己的未来努力奋斗"。我想，这正是一个关键：最根本的，是要让打工子弟学校的校长、老师、学生自己"站立"起来，去争取属于自己的权利。我们——包括青年志愿者所能提供的，只是朋友的帮助。

但我仍要谈谈发动与组织这次活动的青年志愿者，这些默默工作的年轻的大学生们。这是一个正在崛起的新的青年群体。北师大"农民之子"的同学告诉我，到二〇〇四年五月，全国各大学已经成立了一百二十多个支农社团，北京地区也已达三十多个，他们利用寒暑假和"五一""十一"长假下乡开展支农调研、支教扶贫活动，此外还开展日常的"三农"知识讲座与培训。今年暑期一部分北京学生社团组织了"西部阳光行动"，把支农、支教与西部地区的开发结合在一起。关注城市农民工和他们的子弟，也是支农、支教活动的一个自然延伸和重要组成部分。经过一段时间的摸索，许多青年志愿者逐渐将工作重点放在了乡村建设的实验点上。可以说，一个"关注农村，塑造自我，建设新乡村"的热潮正在中国的大学校园里悄悄兴起。这些年轻的大学生用自己的行动向世人表明，他们不是人们所担心的"自我中心的一代"，而是有理想、有大的生命关怀、有奉献精神的一代；同时，他们也是中国的新乡村建设运动的生力军。无论从中国新一代人自身的发展，还是从中国未来的发展来看，这都是非常值得重视的一群生气勃勃、大有希望的年轻人。

今天到会的还有新闻媒体的朋友，我也想借此机会，发出这样的吁请——

请关注打工子弟学校的孩子；

请关注他们的老师、校长；

请关注我们的青年志愿者！

在颁奖会上的讲话

2004 年 12 月 25 日

今天，对在座的每一个人，无论是获奖的同学，他们的老师、校长、家长，还是活动的组织者——北师大"农民之子"的青年志愿者，以及我们这些评委来说，都是一个不同寻常的日子，它或许还会成为终生难忘的记忆，永存于我们的生命中。

很多同学在自己的作文中，早就向家乡里的爷爷、奶奶报告过这次比赛了，并且说自己做梦都梦到站上领奖台时的那股高兴劲儿——这其实是我们大家共同的梦。

这个梦想今天终于实现了！

我们为什么这么高兴？

我想起了这次获奖的一篇作文。它的题目是《给政府的一封信》，作者是胡竞小朋友。文章一开始就提出了一个很有意思也很重要的问题："我们是谁？"小作者说，"用温暖的词来形容我们"，"就叫城市新市民"；

"用准确的词来形容我们，就叫打工子弟"；但"我觉得用弱势群体这个词儿来形容我们，会比较确切"。文章接着说："我们生活在一个很狭小的圈子里，是制度把我们隔在城市的边缘，是身份的低下让我们觉得有些自卑，造成了心理的压力，让我们觉得自己不如别人。"于是，文章结尾处，就发出了这样的呼吁："请政府给我们这些打工子弟创造一个良好的学习环境。同在一片蓝天下，我们并不比北京人差，我们知耻而奋发，会比他们更强。"

现在，他们终于有了一个证实自己的能力与智慧的机会。当胡竞小朋友和他的同伴挺起胸膛，大大方方地站在这里，接受人们赞许的目光时，就是在向世人宣告：同在蓝天下，我们有权利发出自己的声音；我们同样是北京的小主人，是中国的小主人，是新世纪、新世界的小主人！北京、中国，以至世界，都应该倾听我们的声音！

这真是一个历史性的时刻。我们应该向所有的参赛同学，特别是获奖的同学，表示衷心的祝贺，向所有培育他们的老师、校长、家长，向所有关心他们成长的青年志愿者、社会各界人士，表示衷心的感谢。这是我们大家共同的节日！

作为一个评委，我有幸参加了这次作文竞赛的评卷工作。我已经从教四十多年，当过中学语文教师，后来成了大学教授，这一辈子不知道改过多少中学生的作文，大学生、硕士生、博士生的论文，却没有想到在退休以后还有机会看到这样让我动心的作文！我想用一个字来概括这些作文的特点，就是"真"——真实、真切、真挚：说自己的心里话，说真话，写出"真实"；写自己的生活，而且写得具体、生动，写得"真切"；直白地表达自己的情感，显得诚恳与"真挚"。于是，每一篇作文都袒露出一颗"真诚"的心。正是这"真"，打动了我这个老头子，让我想起了中国大文豪鲁迅先生说的"作文秘诀"："有真意，去粉饰，少做作，勿卖弄。"鲁迅还说过这样的话："我们要说现代的、自己的话；用活着的白话，将自己的思想、感情直白地说出来"，"只有真的声音，才能感动中国的人和世界的人；必须有了真的声音，才能和世界的人同在世界上生活"。

现在，我们终于听到了打工子弟的"真的声音"。听听他们是如何用自己的眼睛来看待北京这座城市，用自己的心灵感应老师与家长的言行，这是很有意思的。我们成年人可以从中得到许多的启示。

一篇作文（作者李家昕）谈到了自己在北京的遭遇与感受：他一说话就带着满嘴的家乡口音，为此受到北京人的嘲笑，他因而发出疑问："为什么不能让这个冷酷无情的北京有一缕温暖，充满对外地人的关怀呢？"但他很快就在学校里结识了一个好朋友，感受到了"金钱买不到"的"友谊与感情"。于是，他就有了自己的"北京观"：这是一个"充满了好与坏的北京"，并产生了这样的愿望："我真希望它能变得更加完美！"

还有这样一位小姑娘方莹，她走在北京的马路上，看见许多十层以上的高楼，但很快就发现，楼房里面没有多少人住。这是为什么呢？她怎么也想不通，于是，写封信给自己的二哥，提出疑问："这么多的楼房都没有人住，怎么不到楼房少的地方去盖呢？""如果老家有这么多的楼房"，也就"不至于有这么多的老家人到外地打工，还在外地买房子"了。

另一位小朋友程曼在作文里这样写到他对北京的独特观察：在公共汽车上，"一个戴着墨镜，打扮得挺帅气的小伙子在听音乐"，仿佛很文明的样子。不料，"不一会儿，他把他旁边的窗户拉开，把头伸出去，随口吐了一口痰"。小作者大吃一惊："难道北京的人就是这样的不文明吗？"而且他很快就为北京担忧起来："如果他们要是再继续这样下去的话"，会不会影响到"北京二〇〇八年奥运"呢？

好几位小朋友都写信给家乡的老人叙说他们对北京生活的失望。一封写给外公的信（作者辛凯）里这样写道："在家乡我每天可以和小伙伴玩儿，而在这儿几乎没有休息或玩儿的时间，'作业写完了吗？''课文复习完了吗？'这些话每天甚至要听上百遍。"于是，他产生了这样的疑问："一点儿空间（都）不给我"，"外公您说，在这种环境中学习能学得好吗？"因此，"自从来到北京，我时时刻刻都在想念家乡"，"想念家乡的小伙伴，想念家乡的父老乡亲，想念家乡的小溪和河流，甚至想听一听夜晚村里的狗叫声"……

不知道在座的北京的大哥哥、大姐姐、叔叔、伯伯、爷爷、奶奶们，读到这些来自农村的小朋友真挚的北京观察、北京感受后有什么感想，我是被深深地感动与触动了。我们所有的成年人，包括北京的领导，甚至北京市的市长，真应该倾听这些打工者的孩子的呼声和意见，并且好好地想一想。

这些作文对在座的小朋友也会有所启发：一定要用自己的眼睛去观察周围的世界，要用自己的心灵去感受周围的世界，然后，你就会有自己的发现、自己的见解，再用自己的话，把它写出来，就是最好的文章：写作一点儿也不神秘。

看看这些孩子怎样描写他们的老师，也是很有意思的。一篇作文（作者聂立燕）写了这样一个故事：上课的时候打瞌睡被老师发现了，"下课后老师把我叫到办公室，我一边走一边想着，这次我不是挨批就是挨骂"，却没有想到"老师不但不打我，而且也不骂我，却讲起了她以前教学生的故事，讲完后老师没说什么就让我自己去体会"。结果是学生明白自己错在哪里了，老师也笑了，"一种说不出来的感觉"却永远留在学生的心上了。读完这篇文章，我不由得对这位循循善诱的老师肃然起敬。我也想借此向在座的打工子弟学校的老师、校长们表示敬意。你们的一言一行，都会像这位小作者所写的老师那样，在孩子的童年生活记忆中，留下一个个美好的神圣的瞬间：这正是教育工作真正的意义与价值所在。

有不少同学在作文中都写到了自己的家长。应该说所有的家长都为孩子的生活与学习尽了力，付出了巨大的代价，对这样的父母之爱，孩子是铭记在心的。但毋庸讳言，也有的家长由于自己生活艰难、心情烦躁，家庭里经常发生争吵，而有意无意地伤害了孩子。一封写给爷爷奶奶的信，写到"每天晚上夜深人静的时候"父母都要吵架，甚至相互厮打，"虽然我才十多岁，但我已经不小了，我已经无法忍受这个在我认为已经是一盘散沙的家了"。于是就有了发自肺腑的痛心的呼唤："爷爷奶奶，你们接我回去吧！我实在待不下去了。""以前我在家的时候，你们经常要我干活，我觉得你们不好，但是由今天看来，我真后悔当初为什么要顶撞你们。爷爷奶奶原谅我吧！如果嫌我拖累你们，我可以帮你们干活啊！如果你们怕我不干，那你们可以打我啊！……爷爷奶奶快来吧！我不想待在这个让人感觉冷清的地方了。"这是一篇写出了自己真情的非常感人的文章，读了以后真让人心酸。它所折射出的，是作为打工者的父母由于生活的艰辛所造成的情感的扭曲；而由此造成的孩子的心灵创伤，则更加令人感到触目惊心。它提醒我们所有的成年人，孩子的老师、家长们，孩子不仅是我们抚养的对象，更是独立的人，尽管年纪小，但他们也有自己的思想、情感，而且他们的心灵往往是脆弱、敏感的，我们一定要小心地呵护他们，不仅要供他们吃穿、读书，更要关心他们心灵的健康发展，不管我们大人在生活中遇到了多少不顺心的事，都不能因此而伤害孩子的心。请给孩子，特别是他们的心灵，多一些关爱吧。

坦白地说，读这些打工子弟的作文，心情多少有些沉重。正因为他们写得很真实很真诚，你就可以感觉到他们在北京生活的艰难。他们的天地实际上非常狭窄，很多孩子在作文里都谈到，由于父母工作的忙碌、生活的拮据、学习的紧张，由于受到社会歧视所感到的心理的压力，以及随时产生的不安全感，他们除了到学校上课之外，大多数时间都是关在家里的，事实上被排斥在北京市民的生活、北京儿童的生活之外，由此而造成的是他们心灵世界的相对封闭。

我们这次作文竞赛的主题是"北京、家乡与梦想"，但真正写出具有童心、童趣的"梦想"的文章却几乎缺失。我们只读到一篇作文（作者孙瑶），一个小女孩写信给她的外婆，说"我想要一朵孙悟空的筋斗云一样的云。那样，我就不用每天上学、放学那样走路去学校、走路回家了！也不用忍受因为我和您相隔两地而见不到面的痛苦了！……只要您想我的时候，我就可以驾着筋斗云马上出现在您的面前。还可以带着全家人去遨游五湖四海，遨游世界呢！"文章结尾这样问外婆："不知您能不能满足我这个小小的要求？"我想，我们每个人读到这里，都会发出会心的微笑。同时，我们也在想：什么时候我们的打工子弟，也能有他们这个年龄所应该有的心智的解放和幻想的翅膀的自由翱翔？

最后，我还要说一点，这次获奖作文大多数都达到了作文的基本要求：字迹端正，卷面整洁，很少错别字，词句通顺，标点正确。但仍有些作文，也包括我们在前面提出来讲评的部分作文，尽管作文的内容很有新意，但却有不少错别字和不通顺的句子，还有的文章整段不打标点。特别是有的小作者字写得很差，歪歪扭扭，卷面涂得一塌糊涂。这都不是小事情。这也在提醒我们，在引导孩子说真话、写自己的话的同时，一定要加强孩子语文字、词、句的基本训练，要他们养成良好的书写习惯，这对他们的终生学习、终生发展，也是至关重要的。

尽管存在着这样那样的不足与缺憾，但这次首届打工子弟作文竞赛还是成功的，甚至多少出乎我的意料。重要的是，经过所有参加这次活动的同学、老师、校长、志愿者的共同努力，我们已经走出了第一步。我们的第一个梦想已经变成了现实。借着这一次的尝试的成功，我们想再一次向全社会、向全国的大学生中的青年志愿者发出呼吁——

请给予打工子弟这一特殊群体以更多的关注，更有力的帮助！

新的一年正在向我们走来。我们向所有参加颁奖会的同学、老师、校长、家长、大学生志愿者，以及社会各界的朋友，致以新年的祝福，祝大家"同在蓝天下，生活更美好"！

2004 年 11 月 26 日、12 月 24 日写

发出自己的真的声音

（2008 年 3 月 15 日在"北京市打工子弟学校师生文学联谊赛启动仪式暨校长座谈会"上的讲话）

到了这个年纪，我最害怕开会，因为一开会，就要让你发言，弄得很紧张。今天一大早，我就醒了，躺在床上，琢磨着该讲什么。最后，总算想出了六句话。

前两句，是对着今天座谈会的主题而讲的。

第一句话：要充分认识流动儿童教育问题的重要性。它不仅关系着打工子弟的健康成长，关系着他们父母的切身利益，而且也关系着城乡社会的稳定与发展。它不是一时之需，而是长期的教育和社会课题。它不同于一般的教育，而有着自己的特殊问题，是一个亟待研究的新的教育领域。流动儿童教育向中国社会和教育提出的问题和挑战，是我们必须面对和高度重视的。

第二句话：要使流动儿童教育朝着健康、持续、有质量的民办教育的方向发展，关键在于要建设一支稳定的、高质量的教师队伍。而教师队伍建设的首要问题，就是要维护打工子弟学校教师的地位和合法权利，以及教师生存的自由和健全发展。

现在的问题是，打工子弟学校的老师基本物质生活都没有保障，基本精神需求也没有得到满足。这也正是我们要举办这次打工子弟学校师生文学联谊赛的宗旨所在。如果说，我们在二〇〇四年举办打工子弟作文竞赛，主要是为了唤起社会对打工子弟受教育权的关注；今天我们把关注的重点扩展到孩子的老师，就是要提醒社会注意：打工子弟学校老师的状况，已经从根本上制约了流动儿童教育的发展。

在我看来，这次活动以"联谊赛"的形式进行，是大有深意的。下面我要说的第三句话，是对在座的以及参与这次活动的打工子弟学校校长和老师们说的：权利是要靠自己争取的。"联谊赛"，其实就是联合起来，拿起我们手中的笔，发出我们自己的声音！向社会显示我们不可忽视的有尊严的存在，理直气壮地提出我们的要求，维护我们应有的权利！

这次活动由北京"农民之子"文化发展中心主办，因此，我的第四句话是对"农民之子"的青年志愿者说的：你们在从二〇〇四年到二〇〇八年四年的时间内始终关注流动儿童教育，这样持续不断的努力，表现了一种很可贵的韧性精神，一步一个脚印的实干精神，非常难得。记得杨东平先生说过，志愿者运动就是"好人联合起来做好事"，我现在再加上一句，"认认真真做好一两件事"。这也算是我对你们的祝愿吧。

活动的主办者还有北京大学中文系团委，作为一个中文系的退休老教师，我感到非常高兴。关心社会，关心底层百姓，这本来就是北大的传统。我们的老校长蔡元培当年就倡导过"平民教育"，那时候，就有许多北大学生到平民学校去"义务支教"。今年是北大一百一十周年校庆，我希望有更多的北大学生来关注流动儿童教育，参与志愿者运动，把继承和发扬北大的精神和传统落实在具体的行动上。今天的会议在北大召开，听说最后的决赛也要在北大举行，我觉得这都别有意义：它象征着作为全国最高学府的北大和社会底层的教育之间的某种联系，这样的联系对于北大的健全发展，是至关重要的。作为北大的学生，更应该自觉地保持和社会底层的血肉联系，不要忘了是人民的血汗养育了我们，要永远做为老百姓谋利益、做好事的人。这是我要对在座的北大学生，也包括其他青年志愿者说的第五句话。

这次活动，是一次写作竞赛，因此，我的第六句话还要谈谈写作的要求。这也是二〇〇四年首届打工子弟作文竞赛时就讲过的，这里再重申一遍：最主要的，就是要"真"——说自己心里的话，说真话，写出"真实"；写自己的生活，而且写得具体、生动，写得"真切"；直白地表达自己的情感，显得诚恳与"真挚"，袒露一颗"真诚"的心。这其实也是大文学家鲁迅说的"作文秘诀"："有真意，去粉饰，少做作，勿卖弄。"

鲁迅还说——

"我们要说现代的，自己的话；用活着的白话，将自己的思想、感情直白地说出来"，"只有真的声音，才能感动中国的人和世界的人；必须有了真的声音，才能和世界的人同在世界上生活。"

让我们都来发出自己的、真的声音！

2008 年 3 月 22 日整理

请关注打工子弟老师的权利和生命成长

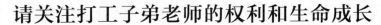

—— 我的"烛光心语"

北京"农民之子"文化发展中心的朋友给我传来了《烛光通讯》征稿启事，开头的一句话："一份打工子弟教师自己的报纸"，就让我怦然心动：打工子弟的老师也发出自己的声音了！

前几年，我在参加"北京打工子弟学校学生首届作文竞赛"时，就曾呼吁：全社会都应来倾听打工子弟的声音。但我深知，这些打工者的后代，能够写出这样的引人注目的文章，背后不知倾注了老师多少的心血！对这些默默贡献的幕后英雄我不禁油然而生敬意。

这些年，流动儿童的教育引起了越来越多的教育界和社会有识之士的关注。人们越来越认识到，流动儿童的教育不仅关系着打工子弟的健康成长，关系着他们父母的切身利益，而且也关系着城乡社会的稳定与发展。它不是一时之需，而是长期的教育和社会课题。它不同于一般的教育，而有着自己的特殊问题和自己的特点，是一个亟待研究的新的教育领域。流动儿童教育向中国社会与中国教育提出的问题和挑战，是我们必须面对和高度重视的。

而中国的流动儿童教育能不能像"征稿启事"所期待的那样，"朝着健康、持续、有质量的民办教育健康持续地发展"，关键在于能否建设一支稳定的、高质量的教师队伍。

教师队伍的建设的首要问题，就是要维护打工子弟教师的地位和合法权利。这也是维护教育平等的一个重要方面。如果打工子弟教师长期处于工作劳累、工资偏低、没有社会保险又得不到尊重的状况，连队伍的稳定都谈不上，又何论其他。教师，也包括打工子弟教师，不能只是"照亮别人，燃烧自己"的"蜡烛"：提倡奉献精神，绝不是说可以忽视教师应有的权利。

我们说，教育的本质就是"成全所有的生命的发展"，这也包括教师的生命的自由与健全发展。教师自身的生命发展，既是作为公民的教师的权利，而且也是教育自身发展的需要：教师的身体、知识、精神状况直接决定着教育的质量；可以说，有什么样的教师，就有什么样的教育。因此，教师的物质生活与生理健康、心理健康，理应得到更多的关注。现在的问题是，打工子弟教师连基本物质生活都没有保障，基本精神需求也得不到满足，这将从根本上制约、影响打工子弟教育的发展。

问题就是这样：你真正关注流动儿童教育吗？请首先关注他们的老师，切实解决他们的问题！

另一方面，权利是要自己争取的。打工子弟教师需要联合起来，发出自己的声音！向社会显示我们不可忽视的有尊严的存在，理直气壮地提出我们的要求，维护我们应有的权利！

同时，打工子弟老师也需要相互交流，相互支持。作为单独的一个人，你会感到孤立无援，无力无望，但联合起来，"相濡以沫"，就会形成一种力量，首先是精神的力量，在群体中，获得精神慰藉、滋养和成长。

在我看来，《烛光通讯》就是这样应运而生的。它由一位打工子弟老师发起，又得到了青年志愿者的支持，这表明打工子弟老师需要它，一切关注、参与流动儿童教育的人们也需要它。

我祝愿《烛光通讯》成为打工子弟老师向社会发言的讲台。

我祝愿《烛光通讯》成为关注与讨论流动儿童教育的一个平台，打工子弟学校的学生、老师、校长，教育界、学术界以及社会各界的朋友、青年志愿者，都能够相聚在这里，相互切磋、交流。

我祝愿《烛光通讯》成为我们大家，尤其是身处异乡的打工子弟老师的精神家园，成为你们人生路上一段最美好的记忆。

2007 年 9 月 30 日

重新认识打工子弟教育

——震灾后的思考

（2008年6月1日在北京市打工子弟学校师生文学联谊赛颁奖典礼暨"六一"赈灾义演会上的讲话）

我们今天的会有两个主题："既是让全社会听到打工子弟学校师生的心声，更是让打工子弟学校师生表达对灾区同胞的拳拳之心。"我觉得它们都很有意义。我自己这几天在继续关注汶川地震的同时，又在读打工子弟学校老师和同学的作文，总觉得二者有相通之处。我于是有了这样一个想法：通过这次救灾，我们应该有三个重新认识——重新认识打工子弟教育的意义，重新认识打工子弟学校里的老师的意义，重新认识志愿者的工作的意义。

我读打工子弟学校学生的作文，总要联想起那些灾区的孩子。他们之间有两点很相像。首先他们都同样可爱。这次救灾提出了许多非常有意思的命题，其中之一，就是要"感恩孩子"。那些灾区的孩子，无论是"敬礼"儿童，还是"芭蕾"女孩、"可乐"少年，都感动了全中国、全世界，他们用自己美丽的心灵在危难时刻温暖了每一个人的心，赢得了所有的人的喜爱、尊敬与感谢。我们的打工子弟，也有这样美丽的心灵，我们每一个老师也都时时刻刻从他们那里得到温暖，受到教育和启示——教育从来都是双向的，这就是所谓"教学相长"。我很喜欢这次的获奖作文、王婷婷老师写的《麦田里的守望者》，讲的就是这个意思：一位残疾而坚持学习的学生，在这位老师的眼里，就是一个"守望者"，"在残疾悲苦的麦田里坚强地站立着，守望着，迎接命运的风风雨雨"。老师因此受到了深深的感动："在她面前，我彻底放弃离开的打算，我也决心做一个守望者，我愿默默无闻地一直守望着我们眼前这希望的麦田，直到他们全都长大成熟。"这是非常动人的：老师和学生一起守望，共同成长，这里其实正蕴含着打工子弟教育的全部意义和价值。

同时，我们也深深地感到，打工子弟学校的学生，和灾区的孩子一样，需要受到更多的关爱和呵护。正像荀晓明老师在他的文章里所说的，打工子弟学校教育的特殊性在于，学习不能稳定、家庭搬迁、学校轮换、地域方言不同、家庭生活的矛盾、学校与社会的压力，都造成了孩子学习的异常困难，这是城市里的学生很难想象的。我读这些打工子弟的作文时，最强烈的感受，也是他们在成长过程中所遇到的问题比城市公立学校的学生远为复杂，他们的"成长中的烦恼"特别多，心理负担格外重，需要我们给予特殊的关照。

在这次震灾中，震垮的学校特别多，牺牲的学生特别多。这"两多"让所有的成年人都感到内疚，是我们全社会、全民族永远的痛。由此形成了一个全民共识："亏什么都不能亏教育。"这应该进一步成为一个新的治国理念。我认为也应该从这样的高度来重新认识打工子弟教育、流动儿童教育，将其置于"绝对不能亏"的地位。

这还关系到也是在这次救灾中形成的"生命相互依存"的理念："我们生活在同一片蓝天下，每个人都同时是别人生命的一部分，任何生命的不幸，都是我们的不幸。"那么，在城市里，只要有一个孩子没有受到完整的教育，只要有一个孩子的心灵受到创伤，都是我们心中之痛：我们正应该从这样的"生命观"来重新认识打工子弟的教育的意义。

这次地震让我们知道了"琅琅读书声"的意义：有了读书声，说明我们的孩子在学习，在成长，我们的民族就不会垮，我们的国家就有希望。不能设想，在"琅琅读书声"中，没有打工子弟孩子的声音。有老师说，只要听见孩子的"琅琅读书声"，我吃什么苦，都值了。正是这句话，道出了打工子弟教育的真谛。

这就说到了我们的老师。这次救灾中，人性之美大闪光，其中最为耀眼的，就是教师生命之美。灾区的老师也让全中国、全世界感动了。

他们平时是那么不显眼地默默工作，但一旦到了危难时刻，在生与死面对面的那一瞬间，他们挺身而出，救护了自己的学生，也拯救了中国和世界。我觉得，我们的打工子弟学校的老师也是如此。我读老师们的文章，最感动的就是他们的艰难的选择。就条件来说，打工子弟学校实在太差了，他们多少次想退出，但是又都坚守下来了。原因很简单："一双双童真的目光在等待着我们去给他们上课呀，我不去教，总得有人去教"，"哪怕只是孩子真诚的一句'老师好'，我也会因此倾己所有！""这个世界太需要热心肠了！"再朴素不过的语言，却捧出了一颗颗热忱、高贵的心！在这样的老师面前，我们怎能不肃然起敬！整个社会对这些老师——灾区的老师、打工子弟学校的老师也要存有感恩之心，更要感到愧疚，并且扪心自问：我们的国家、社会以及我们自己，为改善这些教师的生存条件、教学条件究竟做了什么？我们在感恩之后，还要发出呼吁：全社会都要来关注打工子弟学校老师的生存状态，政府更要从政策与制度上来保证打工子弟学校老师的生存权利和教育权利！

这次震灾的另一个闪光点就是志愿者的突出表现。我在这里想强调一点：所谓"志愿者"就是自愿做"善事"者；因此，参加志愿者活动，就是自我人性的"扬善抑恶"。应该承认，每一个人的人性中都是善恶并存的，在一个健全的社会环境下，人性就会向着"扬善抑恶"的方向发展，如果反过来"扬恶抑善"，人性的发展就是不健全的，也说明社会环境出了问题。很多人都感到在汶川地震后，整个社会风气似乎都变了，原因就在于，在此之前，许多人都是以恶看人，更以恶对人，地震震出了人的善良本性，有了"扬善抑恶"的社会氛围，志愿者运动就这样应运而生。我因此而总结了四句话，并以之赠给在座的志愿者朋友："能扬善抑恶的自我有希望，能扬善抑恶的教育有希望，能扬善抑恶的群体有希望，能扬善抑恶的国家、民族有希望！"

人总是在灾难中成熟的。这次汶川地震让我们重新认识了我们的学生、老师以及我们自己，让我们重新思考了生命的意义、教育的意义——

生命是美丽的，培育生命的教育更是美丽的。

活着，真好，真难。孩子的成长，真好，真难。

教育学生并和学生一起成长的老师、志愿者，真好，真难！

2009 年 4 月 10 日—11 日整理

打工子弟教育的意义和贡献

（在"清华伟新·新公民园丁奖"颁奖会上的致辞）

我有幸读到了这次"清华伟新·新公民园丁奖"的获奖作品。文章的作者，十一万坚守在打工子弟学校的老师的代表，来自北京、成都、东莞、广州、贵阳、昆明、上海、深圳等地，他们的充满生命气息和温度的故事，深深地感动了我，更启发我思考关于打工子弟教育、关于中国教育的许多问题。下面要讲的，不是颁奖词，而是我的感谢与感想。

我大概是从二〇〇四年参加北京首届打工子弟作文竞赛活动开始，就和流动子女的教育发生密切关联了。八年的时间里，我不断从这个特殊的教师群体里汲取思想和生命的力量，并且一直在思考：这些不一样的"新公民的园丁"，对于中国的教育的意义在哪里？他们做出了怎样的独特贡献，理应得到社会和教育各界什么样的关注和尊重？这一次全国各地打工子弟学校最优秀的老师们所写的生命故事，对这些问题做出了最好的回答。

他们的教育对象是打工子弟、留守儿童，是一群成长中烦恼特别多、心理负担格外重，因而特别需要关爱，而又恰恰得不到足够的爱的孩子。可以说，打工子弟学校的老师，是在爱的沙漠里，用自己的生命的泉水滋润着学生焦渴的心灵，实行着真正的爱的教育的。

打工者和他们的子女都处于社会与教育的边缘位置，他们常常受到不公平的待遇，不仅陷于物质的贫困，更陷于精神和权利的贫困。打工子弟学校的老师，是在两极分化的社会环境下，为给予弱势群体的孩子享受高质量教育的权利，追求教育的公平，而不懈努力的。

他们自己，尽管付出的代价最多，却长期处于工作劳累、工资偏低、没有社会保障，又得不到尊重的状态中。也就是说，打工子弟学校的老师是在被社会漠视、歧视的生存条件下坚守岗位，从孩子的成长中获取自我的生命成长，享受生命的意义与快乐，从而维护了自己生命的尊严的。

可以说，今天站在这里的老师，以及他们背后的十一万打工子弟学校的老师，都在极其艰难的条件下，坚守了爱的教育、教育的公平以及教师的自我尊严，这就是我们要向他们颁奖，表示最大的敬意的最充分的理由。

把他们的三大坚守置于中国教育的大背景下，就更显示出了其不同寻常的意义。爱的教育的缺失、教育的不公平、教师的尊严的丧失，正是当下中国教育中带有根本性的问题。而这些生活在中国社会与教育底层、边远地区的老师们，却在最缺少爱的地方坚守爱的教育，在最不公平的地方坚守教育的公平，在最没有尊严的地方坚守教师的尊严，这是怎样的崇高与伟大！每一个良知尚存的人，都应该向他们脱帽致敬！

在一定意义上可以说，正是这些普通得不能再普通的老师，用他们的坚守，拯救了中国的教育，给中国的教育以希望。他们正在以自己平凡的日常教育生活中的努力，改变着中国教育。他们和公办学校里的"真正的教师"一起，正在推动一场静悄悄的教育存在的变革。

"真正的教师"或"合格的教师"，是我在考察中小学教育时所提出的一个概念。在我看来，"真正的教师"或者"合格的教师"有三个特点，一是以学生的健全成长为一切教育活动的出发点和归宿；二是善于独立思考；三是喜欢读书。我读这次获奖作品时最强烈的感受，自然是前面提到的老师们为学生的成长的呕心沥血、无私奉献；我还从获奖作品的朴实、流畅、深情的文字里，看到了老师们的文学素养和思想力量。在这背后，我看到的是，老师们为提高自我的素质，在极其简陋的条件下，努力学习、深夜苦读、写作与思考的身影。这同样使我深受感动，也应该是给诸位授奖的重要理由。老师们的经验再一次证明了"教学实践与阅读、写作、思考的结合"，是教师健康成长之路。

面对这些打工子弟学校里的"真正的教师"，我还想到了自己的责任。长期以来，这些最应该受到关怀与尊重的老师，却一直处在社会、舆论的视线之外，我们应该为此感到羞愧。我想，今天"新公民园丁奖"的颁发，应该是一个补偿，同时，也是一个召唤：一切真正关心中国教育和社会发展的公平，关心所有的孩子的健康成长的人们，都应该给予打工子弟学校和校长、老师、学生们以更多的关注和更为切实的支持。今天只是一个开始，以后还有很多很多的事要做。

　　最后，再一次向获奖老师表示祝贺。谢谢你们！

▶ **平民教育**

《平民教育人文读本》总序

　　中国的平民教育，可以上溯到民国初年的通俗教育；而平民教育运动的兴起，则始于五四运动。当时的全国学联曾于一九一九年十月专门发布《实施平民教育案》，提出以"养成大多数平民的觉悟与能力"的"平民教育"为"救国之根本"。在此之前即已开始活动的北京大学"平民教育演讲团"则产生了很大影响，构成了"五四"新文化运动的有机组成部分。在二十世纪三十年代，平民教育运动形成高潮，并有了更为自觉的理论倡导与组织化的行动。其中影响最大的是晏阳初主持的中华平民教育促进会和定县实验。在《平民教育概论》等文里，晏阳初明确提出，"凡一般已过学龄时期，而不识字或已识字而缺乏常识的青年和成人，不分男女、老少、富贵、贫贱，都有领受平民教育的必要"，并规定平民教育的立足点，是认定中国"社会的各种问题"，都"自人而生"，因此也必须从"人"，特别是民众的身上，去求"根本的解决"。因此，"平民教育目的是教人做人"，做一个有"知识力""生产力"和"公德心"的"整个的人"、全面发展的人。为此，就必须进行"文字教育""生计教育"和"公民教育"，以立"民智""民生"与"民德"。在他所主导的定县实验里，这些原则具体化为文艺教育、生计教育、卫生教育和公民教育。在全面抗战时期，晏阳初和他的同事将定县经验推广到重庆北碚等地，继续推动平民教育和乡村建设运动。到五十年代以后，晏阳初又以国际平民教育委员会主席的身份，在广大的第三世界国家推广其在中国国内的经验，平民教育也因此成为一个国际性的运动。

今天，我们来重温这段平民教育的历史，除了会因为历史的曲折而生出许多感慨外，也会有一种特别的亲切之感。因为在当下的中国，平民教育的重要性与迫切性再一次突显。在我们所面临的众多危机中，最根本的，并影响中国未来发展的，无疑是教育危机和人的精神危机。我们不禁想起晏阳初当初发出的警示："今日最急需的，不是练兵，不是办学，不是开矿，也不是再革命，我们全国上下所急需的，就是革心。""有新心而后有新人，有新人而后有新社会，有新社会而后有新国家。"这都是切中时弊之言。这样的着眼于国家和民族长远发展的战略眼光，是当下中国所亟需的。

今天强调平民教育，还有着更为深刻的时代发展背景。这就是随着社会、经济的发展，中国的平民社会中出现了两个新的群体或阶层。首先是越来越为社会所瞩目的农民工，而且今天的农民工已经逐渐完成了由第一代向第二代的转型。据共青团北京市委二〇一二年十二月发布的调查报告显示，目前，全市十六至三十五岁的新生代农民工约二百二十万人，占全市十六至三十五岁青少年总数的 23%，且呈现逐年增加的趋势。新生代农民工具有较高的文化水平，据清华大学的一个课题组的调查，他们平均受教育年限是 10.7 年，基本受过初中或初中以上的教育，许多人都有高中、中专、技校及大专、自考本科的学历，大学生的比例超过 5%。这些新生代农民工和国企下岗工人、国企转制工人（据说有五千万人）一起被社会学家称为"新工人"。这样的"新工人"阶层，自然会提出自己的要求。据前引共青团北京市委的调查，除要求基本的物质生活保障外，他们特别注重多元化的精神文化生活，45% 的被访者表示社会及单位提供的文化活动不能满足需要，读书看报、社交活动、情感沟通、婚恋交友等精神交流成为迫切愿望。调查还显示，北京新生代农民工 94% 的人会上网，平均每天上网 3.6 小时，这就意味着，他们正渴望着有一个更广大的世界，以获取更广泛的信息；他们具有在城市里落地生根，获得有尊严的人的生活的紧迫感；他们对世界也有着自己的看法，一旦他们开始说话，任何人都不能忽视。现在的问题是社会是否尊重、满足他们的精神、文化需求，并且帮助他们发出自己的声音，而且认真倾听他们的声音。

同样需要关注的，还有留守在农村的群体。绝不能认为随着城镇化的发展，农村与农民就会消失。有研究者指出，即使今后每年转化为市民的农民有一千五百万人，再过三十年，农村（含乡镇）居民，还会有五亿多人。我们所要走的是城镇化和新农村建设并举的道路，要培育乡村建设人才，满足留守农村和这些年陆续回乡求发展的青年群体的精神、文化需求，是一个不可忽视的重大社会教育任务。

应该说，多年来一直有一批有识之士在以社区教育的形式，坚持这样的社会教育、平民教育，并且取得了初步的成效，积累了经验。现在，在新的形势下，更加明确地提出发展平民教育的任务，更加自觉地继承与发展前述平民教育的传统，这样的时机已经成熟，并且具有相当的迫切性。

在我看来，当年的历史经验和传统里，有两个基本点，在今天特别值得继承和借鉴。一是平民教育的立足点和目的，是"教人做人"，即"启迪民智，开发民力，培养民德"，促进人的全面发展，使人成为"整个的人"；二是平民教育的内容也必须是全面的：不仅要进行生计教育，而且要进行文艺教育和公民教育。同时也要看到时代是发展的，今天的平民教育将面对前人所未曾遇到的新问题，我们不能固守传统，而要有新的努力、新的发展。比如前文已经提到的，今天的教育对象，基本上是已经完成了义务教育的新一代的工人和农民，他们有着和老一代农民工、农民不同的精神困惑、精神问题和精神需求。这都要求今天的平民教育必须有新的内容、新的方法和形式以及新的探索。

我们的探索想从教材的编写入手，于是就有了《平民教育人文读本》的尝试。我们将《读本》设计为两卷，即"经典卷"与"当代卷"。"经典卷"的编写，基于两个基本理念与目的。其一是要用人类文明和民族文明最美好的精神食粮来滋养新一代的工人与农民，这也是他们的权利。将人类文明和民族文明的最高成果，从少数人手里解放出来，化作全体公民的公共财富，这是我们的理想与追求。其二，阅读经典的目的，又在于提高新工人、新农民的"文化自觉"，这是他们寻求自我解放、争取自己的权利的根本条件与前提。在具体的设计里，我们着意编选了《影响人类精神的宣言》等西方文献与文学作品，并特意选择了富兰克林、杰克·伦敦、惠特曼、鲍迪埃等平民出身的政治家、实业家、文学家的作品。

同时,我们更精心编选了《〈论语〉与儒家文化》《〈逍遥游〉与道家风骨》《〈兼爱·非命〉与墨家精神》和《劳工神圣》《鲁迅杂文及其"立人"思想》,以及《中国民间的人格神》等单元,以全面展现中国古代文化、现代文化与民间文化传统的精华。我们期待以此构建一个精神的高地。

"当代卷"则面对当下中国,特别是底层人民的生活现实。除了编选当代文学中底层生活题材的作品外,还特意精选了打工者自己的创作,以及反映乡村建设和志愿者运动的文章,意在提高新工人、新农民的"文化自信",发出声音,自己来描写自己。我们期待"当代卷"能够更贴近新一代农民工和乡村建设者的实际生活,适应他们的现实需求。需要说明的是,我们在调查中发现,今天的许多年轻人更喜欢看武侠小说、军事作品与民间戏曲和口头创作,但考虑到本读本提供的是一种基本的阅读文本,就没有选入这些方面的内容,而把它们留给了担任平民教育的授课老师,由他们因地制宜地选择适应本地学员具体需求的地方性文本,作为补充教材。

这就说到了另一个重要问题:从事平民教育的知识分子的选择与责任。当年晏阳初的平民教育定县实验,就聚集了近五百位知识分子,其中有六十余位是学有专长的归国博士、大学教授、校长等,所以当时的媒体把晏阳初领导的平民教育运动称为"博士下乡"运动。这里所显示的,是平民教育的另一层意义:建造一座知识分子与群众相结合的桥梁,通过平民教材的编写和讲授,让更多的觉悟了的知识分子融入为平民服务的浪潮之中,让知识成为人民的知识,让知识分子成为人民的知识分子。为此,我们特地约请了北京大学中文系的邵燕君教授和她的学生——毕业和在校的当代文学研究生一起编写这本教材。我们更期待有更多的支农支教的志愿者朋友参与教学工作,在使用中对本读本进行检验与修正。我们的最大期待是,在平民教育的实践里,实现读本的作者、编者、教授者、学习者之间的生命互动和共同成长,以进入"上仰星空,下接地气"的精神境界、人生境界。

2013 年 2 月 27 日—28 日

我的祝愿

——为厦门国仁工友之家三周年而作

人们讲教育，通常关注的是国民教育体系中的教育，而往往忽略了社区教育中的民众教育。近年也有许多人关心打工子弟教育，而较少注意城市打工青年自身的教育，这显然又和人们只关心弱势群体的物质贫困，而不去关注更为根本的精神贫困以及其背后的权利贫困这样一个认识的误区有关。

将厦门国仁工友之家的工作置于这样的背景下，就不难看出其意义和价值；同时也不难理解他们的拓荒性工作的艰难和不易。因此，他们成立三周年的历史，也就有了纪念的特殊意义。

纪念，是为了信念、信心和坚持。当然，也会有期待。但中国的事太难办，且不确定因素太多，因此，我不敢有什么奢望，只是祝愿国仁工友之家能再坚持五年、十年，或者更久；祝愿在厦门、福建，以至全国，再有两个、三个、五个、十个，或者更多的"工友之家"。只求一点一点地进步，但又永不放弃我们的努力：这大概就是曾经在厦门任教的鲁迅先生提倡的"韧性精神"吧。在我看来，在当下的中国，要做好任何一件事，最需要的就是这锲而不舍的韧性精神。

2010 年 11 月 24 日

建立"文化身份自信"

——给"新农民工"的一封信

写在前面

二〇〇四年十二月，我收到江苏的一位年轻人寄来的《"新农民工"对话录》（以下简称《对话录》）。所谓"新农民工"是指"从乡村走出来的大学生，尤其是那些从相对贫困的农村走出来的大学生"，并有这样的自我心理分析："我们身上时时显现着一种强烈的'身份强化意识'，总是有意无意地对贫困、落后、老土的农村孩子的文化身份进行强化（想摆脱却摆脱不了），其中既包含着强烈的自尊，也夹杂着强烈的自卑，用这夹杂着自卑的自尊把自己包裹起来，拒绝任何同情、怜悯，甚至真诚的帮助，从这种自戕行为中寻找快感和心理平衡。它促使我们不断奋进，同时又造成我们目光的狭隘，成为怯懦的退缩的借口和受伤后寻找慰藉的栖息地。"《对话录》还谈到自己的"双重失语"："在城市人眼里，我们是'乡巴佬''土包子'，在乡亲眼里我们又成为'城市人'，无论在哪里都无法得到一种归宿与认同。"他们这样描述自己在回家过程中的感受：开始"总带些衣锦还乡的荣耀感"，"面对乡村，我们这些'新农民工'所流居的城市反而成为在同龄人面前值得炫耀的资本"；但是，每次回来却又"有一种心理创伤感、失落感，在传统伦理的回归欲望和心理张力之间摇摆。似乎有一个循环的圈子：走出乡村——试图融入城市寻求心理认同——逐渐遗忘乡村——由于身份强化意识作用——

加上城市的受挫—开始觉醒回归的欲望—在乡村失落受挫—回城疗伤—试图重新寻求认同"。《对话录》最后说："一旦走出来，我们就无法回头了，无论如何我们都不会再回去了，我们不愿意我们的后辈、我们的孩子，再像我们一样艰难地走出来，甚至是更艰难走出来。"

这封来信和《对话录》让我思考了许多问题，当即写了回信，并将它收入了我的《致青年朋友》一书中（中国长安出版社 2008 年出版）。最近，我又有机会读到了打工者写的关于回忆家乡、表现乡愁的诗歌散文作品。作者应该是比八年前给我写信的农村出身的学生更加年轻的、名副其实的"新农民工"，但我从他们的创作里，依然读出了当年引发我思考的问题：关于乡村文明的命运，关于流动于城乡之间的一代人的文化身份。于是，我又想起了当年的通信，并做了一些新的补充，以此奉献给今天的"新农民工"朋友。

那位江苏的朋友当年给我的信中，一开始就说了一番话，谈到对我的印象："您比较可爱，感觉您生活很开心，充满激情，还有一点，就是据说你的字比较难看。"于是，我的回信也这样开头——

××：

我的字依然难看，但我仍然用笔给你写信了，因为我觉得亲笔写信，更要亲切些。

读了你们的对话，心里很不好受。我一直在关注你们这样的"新农民工""城市里的乡下人"。从你们的来信里，我看到了残酷的真实。你所说的在城乡之间流浪的失根状态，由此产生的身份强化意识和失语，以及走不出"离去—归来—离去"的生命循环，是现代社会的普遍现象。其实鲁迅的《故乡》写的就是这样的生命形式。最近我也在和一些年轻朋友讨论漂泊者与坚守者两种生命形态及其所存在的生命危机。

所谓漂泊者，就是离开家乡，到远方去发展；坚守者就是不离故土，在本地寻求发展。应该说，这两种选择，都是自有意义与价值的，每个人都有自由选择的权利，但不同的选择也各有自己的困惑：漂泊者会因为灵魂的无可着落而陷入归来与继续流浪的两难；坚守者也会因为不堪承受生活的艰难而面临逃离或继续坚守的困境。但如果他们自有家园，就会大大缓解各自的困惑。漂泊中会有乡思，困守里也自有依傍：他们都是有根的。你们现在所面临的危机，并不在于漂泊在城市，而是在你们的内心里逐渐将生养自己的乡土遗忘。坦白地说，由于你们从小受到的教育的失误（这里暂不作讨论），你们对自己的家乡、土地上的文化与乡亲，本来就相当陌生；如果现在又产生了认识、情感、心理上的疏离感和逃离感，就有了釜底抽薪的危险；而另一方面，你们又事实上无法融入城市社会，这就陷入了两头不着地的尴尬，成了无根的一代人。

在这个意义上可以说，你们现在正面临一个寻根的生命命题。要寻根，就必须解决认识上的几个问题。这也是我想在这封信里和你及你的朋友探讨的。我的意见不一定正确，只是想引发思考与讨论。

首先，是不可回避的乡村文化的败落。我曾经说过，乡村文化具有现代城市所不可企及的三大优势：一是生活在大自然中，既脚踏大地，又仰望星空，这是人的最佳生活方式，也是最好的教育环境；二是有深厚的民间文化，包括民间戏曲、民间节日等，中国最伟大的现代作家鲁迅就是他故乡的社戏培育出来的；三是浓郁的乡情，家庭、家族、邻里亲密接触、和睦相处的农村日常生活里，充满了人情、乡村伦理与智慧，是最有利于人的健全成长、发展的。但是，这一切都在消失：农村生态环境恶化，民间文化商业化，家庭邻里关系淡漠、紧张与陌生化，传统乡间伦理秩序解体——而新的合理的价值秩序又远没有建立，剩下的就只能是金钱与利益，能不能赚钱成了衡量自我价值的唯一标准，消费文化成为农村主宰性的意识形态。应该看到，你们这一代的农村人，就是在这样的乡村文化败落的背景与环境下成长起来的。这样，你们也就很自然地无法对乡村文化产生亲和感和皈依感，但同时城市文化对你们又始终是遥远而陌生的。这就是我们前面谈到的你们的失根状态的更深层次的原因。但你们中有些人还保留着一些童年的乡村记忆，于是就有了你们自己的诗歌、散文创作中的乡思与乡情，其中充盈着你对遗存的乡村文化的感悟和记忆，若将其置于前述乡村文化败落的背景下，它们就显得弥足珍贵。

接着的问题是，如何看待这样的乡村文化的败落？有人认为，这样的败落是必然的，而且是一种历史的进步，或者说是历史进步必须付出的代价，因为随着城镇化的发展，乡村文化最终是应该消亡的。这样的观点背后隐含着一个更大的问题，即如何看待和对待农业文明（乡村文化）和工业文明（城市文化）以及它们之间的关系？这也是我要和你们讨论的第二个问题。这种以农村文明的败落作为农村城镇化、现代化的代价的主张，有着三个理论观念的支撑：其一，是认为农村和城市、农业文明和工业文明、乡村文化和城市文化间存在二元对立，二者具有不包容性，必须做出非此即彼的选择；其二，是所谓"文明进化论"：采集文明、渔猎文明—农业文明—工业文明是一个直线的进化运动，后者比前者具有绝对的优越性、进步性；其三，这是一个取代以至消灭另一个的时代，后一种所谓体现了历史发展方向的文明，只有通过前一种所谓已经落后于时代的文明的毁灭，才能取得自己的历史性胜利。但这三大理论在我看来都是可疑的，其主要问题是对工业文明和城市文化的理想化与绝对化，在全球工业文明已经日益陷入危机的情况下，这就更显得有些一厢情愿。当然，我们也不能因此走到另一个极端，将农业文明、乡村文化理想化与绝对化。我们总是在农业文明和工业文明两个极端来回摇摆，其思想根源，就是工业文明与农业文明、城市文化与乡村文化的二元对立。如果不从这样的非此即彼的思维模式中跳出来，我们就永远走不出在"钟摆"中不断损害农民利益的怪圈。我们应该以更加复杂的眼光、态度和立场，来看待历史和现实中的各种文明形态。首先要确认：它们都是在自己独特的历史过程中生长起来的，而且都是在长期实践中创造出来，并寄托了一代又一代人的理想的生存方式和生活形式，因而都有自己独立存在的价值，而且积淀着某种人类文明的普世价值（如农业文明、乡村文化对人和自然关系的和谐、人与人关系的和谐的注重，工业文明、城市文化对科学、民主、法制的强调等）；但同时，它们又各自存在着自己的缺憾和问题，有某种限度，也就为另一种文明的存在提供了依据。也就是说，各种文明形态，既各不相同，存在矛盾、冲突、相互制约，又相互依存和补充，由此形成了文明的多样性和文明的生态平衡。

以上讨论，在有些年轻朋友看来，或许有些抽象和理论化；其实，这是和你们的人生选择与文化选择直接相关的。前面说到，你们是游走于农村和城市之间的一代人，从一个角度看，你们容易陷入两头不着地的失根状态，这一点，我们前面已经讨论过，你们自己也会有深切的体会。但我们能不能换一个角度思考：这样的身份，有没有自身的价值？你们出身于农村，自然地就有对乡村生活与乡村文化的感受、经验、体验和记忆，而且你们的父母现在依然生活在农村，这都决定了你们和中国的乡土，和乡土上的自然、历史文化以及世代生养于土地上父老乡亲，有着天然的血缘关系和精神联系。这是你们天生的优势，是许多城市人所不能企及的。我多次和出身于城市里的大学生说，你们必须到农村去补课，因为不了解农村，就不可能真正理解中国。而另一方面，你们出身农村，又走出了农村，来到城市发展，以后有条件和机会，还可以出国，走向世界，这都是你们的权利。任何人都不能限制农村出身的人接触更广大的城市文化、世界文化，你们应该抓住这个机遇，以更开阔的视野，接触和接受人类文明的一切成果，以突破农业文明、乡村文化的局限，从而形成固守在农村里的人所没有的另一种优势。这就是说，出身于农村，又来到城市发展的诸位，如果善于利用自己的特殊身份，既珍惜、保留、深化与发展自己的农村经验，又渴求、主动、积极、广泛地吸取城市文化和世界文明的积极成果，就会形成双重优势，这是单有一个方面（无论农村与城市）的经历和经验的同龄人所不具有的。我曾经说过，一个人，如果能够自由出入于城市与乡村、高层与底层、中心与边缘、精英与草根之间，那就能得到更为健全的发展。当然，你们现在距离这样的境界，还相当远，但你们有出入于城乡之间的身份，就有了一个很好的基础。目前这只是一个潜在的优势，需要你们自己去将其转化为实实在在的现实优势。如果你们采取相反的态度，以自卑心理看待自己的农村出身，甚至恨不得将其作为包袱彻底抛弃，另一方面又因为融不进城市文化而怨天尤人，那么，这些潜在的优势就都将转化为劣势，你们就真正陷入了身份困境。在某种程度上，主观选择是决定一切的。你们现在正处于人生选择的关键时刻，首先要解决的是文化选择的问题。具体的人生道路，比如继续在城市发展，还是重返农村发展，都不是最重要的，有了乡村文化和城市文化的双重优势，无论在哪里发展，都会有不同于他人的特点与优势。认真考虑农村文化与城市文化的关系问题，并做出正确选择，是非常重要而迫切的。这也是我最想向诸位提出的建议，希望能够引发你们的思考与讨论。

2004 年 12 月 9 日初稿，2012 年 12 月 22 日改定

【 后 记 】

也是沉潜十年

二〇一四年二月十二日，写完了《志愿者文化丛书·梁漱溟卷》一书的导读，我长长地吐了一口气：历时三个月的《志愿者文化丛书》编写工作，终于结束了；而持续十余年的对青年志愿者运动的关注与参与，也可以告一段落了。于是赶紧将这么多年有关演讲、序言、论文汇集起来，编成《论志愿者文化》一书，并且按照我的"马不停蹄"的写作习惯，立即动手写这篇《后记》，也算是对自己的一段生命轨迹作一个回顾与总结吧。

这需要从二〇〇二年六月二十七日我在北大上最后一课说起。在后来称为《我的告别词》的文章里，我对北大学子提出了一个期待："目光向下——要立足于中国的大地，沉入民间，更关注人民的真实生活，自己也要做一个真实的普通人。"在回答学生的提问"退休后你要到哪里去"时，我的回答之一是"要回归贵州，关注边远地区、社会底层发生的事，做力所能及的工作"。当天晚上，我还应北大学生社团"乡土中国研究会"之约，作了一次演讲，其中心意思是：同学们经过千辛万苦进了北大，好像理所当然就要成为精英；但我希望北大的学生，特别是来自农村的同学，不要忘了中国的农民。在此之前，我已经和北师大的学生社团"农民之子"有了联系，退休后活动就不再局限于北大，于是就在这一年的十一月底参加了"农民之子"协会的活动。在这里我第一次得知学生们自发组织起来，为城市里的打工子弟学校义务支教，并向民工讲授法律知识，他们还到贵州去作调查，计划在河北农村进行"乡村建设实验"。我感到非常兴奋，即兴作了一次讲话，谈到自己虽然和同学们年龄相差很大，但都是理想主义者，正是这一点把我们联结起来了。而现在，中国的以至世界的理想主义者都在思考：在当今的中国与世界，自己可以做些什么。我以为，同学们的实践至少指出了一条路："到民间去，开展乡村建设运动。"这一次与支农支教大学生的交流，是我参与青年志愿者运动的开始，距今已有十一年的时间。那一次会面给我留下了极深的印象，在当年的年度总结《回顾二〇〇二年》里，我写下了这样一段文字——

"二〇〇二年十一月三十日那个夜晚，我坐在北师大那间小小的教室里，倾听青年学生谈来到民工及其子弟中间的感受。他们说得是那样投入，目光炯炯，激动地挥动着双手……仿佛又回到了'文革'后期我的贵州安顺的那间小屋里，在炉火的映照下，年轻的'我们'讨论'中国向何处去'时，也是那样满脸通红……我终于又找到了与当代中国青年学生的心灵的通道。"

可以看出，我和青年志愿者的缘分所系，一是同为理想主义者，二是共同的底层关怀。对我自己来说，这是一次生命的回归与再出发。

二〇〇三年，我就到贵州去了，带着和朋友们一起编写的《贵州读本》在贵州各专州大学里巡回演讲，并提出了两个生命命题："认识脚下的土地"和"漂泊与坚守"。这应该是我对"到农村去"的民间运动的理论思考的开始：从起点上，我就将这一运动视为中国年轻一代和知识分子"追寻生存之根"的运动。我的贵州朋友则将我的那次讲学称为"学魂归来"；在此后的二〇〇五年、二〇〇六年、二〇〇八年、二〇一二年，我五次回归故土（二〇〇五年去了两次），和"贵州乡村建设论坛"的本土志愿者交流，更与当年的老"战友"和新结识的朋友一起，探寻贵州的乡村建设、农村教育与地方文化研究之路，相关的文章都已收入本书。正是和贵州这块土地的血肉联系构成了我参与民间思想、文化、教育运动的基础，那也是我的底气所在。

有了二〇〇三年在贵州的小试身手，到了二〇〇四年，我就开始了对青年志愿者运动更加自觉、主动的参与。我首先参加了北师大"农民之子"组织的"北京市首届打工子弟作文竞赛"活动，任评委会主席，并具体参与全过程：出题，改卷，写评语，评奖，与教师座谈，出席新闻发布会、颁奖会，作《请倾听打工子弟学校孩子的心声》的总结报告，由此建立了与打工子弟和老师的联系，并多次参加北师大"农民之子"和由部分北师大毕业生创办的"农民之子文化发展中心"组织的有关打工子弟教师的评奖、培养活动，先后写了五篇文章，因此与其中的骨干如赵玲、林炉生等结识，和他们的合作一直延续到二〇一三年。

二〇〇四年，经一个学生介绍，我认识了正在为创建北京高校志愿者组织"西部阳光行动"而四处求援的尚立富，我为他的顽强与坚韧而感动，决定倾力相助。除资助在甘肃等地建立六个乡村图书馆，我还出席他们的暑期下乡实践的总结会与研讨会，应邀作了《我们需要农村，农村需要我们——中国知识分子"到农村去"运动的历史回顾与现实思考》的长篇报告，梳理了从"五四"开始的前后五次、持续了一个世纪的中国知识分子和青年学生"到农村去，到民间去"的运动历史，并指出：二十一世纪开始的志愿者运动，"正是这样的历史运动中的一个环节，一个新的篇章"。我对"西部阳光行动"的学生们说，作为"第六代人"，"你们是沿着前辈所开辟的道路在往前走的，你们正在继续书写与创造新的历史"。后来我又以同题在北京多所高校演讲，都引起了强烈反响。志愿者反映，他们从中获得了一种历史感，更自觉地意识到自己的历史使命，我也因此发现了自己参与志愿者运动的方式和作用：主要是为青年志愿者提供历史、思想、理论的资源，并尽力对他们的实践经验进行理论的总结，使其更具有自觉性。我也因此开始了相关历史的研究与思想、理论思考，找到了一条学术研究、讲学与社会运动相结合的道路。二〇〇七年，我又将这篇论文在台湾"城乡流动"学术讨论会上发表，与台湾从事乡村运动的朋友交流；二〇一三年德国的"歌德学院"网站翻译、发表了这篇文章的摘要，也引起了关注。

以后，我一直与"西部阳光行动"的朋友保持着密切联系，又结识了杨东平、梁晓燕等老师，与他们有了频繁的合作。如为编写的《西部的家园》作序（二〇〇五年）；参加在兰州举办的"西部农村教育论坛"，发表《我的农村教育的理念和理想》长篇讲话（二○○五年）；出席"西部地区农村学校校长论坛"并讲话（二○○六年）；参加"'公益二○○七'：志愿者论坛"作主旨发言《"我们"是谁》和总结报告《社会工作专业携手志愿者组织》，第一次提出了"志愿者文化"的概念。

在参与大学生志愿者的活动中，我有幸认识了后来被公认为"中国大学生志愿者运动精神之父"的刘老石先生，他当时正在负责中国人民大学梁漱溟乡建中心的乡村建设人才的培训工作。他是天津某大学的老师，当时参与志愿者运动的大学教师、学者并不多，我们有一见如故之感，于是就有了亲密的合作。我也成为他们培训班的指导老师，参加了首批学员的论文答辩（二○○六年）。以后几乎每一期培训班我都应邀讲课，后来他们举办全国志愿者的培训、颁奖活动，我也一声招呼就欣然前往。这和我同时期尽量避免参加学术会议的态度是截然相反的。我在刘老石和他的志愿者伙伴那里，时时感受着一种大关怀、大视野、大境界和生命活力，这是日趋年迈的我所渴望的。我因此总是说，在与志愿者的交往中，我给予的少，而收获多多。我也确实因为参加梁漱溟乡建中心的工作思考了许多问题，写下了《新一代乡村建设人才的培养问题》等专论。二○一一年刘老石因车祸骤然离世，我的震惊与悲痛是难言的，但也勉力写了题为《刘老石留给我们的思想遗产》的长文，借此对以刘老石为代表的新时代的中国乡村建设运动的理论创造与贡献，作了初步的总结。

因为刘老石，我还结识了梁漱溟乡建中心的领军人温铁军和几位骨干，如邱建生、潘家恩等年轻朋友。二○一六年我应潘家恩之约，去河北定县晏阳初乡建培训中心讲课，并和来自全国各地的学员座谈到深夜。后来潘家恩告诉我，我在讲课中提出的"沉潜十年"的号召给他们留下了深刻的印象，成了许多人的座右铭，而我当时则因为来到当年晏阳初开创乡村建设运动的实验基地，思前想后，彻夜难眠。邱建生一直在推动社区教育，也即当代平民教育，我应聘为社区大学的顾问，但没有做实际工作，到了二○一三年才找到机会，有了一次具体合作：编写《平民教育人文读本》。读本共分两卷：经典卷与当代卷。参与编写的有北京大学中文系邵燕君副教授和她的学生：这也是促进大学与社会运动的合作吧。

二〇〇五年到二〇〇七年间，我又有了新的合作伙伴：北京天下溪研究所。二〇〇五年我应邀参加了他们举办的"乡土教材编写与使用"研讨会；二〇〇六年、二〇〇七年又两次参加他们组织的《湘西乡土教材》编写讨论会。在和研究所与编写组的郝冰、王小平、王丽等老师研究、讨论的过程中，我第一次对"乡土教材"中的理论问题"民族、地方性知识，乡土知识"有了集中的思考，写了题为《民族、地方性知识与乡土知识——关于乡土教材编写的断想》的长文。这是我的农村教育思想的一次深化。

从二〇〇六年开始，我与以推动青少年中国古代经典阅读为宗旨的"一耽学堂"有了接触，曾作过《我们为何读书，如何读书》的报告（二〇〇六）。二〇〇八年汶川地震以后，一耽学堂特邀我座谈，于是就有了《当今之中国青年和时代精神——汶川地震引发的思考》，此文在报刊上发表以后，产生了很大影响。这是因为青年志愿者在汶川地震中的突出表现引起了全社会的关注；后来就有"二〇〇八年是中国志愿者登上中国与世界历史舞台的一年"之说。我也因此对志愿者运动及其理念，也即"志愿者文化"，进行了更为全面、深入的思考与总结，除《汶川地震引发的思考》之外，还写了《一百块钱，有多轻又有多重？——雪灾救助活动的启示》《志愿者运动的全球视野——奥运会后的思考》《和志愿者谈生活重建》，这些后来就成了我在志愿者中讲学的主要内容。

我在及时总结现实的志愿者运动的经验，尽可能作一些理论的提升的同时，还在努力地为中国的志愿者运动寻求更广泛、开阔的理论资源。因此，在二〇〇八年，我集中精力阅读、研究了捷克作家哈维尔的文集，从他所提出的"存在革命"的命题，受到极大启发，并写出了《为生命给出意义》的学习札记。本来准备在志愿者中间作一次演讲，但由于所提出的问题比较重大，我有意让它冷一冷，没有讲，也没有公开发表，只是在私下和一些志愿者朋友简单聊过，却仍然被有心人所关注。江苏"春晖行动"志愿者组织的王文大概在二〇一〇年左右和我结识，受到这一想法的启发，把他主办的刊物命名为《存在》。这使我大受鼓舞，于是，就在二〇一二年正式提出了"静悄悄的存在变革"的命题，先在中小学教育界提倡，又在志愿者中间一再呼吁。我在编选自己二〇一二年的思想随笔时，干脆以此命名，并在《后记》里点明"这是对自己一直坚持的教育、学术、民间运动的一个认识上的提升，目的是在倡导一种人人都可以参与的变革方式"。大概也是在二〇一二年，我认识了香港热心公益活动的沈世德先生，他正在内地推动"为了中国教育"的志愿者运动，连续两年请我在他们的培训班上讲课；于是，我就在二〇一三年的讲课里，做了一个题为《为生命给出意义——谈"静悄悄的存在变革"》的长篇报告，对我的"静悄悄的存在变革"的理念作了全面的论述。在某种程度上，这也是我的"志愿者文化"思想的一个总结。

这样的总结，或许也意味着一种结束。其实在十多年的参与中，我一直在追问：这样的参与，究竟有多大意义？我很清楚，志愿者运动本身的作用就十分有限，在中国现行体制下，它很难对中国的社会实际生活产生多大影响，尽管在这方面它具有巨大的潜力；而中国的民间乡村建设运动更是举步维艰。因此，几乎从一开始，我都更看重它对参与者——中国年轻一代自身生命成长的意义。我之所以参与其间，其实也是为了实现自己的信念，是出于精神的需要；而我这种方式的参与——无非是写点文章、讲讲课，实际作用非常有限。我经常说，关心和参与志愿者运动，对我自身的意义是远高于其实际作用的。随着岁月的流逝，我的精力越来越不济，时有力不从心之感，我所能做的事也越来越少，自觉应该告一段落了，于是，就把二〇一三年定为"收官之年"。

但仍然要做最后的努力。除了前面已经提及的编《平民教育人文读本》，对自己的"静悄悄的存在变革"的理念作总结性阐述以外，我以主要的精力作了"志愿者文化丛书"的编写工作。这是对二〇〇四年所作的《中国知识分子"到农村去"运动的历史回顾》的继续和深入，主要是对二十世纪三四十年代的乡村建设运动的主要倡导者晏阳初、梁漱溟、陶行知、卢作孚的历史经验的一个全面总结。我编选他们的语录，并给每本书写了长篇导读。这首先是中国志愿者运动、社会组织与社会工作寻求本土资源的需要，是创建中国自己的志愿者文化的最基本的理论建设，大概也是我能为志愿者运动所做的最后贡献。这样做也还有个人的动因——先父天鹤先生其时曾任国民政府农业部门领导人，与梁漱溟、卢作孚等多有来往。他自己属于"农业派"，主张通过农业技术的改良、推广来改变中国农村面貌，和"乡村建设派"是相互配合的。因此，今天我来总结当年的历史经验，就另有一种将父辈事业发扬光大的意思和意义。

二〇一三年重提志愿者文化时，我是有一个隐忧的。早在二〇〇七年，在题为《我的两个提醒》的讲话里，我就对年轻的志愿者提出警诫：在走出了最初的草创时期，志愿者运动得到社会与学校的认可以后，就会出现被控制、利用，自身时尚化，以及内部发生分化的危险，极有可能模糊、稀薄了自己最初的信念、理想。晏阳初在二十世纪三十年代乡村建设运动成为"时髦"以后，也发出了这样的警告："一般人似乎不无'抱着人云亦云，人做亦做'的心理来参加。至于怎样做法？什么人做？做些什么？——从这些方面去研究的人亦实在太少了，""我恐怕农村建设和民众教育再过几年以后，也要变成无声无息了！"面对失去本色、变质的危机，最重要的是要回到原点："我是谁？我要做什么？我要达到什么目标？"这就是确立与强调志愿者文化的基本信念、价值观在今天的迫切性及特殊意义所在。

在回顾历史与进行基本理论建设的同时，我依然在关注志愿者运动的最新发展与动向。这要感谢第一线的年轻朋友不断给我提供新的信息：最近几年，一些青年志愿者在继续为社会服务的同时，更在努力寻找与创造自己的"新生活"：他们或实施"爱家乡计划"，或进行"简朴生活"实践，追求人和自然、人和人之间更加和谐的关系；或回到农村寻求发展，或在城市寻找地方、民间文化之根，寻找城市与农村结合、互动的新方式。这些都是发生在中国社会底层的积极变化，它们让我想起了"五四"前后的"新村运动"。这样的历史的延续与生活的新变化，都让我深受感动。于是我欣然命笔，写下了收入本书的《我们需要这样的反思和实验》《寻找城市的根，重建城市与乡村、自然的联结》二文，并在此启发下，又作了一次题为《青年朋友们，你们准备好了吗？》的演讲，向二三十岁的青年提出了一个问题：在你们到我这个年龄（七十四岁）的未来四五十年间，你们将面临什么样的世界，什么样的问题，如何去面对？——我只能想到、提出这样的问题，却无能力实际解决这些问题。这真是我和年轻一代交流的极限了。讲完这一切，我就尽到了自己的历史责任了。

回顾这十数年的生命历程，我的心里只存感恩之心。仿佛是命运特意眷顾我，让我晚年接触到这么多的"好人"，无论是前文中点到名字的朋友，还是更多的叫不出名字，甚至没有见过面的朋友，特别是年轻的朋友，他们都给了我无尽的生命力量：我这个"老宅男"正是通过他们和现实世界、底层社会保持了或一程度的精神联系；也正是他们不断吹送来的新鲜的生活气息，刺激我不停地思考，保持了思想的活力。很多朋友都为我的精神与身体的健康感到诧异，这应该是一个重要原因吧。

在结束这篇《后记》时，我又想起了八十八年前（一九二六年）鲁迅在《写在〈坟〉后面》里的一段话："总之：逝去，逝去，一切，一切，和光阴一同早逝去，在逝去，要逝去了。"我的时代真的已经结束了，但我仍然有事可做、要做，就是通过最后的写作完成、完善自己，并向年轻一代送去我的祝福。

2014 年 2 月 12 日—14 日